MANAGEMENT ACCOUNTING

제 9 판

관리회계

황국재 양준선 이상완

弘文社

제 9 판 머리말

관리회계는 조직에서 경영자의 자원배분 의사결정과 조직통제에 필요한 정보를 제공하는 기능을 수행한다. 경영자의 자원배분 의사결정에 필요한 정보를 제공하는 관리회계의 기능은 그 동안 많이 언급되어온 기능으로 독자들도 그것이 무엇인지 익히 알고 있으리라 생각하나 관리회계의 조직통제에 필요한 정보제공기능은 생소한 면이 있으리라 생각한다.

이를 좀 더 설명하면 자원배분에 유용한 정보가 제공되더라도 의사결정을 행하는 경영자가 제공된 정보를 기회주의적으로 조직보다 자기 자신을 위해서 사용한다면 조직의 가치는 증가하지 않을 것이다. 따라서 유용한 정보의 제공 못지않게 주어진 정보가 조직의 효율적 자원배분에 올바르게 사용되도록 감시하는 것이 매우 중요하다.

최근 조직의 규모가 커지게 됨에 따라 자원제공자와 의사결정자는 동일 주체가 아닌 경우가 일반적이다. 이 경우 의사결정자의 행위를 통제하는 기능이 매우 중요하다. 그 이유는 인간은 기본적으로 자기중심적으로 생각하고 행동하기 때문이다.

본서에서 이러한 통제기능을 부족하나마 다루고 있는 부분이 제11장 분권화와 성과평가이다. 일반적으로 관리회계에서 조직통제의 내용은 의사결정구조, 성과평가, 보상제도 등에서 다루어지고 있다. 본서는 아직 이들 부분을 비중 있게 다루고 있지는 못하나 추후 개정에서 이를 보완하고자 한다.

한편 본 수정판의 수정내용을 정리하면 다음과 같다.

첫째, 한국채택 국제회계기준에 맞추어 용어를 수정하였다.

둘째, 그 동안 본서를 교재로 채택하여 사용하여 오면서 발견한 오자 및 탈자를 수정하였고 독자들의 문맥이해를 돕기 위해서 저자들이 필요하다고 느낀 부분을 수정하였다.

셋째, 연습문제를 대폭 변경하였다. 구체적으로 교재에 수록한 기간이 오래 경과된 문제를 최신 문제로 교체하였고, 본문 내용과 적합하도록 몇몇 문제의 수록 위치를 변경하였다.

그러나 아직도 독자들이 보기에 본서의 부족한 점이 많이 있으리라 생각한다. 독자들은 주저 없이 저자들에게 독자들의 의견을 보내주길 바란다.

2019년 8월

저 자

제 1 판 머리말

이 책은 「회계원리」 과목을 이수한 학생들이 관리회계의 기본내용을 쉽게 이해하는 데 도움을 주기 위해서 그간 저자들의 강의경험을 바탕으로 쓰여진 것이다. 이 책을 집필하면서 저자들은 다음과 같은 점을 염두에 두었다.

첫째, 이 책은 초급수준의 회계원리를 이해하고 있는 독자들을 대상으로 하고 있다는 점을 고려하여 가능한 평이한 용어와 핵심적인 개념을 간단명료하게 기술하고자 하였다. 특히 분개를 비롯한 재무회계식 접근은 반드시 필요한 경우 외에는 가급적 피하고자 하였다.

둘째, 이 책은 관리회계분야에서 발전된 전통적인 개념과 이론을 중심으로 다루었다. 첨단 제조환경 아래서 일부 전통적인 기법이 부적절한 경우도 있겠지만, 우선 전통적인 이론을 이해하는 것이 새로이 발전되는 이론을 수행하는 데 필요하다고 생각하였기 때문이다.

셋째, 각 장마다 풍부한 예제들을 싣고자 하였다. 각 장을 충분히 이해할 수 있도록 본문에서는 많은 예제를 다루고 있으며, 각 장의 끝에는 본문내용을 포괄할 수 있는 종합예제를 해답과 함께 수록하여 독자들의 이해를 돕고자 하였다.

넷째, 익힘문제와 연습문제에서는 본문내용을 고르게 다룰 수 있도록 하였고, 본문내용을 충분히 이해하고 있는 독자라면 이들 문제를 해결할 수 있도록 구성하였다. 특히 독자들 스스로 문제해결능력을 배양하는 데 도움을 주기 위하여 홀수번호의 연습문제에 대하여 책말미에 부록으로 해답을 수록하였다.

이 책은 총 16개의 장으로 구성되어 있다. 한 학기 동안 평균 16주 정도의 수업이 이루어지고 있다는 점을 고려하면 이 책은 한 학기 교과서로 적당한 분량이라고 생각된다. 각 장의 내용을 간단히 소개하면 다음과 같다.

제 1 장에서는 관리회계정보가 활용되는 기업조직의 목표와 여기에서 활동하는 관리자의 기능, 그리고 관리회계의 의의와 재무회계의 차이, 관리회계분야의 새로운 변화를 소개한다.

제 2 장과 제 3 장에서는 상이한 목적으로 사용되는 관리회계상의 다양한 원가개념과 이러한 원가를 행태에 따라 분석하는 기법, 그리고 활용 예를 살펴본다.

제 4 장과 제 5 장에서는 관리회계정보의 산출을 위한 회계시스템의 설계와 관련하여 가장 기본적인 원가시스템으로 사용되는 두 가지 원가계산방법(개별원가계산과 종합원가계산)을 개략적으로 소개한다.

제 6 장에서 제 8 장까지는 관리자가 계획기능를 수행할 때 필요로 하는 관리회계적인 분석기법 내지 방법인 원가－조업도－이익분석, 변동원가계산, 그리고 이익계획수단으로서의 종합예산을 다루고 있다.

제 9 장과 제10장에서는 관리자가 일상업무를 집행하는 과정에서 관리 내지 통제제도로 활용할 수 있는 표준원가계산제도를 다룬다. 특히 제조간접비는 행태에 따라 변동 및 고정제조간접비로 구분하여 분석하고 있다.

제11장에서는 책임회계의 개념을 소개하고, 이와 함께 성과측정 및 업적평가에 대한 제방법을 설명한다.

제12장에서 제14장까지는 가격결정 등 경영관리자의 주요 의사결정시 각종 원가자료를 활용하는 기법, 의사결정에 고려하여야 할 관련원가의 개념과 이를 이용한 구체적인 의사결정사례, 서비스부문의 원가배부를 통한 제품원가의 산정방법 등을 다루고 있다.

제15장에서는 관리회계의 상급과목과 연결될 수 있는 내용으로 대표적인 계량의사결정방법을 소개하였고, 제16장에서는 첨단 제조환경 하에서 널리 활용되고 있는 경영관리기법인 JIT(just－in－time)를 다루었으며, 최근 관리회계분야에서 발전되고 있는 새로운 관리회계 기법인 활동기준원가계산(activity－based costing)을 소개하여 관리회계의 발전방향을 제시하는 것으로 마무리하였다.

이 책의 출판에 앞서 저자들은 혹시 내용이 잘못 전달되지나 않을까 걱정되는 것도 사실이다. 앞으로 저자들은 관리회계의 발전과 독자들의 욕구를 파악하여 책의 내용을 계속해서 보완시켜 나아갈 것이다.

이 책이 나오기까지 저자들은 많은 분들의 도움을 받았다. 우선 항상 저자들을 격려하여 주시는 서강대학교 경영대학의 선배·동료 교수님들, 특히 많은 조언을 아끼지 않은 이대선·전성빈 교수님께 감사드린다. 또한 이 책의 초고를 교재로 사용하면서 조언을 준 송기신 박사와 이종운 강사, 원고의 교정을 맡아 성심성의껏 수고한 신건권 박사, 김달곤 강사, 이덕주, 조상민, 박정준, 김훈, 정순여 조교에게 고마움을 표한다. 그리고 이 책의 출판을 흔쾌히 수락하여 주신 홍문사의 임권규 사장님, 편집과 제작에 수고해 주신 홍문사 직원 여러분에게 감사드린다.

1995년 7월
저 자

차 례

Chapter 01 새로운 기업환경과 관리회계

Chapter 02 개별원가계산

Chapter 03 서비스부문원가의 배부

Chapter 04 활동기준 원가계산

Chapter 05 종합원가계산

Chapter 06 변동원가계산

Chapter 07 원가-조업도-이익 분석

Chapter 08 종합예산과 변동예산

Chapter 09 표준원가계산제도 I

Chapter 10 표준원가계산제도 II

Chapter 11 분권화와 성과평가

Chapter 12 관련원가와 특수의사결정

01 새로운 기업환경과 관리회계

Management Accounting

Introduction

아웃백 스테이크하우스(Outback Steakhouse)는 골프와 여유로운 전원생활을 만끽할 정도의 평생소득을 꿈꾸었던 창업자들에 의해, 1988년 미국 플로리다주 템파시에서 4개의 레스토랑 체인점으로 탄생되었다. 이 작은 레스토랑 체인은 어느덧 우리나라에만 100여개 매장, 전세계적으로는 수천 개에 달하는 매장이 운영되고 있는 글로벌 기업이 되었다.

아웃백 스테이크하우스의 경이적인 성장비결은 바로 관리회계이다. 아웃백 스테이크하우스는 철저히 관리회계의 기본개념에 따라 지점오픈 등을 실행하였다. 연간매출이 창업비용의 2배 이상 기대될 경우에만 새로운 레스토랑을 오픈하였다. 레스토랑 매니저와는 5년의 장기근로계약을 맺었으며, 매출액 또는 영업이익 대비 10% 내외의 성과급을 지급하였다. 저녁시간대에 비해 점심시간대의 매출이 현저히 낮은 점 그리고 매니저의 역량을 저녁시간대에 집중하기 위해 점심시간대의 오픈은 과감히 포기하였다. 이를 통해 인건비를 줄이고 매니저에게 비즈니스 교육을 실시할 수 있게 되었다. 그 성과는? 아웃백 스테이크하우스의 이직률은 다른 경쟁기업에 비해 월등히 낮았으며, 매니저 1인당 이익창출능력 또한 월등히 높은 것으로 나타났다.

본 장에서는 이처럼 기업성장의 결정적 요체가 될 수 있었던 관리회계의 기초개념과 관리회계와 재무회계간의 차이 등에 대해서 살펴보기로 한다.

Chapter 01

새로운 기업환경과 관리회계

1-1 관리회계란

회계(accounting)란 기업의 다양한 이해관계자들이 합리적인 의사결정을 할 수 있도록 기업에 관한 경제적 정보를 식별하고 측정하여 제공하는 과정을 말한다. 기업에서 기업활동에 관한 경제적 정보를 산출하여 제공하는 자를 회계담당자라 한다.

회계담당자들의 중요한 기능 중의 하나는 주주·채권자·정부기관 등과 같은 기업외부의 이해관계자들에게 정보를 제공하는 것이다. 회계기능의 이러한 측면을 재무회계(financial accounting)라 일컫는다. 회계기능의 또 다른 중요한 측면인 관리회계(managerial accounting)는 기업내부의 이해관계자인 경영자들의 정보욕구를 충족시켜 주는 것과 관련이 있다. 기업의 경영자들은 기업의 목표를 설정하고 설정된 목표를 보다 효과적이고 효율적으로 달성하기 위해서 다양한 정보를 필요로 한다. 이러한 정보들을 획득하는 데는 다양한 기법들이 사용되는데, 관리회계에서는 기업경영자들에게 유용한 제반 정보와 이들 정보를 생산하는 다양한 기법들을 다루게 된다.

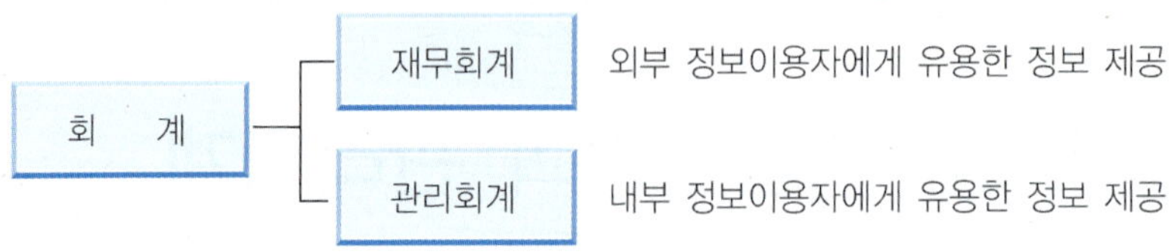

관리회계의 모든 측면을 포괄할 수 있는 관리회계에 대한 정의를 간결하게 내린다는 것은 매우 어려운 일이다. 왜냐하면 관리회계는 끊임없이 변화하고 다양해지는 경영환경, 경영자의 욕구와 경영인접 학문분야의 발전에 발맞추어 부단히 적응·발전되어야만 하기 때문이다. 하여튼 간단히 정의하면 관리회계는 경영자들에게 정보를 제공하는 전체 경영정보시스템의 중요한 일부분이라고 말할 수 있다. 관리회계에 대한 정의와 의미에 대해서는 본장의 다른 절에서 더욱 자세히 살펴보겠다.

관리회계는 영리추구를 목표로 하는 기업조직뿐만 아니라 정부기관·대학교·교회와 같은 비영리조직에도 적용될 수 있다. 그러므로 어떤 조직을 막론하고 경제적 자원의 운용을 다루는 조직의 경영자는 관리회계의 개념을 이해하고 있어야 한다. 이 책은 회계원리를 이해하고 기업경영에 관심을 갖고 있는 현재 및 미래의 경영자들을 위하여 쓰여진 것이다.

1-2 관리회계의 개념적 구조

1절에서 관리회계는 경영자들에게 정보를 제공하는 전체 경영정보시스템의 중요한 일부분이라고 간단히 정의하였다. 본 절에서는 위의 간단한 정의 속에 포함되어 있는 관리회계의 의미를 좀더 깊이 살펴보기 위하여 관리회계의 개념적 구조를 살펴보겠다.

도표 1-1 관리회계의 개념적 구조

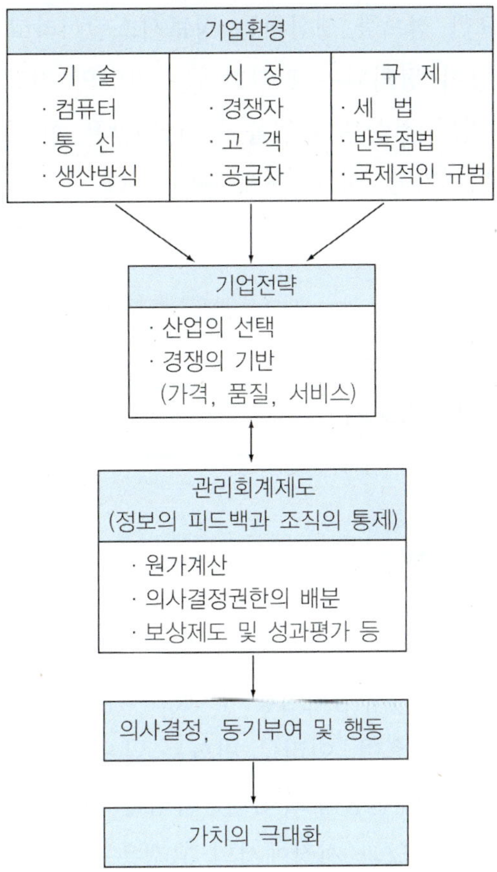

출처: Brickley, Smith, Zimmerman(2001), Managerial Economics and Organizational Architecture, MaGraw-Hill, 2nd edition, p. 268 수정.

관리회계의 개념적 구조는 다음의 <도표 1-1>에 함축적으로 요약되어 있다.

<도표 1-1>에 의하면 경영자가 궁극적으로 추구하는 바는 종업원에게 동기를 부여하여 기업의 목표인 기업가치를 극대화시키도록 행동을 유발하는 것이다. 조직이론에 의하면 기본적으로 인간은 자기 자신의 이익을 우선시하기 때문에 경영자의 입장에서는 종업원이 기업의 목표를 개인의 이익에 우선하여 추구하도록 하는 것이 매우 중요한 과제이다. 결국 관리회계란

첫째, 경영자가 기업의 가치를 극대화하는 데 필요한 수많은 의사결정에 필요한 정보를 생산하고 둘째, 종업원의 동기부여를 위하여 종업원의 행동을 통제하는 데 필요한 정보를 생산하는 정보시스템이라고 정의될 수 있다.

한편 위와 같이 정의되는 관리회계는 기업의 전략에 의하여 그 특성이 결정되어지며 기업의 전략은 기업을 둘러싼 많은 환경요인에 의하여 규정된다. 환경요인으로는 기술, 시장, 규제 등이 있다.

1-3 새로운 기업환경

1. 기업환경의 변화

국경 없는 기업 간의 경쟁, 제품수명주기의 단축, 다품종소량생산, 가속화된 기술진부화 등으로 규정되어질 수 있는 기업의 경영환경은 급속한 속도로 변화를 거듭하고 있으며, 이러한 변화는 앞으로도 계속될 것이고 그 속도도 더욱 빨라질 것으로 전망되고 있다. 이러한 경영환경 변화를 주도하고 있는 것은 정보기술의 발달과 시장에서의 고객욕구의 다양화이다.

이러한 환경변화는 기업 내부에도 영향을 미쳐 과거와는 다른 많은 변화를 야기시켰다. 즉 새로운 기업환경은 기업들에게 계속적인 개선에 대한 노력과 끊임없는 경쟁 속에 생존할 수 있는 경쟁우위요소의 개발 및 개선을 요구하고 있다. 이와 같은 환경의 도전에 대해 관리회계 측면에서도 새로운 관리회계기법들이 속속 개발되고 있다. 또한 환경변화는 전통적인 기업의 원가구조도 변화시켜 공장자동화가 가속화됨에 따라 전체원가에서 차지하는 고정원가의 비중이 증가하고 있으며, 제조원가 중에서는 노무원가가 차지하는 비중은 감소하고, 반면에 제조간접원가의 비중은 증가하고 있다.

이러한 모든 기업 내외적인 변화에 보다 능동적이고 효과적으로 대처하기 위해서 기업경영자들은 어느 때보다 더욱 정확하고 적시적이며, 다양한 정보를 필요로 하고 있다. 관리회계는 경영층이 기업조직 내에서 계획·평가·통제 등의 제반기능을 수행하고, 또한 기업의 자원을 적절히 활용함에 있어 필요로 하는 정보를 식별·측정·축적·분석·작성·해석·전달하는 정보시스템이다. 따라서 경영자들이 기업의 실상을 파악하고 의사결정을 내리는 데 도움을 주는 관리회계는 변화하고 있는 기업환경에 맞추어 적절히 변화되어야 할 것이다.

2. 새로운 관리회계기법

급변하는 기업환경 속에서 지속적으로 경쟁우위적인 요소를 개발하고 유지하기 위한 다양한 관리회계기법들이 고안되었다. 이 같은 새로운 관리회계기법의 대표적인 예로는 JIT(just-in-time), TQM(total quality management), 공정개선(process reengineering), 자동화(automation), 제약이론(TOC, theory of constraints), ERP(enterprise resource planning) 등이 있다. 아래에서는 이들에 대해 간략히 살펴본다.

(1) JIT

JIT(just-in-time)란 소비자들의 실제 수요가 있을 때 이 수요를 충족시키기 위해 원재료를 구입하여 제품을 생산하도록 설계된 생산시스템을 일컫는다. JIT시스템의 목적은 판매 직전에 완제품을 생산하여 전달하고, 완제품 생산에 부품이 필요한 시점에 부품을 조달하고, 부품생산에 소요되는 원재료도 필요한 시점에 조달하는 것이다. 따라서 JIT재고시스템 하에서는 재고의 보유가 극소화되며, 이상적으로는 무재고(zero inventory) 상태가 된다.

JIT재고시스템에서는 최종 완제품 조립작업장에서 필요한 부품과 원재료의 양을 정확히 파악하여 그 이전 작업장으로 제품조립에 필요한 양을 요구하는 신호(간반, kanban)를 전달해 준다. 이러한 신호를 받은 이전 작업장에서는 완제품 조립작업장에 필요한 물품의 정확한 양을 생산하기 위해 계속해서 그 이전 작업장으로 신호를 보낸다. 이와 같은 과정을 되풀이하면 전체 작업장에서의 부품이나 원재료재고는 최소수준을 유지하게 된다. 이와 같이 JIT재고시스템 하에서는 전체 작업장이 차례차례로 최종 조립작업장에 의하여 이끌려진다고 하여 풀접근법(pull approach)이라 한다.

(2) TQM

변화하는 경쟁적인 기업경영환경에서 경쟁력을 갖추고 생존하기 위해서 기업들은 계속적인 개선에 힘을 쏟아야 한다. 계속적인 개선의 한 방법으로 가장 보편적인 접근방법이 TQM(total quality management)이다. TQM의 두 가지 중요한 속성은 첫째, 소비자에 대한 서비스라는 점과 둘째, 문제해결방식에 있어서 현장 작업자들이 팀구성원으로 참여한다는 점이다.

팀조직 사용에 의한 문제해결에는 다양한 기법들이 사용되는데 그 중의 하나가 특정 직무에 있어서 세계 최우수기업의 업무, 즉 베스트 프랙티스(best practice)를 연구하는 벤치마킹(benchmarking)이다. 그러나 가장 중요하고 보편적인 TQM 문제해결 기법은 계획－실행－확인－수행(PDCA: plan－do－check－act) 순환과정일 것이다. 계획－실행－확인－수행 순환과정을 좀더 자세히 살펴보면, 계획단계에서 현장 작업자들이 주축이 된 문제해결팀은 문제의 원인을 찾아내기 위하여 데이터를 분석하고 나름대로의 해결책을 제시한다. 실행단계에서는 계획단계에서 제시된 해결책에 의한 실험이 수행된다. 확인단계에서는 실행단계에서 실행된 실험의 결과를 분석한다. 실험의 결과가 문제에 대한 적절한 해법이라고 판단되면 수행단계에서 최종적으로 계획이 수행된다. 그러나 실험의 결과가 적절한 해법이라고 판단되지 않으면 처음부터 계획단계를 다시 시작하여 데이터분석으로 피드백되어 돌아간다.

TQM은 범세계적으로 활용되고 있는 방식으로 제조업에만 한정된 것은 아니다. 앞에서도 언급하였듯이 TQM의 중요한 요소는 고객중심의 사고이다. 이는 마케팅에서 기존의 고객을 유지하는 것보다 새로운 고객을 유치하는 것이 훨씬 더 비용이 많이 든다는 사실에 기초하고 있다. 결국 TQM은 사실과 분석에 의하여 계속적인 개선을 위한 도구와 기법을 제공하는 접근방법으로서 조직 내에서 적절하게 실행되면 비생산적인 조직활동을 제거하는 데 매우 우수한 방법이다.

(3) 공정개선

TQM과 비교해 볼 때 공정개선(process reengineering)은 보다 더 근본적인 개선에 대한 노력이다. TQM이 기존의 업무처리시스템을 점차적으로 개선하고자 하는 데 반하여 공정개선은 원가절감, 불필요한 업무처리단계 제거, 오류발생의 원인 제거 등의 목적을 위하여 업무처리공정을 근본적으로 개선하는 것이다.

공정개선은 어떤 점에 있어서는 TQM과 유사하나 TQM보다 더 근본적인 업무처리개선절차에 중점을 둔다. TQM과 공정개선의 근본적인 차이점 중의 하나는 TQM이 조직 내의 현장 작업자들로 이루어진 문제해결팀에 의한 개선작업이라면 공정개선은 외부 전문경영컨설턴트의 도움에 의한 개선작업이라는 점이다. 따라서 TQM이 조직 하부로부터의 개선작업이라면 공정개선은 조직 상부로부터의 개선작업이다. 요약하면 공정개선의 초점은 단순화와 불필요한 노력의 제거이다. 즉 부가가치를 생산하지 못하는 이동활동, 대기활동 같은 낭비요소를 제거하는 것이 공정개선의 주안점이다.

그러나 공정개선과정의 문제점은 종업원들의 해고에 대한 우려로 인해 발생하는 조직의 저항이다. 만약 경영자들이 종업원에 대한 고려가 없이 공정개선에 노력을 기울인다면, 결코 공정개선은 순이익증가 등의 조직의 성과개선으로 나타날 수 없다. 따라서 종업원의 저항 및 동기부여에 대한 고려가 공정개선에서는 필수적이다. 공정개선의 성공적 도입을 위해서 경영자는 공정개선으로 더욱 많은 일이 창출될 것이며 좋은 제품을 더욱 저렴한 가격으로 출시하여 성과가 개선되고, 따라서 더욱 안전한 기업으로 변모할 것이라는 사실을 종업원에게 인식시켜야 할 것이다.

(4) 자 동 화

치열한 경쟁에서 살아남고 계속적인 개선에 대한 또 하나의 근본적인 노력이 공장자동화(FA: factory automation)이다. 공장자동화는 대개 컴퓨터 등의 기계화를 바탕으로 이루어진다. 자동화의 이점으로는 작업준비시간의 단축, 작업의 유연성 증가, 결손율의 감축, 높은 산출물 비율, 즉 수율증가 등이다.

제품생산작업에 있어서 이와 같이 자동화기계, 자동 물자처리시스템, 컴퓨터 등의 사용으로 생산작업이 일사불란하게 연결되어 제어될 때 보다 높은 효율성이 달성될 수 있는데 이를 유연제조시스템(FMS: flexible manufacturing system)이라 한다. 기업들은 유연제조시스템의 활용으로 단순라인제조공정에서도 다양한 제품을 다양한 수량으로 생산할 수 있게 되었다. 이와 같은 유연성은 경쟁적 우위를 구성하는 중요한 요소이다.

(5) 제약이론

제약이란 어떤 주체가 원하는 것을 얻고자 할 때 방해가 되는 요인이다. 모든 조직과 개인은 다양한 형태의 제약 하에 놓여 있다. 제약이론(TOC: theory of constraints)이란 기업이나 개인이 목표로 하는 개선을 달성하기 위해서는 이와 같은 개인 또는 조직이 당면한 제약조건을 잘 관리하여야 한다는 이론이다. 즉 제약이론은 각 주체가 당면한 제약의 완화를 최우선 과제로 삼아야 한다는 것이다.

(6) ERP

ERP(enterprise resource planning)란 기업의 이익을 최대화하기 위해 생산, 물류, 회계, 인사 등의 고객에게 가치를 제공하는 가치사슬(value chain)을 구성하는 비즈니스 프로세스를 부문이나 조직을 연결하는 횡단적인 것으로 파악하고 이러한 전체의 가치사슬 속에서 경영자원의 활용을 최적화하는 계획, 관리를 위한 경영개념이라 할 수 있다.

1-4 경영자의 기능

앞서 살펴본 바와 같이 관리회계란 경영자들을 위한 회계이다. 따라서 관리회계를 보다 더 잘 이해하기 위해서는 경영자들이 하는 일이 무엇인지를 살펴볼 필요가 있다. 경영자의 가장 중요한 기능은 계획수립, 조직편성, 그리고 통제 등으로 집약될 수 있다. 이러한 경영자의 기능들은 통상 동시에 수행되어져야 하는 경우가 많기 때문에 기능들 간의 상호의존성을 무시하고 각 기능별로 분리하기란 매우 어렵다. 또한 주요기능 속에는 포함시키지 않고 있지만 의사결정(decision making)은 경영자의 모든 기능과 관련되어 있다. 여기서는 편의상 각 기능을 분리시켜 간략히 살펴보기로 하자.

1. 계획수립

경영자는 반드시 조직목표를 설정해야 한다. 만약에 경영자들이 아무런 목표의 설정 없이 임기응변적으로 의사결정을 해 나간다면 그 기업은 계속해서 존속할 수 없게 된다. 계획수립(planning)이란 바로 사전에 기업목표를 설정하고, 설정된 목표를 달성하기 위해 필요한 방법을 강구하는 과정이다. 계획수립에는 특정기간에 생산에 투입시킬 원재료량의 결정이나 종업원수의 결정과 같은 단기적 계획수립뿐만 아니라, 새로운 제품이나 새로운 생산설비 등을 위한 장기적 계획수립도 포함된다. 장기적 계획을 수립하려면 기업목표 달성을 위한 기업전략을 고려해야 하기 때문에 장기적 계획수립은 보통 전략적 계획수립(strategic planning)이라 일컫는다. 계획이란 사실 특정목표의 달성방법에 관한 의사결정을 내포하기 때문에 계획수립은 의사결정의 일부분이다.

2. 조직편성

조직편성(organizing)에는 크게 두 가지 기능이 포함되어 있다.

첫 번째 기능은 조직구조를 설계하는 것이다. 이는 어떤 종업원이 어떤 직무를 수행할 것인가를 결정하는 일이며, 이러한 기능은 보통 조직도에 나타난다. 그리고 두 번째 기능은 계획을 집행책임자들에게 알려주는 일이다. 조직은 누군가가 그 구성원에게 무엇을 하라고 얘기하지 않으면 움직이지 않게 되어 있는데, 이를 흔히 감독(directing)이라고 한다. 조직편성에서의 감독 기능은 조직목표가 수행되는 것을 확실시 해주는 조정요소가 된다. 즉 경영자들은 감독을 통해서 일상활동을 관장하며, 조직이 원활하게 그 기능을 수행하도록 조정한다.

3. 통　　제

통제(controlling)는 목표가 성취되었는지의 여부를 결정하는 일련의 과정을 말한다. 실제 결과에 관한 보고서는 계획상의 목표와 비교된다. 만약 목표의 달성에 차질이 생겼다면 경영자들은 기존목표를 달성하기 위해서 목표달성과정이나 방법을 어떻게 변경시켜야 하는지 또한 기존목표에 어느 정도 수정을 해야 하는지 등을 모색하게 된다.

중간 및 최고경영자들이 각 사업부문의 매일 매일의 활동을 항상 관찰할 수는 없기 때문에 통제기능은 상당부분을 내부보고서에 의존할 수밖에 없다. 이들 보고서에서 경영자들에게 제공되는 정보를 흔히 피드백(feedback)이라 부른다. 만약 계획목표치와 실적치를 비교하는 통제과정이 생략된다면 차후 계획수립과정은 효과적이지 못할 것이다. 이와 같이 계획수립과정과 통제과정은 마치 동전의 앞면과 뒷면처럼 밀접한 관계를 지닌다.

4. 의사결정

경영자의 모든 기능은 의사결정을 포함하고 있다. 관리회계는 경영자들이 계획을 수립하고 통제하는 기능 등을 수행하는 데 도움이 되는 정보를 제공하도록 설계되어져 있다. 관리회계는 또한 특정 종류의 의사결정에 초점을 맞추어 정보를 제공할 수도 있다. 이러한 의사결정의 몇 가지 예로는 제품가격결정, 경영활동의 확장 또는 축소에 관한 결정, 자가제조 또는 외부구입에 관한 결정 등이 있으며, 이에 관한 자세한 설명은 후술할 것이다.

여기서 한 가지 중요한 사실은 관리회계정보가 경영자를 위해 자동적으로 의사결정을 내려주는 것이 아니라 단지 경영자들이 의사결정을 내리는 데 그 기초를 제공한다는 것이다.

1-5 재무회계와 관리회계의 비교

1. 재무회계와 관리회계의 구분기준

회계는 경제적 실체의 재무적·비재무적 정보를 정보이용자에게 제공하여 그들이 의사결정을 내리는 데 도움을 주는 서비스활동으로 정의된다. 그런데 회계는 그 정보이용자가 누구냐에 따라 크게 재무회계와 관리회계로 구분된다. 회계보고의 대상인 기업실체의 외부에 있는 주주·채권자 등 외부이용자들에게 정보를 제공하는 것이 재무회계의 주요기능이라면, 관리회계는 기업조직에 소속되어 있으면서 기업활동을 주관하고 있는 내부이용자인 경영자들에게 그들이 수행하는 활동에 필요한 정보를 제공해 주는 역할을 담당한다.

2. 재무회계와 관리회계의 차이점

재무회계와 관리회계의 근본적인 차이는 그 이용자의 차이에서 기인되며 그로 인해 여러 가지 부수적인 차이가 나타난다.

(1) 보 고 서

재무회계에서의 보고서(재무제표)는 '일반적으로 인정된 회계원칙(GAAP: generally accepted accounting principles)'이라는 일정한 기준에 따라 작성되어야 하지만 관리회계에서의 보고서는 일정한 작성기준이 적용되지 않는다. 관리회계보고서의 작성기준을 굳이 찾아야 한다면 관리회계가 경영자들을 위한 회계이기 때문에 경영자의 관리회계정보에 대한 필요성 또는 욕구를 그 작성기준으로 꼽을 수 있을 것이다.

이와 같이 보고서의 작성기준 측면에서 살펴본다면 재무회계의 성격은 매우 규격화되어 있는 데 반해 관리회계는 융통성이 많다고 볼 수 있다. 재무회계의 보고서작성에 일정한 기준이 적용되는 이유는 그 정보이용자가 주주·채권자·정부기관·노동조합·소비자 등 다양한 집단으로 형성되어 있고, 이들 정보이용자 집단 간에는 서로 이해관계가 엇갈릴 수도 있기 때문이다. 반면에 관리회계의 경우에는 그 대상집단이 경영자층이라는 단일집단이며, 또한 기업의 활동을 매일 관찰할 수 있는 집단이기 때문에 작성기준이 크게 요구되지 않는 것이다. 비교적 엄격한 기준에 따라 작성되는 재무회계의 범용목적 재무제표(general purpose financial statements)를 기성복이라고 한다면, 경영층만을 대상으로 그들의 욕구를 충족시켜 주기 위해 작성되는 관리회계의 특수목적 보고서는 맞춤복이라 할 수 있는 것이다.

(2) 정보의 질적 속성

정보의 질적 속성 측면에서 재무회계는 주로 과거에 발생된 역사적인 경제사건에 관심을 두는 데 반하여 관리회계는 과거뿐만 아니라 미래에 속하는 사건의 예측까지도 그 관심대상으로 삼는다.

기업의 외부정보이용자들은 주로 과거에 발생한 역사적 정보가 정확하게 보고되고 있는가의 문제에 주된 관심을 보이지만, 기업의 내부정보이용자들은 계획수립과 통제를 비롯하여 각종 의사결정을 내리는 목적으로 회계정보를 활용하기 때문에 미래에 대한 예측 가능성에 보다 많은 관심을 보이게 된다. 이러한 맥락에서 관리회계는 상대적으로 좀더 주관적이고 목적적합한 정보를 강조하고, 재무회계는 상대적으로 객관적이고 신뢰성 있는 정보를 강조한다. 이것은 현재의 시점에서 의사결정을 내려야 하는 경영자에게 신뢰성 있는 정보를 제공하기 위하여 나중으로 미루는 것이 적절하지 못하다는 것과 같은 이치이다.

(3) 보고서의 표현수단

보고서의 표현수단을 살펴보면 재무회계에서는 주로 화폐단위에 의존하는데 반하여 관리회계에서는 화폐단위는 물론 파운드·킬로그램·직접작업시간·기계사용시간 등의 물량단위나 각종 비율 등이 사용된다. 즉 관리회계에서는 경영자에게 유용한 정보가 될 수 있다면 그 측정단위를 화폐에만 국한시키지 않는다.

(4) 보고서의 작성빈도와 범위

보고서의 작성빈도를 보면 재무회계에서는 한 회계기간에 한 번씩 정기적으로 재무제표를 작성하여야 하지만 관리회계에서의 보고서는 경영자가 원하는 시점에서 수시로 작성된다. 또한 재무회계에서의 재무제표는 원칙적으로 경제적 실체 전부를 그 대상으로 작성되나 관리회계에서는 대상조직의 전체뿐만 아니라 조직 일부분에 대한 보고서도 작성된다. 예를 들면 관리회계에서는 한 부서에 대한 업적보고서나 한 제품라인에 대한 손익계산서가 작성될 수 있다. 다만, 관리회계제도에서 제공되는 회계정보의 내용이 얼마나 풍부해야 하며, 어느 정도까지 상세하게 하고, 또한 얼마만큼 시기적절해야 하는지 등의 문제는 각 기업에서의 비용과 효익분석에 의해 결정될 일이다.

(5) 보고서 작성의 강제성

재무회계는 규정에 의해 적어도 한 회계기간에 한 번씩은 반드시 보고해야 하는 강제적 의무를 지니는 데 반해 관리회계는 비강제적인 성격을 띤다. 따라서 여유가 없는 기업에서는 관리회계보다 재무회계를 중요시하는 경향이 있다.

이상의 내용을 정리하면 다음 <도표 1-2>와 같다.

도표 1-2 재무회계와 관리회계의 차이점

	재무회계	관리회계
이 용 자	주주, 채권자, 정부기관 등 외부정보이용자	중간관리자, 최고경영자 등 내부정보이용자
보 고 서	범용목적의 재무제표	특수목적의 보고서
정보속성	객관적, 신뢰성 있는 정보	좀더 주관적, 목적적합한 정보
표현수단	화폐단위	화폐단위, 물량단위, 비율
작성빈도/범위	정기적/전체조직	비정기적/전체조직 또는 부서
강 제 성	강제적 보고서 작성	비강제적 보고서 작성

1-6 원가회계

1. 원가회계의 정의

원가회계(cost accounting)를 간단히 정의하자면 제품·부서·기능 등의 특정 원가목적에 따라서 발생된 원가를 축적·보고하는 제도라 할 수 있다. 이렇게 원가회계를 통해서 축적·보고된 원가는 과거활동의 결과치인 실제원가를 의미한다. 즉 원가회계 또는 원가축적제도를 통해서 정보이용자들은 일정기간 동안에 생산된 제품 한 단위의 원가가 얼마인지 또는 일정기간 동안에 특정부서에서 발생된 원가가 얼마인지를 파악할 수 있다.

2. 원가정보의 유용성

원가회계를 통해서 산출된 실제원가정보는 크게 다음의 네 가지 측면에서 그 유용성을 지닌다.

(1) 재무제표 작성

실제원가정보는 재무제표를 작성하는 데 유용한 정보이다. 제조기업은 원가회계가 제공하는 제조원가정보를 이용하여 재무상태표의 자산구성항목인 재고자산을 평가할 수 있으며, 동시에 손익계산서의 작성에 필요한 매출원가도 산출할 수 있다. 예를 들면 어떤 회사가 특정기간 동안 제품 10단위를 생산하였는데, 이때 소요된 총원가가 ₩100,000이라는 사실을 원가회계를 통하여 알 수 있었다. 같은 기간 동안 이 회사는 제품 7단위를 판매하였다. 단, 기초재고는 없는 것으로 가정한다. 이 경우 우리는 판매된 제품의 제조원가(매출원가)가 ₩70,000이며, 기말의 제품재고의 원가(재고자산액)가 ₩30,000임을 알 수 있다. 즉 재무제표의 작성에 필요한 매출원가(손익계산서) 및 기말재고자산(재무상태표)에 대한 정보의 근원은 원가회계가 창출한 제조원가정보이다.

(2) 미래활동의 예측

과거활동의 실제결과치인 실제원가정보로부터 우리는 미래활동의 예측치를 추정할 수 있다. 가령, 다음 한 달 동안 한 공장은 제품 1,500단위를 생산하려 한다고 하자. 이 공장의 관리자는 자금조달계획을 수립하기 위하여 제품 1,500단위를 생산하는 데 소요되는 총제조원가를 예측하려 하고 있다. 과연 이러한 예측정보는 어떻게 구할 수 있을 것인가? 이때 과거의 생산실적과 제조원가를 알 수 있다면, 이는 미래제품원가의 예측에 유용한 정보로 사용될 수 있다. 이에 관해서는 제 2 장 원가의 개념과 원가계산에서 자세히 설명된다. 즉 원가회계에서 창출되는 원가정보는 미래의 원가를 예측케 하며, 이는 경영자의 계획수립기능을 원활하게 한다.

(3) 통제 및 업적평가

원가회계를 통하여 제공되는 실제원가정보는 경영자의 통제 및 업적평가 활동에도 도움을 줄 수 있다. 즉, 실제원가정보는 예산이나 표준원가 등과 같이 미리 설정된 원가목표수준과 비교되어 차이를 분석하게 해줌으로써 통제 및 업적평가에 활용된다.

(4) 의사결정

원가회계가 제공하는 실제원가정보는 각종 경영의사결정에 활용된다. 즉, 실제원가정보에 기초하여 관련제품의 가격결정이나 관련제품라인의 폐쇄 또는 유지 의사결정 등에 활용된다.

3. 원가회계와 재무회계 및 관리회계 간의 관계

원가회계가 산출하는 실제원가정보는 재무제표의 작성, 원가의 예측, 통제, 의사결정 등의 측면에서 그 유용성이 인정된다. 이러한 유용성을 자세히 살펴보면 결국 원가회계는 재무회계와 관리회계 모두와 밀접한 관계를 지니고 있음을 알 수 있다. 즉 재무제표의 작성은 재무회계와 관련되는 부분이며, 그 밖의 다른 면은 관리회계와 연관되는 것이다. 이상에서 설명된 내용에 따라 원가회계와 재무회계 및 관리회계 간의 관계를 도표로 표시한다면 <도표 1-3>과 같이 나타낼 수 있을 것이다.

회계라는 집합은 <도표 1-3>에서 직사각형이며, 회계는 그 이용자의 차이에 따라서 재무회계와 관리회계로 구분되는데, 재무회계와 관리회계는 앞에서 설명한 바와 같이 완전히 배타적인 것이 아니고 공통되는 부분도 있다. 그런데 원가회계는 회계의 진부분집합으로 재무회계와 관리회계 모두와 밀접한 관련을 맺고 있으므로 원가회계의 영역은 재무회계와 관리회계가 합

도표 1-3 원가회계와 재무회계 및 관리회계 간의 관계

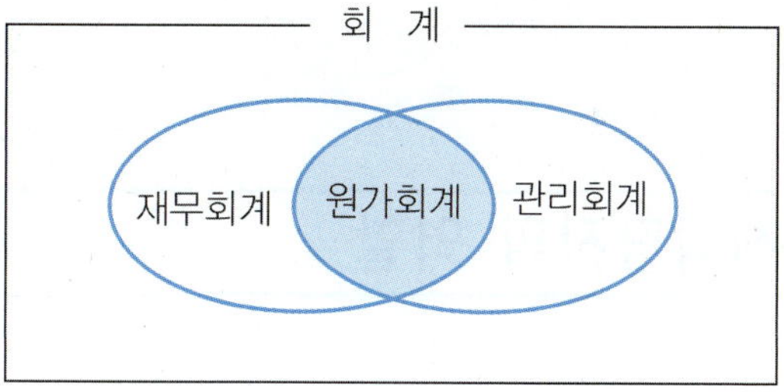

치되는 곳을 중심으로 해서 형성된다고 볼 수 있다.

물론 원가회계의 위치에 대한 이러한 설명은 하나의 입장에 불과하다는 사실을 일러둔다. 바라보는 시각에 따라 이들 세 회계의 영역과 상호관계는 이 책에서의 설명과 다를 수도 있다. 어떤 학자들은 원가회계는 주로 제품의 제조원가가 얼마인지를 파악해 내는 데 관심을 두는 데 반하여 관리회계는 원가회계에서 산출한 원가정보를 어떻게 하면 경영의사결정에 잘 활용할 수 있는지에 관심을 둔다고 설명한다. 따라서 원가회계는 공장관리자수준의 회계이며, 관리회계는 최고경영자 수준의 회계라고 그 차이를 설명한다. 그러나 원가정보를 산출하는 목적은 제품의 원가 파악은 물론 그 정보를 의사결정에 널리 활용하려는 것이므로, 원가회계는 원가정보를 만들어 내는 회계이고 관리회계는 원가정보를 경영의사결정에 활용하는 회계로 구분하는 것은 너무 단순한 구분이다. 실제로 원가회계와 관리회계는 거의 같은 의미로 쓰일 때가 많으며, 대학에서는 교과과정상 관리회계과목이 원가회계과목의 기초과목으로 인식되기도 한다.

좁은 의미에서 원가회계의 주된 주제는 원가계산 및 원가계산제도이지만 조금 넓게 해석하면 원가회계와 관리회계를 크게 차이가 있는 것으로 구분할 이유가 없다는 것이 이 책의 저자들의 견해이다. 왜냐하면 원가정보는 궁극적으로 그 활용을 염두에 두고 산출할 것이기 때문이다. 따라서 이 책 『관리회계』에서는 "원가정보의 생산측면이 원가회계의 영역이고 원가정보의 활용측면이 관리회계의 영역이다"라는 주장은 뒷전으로 돌리고 그 내용의 일부에 원가계산제도를 포함시키고 있는 것이다. 앞서 설명한 바와 같이 이 책은 원가 및

관리회계 분야의 입문서로 쓰여진 것이다.

1-7 관리회계담당자의 역할

1. 라인과 스탭 관계

조직 내에서 권한과 책임은 라인관계와 스탭관계로 개인이나 부서에 위임된다. 라인(line) 경영자는 재화나 서비스를 생산하고 판매하는 기능을 수행한다. 반면에 스탭(staff) 경영자의 기능은 라인경영자가 필요로 하는 특수한 지원이나 지식을 그들이 원할 때 제공하여 주는 데 있다.

라인과 스탭 간의 차이는 <도표 1-4>에 나타난 부분조직도에서의 연결선으로 설명되어질 수 있다.

도표 1-4 부분조직도

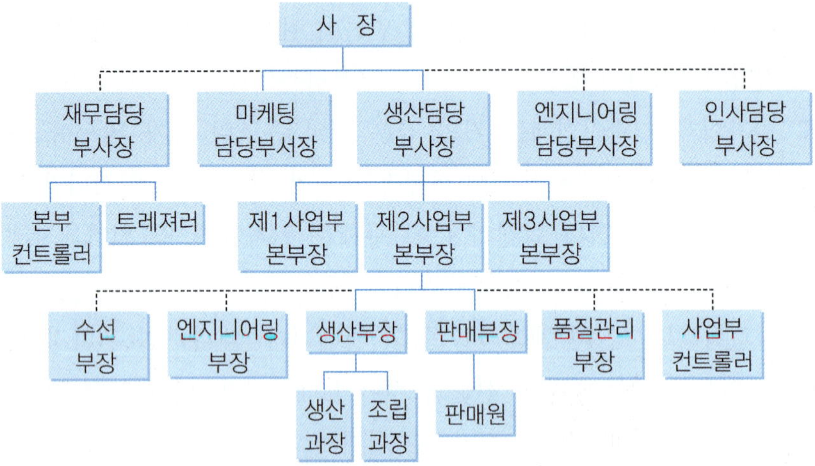

라인기능은 조직도에서 파란실선을 따라 추적될 수 있으며, 스탭기능은 점선을 따라 추적될 수 있다. 권한과 책임은 실선을 따라 사장으로부터 아래의 라인직위에 위임된다. 해당 라인경영자는 효율적이고 효과적인 방법으로 그들의 책임을 완수할 것으로 기대된다.

<도표 1-4>에서 보면, 마케팅담당부사장과 생산담당부사장은 사장과 라인관계에 있으며, 재무담당부사장·엔지니어링담당부사장·인사담당부사장들은 사장과 스탭관계에 있다고 볼 수 있다. 또한 생산담당부사장 아래의 각 사업부 본부장들은 라인이며, 제2사업부 본부장 아래 생산부장과 판매부장은 라인관계에 있지만 수선부장·엔지니어링부장·품질관리부장·사업부 컨트롤러(controller)는 스탭지위에 있다. 이들 스탭부서의 경영자들은 담당스탭부서의 구성원을 제외하고는 라인권한이 주어져 있지 않다. 도표에서 재무담당부사장은 컨트롤러와 트레져러(treasurer)에 대해서는 라인권한이 주어져 있지만, 생산부장이나 수선부장에 대해서는 라인권한을 가지지 않는다. 즉 자신의 부서 외부에서는 명령계통이 연결되지 않는다. 스탭부서의 관리자는 결코 라인부서의 관리자를 통솔할 수 없다. 스탭지위의 기능은 다른 부서에 조언을 해주거나 도움을 제공하는 데 한정된다. 우리가 살펴보려고 하는 관리회계담당자도 기업에서 스탭기능을 수행한다.

2. 관리회계담당자

기업에서 관리회계의 목적은 관리회계담당자에 의해 수행된다. 한 조직에서 관리회계담당자의 직책은 재무담당부사장, 컨트롤러, 트레져러, 예산분석가, 원가분석가 등 다양하나 <도표 1-4>에서는 편의상 기업전체의 관리회계담당자를 본부컨트롤러라 하고, 제2사업부의 관리회계담당자를 사업부 컨트롤러라 하였다.

컨트롤러는 스탭기능을 수행하나 통상 그의 지위는 기업의 최고경영층에 포함 된다. 컨트롤러의 주요임무는 경영자들의 계획수립, 통제, 업적평가와 그 밖의 의사결정에 있어서 필요로 하는 회계정보를 축적하고 해석하는 것이다. 그뿐만 아니라 컨트롤러는 기업의 자산을 보호하거나 주주나 정부의 통제기관과 같이 조직외부에 있는 이해관계자들과 의사소통을 하는 데 필요한 정보를 제공해 준다.

모든 회계기능 및 대부분의 정보처리기능은 컨트롤러의 책임으로 귀속된다. 대기업에서 사업부컨트롤러는 컨트롤러와 유사한 기능을 지닌다. 단지 그의 책임이 전체 조직이 아니라 소속사업부에 국한되는 것이다. 보통 사업부컨트롤러는 본부컨트롤러에게 보고해야 할 의무를 지닌다. 이 경우에 본부컨트롤러나 사업부컨트롤러 모두 스탭기능을 수행하지만 둘 사이에 라인관계가 형성되는 것이다.

1-8 관리회계의 발전과정

1. 원가회계의 필요성

산업혁명(industrial revolution)에 의해 공업화가 이루어지기 전에는 공업보다도 상업이 발달되어 있었으며, 생산방식도 노동집약적이고 단순하였다. 따라서 이 상황에서는 원가회계의 필요성이 크게 대두되지 않았으며, 재무회계만이 중요하였다.

그러나 18세기 후반 산업혁명의 시작으로 기계 및 설비에 대한 투자가 증가하여 조직의 규모가 대형화되었고 제조원가에서 상대적으로 노무원가나 재료원가보다 제조간접원가가 차지하는 비중이 높아지게 되고 생산방식에도 큰 변화가 초래되었다. 대규모 생산조직의 출현으로 조직관리를 위한 여러 기법들이 필요하게 되었고 제조간접원가의 비중이 높아지게 되면서 이에 대한 관리의 필요성이 대두되어 관리회계의 기법이 속속 등장하였다. 또한 제조원가의 계산이 복잡하게 되자 재무회계와는 별도로 원가계산을 전담하는 원가회계의 필요성도 점차 크게 부각되었다. 이하에서는 이렇게 생성된 원가회계와 관리회계의 발달과정을 구분하여 설명하겠다.

이렇게 출현한 초창기 원가회계의 주된 목적은 외부보고에 필요한 원가정보를 산출하는 것이었다. 즉 앞서 살펴본 바와 같이 원가회계에서 제조원가가 산출되면 이를 매출원가와 기말재고자산에 적절히 배분함으로써 원가계산의 재무보고 목적이 성취되는 것이다. 따라서 원가회계의 관심은 어떻게 하면 보다 객관적이고 명료한 방법으로 실제로 발생한 모든 원가를 각 해당 제품에 배부시키느냐에 있었다. 이때의 원가회계는 재무회계의 기준이나 정신에 입각하여 재무제표상에 보고되는, 그리고 단일 숫자로 표현되는 진실된 원가(true cost)를 산출하는 데 모든 노력을 기울였다. 이러한 관점을 절대적 진실접근방법(the absolute-truth approach)이라 부른다. 이 접근방법 하에서는 정보이용목적이 다양한 다수의 정보이용자들에게 원가회계정보를 제공하는 최선의 방법으로 명확한 원가측정규칙의 제공을 강조하고 있다. 따라서 원가회계의 과제는 진실된 원가를 식별하는 측정절차를 선정하는 일이다. 이러한 절차에 의한 진실된 원가는 취득원가주의에 따른 역사적 원가이며, 변동원가가 아니라 전부원가를 의미한다. 변동원가와 전부원가에 대해서는 제 6 장에서 설명할 것이다.

2. 관리회계의 등장

위에서 제시한 접근방법에 의하면 외부보고를 주목적으로 해서 산출된 원가는 다른 목적에도 유용하게 사용될 수 있다고 본다. 그러나 경영관리자들은 상기 접근방법에 의한 원가의 정의에 만족할 수가 없었다. 내부의사결정을 위해서는 재무보고목적을 위해 산출된 전부원가개념의 원가보다 더 유용한 원가정보를 요구하였다. 가령, 외부보고 목적으로는 전부원가계산이 더 유용할지 모르나 내부의사결정 및 경영통제의 측면에서는 변동원가계산이 더 합리적이라는 주장이 나타났나. 전부원가와 변동원가에 대한 찬반논쟁은 1960년대 초까지 회계학계에서 열띤 주제 중의 하나였다.

이와 같이 정보이용자의 비중이 외부에서 내부로 옮겨오면서 회계담당자들은 모든 의사결정에 유용하게 사용할 수 있는 단일개념의 원가는 존재하지 않는다는 사실을 파악하게 되었다. 즉 경영자들의 의사결정 목적이 무엇이냐에 따라 원가개념도 적절하게 달라져야 한다. "상이한 목적에 상이한 원가(different costs for different purposes)"라는 슬로건은 바로 관리회계의 출발점이자 동시에 원가회계가 한 단계 더 발전한다는 것을 의미한다. 이와 같은 정보이용자 지향적인 원가회계는 상황적 진실접근방법(the conditional- truth approach)이라고 불린다. 무엇이 진실된 원가인가는 상황에 따라 다르다는 것이다. 여기서 '상황'은 정보이용자의 각종 의사결정상황을 의미한다.

3. 정보경제학적 접근방법

1970년대 초반부터 회계학 문헌에 나타나기 시작한 정보경제학적 접근방법(the information economic approach)에 의하면 관리회계제도는 기업 경영정보제도의 한 형태로 간주된다. 통계적 의사결정이론과 경제학에 그 기초를 둔 정보경제학은 의사결정에 사용되는 정보를 일반 재화와 마찬가지로 사고 팔 수 있는 상품으로 간주한다. 따라서 이러한 접근방법은 정보를 무료로 획득할 수 있는 것으로 간주해 왔던 개념과는 상이한 것이다. 즉 정보를 획득하는 데에 비용이 소요된다는 사실을 명백히 인정하고 있다는 점이 앞서 설명된 두 가지 접근방법과 다른 것이다.

의사결정자들이 요구하는 정보는 무조건 산출하는 것이 아니라, 그 정보의 효용가치와 비용을 고려하여 효용가치가 비용보다 클 때에 한하여 산출함이 합리적이다. 이러한 정보경제학적 접근방법에서의 논리는 매우 타당한 것이다. 그러나 효용가치의 측정이 매우 어렵다는 점에서 정보경제학적 접근방법의 적용상에 있어 문제점이 노출된다.

4. 대리인이론

대리인이론(agency theory)은 조직을 구성원들 간의 계약의 집합체로 보고 있다. 주인(위임자)인 주주는 기업의 재무자원에 대한 소유자이며, 대리인인 전문경영자는 이들로부터 기업운영에 대한 책임과 권한을 위임받아 경영활동을 행한다. 대리인이론의 주요 관심사 가운데 하나는 대리인을 어떻게 주인의 의사에 따라 행동하도록 할 수 있는가라는 것이다. 대리인의 행동과 관련해 주인과 대리인간에 정보불균형이 존재하는데 주인이 정보불균형을 제거하기 위해서 정보를 수집하는 데에는 많은 비용이 든다. 이를 대리인비용이라고 하며 이를 최소화하려는 것이 대리인이론의 목표이다. 또한 대리인이론에서는 조직에 소속된 모든 개인은 주인이든 대리인이든 자신의 효용을 극대화하기 위해 의사결정하고 행동한다는 가정 하에 주인과 대리인 간의 목표불일치를 설명하려고 한다.

관리회계 측면에서 볼 때, 대리인이론은 대리인이 자신의 이해관계에 따라 행동한다면 소유주는 대리인과 어떠한 고용관계를 맺어야 하고, 어떠한 업적평가제도 및 보상제도를 만들어야 하는지를 설명하는 데 도움을 줄 수 있다. 또한 어떠한 정보시스템을 설치해야 주인의 효용함수가 극대화될 수 있는지를 개념적으로 설명해 줄 수도 있다.

대리인이론이 적용되어질 수 있는 보다 구체적인 예로서는 사업부문경영자의 업적평가나 사내이전가격의 결정문제 등을 들 수 있다. 이에 대하여는 제11장에서 설명될 것이다.

1-9 요 약

1. 관리회계의 정의

관리회계는 조직의 내부에 있는 경영자에게 적절한 정보를 제공하는 것을 목적으로 한다. 즉, 관리회계는 경영층이 기업조직 내에서 계획·평가·통제 등의 기능을 수행하고, 또한 기업자원을 적절히 활용함에 있어 사용되는 정보를 식별·측정·축적·분석·작성·해석·전달해 주는 정보시스템이다.

2. 기업환경변화와 새로운 관리회계기법

치열한 기업간 경쟁, 기술개발의 가속화, 제품수명주기의 단축, 다품종 소량생산 등 기업을 둘러싼 기업환경은 크게 변모되고 있다. 따라서 관리회계는 기업환경의 변화에 적응할 수 있도록 경영자들의 의사결정에 실질적으로 도움이 될 수 있는 유용한 정보를 제공할 수 있어야 한다. 급변하는 기업환경 속에서 개발된 새로운 관리회계기법으로는 JIT, TQM, 공정개선, 자동화, 제약이론, ERP 등이 있다.

3. 경영자의 주요 기능

관리회계는 경영자를 위한 회계이므로 관리회계를 정확히 이해하기 위해 경영자의 주요 기능을 이해할 필요가 있다. 경영자의 주요 기능은 계획수립, 조직편성, 그리고 통제활동 등으로 집약될 수 있다. 이 밖에도 의사결정은 이들 제 기능과 밀접한 관련을 맺고 있다.

4. 관리회계와 재무회계의 차이

재무회계는 외부정보이용자에게 유용한 정보를 제공하는 것을 목적으로 하고, 관리회계는 내부정보이용자에게 유용한 정보를 제공하는 것을 목적으로 한다. 이로 인하여 재무회계와 관리회계는 다음과 같은 차이점이 있다.

	재무회계	관리회계
이 용 자	주주, 채권자, 정부기관 등 외부정보이용자	중간관리자, 최고경영자 등 내부정보이용자
보 고 서	범용목적의 재무제표	특수목적의 보고서
정보속성	객관적, 신뢰성 있는 정보	좀더 주관적, 목적적합한 정보
표현수단	화폐단위	화폐단위, 물량단위, 비율
작성빈도/범위	정기적/전체조직	비정기적/전체조직 또는 부서
강 제 성	강제적 보고서 작성	비강제적 보고서 작성

5. 원가회계

원가회계는 일반적으로 제품·부서·기능 등의 일정 원가목적에 따라서 원가를 축적하는 제도라 할 수 있다. 이렇게 원가회계를 통해서 축적된 원가는 과거활동의 결과치인 실제원가를 의미한다. 원가회계가 산출하는 실제원가정보는 재무제표 작성, 원가예측 및 통제, 의사결정 등의 측면에서 그 유용성이 인정된다. 이들 유용성을 자세히 살펴보면 재무제표의 작성측면은 재무회계와, 그리고 그 밖의 면에서의 유용성은 관리회계와 연관되는 것으로 결국 원가회계는 재무회계와 관리회계 모두와 밀접한 관계를 가지고 있음을 알 수 있다.

6. 관리회계담당자의 역할

조직 내에서 권한과 책임은 라인과 스탭 관계로 개인이나 부서에 위임된다. 라인경영자는 재화나 서비스를 생산·판매하는 기능을 수행하는 데 반해, 스탭경영자는 라인경영자에 대한 지원기능을 수행한다. 일반적으로 관리회계는 컨트롤러라고 하는 담당자에 의해서 수행되어지는데 주로 스탭기능을 담당한다. 컨트롤러의 주요임무는 경영자들이 계획·통제·업적평가하며, 또한 의사결정을 내리는 데 있어서 필요로 하는 회계정보를 축적·해석하는 것이다.

7. 관리회계의 발전과정

관리회계는 사회환경 및 사회에서의 회계에 대한 요구가 변화함에 따라 부단히 발전해 오고 있다. 산업혁명 이후에 제조원가 중에서 제조간접원가의 비중이 높아지고 제조원가의 계산이 복잡하게 되자 재무회계와는 별도로 원가회계의 필요성이 부각되었다. 초창기 원가회계는 재무보고에 필요한 원가정보를 산출하는 데 있었다. 원가회계정보의 이용자 비중이 외부에서 내부로 옮겨오면서 "상이한 목적에는 상이한 원가"(different costs for different purposes)라는 슬로건이 출현하였고, 이는 바로 관리회계가 등장하는 계기가 되었다. 1970년대 이후에는 정보경제학접근방법과 대리이론 등이 관리회계연구에 도입되면서 관리회계는 괄목할 만한 발전을 이루게 되었다.

Management Accounting

익/힘/문/제

01 기업환경이 변화하게 되면 왜 관리회계제도는 변화해야 하는가?

02 다음을 간략히 설명하시오.

(1) JIT

(2) TQM

(3) 공정개선

(4) 자동화

(5) 제약이론

03 관리회계란 무엇인지 간략히 정의하시오.

04 최근에 와서 기업에서 관리회계의 역할에 대한 기대가 어느 때보다 높아지고 있는데 그 이유를 간략하게 설명하시오.

05 관리회계정보의 주된 이용자인 경영자들의 기능은 무엇이며, 또한 경영자들은 어떠한 정보를 필요로 하는가?

06 기업 내에서 관리회계의 중요성과 유용성에 대하여 설명하시오.

07 재무회계와 관리회계의 차이점을 설명하시오.

08 원가회계가 재무회계 및 관리회계와 어떤 관련이 있는지를 설명하시오.

09 원가회계의 주요 기능을 설명하시오.

10 기업조직에서 관리회계담당자인 컨트롤러의 역할은 무엇이며, 라인과 스탭은 어떤 관계에 있는가?

11 관리회계의 발전과정을 설명하시오.

외부감사인은 왜 분식회계에 입을 닫는가

-현장 회계사는 보조자에 불과해 의견을 말할 수 없어-

2016.6.1 조세일보

분식회계는 워낙 교묘히 숨겨져 있어 당사자 이외에는 발견하기 어렵다. 냄새와 CCTV도 없으니 일종의 완전범죄급에 해당한다. 그러나 경제가 악화되거나, 해당산업이나 특정기업의 경영상태가 나빠져서 기업의 매출과 이익 및 자금조달상태가 순조롭지 않은 경우 분식회계는 서서히 그 모습을 드러낸다.

기업부도, 파산과 합병, 청산 및 채무불이행 등으로 악화되면 은행 등 금융기관의 거액대출금은 상환불능에 빠진다. 특히 상장회사가 분식회계로 망하면 수많은 소액투자자들이 주가폭락으로 거액의 공익피해를 입게 되고, 해당기업과 외부감사인은 많은 불특정투자자들과 함께 치명적인 민 · 형사소송에 오랫동안 휘말리게 된다.

은닉된 분식회계에 대해 기업은 행위당사자이므로 너무 잘 알고 있는 주책임자이다. 그러나 외부채권자와 투자자들은 분식회계를 몰랐으니 손해배상을 주장함은 당연하다. 그런데 이 가운데 낀 외부회계감사인도 분식회계 집단소송의 연대책임이나 비례책임 또는 부실외부감사에 연루되면서 거액민형사소송의 피고인이 된다.

최근의 여러 판결에서 외부감사인은 받은 감사보수의 수백배이상의 확정판결을 받고 문을 닫기도 했다. 분식회계에 대한 부실감사의 책임공방에서 외부감사인이 고의나 중과실을 저지른 경우 책임정도에 비례해 부분손실배상함은 타당하다. 그러나 부실감사의 문제쟁점 검증과정에서 기업이 회계자료를 숨기거나 고의로 기망하여 감사인이 정당한 주의의무를 기울였어도 발견할 수 없는 경우라면 배상책임에서 면제되어야 한다. 완전범죄급의 분식회계일 경우 현장회계사의 정상적 감사과정을 통해서도 분식사실을 밝혀내기는 쉽지 않다.

회계감사기준은 “전문가적 의구심을 가지고 감사를 수행하여야 한다”고 규정하여, 현장회계사는 피감회사를 의심하면서 감사해야 한다. 따라서 기업이 제시하는 회계 · 경영자료가 분식회계되었을지도 모른다는 가정과 의심 속에서 회계감사해야 하는 미묘한 상황에서 일하는 것이 회계사의 숙명이다. 남을 의심하기 싫은 사람은 회계사를 떠나기도 했다. 그래서 회계사 휴업자가 40%에 이른다.

회계사의 의심과 정당한 주의의무 속에서도 걸러내지 못한 분식회계는 기업이 고의로 속인 것이라 볼 수 있다. 부실감사의 대부분 민형사소송에서 기업이 속였느냐, 회계자료가 제대로 제출되었느냐의 여부에 따라 소송의 책임범위는 천양지차로 벌어진다. 특히 현장감사업무담당자는 분식회계민형사소송에서 무한책임을 지는 피고가 된다. 따라서 분식회계나 허위자료 내용을 전혀 몰랐고 기업에게 속았다고 주장할 수밖에 없는 현실이다.

감사참여회계사가 소신을 굽히거나, 업무지시받는 하위직이므로 몰랐다고 해명하는 것은 현행 공인회계사법의 규정때문이기도 하다. 공인회계사법 제34조(업무의 집행방법)은 “회계법인은 이사외의 자로 하여금 회계감사 · 증명업무를 행하게 하여서는 아니된다. 다만, 소속공인회계사를 회계법인의 보조자로 할 수 있다”고 이사와 보조자라는 상하계급제도를 명백히 규정하고 있다.

이는 공인회계사법 제2조(직무범위)에 “공인회계사는 타인의 위촉으로 회계감사업무를 행한다”는 포괄업무규정에 배치된다. 공인회계사는 회계법인에 입사하기만 하면 등기이사가 아닌 한, 원천적으로 회계감사업무를 할 수 없고, 하위보조자로 전락한다. 이같이 이사가 아니면 외부회계감사자격이 박탈되므로 회계법인에 따라서는 소속회계사 10명 모두가 등기이사인 기형적인 경우도 많다. 임직원이 10만에 가까운 삼성전자의 등기이사가 7명인데도 말이다.

국회의원은 초선인 경우도 각자가 헌법기관으로 개별입법활동이 가능하다. 판사와 검사도 각자가 법률기능을 한다. 의사의 경우 의료법 제2조(의료인) (의사는 의료를 임무로 한다)와 제33조제2항 (의사나 의료법인은 의료기관을 개설할 수 있다) 이외에는 의사업무의 방법과 차별에 대해 별다른 규정이 없다. 변호사법 제50조(업무의 집행방법)는 "법무법인은 법인 명의로 업무를 수행하며 그 업무를 담당할 변호사를 지정하여야 한다. 다만, 구성원이 아닌 소속변호사에 대해서는 구성원과 공동으로 지정하여야 한다"고 '지정' 개념만 규정하여, 이사 이외 업무불가능이나 보조자의 개념이 없다.

세무사법 제16조의11(업무수행의 방법)은 "세무법인은 업무를 담당할 세무사를 지정하여야 한다. 다만, 소속세무사를 지정하는 경우에는 소속세무사와 함께 이사를 공동으로 지정하여야 한다"고 '지정' 개념을 규정하고 있다. 원천적 업무불능이나 보조자 개념없이 공동지정 등 형평성 개념으로 보완하고 있다.

이와 같이 회계사만 "등기이사 이외에는 회계감사를 수행할 수 없고, 소속회계사는 단지 보조자역할을 할 수 있다"고 전근대적 이중부정의 예외 배척개념으로 규정되어 있다. 경험많은 현장회계사라도 등기이사가 아닌한 단순한 보조자 신분에 불과하다. 책임자가 아니고 하위보조자이니까 "분식회계를 몰랐다. 정확한 재무자료를 안 주었다. 속았다" 등의 모르쇠로 일관할 수 있는 것이다.

대형회계법인의 등기이사(파트너)는 현장회계감사 업무에 직접 참여하지 않고, 고객유지관계나 영업 및 수금행위만 담당한다. 현장에는 등기이사(Partner)가 아닌 Director 이하 Manager, 현장ICA(현장담당회계사)나 staff 등 보조자회계사만 참여한다.

따라서 피감기업은 현장감사 담당회계사들을 보조자로 대할 뿐이다. 보조자들은 이사(책임자)가 아니므로 분식회계를 알 수 없고, 설사 느낌이 있고 분식회계 증거를 일부 잡았다 하여도 등기이사(파트너)에게 보고하면 끝이다. 이들 보조회계사는 회계감사의 법적권한이 없으니 분식회계에 대해 양심의 가책없이 모르쇠로 소명할 수 밖에 없으며 소신있는 현장감사업무를 수행하기 어렵다. 등기이사가 아닌 보조자회계사는 공인회계사법 제34조로 인해 회계감사인으로서의 입이 닫혀 있어 초동발견 사실에 대해 소신있는 감사의견을 말할 수 없다.

제대로 외부감사가 되려면 공인회계사법 제34조는 현재의 이중부정적 배척규정이 고쳐져야 한다. 예를 들어 "회계법인은 소속공인회계사로 하여금 감사를 수행하게 한다. 다만, 이사가 소속공인회계사와 감사업무를 공동수행하거나 감독하도록 한다" 등의 공동협력 · 감독규정으로 개정되어야 한다. 그래야 공인회계사법 제2조의 포괄업무범위 규정과 수미일관성이 있으며 법인으로 업무를 수행하는 의사 · 변호사 · 세무사 등 타전문직 규정과의 형평성도 맞출 수 있다. 현장회계사를 보조자급의 벙어리로 만들어서는 소신있는 외부감사가 이루어질 수 없다. 수많은 회계사들이 현행 공인회계사법 제34조의 하자규정을 왜 그대로 끌어안고 사는지 이해할 수 없다.

02

개별원가계산

Introduction

델(Dell)은 미국 텍사스 주 라운드 록에 위치한 컴퓨터와 컴퓨터 주변기기의 제조 및 판매, 서비스를 주요 영업으로 하는 다국적 기업이다. 2009 결산연도 기준 매출 529억불, 영업이익 22억불 그리고 전세계에 걸쳐 9만6,000명의 종업원을 거느리고 있는 글로벌 기업이다. 2010년 〈포춘〉은 델을 미국의 38번째로 큰 기업 그리고 가장 존경받는 기업 5위로 선정하였다.

델은 중간 유통단계를 거치지 않고 직접 소비자와 거래하는 혁신적인 유통구조를 도입해 세계적인 컴퓨터 회사로 진입하였으며, 다른 어떤 산업보다 경쟁이 치열한 IT산업에서 현재까지도 선두를 유지하고 있는 기업이다. 그 비결은 과연 무엇일까? 바로 원가절감이다. 델의 창업자이자 현재 델의 CEO로 재임하고 있는 마이클 델은 관리회계정보를 이용함으로써 원가절감이 가능하였으며, 경쟁기업에 비해 약 10~15% 수준의 원가우위를 갖게 되었다고 고백하고 있다.

공산품 개념의 컴퓨터가 아닌 특정고객의 특정기호에 딱 들어맞는 컴퓨터를 생산하기 위해, 고객의 개별주문에 따라 맞춤형 컴퓨터를 조립해 내었다. 이러한 마케팅정책을 수행하기 위해서는 고객의 주문별 정확한 원가계산은 필수적이다. 델의 개별원가계산시스템은 개별작업당 직접재료원가(가령 메인보드, 하드드라이브 등 원가) 및 직접노무원가(가령, 조립라인의 노동자 급여 등)를 기록하였으며, 전공정에 걸쳐 발생하는 제조간접원가(가령, 공장감독자의 급여 등)를 개별작업에 배부하였다. 이러한 개별작업당 직접재료원가, 직접노무원가 및 제조간접원가의 합이 총제조원가이다.

델은 이러한 원가정보 총체를 모든 매니저에게 온라인을 통해 공개하였다. 일반적으로 원가정보는 기업의 중요한 영업기밀에 해당한다. 그럼에도 불구하고 델이 이를 과감히 공개한 것은, 원가관련 회계정보를 습득함으로써 아래와 같은 중요한 비즈니스 결정에 매니저의 직접참여를 유도하기 위해서이다.

원가절감의 여지가 더 있는지 그리고 다른 제품에도 이러한 원가절감 프로세스를 적용할 수 있는지 여부에 대한 판단

목표이익을 달성하기 위해 판매가격을 얼마로 설정해야 하는지에 대한 판단

가장 많은 이익을 창출하는 제품이 무엇인지에 대한 판단

손익계산서 작성을 위한 매출원가와 재무상태표 작성을 위한 기말재고의 결정

원가정보는 단순한 정보 이상의 의미를 갖는다. 원가정보를 정확하게 계산해 냄으로써 기업은 무수한 기회의 창출과 불확실한 경영환경 하에서 위험부담의 감소를 꾀할 수 있을 것이다.

본 장에서는 개별원가계산시스템을 적용하는 기업들이 과연 어떠한 메커니즘에 따라 원가를 계산하는지에 대해 알아보고, 또한 외부의 정보이용자가 중요한 의사결정지침으로 삼는 손익계산서상 매출원가와 재무상태표상 기말재고가 어떻게 계산되는지에 대해 살펴보고자 한다.

Chapter 02

개별원가계산

2-1 원가의 개념

1. 회계의 목적과 원가정보의 필요성

회계의 목적은 정보이용자의 의사결정에 도움을 주는 유용한 정보를 제공하는 것이다. 정보이용자가 기업 외부의 이해관계자인 주주나 채권자 등일 경우 재무회계 측면에서 기업의 재무상태와 기간이익을 알려줄 필요가 있고, 정보이용자가 기업 내부의 경영자라면 관리회계 측면에서 계획수립이나 통제 및 성과평가, 특수의사결정 등에 유용한 정보를 제공해 주어야 한다.

재무상태와 경영성과를 측정하기 위해서는 재고자산과 매출원가의 산정이 합리적으로 이루어져야 하고, 계획수립이나 통제 그리고 특수의사결정 등을 위해서는 실제 발생된 원가정보와 함께 표준원가에 관한 정보나 변동원가 및 고정원가의 구분 등에 관한 다양한 원가정보가 필요하다. 이처럼 원가에 대한 정보는 재무제표의 작성이나 경영의사결정에 반드시 필요하다.

2. 소멸원가와 미소멸원가

원가(cost)는 어떤 재화나 서비스를 획득하기 위해서 희생된 자원을 화폐가치로 표현한 금액이라고 정의된다. 넓은 의미에서 원가는 소멸된 원가와 미소멸된 원가로 구분할 수 있다. 재화나 서비스를 생산하기 위하여 발생된 원가 중에서 현시점까지 수익창출을 위하여 소멸되지 않은 원가를 미소멸원가(unexpired costs)라 하고, 소진되어 없어진 원가를 소멸원가(expired costs)라 한다. 미소멸원가는 재무상태표에 자산으로 계상되고, 미소멸원가 중 소멸된 원가는 손익계산서에 비용이나 손실로 인식된다. 비용은 수익창출을 위하여 소멸된 원가를 의미하고, 손실은 수익창출과 무관하게 소멸된 원가를 의미한다. 좁은 의미에서 원가는 수익에 대응되는 비용을 의미하나 넓은 의미에서 원가는 손익계산서상에 비용으로 처리된 소멸원가뿐만 아니라 재무상태표에 계상되어 있는 미소멸원가, 즉 자산도 포함하는 개념이다. 넓은 의미에서 원가는 다음과 같이 나타낼 수 있다.

소멸원가와 미소멸원가의 구분

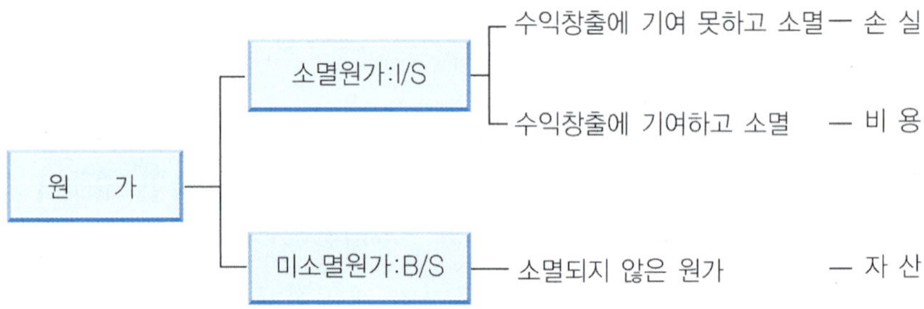

예를 들면 어떤 상기업이 내용년수가 5년이며 잔존가치가 없는 운반용화물차를 ₩5,000,000에 구입하여 정액법으로 감가상각한다고 하자. 이때 운반용화물차의 원가는 ₩5,000,000이 된다. 취득시점에서는 소멸된 것이 없기 때문에 비용이 아니라 유형자산이라는 소멸되지 않은 원가가 된다. 그러나 취득한 후 영업활동에 사용되어 1년이 경과되면 ₩5,000,000의 원가 가운데 ₩1,000,000은 소멸된 것으로 인식되어 손익계산서상에 감가상각비라는 비용으로 ₩1,000,000이 계상된다. 나머지 ₩4,000,000은 소멸되지 않은 채 유형자산으로 남아 잔여내용년수인 4년 동안에 걸쳐 소멸되어질 자산이다. 한편, 한 여름 낙뢰로 인하여 동 차량이 파손되었다면 이는 손실에 해당한다. 원가라는 용어가 경우에 따라서는 협의로 사용되어 소멸된 원가(비용)만을 지칭하는 수도 있다.

3. 다양한 원가개념의 필요성

이상에서 설명한 소멸원가와 미소멸원가의 개념은 외부보고를 위한 재무회계 목적으로는 매우 적절하다. 그러나 계획 및 통제 등을 위한 관리회계 목적으로는 보다 다양한 원가개념이 요구된다. 왜냐하면 경영자는 이익결정을 위해서 뿐만 아니라 계획수립, 통제 및 업적평가, 그리고 특수의사결정을 위하여 다양한 원가정보를 필요로 하기 때문이다. 계획수립을 위해서는 변동원가와 고정원가에 대한 원가개념이 필요하고, 통제 및 업적 등을 위해서는 표준원가의 개념을 이해해야 한다. 계획수립을 위해서는 변동원가와 고정원가의 개념이 필요하고, 이익결정을 위해서는 제품원가와 기간비용의 개념이 필요하며, 통제와 업적평가 등을 위해서는 표준원가의 개념이 필요하다. 이번 장에서는 변동원가와 고정원가, 그리고 제품원가와 기간비용에 대하여 설명하고 그 밖의 원가개념은 관련 장에서 설명하기로 한다.

2-2 변동원가와 고정원가

기업활동량의 변화에 따라 총원가가 변화하는 양상을 원가행태(cost behavior)라 한다. 기업활동량으로는 제품생산량, 판매량, 기계시간, 작업시간 등 여러 가지가 있으며 이 중 가장 대표적인 것을 조업도(volume)라 한다. 원가는 그 행태에 따라 변동원가와 고정원가로 구분할 수 있다.

1. 변동원가

총원가가 조업도의 변화에 따라 비례적으로 변화하는 원가를 변동원가(variable cost)라 한다. 조업도수준이 증가하면 총변동원가는 조업도수준에 비례하여 증가하고, 조업도수준이 감소하면 총변동원가는 조업도수준에 비례하여 감소한다. 예를 들어 제품 1개를 생산하는 데 재료원가가 ₩100이고, 제품 2개를 생산하는 데 재료원가가 ₩200, 제품 3개를 생산하는 데 재료원가가 ₩300이라면 제품 10개를 생산하는 데는 재료원가가 ₩1,000 발생할 것이다. 이 경우 재료원가는 생산량에 비례하여 발생하므로 변동원가에 해당한다. 변동원가는 단위당 원가는 일정하고, 총원가는 조업도수준에 비례하여 발생한다는 특성을 가지고 있다. 조업도수준에 따른 총변동원가와 단위당 변동원가는 다음과 같이 나타낼 수 있다.

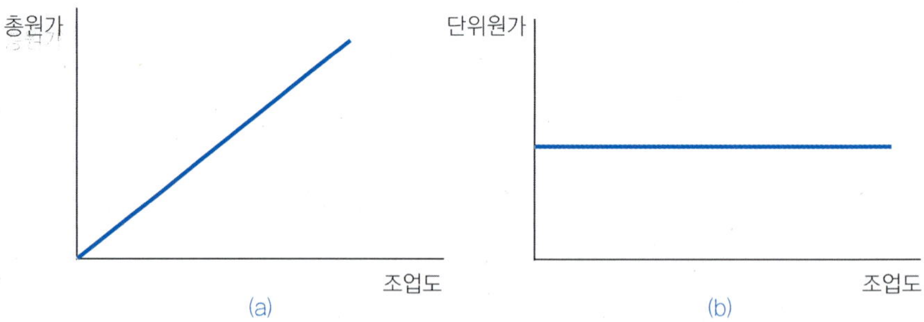

위 그림(a)에서 총변동원가선의 기울기는 단위당 변동원가를 나타내는데 단위당 변동원가는 일정하다. 만약 단위당 변동원가가 증가한다면 그림(a)에서 총변동원가선의 기울기의 경사는 올라갈 것이고, 그림(b)에서 단위당 변동원가는 현재보다 상향 평행이동할 것이다.

2. 고정원가

조업도수준의 변화에도 불구하고 총원가가 전혀 변화하지 않는 원가를 고정원가(fixed cost)라 한다. 예를 들어 한 달 임차료가 ₩10,000인 경우에 제품을 1단위 생산하여도 한 달 임차료는 ₩10,000이고, 제품을 2단위 생산해도 한 달 임차료는 ₩10,000이며, 제품을 100단위 생산해도 한 달 임차료는 ₩10,000이다. 이 경우 임차료는 생산량과 무관하게 일정액으로 발생하므로 고정원가에 해당한다. 고정원가는 총원가가 조업도수준과 무관하게 일정하고, 단위당 원가는 조업도의 증가에 따라 체감하는 특성을 가지고 있다. 조업도수준에 따른 총고정원가와 단위당 고정원가는 다음과 같이 나타낼 수 있다.

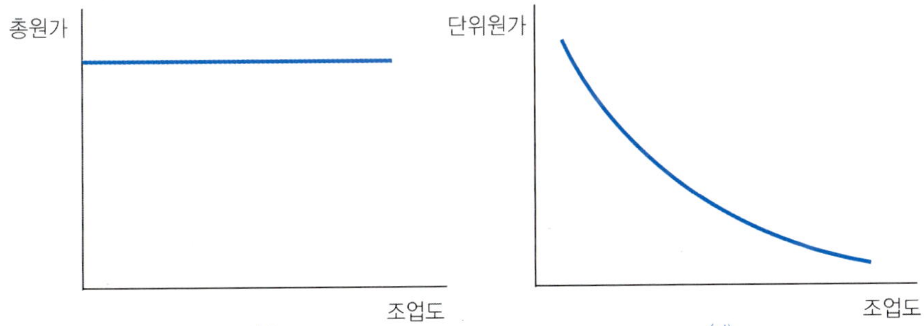

(c) (d)

한 가지 주의할 점은 고정원가는 일정한 관련범위가 유지되는 일정기간을 전제로 분석한다는 것이다. 여기서 관련범위(relevant range)란 현실적으로 달성 가능한 최저조업도와 최대조업도 사이의 범위를 의미한다. 따라서 우리가 분석하고자 하는 관련범위를 벗어나면 총고정원가도 변동될 수 있다.

2-3 제품원가와 기간비용

재무회계에서는 주로 상기업(merchandising firms)을 대상으로 한 회계처리문제를 다루는 데 반해 관리회계에서는 제조기업(manufacturing firms)을 대상으로 회계처리문제를 다룬다. 제조기업과 상기업의 차이는 제조기업은 판

로 분류될 것이다.

한편, 제품원가는 크게 직접재료원가·직접노무원가·제조간접원가로 세분되는데, 이에 관해서는 뒤에 자세히 설명할 것이다. 참고로 위에서 언급한 직접재료원가와 직접노무원가를 제외한 감가상각비·보험료·재산세 등의 원가들이 제조기능과 관련된 것이라면 모두 제조간접원가에 포함된다.

예제 2-1 제품원가와 기간비용의 구분

한중사는 김한국씨와 이중국씨가 운영하고 있는 제조업체이다. 지난 1년간 김한국씨의 급여는 ₩20,000이었고, 이중국씨의 급여는 ₩10,000이었다. 김한국씨는 판매 및 관리를 담당하고 있으며, 이중국씨는 제품생산을 담당하고 있다. 지난 1년 동안 한중사는 단일제품 갑을 100단위 생산하였는데, 그 중 80단위를 단위당 ₩500에 판매하였다. 제품 갑 100단위 생산에는 재료 ₩12,000어치가 사용되었다. 제시된 자료만을 이용하여 다음 물음에 답하시오.

[요구사항]

1. 지난해 한중사의 제품원가와 기간비용은 각각 얼마인가?
2. 지난해 한중사의 손익계산서와 재무상태표에 계상될 계정과목과 금액은 각각 얼마인가?

[해 답]

1. 제품원가 ₩10,000+₩12,000 = ₩22,000
   기간비용 ₩20,000
2. (1) 손익계산서(지난해 1년간)
   매 출 ₩40,000 (80단위 × ₩500)
   매출원가 ₩17,600 (₩22,000 × $\frac{80단위}{100단위}$)
   판매비와 관리비
   급 여 ₩20,000 (기간비용 ₩20,000의 100%)
   (2) 재무상태표(지난해 말 현재)
   재고자산
   완 제 품 ₩4,400 (제품원가 ₩22,000 × 20%)

위 예제에서 보는 바와 같이 동일한 급여라 하더라도 제품원가 또는 기간비용으로 구분됨에 따라 재무제표의 자산 및 비용에 미치는 영향은 매우 크다. 즉 판매 및 관리담당자인 김한국씨의 급여는 기간비용(당기비용)으로 처리하여 전액 ₩20,000이 손익계산서상의 비용(판매비와 관리비 중 급여)으로 계상된 반면, 생산담당자인 이중국씨의 급여 ₩10,000은 일단 제품원가(자산)로 처리된 후 그 중 판매된 부분인 ₩8,000(₩10,000의 80%)만 매출원가에 포함되어(소멸된 원가인 비용)으로 손익계산서에 계상되었다. 그리고 제품원가에 포함된 급여 중 판매되지 않고 남은 부분인 ₩2,000(₩10,000의 20%)은 당기비용으로 처리되지 않고 재고자산(미소멸원가)으로 재무상태표에 계상되었다. 따라서 우리는 제품원가와 기간비용의 구분이 기업의 보고이익에 직접적인 영향을 미치고 있음을 알 수 있다.

2. 제품원가의 요소

제품원가는 공장에서 제품을 생산하기 위해 소요되는 모든 원가를 집합적으로 총칭하는 것으로 이를 세분하면 직접재료원가, 직접노무원가, 그리고 제조간접원가의 세 부류로 나눌 수 있는데, 이들 세 부류를 흔히 제품원가의 3요소라고 한다.

(1) 직접재료원가

직접재료원가(direct materials cost)란 완제품으로 가공되어지는 주요 원재료의 취득원가를 말한다. 직접재료원가는 간접재료원가와는 달리 생산된 완제품에 직접적으로 식별·추적되어질 수 있는 제품원가이다. 이와 같은 주요 원재료는 생산되는 완제품의 유형에 따라 매우 다양하다. 가령 목재는 가구의 생산에 있어서 주요 원재료이며, 제철에는 철강석이, 석유제품에는 원유가 각각 주요 원재료이다.

(2) 직접노무원가

직접노무원가(direct labor cost)는 직접적으로 제품을 생산하는 데 공헌한 생산근로자의 임금을 말한다. 직접노무원가도 직접재원가와 마찬가지로 생산된 완제품에 직접적으로 추적되어질 수 있는 성질의 제품원가이다. 예를 들면 특정제품을 생산하는 데 소요된 생산근로자의 직접작업시간이 5시간이며 생산근로자의 시간당 평균임률이 ₩5,000이라면, 이때 이 특정제품과 관련지어 발생한 직접노무원가는 ₩25,000이다.

(3) 제조간접원가

제품원가 또는 제조원가 가운데서 직접재료원가와 직접노무원가를 제외한 것은 모두 제조간접원가(manufacturing overhead cost)에 포함된다. 제조간접원가는 제품의 생산과 관련해서 발생한 제조원가이지만 직접재료원가나 직접노무원가와는 달리 완성된 제품의 특정단위에 직접적으로 연결시키거나 추적시킬 수 없는 제조원가이다. 제조간접원가의 예로서는 생산활동의 수행과 관련해서 발생한 공장건물 및 설비에 대한 감가상각비, 공장소모품비, 공장자산에 대한 재산세, 보험료, 시설유지비, 동력비, 공장감독자의 급여, 간접재료원가, 간접노무원가, 유휴시간(idle time) 노무원가, 초과근무수당(overtime premium), 종업원 복리후생비(employee fringe benefits) 등이 있다.

제품원가 3요소

직접재료원가	완제품으로 가공되어지는 주요 원재료의 원가
직접노무원가	직접적으로 제품생산에 공헌한 생산근로자의 임금
제조간접원가	제조원가 중에서 직접재료원가와 직접노무원가 이외의 원가

한편, 제품원가의 3요소 중 직접재료원가와 직접노무원가는 제품의 기초가 되며 또한 제품에 쉽게 대응될 수 있으므로 합쳐서 기초원가(prime cost)라 하고, 직접노무원가와 제조간접원가는 원재료를 완제품으로 변환시키는 데 필요한 요소이므로 합쳐서 가공원가(conversion cost)라고 한다.

3. 제조기업의 재고자산계정

제품원가는 제품원가계산에서 완제품의 원가에 누적되는데, 이때 제품원가를 누적시키는 장소가 재공품계정이다. 재공품계정은 원재료계정이나 완제품계정과 마찬가지로 제조기업에 있어서 주요 재고자산 가운데 한 부류임과 동시에 생산이 완료되어 완제품원가가 산출되기 이전까지 모든 제품원가를 누적시키는, 즉 임시적으로 제품원가를 축적시키는 장소이다.

재고자산과 제품원가 간의 관계를 생산과정과 연결시켜 도표로 표시하면 <도표 2-2>와 같다.

도표 2-2 재고자산과 제품원가 간의 관계

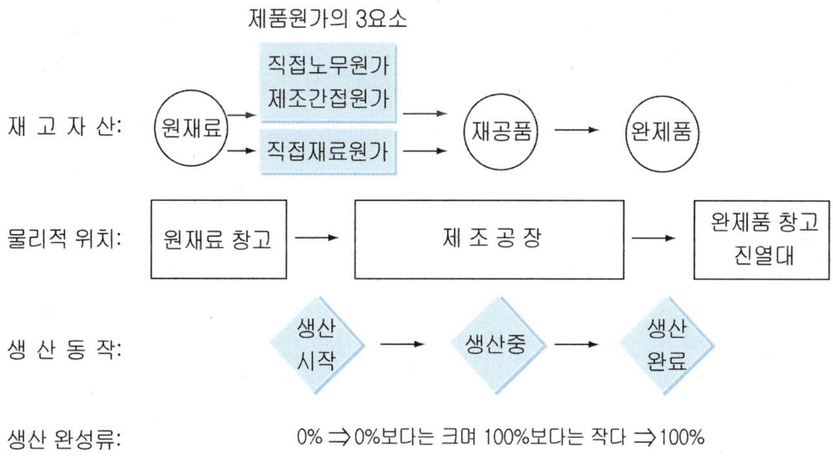

(1) 원 재 료

<도표 2-2>와 같이 원재료(raw materials)를 원재료창고에서 인출하여 제조공장에 투입함으로써 생산은 시작된다. 이때 투입된 주원재료의 원가를 직접재료원가라고 한다. 원재료는 주재료 이외에 부수적인 원재료로도 사용될 수 있는데, 이러한 부수적인 원재료는 간접재료원가라 하며, 이는 제조간접원가의 일부로 간주된다.

제조공장의 목적은 투입된 원재료를 가공하여 완성된 제품을 생산하는 것이다. 원재료가 제조공장에서 한 단계씩 완제품으로 진행해 갈 때마다 그만큼 제품원가가 투입되면서 그 가치는 늘어나는 것이다. 예를 들어 컨베이

어벨트를 생각해 본다면, 컨베이어벨트 위를 움직이면서 부수적인 부품이 투입되고, 노동력이 추가되면서 그 가치는 증가하는 것이다.

(2) 재 공 품

재공품(work in process)이란 제조공정에 투입된 원재료가 아직 완전히 가공이 끝나지 않아서 완제품이 되지 않고 생산가공중에 있는 상태의 것을 말한다. 따라서 재공품은 원재료나 완제품과는 구별되는 재고자산인데, 원재료와는 가공비의 일부가 투입되었다는 점에서 다르며 완제품과는 가공원가가 아직 100% 완전히 투입되지 않은 미완성인 상태에 있다는 점에서 다르다. 제품원가는 일단 발생되면 재공품계정에 집합누적되며, 재공품계정에 누적되어진 제품원가는 생산이 완료되면 모두 완제품계정으로 이전된다.

(3) 완 제 품

완제품(finshed goods)이란 원재료도 100% 투입되었고 가공원가도 100% 투입되어서 더 이상의 제품원가를 투입할 필요가 없는 상태의 재고자산을 말한다. 완제품 중 당기에 판매된 부분은 매출원가로 처리된다.

4. 제품원가, 기간비용, 그리고 제품원가 3요소의 분류

이상에서 설명한 제품원가와 기간비용 그리고 제품원가의 각 요소에 대한 분류를 도표로 나타내면 <도표 2-3>과 같이 요약된다.

<도표 2-3>에 나타난 바와 같이 한 기업에서 발생한 원가는 생산활동과 관련이 있는지의 여부에 따라 기간비용과 제품원가로 분류된다. 즉 생산활동과 관련이 있으면 제품원가이며, 관련이 없으면 당기의 기간비용으로 처리된다. 제품원가는 다시 직접재료원가나 직접노무원가와 같은 기초원가와 그 밖의 제품원가인 제조간접원가로 세분될 수 있다. 발생된 제품원가가 생산한 특정단위의 제품 또는 제품군에 직접적으로 귀속시키거나 관련지을 수 있으면, 이는 직접재료원가나 직접노무원가이고 그렇지 않으면 제조간접원가이다. 그러나 한 가지 예외적인 사항으로, 발생된 제품원가 가운데서 특정단

도표 2-3 제품원가와 기간비용의 분류

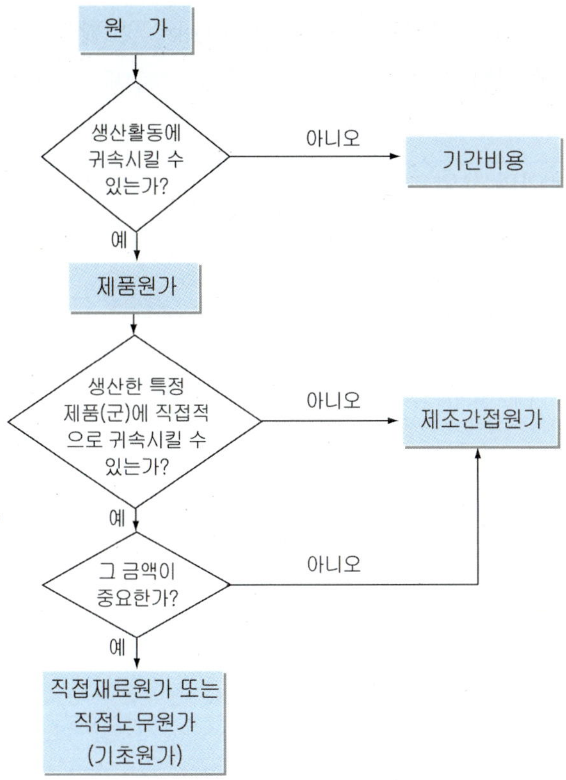

위의 제품(군)에 직접적인 귀속이 가능하다 하여도 그 금액이 그다지 크지 않을 때에는 편의상 중요성의 원칙을 적용하여 제조간접원가의 일부로 간주하게 된다. 이러한 예로서는 책을 만들 때 소요되는 풀이나 가구를 만들 때 소요되는 못, 사포 등과 관련되어 발생되는 원가 등을 들 수 있다. 이들 원가는 특정단위의 제품생산과 직접적으로 관련지을 수 있지만 편의상 제조간접원가의 한 유형인 간접재료원가로 처리하는 것이 일반적이다. 어떤 제품원가가 기초원가로 처리되면 이는 해당제품원가가 특정제품에 100% 직접 귀속됨을 의미한다. 반대로 제조간접원가로 처리되면 해당제품원가는 특정제품에 직접 귀속되어지는 것이 아니라 해당제조기간 동안에 수행된 모든 원가대상에 조금씩 배부되어짐을 의미하는 것이다. 이때 특정제품처럼 원가가 배부되거나 귀속되는 것을 원가대상(cost objectives)이라 하는데, 원가대상에는 위에서 설명한 제품뿐만 아니라 부서, 재공품, 직무(job) 및 활동(activities) 등이 있다.

이상에서 설명한 원가용어를 간단히 요약하면 <도표 2-4>와 같다.

도표 2-4 원가용어의 요약

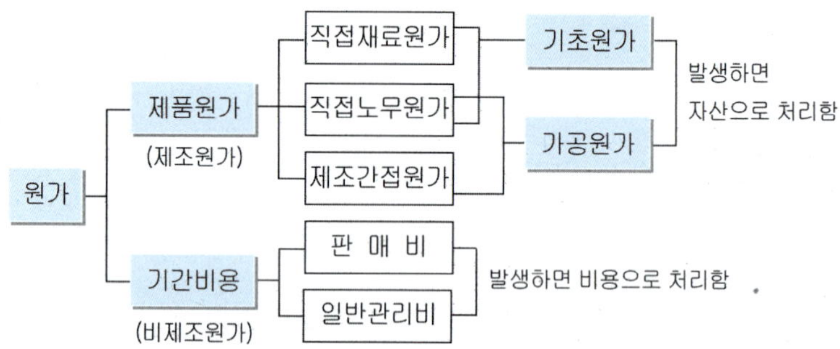

예제 2-2 원가분류

마포가구사에서 지난 1년간 발생한 원가는 다음과 같다.

원가항목	금 액
판매원 급여	₩5,000
목 재	5,000
사무실 임대료	1,000
공장시설유지비	500
모래종이(사포)	100
페인트 및 왁스	4,000
공장근로자 임금	10,000
공장청소원 임금	1,000
공장감독자 급여	2,000
기계감가상각비	500
광 고 비	200

동 력 비	1,000
사무실 소모품비	500
총 액	₩30,800

단, 동력비의 80%는 제조활동과 관련해서 발생한 것이며, 나머지 20%는 비제조활동과 관련 있는 것으로 조사되었다.

[요구사항]

위에서 제시된 원가를 각각 제품원가(직접재료원가, 직접노무원가, 제조간접원가)와 기간비용으로 구분하시오.

[해 답]

1. 제품원가		
직접재료원가:		
목 재	₩5,000	
페인트 및 왁스	4,000	₩9,000
직접노무원가:		
공장근로자 임금	10,000	10,000
제조간접원가:		
공장시설유지비	500	
모래종이	100	
공장청소원 임금	1,000	
공장감독자 급여	2,000	
기계감가상각비	500	
동력비(₩1,000×0.8)	800	4,900
총제품원가		₩23,900

2. 기간비용		
판매비와 관리비:		
판매원 급여	₩5,000	
사무실 임대료	1,000	
광 고 비	200	
동력비(₩1,000 × 0.2)	200	
사무실 소모품비	500	₩6,900
총기간비용		₩6,900

5. 제품원가의 흐름

앞에서 설명한 바와 같이 제품원가는 직접재료원가·직접노무원가·제조간접원가로 구성되며 기간비용과는 달리 자산으로 처리된 후 비용화된다. 이들 각 요소별 제품원가가 발생되면(즉 생산활동이 수행되면) 발생된 제품원가는 재고자산인 재공품계정에 집합, 누적된다. 그리고 생산활동이 끝나서 완제품이 생산되면 재공품계정에 누적되어 있던 제품원가는 또 다른 재고자산계정인 완제품계정으로 이전된다. 이와 같이 완제품계정에 이전될 때까지 발생된 모든 제품원가는 재고자산계정에 기입됨으로써 모두 자산처리되는 것이다. 그러나 완제품이 판매되면 수익을 창출하였으므로 재고자산인 완제품계정에 있었던 판매된 완제품의 제조원가는 다시 매출원가라는 비용계정으로 전환된다. 따라서 제품원가는 판매되는 시점에 자산으로부터 비용으로의 변환이 이루어지며 이때 매출이라는 수익을 창출하게 된다. 이러한 과정은 본장의 후반부에서 보다 자세히 설명될 것이다. 여기서는 다만 이러한 제품원가의 흐름을 <도표 2-5>를 사용하여 간략히 요약해 보고자 한다.

도표 2-5 제품원가의 흐름

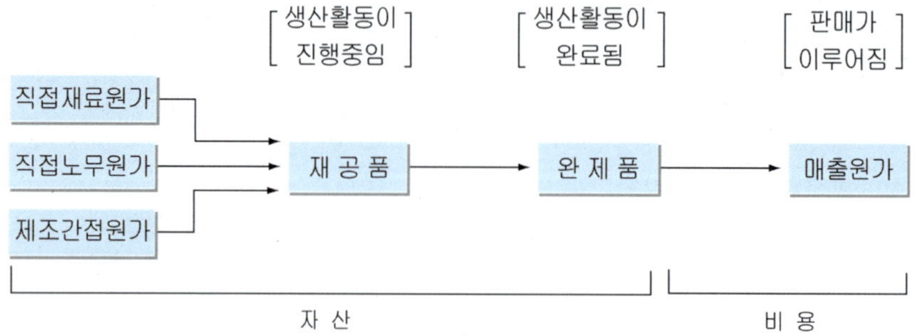

예제 2-3 제품원가의 흐름과 원가분류

신촌자동차회사는 자동차를 생산·판매하고 있다. 지난해 신촌사는 500개의 타이어를 개당 ₩100씩 구입하였는데 그 중 430개의 타이어를 사용하였다. 그런데 430개의 타이어 가운데 400개는 생산에 투입되었고, 나머지 30개는 회사 판매원이 사용하는 자동차의 헌 타이어를 새 것으로 교체하는 데 사용되었다. 지난해 생산에 착수한 자동차 가운데 75%는 생산이 완료되었으며 그 중 80%가 판매되었다. 단, 지난해 초 재고자산은 하나도 없었다. 주어진 정보만을 사용하여 다음 물음에 답하시오. 즉, 가공원가는 없는 것으로 가정하시오.

[요구사항]

지난해 말 다음 계정에 나타날 타이어의 원가는 얼마인가?

a) 원재료 기말재고　　b) 재공품 기말재고
c) 완제품 기말재고　　d) 매출원가
e) 판매비

[해　　답]

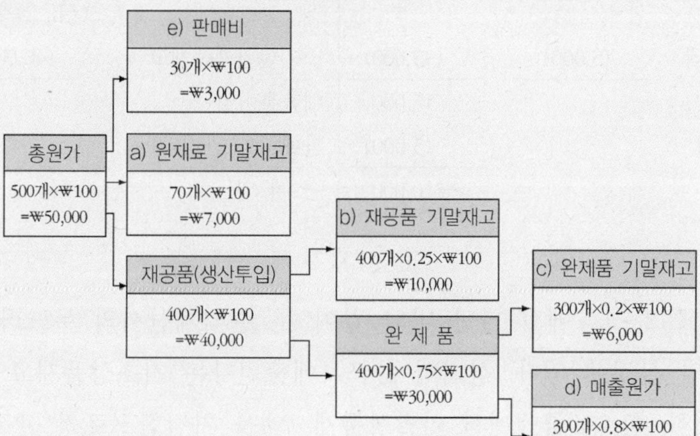

a) 원재료 기말재고액: ₩7,000
b) 재공품 기말재고액: ₩10,000
c) 완제품 기말재고액: ₩6,000
d) 매출원가: ₩24,000
e) 판매비: ₩3,000

6. 제조기업의 재무제표

상기업의 손익계산서와 제조기업의 손익계산서를 비교하면 <표 2-1>과 같다.

표 2-1 손익계산서: 상기업과 제조기업의 비교

상 기 업			제조기업		
매 출		₩50,000	매 출		₩100,000
매출원가:			매출원가:		
기초상품재고액	₩10,000		기초완제품재고액	₩20,000	
당기매입액	30,000		당기제품제조원가	80,000	
				(〈표 2-2〉 참조)	
기말상품재고액	(5,000)	(35,000)	기말완제품재고액	(40,000)	(60,000)
매출총이익		15,000	매출총이익		40,000
판매비와 관리비		(5,000)	판매비와 관리비		(10,000)
순 이 익		₩10,000	순 이 익		₩30,000

<표 2-1>에 나타난 바와 같이 두 손익계산서의 두드러진 차이는 매출원가의 산정에 있다. 상기업에서의 매출원가는 기초상품재고액에 당기매입액을 더한 후 그 금액에서 기말상품재고액을 차감함으로써 산정된다. 제조기업의 매출원가는 기초완제품재고액에 당기제품제조원가를 더한 후 그 금액에서 기말완제품재고액을 차감함으로써 산정된다. 따라서 제조기업에서는 매출원가를 산정하기 위해서는 먼저 당기제품제조원가를 산출해야 한다.

당기제품제조원가는 보통 별도의 보고서인 제조원가명세서(schedule of cost of goods manufactured)에서 산출되는데, 이를 예시해 보면 <표 2-2>와 같다.

표 2-2 제조원가명세서

직접재료원가:		
기초재료재고액	₩30,000	
당기재료매입액	40,000	
기말재료재고액	(20,000)	₩50,000
직접노무원가:		40,000
제조간접원가:		
간접재료원가	₩2,000	
간접노무원가	1,000	
광 열 비	1,500	
보 험 료	500	
재 산 세	2,000	
감가상각비 - 설비	1,000	
감가상각비 - 공장건물	1,500	
기타 제조간접원가	500	10,000
당기총제조원가		100,000
기초재공품재고액		20,000
기말재공품재고액		(40,000)
당기제품제조원가(〈표 2-1〉참고)		₩80,000

<표 2-2>에 나타난 바와 같이 제조원가명세서는 크게 제조원가의 3요소, 기초재공품원가, 그리고 기말재공품원가 등으로 구성되어 있다. 앞서 설명한 바와 같이 제조원가의 3요소는 직접재료원가·직접노무원가·제조간접원가이다. 재공품원가란 당해기간 말 현재 아직도 생산공정에 머물러 있는, 다시 말해서 부분적으로만 완성된 제품의 원가를 의미한다. 한편 상기업의 재무상태표에는 상품재고액이 재고자산으로 처리되며 제조기업의 경우에는 원재료, 재공품 및 완제품의 세 종류의 재고자산이 기록된다.

2-4 제품원가계산의 유용성과 유형

제품원가계산(product costing)이란 완제품을 생산하는 데 소요된 제반 제조원가를 재고자산에 부과(assign) 및 배부(allocate)시켜 그 결과 완제품을 생산하는 데 소요된 원가를 파악하는 절차이다. 구체적인 제품원가계산 절차를 알아보기 전에 우선 제품원가정보의 유용성과 제품원가계산의 유형에 대해 정리해 보고자 한다.

1. 제품원가정보의 유용성

(1) 재무제표의 작성

제품원가계산에서 산출되는 제품원가정보는 재무상태표에 나타날 재고자산을 평가하는 데 반드시 필요하다. 그리고 손익계산서에 보고될 매출원가를 산정하는 데에도 제품원가정보가 이용된다. 예를 들어 한 기업이 일정기간 동안 한 종류의 제품을 100단위 생산하였는데, 제품원가계산에서 산출된 총소요제조원가가 ₩100,000이었다고 하자. 이 기업은 같은 기간 동안 70단위를 판매하였으며 30단위의 완제품이 재고로 남게 되었다면, 재무상태표에 보고될 완제품재고는 ₩30,000이며 손익계산서에 보고될 매출원가는 ₩70,000이 됨을 알 수 있다. 이와 같이 제품원가정보는 재무제표를 작성하는 데 유용하다.

(2) 미래제품원가의 추정

원가계산절차에서 산출된 실제제품원가는 과거활동의 결과를 나타내어 준다. 과거활동의 결과는 미래활동의 결과를 예측함에 있어 더할 나위 없이 훌륭한 자료라는 점에서 제품원가계산에서 산출되는 제품원가정보는 미래의 제품원가를 예측하는 데 유용한 자료이다.

(3) 원가의 통제

경영자들이 원가계산을 하는 주요 목적 가운데 하나는 원가를 통제하려는 것이다. 즉 원가계산제도가 제공해 주는 실제원가정보를 표준원가와 비교함으로써 경영자들은 표준과 실제와의 차이를 파악할 수 있으며, 그 발생원인을 분석하여 원가통제를 위한 정보를 얻을 수 있다.

(4) 다양한 경영의사결정에 필요한 정보제공

경영자들은 원가계산제도가 제공해 주는 제품원가정보를 이용하여 다양한 의사결정을 내린다. 예를 들어 제품원가정보가 없다면 경영자들은 생산될 제품의 가격을 결정하는 데 많은 곤란을 느낄 것이다. 그리고 가격결정 이외에도 수많은 경영의사결정에 있어서 제품원가정보는 유용하게 사용된다.

2. 제품원가계산의 유형

제품원가정보를 산출하는 데 적합한 제품원가계산은 제품생산방식의 특징에 따라서 달라져야 한다. 즉 제품생산방식을 소품종대량생산과 다품종소량생산으로 구분한다면 소품종대량생산에는 종합원가계산(process costing system)이 적합할 것이며, 다품종소량생산의 경우에는 개별원가계산(job order costing system)이 더 적합할 것이다.

이와 같이 일반적으로 제품원가계산은 크게 개별원가계산과 종합원가계산의 두 유형으로 구분한다. 이들 원가계산은 제품원가를 어떻게 장부에 집계하느냐에 따라서 구분되는데, 개별원가계산은 발생된 제품원가를 각 개별 직무나 주문별로 집계하는 데 반하여 종합원가계산에서는 각 공정이나 부서별로 제품원가가 집계된다. 따라서 종합원가계산을 공정별 원가계산이라 하며, 개별원가계산을 주문별 원가계산이라 한다. 기업에서 어떠한 원가계산을 채택할 것인가 하는 문제는 제품의 생산방식에 의해 좌우될 것이다.

(1) 개별원가계산

개별원가계산이 적합한 제품은 서로 이질적인 제품이며 단일단위제품(single unit product)의 성격을 띠는 것이 좋다. 이러한 제품을 생산하는 산업으로는 건설업·가구제조업·조선업·병원·회계 및 법률사무소·광고대행업 등과 같은 산업을 들 수 있다. 개별원가계산에서 제품원가는 특정직무(또는 고객)에 누적되며, 제품원가를 누적시키는 도구는 재공품계정이므로 각 직무마다 하나씩의 보조재공품계정을 설치한다. 개별원가계산을 적용하는 상황에서 직무별 생산물은 일반적으로 불연속적(discrete)으로 생산이 완료되기 때문에 생산물의 완성시점에서 원가측정이 가능하다. 따라서 각 직무가 완성될 때마다 제품원가를 측정한다.

(2) 종합원가계산

종합원가계산이 적합한 제품은 연속적으로 대량생산되는 동질적인 제품을 생산하는 산업인데, 이러한 제품을 생산하는 산업으로는 화학·화공·유류·시멘트산업이 대표적이다. 종합원가계산 하에서는 공정(또는 부서)별로 제품원가가 누적되며, 각 공정별로 재공품계정이 설치된다. 종합원가계산에서의 생산공정은 연속적(continuous)으로 흐르면서 동질적인 생산물을 생산하기 때문에 인위적인 회계기간을 설정하고 그 기간 동안에 생산완료된 제품과 그 기간 말 현재 생산중인 제품(재공품)으로 나누어 제품원가를 배분하게 된다.

개별원가계산과 종합원가계산의 비교

	개별원가계산	종합원가계산
적용생산형태	개별생산형태(주문생산)	연속생산형태(시장생산)
제품의 종류	이종제품	동종제품
해당 업종	건설업, 조선업, 병원 등	화학, 유류, 시멘트업 등
원가누적	각 제품(고객)별로 누적	공정(부서)별로 누적
원가측정	개별제품 완성시점별 측정	인위적 기간별 측정

이상에서 선택된 원가계산의 유형은 결국 어떻게 제품원가를 집계해서 단위당 원가를 산출하느냐에 따라 구분된다. 개별원가계산이란 직무별로 제품원가를 누적해서 누적된 총제품원가를 해당 직무에서 생산한 물량으로 나누어서 단위당원가를 산출하는 데 반해, 종합원가계산은 부서별로 제품원가를 누적해서 누적된 총제품원가를 기말재공품과 완성품으로 나눈 다음 완성품에 할당된 총제조원가를 완성물량으로 나누어 단위당 원가를 산출한다.

2-5 개별원가계산의 개요

제품의 생산에 소요되는 원가는 크게 직접재료원가, 직접노무원가, 제조간접원가로 나눌 수 있는데 이를 제품원가의 3요소라 한다. 제품원가를 산출하기 위해서는 소요된 제품원가의 3요소를 누적시켜야 하는데, 개별원가계산에서 각 개별작업별로 제품원가를 집계하는 수단이 작업원가집계표(job cost sheet)이다. 따라서 작업원가집계표는 개별원가계산제도의 근간이 되는 가장 중요한 서류이다.

1. 직접재료원가의 측정

원재료가 생산라인에 투입됨으로써 생산공정이 시작되는데 생산되는 제품에 직접적으로 연결시킬 수 있는 원재료를 직접재료라 한다. 그리고 특정작업에 직접적으로 부과시킬 수 없는 원재료를 간접재료라 하는데, 이때 간접재료원가는 제조간접원가 속에 포함된다. 원재료는 재료출고청구서(materials requisition form)에 의해 원재료 창고에서 출하되어 생산에 투입되는데 재료출고청구서의 양식은 <표 2-3>과 같다.

표 2-3 재료출고청구서

재료출고 청구서 번호 ______________ 일 자 ______________

작업번호 ______________

부 문 ______________

명 세	수 량	단 가	총원가

확 인 자 ______________

<표 2-3>에 나타난 바와 같이 재료출고청구서는 원재료창고에서 출하되는 원재료의 종류와 수량 그리고 금액을 기입하고 출하되는 원재료원가가 어떠한 작업에 부과되는지를 밝혀주는 상세한 증빙서류이다. 이 증빙서류에 근거해서 개별작업에 누적될 직접재료원가가 측정된다. 측정된 직접재료원가는 작업원가집계표에 기입된다.

2. 직접노무원가의 측정

직접노무원가 역시 직접재료원가와 유사한 방법으로 측정된다. 직접노무원가에는 특정작업에 직접적으로 부과시킬 수 있는 노무원가만 포함되며, 특정작업에 직접적으로 부과시킬 수 없는 노무원가는 간접노무원가로 분류되어 제조간접원가에 포함된다.

노무원가는 일반적으로 각 근로자별로 매일 작성되는 작업일지를 근거로 측정된다. 이러한 작업일지를 근로자 작업전표(employee time ticket)라 부르는데, 여기에는 근로자별로 일과 중에 특정작업에 종사한 작업시간표가 기록되어져 있다. 즉 특정작업을 수행할 때 해당 근로자는 작업전표에 작업번호와 함께 특정직무를 수행하는 데 소요된 시간 수를 기입한다. 주변청소 및 기계수선 등과 같이 특정직무와 관련 없는 활동을 한 경우에는 작업번호 대신 활동내용과 함께 소요시간을 기입하게 된다. 근로자 작업전표 양식은 <표

2-4>와 같다.

표 2-4 근로자 작업전표

작업전표 번 호 ____________ 일 자 ________

근 로 자 ____________ 작 업 장 ________

착수시각	완료시각	소요시간	임 률	노무원가	작업번호
총 계					

감 독 자 ________

하루 일과가 끝나면 회계부서에서는 작업전표를 수집하여 각 작업별로 직접노무원가를 산정하여 해당 직무에 부과시키고 간접노무원가를 산정하여 제조간접원가에 포함시킨다. 측정된 직접노무원가는 개별작업별로 작업원가 집계표에 기입된다. 따라서 근로자작업전표는 회계장부에 노무원가를 기입하는 근거가 되는 증빙서류이다.

3. 제조간접원가의 배부

(1) 제조간접원가 배부의 어려움

앞서 설명한 바와 같이 제조간접원가는 직접재료원가 및 직접노무원가와 함께 제품원가를 산정하는 데 반드시 포함시켜야 할 요소이다. 그러나 제조간접원가는 직접재료원가나 직접노무원가와는 달리 특정 제품단위에 배부하기가 매우 어렵다. 제조간접원가는 특정 생산물에 직접적으로 식별시킬 수 없는 간접원가로 정의되기 때문이다. 또한 제조간접원가는 직접재료원가나 직접노무원가와 달리 단일항목이 아니라 간접재료원가·간접노무원가·감독자 급료·감가상각비·동력비·보험료 등 다양한 항목들을 내포하고 있다. 이러한 제조간접원가의 상당 부분은 고정원가이므로 제조간접원가는 직접재료원가나 직접노무원가와는 달리 생산량이 증가하여도 비례적으로 증가하지 않고 상대적으로 일정수준을 유지하는 경향이 있다.

(2) 제조간접원가 배부기준

위와 같은 이유로 제조간접원가를 생산된 제품에 할당하는 방법은 체계적인 배부과정을 통해 이루어질 수밖에 없다. 수많은 항목으로 구성된 제조간접원가의 실제원가를 전부 파악하려면 시간이 많이 소요되므로 제조간접원가의 배부절차는 실제발생액보다 예정액을 가지고 이루어진다. 또한 제조간접원가의 개별직무에의 배부는 활동기준(activity base)에 의해 이루어지는데 제조간접원가를 배부하는 활동기준을 배부기준이라 한다. 배부기준의 예로는 직접작업시간·직접노무원가·기계시간 등을 들 수 있으며, 어떤 기준을 사용하느냐에 따라서 특정직무 및 제품에의 제조간접원가배부액이 달라진다. 따라서 경영자는 배부기준을 선정할 때 활동기준과 제조간접원가 발생의 연관관계를 고려해야 한다.

(3) 제조간접원가의 예정배부

제조간접원가예정액을 배부기준예정치로 나누면 제조간접원가예정배부율(predetermined overhead rate)이 산출된다. 예를 들어 제조간접원가예정액이 ₩1,500,000이고 배부기준은 직접작업시간인데, 예상되는 직접작업시간이 1,000시간이라면 제조간접원가예정배부율은 작업시간 한 시간당 ₩1,500이 된다. 제조간접원가의 특정작업에의 배부액은 특정작업을 수행하는 데 소요된 실제 배부기준(직접작업시간)의 수에 제조간접원가예정배부율을 곱한 액수이다. 즉 한 작업을 수행하는 데 직접작업시간이 15시간 소요되었다면, 그 작업에 배부되는 제조간접원가는 ₩22,500(15×₩1,500)이 된다. 이와 같이 산출되는 제조간접원가배부액은 작업원가집계표에 집계된다. 이로써 작업원가집계표에는 직접재료원가·직접노무원가·제조간접원가배부액의 제조원가 3요소가 모두 누적되는 것이다.

4. 작업원가집계표

작업원가집계표(job cost sheet)의 양식은 <표 2-5>와 같다.

표 2-5 작업원가집계표

작업번호 ______________ 착 수 일 ______________
부 서 ______________ 완 료 일 ______________
품 명 ______________ 수 량 ______________

직접재료원가		직접노무원가			제조간접원가		
재료청구서번호	금 액	작업전표번호	소요시간	금 액	소요시간	배부율	금 액

총 액 ______________

작업원가집계표를 보면 개별작업별로 직접재료원가·직접노무원가·제조간접원가를 집계하는 서류임을 쉽게 알 수 있다. 즉 각 작업별로 작업원가집계표가 마련되는데 작업원가집계표는 바로 개별원가계산제도에서 작업별 제품원가를 집계하는 경우 재공품계정의 보조원장계정의 역할을 하는 것이다. 직접재료원가와 직접노무원가는 개별작업에 직접적으로 추적되고 제조간접원가는 배부되어 집계된 총제조원가를 생산수량으로 나누면 단위당 원가가 산출되는 것이다.

5. 재고계정

개별원가계산제도에서 사용되는 재고계정에는 통제계정과 통제계정별 보조원장계정이 모두 포함된다. 총계정원장에 포함되는 재고통제계정으로는 원재료재고·재공품재고·완제품재고가 있다. 보조계정 속에는 각 재고통제계정별로 보다 상세한 보조정보가 포함된다. 재고계정의 통제계정과 보조계정의

2-7 제조간접원가 배부차이의 조정

앞서 설명한 바와 같이 제품원가의 3요소는 직접재료원가·직접노무원가·제조간접원가인데, 개별원가계산제도에서 작업원가집계표(job cost sheet)에 제품원가를 누적시킬 때에는 직접재료원가와 직접노무원가는 실제발생액을 기입하나 제조간접원가는 배부액을 기입한다. 따라서 재공품과 재공품 이후에 제품원가가 기록되는 계정인 완제품 및 매출원가에서는 제조간접원가가 배부액으로 평가되어진다. 그런데 제조간접원가의 경우에 실제발생액 대신 배부액으로 계상하는 이유가 임시적으로 편의를 도모하고 내부의사결정에 도움을 주기 위한 것이라면, 마땅히 실제발생액이 파악된 연후에 외부보고를 위한 재무제표를 작성하기 위해서는 배부액에서 실제발생액으로 전환시켜주는 조정절차가 필요하다.

조정절차를 설명하기 전에 우선 가상 제조기업인 서강사의 제조간접원가 예정배부율이 다음과 같이 결정되었다고 가정하자.

$$\text{제조간접원가예정배부율} = \frac{\text{1년간 제조간접원가총예상액}}{\text{1년간 총예상 직접작업시간}} = \frac{₩100{,}000}{25{,}000\text{시간}}$$

$$= ₩4/\text{시간}$$

2012년 8월 한달간 서강사의 제조간접원가와 관련된 거래를 T−계정으로 요약해 보면 <표 2−8>과 같다.

표 2−8 제조간접원가의 배부

제조간접원가

차변		대변	
③	7,200	13,780	⑤
④	7,090		
	14,290	13,780	
잔액	510		

배부액
₩4 ×3,445시간

재 공 품

차변		대변
기초	97,315	
②	14,600	
③	27,985	
⑤	13,780	

우선 <표 2-8>의 제조간접원가계정에 기입된 금액의 성격을 보면 차변에 기입된 것은 간접노무원가·공장소모품비·공장자산감가상각비·공장수선유지비·동력비·공장자산재산세 등 제조간접원가 실제발생액임을 알 수 있다. 반면에 제조간접원가계정의 대변에 기입된 것은 제조간접원가예정배부율(₩4/시간)에 개별작업 수행시 사용된 실제작업시간(3,445시간)을 곱해서 결정된 제조간접원가배부액임을 알 수 있다. <표 2-8>에 나타난 바와 같이 재공품계정 차변에는 제조간접원가 실제발생액(₩14,290)이 아닌 배부액(₩13,780)이 기입되는 것이다.

또한 <표 2-8>에서 제조간접원가계정잔액이 차변에 나타난 것은 실제발생액(₩14,290)이 배부액(₩13,780)보다 크기 때문이며 이 경우는 제조간접원가가 부족배부되었다고 한다. 이때 제조간접원가 부족배부액은 ₩510이다. 즉 부족배부되었다는 의미는 실제발생액보다 배부액이 적음을 의미하며, 따라서 재공품과 제품원가 관련계정인 완제품 및 매출원가가 실제보다 과소계상되었음을 의미한다. 반면에 초과배부되었다는 의미는 실제발생액보다 배부액이 많음을 의미한다. 실제발생액과 배부액간의 차이(초과배부액 또는 부족배부액)를 조정하는 방법은 크게 세 가지가 있다.

1. 매출원가조정법

첫 번째 방법은 차액이 크지 않을 경우 적용되는 것으로 차액을 모두 매출원가계정에서 조정하는 방법이다. 서강사의 경우 첫 번째 방법을 적용시켜 보면 다음과 같은 분개를 행하게 된다.

매출원가	510*		
		제조간접원가	510

* ₩14,290 − ₩13,780 = ₩510

즉 발생된 제품원가는 궁극적으로 재공품계정에서 완제품계정으로 그리고 모두 매출원가계정으로 흘러가기 때문에 간단히 매출원가계정만을 조정함으로써 제조간접원가의 부족배부액이나 초과배부액을 처리하는 것이다. 위의 예에서 제조간접원가가 부족배부되었으므로 조정전 매출원가가 과소계상되어 있었을 것이다. 결국 위의 분개를 통해서 매출원가의 차변에 ₩510이 기입되었으므로 과소계상된 매출원가가 그만큼 커지는 방향으로 올바르게 조정된 것이다.

2. 총원가비례법

두 번째 방법은 내부차액이 큰 경우에 사용하는데 그 차액을 매출원가뿐만 아니라 재공품과 완제품계정 기말잔액에까지 모두 조정시키는 것이다. 이 경우 각 계정에 부과되는 금액은 각 계정의 조정전 잔액에 비례해서 결정된다. 위의 예에서 서강사의 경우 각 관련계정에 배부된 금액과 이에 따른 분개는 다음과 같다.

관련계정	조정 전 잔액	비율(%)	부족배부액	할당액
재 공 품	₩15,060	6.5%	₩510	₩33
완 제 품	69,315	30.0	₩510	153
매출원가	146,755	63.5	₩510	324
총 액	₩231,130	100.0%		₩510

재 공 품	33		
완 제 품	153		
매출원가	324		
		제조간접원가	510

3. 원가요소비례법

마지막으로 세 번째 방법은 두 번째 방법과 유사하나 차액을 배부할 경우 그 기준을 재공품재고, 완제품재고 및 매출원가에 포함되어 있는 제조간접원가를 사용하는 방법이다. 이론적으로는 이 방법이 가장 정확한 배부차액 조정 방법이라고 하겠다.

2-8 제조원가 및 매출원가명세서

이상에서 예시한 서강사의 8월 중 거래내용을 이용해서 제조원가 및 매출원가명세서를 작성해 보면 <표 2-9>와 같다.

표 2-9 제조원가 및 매출원가명세서

서 강 사		2012. 8
직접재료원가:		
기초원재료재고액	₩18,800	
당기원재료매입액	19,700	
기말원재료재고액	(23,900)	₩14,600
직접노무원가		27,985
제조간접원가배부액		13,780
당기총제조원가		56,365
기초재공품재고액		97,315
기말재공품재고액		(15,060)
당기제품제조원가		138,620
기초완제품재고액		77,450
판매가능제품원가		216,070
기말완제품재고액		(69,315)
조정전 매출원가		146,755
조정: 부족배부액		510
조정후 매출원가		₩147,265

<표 2-9>에 조정 전 매출원가와 조정 후 매출원가가 나타나 있는데, 조정 후 매출원가 ₩147,265이 손익계산서의 매출원가 난에 기록될 금액이다. 물론 여기서는 제조간접원가 배부차이를 전액 매출원가에서 조정한 것으로 가정한 것이다.

예제 2-4 제조원가명세서와 손익계산서의 작성

다음은 신촌회사의 2012년 3월 손익계산서이다.

손익계산서
2012. 3. 1~2012. 3. 31

매 출 액		₩450,000
비 용:		
간접노무원가	₩12,000	
소모품비	15,000	
직접노무원가	90,000	
감가상각비(공장설비)	21,000	
직접재료구입	159,000	
감가상각비(판매장비)	18,000	
보 험 료	4,000	
설비임차료	50,000	
기타판매비와 관리비	32,000	
광 고 비	75,000	(476,000)
순 손 실		₩(26,000)

추가정보:

(a) 소모품비의 60%와 보험료의 75%는 제조와 관련된 비용이고, 나머지는 판매비와 관리비인 것으로 조사되었다.

(b) 기초와 기말재고 내역은 각각 다음과 같다.

	기 초	기 말
원 재 료	₩8,000	₩27,000
재 공 품	16,000	21,000
완 성 품	40,000	60,000

(c) 설비임차료의 80%는 제조부문의 비용이며, 나머지는 판매 및 관리부문의 비용이다.

[요구사항]

1. 제조원가명세서를 작성하시오.
2. 정확한 손익계산서를 작성하시오.

[해 답]

1. 제조원가명세서

직접재료원가	₩140,000	*1
직접노무원가	90,000	
제조간접원가	85,000	*2
당기총제조원가	315,000	
기초재공품	16,000	
기말재공품	(21,000)	
당기제품제조원가	₩310,000	

*1 8,000+159,000−27,000=140,000

*2 12,000+15,000×60%+21,000+4,000×75%+50,000×80%=85,000

2. 손익계산서

매 출		₩450,000	
매출원가			
완제품 기초재고	₩40,000		
당기제품제조원가	310,000		
완제품 기말재고	(60,000)	(290,000)	
매출총이익		160,000	
판매비와 관리비		(142,000)	*3
당기순이익		₩18,000	

*3 15,000×40%+18,000+4,000×25%+50,000×20%+32,000+75,000=142,000

2-9 종합예제

서강사는 개별원가계산제도를 사용하고 있으며, 기계사용시간을 제조간접원가 배부기준으로 사용하고 있다. 2012년 한해 동안 총제조간접원가는 ₩120,000을 예상하고 있으며, 추정기계사용시간은 총 20,000시간이다. 동 기간 동안 다음과 같은 거래가 발생했다. 단 기초재고는 없었고 원재료 1톤당 1톤의 완제품을 생산하였다.

(a) 톤당 ₩150씩 2,000톤의 원재료를 외상으로 구입하였다.

(b) 공장소모품 ₩38,000을 외상으로 구입하였다.

(c) 원재료 1,500톤과 소모품 ₩32,000을 생산에 투입하였다.

(d) 총 18,000작업시간을 사용하였는데 시간당 임률은 ₩12이었다. 총작업시간 중 10%는 간접노무원가이다.

(e) 아래와 같은 제조간접원가가 발생되었다.

감가상각비	₩32,500
동 력 비	15,000
수선유지비	8,500
기타 제조간접원가	7,800
총 액	₩63,800

(f) 기계사용시간은 22,000시간이였다.

(g) 2012년도에 완성된 작업의 총제조원가는 ₩510,000이다.

(h) 2012년도에 판매된 작업의 매출원가는 ₩480,000이다.

[요구사항]

1. 필요한 분개를 행하시오.
2. 제조간접원가계정에 실제발생액과 배부액을 기입하고 초과배부액(또는 부족배부액)이 얼마인지 나타내시오.
3. 2.에서 나타난 제조간접원가의 실제발생액과 배부액의 차이가 큰 금액이 아니라고 가

정하고 이를 조정하는 분개를 행하시오.

[해　답]

1. ① (차) 원 재 료 300,000 (대) 매입채무 300,000
② (차) 소 모 품 38,000 (대) 미지급비용 38,000
③ (차) {재 공 품 225,000 / 제조간접원가 32,000} (대) {원 재 료 225,000 / 소 모 품 32,000}
④ (차) {재 공 품 194,400 / 제조간접원가 21,600} (대) 미지급급료 216,000
⑤ (차) 제조간접원가 63,800 (대) {감가상각누계액 32,500 / 미지급비용 31,300}
⑥ (차) 재 공 품 132,000 (대) 제조간접원가 132,000*

* 22,000 기계시간 × $\frac{120,000}{20,000}$ = 132,000

⑦ (차) 완 제 품 510,000 (대) 재 공 품 510,000
⑧ (차) 매출원가 480,000 (대) 완 제 품 480,000

2.

제조간접원가

발　생	32,000	배　부	132,000
	21,600		
	63,800		
초과배부액	14,600		
	132,000		132,000

3. (차) 제조간접원가 14,600 (대) 매출원가 14,600

2-10 요 약

1. 제품원가계산의 의의와 유용성

제품원가계산이란 완제품을 생산하는 데 소요된 제반 제조원가를 재고자산에 부과 및 배부시켜 완제품을 생산하는 데 소요된 원가를 파악하는 절차이다. 제품원가에 대한 정보는 경영자들에게 매우 유용하다. 특히 경영자들은 재무제표의 작성, 미래제품원가의 추정, 원가의 통제 및 제품가격의 결정 등을 위해서 제품원가에 대한 정보를 필요로 한다.

2. 개별원가계산과 종합원가계산

제품원가계산을 위해 사용되고 있는 방법으로는 개별원가계산방법과 종합원가계산방법이 있다. 전자는 다품종소량생산방식에 적합한 원가계산방법이고, 후자는 소품종대량생산방식에 적합한 원가계산방법이다. 개별원가계산은 가구제조업·조선업·건설업·병원·회계 및 법률사무소 등에서 많이 이용되는 반면, 종합원가계산은 화학·화공·유류·시멘트산업 등에서 사용된다.

개별원가계산과 종합원가계산의 비교

	개별원가계산	종합원가계산
적용생산형태	개별생산형태(주문생산)	연속생산형태(시장생산)
제품의 종류	이종제품	동종제품
해당 업종	건설업, 조선업, 병원 등	화학, 유류, 시멘트업 등
원가누적	각 제품(고객)별로 누적	공정(부서)별로 누적
원가측정	개별제품 완성시점별 측정	인위적 기간별 측정

3. 작업원가집계표

개별원가계산제도에서 제품원가를 산출하기 위해서는 소요된 제품원가의 3요소를 누적시켜야 한다. 이때 제품원가를 집계하는 수단으로 이용되는 가장 중요한 서류는 작업원가집계표(job cost sheet)이다. 직접재료원가는 재료출고신청서에 근거하여, 직접노무원가는 근로자 작업전표(employee time ticket)에 근거하여, 그리고 제조간접원가는 제조간접원가배부표에 의하여 산출된다. 제조간접원가는 직접재료원가나 직접노무원가와는 달리 특정 제품단위에 부과하기가 매우 어렵기 때문에 체계적인 방법에 의하여 배부되는데 배부기준으로는 직접작업시간·직접노무원가·기계작업시간 등이 많이 이용되고 있다.

4. 제조간접원가 예정배부와 차이조정

제조간접원가 예정배부율은 제조간접원가예정액을 배부기준예정치로 나누어서 산출된다. 그런데 제조간접원가예정배부율은 추정치에 근거하여 계산되기 때문에 제조간접원가 실제발생액과 배부액간에는 차이가 나타날 수 있는데 이러한 차이를 제조간접원가 배부차이라 한다. 차이를 조정하는 방법에는 세 가지가 있다. 첫째, 차액이 크지 않은 경우에는 차액을 모두 매출원가계정에서 조정하는 방법이 있고 둘째, 차액이 큰 경우에는 매출원가재공품, 완제품계정의 총잔액을 기준으로 각 계정에서 조정시켜주는 방법이 있으며, 셋째, 둘째와 같은 방법으로 하되 총잔액을 기준으로 하지 않고 각 계정잔액에 포함된 제조간접원가를 기준으로 조정하는 방법이 있다.

Management Accounting

익/힘/문/제

01 제품원가정보는 경영자들의 다양한 의사결정에 유용하게 이용될 수 있다고 한다. 경영자들이 제품원가정보를 필요로 하는 이유를 설명하시오.

02 제품원가를 산출하는 방법은 제품생산방식에 따라서 개별원가계산과 종합원가계산의 두 가지유형으로 구분할 수 있다. 양 원가계산방법의 의의·차이점을 비교 기술하고, 어느 산업 혹은 기업들에서 사용될 수 있는지 예를 들어 보시오.

03 개별원가계산제도에서 직접재료원가·직접노무원가·제조간접원가는 각각 어떻게 측정할 수 있는가?

04 근로자작업전표(employee time ticket)란 무엇인가?

05 작업원가집계표(job cost sheet)를 작성하는 목적은 무엇인가?

06 기업들이 제조간접원가를 제품단위에 배부함에 있어서 실제 제조간접원가발생액이 아닌 제조간접원가 예정배부율을 이용하는 이유는 무엇인가?

07 제조간접원가 예정배부율의 의의와 계산방법을 설명하시오.

08 제조간접원가 예정배부율을 계산하는 데 이용되는 배부기준들로는 어떠한 것들이 고려될 수 있는지 설명하시오.

09 제조간접원가 초과배부와 부족배부는 무엇을 의미하며, 이들을 기말에 조정하는 방법에 대해 설명하시오.

10 제조간접원가가 부족배부되는 이유를 들고 설명하시오.

11 제품원가를 집계하는 방법에는 개별원가계산과 종합원가계산방법이 있다. 다음의 각 상황에 보다 적절한 원가계산방법은 무엇인가? 개별원가계산이면 "J", 종합원가계산방법이면 "P"로 표시하시오.

① 가구제조업( )	② 화학산업( )	③ 조선업( )
④ 광고대리점( )	⑤ 유류산업( )	⑥ 세멘트산업( )
⑦ 병원( )	⑧ 건설업( )	⑨ 법률사무소( )

Chapter 02 연습문제 Management Accounting

[객관식]

1 (주)감평의 2009년도 기초와 기말재고에 관련된 자료는 다음과 같다.

	2009년 1월 1일	2009년 12월 31일
원재료	₩50,000	₩60,000
재공품	70,000	50,000
제　품	55,000	35,000

2009년 동안 원가와 비용은 다음과 같다.

원재료 구입액	₩500,000
직접노무원가	250,000
공장 간접노무원가	100,000
공장건물 감가상각비	70,000
영업부사무원 급료	50,000

위 자료를 이용하여 당기의 매출원가를 구하면 얼마인가?

① ₩970,000　② ₩960,000　③ ₩880,000
④ ₩950,000　⑤ ₩1,000,000

2 다음은 (주)감평의 2009년 12월 31일로 종료되는 회계연도의 회계자료의 일부분이다.

직접재료재고액의 증가	₩15,000
제품재고액의 감소	35,000
직접재료 구입액	430,000

직접노무원가	200,000
제조간접원가	300,000
판 매 비	45,000

연초 및 연말의 재공품은 없었다. (주)감평의 2009년도의 매출원가는 얼마인가?

① ₩950,000 ② ₩965,000 ③ ₩975,000
④ ₩985,000 ⑤ ₩995,000

3 서강회사는 개별원가계산제도를 채택하고 있다. 제품A의 제조와 관련한 다음의 자료를 토대로 당기에 발생한 제품A의 직접재료원가를 구하면 얼마인가? (2005, 세무사)

- 당기총제조원가: ₩6,000,000
- 당기제품제조원가: ₩4,900,000
- 제조간접원가는 직접노무원가의 60%가 배부되었는데 이는 당기총제조원가의 25%에 해당한다.

① ₩4,125,000 ② ₩2,000,000 ③ ₩4,500,000
④ ₩3,600,000 ⑤ ₩900,000

4 (주)세무의 20×1년도 기초 및 기말 재고자산은 다음과 같다.

	기초잔액	기말잔액
원 재 료	₩34,000	₩10,000
재 공 품	37,000	20,000
제 품	10,000	48,000

원재료의 제조공정 투입금액은 모두 직접재료원가이며, 20×1년 중에 매입한 원재료는 ₩76,000이다. 20×1년의 기본원가(prime costs)는 ₩400,000이고, 전환원가(가공원가: conversion costs)의 50%가 제조간접원가이다. (주)세무의 20×1년 매출원가는 얼마인가? (2014, 세무사)

① ₩679,000 ② ₩700,000 ③ ₩717,000
④ ₩727,000 ⑤ ₩747,000

5 (주)서강은 실제원가시스템을 사용하고 있으며 20×1년 1월 1일 기초재고자산은 다음과 같다.

직접재료 ₩25,000　　재공품 ₩30,000　　제품 ₩28,000

20×1년 기중 직접재료 매입액은 ₩100,000이며 직접노무원가 소비액은 가공원가의 60%이다. 제조간접원가 발생액은 ₩50,000이다. 기중 매출액은 ₩400,000이며 매출총이익률은

40%이다. 20×1년 12월 31일의 기말재고자산(직접재료+재공품+제품)의 원가합계는?

① ₩38,000 ② ₩48,000 ③ ₩58,000
④ ₩68,000 ⑤ ₩75,000

6 서강회사는 개별원가계산을 사용하고 있으며, 직접노무원가의 150%를 제조간접원가로 예정배부하고 있다. 제조간접원가 배부차이는 전액 매월 말 매출원가에서 조정한다.

기초재공품:	직접재료원가	₩6,000	당기투입원가:	직접재료원가	₩45,000
	직접노무원가	4,000		직접노무원가	36,000
	제조간접원가	6,000		실제제조간접원가	59,000
	계	₩16,000		계	₩140,000

당월중 제조간접원가 배부차이는 얼마인가? (1998, CPA)

① ₩5,000과대배부 ② ₩5,000과소배부 ③ ₩7,000과대배부
④ ₩7,000과소배부 ⑤ ₩－0－

7 서강공업은 제조원가 항목을 직접원가항목인 직접재료원가, 직접노무원가, 직접경비(외주가공원가 및 설계비)와 간접원가항목인 제조간접원가로 분류한 후 예정배부기준에 의해 원가계산을 한다. 다음 자료를 이용하여 제조간접원가 예정배부액과 실제발생액간의 배부차이를 구하시오.
(2003, 세무사)

(1) 기초와 기말의 제조원가 관련 계정잔액:

구 분	원재료	선급 외주가공원가	미지급 설계비	재공품	제 품
기초잔액	₩500,000	₩100,000	₩150,000	₩700,000	₩750,000
기말잔액	600,000	80,000	80,000	400,000	550,000

(2) 당기중 원재료 구입액은 ₩1,890,000이다.

(3) 당기중 직접경비로서 외주가공원가 관련 현금 지출은 ₩180,000이며, 설계비 관련 현금 지출은 ₩460,000이다.

(4) 제조간접원가는 직접노무원가의 50%를 예정배부한다.

(5) 제조간접원가 실제발생액은 ₩300,000이다.

(6) 당기의 매출원가는 ₩3,660,000이다.

(7) 제조간접원가 배부차이는 비정상적인 것으로 간주하여 영업외비용으로 처리한다.

① ₩40,000 과소배부 ② ₩40,000 과대배부 ③ ₩46,000 과소배부

④ ₩46,000 과대배부 ⑤ ₩35,000 과소배부

8 (주)한라는 2007년 초에 설립되었으며 정상원가계산(normal costing)을 적용하고 있다. 제조간접원가는 직접노무시간을 기준으로 예정 배부한다. 회사는 제조간접원가 배부차이를 기말재고자산 및 매출원가에 포함된 제조간접원가 예정배부액에 비례하여 안분한다. 당기에 기말재공품, 기말제품 및 매출원가에는 1 : 3 : 4의 비율로 제조간접원가가 각각 예정배부 되었고, 기말재공품에 차감하여 조정된 배부차이는 ₩2,500이었다. 당기의 실제 제조간접원가는 ₩180,000이고, 실제 직접노무시간은 총 1,250시간이었다면, 제조간접원가 예정배부율은 직접노무시간당 얼마인가? (2008, CPA)

① ₩144 ② ₩160 ③ ₩168
④ ₩170 ⑤ ₩178

9 본사와 생산공장이 동일 건물에 소재하는 (주)대한의 3월 중 발생한 비용과 재고자산 자료는 다음과 같다. 3월 중 직접재료 매입액은 ₩1,200,000이며, 매출액은 ₩7,400,000이다. (2009, 세무사)

<3월 중 발생비용>

직접노무원가	₩3,000,000
공장감독자급여	100,000
기타 제조간접원가	200,000
전기료(본사에 40%, 공장에 60% 배부)	200,000
감가상각비(본사에 20%, 공장에 80% 배부)	500,000
본사의 기타 판매관리비	400,000
합 계	₩4,400,000

<재고자산>

	3월초	3월말
재공품재고	₩1,000,000	₩800,000
직접재료재고	300,000	100,000
제품재고	700,000	400,000

위의 자료를 도대로 (주)대한의 3월 1일부터 3월 31일까지의 영업이익을 구하면 얼마인가?

① ₩1,000,000 ② ₩1,100,000 ③ ₩1,280,000
④ ₩1,600,000 ⑤ ₩1,680,000

10 다음은 정상원가계산을 사용하는 (주)대한의 2009년 1년 동안의 제조간접원가계정으로서 배부차이를 조정하기 직전 기록이다.

제조간접원가	
90,000	70,000

다음 물음에 대한 답을 올바르게 나열한 것은?

(A) 2009년의 제조간접원가 실제발생액은 얼마인가?

(B) 2009년의 제조간접원가 배부액은 얼마인가?

(C) 회사는 제조간접원가 배부차이를 매출원가에서 조정하고 있다. 배부차이를 조정하기 위해 필요한 분개는? (2009, 세무사)

	(A)	(B)	(C)	
①	₩70,000	₩90,000	차) 매출원가 20,000	대) 제조간접원가 20,000
②	₩70,000	₩90,000	차) 제조간접원가 20,000	대) 매출원가 20,000
③	₩90,000	₩70,000	차) 제조간접원가 20,000	대) 매출원가 20,000
④	₩90,000	₩70,000	차) 매출원가 20,000	대) 재공품 20,000
⑤	₩90,000	₩70,000	차) 매출원가 20,000	대) 제조간접원가 20,000

11 (주)한국은 정상개별원가계산을 사용하고 있으며, 제조간접원가 배부기준은 기계시간이다. 회사는 20×1년 초에 연간 제조간접원가를 ₩600, 기계시간을 200시간으로 예상하였다. 20×1 회계연도 중 수행한 작업과 관련된 정보는 다음과 같다.

(1) 다음 중 세 가지 작업 #101, #102, #103을 착수하여, #101과 #102를 완성하였고, #103은 기말 현재 작업중에 있다.
(2) 당기중 ₩800의 원재료를 구입하였고 기말 현재 ₩280의 원재료가 재고로 남아 있다.
(3) 당기중 지급한 노무원가는 ₩700이며, 기초 미지급노무원가는 ₩40, 기말 미지급노무원가는 ₩100이었다.
(4) 당기중 발생한 제조경비는 총 ₩560이며, 이는 감가상각비 ₩260, 임차료 ₩200, 수도광열비 ₩100으로 구성되어 있다.
(5) 당기중 작업별 실제발생 원가자료와 실제 사용된 기계시간은 다음과 같다.

구 분	#101	#102	#103	합 계
직접재료원가	₩200	₩200	₩100	₩500
직접노무원가	₩300	₩160	₩260	₩720
기계시간	90시간	63시간	27시간	180시간

(6) 수도광열비의 60%, 보험료의 75%와 임차료

(주)한국은 기말에 제조간접원가 배부차이를 전액 매출원가에 조정한다. (주)한국의 20×1년

매출 총이익은 얼마인가? (2014, CPA)

① ₩250 ② ₩270 ③ ₩290
④ ₩310 ⑤ ₩330

12 (주)원가는 기계장치를 생산, 판매하는 기업으로 사업 첫 해에 다음과 같은 원가가 발생했다. 이 자료를 바탕으로 원가계산을 했을 경우 (가)부터 (마)까지의 설명 중 타당하지 않은 것을 모두 고르면? (단, 기초재공품재고액은 없고, 기말재공품재고액이 ₩10 존재한다. (2010, CPA)

직접재료원가	₩110	간접재료원가	₩30	판매직급여	₩30
직접노무원가	120	간접노무원가	60	관리직급여	70
간접경비	200	광고선전비	20	이자비용	10

(가) 당기제품제조원가는 ₩510이다.
(나) 기본원가(기초원가, prime costs)는 ₩230이다.
(다) 제조간접원가에는 어떤 재료원가도 포함되지 않으므로 간접노무원가와 간접경비를 합한 ₩260이다.
(라) 당기총제조원가는 ₩520으로, 기본원가에 가공원가를 합한 금액이다.
(마) 기간원가는 ₩130으로, 재고가능원가라고 부르기도 한다.

① (가), (나) ② (다), (라) ③ (라), (마)
④ (나), (다), (마) ⑤ (다), (라), (마)

13 (주)국세의 4월 매출액은 ₩20,000이며, 매출 총이익률은 30%이다. (주)국세의 공장에서 4월에 발생한 원가관련 자료는 다음과 같다.

* 재고자산 현황

일자	직접재료	재공품	제품
4월 1일	₩1,000	?	₩3,000
4월 30일	₩2,000	₩3,000	₩4,000

· 4월에 매입한 직접재료금액은 ₩4,500이다.
· 4월 1일 미지급임금은 ₩2,000이며, 4월 30일 미지급임금은 ₩4,000이다.
· 4월에 지급한 임금은 ₩6,000이다.
· (주)국세의 공장에서 발생한 임금의 50%는 생산직 종업원의 임금이다.
· 4월에 발생한 제조간접원가 중 임금을 제외한 나머지 부분은 ₩1,500이다.

(주)국세의 4월1일 재공품 금액은 얼마인가? (2011, 세무사)

① ₩2,500 ② ₩3,000 ③ ₩3,500

④ ₩4,000 ⑤ ₩5,000

14 (주)국세는 개별–정상원가계산제도를 채택하고 있다. (주)국세는 제조간접원가를 예정배부하며, 예정배부율은 직접노무원가의 60%이다. 제조간접원가의 배부차이는 매 기말 매출원가에서 전액 조정한다. 당기에 실제 발생한 직접재료원가는 ₩24,000이며, 직접노무원가는 ₩16,000이다. 기초재공품은 ₩5,600이며, 기말재공품에는 직접재료원가 ₩1,200과 제조간접원가 배부액 ₩1,500이 포함되어 있다. 또한 기초제품은 ₩5,000이며, 기말제품은 ₩8,000이다. 제조간접원가 배부차이를 조정한 매출원가가 ₩49,400이라면, 당기에 발생한 실제 제조간접원가는 얼마인가? (2011, 세무사)

① ₩7,200 ② ₩9,600 ③ ₩10,400
④ ₩12,000 ⑤ ₩13,200

15 (주)세무는 정상개별원가계산을 사용하며, 직접노무시간을 기준으로 제조간접원가를 배부하고 있다. 20×1년 연간 제조간접원가 예산은 ₩5,000,000이다. 20×1년 실제발생한 제조간접원가는 ₩4,800,000이고, 실제직접노무시간은 22,000시간이다. 20×1년 중 제조간접원가 과소배부액이 ₩400,000이라고 할 때 연간 예산직접노무시간은? (2013, 세무사)

① 22,000시간 ② 23,000시간 ③ 24,000시간
④ 25,000시간 ⑤ 26,000시간

[주관식]

2-1 다음 비용들을 그 성격에 따라 제품원가와 기간비용으로 분류하시오.

(a) 판매원용 자동차의 감가상각비

(b) 공장 장비 임차료

(c) 기계보수유지용 윤활유비용

(d) 완성품 보관창고 관리인 급료

(e) 공장감독자의 급료

(f) 공장사용 수도광열비

(g) 수출용 제품의 포장재료(내수용은 포장을 하지 않는다고 가정함)

(h) 근로자 산재보험

(i) 공장식당용 식탁의 감가상각비

(j) 회사 기획조정실 직원의 급료

(k) 경영진의 업무용 비행기에 대한 감가상각비

(l) 판매전략회의를 위한 회의장 임차료

2-2 다음 자료는 가나회사의 2002년도 회계장부에서 추출한 자료이다.

직접노무원가	₩70,000
직접재료구입	118,000
간접노무원가	30,000
유지관리비(공장설비)	6,000
광 고 비	90,000
보험료(공장설비)	800
판매원 급료	50,000
임차료(공장설비)	20,000
간접재료원가	4,200
감가상각비(사무설비)	3,000
감가상각비(공장설비)	19,000

재고자산:	2012. 1. 1	2012. 21.31
원 재 료	₩7,000	₩15,000
재 공 품	10,000	5,000
완 성 품	20,000	35,000

[요구사항]

1. 이 회사의 제조원가명세서를 작성하시오.
2. 이 회사의 매출원가명세서를 작성하시오.

2-3 다음은 서강회사의 2002년도 매출 및 원가관련 자료이다.

기초재고(완성품)	₩20,000
기말재고(완성품)	40,000
공장감가상각비	27,000
일반관리비	110,000
공장소모품비	8,000
공장유지관리비	40,000
간접재료원가	11,000
공장보험료	4,000
직접재료구입	75,000
기초재고(직접재료)	9,000
기말재고(직접재료)	6,000
직접노무원가	120,000
간접노무원가	15,000
기초재고(재공품)	17,000
기말재고(재공품)	30,000
매 출	500,000
판 매 비	80,000

[요구사항]

직접배분법을 사용하는 경우 조립부문에 되는 수선유지부문원가를 구하시오.

2-4 서강공업은 개별원가계산제도를 채택하고 있다. 다음은 2002년 3월의 재공품계정차변(대변) 기록내용이다.

일 자	적 요	금 액
3/1	기초재고	₩4,000
3/31	직접재료원가	24,000
3/31	직접노무원가	16,000
3/31	제조간접원가	12,800
3/31	제품으로 대체	(48,000)

회사는 제조간접원가를 예정배부하고 있으며 예정배부율은 직접노무원가의 80%이다. 2002년 3월 31일 현재 #125작업만 미완성이며 #125작업에는 직접노무원가가 ₩2,000으로 기록되어 있다.

[요구사항]

#125 작업에 부과된 직접재료원가를 구하시오.

2-5 (주)노고는 제조간접원가를 제조지령서별로 배부한다. 이 회사의 조립부문에서는 직접노동시간, 기계부문에서는 기계시간에 의한 제조간접원가 예정배부율을 사용하고 있다. 정상조업도를 기준으로 한 2002년 예산은 다음과 같다.

	조립부문	기계부문
직접재료원가	₩450,000	₩250,000
직접노무원가	630,000	350,000
제조간접원가	945,000	144,000
직접노동시간	31,500	45,000
기계시간	4,000	12,000
종업원 수	60	100

[요구사항]

1. 조립부문과 기계부문의 제조간접원가 예정배부율을 구하시오.
2. 2002년도 9월 중 #514에 대한 작업원가집계표에는 다음과 같은 내용이 있다.

	조립부문	기계부문
직접재료투입액	₩54,500	₩30,000
직접노무원가	75,000	60,000
직접노동시간	3,000	4,500
기계시간	600	1,500

제조지령서#514에 배부할 제조간접원가를 구하시오.

2-6 2002년도 1월 1일 한라상사가 영업을 시작하였는데, 2002년 중에 발생한 거래는 아래와 같다.

(a) 보통주 ₩550,000을 발행하다.
(b) 외상으로 원재료 ₩75,000을 구입하다.
(c) 연중 ₩45,000의 원재료를 생산에 투입하였다.
(d) 직접노무원가 ₩80,000, 간접노무원가 ₩25,000이 발생하였는데 그 중 ₩100,000만 지급되었다.
(e) 소모품 ₩5,000을 구입하고 현금을 지급하였다. 그 중 ₩2,000은 생산에 투입하였고 ₩1,000은 생산 이외의 목적으로 사용하였다.
(f) 건물 및 설비에 대한 감가상각비는 ₩20,000이다. 그 중 75%는 공장분이며 나머지는 사무소분이다.
(g) 편의상 발생된 제조간접원가 액수만 배부된 것으로 간주한다.
(h) ₩90,000의 제품이 생산되었다.

(i) 모든 판매는 현금판매인데 총매출액은 ₩200,000, 매출원가는 ₩80,000이었다.

[요구사항]

1. 위에 나타난 각 거래를 분개하시오.
2. 원재료재공품완제품의 기말재고액을 산출하시오.

2-7 서강회사는 개별원가계산제도를 사용하여 원가계산을 하고 있는데, 제조간접원가는 기계작업시간을 기준으로 배부하고 있다. 2002년 초에 이 회사의 경영자는 제조간접원가가 ₩192,000일 것으로 추정하고 있으며, 기계작업시간은 총 80,000시간일 것으로 예상하고 있다.

[요구사항]

1. 이 회사의 2002년도 제조간접원가 예정배부율을 계산하시오.
2. 이 회사의 2002년도 기계작업시간이 75,000시간이고, 제조간접원가와 재공품계정 잔액이 다음과 같을 경우 재공품에 대한 제조간접원가 배부액을 계산하시오.

제조간접원가			재 공 품		
유지관리비	₩21,000	?	직접재료원가	710,000	
간접재료원가	8,000		직접노무원가	90,000	
간접노무원가	60,000		제조간접원가		
소모품비	32,000				
보 험 료	18,000				
감가상각비	45,000				

3. 이 회사의 2002년도 제조간접원가 초과(또는 부족)배부액은 얼마인가?
4. 이 회사의 기계작업시간이 85,000시간(예상시간)일 경우 요구사항 2와 3에 대해 답하시오.

2-8 (주)서강의 2002년 중 자료는 다음과 같다.

(a) 2002년 5월 31일 현재 작업 #1이 미완성이며, 이에 대한 총원가는 ₩480,000이다.

(b) 2002년 6월 중 세 개의 작업 #2, #3, #4가 새로이 시작되었는데, 6월 중 #1, #2가 완성되어 판매되었다.

(c) 6월 중 작업별 원가자료는 다음과 같다.

	#1	#2	#3	#4	합 계
직접재료원가	—	₩200,000	₩400,000	₩250,000	₩850,000
직접노무원가	₩30,000	₩130,000	₩170,000	₩70,000	₩400,000

(d) 6월 중 실제 발생 제조간접원가는 다음과 같다.

간접노무원가	₩80,000
기타 제조간접원가	720,000
	₩800,000

(e) 회사는 직접노무원가를 기준으로 제조간접원가를 배부한다.

[요구사항]

6월의 매출원가 및 기말재공품 원가를 계산하시오.

2-9 서강회사는 개별원가계산제도를 사용하여 제품원가계산을 하고 있다. 다음은 이 회사의 2002년 10월 한 달간의 관련 자료이다.

(a) 장부상의 재료외상구입액은 ₩150,000이다.

(b) 10월 한 달간 제품생산에 투입된 재료액은 ₩120,000인데, 그 중 90%는 직접재료로, 나머지는 간접재료로 사용되었다.

(c) 이 기간 동안 직접노무원가와 간접노무원가는 각각 ₩140,000과 ₩60,000인 것으로 나타났다.

(d) 공장설비에 대한 감가상각비는 ₩18,000이다.

(e) 기타 제조간접원가는 ₩90,000이었는데, 이는 모두 외상으로 구입된 것이다.

(f) 제조간접원가의 배부기준은 기계작업시간당 ₩9이며, 10월 한달 간의 기계작업시간은 21,000시간이있다.

(g) 제조원가 ₩420,000의 재공품이 완성되어 완성품계정으로 이전되었다.

[요구사항]

1. 위의 각 항목에 대한 분개를 하시오.
2. 제조간접원가와 재공품에 대한 T계정을 작성하고, 각 계정에 전기하시오.

2-10 다음은 노고주식회사 제조원가 관련계정의 2002년 4월 말 또는 5월 말 현재의 잔액 또는 월중 비용발생액이다. T-계정 다음에 제공된 추가자료를 이용하여 물음에 답하시오.

재 료	
5/30 잔액 18,000	

매입채무	
	4/30 잔액 10,000

재 공 품	
4/30 잔액 2,000	

제조간접원가	
5월 중 발생액 15,000	

제	품
4/30 잔액 25,000	

추가정보:

(a) 제조간접원가는 직접작업시간을 기준으로 배부된다. 2002년 중의 직접작업시간은 150,000시간, 제조간접원가예산액은 ₩225,000이었다.

(b) 매입채무는 재료구입시에만 사용된다. 5월 말의 잔액은 ₩5,000이었고, 5월 중 ₩35,000이 지급되었다.

(c) 5월 말의 제품재고는 ₩22,000이었다.

(d) 5월 중의 매출원가는 ₩65,000이었다.

(e) 5월 31일 현재 공장에서는 한 가지 제품만이 제조과정 중에 있다. 원가계산표에 의하면 ₩1,000의 직접노무원가, ₩2,000의 직접재료원가가 발생되었고 400시간의 직접노동이 투입되었다.

(f) 5월 중 9,400시간의 직접노동이 투입되었다(공장노동자의 임률은 동일).

[요구사항]

다음을 계산하시오.

1. 5월 중의 재료매입액, 제품제조원가, 배부제조간접원가
2. 5월 31일 현재 재공품계정 잔액
3. 5월 중 재료 사용액
4. 4월 30일 현재 재료계정잔액
5. 초과배부 또는 부족배부액

“쉬어 가기”

‘회계절벽 재발’ 막는다… 수주업종 기업 공시내용 전수조사

2016.5.25 서울=연합뉴스

경남 거제시 대우조선해양 도크에 선박 건조 작업이 한창이다.

금융감독원이 조선, 해양, 건설 등 수주업종 기업들이 사업장별 공사 진행률과 미수금 등 세부 내용을 제대로 공시했는지 보기 위해 전수조사에 들어간다.

작년 대우조선해양[042660]이 수조원의 부실을 재무제표에 한꺼번에 반영해 시장에 충격을 준 '회계절벽' 사태를 경험한 금융당국은 사태 재발을 막기 위해 수주산업 기업들이 공사 대금 수령 내역을 부풀리거나 사업 리스크를 숨기지 못하도록 올 1분기부터 사업장별 상세 현황을 공시하도록 했다.

금감원 관계자는 25일 “내주 중 수주산업 기업들을 상대로 사업장별 내역을 적절하게 공시했는지 전수조사할 계획”이라며 “특히 발주처와 비밀 협약을 했다는 이유 등으로 내용을 공개하지 않았다면 그 사유를 꼼꼼히 확인할 방침”이라고 말했다.

해당 기업은 '원가기준 투입법'을 적용하는 수주산업 기업들로, 전년도 매출의 5%를 넘긴 개별 공사의 진행률과 미청구공사액, 미수금 등을 공시해야 한다.

대형 선박 등 구조물과 건물의 경우 실제 공사가 어느 정도 진행됐는지 계산하는 것이 어려워 이들 기업은 특정 시점까지 투입된 원가를 공사 예정 원가로 나눠 공사 진행률을 계산하고서 이를 토대로 회계 장부에 수익 등을 반영하는 원가기준 투입법을 쓰고 있다.

미청구공사란 발생한 공사 매출만큼 공사비를 청구하지 못했을 때 발생하는 일종의 매출채권이다.

그러나 투입법을 쓰는 기업이 공사 진행 상황을 부풀리거나 리스크를 외면해 회계 부실을 키운다는 지적이 있었다.

금감원은 기업들이 정해진 양식에 맞게 개별 사업장 관련 내용을 공시했는지 점검하는 한편 규모가 큰 개별 공사의 경우 공시에서 밝힌 정보가 적절했는지 파악할 방침이다.

기업이 발주처 등과 비밀 · 비공개 합의를 맺었다는 이유로 특정 사업장의 정보를 공시하지 않은 경우 근거 서류를 점검해 이유가 타당했는지 살펴볼 계획이다.

올 1분기 보고서를 낸 기업 중 대기업에서는 현대중공업[009540]과 대우조선해양 등이 일부 공사 내용을 공개하지 않은 것으로 파악됐다.

공시를 생략할 경우 기업은 해당 내용을 회사 감사위원회에 보고해야 하는데, 금감원은 감사위원회 보고 절차가 제대로 지켜졌는지를 면밀히 점검할 예정이다.

한편 동부증권[016610]에 따르면 올해 1분기 공사 진행률이 20% 이상이면서 미청구 공사액 · 미수금 총액이 기매출액의 30%가 넘는 건설사 사업장은 대우건설[047040] 3곳, 현대건설[000720] 2곳, 삼성엔지니어링[028050] 2곳, GS건설[006360] 1곳인 것으로 파악됐다.

03

서비스부문원가의 배부

3-1 서비스부문원가 배부의 의의
3-2 서비스부문원가 배부의 필요성과 배부기준
3-3 서비스부문원가의 배부방법
3-4 종합예제
3-5 요　약

Introduction

대학 입장에서 학생들로부터 받는 등록금은 수익이며, 학생들에게 교육서비스를 제공하기 위해 비용이 발생한다. 대학의 비용 대비 수익이 지나쳐 학생을 상대로 지나친 영리를 추구하는 것이 아닌가 하는 사회적 비판이 대두되며, 교육서비스 제공을 위한 원가가 얼마인지에 대한 사회적 관심이 뜨겁다. 심지어 학과별 학생 1인당 교육원가가 얼마인지에 대한 정보가 구분되어 공개되기도 한다. 이러한 언론보도의 사회적 정당성 등을 떠나 회계전공자로서 드는 의문이 있다. 어떻게 계산해 낸 것일까? 과연 그 계산은 정확한 것일까? 학생 1인당 원가도 모자라 각 학과별 학생의 1인당 원가까지도 구분해 내어 계산한 것이 자못 신기해서 하는 말이다.

예를 들어 설명해 보자. 어느 대학이 학생들을 위하여 학생식당을 운영하고 있는데, 복지차원에서 운영하다보니 식사를 제공하기 위하여 드는 비용이 식비로 받는 금액보다 많다고 하자. 이 경우 식당운영으로 인하여 발생하는 손실은 결국 이 대학이 제공하는 교육서비스의 원가가 된다. 그런데 식당운영으로 인하여 발생한 원가를 학과별로 배분하기 위해서는 학과별 학교식당 이용률이 계산되어야 하며, 이를 위해서는 식권 판매시 학생에게 소속 학과를 확인하는 등의 매우 복잡한 절차를 필요로 한다. 그렇다면 학과별 학생 1인당 교육원가는 어떻게 산정하였을까?

대학의 경우 학생식당은 교육서비스 제공을 위한 보조부문(서비스부문)이며, 제조기업의 경우에도 식당부문이나 수선부문 등은 직접적으로 제품생산을 하지는 않지만 제품생산을 돕기 위하여 필요한 보조부문이다. 보조부문에서 발생한 원가를 보조부문원가라 하는데 본 장에서는 보조부문원가를 제조부문에 배부하는 다양한 방법에 대하여 설명하고자 한다.

Chapter 03

서비스부문원가의 배부

3-1 서비스부문원가 배부의 의의

1. 운영부문과 서비스부문

대부분의 기업은 조직의 주요 목표달성에 직접적인 기능을 수행하는 운영부문과 이러한 운영부문을 위하여 지원업무를 담당하는 서비스부문으로 구성되어 있다. 운영부문을 제조부문이라고도 하며, 서비스부문을 보조부문이라고도 한다.

운영부문(operating department)이란 제조업체의 절삭부·조립부·도장부 등과 같이 기업의 제조활동과 직접적인 관련을 맺고 있는 여러 부서들에 대한 총괄적인 개념이고, 서비스부문(service department)은 인사부·경리부·자료실·내부감사팀·원가관리팀·구매부·구내식당 등과 같이 제조활동과 직접적인 관련은 없으나 기업의 제조활동이나 운영부문의 효율성 확보를 위하여 반드시 필요한 지원을 담당하는 부서들에 대한 총괄적인 개념이다.

2. 서비스부문원가의 배부

서비스부문이 제공하는 서비스의 흐름과 형태는 다양하다. 즉 어떤 서비스는 운영부문에만 제공되나 어떤 서비스는 운영부문뿐만 아니라 다른 서비스부문에도 제공되며, 경우에 따라서는 서비스부문 상호간에만 제공되는 서비스가 존재하기도 한다. 예를 들어, 경리부나 인사부는 운영부문을 포함하여 기업 내의 모든 부문에 대한 서비스를 제공하고 있으나, 자료실의 경우는 운영부문보다는 주로 다른 서비스부문에 서비스를 제공하는 기능을 담당하고 있다. 한편 내부감사팀이나 원가관리팀은 주로 운영부문에 서비스를 제공하는 기능을 담당하고 있는 등 그 형태와 흐름이 다양하다. <도표 3-1>은 서비스부문과 운영부문의 개념을 바탕으로 제조기업의 원가할당과정을 보여준다.

도표 3-1 제조기업의 원가할당과정

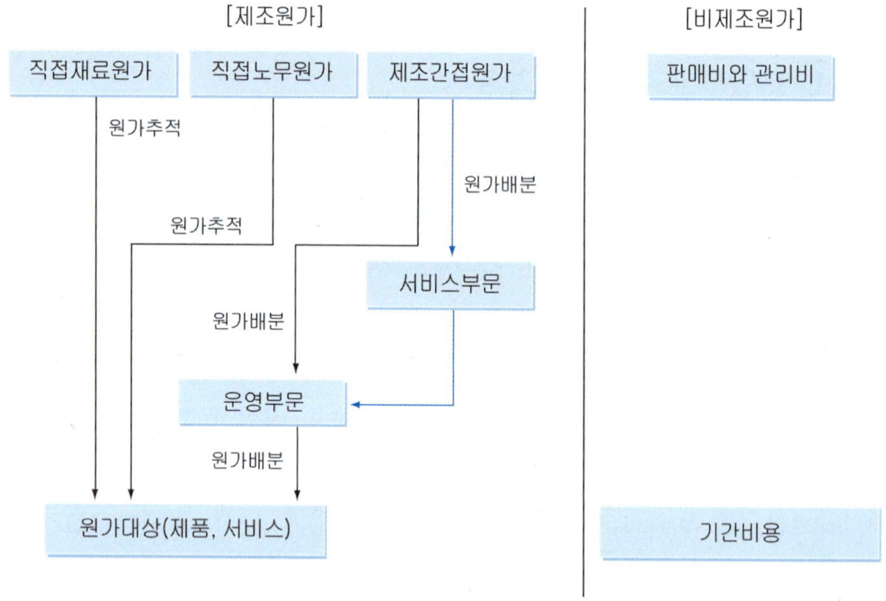

본 장에서는 이러한 특징을 갖는 서비스부문의 기능과 서비스부문에서 발생되는 원가를 궁극적으로 운영부문에 배부하여야 하는 배부의 필요성에 대하여 살펴보고, 또한 구체적인 서비스부문원가의 배부방법 및 그에 따른 효과에 대하여 설명하기로 한다.

3-2 서비스부문원가 배부의 필요성과 배부기준

1. 서비스부문의 기능

앞에서 언급한 바와 같이 서비스부문이란 기업이 조직목표를 효과적으로 달성하기 위하여 필요한 주요 지원업무를 자체적으로 공급하기 위하여 직접 운영하는 1개 이상의 조직단위를 말한다. 물론 기업은 필요한 지원업무를 외부로부터 제공받을 수도 있다. 그러나 적시성이 있고 안정적인 서비스를 경제적으로 제공받으면서 기업의 비밀사항이나 보안을 유지하기 위하여 대부분의 기업은 1개 이상의 서비스부문을 자체적으로 운영하고 있다.

예를 들어 제조업체의 수선부를 생각해 보자. 만일 어떤 회사가 수선부를 운영하지 않는다면 공장가동이나 사무실의 운영을 위하여 수반되는 제반 시설의 제작이나 설치 또는 수선을 외부에 의뢰할 수밖에 없을 것이다. 이러한 경우 외부공급업자의 상황에 따라서 제품이나 서비스의 공급이 적시에 원활하게 이루어지지 않을 수도 있다. 이와 같은 잠재적인 위험은 언제나 현실로 나타날 수 있으며, 이러한 위험으로 인하여 기업의 제조활동이 막대한 지장을 받을 수도 있다. 따라서 경영자는 이러한 잠재적 위험을 제거함과 동시에, 기업활동의 효율성 확보와 경제적 측면을 고려하여 서비스의 공급을 외부에 의존하는 것보다 자체적으로 해결하고자 한다.

이상에서 살펴본 바와 같이 기업의 서비스부문은 경제적 효익과 더불어, 기업활동에 필요한 제반 지원업무를 원활하게 제공함으로써 기업의 목표달성에 효율성을 확보하고자 하는 중요한 기능을 수행하고 있다.

2. 서비스부문원가 배분의 필요성

서비스부문은 서비스를 생산하고 이를 타부문에 제공하는 과정에서 제조활동과 마찬가지로 재료와 노동력뿐만 아니라 여러 가지 형태의 기타 경비를 발생시킨다. 그러나 서비스부문에서 사용되는 재료나 노동력 및 기타경비 등은 기업에 직접적인 이익을 가져다주는 제조활동으로 인하여 발생하기보다는 기업의 이익창출을 직접 담당하고 있는 운영부문에 대한 지원을 위하여 발생한다. 따라서 서비스부문은 비용중심점의 성격이 강하며, 서비스부문의 원가는 모두 제조간접원가로 분류된다. 왜냐하면 서비스부문은 제조활동을 보조하기는 하나 직접적인 제조활동을 수행하지 않기 때문이다.

기업에서 생산하는 제품의 원가에는 서비스부문으로부터 제공받은 서비스 원가요소도 포함되어야 한다. 왜냐하면 서비스부문은 직접적인 제조활동을 수행하지는 않지만 서비스부문의 보조적인 활동으로 인하여 운영부문의 제조활동이 원활하게 수행되기 때문이다. 따라서 경영자는 서비스부문에서 발생된 원가를 운영부문에 효과적으로 배부함으로써 궁극적으로 제품제조원가에 서비스부문에서 발생된 원가요소가 반영되도록 하여야 한다.

3. 배부기준의 선정

서비스부문에서 발생된 원가를 배부함에 있어 우선적으로 고려해야 할 것은 어떤 배부기준을 적용할 것인가를 결정하는 것이다. 배부기준으로 고려될 수 있는 항목은 서비스를 제공받는 부문의 종업원수나 노동시간, 기계작업시간 또는 해당부문에 대한 자본투자액 등 다양하다. 또한 경영자는 배부기준을 선정함에 있어서 서비스를 제공받는 부문에서 그 서비스를 제공받게 됨으로써 어떠한 효익을 거두고 있는가를 고려하여 그 효익에 대응될 수 있는 기준을 선정하여야 한다. 따라서 가장 일반적인 배부기준은 제공되는 서비스의 성격에 따라 선정되어야 할 것이다. <표 3-1>은 서비스부문의 원가배부를 위한 선정기준의 예이다.

표 3-1 서비스부문 원가배부를 위한 기준의 예

부 문	기 능	원가배부기준*
일반관리부문	회계, 감사, 급여, 재고통제 등	자본투자액
인력관리부문	인사, 교육훈련, 복리후생	종업원 수
설비 및 시설관리부문	보수유지, 안전보호, 감가상각, 보험	점유면적

* 이는 서비스를 제공받는 부문의 입장에서의 기준을 말한다.

선정된 배부기준은 비교적 일정기간 동안 변경되지 않는 것이 일반적이므로, 원가배부기준을 선정하는 경우 충분한 고려가 있어야 한다. 따라서 경영자는 원가배부방법의 복잡함 때문에 야기될 수 있는 부정적인 효과를 고려하여, 단순하고 명확한 배부기준을 설정하여야 한다. 다시 말해서, 복잡한 원가배부기준을 선정하게 되면 배부로부터 기대되는 이익을 초과하는 비용이 발생되는 등의 부정적인 효과가 야기될 수 있음을 고려해야 한다는 것이다. 따라서 서비스부문의 원가를 배부하기 위한 기준의 설정은 그 계산방법이 간단명료하여 원가를 배부받는 부문의 관리자가 쉽게 이해할 수 있어야 한다.

3-3 서비스부문원가의 배부방법

서비스부문으로부터 제공되는 서비스는 운영부문뿐만 아니라 서비스부문 상호간에도 이루어질 수 있다. 예를 들어, 종업원을 위한 휴게실을 운영할 경우, 휴게실에서 종업원에게 제공하는 각종 음식료는 운영부문의 종업원뿐만 아니라 휴게실에 근무하는 종업원을 포함하여 여타의 다른 서비스부문 종사자들에게도 제공된다. 이와 같이 서비스부문 상호간에 제공되는 서비스는 운영부문에 제공되는 서비스와는 달리 내부 부문 간에 이루어지는 형태의 서비스이다.

서비스부문 상호간에 제공되는 서비스를 어느 정도까지 반영하느냐에 따라 서비스부문 원가의 배분방법은 직접배분법, 단계배분법, 상호배분법으로 구분한다. 다음 자료를 이용하여 각 방법에 대한 구체적인 방법을 설명하고자 한다.

자료 1 보조부서의 원가배부

태진철강사는 두 개의 보조부서(수선부, 전력부)와 두 개의 생산부서(공작부, 조립부)로 구성되어 있다. 이 회사는 수선부의 원가는 수선시간을 기준으로 배부하며 전력부의 원가는 전력사용량인 kwh를 기준으로 배부한다. 배부목적을 위해서 보조부서가 자신에게 공급한 서비스인 자가서비스(self-service)는 무시하고 있다. 이 회사의 2012년 보조부서원가를 생산부서에 배부하기 전의 부서별 제조간접원가예산과 보조부서의 예상 서비스 제공비율 등의 자료는 다음과 같다.

	보 조 부 서		제 조 부 서		
	수 선 부	전 력 부	공 작 부	조 립 부	총 계
배부전 제조간접원가	₩30,000	₩17,000	₩30,000	₩20,000	₩97,000
서비스 제공비율:					
수선부	–	20%	60%	20%	100%
전력부	30%	–	35%	35%	100%

1. 직접배부법

직접배부법(direct allocation method)은 직접법이라고도 하는데, 간단히 적용할 수 있기 때문에 가장 많이 사용되는 보조부서 원가배부 방법이다. 직접배부법은 각 보조부서원가를 직접 생산부서에 배부한다. 즉 보조부서 원가배부에서 다른 보조부서에게 제공한 서비스는 무시하고 오직 각 생산부서에 제공된 서비스의 양에 비례해서 원가를 배부한다. 주어진 자료1에서 수선부 원가는 전력부에는 전혀 배분하지 않고 공작부와 조립부에만 60 : 20의 비율로 배분한다. 그리고 전력부 원가도 수선부에는 전혀 배분하지 않고 공작부와 조립부에만 30 : 30의 비율로 배분한다.

도표 3-2 보조부서 원가의 배부: 직접배부법

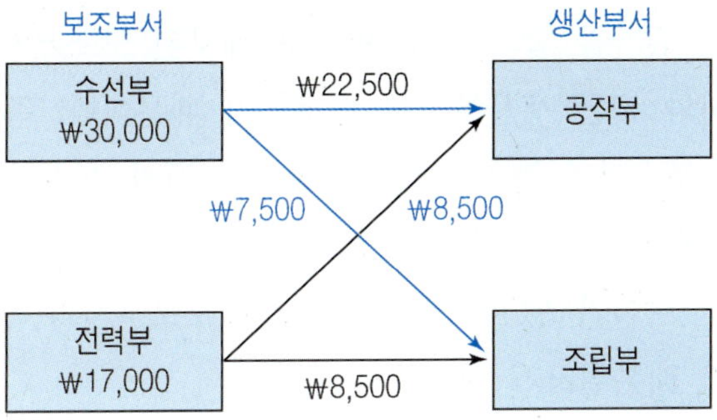

보조부서원가 배부	보조부서		생산부서		
	수 선 부	전 력 부	공 작 부	조 립 부	합 계
배부전 제조간접원가	30,000	17,000	30,000	20,000	97,000
수선부원가(60/80, 20/80)	(30,000)	–	22,500	7,500	0
전력부원가(35/70, 35/70)	–	(17,000)	8,500	8,500	0
배부후 제조간접원가	0	0	61,000	36,000	97,000

주어진 자료1을 이용하여 직접배부법에 의해 보조부서의 원가를 배부하면 <도표 3-2>와 같다. 참고로 보조부서원가를 직접배부법에 의하여 생산부서로 배부하는 것에 대한 회계처리는 다음과 같이 나타낼 수 있다.

(차) 제조간접원가－공작부	31,000	(대) 제조간접원가－수선부	30,000
제조간접원가－조립부	16,000	제조간접원가－전력부	17,000

2. 단계배부법

단계배부법(step－allocation method)에서는 다른 보조부서에 제공한 서비스를 부분적으로 인정하여 보조부서원가배부에 고려한다. 이 방법을 적용하려면 원가 담당자는 먼저 어떤 보조부서의 원가를 제일 먼저 배부하고 그 다음에 어떤 보조부서를 배부할 것인지 배부순서를 확정해 놓아야 한다. 왜냐하면 첫 번째로 배부되는 보조부서의 원가는 모든 보조부서와 모든 생산부서에 배부되는데, 두 번째로 배부되는 보조부서는 자신의 원가와 첫 번째 부서에서 배부받은 원가를 합쳐서 첫 번째로 배부된 보조부서는 제외해 놓고 나머지 보조부서와 모든 생산부서에 배부되기 때문이다. 즉, 단계배부법에서는 보조부서의 배부순서를 정한 후에 그 순서에 따라 후순위 보조부서와 생산부서에 보조부서원가를 배부한다. 따라서 배부받는 보조부서가 하나씩 단계적으로 제외되어 나아가 맨 마지막으로 남은 보조부서가 생산부서에만 원가를 배부하고 나면 배부절차가 완료된다.

배부순서를 결정하는 방법은 보통 자신이 다른 보조부서에 제공한 서비스가 다른 보조부서로부터 제공받은 서비스보다 큰 부서를 먼저 배부한다. 이때 보조부서끼리 주고받는 서비스 양은 비율로써 측정할 수도 있고 금액으로써 측정할 수도 있는데, 저자의 견해로는 금액으로 측정하는 것이 합리적이라고 생각한다. 왜냐하면 단계배부법의 취지는 서비스를 많이 제공한 보조부서를 먼저 여타의 보조부서에게 배부시킨다는 것인데 보조부서에서 제공한 서비스의 총체적인 금액이 적은 경우에는 비율이 높다 해도 그 비중이 떨어지기 때문이다.

앞의 자료1에서 배부순서를 결정하기 위해 보조부서간 상호 서비스의 제공 비율 및 금액을 살펴보면 다음과 같다.

보조부서	다른 보조부서에 제공한 금액	비율기준	금액기준
수 선 부	₩30,000×0.2=₩6,000	20%	₩6,000
전 력 부	17,000×0.3= 5,100	30%	₩5,100

즉 수선부로부터 전력부에 제공되는 예상 서비스금액은 ₩6,000인 데 반하여 전력부로부터 수선부에 제공되는 예상 서비스금액은 ₩4,000이다. 따라서 금액을 기준으로 결정하면 수선부 원가를 먼저 배부해야 한다. 그러나 비율을 기준으로 배부순서를 결정하면 이와는 반대로 수선부로부터 전력부에 제공되는 예상 서비스비율은 20%이고 전력부로부터 수선부에 제공되는 예상 서비스비율은 40%이기 때문에 전력부의 원가를 먼저 배부해야 한다. 여기서

는 금액을 기준으로 수선부의 원가를 먼저 배부하기로 하자.

수선부의 원가는 후순위 보조부서인 전력부와 생산부서인 공작부 및 조립부에 각각 20 : 60 : 20의 비율로 배분된다. 이 단계는 다음과 같이 나타낼 수 있다.

보조부서원가 배부	수 선 부	전 력 부	공 작 부	조 립 부
배부전 제조간접원가	30,000	17,000	30,000	20,000
수선부원가(0.2, 0.6, 0.2)	(30,000)	6,000	18,000	6,000

수선부의 원가를 배부하고 나면 다음으로 전력부의 원가를 배부한다. 전력부는 후순위 보조부서가 없으므로 생산부서인 공작부와 조립부에만 30 : 30의 비율로 원가를 배분하면 된다. 이때 주의할 것은 전력부에서 배부할 금액은 전력부 자체의 예상금액인 ₩17,000뿐만 아니라 선순위 보조부서인 수선부로부터 배부받은 ₩6,000을 합한 ₩23,000이라는 것이다. 이 단계는 다음과 같이 나타낼 수 있다.

보조부서원가 배부	수 선 부	전 력 부	공 작 부	조 립 부
배부전 제조간접원가	30,000	17,000	30,000	20,000
수선부원가(0.2, 0.6, 0.2)	(30,000)	6,000	18,000	6,000
전력부원가(35/70, 35/70)		(23,000)	11,500	11,500

자료1을 이용하여 단계배부법에 의한 보조부서의 원가배부 결과를 요약하면 <도표 3-3>과 같다. 보조부서의 원가가 배부되는 모양을 보면 계단모양과 같다. 그래서 이와 같이 순서를 정하여 후순위로 배부하는 방법을 단계배부법(계단식배부법)이라고 명명하였다.

참고로 보조부서원가를 단계배부법에 의하여 생산부서로 배부하는 것에 대한 회계처리는 다음과 같이 나타낼 수 있다.

(차) 제조간접원가－공작부	29,500	(대) 제조간접원가－수선부	30,000
제조간접원가－조립부	17,500	제조간접원가－전력부	17,000

도표 3-3 보조부서 원가의 배부: 단계배부법

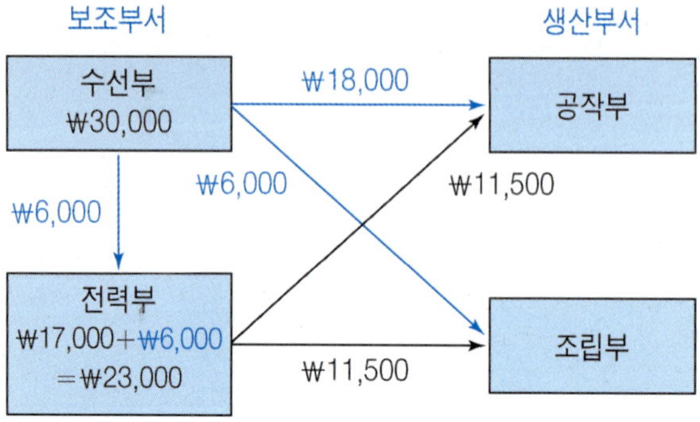

보조부서원가 배부	보조부서		생산부서		
	수 선 부	전 력 부	공 작 부	조 립 부	합 계
배부전 제조간접비	30,000	17,000	30,000	20,000	97,000
수선부원가(0.2, 0.6, 0.2)	(30,000)	6,000	18,000	6,000	0
전력부원가(35/70, 35/70)	-	(23,000)	11,500	11,500	0
배부후 제조간접비	0	0	59,500	37,500	97,000

3. 상호배부법

단계배부법은 부분적이나마 한 보조부서에서 다른 보조부서에 제공한 서비스를 고려했다는 점에서 직접배부법에 비해서 좀더 정확한 원가배부방법이라 할 수 있다. 그러나 단계배부법은 위에서 설명한 바와 같이 보조부서사이의 서비스제공을 완전히 고려하지는 않았다. 상호배부법(reciprocal allocation method)은 보조부서간의 서비스의 상호교환을 완전히 고려한다는 면에서 세 방법 가운데 가장 논리적이고 가장 정확한 정보를 제공해 주는 방법이다. 그러나 계산절차가 복잡하기 때문에 실무에서는 세 방법 가운데 가장 적게 사용되는 방법이기도 하다. 보통 상호배부법은 선형대수를 사용하기 때문에 선형대수법(linear algebra method)이라고도 한다.

상호배부법은 보조부서가 많은 경우 손으로 작업하면 계산시간이 많이 걸리기 때문에 보통 계산작업은 컴퓨터에 의해 행해진다. 여기서는 보조부서가 두 개이기 때문에 수작업을 하는 데 큰 문제는 없다.

자료1에 의하면 수선부는 전력부로부터 전력부 서비스의 40%를 제공받는 반면 전력부는 수선부로부터 수선부 서비스의 20%를 제공받을 것으로 예상된다. 따라서 다른 보조부서로부터 배부 받은 후 수선부와 전력부의 총예산을 각각 S_1과 S_2라 하면 우리는 대수적으로 각 보조부서원가를 다음과 같이 표현할 수 있다.

$$S_1 = 30{,}000 + 0.3S_2$$
$$S_2 = 17{,}000 + 0.2S_1$$

두 번째 등식을 첫 번째 등식에 대입하여 풀면 우리는 S_1값을 다음과 같이 구할 수 있다.

$$S_1 = 30{,}000 + 0.3(17{,}000 + 0.2S_1)$$
$$S_1 = 30{,}000 + 5{,}100 + 0.06S_1$$
$$0.94S_1 = 35{,}100$$
$S_1 = 37{,}340$(소수점 아래 첫째자리에서 반올림)

위에서 구한 S_1 값을 두 번째 등식에 대입하면 S_2 값을 구할 수 있다.

$$S_2 = 17{,}000 + 0.2(37{,}340)$$
$$S_2 = 24{,}468$$

이제 상호배부 받은 후 각 보조부서의 원가인 ₩37,340과 ₩24,468을 서비스 제공 비율에 따라 다른 부서(보조부서 및 생산부서)에 배부하면 다음과 같다.

Chapter 03 연습문제 Management Accounting

[객관식]

1 서강공업의 보조부문(품질관리부문, 수선유지부문)원가를 제조부문(기계부문, 조립부문)에 배분하기 위한 자료는 다음과 같다.

	품질관리	수선유지	기 계	조 립	계
예산제조간접원가	₩350,000	₩200,000	₩400,000	₩300,000	₩1,250,000
예산기계시간			50,000		
예산직접노동시간				25,000	
서비스제공시간					
품질관리		7,000	21,000	7,000	35,000
수선유지	10,000		18,000	12,000	40,000

직접배분법을 사용하는 경우 조립부문에 배분되는 수선유지부문원가는 얼마인가?

① ₩70,000 ② ₩80,000 ③ ₩162,000
④ ₩200,000 ⑤ ₩210,000

2 서강공업은 보조부문 A, B와 제조부문 X, Y가 있다. 다음은 각 부문 간의 용역수수관계를 나타낸 것이다.

용역제공부문	용역사용부문 A	B	X	Y	계
A	20	40	20	40	120
B	45	30	60	45	180

각 부문의 배분 전 용역단위당 원가는 A : ₩16, B : ₩20, X : ₩30, Y : ₩50이다. 보조부문원가를 단계배분법으로 배분할 경우 X부문에 배분되는 보조부문원가는 얼마인가? 단, 보조부문의 배분순서는 다른 보조부문에의 용역제공비율이 큰 것부터이다.

① ₩2,880　② ₩3,080　③ ₩2,640
④ ₩3,800　⑤ ₩2,540

3 (주)세무는 두 개의 제조부문인 P_1, P_2와 두 개의 보조부문인 S_1, S_2를 운영하여 제품을 생산하고 있다. S_1은 기계시간, S_2는 전력소비량(kWh)에 비례하여 보조부문원가를 제조부문에 배부한다. (주)세무의 각 부문에서 20×1년 4월 중 발생할 것으로 예상되는 원가 및 용역수수관계는 다음과 같다.

	보조부문		제조부문		합 계
	S_1	S_2	P_1	P_2	
부문원가	₩10,800	₩6,000	₩23,000	₩40,200	₩80,000
부문별 예상 기계시간 사용량	20시간	20시간	30시간	50시간	120시간
부문별 예상 전력소비량	160kWh	100kWh	320kWh	320kWh	900kWh

(주)세무는 상호배부법을 이용하여 보조부문원가를 제조부문에 배부한다. 이 경우 20×1년 4월 말 제조부문 P_2에 집계될 부문원가의 합계액은 얼마인가? (2014, 세무사)

① ₩32,190　② ₩33,450　③ ₩35,250
④ ₩49,450　⑤ ₩49,850

4 (주)태종에는 두 개의 보조부문 수선부(S_1), 동력부(S_2)와 두 개의 제조부문 P_1과 P_2가 있다. 보조부문에서 당기 중 생산하여 다른 부문에 제공한 용역은 다음과 같다.

사용부문 / 제공부문	보 조 부 문		제 조 부 문		계
	수선부(S_1)	동력부(S_2)	P_1	P_2	
수선부(S_1)	–	2,000시간	3,000시간	5,000시간	10,000시간
동력부(S_2)	2,000kWh	4,000kWh	6,000kWh	8,000kWh	20,000kWh

수선부(S_1)는 시간당 ₩5, 동력부(S_2)는 kWh당 ₩19의 변동원가가 발생한다. 상호배분법을 적용하는 경우에 제조부문 P1과 P2에 배분되는 보조부문원가는 각각 얼마인가?

	P_1	P_2		P_1	P_2
①	180,000	220,000	②	180,000	250,000
③	190,000	230,000	④	200,000	230,000
⑤	200,000	250,000			

5 (주)서강은 두 개의 보조부문 A와 B, 그리고 두 개의 생산부문 C와 D를 가지고 있다. 20×1년 3월의 각 부문에 대한 자료는 다음과 같다.

	보조부문		생산부문	
	A	B	C	D
기계시간	–	500시간	400시간	100시간
직접노무시간	400시간	–	200시간	400시간
각부문의 제조간접원가	₩30,000	₩50,000	₩10,000	₩20,000
생산단위			50단위	100단위

C부문에서 생산하는 갑제품에 대한 단위당 기초원가(prime cost)는 ₩500이다. (주)서강은 갑제품의 원가에 20%를 가산해서 판매가격을 결정한다. 보조부문의 원가는 상호배분법을 사용하여 생산부문에 배분하며 A부문의 원가는 기계시간에 의하여 B부문의 원가는 직접노무시간에 의하여 배분한다. 갑제품에 대한 월초 및 월말재공품 잔액은 모두 ₩0이다. 갑제품의 단위당 판매가격은 얼마인가? (2000, CPA)

① ₩1,830 ② ₩1,525 ③ ₩1,025
④ ₩825 ⑤ ₩1,325

6 (주)한강은 두 개의 제조부문(P_1, P_2)과 두 개의 보조부문(S_1, S_2)으로 운영된다. 회사는 상호배부법을 이용하여 보조부문원가를 제조부문에 배부하고 있으며, 각 보조부문의 용역제공비율은 다음과 같았다.

보조부문	제조부문		보조부문	
	P_1	P_2	S_1	S_2
S_1	50%	30%	-	20%
S_2	40%	40%	20%	-
부문원가	?	?	X	?

두 개의 보조부문(S_1, S_2)으로부터 P_1에 배부된 금액은 ₩50,000이고, P_2에 배부된 금액은 ₩40,000이었다. 부문원가 배부전 S_1에 집계된 원가(X)는 얼마인가? (2008, CPA)

① ₩37,500 ② ₩38,200 ③ ₩47,200
④ ₩52,500 ⑤ ₩57,200

7 대한회사는 제조부문(성형, 조립)과 보조부문(수선, 동력)을 이용하여 제품을 생산하고 있으며, 제조부문과 보조부문에 관련된 자료는 다음과 같다. (2008, 세무사)

제공부문	제조부문		보조부문		합 계
	성 형	조 립	수 선	동 력	
수 선	400시간	200시간	100시간	400시간	1,100시간
동 력	4,000kW	4,000kW	8,000kW	2,000kW	18,000kW

수선부문와 동력부문에 집계된 부문원가는 각각 ₩160,000, ₩80,000이다. 대한회사는 상호배분법을 사용하여 보조부문원가를 제조부문에 배분한다. 조립부문에 배분될 보조부문원가는 얼마인가?

① ₩80,000 ② ₩95,000 ③ ₩110,000
④ ₩125,000 ⑤ ₩145,000

8 (주)서로는 자동차를 생산하고 있다. 회사는 승용차를 생산하는 부문과 승합차를 생산하는 부문을 이익중심점으로 운영하고, 그 밖에 이들 생산 부문을 지원하는 자재부와 시설관리부를 두고 있다. 자재부는 시설관리부를 위해 자재를 구입하여 주고, 시설관리부는 자재부의 시설을 관리한다. 갑과 을은 각각 승용차와 승합차 생산부문을 책임지고 있는데, 부문별 성과평가를 앞두고 신경이 매우 곤두서 있는 상태다. 아래의 원가자료를 부문 간 배부기준으로 사용하여 직접배부법 또는 상호배부법에 의해 부문별 원가계산을 하려 한다. 아래의 원가자료를 제외하고 승용차와 승합차 생산부문 간에 다른 모든 사항이 동일하다면 다음 중 타당한 것은? (단, 지원부문인 자재부와 시설관리부의 배부대상원가는 각각 ₩100이다.) (2010, CPA)

<부문간 배부기준 자료>

사용부서 / 공급부서	자재 부문	시설관리 부문	승용차 부문	승합차 부문	합 계
자재부문	–	₩5	₩45	₩50	₩100
시설관리부문	₩10	–	₩30	₩60	₩100

① 갑에게는 직접배부법, 을에게는 상호배부법이 유리하다.
② 갑에게는 상호배부법, 을에게는 직접배부법이 유리하다.
③ 갑, 을 모두 직접배부법이 유리하다.
④ 갑, 을 모두 상호배부법이 유리하다.
⑤ 갑, 을 모두 어떤 방법을 사용하든 유리하거나 불리하지 않다.

9 (주)수지는 제품 A와 제품 B를 생산하고 있는데, 두 제품은 모두 제조부문 X와 제조부문 Y를 거쳐야 한다. 제조부문 X에서 발생한 제조간접원가는 각 제품이 소비한 기계시간을 기준으로 배부하고, 제조부문 Y에서 발생한 제조간접원가는 각 제품이 소비한 노무시간을 기준으로 배부한다. 또한 각 제조부문의 제조간접원가는 월별로 실제 배부한다. 다음은 5월 중 제품 A와 제품 B를 생산하는 데 각각 소비한 기계시간과 노무시간 그리고 각 제품에 최종적으로 배부된 제조간접원가 자료이다.

구 분	제품 A	제품 B	합 계
기계시간	10시간	30시간	40시간
노무시간	90시간	60시간	150시간
제조간접원가배부액	₩870,000	₩930,000	₩1,800,000

제조부문 X에서 5월 중 발생한 제조간접원가는 얼마인가? (2011, CPA)

① ₩600,000 ② ₩720,000 ③ ₩800,000
④ ₩960,000 ⑤ ₩1,080,000

10 (주)세무는 제조부문(P_1, P_2)과 보조부분(S_1, S_2)을 이용하여 제품을 생산하고 있으며 단계배부법을 사용하여 보조부문원가를 제조부문에 배부한다. 각 부문 간의 용역수수관계와 부문원가가 다음과 같을 때 P_2에 배부될 보조부문원가는?(단, 보조부문원가는 S_2, S_1의 순으로 배부한다) (2013, 세무사)

	제조부문		보조부문		합계
	P_1	P_2	S_1	S_2	
부문원가	–	–	₩100,000	₩120,000	
S_1	24시간	40시간	20시간	16시간	100시간
S_2	400kWh	200kWh	200kWh	200kWh	1,000kWh

① ₩92,500 ② ₩95,000 ③ ₩111,250
④ ₩120,500 ⑤ ₩122,250

11 (주)동산의 원가계산을 담당하고 있는 김과장은 다른 보조부문에 대한 용역제공비율 순서로 보조부문의 원가를 배분하고 있다. 그런데 김과장이 단계배부법에 의해 보조부문의 원가를 배부하는 중 실수로 다른 보조부문으로부터 배부 받은 원가를 누락하고 다음과 같이 보조부문의 원가를 배부하였다.

제공부서	제조부문		보조부문		
	M_1	M_2	A_1	A_2	A_3
배부전 원가	₩17,500	₩25,000	₩7,500	₩10,000	₩5,000
A_3	1,500	1,000	1,500	1,000	
A_2	3,750	3,750	2,500		
A_1	3,750	3,750			
배부후 원가	26,500	33,500			

다음 중 아래의 질문 (가)와 (나)의 답안이 바르게 짝지어진 것은? (2013, CPA)

> (가) 김과장의 실수로 인해 제조부문에 배부되지 못한 보조부문의 원가는 얼마인가?
> (나) 김과장의 실수를 바로잡았을 때 제조부문 M_1과 M_2의 배부후 원가는 얼마인가?

	(가)	(나)	
		M_1	M_2
①	₩5,000	₩26,500	₩33,500
②	₩5,000	₩29,000	₩36,000
③	₩5,000	₩29,500	₩35,500
④	₩5,250	₩28,000	₩37,000
⑤	₩5,250	₩30,000	₩35,000

12 (주)갑은 현재 보조부문의 원가를 생산부문의 부문직접원가를 기준으로 배부하고 있다. 생산부문과 보조부문의 관련자료는 아래와 같다.

	생산부문		보조부문	
	A	B	C	D
부문직접원가	500만원	400만원	300만원	600만원
서비스 제공비율				
보조부문C	40%	50%	–	10%
보조부문D	30%	60%	10%	–

(주)갑은 보조부문 C의 원가를 우선 배부하는 단계배부법으로 보조부문의 원가배부방법을 변경하고자 한다. 이 변경이 생산부문에 A에 배부되는 보조부문원가에 미치는 영향은? (2012, CPA)

① 90만원 감소　② 120만원 증가　③ 150만원 증가
④ 170만원 감소　⑤ 190만원 증가

13 부문별 개별원가계산을 채택하고 있는 대한조선의 다음 원가계산자료를 이용하여 화물선에 배부될 제조간접원가를 구하시오. (2003, 세무사)

(1) 제조간접원가에 대한 부문비 내역

	제조부문		보조부문		
구 분	제1공장	제2공장	수선부	동력부	생산관리부
금 액	₩3,800,000	₩3,200,000	₩1,100,000	₩900,000	₩2,000,000

(2) 보조부문원가의 배부는 단계(계단식)배부법을 사용하며, 보조부문 상호간의 배부순서는 생산관리, 동력, 수선부문의 순으로 하여 다음의 배부기준에 의한다.

구분	제1공장	제2공장	수선부	동력부
생산관리부	40%	40%	15%	5%
동 력 부	50%	40%	10%	-
수 선 부	60%	40%	-	-

(3) 제품별 제조간접원가 배부를 위한 공장별 작업시간집계표

구 분	화물선	유조선	군 함	합 계
제1공장	800시간	500시간	700시간	2,000시간
제2공장	400시간	300시간	300시간	1,000시간

① ₩4,686,000　② ₩4,595,000　③ ₩4,400,000
④ ₩4,690,000　⑤ ₩4,658,000

14 (주)세무는 가공부문(도색 및 조립)과 보조부문(수선 및 동력)으로 구성된다. 다음의 서비스 공급량 자료를 이용하여 상호배부법으로 보조부문의 원가를 가공부문에 배부한다.

	보조부문		가공부문	
	수선	동력	도색	조립
수선		75시간	45시간	30시간
동력	200kw		100kw	200kw

수선부문과 동력부문에 각각 집계된 원가는 ₩300,000과 ₩200,000이다. 가공부문에 배부된 원가는 도색 횟수와 조립시간에 비례하여 각각 제품 A와 제품 B에 전액 배부된다. 제품 A와 제품 B에 사용된 도색 횟수와 조립시간이 다음과 같을 때, 제품 B에 배부되는 보조부문의 총 원가는? (2017, 세무사)

	제품 A	제품 B
도색 횟수	10회	13회
조립시간	200시간	100시간

① ₩210,000 ② ₩220,000 ③ ₩240,000
④ ₩250,000 ⑤ ₩280,000

15 (주)세무는 세 개의 제조부문(P_1, P_2, P_3)과 두 개의 보조부문(S_1, S_2)을 운영하고 있으며, 보조부문원가를 상호배분법에 의해 제조부문에 배분하고 있다. 각 부문의 용역수수 관계는 다음과 같다. (2018, 세무사)

제공부문 \ 사용부문	제조부문			보조부문	
	P_1	P_2	P_3	S_1	S_2
S_1	40%	20%	20%	-	20%
S_2	30%	30%	30%	10%	-

두 개의 보조부문(S_1, S_2)으로부터 제조부문 P_1, P_2, P_3에 배분된 금액이 각각 ₩150,000, ₩120,000, ₩120,000일 경우, 보조부문원가를 배분하기 이전의 각 보조부문 S_1, S_2에 집계된 원가는?

	S_1	S_2
①	₩100,000	₩290,000
②	₩120,000	₩270,000
③	₩150,000	₩300,000
④	₩270,000	₩120,000
⑤	₩300,000	₩150,000

[주관식]

3-1 서강(주)의 각 부문에서 발생한 원가와 배부기준은 다음과 같다.

1. 각 부문 발생원가

	보조부문		제조부문		
	수선부	동력부	절단부	조립부	합계
간접노무원가	₩2,000	₩4,000	₩6,000	₩3,000	₩15,000
간접재료원가	1,000	2,000	5,000	2,000	10,000
화재보험료					6,000
감가상각비(건물)					4,000
전력요금					2,000

2. 부문공통원가 배부기준

	보조부문		제조부문		
	수선부	동력부	절단부	조립부	합계
점유면적(㎡)	200	200	600	600	1,600
전력사용(kWh)	20	40	60	40	160

[요구사항]

1. 부문개별원가와 부문공통원가를 각각 구분하시오.
2. 부문공통원가를 각 부문에 배부하시오.

3-2 [문제 3-1]과 다음의 자료를 이용하여 보조부문원가 배부를 하려고 한다.

사용처 / 제공처	보조부문		제조부문		
	수선부문	동력부문	절단부문	조립부문	합 계
수선부문원가	—	10%	40%	50%	100%
동력부문원가	20%	—	50%	30%	100%

[요구사항]

1. 각 부문원가는 직접배분법으로 배부하시오.
2. 각 부문원가는 단계배분법으로 배부하시오.
3. 각 부문원가는 상호배분법으로 배부하시오.

3-3 다음은 20×1년 5월 서강(주)의 생산활동과 관련하여 발생한 자료이다.

1) 각 부문 발생원가

보조부문		제조부문	
동력부문원가	수선부문원가	절단부문원가	조립부문원가
₩20,000	₩30,000	₩50,000	₩70,000

2) 보조부문원가의 배부기준은 다음과 같다. 보조부문원가는 동력부문부터 배부한다.

	배부기준	동력부문	수선부문	절단부문	조립부문
동력부문	운전시간	–	100시간	300시간	600시간
수선부문	수선액	₩3,000	–	₩10,000	₩5,000

3) 절단부문원가는 직접노동시간, 조립부문원가는 기계작업시간을 기준으로 각 제품에 배부한다. 각 제조부문의 실제 작업시간은 다음과 같다.

	절단부문	조립부문
직접노동시간	800	500
기계작업시간	500	800

4) A제품은 모두 당월에 착수하여 당월에 완성되었다. A제품이 각 제조부문에서 작업한 시간은 다음과 같다.

	절단부문	조립부문
직접노동시간	100	50
기계작업시간	50	100

[요구사항]

1. 단계배분법으로 부문원가를 배부하는 부문원가 배부표를 작성하시오.
2. 절단부문과 조립부문의 제조간접원가 배부율은 각각 얼마인가?
3. A제품에 배부될 절단부문과 조립부문의 제조간접원가는 얼마인가?

3-4 서강(주)은 두 개의 보조부문과 두 개의 제조부문을 가지고 있다. 보조부문은 동력부문과 수선부문이다. 보조부문의 서비스 제공비율은 다음과 같다.

	동력부문	수선부문	제조 A	제조 B
동력부문	—	20%	50%	30%
수선부문	25%	—	30%	45%

각 부문의 제조간접원가 발생액은 다음과 같다.

동력부문	₩14,000
수선부문	20,000
제조부문 A	35,000
제조부문 B	50,000

[요구사항]

1. 직접배분법에 의하여 보조부문의 원가를 배부하시오.
2. 단계배분법에 의하여 보조부문의 원가를 배부하시오(단, 동력부문부터 배부).
3. 상호배분법에 의하여 보조부문의 원가를 배부하시오.

3-5 서강사는 각 부서의 매출액을 기준으로 고정관리비를 배부하고 있다. 2001년 총고정관리비는 ₩2,000,000이었고, 이 비용은 다음과 같이 배부되었다.

	부서			합 계
	A	B	C	
매 출	₩16,000,000	₩15,000,000	₩9,000,000	₩40,000,000
백 분 율	40%	37.5%	22.5%	100%
배 부 액	₩800,000	₩750,000	₩450,000	₩2,000,000

2002년 B부서의 매출액은 전년도에 비하여 2/3만큼 증가하였고, 다른 부서의 매출액에는 변동이 없었다. 2002년의 총고정관리비 역시 변동이 없었다.

[요구사항]

1. 2002년도 각 부서에 배부되는 고정관리비를 구하시오.
2. 요구사항 1.에서 계산된 2002년도 고정관리비 배부액을 2001년도 배부액과 비교하여 볼 때, 각 부서관리자가 고정관리비의 배부에 대하여 느끼는 바를 설명하시오.
3. 비스원가의 배부기준으로서 매출액의 유용성에 대하여 설명하시오.

3-6 (주)서강자동차는 이 회사의 승용차부서와 화물차부서에 근무하는 직원들을 위한 식당을 운영하고 있다. 이 식당의 운영비로는 매월 ₩40,000의 고정원가와 직원 한 명의 식사당 ₩3씩의 예산이 책정되어 있다. 식당의 최대수용능력은 월 80,000명으로, 이는 승용차부서에서 52,000명, 화물차부서에서 28,000명이 이용할 것이라는 예측을 바탕으로 한 것이다. 7월 한 달 동안 승용차부서는 35,000명, 화물차부서에서는 20,000명이 이용할 것으로 예상되고 있다.

[요구사항]

1. 7월 초 각 부서에 배부되는 식당운영비를 구하시오.
2. 7월 말 식당의 실제운영비는 ₩42,000의 고정원가와 ₩128,000의 변동원가가 발생하였다. 또한 승용차부서 직원들의 집단휴가로 인하여 승용차부서에서는 실제로 20,000명만이 이용하였고, 화물차부서에서도 20,000명이 이용하였다. 이때 각 부서에 배부되는 실제 식당운영비를 구하시오.
3. 이 회사가 모든 식당운영비를 각 부서의 월 실제이용인원을 기준으로 배부한다고 가정하고 2.에 주어진 자료를 이용하여 7월 각 부서에 배부되는 식당운영비를 구하시오.
4. 요구사항 3.에서 사용한 배부방법의 정당성에 대하여 설명하시오.

3-7 서강출판사는 3개의 서비스부서와 2개의 제조부서로 구성되어 있다. 최근 조사된 5개 부서에 대한 부분적인 자료는 다음과 같다.

	서비스부서			제 조 부		합 계
	A	B	C	1	2	
간 접 비	₩140,000	₩105,000	₩48,000	₩275,000	₩430,000	₩998,000
종업원 수	60	35	140	315	210	760
점유면적	15,000	10,000	20,000	40,000	100,000	185,000
인쇄소요시간	–	–	–	30,000	60,000	90,000

이 회사는 원가배부를 위하여 A부서에서는 종업원 수, B부서에서는 점유면적, C부서에서는 인쇄소요시간을 배부기준으로 사용하고 있다. 또한 이 회사는 서비스부서의 원가를 변동 또는 고정원가로 구분하여 배부하고 있지 않다.

[요구사항]

1. 이 회사가 단계배분법을 이용하고 있다고 가정할 때 제조부서 1, 2에 배부될 서비스부서의 원가를 구하시오(단, 배부순서는 A, B, C 순이다).
2. 이 회사가 직접배분법을 이용하고 있다고 가정할 때 제조부서 1, 2에 배부될 서비스부서의 원가를 구하시오.

3-8 서강주식회사는 두 개의 제조부문과 세 개의 서비스부문으로 운영되고 있다. 각 부문의 기능과 발생원가는 다음과 같다.

원가부문	부문의 기능	부문원가	배부기준
제조부문	절 단	₩160,000	-
	조 립	240,000	-
서비스부문	동력공급	48,000	kwh
	수선유지	36,000	소비시간
	용수공급	96,000	m³

당기 중 각 보조부문이 제공한 용역단위는 다음과 같다.

	제조부문		서비스부문			용역 제공량
	절 단	조 립	동력공급	수 선	용수공급	
동력공급(S_1)	60,000	40,000	20,000	20,000	60,000	200,000kwh
수선유지(S_2)	800	400	100	200	300	1,800시간
용수공급(S_3)	120	240	48	48	24	480m³

[요구사항]

직접배분법, 단계배분법, 상호배분법에 따라 서비스부문의 원가를 제조부문에 배분하시오(단, 단계배분법 적용시 용역제공비율이 큰 것부터 배부한다).

3-9 서강공업의 보조부문(품질관리부문, 수선유지부문)원가를 제조부문(기계부문, 조립부문)에 배분하기 위한 자료는 다음과 같다.

	품질관리	수선유지	기 계	조 립	계
예산제조간접비	₩350,000	₩200,000	₩400,000	₩300,000	₩1,250,000
예산기계시간			50,000		
예산직접노동시간				25,000	
서비스제공시간					
품질관리		7,000	21,000	7,000	35,000
수선유지	10,000		18,000	12,000	40,000

[요구사항]

직접배분법을 사용하는 경우 조립부문에 배분되는 수선유지부문원가를 구하시오.

3-10 (주)서강의 공장에는 하나의 보조부문인 동력부문과 두 개의 제조부문인 가공부문과 조립부문이 있다. 동력부문은 제조부문인 가공부문과 조립부문에 전력을 공급하고 있다. 각 제조부문의 월간 최대사용가능량과 10월의 실제사용량은 다음과 같다.

	가공부문	조립부문	합계
최대사용가능량	1,000kwh	1,000kwh	2,000kwh
실제사용량	600kwh	400kwh	1,000kwh

한편, 10월 중 각 부문에서 발생한 제조간접비는 다음과 같다.

	동력부문	가공부문	조립부문	합 계
변 동 비	₩100,000	₩160,000	₩140,000	₩400,000
고 정 비	200,000	300,000	100,000	600,000
합 계	₩300,000	₩460,000	₩240,000	₩1,000,000

[요구사항]

1. 단일배부율법을 적용하는 경우 가공부문과 조립부문에 배부될 보조부문원가를 구하시오.
2. 이중배부율법을 적용하는 경우 가공부문과 조립부문에 배부될 보조부문원가를 구하시오.

"쉬어 가기"

건보공단, 간호 · 간병통합 보상체계 개선

연구용역 발주하고 … 수가 개발 진행 중

2016.5.4 의약뉴스

국민건강보험공단이 간호 · 간병통합서비스(구 포괄간호서비스) 제도의 발전 및 보상체계 개선 방안 마련에 나선다.

건보공단은 관련 연구용역을 최근 발주하고 이를 통해 간호 · 간병통합서비스의 발전적 제도 설계 방안을 제시하는 한편, 원가 분석 및 3차년도 간호 · 간병통합서비스 수가 개발을 진행하겠다는 뜻을 밝혔다.

간호 · 간병통합서비스는 환자의 보호자나 간병인이 상주하지 않고 병원 내 전담 간호 인력이 24시간 입원서비스를 제공하는 환자 중심의 서비스 제도이다.

일반 병실에 비해 북적대지 않아 환자가 안전한 환경 속에서 치료에 집중할 수 있어 높은 치료 효과를 얻을 수 있다는 점과, 환자의 보호자들이 간병 부담에서 자유로울 수 있다는 장점이 있다.

이번 연구용역을 통해서는 우선, 인력 · 병상 등 자원, 법체계, 재정, 병실 문화 및 환경, 건강보험 체계와의 연계 등 간호 · 간병통합서비스 제도의 발전방안 마련을 위한 제도적 요소를 정의하는 작업이 진행된다.

또한 현행 간호 · 간병통합서비스 제도의 운영 실태 평가와 함께 서비스 수요, 간호 인력의 공급과 수요, 의료기관 및 병상자원 분포, 의료기관 전달체계, 근거법령 등 제도를 둘러싼 환경 분석 및 향후 전망을 제시할 계획이다.

간호 · 간병통합서비스의 원가분석 및 3차년도 수가 개발도 이뤄진다.

건보공단은 연구용역을 통해 △간호 · 간병통합서비스 실시 전 · 후 요양기관 경영 수지의 변화 △제도 도입에 따른 간호인력 인건비 변화 추이 분석 △현행 수가의 보상수준 및 정책가산의 적정성 평가 등을 진행해 현행 간호 · 간병통합서비스 수가의 적정성 분석에 나설 방침이다.

아울러 △간호 · 간병통합서비스병동 원가 배부 기준 설정 및 원가 집계 △원가 구성요소 별 단위 원가 산출 △지역별 · 기관 특성별 단위원가 차이 분석 등을 통해서는 간호 · 간병통합서비스 병동의 원가를 분석한다.

또한 참여기관 확대 및 제도화를 위한 '3차년도 사업 수가 개발'과 관련해서는 지방 중소병원의 원활한 제도 도입을 고려한 수가를 설계하고, 확대 로드맵 이행에 따른 재정추계 및 재원조달 방안을 이번 연구를 통해 제시한다는 계획이다.

총 1억 2,000만원의 예산을 투입하는 이번 연구는 오는 11월 30일까지 마무리된다.

04

활동기준 원가계산

Introduction

1974년 4월 ㈜오리온은 세계 최초의 초코파이를 개발하여 이후 제과매출을 주도하는 효자제품으로 키워내었다. 효자제품, 즉 팔면 팔수록 다른 제품에 비해 보다 많은 이익을 창출하는 제품 초코파이에 ㈜오리온은 회사의 한정된 제조 및 홍보자원 등을 집중하였다.

1998년 보다 정밀한 원가분석 등을 위해 ㈜오리온은 활동기준원가계산(Activity-Based Costing, ABC)을 도입하였다. 그런데 새로운 원가회계시스템의 도입으로 놀라운 사실이 밝혀졌다. 새로운 원가계산시스템에 의해 재계산된 초코파이의 수익성은 전통적 원가계산시스템에 의한 그것보다 월등히 낮았던 것이다. 초코파이는 ㈜오리온의 효자제품이 아니었던 것이다.

기업은 가장 많은 이익을 창출하는 제품에 한정된 자원을 집중해야 함에도, ㈜오리온은 잘못된 의사결정을 수행하여 왔던 것이다. ㈜오리온은 가치사슬 전반에 걸친 보다 종합적인 분석을 시도하였으며, 초코파이의 가격정책 및 마케팅 전략을 대폭 수정하였다. 이러한 예는 ㈜오리온에 국한되지 않으며, 많은 기업들이 활동기준원가계산의 도입으로 유사한 경험을 하였다. 활동기준원가계산시스템은 비용절감 등 가치사슬 전반에 걸쳐 혁신을 주도한 일등공신으로 평가되고 있다.

본 장에서는 활동기준원가계산의 개념과 그 적용절차 등에 대하여 알아보고자 한다.

Chapter 04

활동기준 원가계산

4-1 새로운 기업환경과 제조간접원가 배부

1. 새로운 기업환경

기업의 제조환경은 최근 급격한 변화를 겪어왔다. 제조활동 및 판매활동에 있어서의 다양한 소비자의 욕구, 국제화, 범세계적 경쟁 등 많은 변화가 있어 왔으며 이에 대한 대응으로 자동화, 공정개선, JIT(just in time), TQM (total quality management), 제약이론(theory of constraints) 등 수많은 관리기법들이 개발되어 왔다.

이와 같은 변화에 따라 새로운 관리기법이 도입되고 공장자동화가 진척되면서 원가계산 측면에서 직접원가의 비중은 감소하는 반면 제조활동을 지원하는 간접원가의 비중은 증가하게 되었다. 즉 제품생산에 직접 기여하는 비용은 상대적으로 줄어들고 기계조작·수리·보전 등의 간접원가가 증가하게 되었다. 그리고 소비자 욕구의 다양화와 치열한 경쟁으로 인하여 정확한 원가계산이 이전보다 더 중요하게 되었다. 따라서 보다 정확한 원가계산을 위하여 간접원가를 보다 잘 배분하기 위한 원가계산방법이 필요하게 되었다.

2. 제조간접원가 배부방법

정확한 제품의 원가를 계산하는 데 있어 가장 어려운 작업은 원가와 제품 간에 직접적인 연결이 불가능한 간접원가를 제품에 배부하는 것이다. 일반적으로 간접원가 배부방법에는 세 가지가 있는데, 첫째, 가장 단순한 공장전체 배부율법과 둘째, 부문별 배부율법이 있으며, 셋째, 가장 정확한 방법인 활동기준원가계산(ABC: activity－based costing)이 있다. 이 중 공장전체 배부율법과 부문별 배부율법을 전통적인 간접원가 배부방법이라 일컫는다.

(1) 공장전체 배부율법

공장전체 배부율법(plant－wide overhead rate)은 제품원가산정에 있어서 직접노무원가와 같은 하나의 배부율만을 사용하여 간접원가를 제품에 배부하는 방법이다. 그런데 자동화와 같은 새로운 제조환경에서 직접노무원가의 비중은 점점 감소하고 제조간접원가는 점점 증가하는 한편 제품의 다양성이 증가하여 수량, 주문 또는 생산사이즈, 복잡성 등에서 천차만별의 양상을 보이고 있다. 이와 같은 상황에서 직접노무원가와 제조간접원가 간의 상관관계가 거의 없어지고 있다. 따라서 이 방법으로 정확한 원가계산을 하는 데 한계가 있다.

다만 다음과 같은 제조환경에서는 이 방법이 여전히 효과적이고 효율적인 간접원가 배부방법이다. 첫째, 제조원가에서 직접노무원가의 비중이 크고 둘째, 직접노무원가와 제조간접원가와의 상관관계가 높고(직접노무원가가 제조간접원가에 대한 원가동인으로 작용), 다양한 제품을 생산할 경우 직접노무원가와 제조간접원가의 관계가 제품의 종류에 따라 상이하지 않을 때, 그리고 셋째, 제품이 수량, 복잡성, 주문사이즈 등에서 차이가 미미할 때 등이다.

(2) 부문별 배부율법

부문별 배부율법(departmental overhead rate)에서는 두 단계를 걸쳐 간접원가를 제품 등의 원가대상(cost object)에 배부하는데, 첫 단계에서는 간접원가를 부문별로 구성된 원가집합체(cost pools)에 집계한다. 두 번째 단계에서는 간접원가가 원가집합체에서 개별원가대상으로 배부된다. 물론 이 방법이 앞의 공장전체 배부율법보다는 정확하나 다양한 제품을 생산하여 수량, 제품의 복잡성 등에서 제품 간에 차이가 큰 제조환경 하에서는 정확한 제조간접원가배부액이 산정되지 못한다. 그 이유는 배부기준으로 제품수량, 직접노무원가 등의 조업도(volume) 기준만을 사용하기 때문이다.

(3) 활동기준원가계산

새로운 제조환경 하에서 제품 간의 극심한 다양성이 존재할 때 제조간접원가의 발생은 수량 등의 조업도 기준에 의하여 이루어지지 않는다. 기존의 많은 연구에 의하면 새로운 제조환경 하에서 조업도를 기준으로 간접원가를 배부하면 원가계산에 있어서 대량 생산제품은 과대평가되고 소량생산제품은 과소평가되는 현상이 보편적이라 한다. 이러한 현상을 상호보조(cross-subsidization)라고 한다. 예를 들어 A, B, C 세 명의 친구가 중국집에 가서 A는 자장면(2,500원), B는 잡탕밥(5,000원), 그리고 C는 간자장(4,500원)를 주문하여 식사를 끝냈다고 하자. 이 경우에 각자가 주문한 식사에 대하여 대금을 각자 지불하는 대신 전체 주문금액(12,000원)을 3등분하여 4,000원씩 지불한다면, A는 1,500원 더 많이 B는 1,000원을 적게 C는 500원을 적게 지불하게 된다. 이와 마찬가지로 원가계산에서도 진정한 원가보다 적은 금액이 또는 많은 금액이 원가로 정해지는 현상을 상호보조라고 한다.

활동기준원가계산(activity-based costing)은 활동별로 간접원가를 집계하여 활동을 발생시킨 동인에 따라 간접원가를 제품에 배분하는 원가계산방법을 말하며, 이 방법을 사용하면 공장전체 배부율법이나 부문별 배부율법에서 발생하는 상호보조를 상당히 해결할 수 있다. 이 방법에 대해서는 이하에서 구체적으로 설명하고자 한다.

4-2 ABC의 의의

제조간접원가의 배부에 의해 산출된 제품원가는 제품종류가 다양할수록 그 왜곡 정도가 더욱 심각하게 나타난다. 제품에 따라서 그 특성과 생산량, 그리고 수명주기 등이 각각 다르기 때문에 각 제품을 지원하는 각종 간접자원의 사용량도 차이가 나기 마련이다. 즉 제품의 다양성이 증가할수록 그에 대한 지원활동의 양도 증가하게 되므로 전통적인 원가회계시스템에서 원가정보의 왜곡은 더욱 심해진다고 할 수 있다.

활동기준원가계산은 기업의 자원을 소비하는 활동을 기본적인 원가대상으로 하여, 활동의 원가를 제품, 서비스, 고객 등의 다양한 원가대상에 배부하는 원가계산방법으로서, 원가의 발생과 자원의 소비에 있어서 기존의 전통적인 원가계산과 본질적인 인식의 차이를 가지고 있다. 즉 원가의 발생과정에서 전통적인 원가계산에서는 원가대상이 자원을 직접 소비한다는 견해를 갖고 있으나, ABC에 있어서는 원가대상이 활동을 소비하고 활동(activity)이 자원을 소비한다는 견해를 갖고 있다. 따라서 ABC에서는 원가를 원가대상에 직접 추적하는 것이 아니라 원가를 소비하는 활동과 활동을 소비하는 원가대상간의 인과관계를 추적하여 계산한다.

기업에 있어서 활동이란 기업의 원가를 발생시키는 원천이며 동시에 기업이 제공하는 제품이나 서비스의 최종사용자인 고객의 가치를 창조하는 기능을 수행한다. 따라서 ABC를 통한 활동의 관리는 생산성의 측면에서 볼 때 투입(활동의 관리를 통한 원가발생의 통제, 관리)과 산출(활동의 관리를 통한 고객에게의 가치창출)의 양면을 모두 목표로 하는 이상적인 관리라 할 수 있다. 이러한 기업의 재화조달 측면, 재화사용의 측면(원가발생), 재화의 사용을 통한 가치창조의 측면이 모두 연계되어 관리될 수 있을 때에만 기업활동의 생산성과 이윤이 증대되고, 기업 자체가 발전된 형태로 진화될 수 있다고 하겠다. 특히 시장의 개방화, 범세계화에 따른 경쟁의 심화에 직면한 우리나라 기업들로서는 원가의 절감뿐만 아니라, 보다 더 정확한 원가정보의 산출을 통한 미래지향적이고 전략적인 의사결정, 그리고 기업이 생산해 내는 가치의 분석과 개선이 더욱 절실한 시점에 와 있다고 하겠다.[1)]

4-3 ABC의 원가유형

1. 원가유형의 계층적 모형

활동의 종류에 따른 ABC의 원가유형은 크게 단위수준활동·배치(batch)관련활동·제품유지활동·설비유지활동 등 4가지 활동[2)]으로 구분되는 계층적 구조를 가지고 있다. 각 활동들이 가지는 특성에 대해 살펴보면 다음과 같다.

(1) 단위수준활동

단위수준활동(unit-level activity)은 직접재료원가·직접노무원가·기계시간·동력비 등과 같이 제품의 생산량에 따라 비례적으로 발생하는 활동을 말한다. 예를 들어 제품의 생산량을 10% 늘린다면 생산량에 비례하여 직접재료원가·직접노무원가·기계시간·동력비 등의 비용이 10% 더 발생하게 된다.

(2) 배치관련활동

배치관련활동(batch-related activity)은 작업준비 등과 같이 배치생산이 이루어질 때마다 수행되는 활동이다. 즉 어떤 제품을 생산하는 경우에는 특

1) 협의적 의미에서의 ABC는 보다 합리적인 복수의 인과관계 적용을 통한 간접원가배부과정의 개선으로 볼 수 있으나, 광의의 정의로 볼 때, 경영관리의 혁신적인 개념으로써 받아들여지고 있다. 미국의 경우 1998년 현재 절반 이상의 제조기업이 ABC를 도입하고 있으며(자료원: (주)한국 오라클), 경영관리의 새로운 패러다임으로 대두되고 있다. 이러한 가치에 기초한 활동의 관리를 강조하는 경영의 기법을 ABC와 구분지어 활동기준관리(activity-based management: ABM)라고도 하는데 이에 대한 설명은 6절에 소개된다.

2) 산업 및 기업의 특성에 따라 고객유지활동을 포함할 수도 있다.

정제품의 생산을 위해서 기계를 교체하게 되는데, 그때마다 작업준비자원이 소비되는 것이다. 따라서 더 많은 배치(batch)를 생산할수록 작업준비자원은 더 많이 소비하게 된다. 이와 같이 배치활동에 속하는 작업준비활동을 위한 자원의 수요는 배치의 수에 비례해서 증가하지만, 단위수준활동과는 달리 제품의 생산량에는 비례하지 않는다. 구매주문서의 경우에도 각 구입항목의 원가는 구입량에 비례해서 증가하지만 구매주문서의 처리비용은 구매주문 횟수와 관련된 배치관련 비용이다. 이외에도 배치별로 자재를 이동시키며, 생산계획 일정을 작성하고 또한 배치별로 검사를 실시한다면 원재료 이동과 관련된 비용, 생산계획과 관련된 비용, 그리고 검사와 관련된 비용도 배치관련 비용에 속한다고 볼 수 있다.

(3) 제품유지활동

제품유지활동(product-sustaining activity)은 개별제품이 생산되고 판매될 수 있도록 수행되는 활동이다. 따라서 개별제품의 종류가 많아지면 많아질수록 제품유지활동의 양도 많아지게 된다. 이러한 활동의 비용은 개별제품수준에서는 추적 가능하지만, 생산량 혹은 배치의 수와는 직접적인 관련이 없게 된다. 예를 들면, 각 제품별로 정확한 원자재소요량과 일정표작성을 유지하는 데 기여한 정보시스템이나 엔지니어링 자원은 제품유지활동과 관련이 있다. 또한 설계변경 지시, 개별제품의 공정계획 및 검사, 제품개량 등이 여기에 속한다. 이들 비용은 제품라인에 제품의 종류가 추가될수록 더욱 늘어나는 반면, 제품생산량이나 배치 수와는 독립적이다. 따라서 소품종 생산조직보다 다품종 생산조직에서 이러한 제품유지활동의 수요가 늘어나 관련자원을 더 많이 소모하게 된다.

(4) 설비유지활동

설비유지활동(facility-sustaining activity)은 생산설비와 관련해서 발생한다. 많은 설비유지활동은 공장 및 인력의 관리 및 회계와 같이 관리적인 성격을 지닌다. 공장건물과 관련된 세금·조경·보수·안전·조명 등도 설비유지활동에 포함된다. 설비유지활동은 공장에서 제품을 생산할 수 있게 하는 데에는 필요하지만 개별제품의 생산량이나 제품믹스와는 관련이 없다. 이러한 활동은 생산되는 모든 제품들에게 혜택을 주기 때문에 설비유지비용은 그 설비에서 생산되는 모든 제품에 대하여 공통비로 고려되어야 한다.

물론 특정제품의 생산량에 따라 발생하는 공장수준자원(plant−level resource) 비용이 있다면 이 비용은 특정제품에 직접적으로 부과된다. 그러나 그렇지 않은 비용은 개별제품이나 제품라인에 부과되는 것이 아니라 설비유지활동으로 배부된다. 설비유지비용은 제품에 배부할 것이 아니라 일정기간 동안 설비를 운용하는 데 사용된 비용으로 간주하는 것이 이상적이다. 그러나 경영자들은 공장에서 발생한 모든 원가를 제품에 배부해야 한다고 믿기 때문에 이러한 설비유지활동비용도 예외 없이 제품에 배부하고 싶어 한다. 이 경우 설비유지비용은 자의적인 방법으로 개별제품에 배부된다는 점을 결코 간과해서는 안 된다.

도표 4−1 ABC의 계층적 모형

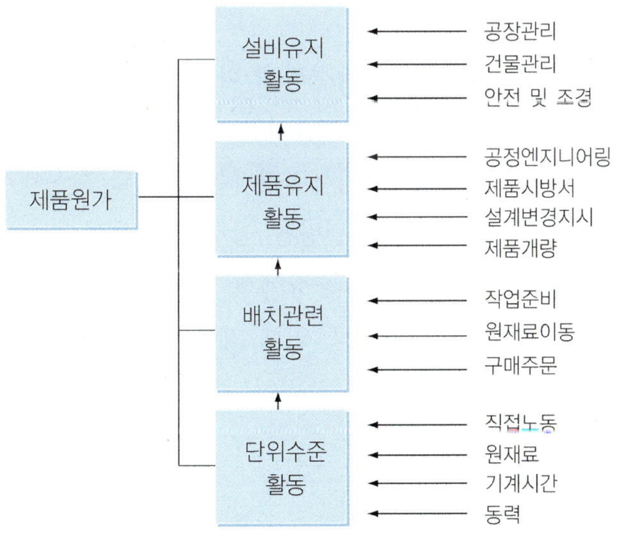

2. 계층적 모형의 시사점

이러한 계층적 모형이 시사하는 바는 다음과 같다.

(1) 비단위수준활동 개념의 도입

ABC의 계층모형에서는 전통적인 사고에 추가해서 배치관련활동과 제품유지활동이라는 새로운 활동이 도입된다. 전통적인 방법에서는 배치 및 제품유지활동비용을 단위수준활동에 준해 제품에 배부(부과)하였다. 따라서 이러한 비용은 생산량에 비례하여 발생한다고 가정하고 있었다. 그러나 ABC시스템 계층모형에서는 제품에 배부되는 비용 중 많은 부분이 생산량에 따라 달라지는 것이 아니라는 점을 지적하고 있다. 이러한 비용들은 생산량보다는 작업준비·원재료이동·검사 등의 다양한 배부량에 따라 변화한다. 따라서 일정한 기준에 의해 제품에 배부되는 비용 중 많은 부분은 다양한 활동을 기준으로 해서 직접 배부될 수 있다.

(2) 비용변화 추정에 유용

ABC의 계층모형은 특정의사결정에 따른 비용의 변화를 추정하는 데 유용하게 사용될 수 있다. 예를 들어, 어떤 의사결정으로 말미암아 배치수준의 활동량을 감소시킬 수 있다면 의사결정자는 감소된 활동량에 그러한 활동을 한 번 수행하는 데 소모되는 자원량을 곱하여 비용이 어느 정도 감소하는지 추정할 수 있을 것이다. 반대로 공장에서 제품의 수를 증가시키는 의사결정을 하려 한다면, 그 의사결정으로 인해 제품유지활동의 수가 얼마나 증가하는지, 그리고 그러한 활동수행에 자원이 얼마나 소모되는지를 추정하여 관련 비용의 증가액을 추정할 수 있다.

(3) ABC 개발에 도움

계층모형은 ABC를 개발하는 데 도움을 준다. ABC를 도입하려면 먼저 공장에서 이루어지고 있는 주요 활동들을 규명하여야 하고, 그 활동들을 단위·배치·제품유지·설비유지활동 범주로 구분하여야 한다. 이에 따라 이러한 활동의 소비를 기준으로 개별제품에 대하여 단위·배치·제품유지·설비유지활동 등의 비용을 부가하여야 한다는 점을 알 수 있다.

4-4 ABC의 설계

ABC의 일차적 목적은 보다 정확한 원가정보를 산출하는 데 있다. ABC 도입의 기초가 되는 것은 각 부문에서 행하고 있는 다양한 업무를 단위활동들로 규명하는 것이다. 이를 활동분석이라 하며, 각 부분에서 어떠한 활동을 하고 있느냐를 파악하게 된다. 이렇게 파악된 각 활동에 대해서 원가를 집계한 후, 해당 활동을 유발시키는 근본원인을 인과적으로 파악하여 원가유발요인(cost driver)을 결정한다. 원가유발요인을 원가동인이라고도 하는데, 원가동인 단위당 원가를 산출한 후 이에 의거하여 각 원가대상에 활동소비량만큼 원가를 부과함으로써 원가계산이 이루어진다.

1. 1단계: 활동분석

활동분석(activity analysis)이란 경영활동을 기술하고 그 활동의 원가 및 성과를 결정할 수 있는 기준을 확립하기 위하여 기업의 주요 활동을 규명하는 것이다. 이것은 이익, 품질, 그리고 적시성 등과 같은 성과를 개선시키기 위하여 기업이 어떠한 기능을 수행해야 하는지 파악할 수 있게 한다. 활동분석은 전체시스템이 너무 커서 관리하기가 어렵지만 개별 구성요소들은 그렇지 않다는 점에 기초하고 있다. 이때 사용될 수 있는 방법은 각 조직의 직무차트를 이용할 수 있으며, 또한 부문관리자들과 함께 일련의 구조화된 인터뷰를 실시할 수도 있다. 인터뷰에서 수집된 자료는 질문서와 같은 방법을 통하여 확인할 수도 있으며, 이러한 방법들은 이외에도 많은 보충자료들을 제공해 주기도 한다. 비록 활동분석이 한 시점에서의 스냅사진이기는 하지만 그 목적은 활동이 수행되는 과정을 이해하는 데 있다. 활동의 수행과정에 초점을 두게 되면 활동원가에 영향을 미치는 요소들을 보다 쉽게 이해할 수 있다.

2. 2단계: 활동별 원가집계

이 단계는 앞서 실시한 활동분석자료를 이용하여 각 활동에 대한 원가를 집계하는 과정이다. 활동분석에서 규명된 각 활동들이 어느 정도 자원을 소비하였는지 활동당 총원가를 계산하는 것이다. 이때 어느 정도 정확한 원가를 원하느냐에 따라 비용－효익분석에 입각하여 유사한 활동들을 통합하여 사용할 수 있다. 예를 들어 아주 정확한 원가정보를 필요로 하고, 그 측정비용이 효익에 비하여 크지 않은 아주 이상적인 상황에서는 모든 분석된 활동에 대하여 원가를 추적하여 그에 대한 원가동인을 구할 수 있을 것이다.

3. 3단계: 원가동인의 규명

ABC가 전통적인 조업도기준 원가시스템보다 정확한 원가정보를 제공할 수 있는 것은 다양한 원가동인을 사용하기 때문이다. 원가동인(cost driver)이란 활동을 유발시키는 요인으로 이는 생산과정에서 특정 자원을 소비한 제품에 대하여 생산활동원가를 추적하는 데 사용된다. 이하에서는 원가동인의 수를 몇 개로 할 것인지, 그리고 이를 결정하는 데 고려할 요소가 무엇인지에 대하여 설명하고자 한다.

(1) 원가동인의 수

기업 내에는 수많은 활동들이 수행되고 있기 때문에 각 활동에 대하여 각각의 원가동인을 사용하는 것은 경제적이지 못하다. 따라서 실무에서는 몇 가지의 활동들을 통합하여 하나의 원가동인으로 활동원가를 추적하는 방법이 사용된다.

ABC에서 활용하는 최소한의 원가동인의 수는 얼마나 정확한 제품원가 정보를 요구하고 있느냐와 제품믹스의 복잡성에 달려 있다. 먼저 원가의 정확성 측면에서 살펴보면 원가동인의 수가 증가함에 따라 원가의 정확성도 상승한다. 즉 희망하는 정확성 수준이 높으면 높을수록 더 많은 원가동인이 필요하다. 그러나 원가동인의 수를 결정함에 있어 제품믹스의 복잡성은 두 가지 이상의 활동을 통합하여 하나의 원가동인으로 측정할 수 있는지를 결정하는 데 큰 어려움을 가져다준다. 이러한 어려움은 첫째, 두 가지 이상의 제품이 서로 다른 비율로 활동들을 소비할 때, 즉 제품의 다양성이 높을 때, 둘째, 생산공정의 총원가 가운데 특정 활동원가가 차지하는 비율이 높을 때, 즉 다양한 활동들 가운데 상대적 원가가 높을 때, 셋째, 생산량이 서로 다를 때, 즉 조업도가 다양할 때 이러한 문제는 더욱 심각하다.

(2) 원가동인 선택할 때 고려할 요소

적절한 원가동인을 선택하기 위해서는 다음과 같은 세 가지 요소를 고려하여야 한다.

첫째, 측정비용으로 이는 원가동인에서 요구되는 자료획득의 용이성과 관련이 있다. ABC는 많은 원가동인을 사용함으로써 더욱 정확한 원가정보를 얻을 수 있다. 이러한 원가동인과 관련된 측정비용을 감소시키기 위하여 ABC에서는 쉽게 자료를 획득할 수 있는 원가동인을 사용하여야 한다. 이때 기업활동으로 인하여 발생하는 거래의 수를 포착할 수 있는 원가동인을 사용하는 것이 측정비용을 감소시키는 데 중요한 역할을 한다.

둘째, 실제활동소비와의 상관관계를 고려하여야 한다. 상관관계의 정도란 원가동인에 의해 측정된 활동의 소비와 실제활동의 소비와의 상관관계를 나타낸다. 활동소비를 간접적으로 포착하는 원가동인을 사용한다는 것은 실제활동소비를 정확하게 포착하지 못하기 때문에 왜곡된 원가정보를 제공할 수 있는 위험이 수반된다. 예를 들어, 제품에 따라 검사에 필요한 시간이 다양함에도 불구하고 원가동인으로 검사횟수를 사용하게 되면 실제소비시간과의 상관관계가 낮아지게 된다. 즉 횟수기준의 원가동인은 생산량에 관계없이 매 검사가 동일한 양의 활동을 소비하였다고 가정하기 때문에 활동의 실제소비량과 상관관계가 낮게 된다.

마지막으로 행위에 미치는 영향을 고려하여야 한다. 특정 원가동인을 선택할 때 고려해야 할 것은 종업원들에게 어떤 영향을 미치는가 하는 점이다. 만약 원가동인의 단위당 원가 혹은 그 양에 따라서 종업원들의 성과가 측정된다면 원가동인은 그들의 행동에 영향을 미칠 수 있기 때문이다. 원가동인의 선정이 종업원의 행동에 미치는 영향을 과소평가해서는 안 된다. 왜냐하면 어떤 기업에서 ABC의 도입목적으로 이러한 행위적 영향만을 고려하기도 하기 때문이다.

4. 4단계: 원가동인 단위당 원가산출과 원가계산

이 단계는 앞의 2단계와 3단계를 합한 단계로서 2단계에서 산출된 활동별 총원가를 3단계에서 규명된 원가동인으로 나누어 활동별 한 단위당 원가를 산출한다. 엄밀하게 이야기하면 각 활동의 대용치로 사용하고 있는 원가동인 단위당 원가가 얼마인지를 산출하는 것이다. 이렇게 산출된 단위당 원가는 각 활동을 사용한 수만큼 곱하여 그 제품에 배부함으로써 원가계산은 완료된다. 이때 전통적으로 직접원가로 인식되어 오던 원가에 대해서는 전통적인 방법 그대로 각 제품에 직접 부과할 수 있을 것이다.

4-5 전통적 원가계산과 ABC의 비교

ABC는 두 가지의 기본적인 가정을 바탕으로 하고 있다. 첫째는 기업이 소유하고 있는 자원은 기업의 활동에 의해 소비된다는 것이며, 두 번째는 제품은 활동에 대한 수요를 창출한다는 것이다. 전통적인 원가시스템과 ABC를 비교하여 보면 <도표 4-2>와 같다.

도표 4-2 전통적인 원가계산 방법과 ABC시스템의 차이

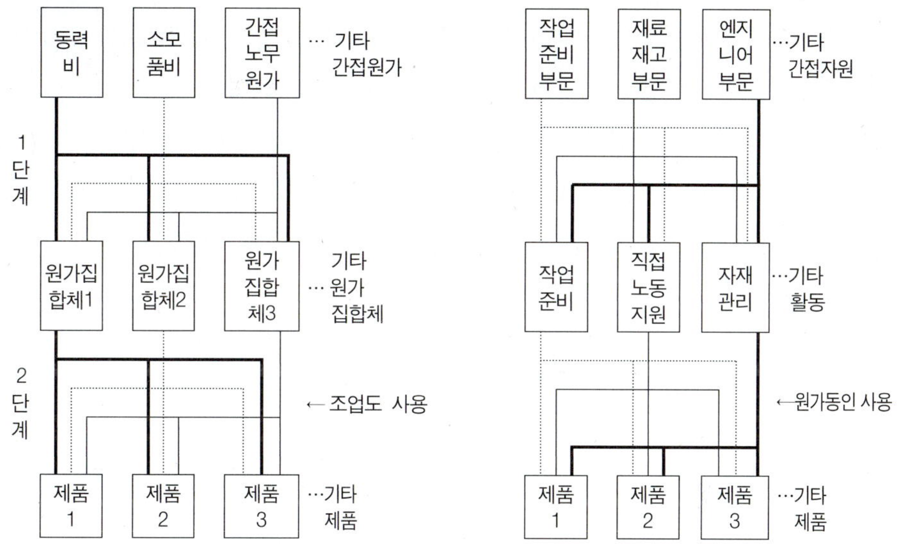

(a) 전통적인 원가시스템　　(b) ABC

<도표 4-2>의 (a)에서 보는 바와 같이 전통적인 원가시스템에서는 1단계에서 간접원가를 각 원가집합체에 배부한다. 이때는 비교적 정확한 원가가 배부되지만 각 원가집합체에 모아진 간접원가는 2단계에서 직접노무원가, 직접작업시간 등과 같은 배부기준에 의하여 각 제품에 다시 배부된다. 도표 (b)의 ABC에서는 1단계에서 간접원가가 각 자원을 사용한 활동들에 배부되고, 2단계에서 활동별로 배부된 원가가 제품에서 소요되는 활동량에 비례하여 각 제품에 부과된다.

이러한 일련의 과정 속에서 전통적인 원가계산시스템과 ABC 간의 차이점을 발견할 수 있는데, 원가계산측면에 대해서 그 차이를 살펴보면 크게 세 가지로 요약할 수 있다.

첫째, 전통적인 시스템에서는 사용되는 원가집합체(cost pool)의 숫자가 적은 데 비해, ABC에서는 원가집합체의 숫자가 많다. 따라서 각각의 원가집합체의 성격은 전통적 시스템에서는 이질적인 데 비해 ABC에서는 동질적이다.

둘째, 전통적인 시스템 하에서 간접원가의 배부는 직접노동시간, 기계시간 등과 같은 한두 가지의 기준에 의하여 이루어지지만, ABC에서는 작업준비·직접노동지원·자재관리 등과 같은 기업 내 다양한 활동들을 유발시킨 근본원인들을 대상으로 한다. 이를 원가동인이라고 하였다.

셋째, 전통적인 원가계산시스템이나 ABC에 있어서 각 부문의 총원가는 동일하다. 그러나 전통적인 시스템에서 원가는 각 조직단위의 원가항목별로 전체금액이 집계되고 통제되지만, ABC에서 원가는 조직활동에 따라 통제된다.

예제 4-1 전통적 원가계산에 의한 제품원가 계산

(주)신촌은 A, B라는 두 가지 제품을 각각 생산하고 있다. A 제품은 생산량이 적으며, 매년 5,000개씩 판매된다. 그리고 제품 B는 생산량이 많으며, 매년 20,000개씩 판매되고 있다. (주)신촌은 각 제품을 생산하는 데 다음과 같이 직접노동시간을 사용하고 있으며, 발생원가정보는 다음과 같다.

· 직접노동시간

제품 A: 5,000 × 2시간	10,000시간
제품 B: 20,000 × 2시간	40,000
총직접노동시간	50,000시간

· 원가정보

	직접재료원가	직접노무원가(시간당 ₩7.5)
제품 A:	₩35	₩15
제품 B:	₩25	₩15

(주)신촌의 제조간접원가는 매년 총 ₩1,000,000이 발생한다. 그리고 A 제품은 디자인이 B 제품보다 복잡하기 때문에 더 많은 작업준비시간이 소요되며, 더 많은 품질검사가 요구된다. 따라서 A 제품은 소롯트(lot)로 생산되어야 할 필요성이 있으며, 따라서 B 제품보다 더 잦은 생산지시서가 필요하다. (주)신촌은 제조간접원가를 배부하는 기준으로 항상 직접노동시간을 사용하였다.

[요구사항]

직접노동시간을 제조간접원가 배부기준으로 사용할 때 각 제품의 원가는 얼마나 되겠는가?

[해 답]

제조간접원가 배부율을 계산해 보면 시간당 ₩20(1,000,000/50,000)이다. 이를 사용하여 각 제품 한 단위당 원가를 구해 보면 다음과 같다.

	제품 A	제품 B
직접재료원가	₩35	₩25
직접노무원가	15	15
제조간접원가(2시간 × ₩20)	40	40
	₩90	₩80

위에서 산출된 단위당 원가는 제품원가에 영향을 미칠 수 있는 다른 요소, 즉 작업준비 혹은 검사 등과 같은 요소들을 무시하고 있다. 따라서 이러한 요소들을 무시할 경우 두 가지 제품이 모두 동일한 양의 노동시간을 사용하고 있기 때문에 동일한 제조간접원가가 배부되는 것이다. <예제 4-2>는 이들 요소들을 고려하여 제품의 원가를 구하는 방법을 제공해 주고 있다.

예제 4-2 ABC에 의한 제품원가 계산

예제 4-1에 추가하여 (주)신촌의 활동분석결과 1년간 제품생산에 필요한 활동, 그에 대한 원가동인 등의 자료가 다음과 같이 규명되었다고 하자. 활동분석 결과로 제조간접원가 ₩1,000,000을 주요 활동별로 다음과 같이 구분할 수 있었다.

			각 제품당 활동사용량		
활 동	원가동인	활동원가	A제품	B제품	총사용량
노동관련활동	노동시간	₩80,000	10,000	40,000	50,000
기계관련활동	기계시간	210,000	30,000	70,000	100,000
작업준비활동	작업준비횟수	160,000	1,500	500	2,000
생산발주활동	주문횟수	45,000	200	400	600
자재수불활동	수불횟수	100,000	500	900	1,400
부품관리활동	부품수	35,000	100	75	175
품질검사활동	검사시간	170,000	4,000	1,000	5,000
공장관리활동	기계시간	200,000	30,000	70,000	100,000
		₩1,000,000			

[요구사항]

1. ABC를 사용하여 각 제품에 배부될 제조간접원가를 산정하시오.
2. ABC를 사용하는 경우 각 제품의 원가는 얼마나 되겠는가?

[해　　답]

1. (1) 원가동인 단위당 원가

활　동	활동원가	총사용량	원가동인	단위당 원가
노동관련활동	₩80,000	50,000	(노동시간)	₩1.60
기계관련활동	210,000	100,000	(기계시간)	2.10
작업준비활동	160,000	2,000	(작업준비횟수)	80.00
생산발주활동	45,000	600	(주문횟수)	75.00
자재수불활동	100,000	1,400	(수불횟수)	71.43
부품관리활동	35,000	175	(부품수)	200.00
품질검사활동	170,000	5,000	(검사시간)	34.00
공장관리활동	200,000	100,000	(기계시간)	2.00

(2) 각 제품의 제조간접원가

	제　품 A		제　품 B	
활　동	활동사용량	금　액	활동사용량	금　액
노동관련활동	10,000	₩16,000	40,000	₩64,000
기계관련활동	30,000	63,000	70,000	147,000
작업준비활동	1,500	120,000	500	40,000
생산발주활동	200	15,000	400	30,000
자재수불활동	500	36,000	900	64,000
부품관리활동	100	20,000	75	15,000
품질검사활동	4,000	136,000	1,000	34,000
공장관리활동	30,000	60,000	70,000	140,000
총제조간접원가		466,000		534,000

2. (1) 제품 단위당 제조간접원가

	제　품 A	제　품 B
총제조간접원가	₩466,000	₩534,000
생 산 량	5,000	20,000
단위당 제조간접원가	₩93.20	₩26.70

(2) 제품 단위당 원가

	제　품 A	제　품 B
직접재료원가	₩35.0	₩25.0
직접노무원가	15.0	15.0
제조간접원가	93.2	26.7
	₩143.2	₩66.7

<예제 4-1>과 <예제 4-2>를 통하여 직접노동시간을 배부기준으로 한 전통적인 원가계산방법과 활동을 기준으로 한 ABC 원가계산방법의 제품제조원가를 비교해 보면 다음과 같다.

	직접노동시간기준		활동기준	
	제품 A	제품 B	제품 A	제품 B
직접재료원가	₩35	₩25	₩35.0	₩25.0
직접노무원가	15	15	15.0	15.0
제조간접원가	40	40	93.2	26.7
	₩90	₩80	₩143.2	₩66.7

위의 결과에서 보는 바와 같이 직접노동시간을 기준으로 원가를 계산하였을 경우 A제품은 단위당 ₩90, B제품은 단위당 ₩80이었다. 그러나 활동을 기준으로 원가를 계산하였을 경우 A제품은 단위당 ₩143.2, B제품은 단위당 ₩66.7로 나타났다. 이러한 차이는 직접노동시간을 기준으로 한 전통적인 원가계산방법은 활동기준의 원가계산에서 직접원가로 인식하는 다양한 활동원가를 제조간접원가로 인식하고, 그 제조간접원가를 소수기준, 즉 직접노동시간을 기준으로 각 제품에 배부하였기 때문에 생긴 차이이다.

4-6 활동기준관리

1. 활동기준관리의 의의

활동기준관리(ABM: activity-based management)는 지금까지 ABC에 기초한 원가를 산출하는 과정에서 산출된 다양한 정보들을 이용하여 프로세스개선을 도모하고자 하는 것이다. 이때에는 원가정보뿐만 아니라 그 과정에서 얻어진 활동분석, 원가동인 등 많은 정보들이 이용될 수 있다. 즉 각 부문에서 이루어지는 활동이 왜 이루어지는지, 그리고 얼마나 효율적으로 이루어졌는지를 파악함으로써 가장 수익성이 있는 활동으로 자원을 이동시키며, 작업이 수행되는 방법을 개선시키고자 하는 것이다. 이때 프로세스 분석을 실시하게 되는데, 이것은 활동 간의 상호의존성을 결정하는 것이다. 간단한 예를 들어 보면 <도표 4-3>과 같다.

도표 4-3 활동기준관리를 위한 프로세스 분석

* 현재: 20시간

입고	보관	이동·대기	공정1	이동·대기	공정2	완제품보관	선적
NVA	NVA	NVA	VA	NVA	VA	NVA	VA
2	5	1	1	3	1	6	1

* 목표: 10시간

입고	보관	공정1	이동·대기	공정2	완제품보관	선적
NVA	NVA	VA	NVA	VA	NVA	VA
1	2	1	1	1	3	1

		현재	목표
총요구시간	VA(부가가치 활동)	3	3
	NVA(비부가가치 활동)	17	7
	합 계	20	10

<도표 4-3>에서 보는 바와 같이 현재의 제조활동 과정을 분석한 결과 생산에 소요되는 총시간은 20시간인 것으로 분석되었다. 그러나 이 가운데 부가가치활동(value-added activites)은 단지 3시간에 불과하며, 나머지 17시간은 부가가치를 제공하지 않는 활동이다. 따라서 비부가가치활동(non-value-added activites)을 7시간으로 줄이겠다는 목표를 설정하여 총제조관련 시간을 10시간으로 단축시키고자 한다.

이러한 분석은 경영 프로세스에서 발생하는 작업과정들을 가시화시킨다는 데 그 중요성이 있다. 작업과정을 통제함으로써 기업은 연속적으로 발생

하는 여러 가지 활동의 원가를 절감 혹은 제거할 수 있다. 많은 활동들은 그 비용만큼 효익을 가져다주지 못한다. 그러나 오늘날의 원가회계시스템은 이러한 활동 간의 상호 관련성을 제시해 주지 못하고 있다. 어떤 활동을 수행하는 데 필요한 정보가 정확하게, 또한 적시에 제공되지 않는 한 활동은 효율적으로 이루어질 수 없다. 활동의 상호관계를 이해한다는 것은 중복 혹은 불필요한 활동을 규명함으로써 경영프로세스의 흐름을 순조롭게 할 수 있다.

2. 활동기준관리에서의 정보활용

각 정보들이 활동기준관리에 어떻게 사용될 수 있는지 살펴보면 다음과 같다.

(1) 불필요한 활동의 제거

각 부문의 활동분석을 통하여 기업에서 어떤 활동이 이루어지고 있는지 파악할 수 있다. 이러한 활동분석정보를 이용하여 각 활동들이 어떻게 관련되어 있으며, 동일한 활동들이 어느 부서에서 중복되고 있는지 등에 대한 프로세스 분석을 실시하게 된다. 기업이 설정한 목표를 효율적으로 달성하는 데 필요한 활동들을 제대로 파악하고, 이러한 활동들을 올바른 방법으로 실행하는 것은 기업의 모든 이해관계자들을 만족시킬 수 있다. 따라서 활동분석과 프로세스 분석을 통하여 기업 내에서 이루어지고 있는 활동들을 체계적으로 분석함으로써, 불필요한 활동을 제거하고 필요한 활동들은 가장 효율적인 방법으로 수행될 수 있도록 하여야 할 것이다.

이러한 관점에서 활동을 부가가치활동과 비부가가치활동으로 분류하는 것은 매우 중요하다고 하겠다. 기업은 많은 활동을 통하여 기업의 목표를 달성하려 하지만 반드시 가치있는 활동들만이 수행되고 있는 것은 아니다. 예를 들어, 구매주문서의 확인작업과 같이 부가가치를 제공해 주지 못하는 활동, 비록 약간의 부가가치를 제공해 준다고는 하지만 더 많은 비용이 소요되는 활동, 여러 부문에서 동일한 내용을 중복 수행하고 있는 활동, 반면에 특정부문에서 집중적으로 이루어져야 할 활동이 여러 부문에서 나누어져 이루어지고 있는 활동, 그리고 필요한 활동이지만 비효율적으로 이루어지고 있는 활동 등이 있다. 활동분석은 이러한 활동들을 체계적으로 분석함으로써 적절히 통제할 수 있다.

(2) 원가동인의 선택

원가동인을 결정한다는 것은 활동의 원가와 성과에 영향을 미치는 요소를 규명하는 것이다. 예를 들어, 최초로 발생하는 어떤 사건을 감소 혹은 제거함으로써 연속적으로 발생하는 활동들을 불필요하게 만들 수 있다. 결함이 있는 부품을 발견한 사건은 재작업·폐기 등과 같은 이후의 활동이 발생하지 않도록 한다. 따라서 이러한 원인을 제거함으로써 그에 따라 발생하는 활동들을 제거할 수 있다. 원가동인의 분석은 이러한 사건발생을 방지할 수 있는 요소들을 규명하는 것이라 할 수 있다. 따라서 원가동인을 선택한다는 것은 특정 활동의 원가를 최소화시킬 수 있고, 그리고 성과를 최대화할 수 있는 요소를 선택하는 것이라 하겠다.

(3) 다른 개선 프로그램과 연계

지속적인 개선을 위해서는 다른 개선 프로그램과 연결되어 사용되어야 한다. 원가동인을 이용한 성과측정이 조직구성원들의 행위에 긍정적인 영향을 미친다면, 개선프로그램은 방법적인 문제를 해결해 준다고 볼 수 있다.

ABC를 단지 더욱 정확한 원가를 계산하기 위한 새로운 회계시스템으로만 볼 것이 아니다. 제각기 단편적으로 실행되고 있는 ABC를 포함한 JIT, TQM, 연속적인 흐름생산, 초점공장(focused factory), 권한위양 등과 같은 방법들은 ABM 개념으로 통합 또는 확대되어야 한다. 따라서 ABM을 통하여 기업전략을 지원할 수 있도록 재무적 성과측정치뿐만 아니라 비재무적인 성과측정치에 대한 정의를 명확하게 하고, 이를 보상시스템과 연결시킴으로써 지속적인 기업활동의 개선을 도모하도록 하여야 한다.

4-7 ABC의 효익

ABC에서 제공되는 정보로 얻을 수 있는 효익은 크게 의사결정의 개선과 관련원가 결정의 용이성 두 가지로 요약할 수 있으며, 이를 ABM으로 확대하였을 때 나타날 수 있는 효익으로는 크게 지속적인 개선활동, 성과평가방법의 개선, 조직구조의 변화 그리고 경영전략의 지원 등으로 나누어 볼 수 있다. 이에 대하여 간략히 살펴보면 다음과 같다.

1. 의사결정의 개선

ABC를 채택한 경영자들은 ABC에서 보고된 정확한 제품원가가 잘못된 의사결정을 내릴 가능성을 감소시킨다고 보고 있다. 잘못된 의사결정은 전통적인 원가시스템에서 보고되는 원가정보의 왜곡수준을 과소평가하기 때문이다. 경쟁이 심할수록 잘못된 제품가격 결정과 제품믹스 결정, 비효율적인 제조설비 사용, 제품디자인의 오류 등이 발생할 가능성이 크다. 따라서 정확한 제품원가정보는 심한 경쟁압력에 직면한 기업에서는 특히 중요하다.

2. 관련원가 결정의 용이성

기업의 원가시스템에서 제공된 제품원가 자료는 종종 원가조정을 거쳐서 특별 의사결정에 적합한 정보로 전환된다. 그런데 원가조정에는 많은 비용이 소비된다. 주어진 의사결정을 위해 요구되는 원가조정의 정도는 부정확한 원가정보가 제공됨으로써 발생하는 위험의 크기에 따라, 그리고 보고된 제품원가의 정확성과 수정의 용이성에 따라 달라진다. ABC는 전통적인 원가시스템과는 달리 보고된 제품원가의 정확성을 증가시키고, 그 외에 다양한 원가정보를 제공하기 때문에 관련원가계산에 있어서 특별한 노력의 필요성은 감소하게 된다. ABC를 실행함으로써 기업관리자는 제품의 수익성 변화라는 최종 결과보다는 작업준비 혹은 정전 등의 작업중지에서 발생하는 기계시간, 노동 시간의 소비에 그들의 관심을 돌리게 된다. 이것은 제조활동의 효율성을 개선하는 주요 프로젝트를 시작하는 데 도움을 준다. 그러나 이러한 비용은 지금까지 간접원가 배부에 의해 묻혀 있었기 때문에 관리자가 관심을 가지지 않고 있었던 것이다.

3. 지속적인 개선활동

전통적인 원가시스템에서 원가절감은 원재료의 구입가격을 낮추고, 직접 노동을 더욱 효율적으로 운용하며, 그리고 기계를 더 빨리 가동시킴으로써 달성할 수 있다고 본다. 따라서 엔지니어는 원재료·노동·기계시간 등과 같은 간접원가의 배부기준이 되는 자원의 소비를 감소시킴으로써 제품원가를 더 낮게 보고하려는 경향을 나타낸다.

그러나 ABC에서 비용절감은 작업준비비용의 감소, 생산계획과 자재취급의 효율적 운용, 그리고 소비자의 제품수요에 일치시키면서도 그 부품의 수를 줄이는 활동 등을 수행함으로써 달성하게 된다. 특히 관리자들이 개선의 기회를 제시하고, 종업원들이 이에 동의하는 과정을 거치게 됨으로써, 종업원들로 하여금 지속적인 개선에 관심을 가지게 할 뿐만 아니라 이를 적극적으로 수행할 수 있도록 유도할 수 있다.

ABC 정보는 또한 다음과 같은 방법으로 성과개선 활동을 지원한다. 첫째, 본질적인 성과개선을 기대할 수 있는 활동에 대하여 현재까지 소비된 비용을 밝혀낼 수 있다. 따라서 FMS(flexible manufacturing system), CIM(computer integrated manufacturing) 도입으로 인한 수많은 효익을 명확하게 규명할 수 있다. 둘째, 이미 품질개선과 JIT활동을 도입하고 있는 조직에서도 개선의 여지가 가장 많은 활동에 중점을 두게 하는 데 도움을 준다. 셋째, 활동개선이 수익향상과 비용절감을 통해 수익성 개선으로 나타났는지를 판단할 수 있다.

4. 성과평가방법의 개선

ABC를 도입한다는 것은 단순히 정확한 원가를 계산한다는 측면만을 나타내는 것은 아니다. 기업목표 달성에 필수적으로 요구되는 활동들을 규명하고 활동분석을 통하여 성과측정치의 개선을 이룰 수 있다. 특히 기업활동 가운데 원가발생 요인인 원가동인을 파악함으로써 종업원들로 하여금 이러한 원가동인의 발생빈도를 감소시키게 하는 유인을 제공한다. 따라서 ABC의 도입은 지금까지 사용되어 왔던 재무적 측정치 외에도 비재무적 측정치를 사용할 수 있게 함으로써 지속적인 성과개선을 기대할 수 있게 한다.

또한 ABC는 전통적으로 문제가 되어 왔던 단기적 성과위주의 의사결정이 장기적 관점에서 효율성 향상으로 나타날 수 있게 한다. 활동분석과 경영프로세스 분석이 이루어짐에 따라 각 활동들의 흐름을 쉽게 파악할 수 있으며, 원가동인을 규명함으로써 작업자는 원가발생 요인을 감소시키는 방향으로 관심을 돌릴 수 있다. 예를 들어 작업준비의 경우 작업준비시간을 원가동인으로 사용하고 있다면 작업준비시간을 줄이려는 유인이 종업원들에게 주어지며, 이것은 곧 기업의 성과향상으로 나타날 것이라고 본다.

5. 조직구조의 변화

부적절한 조직구조에서도 불필요한 원가가 발생한다. 따라서 지속적인 개선노력을 통하여 비효율적인 통제의 폭(span of control)과 관리사슬(management chain)을 수정하는 등의 조직변화를 이끌어 낼 수 있다. 예를 들어 어떤 유사한 활동들이 두 개 이상의 부문에서 이루어지고 있거나 혹은 특정부문의 업무특성상 관련성이 없는 활동들이 이루어지고 있다면 이것은 업무의 중복, 조직의 비효율성을 나타내는 것이다. 따라서 이러한 활동들을 통합 혹은 분리시킴으로써 조직의 효율성을 증대시킬 수 있을 것이다.

6. 경영전략의 지원

경영전략이란 기업의 목표를 달성하기 위한 장기적인 계획이라고 할 수 있다. 장기적인 계획을 수행하기 위하여 단기적인 수행정책 및 절차가 개발되어야 한다. 이러한 기업의 정책 및 절차는 일반적으로 원가를 발생시키는 공통된 원천이다. 왜냐하면 기업의 활동은 기업정책 및 절차에 의해 통제되기 때문이다. 만약 생산활동에서 기업정책 및 절차가 비부가가치 활동을 수행하게 된다면 활동분석을 통하여 변화 또는 제거시킬 수 있다. 장기적으로 볼 때 최선의 실무를 찾아내어 이를 실행할 수 있게 되는 것이다. 또한 활동은 기업의 전략적인 선택에 의해 결정된다고 볼 때 가장 높은 전략적 효익을 산출하는 활동에 자원을 이동시킬 수 있을 것이다.

4-8 종합예제

(주)용산은 X와 Y의 두 가지 제품을 생산하고 있다. 제품별 연간 판매수량, 단위당 노동시간, 연간 총제조시간은 다음과 같다.

	총 시 간
제품 X: 2,000단위 × 5시간	10,000
제품 Y: 10,000단위 × 4시간	40,000
총 시 간	50,000

각 제품 단위당 직접재료원가와 노무원가는 다음과 같다.

	제품	
	X	Y
직접재료원가	₩25	₩17
직접노무원가(시간당 ₩6)	30	24

이 회사의 제조간접원가는 연간 ₩800,000이다. 이 제조간접원가를 여섯 군데의 활동중심점별로 나누어 보면 다음과 같다. 각 활동중심점별 원가동인은 괄호 안에 표시한 바와 같다.

활동중심점(원가동인)	추적가능원가	원가동인별 예상 발생횟수 또는 예상 소비시간		
		총 계	제품 X	제품 Y
노동관련활동(직접노동시간)	₩80,000	50,000	10,000	40,000
기계작업준비(작업준비횟수)	150,000	5,000	3,000	2,000
품질검사(검사횟수)	160,000	8,000	5,000	3,000
생산지시(지시횟수)	70,000	400	100	300
재료검수(재료검수횟수)	90,000	750	150	600
공장관련활동(기계시간)	250,000	40,000	12,000	28,000
	₩800,000			

[요구사항]

1. (주)용산은 여섯 개의 활동중심점을 가지고 있다. 각 중심점의 활동을 단위수준, 배치수준, 제품수준, 설비수준의 활동으로 구분하여 보시오.
2. 제조간접원가의 배부가 직접노동시간을 기준으로 배부된다고 가정하고 다음에 답하시오.
   (1) 제조간접원가 예정배부율을 계산하시오.
   (2) 각 제품별 단위당 제조원가를 산출하시오.
3. (주)용산은 제조간접원가 배부율을 계산하기 위하여 ABC 방법을 사용한다고 가정하고 다음에 답하시오.
   (1) 여섯 군데의 활동중심점별로 원가동인당 예정배부율을 구하시오.
   (2) 각 제품별 단위당 제조간접원가를 구하시오.
   (3) 각 제품별 단위당 제조원가를 산출하시오.
4. 2.와 3.에서 계산된 각 제품별 단위당 제조원가를 비교하시오.

[해 답]

1.

활동중심점	활동의 계층수준
노동관련활동	단위수준
기계작업준비	배치수준
품질검사	배치수준
생산지시	배치수준
재료검수	배치수준
공장관련활동	설비수준

2. (1) $\frac{\text{제조간접원가 ₩800,000}}{\text{직접노동시간 50,000}}$ = ₩16/직접노동시간당

(2)

	제품	
	X	Y
직접재료원가	₩25	₩17
직접노무원가	30	24
제조간접원가배부액	5시간×16=80	4시간×16=64
단위당 제조원가	₩135	₩105

3. (1)

활동중심점	추적가능원가	원가동인별 발생횟수·소비시간	원가동인당 예정배부율
노동관련활동	₩80,000	50,000	₩1.60
기계작업준비	150,000	5,000	30
품질검사	160,000	8,000	20
생산지시	70,000	400	175
재료검수	90,000	750	120
공장관련활동	250,000	40,000	6.25

(2)

	제품 X		제품 Y	
	활동사용량	금 액	활동사용량	금 액
노동관련활동(1.60)	10,000	16,000	40,000	64,000
기계작업준비(30)	3,000	90,000	2,000	60,000
품질검사(20)	5,000	100,000	3,000	60,000
생산지시(175)	100	17,500	300	52,500

재료검수(120)	150	18,000	600	72,000
공장관련활동(6.25)	12,000	75,000	28,000	175,000
총제조간접원가		₩316,500		₩483,500
생산량		2,000		10,000
단위당 제조간접원가		158.25		48.35

(3)

	제품	
	X	Y
직접재료원가	25.00	17.00
직접노무원가	30.00	24.00
제조간접원가	158.25	48.35
단위당 제조원가	213.25	89.35

4. 제품 X의 생산원가는 직접노동시간기준(2.)으로 산출된 것과 비교했을 때 더 높게 나타났으며, 제품 Y는 더 낮게 나타났다. 제조간접원가의 배부기준으로 직접노동시간을 사용함으로서 제품 X에는 실제보다 더 적은 제조간접원가가 배부되며, 제품 Y에는 더 많은 제조간접원가가 배부되었기 때문이다.

4-9 요 약

1. ABC의 도입배경

공장의 자동화가 진척되어 직접원가의 비중은 감소하고, 제조활동을 지원하는 간접원가의 비중이 증가하며, 경쟁심화로 인하여 정확한 원가정보가 보다 필요해짐에 따라 ABC가 등장하게 되었다.

2. 전통적인 원가계산의 원가왜곡과 ABC의 원가유형

전통적인 조업도기준 원가정보는 제조간접원가를 직접노동시간·기계시간 등과 같은 한두 가지의 소수기준에 비례하여 각 제품에 배부함으로써 최종적으로 산출되는 원가를 왜곡하여 보고할 수 있으며, 이러한 정보는 경영자들의 의사결정을 오도할 수 있다는 문제점들이 지적되었다. ABC의 기본적인 사고에서 볼 때 경영자는 직접적으로 원가를 통제할 수 있는 것이 아니라, 원가를 발생시키는 활동을 통제할 수 있는 것이라고 생각한다. ABC의 원가유형은 크게 설비유지활동·제품유지활동·배치(batch)관련활동·단위수준활동 등 4가지 활동으로 구분할 수 있는데, 이들은 계층적 구조를 가지고 있다.

3. ABC의 절차

ABC에서 원가를 계산하는 절차는, 제 1 단계로 경영활동을 기술하고 그 활동의 원가 및 성과를 결정할 수 있는 기준을 확립하기 위하여 기업의 주요 활동을 규명하는 활동분석을 행한다. 제 2 단계에서는 활동분석 자료를 이용하여 각 활동에 대한 원가를 집계하는 과정이다. 활동분석에서 규명된 각 활동들이 어느 정도 자원을 소비하였는지 활동당 총원가를 계산한다. 제 3 단계에서 활동을 유발시키는 원가요인을 규명하며, 제 4 단계에서는 원가동인 단위당 원가를 산출하고, 마지막 단계에서 원가계산을 행한다. 이때 원가계산은 원가동인 단위당 원가에 각 활동을 사용한 수만큼 곱함으로써 완료된다.

4. 활동기준원가관리

ABC에서 원가계산을 위하여 거친 다섯 단계의 과정에서 수집된 다양한 정보들을 이용하여 활동을 기준으로 한 관리시스템(ABM)으로 확대·적용할 수 있다. 이러한 ABC와 ABM의 효익으로서 의사결정의 개선, 관련 원가결정의 용이성, 지속적인 개선활동, 성과평가 방법의 개선, 조직구조의 변화, 경영전략의 지원 등이 있다.

Management Accounting

익/힘/문/제

01 ABC가 기업에서 필요하다고 생각되는 이유는 무엇인가?

02 제조기업에서 부정확한 원가가 계산되는 이유는 무엇인가?

03 ABC의 원가유형은 어떤 것들이 있으며, 그 내용은 무엇인가?

04 ABC설계의 절차를 서술하시오.

05 원가동인이란 무엇을 의미하며, 원가동인을 선택할 때 고려하여야 할 사항은 무엇인가?

06 활동기준관리(ABM)란 무엇인가?

07 활동기준관리는 어떻게 유용하게 사용되는가를 설명하시오.

08 전통적 원가계산의 장·단점은 무엇인가? 그리고 ABC의 장·단점은 무엇인가?

09 ABC를 도입함으로써 얻을 수 있는 효익은 무엇인가?

10 어떤 특성을 가진 기업에서 ABC가 보다 더 유용할 것이라 생각되는가?

Chapter 04 연습문제 Management Accounting

[객관식]

1 원가배부와 관련된 다음의 설명 중에서 올바른 것은? (2001, 세무사)

① 원가배부기준은 인과관계기준에 의해서만 설정해야 한다.
② 제조간접원가가 전체 제조원가에서 차지하는 비중이 증가할수록 단순한 원가배분기준을 설정해야 보다 정확한 원가계산을 할 수 있다.
③ 활동기준원가계산제도에서는 제품의 생산수량과 직접 관련이 없는 비단위기준원가동인(ununit-based cost drivers)을 사용하지 않는다.
④ 제조간접원가의 배부가 정확하게 이루어질 수 없기 때문에 원가배부는 어떠한 경우에도 경제적 의사결정을 위한 정보를 제공하지 않는다.
⑤ 활동기준원가계산제도에서 원가배부기준으로 선택된 원가동인이 원가발생의 인과관계를 잘 반영하지 못하는 경우 제품원가계산이 왜곡될 가능성이 있다.

2 다음 중 활동기준원가계산제도가 생겨나게 된 배경으로 타당하지 않은 것은? (2010, CPA)

① 수익성 높은 제품의 선별을 통한 기업역량 집중의 필요성
② 산업구조의 고도화 및 직접노동 투입량의 증가
③ 제품 및 생산공정의 다양화
④ 원가정보의 수집 및 처리기술의 발달
⑤ 개별제품이나 작업에 직접 추적이 어려운 원가의 증가

3 다음 중 활동기준원가계산(Activity Based Costing)이 추구하는 목적과 가장 거리가 먼 것은? (1999, CPA)

① 다양한 원가유발요인(cost driver)을 인식하여 적정한 가격결정에 이용한다.
② 정확한 제품원가를 계산하고자 한다.
③ 제품별 또는 고객별로 보다 정확한 원가분석을 할 수 있다.
④ 직접재료원가 외에는 고정원가로 처리하고자 한다.
⑤ 제품별 또는 부문별 성과평가를 신뢰성 있게 할 수 있다.

4 활동기준원가계산에 관한 다음 설명 중에서 타당하지 않은 것은? (2004, CPA)

① 활동이 자원을 소비하고 제품이 활동을 소비한다.
② 제조간접원가에는 생산량 이외의 다른 원가동인에 의하여 발생하는 원가가 많이 포함되어 있다.
③ 배부기준의 수가 전통적인 원가계산에 비해 많다.
④ 제품별 또는 부문별 성과평가의 신뢰성이 높아진다.
⑤ 표준원가계산과 같이 일종의 사전원가계산 제도이다.

5 활동기준원가계산에 관한 설명으로 옳지 않은 것은? (2015, 세무사)

① 활동기준원가계산은 생산환경의 변화에 따라 증가되는 제조간접원가를 좀더 정확하게 제품에 배부하고 효과적으로 관리하기 위한 새로운 원가계산방법이라 할 수 있다.
② 활동기준원가계산에서는 일반적으로 활동의 유형을 단위수준활동, 묶음수준활동(배치수준활동), 제품유지활동, 설비유지활동의 4가지로 구분한다.
③ 제품유지활동은 주로 제조공정이나 생산설비 등을 유지하고 관리하기 위하여 수행되는 활동으로서 공장시설관리, 환경관리, 안전유지관리, 제품별 생산설비관리 등이 활동이 여기에 속한다.
④ 묶음수준활동은 원재료구매, 작업준비 등과 같이 묶음단위로 수행되는 활동을 의미하는데 품질검사의 경우 표본검사는 묶음수준활동으로 분류될 수 있지만, 전수조사에 의한 품질검사는 단위수준활동으로 분류된다.
⑤ 단위수준활동은 한 단위의 제품을 생산하는 데 수반되어 이루어지는 활동으로서 주로 생산량에 비례적으로 발생하며, 주로 직접노무시간, 기계작업시간 등을 원가동인으로 한다.

6 활동기준원가계산(Activity Based Costing)시스템은 조업도기준 원가계산(Volume Based Costing) 시스템에 비하여 보다 정확한 제품원가를 제공할 수 있다. 다음 중에서 활동기준 원가계산시스템을 도입함에 따라서 그 효과를 크게 볼 수 있는 기업의 일반적 특성에 해당되지 않는 것은? (2002, CPA)

① 생산과정에 거액의 간접원가가 발생하는 경우
② 제품, 고객 및 생산공정이 매우 복잡하고 다양한 경우

③ 회사가 치열한 가격경쟁에 직면한 경우
④ 제품의 제조와 마케팅 원가에 대해서 생산작업자와 회계담당자 사이에 심각한 견해차이가 있는 경우
⑤ 생산과 판매에 자신있는 제품의 이익은 높고 생산과 판매에 자신없는 제품의 이익이 낮은 경우

7 아래에서 올바른 활동기준원가계산(ABC)의 절차를 나타낸 것은? (2001, 세무사)

ⓐ 활동중심점의 설정 ⓑ 원가동인의 선택 ⓒ 활동분석
ⓓ 제조간접원가의 배부 ⓔ 활동별 제조간접원가 배부율의 계산

① ⓒ→ⓐ→ⓔ→ⓑ→ⓓ
② ⓒ→ⓐ→ⓓ→ⓑ→ⓔ
③ ⓒ→ⓐ→ⓑ→ⓔ→ⓓ
④ ⓒ→ⓑ→ⓐ→ⓓ→ⓔ
⑤ ⓒ→ⓑ→ⓐ→ⓔ→ⓓ

8 활동기준원가계산 시스템에 대한 설명 중 옳은 것을 모두 묶은 것은? (2009, 세무사)

ㄱ. 제품과 고객이 매우 다양하고 생산공정이 복잡한 경우, 일반적으로 활동기준원가계산이 전통적 원가계산보다 정확한 제품원가 정보를 제공한다.
ㄴ. (ㄱ)설명의 주된 이유는 활동기준원가계산은 원가 발생행태보다 원가를 소모하는 활동에 초점을 맞추어 원가를 집계하여 배부하기 때문이다.
ㄷ. 생산과정에서 거액의 간접원가가 발생하는 경우 활동기준원가계산이 전통적 원가계산보다 원가관리에 효과적이다.

① ㄱ
② ㄱ, ㄴ
③ ㄱ, ㄷ
④ ㄴ, ㄷ
⑤ ㄱ, ㄴ, ㄷ

9 다음 중 (가) 활동원가계층구조(activity cost hierarchy) 분류, (나) 해당원가의 예, (다) 원가동인(cost driver)의 조합이 적절하지 않은 것은? (2000, CPA)

(가)	(나)	(다)
① 단위수준 활동원가	기계동력원가	기계작동시간
② 뱃치수준 활동원가	전수(제품전량) 검사원가	검사회수
③ 제품유지 활동원가	제품설계원가	제품의 종류 수
④ 뱃치수준 활동원가	기계작업준비원가	준비회수
⑤ 단위수준 활동원가	소모품원가	제품의 생산량

10 (주)서강은 각 작업에 대한 원가계산을 위하여 다음의 자료를 수집하였다.

활동	원가	원가범주	원가동인	최대활동량
생산준비	₩20,000	생산묶음	생산준비시간	1,000 시간
재료처리	30,000	생산묶음	재료처리횟수	2,000 회
기계사용	500,000	제품단위	기계작업시간	20,000 시간
품질관리	100,000	생산묶음	품질관리횟수	12,500 회
수선유지	40,000	제품단위	기계작업시간	20,000 시간

활동기준원가계산을 이용할 때 다음의 작업 A의 총원가는 얼마인가? (2002, 세무사)

작업	기초원가	생산수량	생산준비	재료처리	기계작업	품질관리
A	₩300,000	12,000단위	30시간	56회	4,000시간	70회

① ₩610,000 ② ₩110,000 ③ ₩482,000
④ ₩420,000 ⑤ ₩410,000

11 (주)호남은 두 종류의 제품(X와 Z)을 생산하고 있다. 이 회사의 원가담당자는 간접원가 중 엔지니어링 변경원가에 관심을 가지고 있다. 1회 엔지니어링 변경에 소요되는 원가는 ₩600이다. 제품별 생산량, 엔지니어링 변경횟수, 기계시간은 다음과 같다.

항 목	X제품	Z제품
생산량	1,000단위	1,000단위
엔지니어링 변경횟수	14회	6회
생산량 단위당 기계시간	1시간	2시간

엔지니어링 변경원가를 엔지니어링 변경횟수가 아닌 기계시간을 기준으로 배부한다면, X제품에 과대배부 혹은 과소배부 되는 금액은 얼마인가? (2009, CPA)

① ₩15,000 과소배부 ② ₩14,400 과대배부
③ ₩12,200 과소배부 ④ ₩ 7,200 과대배부
⑤ ₩ 4,400 과소배부

12 (주)한호기계는 활동기준원가계산(activity-based costing)을 적용하고 있다. 회사는 제품생산을 위해 세 가지 활동을 수행하고 있다. 당기에 발생된 활동별 실제원가는 기계가동활동 ₩84,000, 엔지니어링활동 ₩60,000, 품질검사활동 ₩41,000이었다. 당기에 두 종류의 제품 A와 B를 생산하였으며, 생산관련 실제자료는 다음과 같았다.

항 목	제품 A	제품 B
생산량	500단위	1,200단위
기계가동(기계시간)	2,000시간	3,000시간

엔지니어링(작업시간)	500시간	700시간
품질검사(품질검사횟수)	10회	15회

* 괄호 안은 각 활동의 원가동인을 의미함.

활동기준원가계산 및 위의 자료와 관련된 (주)한호기계의 원가계산결과에 대한 설명이다. 다음 중 타당하지 않은 것은? (2008, CPA)

① 생산과정에서 직접원가보다는 간접원가의 비중이 높을수록 활동기준원가계산의 도입효과가 큰 것으로 알려져 있다.
② 품질검사를 전수조사에 의할 경우 품질검사활동은 단위수준활동으로 분류된다.
③ 제품 A에 배부되는 총활동원가는 ₩72,000이다.
④ 기계가동활동의 원가배부율은 기계시간당 ₩16.8이다.
⑤ 제품 B에 배부되는 엔지니어링 활동원가는 ₩35,000이다.

13 다음은 단일제품을 생산하여 판매하는 (주)국세의 연간 활동원가 예산자료와 4월의 활용원가 자료이다.

* 연간 활동원가 예산자료

활동	활동원가	원가동인	원가동인수량
재료이동	₩5,000,000	이동횟수	1,000 회
성형	₩3,000,000	제품생산량	24,000 단위
도색	₩1,500,000	직접노동시간	6,000 시간
조립	₩2,000,000	기계작업시간	2,000 시간

* 4월 중에 생산한 제품의 활동원가자료

제품생산량: 2,000단위,	직접노동시간: 500시간,	기계작업시간:200시간

활동기준원가계산에 의할 경우, (주)국세가 4월 중에 생산한 제품의 활동원가금액은 ₩1,050,000으로 계산되었다. (주)국세가 4월 중 제품을 생산하는 과정에서 발생한 재료의 이동횟수는 얼마인가? (2011, 세무사)

① 95회 ② 96회 ③ 97회 ④ 98회 ⑤ 99회

14 (주)국세는 활동기준원가계산 방법에 의하여 제품의 가공원가를 계산하고 있다. (주)국세의 각 활동과 활동별 원가배부율은 다음과 같다.

활동	원가동인	단위당 배부율
재료처리	부품수	₩10
기계작업	기계시간	120
조립작업	조립시간	75
검사	검사시간	100

제품 A 1단위를 제조하기 위해서는 부품 200개, 기계작업 10시간, 조립작업 20시간, 검사 5시간이 요구된다. (주)국세는 50단위의 제품A를 단위당 ₩50,000에 판매하여 ₩1,500,000의 매출총이익을 달성하였다. 이 경우, 제품A의 단위당 직접재료원가는 얼마인가?(단, 기초재고자산과 기말재고자산은 없다고 가정한다) (20112, 세무사)

① ₩5,200 ② ₩14,800 ③ ₩15,250
④ ₩20,000 ⑤ ₩30,000

15 (주)하나는 당기에 제품 A를 1,500단위, 제품B를 1,000단위, 제품C를 500단위 생산하였으며, 이와 관련하여 기계절삭작업에 ₩100,000, 조립작업에 ₩80,000 품질검사 ₩40,000의 제조간접원가가 소요되었다. 당사는 활동기준원가계산을 시행하고 있으며, 관련 자료는 아래와 같다. 다음 중 옳지 않은 것은? (2013, CPA)

구 분	원가동인	제품 A	제품 B	제품 C
기계절삭작업	기계시간	2,240	3,380	4,380
조립작업	조립시간	330	660	1,010
품질검사	횟수	12	13	15

① 제품 B 전체에 배부되는 기계절삭작업 활동원가는 제품 A 전체에 배부되는 기계절삭작업 활동원가의 약 1.5배이다.
② 제품 B 전체에 배부되는 조립작업 활동원가보다 제품 C 전체에 배부되는 조립작업 활동원가가 더 크다.
③ 제품 A 전체에 배부되는 품질검사 활동원가보다 제품 C 전체에 배부되는 품질검사 활동원가가 25% 더 크다.
④ 제품 단위당 총활동원가가 가장 큰 것은 제품 C이다.
⑤ 각 제품의 단위당 활동원가를 계산하면 제품 A는 ₩31.73, 제품 B는 ₩73.20 제품 C는 ₩138.40이다.

[주관식]

4-1 다양한 제품을 생산하고 있는 (주)서강에서 행하는 활동들을 관찰한 결과 다음과 같은 자료들이 입수되었다.

(a) 자재수불부서의 자재입고
(b) 부품재고의 관리
(c) 모든 제품에 대하여 수행되는 밀링작업
(d) 인사부를 통하여 새로운 신입사원 고용
(e) 신제품에 대한 설계작업과 기존제품의 설계수정
(f) 기계수선부에서 일반목적의 기계설비를 보수
(g) 공장빌딩에 입주
(h) 구매주문서의 발행

[요구사항]

1. 위에 제시한 각 활동을 단위수준활동 · 배치수준활동 · 제품수준활동 · 설비수준활동으로 각각 분류하시오.
2. 위의 각 활동에 대하여 ABC를 적용할 때 사용될 수 있다고 생각되는 원가동인을 규명하시오.

4-2 서강주식회사는 연간 제품 A 5,000단위와 제품B 30,000단위를 생산하였다. 이 두 제품에 대한 추가정보는 다음과 같다.

(a) 제품 A는 단위당 직접재료원가가 ₩72이 필요하며, 제품B는 ₩50이 필요하다.
(b) 제품 A와 제품B 한 단위 생산에 소요되는 직접노동시간은 각각 1.8시간과 0.9시간이고 직접노무원가는 시간당 ₩10이다.
(c) 서강주식회사는 항상 제조간접원가를 제품에 배부하는 기준으로 직접노동시간을 사용한다. 제조간접원가는 연간 ₩1,800,000이 발생한다.
(d) 제품 A는 제품 B보다 생산하기가 더욱 복잡하다. 따라서 제품 A는 특별한 기계가동시간이 요구된다. 따라서 서강주식회사에서는 ABC를 사용하기로 결정하고, 다음과 같은 활동정보를 규명하였다.

활 동	원가동인	활동원가	연간 총 활동사용량		
			제품 A	제품 B	총활동
기계작업준비활동	작업준비의 수	₩360,000	50	100	150
특별가공활동	가공시간	180,000	12,000	–	12,000
공장관리	직접노동시간	1,260,000	9,000	27,000	36,000
		1,800,000			

[요구사항]

1. 서강주식회사는 직접노무원가를 제조간접원가 배부기준으로 사용한다고 가정할 때 각 제품단위당 제조원가를 산출하시오.
2. ABC를 적용한다고 하였을 때 다음 사항에 답하시오.
   (1) 각 활동을 단위수준활동, 배치수준활동, 제품수준활동, 설비수준활동으로 분류하시오.
   (2) 각 활동별 원가동인당 원가를 계산하시오.
   (3) 각 제품단위당 원가를 산출하시오.

4-3 상품매매기업인 (주)한국유통이 활동기준원가계산을 적용하여 간접원가(overheads)를 고객별로 배부하기 위해, 20×1년 초에 수집한 연간 예산자료는 다음과 같다.

(1) 연간 간접원가

간접원가항목	금 액
급 여	₩1,200,000
판 매 비	₩800,000
계	₩2,000,000

(2) 활동별 간접원가 배부비율

간접원가항목	활 동		계
	고객주문처리	고객관계관리	
급 여	20%	80%	100%
판 매 비	40%	60%	100%

(3) 활동별 원가동인과 연간 활동량

활　동	원가동인	활 동 량
고객주문처리	고객주문횟수	500회
고객관계관리	고 객 수	50명

추가자료:

(a) (주)한국유통은 20×1년 중 주요 고객인 (주)대한이 20회의 주문을 할 것으로 예상하고 있다.

(b) (주)대한의 주문 1회당 예상되는 평균매출액은 ₩20,000이며, 매출원가는 매출액의 75%이다.

(c) 매출원가를 제외한 어떠한 직접원가도 발생하지 않는다.

[요구사항]

활동기준원가계산을 적용하여 간접원가를 고객별로 배부하는 경우, (주)한국유통이 20×1년 중 (주)대한으로부터 얻을 것으로 예상할 수 있는 이익을 구하시오.

4-4 (주)대한은 휴대전화기를 생산한다. 현재 회사는 제조간접원가를 단일 배부율을 사용하여 공장 전체에 배부하고 있다. 회사의 경영진은 제조간접원가를 좀더 정교하게 배부할 필요가 있다고 판단하고, 회계담당부서로 하여금 주요 생산활동과 그 활동에 대한 원가동인을 파악하라고 지시하였다. 다음은 활동, 원가동인 그리고 배부율에 대한 자료이다.

활 동	원가동인	배부율
재료취급	부품의 수	부품당 ₩ 1,000
조　립	직접노무시간	시간당 ₩40,000
검　사	검사부문에서의 검사시간	분　당 ₩10,000

추가자료:

(a) 전통적인 원가계산방법은 직접노무시간에 기초하여 1시간당 150,000의 배부율을 사용한다.

(b) 휴대전화 제작을 위하여 한 번의 작업(batch)으로 50대의 휴대전화가 제조되었다.

(c) 한 번의 작업(batch)에는 1,000개의 부품, 직접노무시간 8시간, 그리고 검사시간 15분이 필요하다.

[요구사항]

전통적인 원가계산방법과 활동기준원가계산방법을 사용할 경우 휴대전화 한 대당 배부될 제조간접원가를 구하시오.

4-5 (주)한야의 영업팀은 활동원가에 근거하여 고객의 수익성을 평가한다. 당기에 주문처리와 고객관리를 위해 수행한 활동 및 원가 자료는 다음과 같다. 긴급주문 처리를 위해서는 통상적인 주문처리 원가에 추가하여 1회당 ₩100의 원가가 발생한다.

활동 및 원가항목	원 가
주문처리	₩70/1회 주문
긴급주문 처리를 위한 추가원가	₩100/1회 긴급주문
고객상담	₩450/1회 상담
고객관계관리	₩80,000/고객 1인

추가자료:

(a) 매출원가는 매출액의 80%에 해당한다.

(b) 당기 중에 (주)한야의 주요 고객인 A와 관련하여 매출액 ₩500,000, 주문처리 횟수 300회(이 중 70%는 긴급주문임), 고객상담 횟수 140회가 발생하였다.

(c) 고객관계관리는 모든 고객에게 공통으로 적용된다.

[요구사항]

(주)한야가 고객 A로부터 얻은 이익(혹은 손실)을 구하시오.

4-6 20×1년 1월 1일에 개업한 (주)사문은 두 종류의 제품(X, Y)을 생산하고 있다. (주)사문은 각 제품의 생산묶음(batch)마다 생산준비활동을 1회씩 수행하는데, 생산준비활동에 대한 원가동인(배부기준)은 생산준비횟수이다. 20×1년 한 해 동안 제품 X와 제품 Y의 생산량 및 생산묶음당 제품수량은 각각 다음과 같다.

구분	제품 X	제품 Y
생산량	1,250개	800개
생산묶음당 제품수량	25개	10개

한편, (주)사문은 생산준비활동 미사용능력(unused capacity)에 대한 원가(미사용 생산준비활동 원가)를 계산하여 동 원가는 각 제품에 배부되지 않도록 하는 것이 관리 목적상 유용할 것으로 판단하고 있다.

미사용 생산준비활동원가를 제외할 때, 제품 X와 제품 Y에 배부되는 생산준비활동원가의 합계액은 ₩1,690,000이다. 또한 미사용 생산준비활동원가를 제외할 때, 제품 X에 배부되는 생산 준비활동원가는 ₩100,000만큼 줄어든다는 사실도 확인하였다.

[요구사항]

현재의 인원과 설비로 수행할 수 있는 연간 최대 생산준비횟수를 구하시오(단, 생산준비 활동 원가는 전액 고정원가이다).

4-7 (주)서강은 일반모델과 특별모델에 사용할 수 있는 제품을 생산하고 있다. 일반모델은 오랜 기간 동안 계속 생산해 왔지만 특별모델은 새로운 시장개척을 위하여 몇 년 전부터 생산하기 시작하였다. 새로운 특별모델의 도입으로 이익이 감소하고 있으며, 경영자는 원가계산시스템의 정확성에 대하여 불신을 가지고 있다. 특별모델의 매출은 현재 급신장하고 있다.

제조간접원가는 직접노동시간을 기준으로 배부된다. 2002년 현재 ₩2,000,000의 제조간접원가가 발생할 것으로 추정하고 있으며, 특별모델은 5,000개, 일반모델은 40,000개를 생산할 것으로 보고 있다. 특별모델을 생산하는 데는 단위당 1.6시간이 소요되며, 일반모델은 0.8시간이 소요된다. 제품단위당 원재료와 노무원가는 다음과 같다.

	특별모델	일반모델
직접재료원가	₩150	₩112
직접노무원가	16	8

[요구사항]

1. 직접노동시간을 기준으로 한 2002년의 제조간접원가 배부율을 계산하시오. 그리고 단위당 제조원가를 계산하시오.
2. 활동분석결과 4개의 활동으로 분류되었으며, 원가동인 · 추정활동원가 등에 대한 자료는 다음과 같이 나타났다.

활 동	원가동인	활동원가	활동사용량		
			특별모델	일반모델	총 계
구매주문서	주문횟수	₩84,000	400	800	1,200
폐물/재작업청구	청구횟수	216,000	300	600	900
제품검사	검사횟수	450,000	4,000	11,000	15,000
기계관련활동	기계시간	1,250,000	20,000	30,000	50,000
총제조간접원가		2,000,000			

위의 자료를 이용하여 각 활동의 원가동인당 제조간접원가를 계산하시오.

3. ABC를 적용하였을 때 위의 자료를 이용하여 다음사항에 답하시오.
   (1) 2002년 동안 각 모델에 할당할 수 있는 총 제조간접원가는 얼마인가 이 금액을 이용하여 각 모델의 단위당 제조간접원가 금액을 결정하시오.
   (2) 각 모델의 단위당 제조원가를 구하시오.
4. 이상의 결과로 볼 때 기업의 이익이 감소하는 데 영향을 미친 요인은 무엇인지 규명하시오.

4-8 (주)서강이 생산하는 두 제품과 관련된 자료는 다음과 같다.

제품	직접노동시간/단위	연간생산량	직접노동시간총계
A	2.7	5,000단위	13,500
B	1.8	20,000	36,000
		25,000단위	49,500

추가자료:

(a) 제품 A의 단위당 직접재료원가는 ₩36,250이고, 제품 B의 단위당 직접재료원가 ₩22,000이다.

(b) 직접노무원가의 임률은 시간당 ₩7,500이다.

(c) 제조간접원가는 직접노동시간을 기준으로 배부한다. 제조간접원가 연간총액은 ₩198,000,000 이다.

(d) 제품 A의 제조는 제품B보다 복잡하여 특수설비와 특별가공을 필요로 한다.

(e) (d)에서 필요한 특수작업 때문에 회사는 제조간접원가의 제품배부에 활동기준원가계산의 사용을 고려하고 있다. 세 가지 활동중심점과 관련된 자료는 다음과 같다.

활　동	원가동인	추적가능한 원가	연간 거래 또는 활동내용		
			합 계	제품 A	제품 B
기계시동	시동횟수	₩49,500,000	250	100	150
특수공정	CPU(분)	19,800,000	18,000	18,000	-
공장일반관리	직접노동시간	128,700,000	49,500	13,500	36,000
		₩198,000,000			

[요구사항]

1. 회사가 제조간접원가의 배부기준으로 직접노동시간을 계속 사용한다고 가정할 때,
   (1) 제조간접원가 예정배부율을 계산하시오.
   (2) 각 제품의 단위당 제조원가를 계산하시오.

2. 회사가 제조간접원가 배부를 위해 활동기준원가계산을 사용하기로 했다고 가정할 때,
   (1) 각 활동중심점에 대한 제조간접원가 배부율을 계산하시오.
   (2) 각 제품에 배부될 제조간접원가를 계산하시오.
   (3) 각 제품의 단위당 제조간접원가를 계산하시오.
3. 활동기준원가계산하에서 제조간접원가가 고조업도제품에서 저조업도제품으로 전이되는 이유를 설명하시오.

4-9 (주)신촌은 ABC분석이 중요한 통찰력을 제공한다는 것을 알았다. 따라서 이 분석을 구운 제품, 우유와 과일쥬스 그리고 냉동제품의 세 가지 제품라인에도 적용하기로 했다. 이 회사에서는 네 가지의 활동과 각 활동에 대한 활동원가율을 다음과 같이 확인했다.

주 문	구매주문 1회당 ₩100
상품의 배달과 주문	배달 1회당 ₩80
선반진열	시간당 ₩20
고객지원 및 보조	판매항목당 ₩0.20

수익, 매출원가, 보조원가 그리고 세 가지 제품라인의 활동영역 사용은 아래와 같다.

	구운 제품	우유와 과일쥬스	냉동제품
재무자료			
수익	₩57,000	₩63,000	₩52,000
매출원가	38,000	47,000	35,000
보조원가	11,400	14,100	10,500
활동영역사용(원가배부기준)			
주문(구매주문)	30	25	13
배달(배달횟수)	98	36	28
진열(시간)	183	166	24
고객지원(판매품목)	15,500	20,500	7,900

기존의 전통적 원가계산시스템 하에서 (주)신촌은 매출원가의 30% 비율로 보조원가를 제품에 배부했다.

[요구사항]

1. 이전의 원가계산시스템(보조원가가 판매원가의 30%의 비율로 제품에 부과)을 이용하여 (주)신촌의 제품라인의 수익성을 계산하시오.
2. 활동기준원가계산시스템을 이용하여 (주)신촌의 제품라인의 수익성을 계산하시오.
3. 요구사항 2.에서 활동기준원가계산시스템은 (주)신촌의 경영자에게 어떤 새로운 방향을

제시해 주는가?

4-10 포장기계를 생산 및 판매하는 (주)서강은 최근에 공장의 작업별 원가계산시스템을 정교화하기 위해 활동기준에 의한 접근법을 사용하고 있다. 그 결과, 이 회사의 작업별 원가계산시스템은 하나의 직접원가범주(직접재료원가)와 네 개의 간접제조원가집합을 가지게 되었다. 네 개의 간접원가집합과 그에 대한 원가배부기준은 제품디자이너와 생산요원 그리고 판매요원에 의해 선택되었다.

간접제조원가집합	원가배부기준	예정원가배부율
1. 재료처리	부품	부 품 당 ₩8
2. 기 계	기계시간	시 간 당 ₩68
3. 조 립	조립라인시간	시 간 당 ₩75
4. 검 사	검사시간	시 간 당 ₩104

(주)신촌은 최근 (주)서강사로부터 50개의 캔 포장기계를 구매했다. 각각의 기계는 ₩3,000의 직접재료원가를 가지며, 50개의 부품이 필요하고, 12시간의 기계시간, 15시간의 조립시간 그리고 4시간의 검사시간이 필요하다. (주)서강의 이전 원가계산시스템은 하나의 직접원가범주(직접재료원가)와 하나의 간접원가범주(조립시간당 ₩100을 이용하여 배부되는 제조간집원가)를 가졌다.

[요구사항]

1. (1) 이전의 작업별 원가계산시스템과 정교화된 활동기준 작업별 원가계산시스템에 대한 전반적인 체계도를 제시하시오.
   (2) 기존의 시스템과 ABC시스템을 사용하여 (주)신촌 작업의 각 기계 단위당 제조원가와 총제조원가를 구하시오.
2. (주)서강사의 활동기준 작업별 원가계산시스템은 하나의 직접원가범주(직접재료원가)를 가지고 있다. (주)서강의 경쟁사는 두 개의 직접원가범주(직접재료원가와 직접노무원가)를 가지고 있다. (주)서강의 작업별 원가계산시스템에 직접노무원가범주가 없는 이유는 무엇이겠는가 (주)서강의 개별원가시스템에는 노무원가가 어디에 포함되어 있는가
3. 이전의 시스템과 ABC시스템을 사용해 계산된 작업원가의 정확성과 원가차이를 간략히 설명하시오. 이전의 원가계산시스템을 정교하게 구축한 담당자는 활동기준 작업별원가계산시스템에서 어떤 정보가 유용하다는 것을 알 수 있는가

"쉬어 가기"

매년 되풀이 되는 부대조건에 울고 웃는 공급자 단체

병협 "원가자료 제출 부정적"… 약사회 "대체조제 주면 얼마든지"

2016.5.11 메디칼 타임즈

매년 진행되는 의약단체별 요양급여비용 협상(이하 수가협상)의 가장 큰 변수를 꼽자면 바로 '부대조건'이다. 따라서 올해 수가협상에서도 부대조건은 큰 변수로 작용할 것으로 보인다.

부대조건에서도 가장 관심을 모으는 사안은 지난해 국민건강보험공단이 대한병원협회에만 별도로 제시한 바 있는 '54개 병원 ABC(Activity-Based Costing) 원가자료' 제출이다.

여기서 ABC 원가는 활동기준원가계산으로 'Activity' 개념을 도입해 제품별, 서비스별로 각각 활동소비량에 따라 배분하는 계산방식으로, 이를 통해 병원의 전반적인 경영상황을 파악하겠다는 포석이다. 만약 올해도 건보공단이 부대조건으로 ABC 원가자료 제출을 제안한다면 병협이 2016년 전체 수가협상 판을 좌지우지하게 된다. 이는 ABC 원가자료 제출에 대한 부대조건을 병협이 합의한다면 제로섬 방식인 수가협상에 따라 다른 유형들에게 영향을 미쳐 협상 '결렬'로 이어질 수 있기 때문이다.

건보공단도 이를 감안한 듯 부대조건에 대해 신중한 입장을 피력하면서도 'ABC 원가자료'에 대한 의지를 숨기지 않았다. 이를 위해 건보공단은 2014년 후반기부터 수억원의 예산을 투입해 원가 계산 및 분석 시스템 개발을 마무리하고, 올해 내 원가 수집 시스템까지 개발할 예정이다.

건보공단 관계자는 "재정운영위원회에서 부대조건을 달면 예전에는 수가를 올려주기 위한 명분으로 작용했다"며 "하지만 이제는 다르다. 부대조건을 이행하지 않을 시에 따른 페널티를 요구하기 때문에 이제는 부대조건을 제시해도 합의하기 쉽지 않다"고 설명했다. 그러면서도 건보공단은 'ABC 원가자료'가 확보된다면 비급여 조사는 물론 상대가치 개정작업 등 여러 방면으로 활용할 수 있다고 설명했다.

이 관계자는 "최근 2년 간 병협과의 수가협상에서 부대조건으로 제시했다. 특히 지난해 협상에서는 높은 인상률을 제시했지만 성사되지 못했다"며 "이를 위해 재정운영위도 설득했는 데 아쉬웠다"고 회상했다. 그는 "원가자료는 쓰임새가 많다. 건강보험연구원에서도 매년 조사하지만 보장률을 조사할 때 비급여 행위에 대한 조사를 하게 되는데 원가자료가 확보된다면 훨씬 수월하고 정확하게 할 수 있다"며 "상대가치 개정작업도 마찬가지다. 원가자료가 확보된다면 소위 전문 학회별 힘겨루기를 할 필요가 없어지게 된다"고 원가자료의 필요성을 강조했다

그러나 병협은 여전히 ABC 원가자료 제출에 대해 부정적인 입장이다.

병협 관계자는 "올해도 원가자료 제출을 부대조건으로 제시할 것으로 보이지 않느냐"며 "건보공단이 부대조건을 지난해처럼 또 다시 제시한다고 해도 합의하기 쉽지 않다"고 토로했다.
그는 "설령 합의한다고 해도 무슨 수로 병원들에게 원가자료를 제출 받을 수 있겠냐"며 "병원들도 제출할리 만무하다"고 부정적인 입장을 밝혔다.

05

종합원가계산

Management Accounting

Introduction

어릴 적 즐겨먹던 사탕(지금도 즐기는 분도 있겠지만)은 일반적으로 아래와 같은 8단계의 연속공정을 통해 생산된다. 즉,

1단계 : 기본재료(보통 물엿+천연과즙 등) 혼합
2단계 : 사탕모양 성형
3단계 : 건조
4단계 : 설탕 입히기
5단계 : 자르기
6단계 : 광택
7단계 : 문양새기기
8단계 : 포장

사탕제조기업은 먼저 각 공정별 발생원가를 집계하여 총원가를 계산한다. 그리고 각 공정을 거쳐간 재공품의 중량을 기준으로 총원가를 배분한다. 이러한 원가측정 프로세스는 앞서 델의 개별원가계산과는 확연히 구분된다. 왜 다를까? 특정고객이 주문한 제품을 조립하는 작업별로 원가계산을 하는 델의 원가계산 프로세스는 사탕을 대규모로 생산하는 기업에게는 실용적인 원가계산 프로세스가 아니기 때문이다.

본 장에서는 종합원가계산의 개념과 그 계산과정(종합원가계산 5단계) 그리고 개별원가계산과의 차이에 대하여 살펴보고자 한다.

Chapter 05

종합원가계산

5-1 종합원가계산의 의의와 분류

1. 종합원가계산의 의의

종합원가계산(process costing system)은 동일한 제품을 연속적으로 반복하여 생산하는 제조상황에 적합한 원가계산방법이다. 종합원가계산의 사용이 적합한 산업의 예로는 정유·화학·페인트·제분·시멘트 산업 등이 있다. 제조명세시별로 특정제품의 원가를 계산하는 개별원가계산과는 달리 종합원가계산은 공정별로 원가가 누적된다. 즉 각 보고기간 말에 각 제조부서나 공정별로 제조원가보고서(production report)가 작성되는데 보고기간은 보통 한 달이다. 보고기간 동안의 총생산물이 결정되면, 실제 발생된 직접재료원가와 직접노무원가 그리고 배부된 제조간접원가가 누적집계되어 요약된다. 그 다음에 당해기간 동안의 총생산량으로 총제조원가를 나누어서 단위당 제조원가를 산출하는 것이다.

2. 종합원가계산의 분류

표준화된 제품의 연속생산이나 대량생산품의 연속생산이라도 업종에 따라서 생산공정이 다를 수가 있다. 그리고 동일공정이나 동일설비라 하더라도 동일품종만을 생산하는 경우도 있고, 다른 품종을 교대하여 생산하는 경우도 있다. 이와 같이 생산형태의 차이에 따라 원가계산의 형태가 달라지는 것이다. 즉 종합원가계산은 동일공정에서 생산하는 제품의 종류, 공정의 수 등에 따라 다음과 같이 분류할 수 있다.

(1) 제품의 종류에 따른 분류

종합원가계산은 생산하는 제품의 종류에 따라 단일제품 종합원가계산과 조별 종합원가계산으로 분류할 수 있다. 단일제품 종합원가계산은 단일종류의 제품생산시 이용하는 종합원가계산 방식이고, 조별 종합원가계산은 복수종류의 제품생산시 이용하는 종합원가계산 방식이다.

(2) 공정의 수에 따른 분류

종합원가계산은 공정의 수에 따라 단일공정 종합원가계산과 공정별 종합원가계산으로 분류할 수 있다. 단일공정 종합원가계산은 공정의 수가 하나인 경우에 이용하는 종합원가계산 방식이고, 공정별 종합원가계산은 공정의 수가 두 개 이상인 경우에 이용하는 종합원가계산 방식이다.

종합원가계산의 분류

분류기준	생산 상황	분 류
제품종류 수	제품종류 하나	단일제품 종합원가계산
	제품종류 둘 이상	조별 종합원가계산
공정 수	공정 수 하나	단일공정 종합원가계산
	공정 수 둘 이상	공정별 종합원가계산

이하에서는 단일제품 및 단일공정의 종합원가계산을 중심으로 설명하고,

5-7절에서 2개의 공정을 예로 드는 공정별 종합원가계산을 간단히 설명하기로 한다.

5-2 개별원가계산과 종합원가계산의 비교

앞서 설명한 바와 같이 개별원가계산 방법은 다양한 제품의 소량생산에 적합하고, 종합원가계산은 단일제품의 대량생산에 적합한 방법이라고 할 수 있다. 즉 개별원가계산은 주문을 받은 다양한 종류의 제품을 각 제조부문에서 묶음별로 생산할 경우에 적절한 방법이다. 그러나 만일 동질적인 제품이 연속적으로 생산되고 모든 제품단위가 동일한 제조부문이나 생산과정을 통하여 생산될 경우에는 개별원가계산보다 종합원가계산을 이용하는 것이 바람직하다. 개별원가계산과 종합원가계산에 대한 구체적인 비교는 <표 5-1>과 같다.

표 5-1 개별원가계산과 종합원가계산의 비교

구 분	개별원가계산	종합원가계산
생산형태	·다품종 소량 주문생산 ·정량생산방식	·동종제품의 대량반복생산 ·연속흐름생산방식
원가계산접근법	·제조명세서별(주문서, 제품 중심)	·기간별 평균단가(공정중심)
기말재공품평가	·미완성된 제조명세서에 집계된 원가	·기말재공품 환산량×평균단가
전형적 업종	·건설업, 조선업, 회계법인, 법률사무소 등	·시멘트제조업, 식품가공업, 정유, 화학 등

5-3 완성품환산량과 기말재공품의 평가방법

구체적인 종합원가계산을 설명하기에 앞서 먼저 종합원가계산을 위한 기본개념에 해당하는 완성품환산량과 기말재공품의 평가방법에 대하여 이해할 필요가 있다. 따라서 이번 절에서는 완성품환산량과 기말재공품의 평가방법에 대하여 설명하고 구체적인 종합원가계산의 절차는 다음 절에서 설명하고자 한다.

1. 완성품환산량

완성품환산량(E.U.: Equivalent Unit)이란 종합원가계산을 이해하는 데 가장 기본적인 요소로서, 완성되었거나 현재 진행중인 작업의 양을 측정하는 데 이용된다. 완성품환산량을 이해하기 위해서는 먼저 진척도 또는 완성도의 개념을 알아야 한다. 예를 들면 어떤 제품 한 단위를 완성하는 데 필요한 직접재료원가와 가공원가(직접노무원가+제조간접원가)가 각각 100원이라고 하자. 그런데 직접재료원가가 현재 50원만 투입되었다면 그 재공품의 직접재료원가 진척도는 50%가 되는 것이다. 그러나 가공원가가 70원만큼 투입되었다고 하면 가공원가 진척도는 70%가 되는 것이다. 이처럼 구성요소별 투입비율이 일치하지 않는 경우가 일반적이므로 진척도는 구성원가별(보통 재료원가와 가공원가)로 달라지게 된다.

완성품환산량은 바로 '수량×진척도(완성도)'의 공식에 의해 구해진다. 즉 현재 진행중인 기초 또는 기말재공품이 구성요소별로 완성되었다고 가정했을 경우의 수량을 말한다. 특히 기초재공품이 있는 경우에는 가중평균법이냐 선입선출법이냐에 따라 완성품환산량이 달라지게 되므로 주의를 요한다.

예제 5-1 완성품환산량의 산출

상황 1

(주)서강은 1월에 500단위를 투입하여 400단위를 완성하였다. 월말재공품 100단위의 재료원가 진척도는 80%이고 가공원가 진척도는 50%이다. 월초재공품은 없는 것으로 가정한다.

상황 2

(주)동강은 1월에 500단위에 대한 작업에 착수하여 이 중 400단위를 완성하고 100단위는 월말재공품으로 남아있다. 이 회사는 공정의 특성상 재료는 작업 착수시점(공정 초)에서 완성을 위하여 필요한 만큼을 전량 투입하고, 가공원가는 작업 진행됨에 따라 전체 공정에서 균등하게 발생한다. 월말재공품은 전체 공정 중에서 50% 진행된 상태이다. 월초재공품은 없는 것으로 가정한다.

[요구사항]

각 상황별로 1월의 직접재료원가와 가공원가의 완성품환산량을 계산하시오.

[해 답]

상황 1

	물 량	완성품환산량 직접재료원가	완성품환산량 가공원가
완 성 품	400	400×1=400	400×1=400
월말재공품	100	100 × 0.8= 80	100×0.5= 50
총완성품환산량		480	450

상황 2

	물 량	완성품환산량 직접재료원가	완성품환산량 가공원가
완 성 품	400	400×1=400	400×1=400
월말재공품	100	100 ×1=100	100×0.5= 50
총완성품환산량		500	450

재료는 공정초에 전량 투입된다. 따라서 월말재공품은 비록 완성되지는 못하였다 하더라도 재료는 100% 다 투입되어 있다. 한편, 가공원가는 작업 진행에 따라 전체 공정에서 균등하게 발생하므로 월말재공품이 전체 공정 중에서 50%만 진행된 상태라면 가공원가는 50%만 투입되어 있다.

2. 기말재공품의 평가방법

기초재공품이 없는 경우에는 모든 원가가 당기에 투입되어 이 중 일부가 완성품으로, 일부가 기말재공품으로 배분되기 때문에 원가흐름에 대한 가정이 필요하지 않다. 그러나 종합원가계산을 적용하는 회사에서는 기초재공품이 있는 것이 일반적이므로 원가계산을 위해서는 원가흐름에 대한 가정이 필요하다. 왜냐하면 종합원가계산은 동종의 제품을 연속생산하는 상황에서 적용되는 원가계산방식이므로 모든 제품이 완성되는 시점이 별도로 존재하지 않기 때문이다. 기초재공품이 있는 경우에는 평균법인지 선입선출법인지에 따라 완성품환산량이 달라지게 되므로 원가회계담당자는 원가흐름에 대한 가정에 대하여 어떤 방법을 선택할 것인가를 결정해야 한다.

(1) 평 균 법

평균법(Average Method)이란 기초재공품원가와 당기투입원가를 구별하지 않고 이를 합하여 당기완성품과 기말재공품에 완성품환산량에 비례하여 원가를 배분하는 방법으로 가중평균이라고도 한다. 즉 당기 이전에 이미 착수된 기초재공품도 당기에 투입된 원가와 동일하다고 보기 때문에 기초재공품원가는 당기완성품과 기말재공품에 균등하게 영향을 미친다고 가정한다.

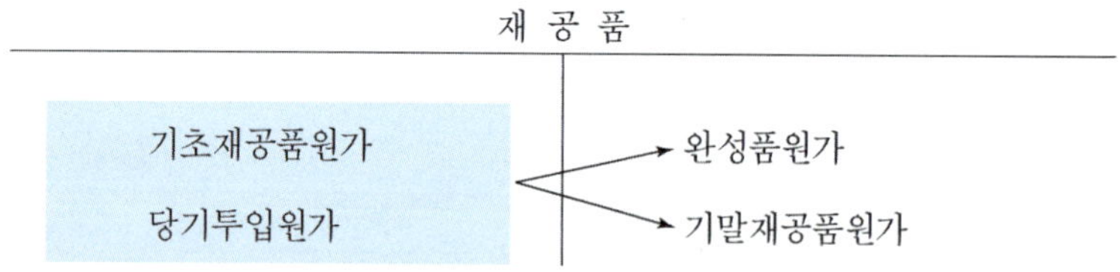

예를 들어 기초재공품원가 ₩1,000이고 당기투입원가가 ₩9,000인 상황에서 완성품과 기말재공품의 완성품환산량이 각각 800개, 200개라면 총원가 ₩10,000을 완성품에 ₩8,000(₩10,000×800개/1,000개), 기말재공품에 ₩2,000(₩10,000×200개/1,000개)씩 배분한다.

평균법은 원가관리 입장에서 보면 한 기간 동안의 각 공정의 업적을 정확하게 표시하지 못한다는 단점이 있으나 계산과정이 간단하므로 실무에서는 널리 사용되고 있다.

(2) 선입선출법

선입선출법(FIFO: First In First Out)이란 먼저 투입된 것(기초재공품)이 먼저 완성된다는 전제 하에 기말재공품을 평가하는 방법이다. 따라서 기초재공품은 당기중에 모두 완성품이 되고 기말재공품 안에는 기초재공품이 전혀 존재하지 않는다고 가정한다.

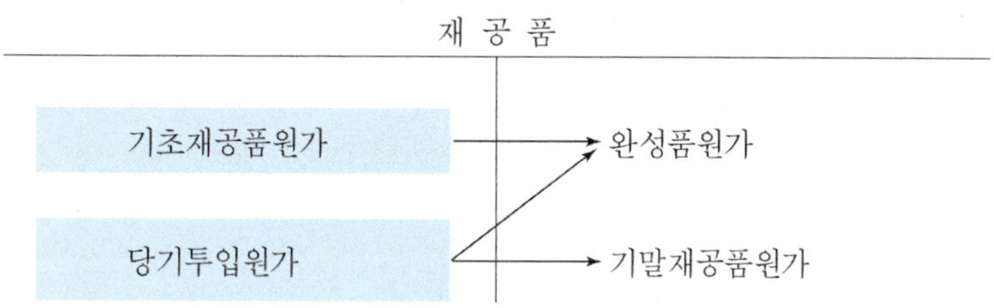

선입선출법에서는 기초재공품이 먼저 완성된다고 가정하므로 기초재공품에 대하여 전기에 투입된 원가(기초재공품의 원가)는 우선적으로 완성품원가를 구성한다. 따라서 당기에 투입된 원가는 순수하게 당기에 작업한 분량에만 배분한다. 여기서 순수하게 당기에 작업한 분량이란 기초재공품를 완성시키기 위하여 당기에 투입된 분량, 당기 투입물량 중 당기에 완성시킨 것을 위하여 당기에 투입된 분량 그리고 당기 투입물량 중 기말재공품으로 남아있는 것을 위하여 당기에 투입된 분량의 합을 의미한다.

예제 5-2 원가흐름의 가정에 따른 완성품환산량의 산출

상황 1

(주)서강은 월초재공품이 50단위 있었는데 한 달간 추가로 450단위를 투입하여 400단위를 완성하였고 월말재공품은 100단위이다. 월초재공품의 진척도는 재료원가가 80%이고, 가공원가는 50%이며, 월말재공품의 진척도는 재료원가가 80%이고, 가공원가는 50%이다.

상황 2

(주)동강은 월초재공품이 50단위 있었는데 한 달간 추가로 450단위를 투입하여 400단위를 완성하였고 월말재공품은 100단위이다. 월초재공품의 진척도는 재료원가가 100%이고, 가공원가는 40%이며, 월말재공품의 진척도는 재료원가가 100%이고, 가공원가는 70%이다.

[요구사항]

각 상황별로 평균법과 선입선출법에 의하여 완성품환산량을 계산하시오.

[해 답]

상황 1

1. 평균법의 완성품환산량

		총완성품환산량	
	물 량	직접재료원가	가공원가
완 성 품	400(1, 1)	400×1=400	400×1=400
기말재공품	100(0.8, 0.5)	100×0.8= 80	100×0.5= 50
총완성품환산량		480	450

평균법에서는 기초재공품의 진척도를 고려하지 않는다. 왜냐하면 평균법에서는 기초재공품도 당기투입량과 동일하게 취급하기 때문이다.

2. 선입선출법의 완성품환산량

		완성품환산량	
	물 량	직접재료원가	가공원가
기초재공품완성	50(0.2, 0.5)	50×0.2= 10	50×0.5= 25
당기투입완성	350(1, 1)	350×1=350	350×1=350
기말재공품	100(0.8, 0.5)	100×0.8= 80	100×0.5= 50
당기완성품환산량		440	425

선입선출법에서는 순수하게 당기 작업분을 산정하기 위하여 완성품을 기초재공품 중 완성된 것

과 당기 투입물량 중 완성된 것으로 구분한다. 이 예제의 경우 완성품 400개 중 50개는 기초재공품이 완성된 것이며, 기초재공품은 전기에 이미 재료원가 80%와 가공원가 50%가 투입된 상태이므로 기초재공품에 대하여 당기에 순수하게 작업된 분량은 재료원가 20%와 가공원가 50%이다.

상황 2

1. 평균법의 완성품환산량

		총완성품환산량	
	물 량	직접재료원가	가공원가
완 성 품	400(1, 1)	400×1=400	400×1=400
기말재공품	100(1, 0.7)	100×1=100	100×0.7=70
총완성품환산량		500	470

2. 선입선출법의 완성품환산량

		완성품환산량	
	물 량	직접재료원가	가공원가
기초재공품완성	50(0, 0.6)	50×0=0	50×0.6=30
당기투입완성	350(1, 1)	350×1=350	350×1=350
기말재공품	100(1, 0.7)	100×1=100	100×0.7=70
당기완성품환산량		450	450

선입선출법에서는 순수한 당기 작업분을 기초로 완성품환산량을 산정한다. 기초재공품은 전기에 이미 재료원가 100%와 가공원가 40%가 투입된 상태이므로 기초재공품에 대하여 당기에 순수하게 작업된 분량은 재료원가 0%와 가공원가 60%이다.

5-4 종합원가계산에서의 원가흐름

기본적으로 종합원가계산에서의 제품원가의 흐름은 개별원가계산에서의 제품원가의 흐름과 동일하다. 단지 종합원가계산은 재공품계정을 공정별로 설치하고 있을 따름이다. 두 공정을 갖고 있는 공장의 종합원가계산제도에서의 원가의 흐름을 간략하게 표시하면 <표 5-2>와 같다.

표 5-2 재고자산의 통제 및 보조계정

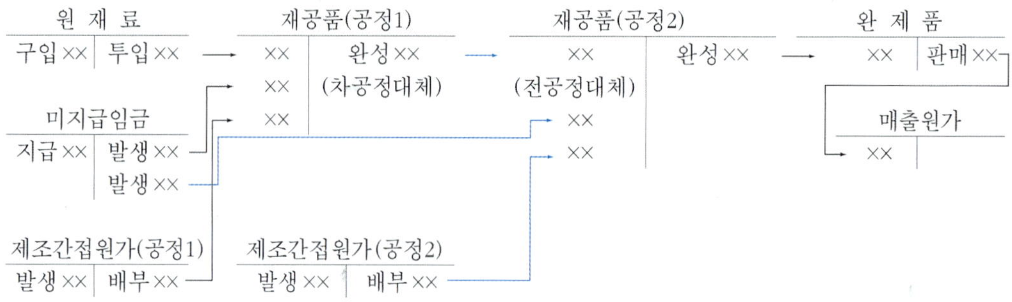

<표 5−2>에 나타난 제품원가의 흐름을 보면 우선 제품은 (공정 1)과 (공정 2)의 두 공정을 걸쳐 생산되는데, 외부에서 구입한 원재료는 (공정 1)에서만 사용됨을 알 수 있다. (공정 2)에서는 (공정 1)에서 완성되어 넘어온 완성물을 가공하여 완제품으로 만든다.

이때 (공정 1)에서 (공정 2)로 넘어간 완성물을 (공정 1)의 입장에서는 다음 공정으로 넘겼다는 의미에서 차공정대체(transferred−out)라고 부르며, (공정 2)의 입장에서는 앞 공정에서 넘어왔다는 의미에서 전공정대체(transferred−in)라고 부른다. 전공정대체는 (공정 2)의 입장에서 보면 내부(공정 1)에서 조달된 원재료인 셈이다. 다만 <표 5−2>와 달리 (공정 2)에서 새로운 원재료가 투입될 수도 있는데 이 경우 재공품(공정 2) 계정의 차변은 전공정대체, 직접재료원가, 직접노무원가, 제조간접원가로 구성된다.

5-5 종합원가계산에 의한 제조원가보고서

지금부터 검토하고자 하는 종합원가계산의 5단계 접근법은 종합원가계산 방법을 체계적인 5단계로 구분하여 접근해 나감으로써 종합원가계산을 하나의 흐름으로 파악하여 볼 수 있는 방법이다. 이렇게 접근하면 바로 부문별 또는 공정별 생산량 및 원가자료를 요약 표시하는 제조원가보고서가 작성되는 것이다. 또한 이러한 접근방법은 가중평균법과 선입선출법에 똑같이 적용될 수 있다. 먼저 접근방법을 요약하면 다음과 같다.

1단계: 물량흐름 파악
2단계: 완성품환산량의 계산
3단계: 배분될 총원가의 집계
4단계: 완성품환산량 단위당 원가의 계산
5단계: 총원가를 완성품과 기말재공품에 배부

이러한 접근방법을 효과적으로 설명하기 위해서 다음의 예를 통하여 차례로 가중평균법과 선입선출법을 설명해 보고자 한다.

자 료 종합원가계산의 5단계

(주)신수의 2012년도의 생산 및 원가에 관한 자료는 다음과 같다.

• 생산자료(수량)

기초재공품(75% 완성)	4,000 단위
당기투입	30,000
완 성 품	29,000
기말재공품(40% 완성)	5,000

• 원가자료(금액)

기초재공품		₩20,500(직접재료원가 ₩13,400)
당기투입		
원 재 료	₩126,000	
가공원가	95,200	221,200
총 원 가		₩241,700

단, 원재료는 공정 초에 모두 투입되며, 위의 완성도는 가공원가에 대한 것을 나타낸다. 또한 가공원가 중 ₩₩70,000은 직접노무원가 발생분이다.

1. 가중평균법에 의한 제조원가보고서

(1) 제1단계: 물량의 흐름

가중평균법에 의한 물량흐름은 다음과 같다.

기초재공품	4,000	완 성 량	29,000
당기투입량	30,000	기말재공품	5,000
	34,000		34,000

생산물량의 흐름에는 당해기간 동안 작업이 이루어진 물량이 일목요연하게 정리되어 보고된다. 즉 물량기준으로 표시한 재공품계정의 차변과 대변은 일치하므로 '기초재공품+당기투입량=완성량+기말재공품'의 등식이 성립된다. 이 단계는 가공이 이루어진 정도(완성도)를 구분하지 않고 단순히 생산공정에 투입된 모든 물량을 파악하는 데 그 목적이 있다. 위의 예에서는 투입된 물량(차변)이 산출되는 물량(대변)과 항상 일치한다고 가정하고 있다. 그러나 실제로는 생산공정에서 공손이나 감손이 발생할 수도 있기 때문에 일반적으로 투입물량보다 생산물량이 더 적게 된다. 공손이나 감손에 관한 자세한 내용은 고급과정에서 다루어질 것이다.

(2) 제2단계: 총완성품환산량

가중평균법에 의한 총완성품환산량(total equivalent unit: T.E.U.)은 다음과 같다.

	완성량		기말재공품		총완성품환산량
직접재료원가	29,000	+	5,000×1=5,000	=	34,000
가공원가	29,000	+	5,000×0.4=2,000	=	31,000

이 단계부터는 기초재공품이 있는 경우에는 가중평균법과 선입선출법의 결과가 달라지게 된다. 즉 가중평균법에서는 기초재공품과 당기투입분이 완성품과 기말재공품을 구성하게 되지만, 선입선출법에서는 기초재공품이 먼저

완성되므로 완성품은 기초재공품과 당기투입분으로 구성되지만 기말재공품은 당기투입분만으로 구성된다.

위의 계산에서 직접재료원가와 가공원가의 기말재공품환산량이 달라지는 이유는 앞서 언급했듯이 완성도에 차이가 있기 때문이다. 즉 직접재료원가의 경우에는 공정 초에 모두 투입된다고 했으므로 100%의 완성도를 가지지만 가공원가는 40%만이 투입되었으므로 '물량×완성도'인 완성품환산량이 서로 차이를 보이게 되는 것이다. 이와 같은 총완성품환산량의 계산을 T-계정을 사용하여 개념적으로 정리하면 다음과 같다.

직접재료원가		
	완성량	29,000
	기말재공품	5,000×1=5,000
	총완성품환산량	34,000

가공원가		
	완성량	29,000
	기말재공품	5,000×0.4=2,000
	총완성품환산량	31,000

(3) 제 3 단계, 제 4 단계: 총원가집계와 총완성품환산량 단위당 원가

총원가집계와 총완성품환산량 단위당 원가는 다음과 같다. 계산의 편의상 총원가의 집계(제 3 단계)와 총완성품환산량 단위당 원가(제 4 단계)의 산출을 동시에 하였다.

	기초재공품		당기투입		제 3 단계 총원가	T.E.U.	제 4 단계 완성품환산량 단위당 원가
직접재료원가	₩13,400	+	₩126,000	=	139,400	34,000	₩4.1
가공원가	7,100	+	95,200	=	102,300	31,000	3.3
	₩20,500		₩221,200		₩241,700		₩7.4

위의 계산에서 알 수 있듯이 직접재료원가와 가공원가 총원가를 각각의 총완성품환산량으로 나누어 총완성품환산량 단위당 원가를 산출하고, 이렇게 산출된 총완성품환산량 단위당 원가는 총원가를 완제품과 기말재공품에 배부

하는 배부율의 역할을 하게 되므로 이후의 단계에서 계산하게 될 완성품원가와 기말재공품원가에는 기초재공품원가와 당기투입원가가 가중평균되어 영향을 미치게 되는 것이다. 여기서 재료원가와 가공원가가 모두 100% 투입된 완제품 한 단위에 배부되어질 원가는 ₩7.4임을 알 수 있다.

앞의 제 2 단계와 마찬가지로 제 3 단계와 제 4 단계를 T－계정을 사용하여 개념적으로 정리하면 다음과 같다.

재료원가		
기초재공품	13,400	총완성품환산량 단위당 원가
당기투입원가	126,000	= 139,400 ÷ 34,000
총 원 가	139,400	= ₩4.1

가공원가		
기초재공품	7,100	총완성품환산량 단위당 원가
당기투입원가	95,200	= 102,300 ÷ 31,000
총 원 가	102,300	= ₩3.3

(4) 제 5 단계: 완제품과 기말재공품원가

가중평균법에 의한 완제품과 기말재공품원가는 다음과 같다.

완제품	29,000 × ₩4.1+29,000 × ₩3.3 = 29,000 × ₩7.4 =		₩214,600
기말재공품			
직접재료원가	5,000 × ₩4.1=	₩20,500	
가공원가	2,000 × ₩3.3=	6,600	27,100
총배부원가			₩241,700

완제품원가와 기말재공품원가의 합계인 ₩241,700의 금액은 제 3 단계에서의 총원가와 정확하게 일치한다. 즉 당기총원가를 총완성품환산량 단위당 원가라는 배부율로 완제품과 기말재공품에 적절히 배부하는 일련의 과정이 이 단계에서 종료되는 것이다.

제 5 단계를 T－계정을 사용하여 개념적으로 정리하면 다음과 같다.

재료원가				가공원가		
	완성품	29,000×₩4.1 = 118,900			완성품	29,000×₩3.3 = 95,700
₩13,400	기말재공품	5,000 ×₩4.1		₩7,100	기말재공품	2,000×₩3.3
126,000		= 20,500		95,200		= 6,600
139,400	총원가	139,400		102,300	총원가	102,300

가중평균법에 의하여 (주)신수의 2012년 제조원가보고서를 작성해 보면 <표 5-3>과 같다.

표 5-3 기초재공품이 있는 경우 가중평균법을 이용한 종합원가계산

제조원가보고서

(주)신수 2012. 1. 1～2012. 12. 31

		직접재료원가	가공원가	합 계
제 1 단계: 물량흐름(수량)				
기초재공품	4,000			
당기 착수	30,000			
총투입량	34,000			
완 성 품	29,000			
기말재공품	5,000			
총산출량	34,000			
제 2 단계: 총완성품환산량				
완 성 량		29,000	29,000	
기말재공품		5,000	2,000	
총완성품환산량		34,000	31,000	
제 3 단계 및 제 4 단계				
기초재공품원가		₩13,400	₩7,100	₩20,500
당기투입원가		126,000	95,200	221,200
총원가(제 3 단계)		₩139,400	₩102,300	₩241,700
총완성품환산량		÷ 34,000	÷ 31,000	
총완성품환산량 단위당 원가(제 4 단계)		₩4.1	₩3.3	₩7.4
제 5 단계: 완제품과 기말재공품원가				
완제품(29,000×₩7.4)				₩214,600
기말재공품				
직접재료원가(5,000 × ₩4.1)		20,500		
가공원가(2,000 × ₩3.3)		6,600		27,100
총 원 가				₩241,700

2. 선입선출법에 의한 제조원가보고서

선입선출법에서는 가중평균법과는 달리 원가계산에 있어서 기초재공품이 당기에 투입된 물량과 혼합되지 않는다. 즉 선입선출법은 먼저 투입된 물량이 먼저 완성된다는 가정 하에서 원가계산이 이루어지기 때문에 기초재공품은 모두 완제품 속에 포함되게 된다. 따라서 선입선출법에서는 당기에 진척된 완성품환산량과 당기에 투입된 원가에 초점을 두고 당기완성품환산량 단위당 원가를 산출한 다음 이 자료를 활용하여 당기에 투입된 원가를 기말재공품과 완제품에 배분시키게 된다.

(1) 제1단계: 물량의 흐름

선입산출법에 의한 물량흐름은 다음과 같다.

기초재공품	4,000	기초재공품 완성	4,000
		당기투입 완성	25,000
당기투입량	30,000	기말재공품	5,000
	34,000		34,000

물량의 흐름을 파악하는 것은 가중평균법과 선입선출법이 기본적으로 동일하다. 다만, 선입선출법에서는 기초재공품이 먼저 완성된다고 가정하므로 순수한 당기완성품환산량을 산출하기 위하여 완성품을 기초재공품 완성분과 당기투입 완성분으로 구분한다.

(2) 제2단계: 당기완성품환산량

선입선출법에서는 당기투입원가를 당기완성품환산량으로 나누어 당기완성품환산량 단위당 원가를 산출한다. 당기완성품환산량(current equivalent unit: C.E.U.)이란 순수하게 당기에 작업된 분량을 의미한다. 선입선출법에서는 순수한 당기 작업분인 당기완성품환산량을 구하는 방법에는 두 가지가 있는데 첫 번째 방법은 물량흐름에 맞추어서 순수한 당기 작업분을 누적하여 산출하는 방법이고, 두 번째 방법은 총완성품환산량에서 기초재공품에 대하여 전기에 작업한 분량을 차감하는 것이다.

첫 번째 방법에 의하면 당기완성품환산량은 다음과 같다.

	기초재공품 완성		당기투입 완성		기말재공품		당기완성품 환산량
직접재료원가	0	+	25,000	+	5,000	=	30,000
가공원가	1,000	+	25,000	+	2,000	=	28,000

완성품의 구성요소를 구분한 후에 순수한 당기작업분인 당기완성품환산량을 산정한다. 위 자료에 의하면 완성품 중 4,000단위는 기초재공품이 완성된 것인데 기초재공품에 대하여 전기까지 직접재료원가는 100%, 가공원가는 75% 작업되었으므로 기초재공품을 완성시키기 위하여 순수하게 당기에 작업된 것은 직접재료원가 0%, 가공원가는 25%이다. 따라서 기초재공품에 대한 당기완성품환산량은 직접재료원가는 0(4,000×0)이고, 가공원가는 1,000(4,000×0.25)이다.

두 번째 방법에 의하면 당기완성품환산량은 다음과 같다.

	완성량		기말재공품		기초재공품		당기완성품환산량
직접재료원가	29,000	+	5,000	−	4,000	=	30,000
가공원가	29,000	+	2,000	−	3,000	=	28,000

이 방법에서는 가중평균법과 동일하게 총완성품환산량을 산출한 후에 기초재공품에 대하여 전기에 작업한 분량을 차감하여 당기완성품환산량을 산정한다. 위 자료에 의하면 기초재공품에 대하여 전기까지 직접재료원가는 100%, 가공원가는 75% 작업되었으므로 총완성품환산량에서 직접재료원가는 4,000(4,000×1), 가공원가는 3,000(4,000×0.75)를 차감하여 당기완성품환산량을 산정한다.

두 가지 방법 중 어느 방법으로 접근해도 결과는 같으나 대부분의 원가관리회계 교재에서 첫 번째 방법을 많이 사용하고 있으므로 추후에 더 깊이 있는 공부를 원하는 학생들이 다른 교재로 학습을 하는 경우에도 일관성 있게 접근할 수 있도록 이후 풀이에서는 첫 번째 방법을 적용하기로 한다. 제 2 단계를 T-계정을 활용하여 개념적으로 설명하면 다음과 같다.

직접재료원가

차변		대변		
기초재공품 (4,000×100%)	4,000	완성량 29,000	기초재공품	4,000
			당기작업	25,000
		기말재공품		5,000
		당기완성품환산량		30,000

가공원가

차변		대변		
기초재공품 (4,000 ×75%)	3,000	완성량 29,000	기초재공품	3,000
			당기작업	1,000
				25,000
		기말재공품		2,000
		당기완성품환산량		28,000

(3) 제3단계, 제4단계 : 총원가 집계와 완성품환산량 단위당 원가

총원가집계와 당기완성품환산량 단위당 원가는 다음과 같다.

	기초재공품원가		당기투입원가		총 원 가
재료원가	₩13,400	+	₩126,000	=	₩139,400
가공원가	7,100	+	95,200	=	102,300
	₩20,500		₩221,200		₩241,700

	당기투입원가		C. E. U		당기완성품환산량 단위당 원가
재료원가	₩126,000	÷	30,000	=	₩4.2
가공원가	95,200	÷	28,000	=	3.4
					₩7.6

위의 계산에서 알 수 있듯이 당기투입원가를 당기완성품환산량(C.E.U.)으로 나누어 완성품환산량 단위당 원가를 계산한다. 따라서 기초재공품원가는 계산에서 배제된다. 즉, 선입선출법에서는 원가도 당기분만을 대상으로 하고, 완성품환산량도 당기분만을 대상으로 한다. 왜냐하면 기초재공품에 대하여 전기에 투입된 원가는 선입선출법의 가정상 무조건 완성품원가를 구성하므로 완성품과 기말재공품에 배분해야할 원가는 당기투입원가이고 배분기준은 당기완성품환산량이기 때문이다.

(5) 제5단계: 완제품과 기말재공품원가

선입선출법에 의한 완제품과 기말재공품원가는 다음과 같다.

완제품(29,000단위)				
전기투입분(4,000단위)				
기초재공품원가		₩20,500		
당기추가가공원가	1,000 × ₩3.4=	3,400	₩23,900	
당기투입분(25,000단위)	25,000 × ₩7.6=		190,000	₩213,900
기말재공품(5,000단위)				
직접재료원가	5,000 × ₩4.2=		₩21,000	
가공원가	2,000 × ₩3.4=		6,800	27,800
배부된 총원가				₩241,700

가중평균법에서는 완제품수량에 총완성품환산량 단위당 원가를 곱하여 바로 완제품원가를 계산하였지만 선입선출법에서는 두 단계로 구분하여 완제품원가를 산출해야 한다. 완제품수량 29,000단위는 전기투입분 4,000단위와 당기투입분 25,000단위로 구분된다. 기초재공품 4,000단위에 대한 직접재료원가는 이미 모두 투입되었으므로 당기에 추가로 투입될 필요가 없으며, 단지 가공원가의 경우 75% 완성된 상태로 당기에 이월되어 넘어온 것이므로 나머지 25%만 추가가공하여 완성시키게 되는 것이다. 즉 전기투입분 4,000단위의 가공원가 완성도는 75%이므로 25%에 해당하는 1,000단위가 당기에 추가가공되어(₩3,400) 기초재공품원가(₩20,500)와 함께 전기투입분 4,000단위에 대한 원가(₩23,900)를 구성한다. 나머지 25,000단위는 모두 당기투입원가로 이루어지므로 물량에 바로 완성품환산량 단위당 원가를 곱하여 당기투입분원가(₩190,000)를 산출한다. 따라서 전기투입분 4,000단위에 대한 원가(₩23,900)와 당기투입분 25,000단위에 대한 원가(₩190,000)의 합계가 바로 완제품원가(₩213,900)가 되는 것이다.

그리고 기말재공품 5,000단위는 선입선출법을 가정하였기 때문에 당기에 투입하여 아직 완성시키지 못한 물량을 의미한다. 따라서 기말재공품은 당기투입원가만으로 구성되게 되며, 직접재료원가는 전부 투입되었기 때문에 완성품환산량이 5,000단위이며, 가공원가는 40%만 투입되었기 때문에 2,000단위(5,000×0.4)의 완성품환산량을 갖는다.

지금까지 설명한 내용에서 한 가지 주의할 점은 용어의 차이이다. 가중평균법은 "총원가", "총완성품환산량", "총완성품환산량 단위당 원가"라는 용어를 사용하여 전기와 당기를 구별하지 않고 모든 생산수량과 원가를 합하여 평균화시킨다. 그러나 선입선출법은 "당기투입원가", "당기완성품환산량", "당기완성품환산량 단위당 원가"라는 용어를 사용하여 기초재공품수량 및 기초재공품원가는 제외시키고 당기에 투입한 수량 및 당기투입원가와 분리시켜 이 정보를 이용한다.

선입선출법을 이용하여 (주)신수의 2012년의 제조원가보고서를 작성하면 <표 5-4>와 같다.

표 5-4 기초재공품이 있는 경우 선입선출법을 이용한 종합원가계산

제조원가보고서

(주)신수 2012. 1. 1 ~ 2012. 12. 31

			직접재료원가	가공원가	합 계
제 1 단계: 물량의 흐름(수량)					
	기초재공품	4,000			
	당기착수	30,000			
	총투입량	34,000			
	완 성 품	29,000			
	기말재공품	5,000			
	총산출량	34,000			
제 2 단계: 당기완성품환산량					
	기초재공품 완성		0	1,000	
	당기투입 완성		25,000	25,000	
	기말재공품		5,000	2,000	
	당기완성품환산량		30,000	28,000	
제 3 단계, 제 4 단계:					
	기초재공품원가		–	–	₩20,500
	당기투입원가		126,000	95,200	221,200
	총원가		–	–	₩241,700
	당기완성품환산량		÷ 30,000	÷ 28,000	
	당기완성품환산량 단위당 원가		₩4.2	₩3.4	₩7.6

제 5 단계: 완제품, 기말재공품원가

완제품(29,000단위)				
전기투입분(4,000단위)				
기초재공품원가		₩20,500		
당기추가가공원가	1,000 × ₩3.4=	3,400	₩23,900	
당기투입분	25,000 × ₩7.6=		190,000	₩213,900
기말재공품(5,000단위)				
직접재료원가	5,000 × ₩4.2=		₩21,000	
가공원가	2,000 × ₩3.4=		6,800	27,800
배부된 총원가				₩241,700

5-6 평균법과 선입선출법의 비교

1. 분　　개

앞의 5－5절 종합원가계산에 의한 제조원가보고서에 나타난 자료를 이용하여 2012년의 제조활동에 대한 분개를 통해 원가의 흐름을 파악하기로 하자.

① 원재료의 투입시

(차) 재 공 품	126,000		
		(대) 원 재 료	126,000

② 직접노무원가의 발생시

(차) 재 공 품	70,000		
		(대) 미지급임금	70,000

③ 제조간접원가의 배부시

(차) 재 공 품	25,200		
		(대) 제조간접원가	25,200

④ 생산공정완료시(가중평균법)

(차) 완 제 품	214,600		
		(대) 재 공 품	214,600

이와 같은 과정은 개별원가계산에서 작업원가집계표를 이용하는 것과 많은 유사점이 있으나 개별원가계산에서는 재공품에서 제품으로 대체하는 분개를 하는 경우에만 작업원가집계표가 이용된다는 점이 다르게 된다. 위의 분개를 전기한 후 재공품계정의 잔액은 다음과 같다.

재 공 품			
기초재공품	20,500	완 제 품	214,600
직접재료원가	126,000		
직접노무원가	70,000		
제조간접원가	25,200		
기말재공품	27,100		

2. 평균법과 선입선출법의 비교

위의 2012년 (주)신수의 예에서 가중평균법에 의한 완제품평가액은 ₩214,600인 데 비해 선입선출법에 의한 평가액은 ₩213,900으로 나타났다. 반대로 기말재고액 평가액은 선입선출법이 ₩27,800으로 가중평균법의 평가액 ₩27,100보다 다소 높게 평가하고 있다. 여기서 두 방법에 대한 평가를 내려 보면 다음과 같다.

첫째, 원가통제 목적으로 본다면 선입선출법이 가중평균법보다는 우수한 방법이다. 왜냐하면 선입선출법만이 당기의 성과를 당기에 발생된 비용과 관련시켜 측정하고 있기 때문이다. 가중평균법은 전기에 발생된 비용과 당기에 발생된 비용을 혼합하여 사용하고 있다.

둘째, 제조원가의 변동 측면에서 본다면, 전기와 당기 간 제조원가의 변동이 심하지 않고 기초재공품 완성품환산량이 총완성품환산량에 비해 그 비중이 크지 않다면 가중평균법과 선입선출법 간의 재고평가액 차이는 그다지 크지 않을 것이다.

셋째, 물가 측면에서 본다면 물가가 상승할 때에는 완성품평가액은 가중평균법이 선입선출법보다 크게 나타나지만 기말재공품은 가중평균법이 선입선출법보다 낮게 나타날 것이다. 왜냐하면 물가가 계속 상승하면 당기의 투입원가가 기초재공품원가보다 높을 것이므로 당기투입원가만으로 구성된 선입선출법 하에서의 기말재공품평가액이 가중평균법 하에서의 평가액보다 당연히 크게 나타날 것이기 때문이다.

5-7 다공정의 종합원가계산

지금까지는 단일공정에서 원재료를 가공해 완제품을 생산하는 것으로 가정하였다. 그러나 대부분의 제조기업에서는 적어도 두 개 이상의 복수공정을 거쳐서 제품을 가공하는 것이 일반적이다. 예를 들어 자동차의 부품을 생산하는 기업이라면 절삭부·용접부·압연부·조립부·검사부 등을 들 수 있겠고, 섬유업체의 경우에는 방적부·방직부·염색부 등 여러 공정을 갖고 있을 것이다.

여기서는 (주)신수가 품질관리를 위해서 가공부 이외에 검사부를 추가로 두었다고 가정하자. 가공부에서 완성된 물품은 검사부로 대체되어 검사부에서 검사가 완료되면 완제품이 나온다고 가정하자. 이 경우에 (주)신수의 각 부서별로 별도의 원가기록을 유지하며 가공부에서 검사부로 물품이 넘어갈 때는 가공부에서 누적된 원가가 검사부로 대체되며 다음과 같은 분개를 하게 된다.

(차) 재공품(검사부)	×××	(대) 재공품(가공부)	×××

이 경우의 원가의 흐름은 <표 5-5>에 잘 나타나 있다. 또한 모든 원

재료는 가공부 공정초에 투입되며, 검사부에서는 단지 가공원가가 추가로 투입되는 것으로 가정한다.

표 5-5 두 공정의 원가의 흐름

재공품(가공부)

기 초	27,100	차공정대체	264,000
당 기	280,300		
기 말	43,400		

⇒

재공품(검사부)

기 초	–	완제품	247,128
전공정대체	264,000		
당기(가공원가)	25,200		
기 말	42,072		

예제 5-3 다공정의 제조원가보고서

2013년도 (주)신수의 생산 및 원가에 관한 정보는 다음과 같다.

① 생산자료(수량)

	부 서	
	가 공 부	검 사 부
기초재공품(완성도 40%)	5,000	–
당기투입(가공부)	35,000	–
검사부로 대체	–	33,000
완제품	–	28,000
기말재공품(완성도 50%)	7,000	5,000

원재료는 공정의 초기에 투입된다.

② 원가자료(금액)

	가 공 부	검 사 부
가공부에 투입된 원재료	₩155,500	–
가공원가	124,800	25,200
당기투입원가	₩280,300	₩25,200

기초재공품의 재료투입액은 ₩20,500이며, 가공원가투입액은 ₩6,600이었다.

[요구사항]

가중평균법을 사용하여 (주)신수의 2013년도 제조원가보고서를 작성하시오

(앞절 5-5 종합원가계산에 의한 제조원가보고서의 내용을 참고할 것).

[해 답]

제조원가보고서

(주)신수 2013. 1. 1 ~ 2013. 12. 31

생산물량의 흐름

	가 공 부	검 사 부
기초재공품	5,000	—
당기투입량	35,000	33,000
총투입량	40,000	33,000
완제품	33,000	28,000
기말재공품	7,000	5,000
총산출량	40,000	33,000

총완성품환산량

	가 공 부		검 사 부	
	재료원가	가공원가	전공정대체	가공원가
완제품	33,000	33,000	28,000	28,000
기말재공품				
재료원가	7,000			
전공정대체			5,000	
가공원가		3,500		2,500
총완성품환산량	40,000	36,500	33,000	30,500

총완성품환산량 단위당 원가

	가 공 부			검 사 부		
	재료원가	가공원가	합 계	전공정대체	가공원가	합 계
기초재공품	₩20,500	₩6,600	₩27,100	–	–	–
당기투입	155,500	124,800	280,300	264,000*	25,200	289,200
총투입원가	₩176,000	₩131,400	₩307,400	₩264,000	₩25,200	₩289,200
총완성품환산량	÷ 40,000	÷ 36,500		÷ 33,000	÷ 30,500	
단위당원가.	₩4.4	₩3.6	₩8.00	₩8.00	₩0.826	₩8.826

* 33,000 × ₩8.0

완제품 및 기말재공품원가의 산출

	가공부		검사부	
검사부로 대체(33,000 × ₩8)		₩264,000		
완제품(28,000 × ₩8.826)				₩247,128
기말재공품				
재료원가(7,000 × ₩4.4)	₩30,800			
(5,000 × ₩8.0)			₩40,000	
가공원가(3,500 × ₩3.6)	12,600	43,400		
(2,500 × ₩0.826)			2,065	42,065
배부된 총원가		₩307,400		₩289,193

예제 5-3의 제조원가보고서는 편의상 두 부서의 것을 동시에 나타내고 있지만 실제로는 각 부서별로 작성될 것이다. 단일공정의 제조원가보고서와의 큰 차이점은 바로 검사부서의 전공정대체(transferred-in)라는 새로운 계정과목이 등장한다는 것이다. 즉 가공부서에서 완성되어 검사부서로 대체된 것(₩264,000)인데 검사부서의 입장에서 보면 바로 원재료가 되는 것이다. 전공정대체는 이미 전공정에서 완성되어 다음 공정으로 대체되는 것이므로 100%의 완성도를 갖는 것으로 본다. 또한 위의 제조원가보고서는 2013년도의 것이므로 2012년도의 기말재공품 원가(₩27,100)가 바로 2013년도의 기초재공품이 된다는 것을 독자들은 이미 파악하고 있어야 할 것이다. 이해를 돕기 위해 이상의 두 공정의 원가의 흐름을 재공품의 T-계정으로 요약하면 <표 5-5>와 같다. 단 반올림으로 인해 끝수에 차이가 있다.

5-8 종합예제

마포주식회사는 두 가지의 공정(혼합공정, 정제공정)을 거쳐 완성되는 제품을 생산하고 있다. 2012년 중 첫 번째 공정인 혼합공정에서의 원가 및 생산에 관한 자료는 다음과 같다.

수량자료:

기초재공품	3,000단위(40% 완성)
기말재공품	4,000단위(70% 완성)
당기투입량	17,000단위

원가자료:

	X재료	Y재료	가공원가
기초재공품	₩296,000	–	₩81,200
당기투입액	1,904,000	1,280,000	915,200
총원가	2,200,000	1,280,000	996,400

X재료는 혼합공정의 작업초기에 투입되고, Y재료는 공정의 50%시점에서 혼합공정에 투입된다. 가공원가는 전공정에 걸쳐서 균등하게 발생한다.

[요구사항]

1. 이 회사가 선입선출법을 사용할 경우 다음을 계산하시오.
   (1) Y재료의 완성품환산량 단위당 원가
   (2) 혼합공정의 완성품 및 재공품원가
2. 이 회사가 가중평균법을 사용할 경우 다음을 계산하시오.
   (1) 기말재공품에 포함된 총재료원가
   (2) 완성품원가와 기말재공품원가

[해 답]

1.

기초재고	3,000			
당기투입	17,000			
	20,000			

		당기완성품환산량		
		X재료	Y재료	가공원가
당기완성 ─ 기초	3,000	–	3,000	1,800
당기완성 ─ 당기	13,000	13,000	13,000	13,000
기말재고	4,000	4,000	4,000	2,800
	20,000	17,000	20,000	17,600
당기투입원가		₩1,904,000	₩1,280,000	₩915,200
단위당 원가		₩112	₩64	₩52

(1) ₩64

(2) 완성품 = (₩296,000+₩81,200)+3,000 × ₩64+1,800 × ₩52
+13,000 × (₩112+₩64+₩52) = ₩3,626,800
기말재공품 = 4,000 × (₩112+₩64)+2,800 × ₩52 = ₩849,600

2.

	X 재료	Y 재료	가공원가
당기완성	16,000	16,000	16,000
기말재고	4,000	4,000	2,800
총완성품환산량	20,000	20,000	18,800
총투입원가	₩2,200,000	₩1,280,000	₩996,400
단위당 원가	₩110	₩64	₩53

(1) 4,000 × (₩110+₩64) = ₩696,000

(2) 완성품원가 = 16,000 × (₩110+₩64+₩53) = ₩3,632,000
기말재공품 = 4,000 × (₩110+₩64)+2,800 × ₩53 = ₩844,400

5-9 요 약

1. 종합원가계산의 의의

종합원가계산은 동일한 제품을 대량·연속·반복 생산하는 제조상황에서 제조원가를 누적시키기 위해 사용된다. 이 제도의 적용이 가능한 산업의 예로는 정유·화학·페인트·제분·시멘트 제조산업 등이 있다.

2. 개별원가계산과 종합원가계산의 비교

구 분	개별원가계산	종합원가계산
생산형태	· 다품종 소량주문생산 · 정량생산방식	· 동종제품의 대량반복생산 · 연속흐름생산방식
원가계산접근법	· 제조명세서별 : 제품 중심	· 기간별 평균단가 : 공정 중심
기말재공품평가	· 미완성된 제조명세서에 집계된 원가	· 기말재공품 환산량 × 평균단가
전형적 업종	· 건설업, 조선업, 회계법인, 법률사무소 등	· 시멘트제조업, 식품가공업, 정유, 화학 등

3. 원가흐름의 가정

종합원가계산이란 일정기간 동안 생산된 모든 제품에 원가를 평균적으로 부담시킨다. 다만 기초재공품이 있는 경우에는 가중평균법 또는 선입선출법과 같은 원가흐름에 대한 가정이 필요하다. 가중평균법은 기초재공품원가와 당기투입원가를 구별하지 않고 이를 가중평균하여 당기완성품과 기말재공품에 원가를 배분하는 방법이고, 선입선출법은 먼저 투입된 물량이 먼저 완성된다는 가정 하에서 원가계산이 이루어지기 때문에 기초재공품은 모두 완제품 속에 포함되며 기말재공품에는 당기 투입원가만 배부된다.

4. 종합원가계산의 절차

구 분	가중평균법	선입선출법
물량흐름 파악	기초재공품수량+당기착수량 = 완성품수량+기말재공품수량	기초재공품수량+당기착수량 = 기초재공품수량+당기착수완성품수량 +기말재공품수량
완성품 환산량	총완성품환산량 = 당기까지의 작업분 = 완성품수량 +(기말재공품수량×기말진척도)	당기완성품환산량 = 당기 중의 작업분 = 기초재공품수량×(1−기초진척도) +당기투입완성품수량 +(기말재공품수량×기말진척도)

원가요약	기초재공품원가+당기투입원가 = 총원가	기초재공품원가+당기투입원가 = 총원가
완성품 환산량 단가	$\frac{\text{총원가}}{\text{총완성품환산량}}$	$\frac{\text{당기투입원가}}{\text{당기완성품환산량}}$
완성품 원가	완성품수량×Σ(원가요소별 완성품환산량 단가)	기초재공품원가+기초재공품을 완성시키기 위하여 당기 중 투입한 원가+당기투입완성품원가
기말 재공품 원가	Σ(기말재공품의 원가요소별 완성품환산량×원가요소별 완성품환산량 단가)	Σ(기말재공품의 원가요소별 완성품환산량×원가요소별 완성품환산량 단가)

Management Accounting

익/힘/문/제

01 종합원가계산제도를 사용하기 위하여 적합한 조건을 설명하시오.

02 개별원가계산제도와 종합원가계산제도의 차이점에 대하여 설명하시오.

03 종합원가계산제도 하에서 비용이 집계되는 방식에 대하여 설명하시오.

04 개별원가계산제도에서보다 종합원가계산제도 하에서의 비용집계가 손쉽게 이루어지는 이유를 설명하시오.

05 기업이 종합원가계산제도를 사용하면 얼마나 많은 재공품계정이 존재하게 되는지 설명하시오.

06 완성품환산량이 의미하는 바가 무엇인가 설명하시오.

07 가중평균법 하에서 완성품환산량과 단위당 원가의 산출시 기초재공품에 대한 가정에 대하여 설명하시오.

08 가중평균법 하에서 산출된 완성품환산량과 선입선출법에 의하여 산출된 완성품환산량의 차이점에 대하여 설명하시오.

09 기말재공품 및 완제품원가의 산출시 가중평균법과 선입선출법의 차이점에 대하여 설명하시오.

10 원가통제의 관점에서 선입선출법이 가중평균법보다 우월한 이유에 대하여 설명하시오.

11 혼합과 가열이라는 두 개의 제조공정이 있다고 가정할 때, 혼합공정에서 가열공정으로의 대체를 의미하는 분개를 가상의 수치를 이용하여 행하시오.

12 전공정대체원가에 대하여 설명하시오.

Chapter 05 연습문제 Management Accounting

[객관식]

1 가중평균법(weighted average method)을 적용한 공정별 원가계산에 대한 설명으로 가장 부적절한 것은?

① 가중평균법은 마치 기초재공품 모두를 당기에 착수, 완성한 듯이 가정한다.
② 적시재고관리(Just-In-Time; JIT)를 적용하고 원가요소의 기간별 가격차이가 크지 않다면 선입선출법과 거의 차이가 없다.
③ 가중평균법은 착수 및 원가발생 시점에 관계없이, 당기 완성량의 평균적 원가를 계산한다.
④ 선입선출법에 비해 가중평균법은 당기의 성과를 이전의 기간과 독립적으로 평가할 수 있는 보다 적절한 기회를 제공한다.
⑤ 흐름생산의 경우, 선입선출법이 가중평균법에 비해 실제 물량흐름(physical flow)에 보다 충실한 원가흐름가정이라 볼 수 있다.

2 서강공업은 평균법에 의한 실제종합원가계산을 이용하여 재고자산 평가와 매출원가를 계산하였다. 연초에 비해 연말에 재공품 잔액이 증가하였으나, 재공품 물량은 동일하였다면 이 현상을 설명하는 요소가 아닌 것은? (1996, CPA)

① 전년도에 비해 고정제조간접원가가 증가하였다.
② 전년도에 비해 노무원가의 임률이 상승하였다.
③ 연초보다 연말의 재공품 재고에 대한 완성도가 높았다.
④ 전년도에 비해 판매량이 감소했다.
⑤ 전년도에 비해 생산량이 감소했다.

3 종합원가계산을 수행하는 회사에서 기말재공품의 완성도를 실제보다 과대평가한 경우 이 오류로 인하여 완성품환산량, 완성품환산량 단가, 완성품원가 및 기말재공품원가에 각각 어떠한 영향을 미치겠는가? (1998, 세무사)

	완성품환산량	완성품환산량단가	완성품원가	기말재공품원가
①	과소평가	과소평가	과소평가	과대평가
②	과소평가	과대평가	과소평가	과소평가
③	과대평가	과소평가	과대평가	과소평가
④	과대평가	과대평가	과대평가	과소평가
⑤	과대평가	과소평가	과소평가	과대평가

4 서강화학(주)는 공정별 원가계산방법을 사용하고 있으며 완성품환산량의 계산에 가중평균법을 사용하고 있다. 회사는 4월 중 125,000단위의 제품을 판매하였다. 회사는 오직 하나의 가공부서를 보유하고 있다. 생산활동과 관련된 추가정보가 다음과 같다.

4월 1일 재고	
재공품	없음
완제품	37,500단위
4월 30일 재고	
재공품(가공원가에 대한 진척도 75%)	8,000단위
완제품	30,000단위

회사의 4월 중 가공원가에 대한 완성품환산량은 얼마인가? (2004, 세무사)

① 126,500 ② 125,500 ③ 123,500
④ 117,500 ⑤ 117,000

5 서강회사는 선입선출법 종합원가계산을 사용한다. 제2공정의 관련 자료는 다음과 같다.

	물량단위	가공원가완성도
기초재공품수량	500단위	40%
전공정대체량	5,400	
당기완성품수량	?	
기말재공품수량	200	80%

제2공정에서 직접재료가 가공원가완성도의 30%에서 투입된다면, 직접재료원가와 가공원가의 당기작업량의 완성품환산량은 각각 얼마인가? (2005, 세무사)

	직접재료원가	가공원가
①	5,700	5,560
②	5,900	5,660
③	5,900	5,700
④	5,400	5,700
⑤	5,400	5,660

6 서강물산은 종합원가계산을 사용하고 있다. 재료 중 1/2은 공정초기에 투입되고 나머지는 가공이 50% 진행된 시점부터 공정의 종점까지 공정진행에 따라 비례적으로 투입된다. 다음은 11월의 원가자료이다.

기초재공품(가공원가 완성도 60%)	1,000개
완성량	4,000개
기말재공품(가공원가 완성도 20%)	2,000개

제조과정에서 공손 등은 발생하지 않는다. 선입선출법에 의할 경우 11월의 재료원가 환산량은 얼마인가? (2005, 세무사)

① 4,450개 ② 4,400개 ③ 5,000개
④ 6,000개 ⑤ 4,500개

7 서강제조(주)는 절삭공정과 조립공정의 두 가지 공정을 통하여 제품을 생산하고 있다. 다음은 20×1년 1월 절삭공정의 가공원가와 관련된 자료이다. 월초와 월말의 재공품에 대한 진척도는 각각 80%와 50%라고 가정하라.

	단 위	가공원가
월초재공품	12,500	₩11,000,000
1월중 생산투입량 및 발생원가	67,500	71,500,000
1월중 생산이 완료되어 다음 공정으로 대체	50,000	?

선입선출법을 사용하는 경우 절삭공정의 월말재공품에 대한 가공원가는 얼마가 되겠는가? (1999, 세무사)

① ₩16,500,000 ② ₩19,500,000 ③ ₩19,050,000
④ ₩22,500,000 ⑤ ₩16,050,000

8 대한회사는 평균법에 의한 종합원가계산을 채택하고 있다. 기초재공품이 75,000단위이고 당기 착수량이 225,000단위이다. 기말재공품이 50,000단위인데 직접재료는 전량 투입되었고, 가공원가완성도는 70%이다. 기초재공품에 포함된 가공원가가 ₩14,000이고 당기발생 가공원가가 ₩100,000이면 기말재공품에 얼마의 가공원가가 배부되어야 하는가? (2008, 세무사)

① ₩20,000 ② ₩10,000 ③ ₩18,000
④ ₩8,000 ⑤ ₩14,000

9 (주)대한의 3월 제조와 관련된 자료는 다음과 같다. 가중평균법을 사용하는 경우 월말 재공품에 포함되는 가공원가는 얼마인가? (2009, 세무사)

월초 재공품 완성도	60%
월말 재공품 완성도	40%
월초 재공품 수량	9,200개
당월 착수량	20,000개
월말 재공품 수량	2,000개
월초 재공품 가공원가	₩30,320
당월 발생 가공원가	₩52,000

① ₩1,782 ② ₩2,352 ③ ₩3,422
④ ₩4,432 ⑤ ₩5,880

10 (주)신라는 한 가지 종류의 플라스틱 장난감을 제조한다. 이번 기의 자료는 다음과 같다.

	단위	재료원가	가공원가
기초재공품	1,000	₩₩9,000	₩₩12,000
당기착수	30,000	₩240,000	₩305,000
기말재공품	500	-	-

모든 재료는 공정의 초기단계에 100% 투입된다. 기초 재공품은 가공원가가 40% 투입되었으며, 기말 재공품에는 80%가 투입되었다. 이 회사는 공정별 원가계산방법(process costing)을 사용하고 있으며, 원가흐름에 대한 가정으로 선입선출법(FIFO)을 사용하고 있다. 이번 기에 발생한 전출원가(transfer-out cost)는 얼마인가? 단, 공손은 발생하지 않았다. (2007, CPA)

① ₩531,000 ② ₩552,000 ③ ₩558,000
④ ₩549,000 ⑤ ₩560,000

11 (주)서강은 종합원가계산제도를 채택하고 있으며, 원재료는 공정의 초기에 전량 투입되며, 가공원가는 공정 전반에 걸쳐서 진척도에 따라 균등하게 발생한다. 재료원가의 경우 평균법에 의한 완성품환산량은 78,000단위이고, 선입선출법에 의한 완성품환산량은 66,000단위이다. 또한 가공원가의 경우 평균법에 의한 완성품환산량은 54,400단위이고, 선입선출법에 의한 완성품환산량은 52,000단위이다. 기초재공품의 진척도는 몇 %인가? (2005, CPA)

① 10% ② 20% ③ 30%
④ 50% ⑤ 70%

12 (주)국세는 단일제품을 생산하고 있으며, 종합원가계산제도를 채택하고 있다. 직접재료는 공정이 시작되는 시점에서 100% 투입되며, 가공원가는 공정 전체에 걸쳐 균등하게 발생한다. 평균법과 선입선출법에 의한 가공원가의 완성품환산량은 각각 85,000단위와 73,000단위이다. 기초재공품의 가공원가완성도가 30%라면, 기초재공품 수량은 몇 단위인가? (2011, 세무사)

① 12,000단위 ② 21,900단위 ③ 25,500단위
④ 36,000단위 ⑤ 40,000단위

13 (주)세무는 선입선출법 하의 종합원가계산을 사용하고 있으며, 가공원가는 공정 전반에 걸쳐 균등하게 발생한다. 당기 생산관련 자료는 다음과 같다. (2011, 세무사)

	물량
기초재공품	2,000(완성도 60%)
당기착수량	8,000
당기완성량	8,000
기말재공품	2,000(완성도 40%)

기말재공품에 포함된 가공원가가 ₩320,000일 때 당기에 발생한 가공원가는?

① ₩2,964,000 ② ₩3,040,000 ③ ₩3,116,000
④ ₩3,192,000 ⑤ ₩3,268,000

14 (주)다음은 종합원가계산을 채택하고 있는 (주)국세의 당기 생산활동과 관련된 자료이다.

• 기초재공품 수량	없음
• 당기착수량	1,000단위
• 당기투입원가	
직접재료원가	₩100,000
직접노무원가	81,000
제조간접원가	60,500
• 기말재공품수량	500단위

(주)국세는 단일공정을 통해 제품을 생산하며, 모든 제조원가는 공정 전반에 걸쳐 균등하게 발생한다. 완성품 단위당 제조원가가 ₩420이라면, 기말재공품의 완성도는 몇 %인가?(단, 공손 및 감손은 발생하지 않는 것으로 가정한다) (2012, 세무사)

① 10% ② 15% ③ 20% ④ 30% ⑤ 45%

15 (주)국세는 두 개의 연속된 제조공정을 통하여 제품을 생산하며, 제1공정의 완성품은 전량 제2공정으로 대체된다. 재고자산의 단위원가 결정방법으로 가중평균법을 사용하며, 공손은 없다. 제2공정의 완성품원가는? (2015, 세무사)

제1공정		
기초재공품 수량		없 음
당기착수량		25,000단위
기말재공품		7,000단위
완성품 단위당 제조원가		₩200
제2공정		
기초재공품	수 량	12,000단위
	전공정원가	₩3,000,000
	직접재료원가	₩1,440,000
	전환원가(가공원가)	₩2,160,000
당기완성품	수 량	20,000단위
완성품 단위당 제조원가	전공정원가	?
	직접재료원가	₩120
	전환원가(가공원가)	₩180

① ₩8,268,000 ② ₩10,400,000 ③ ₩10,812,000
④ ₩12,720,000 ⑤ ₩14,628,000

[주관식]

5-1 (주)서강맥주는 음료를 생산하고 있으며, 4개의 원재료가 공정진척도에 따라 각각 다른 시점에서 투입되고 있다. 당월에 150,000병의 음료수를 생산하였으며, 30,000병이 현재 재공품(진척도 60%) 상태로 남아 있다. 기초재공품은 20,000병이며 진척도는 40%이다. 원재료 투입단계는 다음과 같다.

- 원재료 A: 공정초에 투입
- 원재료 B: 진척도 50% 시점에서 투입
- 원재료 C: 공정종점에서 투입
- 원재료 D: 전공정에 걸쳐 진척도에 비례하여 발생

[요구사항]

1. 평균법에 의한 완성품환산량을 구하시오.
2. 선입선출법에 의한 완성품환산량을 구하시오.

5-2 (주)서강은 플라스틱공장에서 세 가지 생산공정 중 두 번째인 열조립공정을 가동하고 있다. 열조립공정의 직접재료는 공정 말에 투입된다. 다음은 2002년 6월의 열조립부문에 관련된 자료이다.

기초재공품	50,000단위
전입원가(완성도 100%)	
직접재료(완성도 0%)	
가공원가(완성도 80%)	
6월중 전입대체량	200,000단위
6월중 완성전출량	210,000단위
기말재공품	?단위
전입원가(완성도 100%)	
직접재료원가(완성도 0%)	
가공원가(완성도 40%)	

[요구사항]

1. 평균법에 의한 완성품환산량을 구하시오.
2. 선입선출법에 의한 완성품환산량을 구하시오.

5-3 서강사에는 혼합부문과 정제부문이 있다. 혼합부문의 공정별원가계산은 두 개의 직접재료원가 범주(화학품 P와 화학품 Q)와 하나의 가공원가집합으로 구성되어 있다. 다음은 2002년 7월 혼합부문에 대한 자료이다.

단 위	
기초재공품	0
당월착수	50,000
당월완성	35,000
원 가	
화학품 P	250,000
화학품 Q	70,000
가공원가	135,000

화학품 P는 혼합부문의 공정 초기에 투입되며, 화학품 Q는 혼합부문 공정의 3/4단계에서 투입된다. 가공원가는 공정전체를 통해 고르게 투입된다. 혼합부문의 월말제공품의 완성도는 2/3이다.

[요구사항]

1. 가중평균법을 사용하여 2002년 7월 혼합부문의 각 원가요소 완성품환산량을 구하시오.
2. 7월 중에 완성되어 정제부문으로 전출된 완성품의 원가와 2002년 7월 31일의 기말재공품 원가를 구하시오.

5-4 대한회사는 선입선출법에 의한 종합원가계산을 채택하고 있다. 제품제조를 위하여 원재료 A와 원재료 B가 사용되는데 원재료 A는 공정초기에 전부 투입되고 원재료 B는 공정의 50% 시점에 전부 투입된다. 그리고 가공원가는 공정 전체를 통하여 균등하게 발생한다. 대한회사의 당기 제품제조활동과 관련한 자료는 다음과 같다.

- 기초재공품의 수량은 5,000개이며 가공원가완성도는 60%이다.
- 당기완성품의 수량은 80,000개이다.
- 기말재공품의 수량은 10,000개이며 가공원가완성도는 30%이다.
- 기초재공품의 원가와 당기에 발생한 원가의 현황은 다음과 같다.

구 분	원재료 A	원재료 B	가공원가	합 계
기초재공품원가	₩850,000	₩900,000	₩400,000	₩2,150,000
당기발생원가	₩3,400,000	₩4,500,000	₩1,600,000	₩9,500,000

[요구사항]

당기에 완성된 제품의 원가와 기말재공품의 원가를 구하시오.

5-5 (주)카이는 고객의 주문에 따라 고급 카메라를 생산하고 있다. 고객은 외부표면재료 및 도료 등을 선택할 수 있지만, 카메라의 기본적인 조립 및 가공작업은 주문별로 차이가 없다. 이러한 점을 감안하여 (주)카이는 재료원가에 대해서는 주문별로 집계하는 개별원가계산방식을 적용하고, 가공원가에 대해서는 종합원가계산방식을 적용하는 소위 혼합원가계산(hybrid costing)을 사용하고 있다. 가공원가는 공정 전체를 통해 균등하게 발생하며, 동 원가에 종합원가계산방식을 적용할 때 사용하는 원가흐름가정은 선입선출법이다.

(주)카이의 4월 생산 및 원가관련 자료는 다음과 같다.

(1) 월초 재공품

주문번호	#101
수량	200개
직접재료원가	₩1,500,000
가공원가	₩960,000
가공원가 완성도	80%

(2) 당월 주문 및 생산착수

주문번호	#105	#206	#207
수량	200개	100개	150개

(3) 당월 발생원가

주문번호	#101	#105	#206	#207	합계
직접재료원가	₩500,000	₩1,800,000	₩3,200,000	₩2,400,000	₩7,900,000
가공원가	?	?	?		₩4,092,000

(4) 월말 재공품

주문번호	#105	#207
수량	200개	150개
가공원가완성도	50%	60%

[요구사항]

4월의 완성품의 원가를 구하시오.

5-6 (주)서강은 A, B 두 공정을 통해 단일제품을 생산한다. 원재료는 A공정의 초기와 B공정의 70% 시점에서 투입되며, 가공원가는 공정전체를 통해 균등하게 발생한다. A공정이 완료되면, 그 완성품은 즉시 B공정으로 대체되며, B공정이 완료되면 완성된 제품은 제품계정에 대체된다. 당년도 1월의 자료는 다음과 같으며, 월말재공품의 평가는 평균법이다.

	A공정		B공정	
월초재공품	1,500	단위	2,400	단위
진 척 도	60%		30%	
전공정원가	–		₩125,800	
원재료원가	₩38,000		–	
가공원가	26,000		37,440	
	₩64,000		₩163,240	
1월중 착수량	14,500	단위	12,500	단위
1월중 완성량	12,500		9,500	
월말재공품	3,500		5,400	
진 척 도	40%		40%	
1월중 투입원가				
원재료원가	₩346,000		₩456,000	
가공원가	196,400		592,200	
	₩542,400		₩1,048,200	

[요구사항]

1. A공정의 제조원가보고서를 작성하시오.
2. B공정의 제조원가보고서를 작성하시오.
3. A공정의 완성품을 B공정에 대체하는 분개와 B공정 완성품을 제품계정에 대체하는 분개를 하시오.

5-7 서강사는 단일공정부서에서 화학합성물을 만들고 있다. 직접재료는 공정 초기에 투입되고, 가공원가는 공정중에 고르게 투입된다. 서강사는 공정별원가계산에 가중평균법을 사용하고 있다. 2002년 7월 동안의 완성품환산량과 실제원가에 대한 자료는 다음과 같다.

	물량단위	완성품환산량 직접재료	가공원가
기초재공품(7월 1일)	10,000 [1)]	10,000	7,000
당기작업(2002년 7월)	40,000		
당기완성(2002년 7월)	34,000	34,000	34,000
기말재공품(7월 31일)	16,000 [2)]	16,000	8,000

1) 완성도: 직접재료원가 100%, 가공원가 70%
2) 완성도: 직접재료원가 100%, 가공원가 50%

2002년 7월 총원가

기초재공품		
직접재료원가	₩60,000	
가공원가	₩70,000	₩130,000
7월 투입된 직접재료원가		280,000
7월 투입된 가공원가		371,000
총 원 가		₩781,000

[요구사항]

1. 직접재료원가와 가공원가의 완성품환산량당 원가를 구하시오.
2. 총원가를 요약하고, 이 원가를 가중평균법을 사용하여 완성품과 기말재공품에 할당하시오.

5-8 서강출판사는 두 개의 제조부문에서 국어사전을 생산하고 있다. 제 1 제조부문에서는 인쇄기를 이용하여 사전을 인쇄하는데 단 하나의 공정을 통하여 동시에 2,000페이지에 달하는 사전을 인쇄하고, 제 2 제조부문에서는 인쇄된 종이를 재단·제본하여 사전을 제작하고 있다. 사전의 표지는 제 2 제조부문에서 유일하게 투입되는 원재료이며, 제 2 제조부문에서 사전이 완성된다. 제 2 제조부문에 대한 다음 사항을 이용하여 물음에 답하시오.

2002년 3월 1일 제 2 제조부문의 기초재공품은 800단위이며, 40%가 완성되었다. 제 2 제조부문의 원재료는 공정이 100% 완성된 시점에서 전량 투입된다. 제 2 제조부문의 기초재공품과 관련된 원가는 다음과 같다.

대체된 원가	₩3,200
가공원가	640
합 계	₩ 3,840

3월 중에 20,000단위가 제 2 제조부문에 대체되었는데 19,000단위가 완성되었다. 제 2 제조부문의 기말재공품은 가공원가가 60% 완성되었으며, 3월 중 제 2 제조부문에 배부된 원가는 다음과 같다.

대체된 원가	₩80,000
재료원가	57,000
가공원가	39,520
합　계	₩176,520

가공원가는 직접노무원가 ₩30,100과 배부된 제조간접원가 ₩9,420으로 구성되어 있다.

[요구사항]

1. 3월의 제 2 제조부문에 대한 제조원가보고서를 가중평균법을 이용하여 작성하시오.
2. 3월의 제 2 제조부문 활동에 대하여 분개를 하시오.

5-9 (주)서현전은 기계부문과 조립 및 완성부문 두 개의 제조부문에서 계속적으로 제품을 생산하고 있다. 이 문제는 조립 및 완성부문에 관한 것으로서 기계부문에서 생산공정이 시작되고 조립 및 완성부문에서 제품이 완성된다. 조립 및 완성부문의 마지막 작업은 제품을 상자에 넣어 포장하는 것이다. 이 상자는 조립 및 완성부문에서 투입되는 유일한 재료이며 공정이 100% 완성된 시점에서 투입된다.

최근에 조립 및 완성부문에서 다음과 같은 사건이 발생하였다.

기계부문에서 대체된 수량	8,000
완성되어 제품으로 대체된 수량	7,500
부문에 배부된 원가:	
기계부문에서 대체	₩71,000
원재료통제	15,000
직접노무원가	33,000
감독자급료	6,000
기타 생산직 종업원에 대한 노무원가	7,000
수도광열비	5,000
부문기계장비에 대한 감가상각비	8,000
제좌(기타)	4,000

[추기정보]

(a) (주)서현전은 가중평균법에 의한 종합원가계산과 예정원가계산시스템을 이용하고 있다.
(b) 조립 및 완성부문의 기말재공품은 1,500단위인데 가공원가는 1/3 정도 완성되었다.

(c) 조립 및 완성부문의 기초재공품은 1,000단위인데 가공원가는 1/2 정도 완성되었다.
(d) 기초재공품에 배부된 원가는 다음과 같다.

대체된 원가	₩10,000
가공원가	5,000

[요구사항]

조립 및 완성부문의 재공품계정 및 제조간접원가 통제계정에 대한 분개를 하고 제조원가보고서를 작성하시오.

5-10 (주)서강은 제 1 공정 완성품을 모두 제 2 공정에 투입하여 제 2 공정에서 최종제품을 생산하고 있다. 원재료는 제 1 공정 초기에 투입하며, 추가적인 재료는 제 2 공정의 완료시점에 투입된다. 제조간접원가는 전공정에 걸쳐 균등하게 발생하고, 2002년 1월의 생산 및 원가자료는 다음과 같다(직접노무원가는 공정의 초기부터 공정의 50%까지만 발생한다).

(a) 생산자료

	제 1 공정	제 2 공정
기초재공품	1,000	2,000
완 성 도	80%	60%
완 성 품	6,000	7,000
기말재공품	2,000	?
완 성 도	40%	30%

제품생산과정에서 공손이나 감손은 발생하지 않는다.

(b) 원가자료

	제 1 공정	제 2 공정
기초재공품		
전공정원가	₩0	67,200,000
직접재료원가	35,000,000	0
직접노무원가	52,800,000	24,000,000
제조간접원가	12,000,000	9,000,000
당기투입원가		
직접재료원가	175,000,000	105,000,000
직접노무원가	198,000,000	204,000,000
제조간접원가	90,000,000	64,000,000

[요구사항]

제 1 공정에서는 선입선출법을 적용하고 제 2 공정에서는 평균법을 적용하여 다음을 계산하시오.

1. 제 1 공정 완성품원가
2. 제 1 공정 기말재공품원가
3. 제품계정에 대체되는 제 2 공정 완성품원가
4. 제 2 공정 기말재공품수량
5. 제 2 공정 기말재공품원가

“쉬어 가기”

따져봐도 복잡한 요지경 기름값

“빨리 오르고 느리게 내린다”는 소비자 불만에 정유사들 납득할 만한 설명 내놓아야

2016.4.6 주간경향

국제 원유가격이 배럴당 35달러(ℓ당 약 250원)인 1일 기준 국내 석유제품 값은 얼마 하는 게 맞을까. ℓ당 1362원대인 휘발유 가격은 폭리인가, 아닌가. 원유를 전량 수입해 와서 정제해 유통시키는 국내 현실을 고려해 보자. 이 속에 든 절반이 넘는 세금은 또 어떤가.

국내에서 기름값을 놓고 갑론을박이 이어지지만 뾰족한 해법은 사실 찾기 어렵다. 시장 상황이 변하고 복잡한 가격구조 탓이다. 이명박 정부 때인 2011년 최중경 지식경제부 장관은 “내가 회계사 출신이다. 기름값 원가계산을 해보겠다”고 엄포를 놓았으나 속 시원한 계산서는 내놓지 못했다. 소비자들은 “정유사나 주유소들이 원유가가 오를 때는 국내 제품가를 빨리 올리고, 반대로 내려올 때는 천천히 국내 가격에 반영한다”는 불만을 쏟아낸다. 국제 원유가 뉴스를 접하고 주유소 가격 변화를 보면 얼핏 그렇게 비친다. 자연히 “기름장수는 못 믿겠다”는 식으로 불만이 치솟을 수밖에 없다. 이는 국제 유가와 국내 석유제품 가격 사이에 해묵은 숙제다.

유가정보시스템 오피넷(www.opinet.co.kr)을 보면, 국내 석유제품별 평균 판매가격은 보통휘발유가 3월 6일 ℓ당 1339.69원으로 2009년 1월 16일 이래 최저점을 찍었다. 하지만 3월 31일 1362.41원까지 26일 연속 상승하며 22.72원 올랐다. 자동차용 경유도 3월 6일 ℓ당 1087.61원으로 저점을 찍은 뒤 줄곧 상승세를 타 1121.35원까지 33.74원 올랐다. 수입량의 약 82%를 차지하는 중동 원유 가격은 소폭 등락을 거듭한 반면, 국내 제품가는 상승을 거듭해 소비자 불만이 높다.

우선 시점을 어떻게 잘라서 보느냐에 따라서 해석이 크게 엇갈린다. 여기서는 길게 봐서 지난 1년여 동안 대세 하락기로서 국내 휘발유 가격이 최고였던 2015년 6월 29일(1584.88원)과 최저인 올해 3월 6일(1339.69원) 구간을 비교해 본다.

SK이노베이션 · GS칼텍스 · 에쓰오일 · 현대오일뱅크 등 정유사들이 원유를 들여와서 정제한 뒤 공급하기까지 약 3주간 시차가 발생한다. 3주 전 두바이 원유가를 보면 지난해 6월 8일 배럴당 60.23달러에서 올해 2월 15일 29.22달러로 51.4% 하락했다. 국내 제품가에는 유류세가 절반 넘게 포함됐기 때문에 정유사들의 ‘세전공급가’를 보는 게 더 정확하다. 정유사들 공급가는 주간 단위로 발표되는데, 지난해 6월 넷째 주에 ℓ당 627.29원에서 올해 3월 첫주 367.96원으로 41.3% 하락했다. 원유가 하락분보다 공급가가 더 작은 비율로 떨어진 셈이다.

그런데 하나 더 고려할 게 있다. 사실 국내 유가는 원유가 아니라 국제 제품가격을 기준선으로 삼는다는 점이다. 이유는 1997년 7월 이래 단행된 수입 자율화다. 국내에 해외 제품이 들어올 수 있어서 국제가격을 고려해 국내 가격을 매기는 것이다. 2001년 중반부터 국내 제품가 기준은 원유가 아니라 국제 제품가로 바뀌었다.

국내는 싱가포르 현물시장의 석유제품 가격이 기준이다. 싱가포르 시장 휘발유(92RON) 가격은 지난해 6월 셋째 주 ℓ당 578.64원에서 올해 2월 넷째 주에 324.27원으로 43.9% 떨어졌다. 적어도 비교한 기간을 놓고 보면 원유는 51%, 국제 제품가는 44% 하락한 데 비해 국내 공급가는 41% 내려 인하율이 더 낮았다.

또한, 유가가 다시 반등한 올해 3월 6일부터 31일까지 상승기를 보면 이렇다. 두바이 원유가는 3주 전인 2월 15일 배럴당 29.22달러에서 3월 9일 35.03달러로 19.8% 올랐다. 싱가포르 휘발유가는 2월 넷째 주 ℓ당 324.27원에서 3월 둘째 주 375.09원으로 15.6% 상승했다. 정유사 공급가는 3월 첫주 ℓ당 367.96원에서 3월 셋째 주 425.95원으로 15.7% 올랐다. 최근 상승기만 보면 국내 공급가가 국제 제품가와 거의 같은 비율로 오른 것이다.

결국 지난 1년여 대세 하락기와 최근 상승기를 종합하면, 국내 정유사가 국제 가격보다 하락기에는 더 적게 내렸으나, 상승기에는 비슷하게 올린 셈이 된다. 다만 기간을 바꾸면 얘기가 달라진다. 2월 셋째 주를 기준으로 하면 싱가포르 휘발유가는 17.9% 오르고, 국내 공급가는 18.7% 올렸다. 이처럼 기간에 따라 해석이 고무줄처럼 바뀔 여지가 많다고 정유사들은 반박해 왔다.

더불어 정유사가 공급할 때 붙는 약 60%를 차지하는 '유류세'는 소비자들이 특히 가격 하락분을 잘 체감하지 못하게 하는 주요인이다. 3월 넷째 주 평균 휘발유가인 ℓ당 1357.4원 가운데 세금이 64%인 869.8원을 차지했다. 정유사 공급가는 31.4%인 426원이었고, 유통 및 마진은 4.6%인 61.7원 정도다. 경유는 세금이 56.6%였다.

유류세는 가격에 따라 변동되지 않고 고정으로 부과된다. 국제 제품가격이 아무리 떨어져도 국내 가격이 적게 인하되는 가장 큰 이유는 바로 정액제로 부과된 세금 탓이다. 앞서 비교기간에는 공급가가 41% 하락해도 휘발유 판매가는 15%만 떨어졌다. 그렇다고 가격에 비율적으로 적용하는 정률제를 택할 수도 없다. 산업통상자원부 당국자는 "정률제로 바꾼다면 가격 상승기에 걷잡을 수 없이 오르기 때문에 소비자에게 불리해진다"고 말했다.

그런데 정작 눈여겨봐야 할 점은 바로 절대가격 수준이다. 지난 수년 동안 가격 변화를 보면 국내외 석유제품 가격은 거의 같은 패턴으로 연동해서 움직인다. 하지만 앞서 보듯 국내 정유사의 절대공급가격 자체가 높은 게 아니냐는 의문이 꼬리를 문다. 정유사들이 여기에서 과도한 이익을 남기는 건 아닐까.

대한석유협회 홍보실 관계자는 "유류세를 매기기 전에 원유 수입 때 관세(3%)와 제품에도 수입부과금이 들어가고, 공급에 유통비용까지 포함돼 싱가포르 제품가와 차이가 난다"고 해명했다. 관세는 원유가에 따라 다르지만 최근 대략 ℓ당 10원이고, 수입부과금은 정액제로 ℓ당 16원이 매겨진다. 둘을 더하면 ℓ당 약 26원이다.

가격에 새는 구멍이 있는지 보려면 '정유사 공급가와 싱가포르 제품가 사이의 일정한 간격'이 얼마나 합당한지 확인할 필요가 있다.

3월 셋째 주의 경우 정유사 공급가(425.95원)와 싱가포르 제품가(375.74원) 차이는 50.21원이다. 제품가 중에서 관세가 정확히 얼마만큼 녹아 있는지는 계산하기가 쉽지 않다. 관세 3%가 적지는 않지만 원유 자체에 붙는 것일 뿐이다. 50원 중에서 이들을 제외하고 남는 게 정유사들이 대리점이나 주유소에 내보내는 과정에 가지는 유통비용인 셈이다. 석유협회는 "2015년 세전공급가 ℓ당 516.8원 가운데 관세 10.8원, 수입부과금 16원, 유통비용 50원이어서 순수 내수공급가는 440원"이라고 설명했다. 국내 기름값은 유류세와 관세, 부과금 명목으로 나라에서 7할 정도를 가져간다는 얘기다.

원유를 두바이유 기준가보다 싸게 들여온 뒤 싱가포르 제품보다 저렴하게 생산할수록 마진이 높아지게 된다. 원유에서 휘발유 · 경유 · 등유 등 제품별로 정제비율과 효율이 얼마나 되는지도 계산해야 하지만, 정유사들은 이는 너무 복잡하고 영업비밀이라고 말한다. 에너지 · 석유시장감시단 이서혜 연구실장은 "특정 기간에 기름값을 얼마나 빨리 올리거나 느리게 내리는지는 소비자와 정유사가 쉽게 답을 찾기 어려운 문제"라며 "원유 수입과 정제 과정에 얼마의 세금이 붙고, 정유사가 마진을 얼마나 챙기는지는 앞으로 면밀히 따져봐야 할 부분"이라고 말했다.

기름 한 방울 나지 않는 나라에서 마음껏 차를 굴리겠다며 가격을 낮춰달라는 요구는 온당치 못하다. 국내 현실을 고려하면 유류세 부과는 불가피해 보인다. 그러나 연간 20조원씩 유류세를 거두는 게 옳는지, 제대로 쓰고 있는지는 따로 봐야 한다. ℓ당 몇 원이라도 정유사나 주유소가 과하게 챙기는 게 있는지도 사회가 지켜봐야 할 대목이다.

06

변동원가계산

Introduction

다음은 신문기사 일부를 발췌한 내용이다. "… 한동안 지속됐던 고유가와 고질적인 경기불황으로 부쩍 사랑받고 있는 '시민의 발' 서울의 지하철. 하지만 손님 한 사람이 더 탈 때마다 오히려 적자가 더 발생하는 취약한 재무구조인 것으로 조사됐다. 지하철 1~4호선을 운영하는 서울메트로는 "올해 손님 한 사람을 태울 때마다 284원꼴로 적자가 발생하고 있다"고 밝혔다. 이 수치는 1~4호선의 1인당 탑승운임(723원)에서 1인당 수송원가(1007원)를 빼서 계산한 것이다. 주요 적자발생 원인으로는 고령화현상으로 인한 무임승차 손님의 증가와 환승할인 혜택의 증가 등이 꼽힌다. 이런 정책들 때문에 손님들로부터 받아야 할 기대수입이 줄어들면서 수송으로 얻는 수입이 수송원가를 밑돌 수밖에 없는 구조라는 것이다. 자정 이후 심야시간 운행도 열차 편성횟수에 비해 손님 수가 크게 떨어져 결국 수익악화의 한 원인이 되고 있다고 서울메트로 측은 설명했다."

얼핏 기사를 읽고 나니 왠지 미안한 기분이 들 수도 있겠다. 대중교통 이용으로 공익에 부응하는 줄 알고 나름 뿌듯했던 마음은 간 데 없고, 지하철을 이용할 때마다 결과적으로 민폐를 끼쳤다는 자조감이 들 수 있단 뜻이다. 과연 지하철 이용승객이 늘어나면 늘어날수록 서울메트로는 적자가 늘어나는 것인가? 그렇다면 왜 서울메트로는 '지하철을 더 많이 이용하자'고 대대적으로 홍보를 하는 것인가?

위 기사를 쓴 기자는 변동원가와 고정원가의 개념을 이해하지 못하고 있는 듯하다. 이와 같은 오류를 우리는 생활 속에서 종종 경험하고 있는데 이를 잘 인식하지 못하고 있다.

본 장에서는 원가를 변동원가와 고정원가로 구분하고 이에 근거하여 변동원가계산에 의한 손익계산서를 작성하는 방법을 익히고자 한다.

Chapter 06

변동원가계산

6-1 변동원가계산의 의의

1. 변동원가계산의 의의

변동원가계산(variable costing)[1]은 제조원가를 행태별로 구분하여 변동제조원가(직접재료원가, 직접노무원가, 변동제조간접원가)만을 제품원가에 포함시키고 고정제조간접원가는 기간비용으로 처리하는 방법이다. 이에 비해 전부원가계산(full costing)은 직접재료원가·직접노무원가·변동제조간접원가는 물론 고정제조간접원가 모두를 제품원가계산에 포함시킨다. 전부원가계산은 고정제조간접원가를 제품원가에 흡수시켜 계산한다는 의미에서 흡수원가계산(absorption costing)이라고도 한다.

변동원가계산은 원가를 변동원가와 고정원가로 분리함으로써 기업의 원가-조업도-이익(cost-volume-profit) 관계에 관한 정보를 제공할 수 있을

1) 변동원가계산은 직접원가계산(direct costing)이라고도 하는데, 엄밀하게 말하면 그 내용이 변동제조원가를 제품원가로 보는 것이기 때문에 직접원가계산보다는 변동원가계산이란 용어가 더 적절한 표현이다.

뿐만 아니라, 기업의 제반 단기적 의사결정 및 이익계획 등의 관리회계 측면에서 유용한 정보를 제공한다.

2. 원가의 분류

전부원가계산과 변동원가계산의 차이는 고정제조간접원가를 어떻게 처리하느냐에 있다. 전부원가계산에서는 제조활동과 관련된 원가이면 고정원가라 하더라도 제품원가에 포함시키고, 변동원가계산에서는 고정원가는 그 특성상 제품생산량과 무관하게 기간의 경과에 따라 일정액이 발생하므로 기간비용으로 처리한다. 즉 제조활동과 관련하여 발생하는 고정제조간접원가를 제품원가에 포함시키면 전부원가계산이고, 이를 기간비용으로 간주하면 변동원가계산이다. 그 밖의 원가유형은 전부원가계산이나 변동원가계산에서 동일하게 처리된다. 따라서 재무상태표에 보고되는 재고자산의 평가액은 변동원가계산을 사용할 때가 전부원가계산을 사용할 때보다 고정제조간접원가 배부액만큼 적어지게 된다. 전부원가계산과 변동원가계산에서 원가분류를 비교하면 다음 <표 6-1>과 같다.

표 6-1 전부원가계산과 변동원가계산의 원가분류 비교

원가유형	전부원가계산	변동원가계산
직접재료원가	제품원가	제품원가
직접노무원가	제품원가	제품원가
변동제조간접원가	제품원가	제품원가
고정제조간접원가	제품원가	기간비용
변동판매비와 일반관리비	기간비용	기간비용
고정판매비와 일반관리비	기간비용	기간비용

3. 변동원가계산 손익계산서

전부원가계산과 변동원가계산의 또 하나의 차이점은 손익계산서의 양식이 서로 다르다는 점이다. 전부 및 변동원가계산에서의 손익계산서 양식을

예시하면 <표 6-2>와 같다.

표 6-2 전부원가계산과 변동원가계산의 손익계산서 양식 비교

손익계산서-전부원가계산		
매 출		×××
매출원가:		
기초재고	×××	
당기제조원가	×××	
차감: 기말재고	(×××)	(×××)
매출총이익		×××
판매비와 일반관리비:		
판 매 비	×××	
일반관리비	×××	(×××)
순 이 익		×××

손익계산서-변동원가계산		
매 출		×××
변동원가:		
변동매출원가	×××	
변동판매비	×××	
변동일반관리비	×××	(×××)
공헌이익		×××
고정원가:		
고정제조간접원가	×××	
고정판매비	×××	
고정일반관리비	×××	(×××)
순 이 익		×××

전부원가계산에서의 손익계산서와 변동원가계산에서의 손익계산서를 비교해 보면 나음과 같은 특징을 발견할 수 있다. 우선 전부원가계산에서의 손익계산서양식을 보면 원가가 제품원가와 기간비용으로 분류되어 있음을 알 수 있다. 즉 매출에서 먼저 매출원가를 차감하여 매출총이익을 산출하는데, 매출원가란 판매된 상품의 제조원가를 의미한다. 판매된 상품의 제조원가 속에는 변동제조원가는 물론 고정제조원가도 포함되어 있다. 그리고 매출총이익에서 판매비와 일반관리비가 차감되어 순이익이 산출되는데 판매비와 일반관리비는 기간비용이다. 이와 같이 전부원가계산에서는 원가가 생산과 관련된 것이냐(제품원가), 아니면 생산과 관련없는 것이냐(기간비용)의 구분을 중시하기 때문에 원가의 기능적 분류를 강조하고 있다.

반면에 변동원가계산에서의 손익계산서 양식을 보면 원가의 행태적 분류를 강조한다. 즉 매출에서 먼저 변동원가를 차감하여 공헌이익을 산출하게 되는데, 변동원가에는 제조와 관련된 변동원가는 물론 비제조와 관련된 변동원가까지 포함된다. 여기서 제조와 관련된 변동원가란 판매된 상품의 변동제조원가인 변동매출원가를 의미한다. 그리고 공헌이익에서 고정원가가 차감되어 순이익이 산출되는데, 고정원가에는 역시 제조와의 관련 여부에 상관없이 모든 고정원가가 포함된다.

외부보고용으로 재무제표를 작성하는 경우에는 전부원가계산방법을 따라야 한다. 그러나 변동원가계산은 내부경영목적, 특히 관리회계측면에서 많은 유용한 정보를 제공해 줄 수 있다. 변동원가계산의 손익계산서는 제7장 원가-조업도-이익분석에서 설명할 공헌이익접근 손익계산서와 동일하다.

6-2 변동원가계산과 전부원가계산의 비교

제품원가를 구성하는 원가요소의 차이점 때문에 두 방법에 따른 재고자산평가액은 차이를 보이게 된다. 재고자산평가액의 차이는 결국 기간이익에 영향을 미쳐 두 방법에 따른 순이익에 차이가 나타난다. 손익계산서간의 차이점을 보다 분명하게 나타내기 위해서 간단한 예제를 가지고 비교손익계산서를 작성해 보기로 하자.

예제 6-1 비교손익계산서 1

(주)서대문은 2012년 1월에 설립하였다. 1월에 처음 제품을 생산하여 한 단위당 ₩100에 판매하였다. 1월 한 달 동안의 원가 및 물량자료는 다음과 같다.

〈원가자료〉	단위당 변동원가:	
	제조원가	₩40
	판매비와 일반관리비	₩10
	총고정원가:	
	제조원가	₩3,000
	판매비와 일반관리비	₩2,000
〈물량자료〉	생 산 량	250단위
	판 매 량	200단위

[요구사항]

예시된 자료를 이용하여 1월달의 손익계산서를 각각 전부원가계산과 변동원가계산에 의해 작성하시오.

[해 답]

(1) 전부원가계산에 의한 손익계산서

매출(₩100 × 200단위)		₩20,000
매출원가:		
기초재고	–	
당기제조원가:		
변동원가(₩40 × 250단위)	₩10,000	
고정원가	3,000	
	13,000	
기말재고(13,000 × 50/250)	(2,600)	(10,400)
매출총이익		9,600
판매비와 일반관리비:		
변동원가(₩10 × 200단위)	2,000	
고정원가	2,000	(4,000)
순 이 익		₩5,600

(2) 변동원가계산에 의한 손익계산서

매출(₩100 × 200단위)			₩20,000
변동원가:			
매출원가:			
기초재고	–		
당기제조원가(₩40 × 250단위)	₩10,000		
기말재고(₩40 × 50단위)	(2,000)	₩8,000	
판매비와 일반관리비(₩10 × 200단위)		2,000	(10,000)
공헌이익			₩10,000
고정원가:			
제조원가		3,000	
판매비와 일반관리비		2,000	(5,000)
순 이 익			₩5,000

위의 예제를 통해 고정제조간접원가를 제조원가계산에 포함시켰을 때와 당기비용으로 처리하였을 때 순이익에 차이가 발생함을 알 수 있다. 순이익의 차이는 변동원가계산에서 전액 비용처리된 고정제조간접원가가 전부원가

계산에서는 ₩2,400만큼은 매출원가로 비용처리되고 ₩600만큼은 기말재고자산으로 남아있기 때문에 ₩600만큼 발생한 것이다.

변동원가계산의 손익계산서에는 공헌이익이라는 용어가 나오는데, 공헌이익(contribution margin)이란 매출액에서 변동매출원가와 변동판매비 및 일반관리비를 차감한 잔액이다. 공헌이익의 개념은 제7장 원가-조업도-이익분석에서 다시 소개될 것이다.

예제 6-2 비교손익계산서 2

(주)서강은 단일제품을 제조하여 판매하고 있다. 2012년 1월에 처음 제품을 생산하여 한 단위당 ₩11,000에 판매하고 있는데, 2012년 1월과 2월 두달 동안에 집계된 원가 및 물량자료는 다음과 같다.

〈원가자료〉	1월	2월
단위당 변동원가:		
제조원가	4,000	₩ 5,000
판매비와 일반관리비	1,000	1,000
총고정원가:		
제조원가	₩30,000	₩30,000
판매비와 일반관리비	10,000	10,000

〈물량자료〉	1월	2월
생 산 량	10단위	10단위
판 매 량	8단위	11단위

또한 (주)서강은 재고자산 평가방법으로 선입선출법을 사용하고 있다.

[요구사항]

1. 예시된 자료를 이용하여 1월달의 손익계산서를 각각 전부원가계산과 변동원가계산에 의해 작성하시오.
2. 2월달의 손익계산서도 전부원가계산과 변동원가계산에 의해 작성하시오.

[해 답]

1.

1) 전부원가계산에 의한 손익계산서(1월)

매출(₩11,000 × 8단위)		₩88,000
매출원가:		
기초재고	—	

당기제조원가:			
변동원가(₩4,000 × 10단위)	₩40,000		
고정원가	30,000	70,000	
기말재고(70,000 × 2/10)		(14,000)	(56,000)
매출총이익			₩32,000
판매비와 일반관리비:			
변동원가(₩1,000 × 8단위)	8,000		
고정원가	10,000		(18,000)
순 이 익			₩14,000

2) 변동원가계산에 의한 손익계산서(1월)

매출(₩11,000 × 8단위)			₩88,000
변동원가:			
매출원가:			
기초재고	–		
당기제조원가(₩4,000 ×10단위)	₩40,000		
기말재고(₩4,000 × 2단위)	(8,000)	₩32,000	
판매비와 일반관리비		8,000	(40,000)
공헌이익			₩48,000
고정원가:			
제조원가		30,000	
판매비와 일반관리비		10,000	(40,000)
순 이 익			₩8,000

1월달의 비교손익계산서에서 전부원가계산에 의한 손익계산서를 보면 고정제조간접원가 ₩30,000은 1월달 제조원가의 일부분임을 알 수 있다. 반면에 변동원가계산에서는 고정제조원가 ₩30,000을 1월달의 당기비용으로 보고하고 있음을 알 수 있다. 이와 같이 고정제조원가의 처리가 상이하기 때문에 두 원가계산의 순이익이 전부원가계산에서는 ₩14,000, 그리고 변동원가계산에서는 ₩8,000으로 각기 다르게 보고된다. 전부원가계산의 손익계산서에는 총고정제조원가 ₩30,000(단위당 ₩3,000)이 제품원가에 포함되어 있다가 1월중 생산량 10단위 가운데 8단위가 판매되었기 때문에 ₩30,000 가운데 ₩24,000(8단위×₩3,000)이 매출원가의 형태로 1월달 비용에 포함되었고 나머지 ₩6,000(2단위×₩3,000)은 1월 말 현재 재고자산으로 간주되어 남아 있게 된다.

그런데 변동원가계산에서는 총고정제조원가 ₩30,000이 모두 1월의 비용으로 처리되기 때문에 전부원가계산의 순이익이 변동원가계산의 순이익보다 ₩6,000 많게 보고된다. 마찬가지로 두 원가계산은 기말재고자산의 평가에 있어서도 ₩6,000의 차이를 보이고 있다. 변동원가계산에서의 1월말 재고자산평가액은 ₩8,000(2단위 × ₩4,000)인 데 반하여 전부원가계산에서의 1월말 재고자산평가액은 ₩14,000(₩8,000 + ₩6,000)이다. 이는 전부원가계산에서는 변동원가 ₩8,000뿐만 아니라 고정제조원가의 배부액 ₩6,000(₩30,000 × 2/10)까지 재고자산 평가액에 포함되기 때문이다.

2.

1) 전부원가계산에 의한 손익계산서(2월)

매출(₩11,000 × 11단위)			₩121,000
매출원가:			
기초재고	₩14,000		
당기제조원가:			
변동원가(₩5,000 × 10단위)	50,000		
고정원가	30,000	94,000	
기말재고(₩80,000 × 1/10)		(8,000)	(86,000)
매출총이익			₩35,000
판매비와 일반관리비:			
변동원가(₩1,000 × 11단위)	11,000		
고정원가	10,000		(21,000)
순 이 익			₩14,000

2) 변동원가계산에 의한 손익계산서(2월)

매출(₩11,000 × 11단위)			₩121,000
변동원가:			
매출원가:			
기초재고	₩8,000		
당기제조원가(₩5,000 × 10단위)	50,000		
기말재고	(5,000)	₩53,000	
판매비와 일반관리비		11,000	(64,000)
공헌이익			₩57,000
고정원가:			
제조원가		30,000	
판매비와 일반관리비		10,000	(40,000)
순 이 익			₩17,000

2월 중에도 전부원가계산의 손익계산서는 총고정제조원가 ₩30,000을 2월달 제조원가의 일부분으로 간주하게 된다. 그러나 변동원가계산에서는 총고정제조원가를 모두 2월중의 당기비용으로 간주한다. 이러한 고정제조원가의 처리상의 차이로 다시 2월에서도 양 원가계산에서 서로 다른 순이익을 보고하고 있다. 2월달에는 생산량 10단위보다 많은 11단위를 판매하였기 때문에 전부원가계산에서는 매출원가를 통해서 비용처리되는 총고정제조원가가, 발생한 총고정제조원가 ₩30,000보다 많은 ₩33,000이 된다.

즉 선입선출법을 가정하기 때문에 2월에 판매된 11단위는 원가계산상 1월중에 생산하여 2

월로 이월되어온 기초재고 2단위와 2월에 생산한 10단위 중 9단위로 구성된다. 기초재고 2단위에 포함된 고정제조원가는 ₩6,000(₩30,000×2/10)이며, 나머지 9단위의 고정제조원가는 ₩27,000(₩30,000 × 9/10)이기 때문에 전부원가계산하에서 2월중에 매출원가를 통해서 당기비용으로 처리되는 총고정제조원가는 ₩33,000(₩6,000+₩27,000)이 된다.

변동원가계산 하에서는 판매량이 생산량보다 많고 적음에 관계없이 단지 2월중에 발생한 총고정제조원가 ₩30,000이 당기비용으로 처리된다. 그러므로 2월중 전부원가계산 하에서의 순이익(₩14,000)은 변동원가계산하에서의 순이익(₩17,000)보다 ₩3,000이 적게 보고된다.

위의 예제를 통해 두 가지 중요한 사항을 발견할 수 있다. 우선 회계보고기간 동안의 판매량과 생산량의 차이가 변동원가계산의 순이익과 전부원가계산의 순이익을 다르게 함을 알 수 있다. 1월달에는 생산량(10단위)이 판매량(8단위)보다 많았고, 이때 전부원가계산의 순이익(₩14,000)이 변동원가계산의 순이익(₩8,000)보다 더 많았다. 반면에 2월에는 생산량(10단위)이 판매량(11단위)보다 적었는데, 전부원가계산의 순이익(₩14,000)이 변동원가계산의 순이익(₩17,000)보다 더 적었다. 따라서 우리는 생산량이 판매량보다 클 때는 전부원가계산의 순이익이 변동원가계산의 순이익보다 크며, 반대로 판매량이 생산량보다 클 때는 변동원가계산의 순이익이 전부원가계산의 순이익보다 커짐을 알 수 있다.

두 번째 2월의 판매량은 11단위로 1월의 판매량 8단위보다 3단위가 증가하였다. 그러나 전부원가계산의 순이익은 1월과 2월 모두 ₩14,000으로 똑같이 나타났다. 그런데 변동원가계산의 순이익은 1월의 ₩8,000에 비해 2월은 ₩17,000으로 크게 증가하였다. 따라서 우리는 전부원가계산에서의 순이익의 변화는 반드시 판매량의 변화와 일치되지 않음을 짐작할 수 있다.

그런데 변동원가계산에서의 순이익의 변화는 판매량의 변화와 같은 방향으로 움직이고 있다. 변동원가계산의 순이익과 전부원가계산의 순이익의 차이를 생산량과 판매량의 차이에 따른 분석으로 요약해 보면 <표 6-3>과 같다.

표 6-3 변동원가계산과 전부원가계산에서의 순이익의 상호관계

상 황	순이익: 변동원가계산	순이익: 전부원가계산
생산량 > 판매량	(보다)작다	(보다)크다
생산량 = 판매량	같다	같다
생산량 < 판매량	(보다)크다	(보다)작다

예제 6-3은 전부원가계산에 의한 순이익과 변동원가계산에 의한 순이익의 차이를 조정하는 예를 보여주고 있다.

예제 6-3 순이익의 조정

(주)신촌은 2012년 1월에 설립된 회사로 한 단위당 판매가격이 ₩20인 제품을 생산하여 판매하는 회사이다. 다음은 1/4분기의 영업활동과 관련된 자료이다.

〈원가자료〉				
단위당 변동원가:	제조원가	₩14	판매관리비	₩1
월간 고정원가:	제조원가	12,000	판매관리비	1,000

〈물량자료〉	1월	2월	3월
생 산 량	5,000단위	5,000단위	5,000단위
판 매 량	2,000단위	5,000단위	8,000단위

단, (주)신촌의 재고자산 평가방법은 선입선출법에 의한다.

[요구사항]

1. 예시된 자료를 이용하여 각 달의 손익계산서를 각각 전부원가계산과 변동원가계산에 의하여 작성하시오.
2. 전부원가계산의 순이익과 변동원가계산의 순이익을 조정하시오.

[해 답]

1.

(1) 전부원가계산에 의한 손익계산서

	1월	2월	3월
매 출	₩40,000	₩100,000	₩160,000
매출원가:			
기초재고	–	₩49,200	₩49,200

당기제조원가:						
변동원가	₩70,000		70,000		70,000	
고정원가	12,000		12,000		12,000	
	82,000		82,000		82,000	
	82,000		131,200		131,200	
기말재고	(49,200)	(32,800)	(49,200)	(82,000)	–	(131,200)
매출총이익		7,200		18,000		28,800
판매관리비:						
변동원가	2,000		5,000		8,000	
고정원가	1,000	(3,000)	1,000	(6,000)	1,000	(9,000)
순 이 익		₩4,200		₩12,000		₩19,800

(2) 변동원가계산에 의한 손익계산서

	1월		2월		3월	
매 출		₩40,000		₩100,000		₩160,000
변동원가:						
매출원가:						
기초재고	–		₩42,000		₩42,000	
당기제조원가	₩70,000		70,000		70,000	
기말재고	(42,000)		(42,000)		–	
	28,000		70,000		112,000	
판매관리비	2,000	(30,000)	5,000	(75,000)	8,000	(120,000)
공헌이익		10,000		25,000		40,000
고정원가:						
제조원가	12,000		12,000		12,000	
판매관리비	1,000	(13,000)	1,000	(13,000)	1,000	(13,000)
순이익(손실)		(₩3,000)		₩12,000		₩27,000

2. 전부원가계산과 변동원가계산의 순이익 조정

	1월	2월	3월	합계
변동원가계산 순이익	(₩3,000)	₩12,000	₩27,000	₩36,000
가산: 기말재고 이연 고정제조간접원가	7,200*	7,200		14,400
차감: 기초재고 이연 고정제조간접원가	–	(7,200)	(7,200)	(14,400)
전부원가계산 순이익	₩4,200	₩12,000	₩19,800	₩36,000

* ₩7,200 = 12,000 × (3,000/5,000)

위에 나타난 손익계산서를 보면 전부원가계산과 변동원가계산의 차이점들을 다음과 같이 도출해 낼 수 있다.

첫째, 전부원가계산 하에서의 원가분류는 기능적(생산기능과 비생산기능)인 데에 그 근거를 두고 있는 데 반하여 변동원가계산에서는 원가행태(변동원가와 고정원가)에 근거를 두고 있다. 또한 전부원가계산에서 산출되는 매출총이익은 변동원가계산에서 산출되는 공헌이익과 같지 않다.

둘째, 생산량이 판매량과 같을 때에는(2월 또는 1/4분기 전체) 전부원가계산을 사용하건 변동원가계산을 사용하건 순이익은 같다. 생산량이 판매량과 같으면 전부원가계산에서 당기고정제조간접원가가 재고자산 속에 흡수되어 이연되거나 또는 전년도 고정제조간접원가가 기초재고자산 속에 포함되어 당기에 비용화될 기회가 없어진다. 따라서 당기에 발생된 고정제조간접원가만큼이 모두 매출원가를 통해 비용으로 처리되기 때문에 전부원가계산이나 변동원가계산은 고정제조간접원가의 처리 측면에서는 똑같은 결과를 산출한다.

셋째, 생산량이 판매량보다 많을 때에는(1월) 전부원가계산에서 산출되는 순이익이 변동원가계산에서 산출되는 순이익보다 많아진다. 판매량보다 더 많이 생산하게 되면 전부원가계산에서 고정제조간접원가의 일부는 재고자산 속에 흡수되어 이연된다. 가령 1월에는 전부원가계산에서 고정제조간접원가 가운데 ₩7,200(₩12,000 × 3/5)은 재고자산 속에 흡수되어 이연되었다. 즉 총고정제조간접원가 ₩12,000, 즉 ₩4,800만이 매출원가에 포함되어 비용으로 처리된 것이다. 따라서 전부원가계산의 순이익이 변동원가계산보다 ₩7,200만큼 많이 보고되었다.

넷째, 판매량이 생산량보다 많을 때에는(3월) 변동원가계산에서 산출되는 순이익이 전부원가계산의 순이익보다 커진다. 생산량보다 더 많이 판매되면 전부원가계산에서는 당기에 발생한 고정제조간접원가에 추가로 전기에 재고자산 속에 흡수되어 이연된 고정제조간접원가의 일부까지 매출원가의 일부로 비용화되어 전부원가계산의 순이익은 변동원가계산보다 그만큼 적어지게 된다. 예를 들어 3월의 경우 전부원가계산에서는 당년도 고정제조간접원가 ₩12,000에 추가로 전기에 이연된 고정제조간접원가 ₩7,200이 매출원가에 포함되어 당기비용으로 처리되었다. 그러나 변동원가계산에서는 단지 고정제조간접원가 ₩12,000만 당기비용으로 처리되었다. 따라서 변동원가계산에서 산출되는 순이익이 전부원가계산의 순이익보다 ₩7,200만큼 크게 보고되는 것이다.

마지막으로 3개월 전체로 놓고 볼 때는 생산량과 판매량이 똑같기 때문에 전부원가계산이나 변동원가계산이나 순이익이 똑같게 보고되고 있다. 변동원가계산과 전부원가계산을 비교한 결과가 <표 6-4>에 잘 나타나 있다.

표 6-4 변동원가계산과 전부원가계산의 비교

구 분	변동원가계산	전부원가계산
주요목적	내부계획 및 통제목적	외부보고목적
제품원가	변동제조원가	변동 및 고정제조원가
기간비용	고정제조원가 변동판매비와 관리비 고정판매비와 관리비	– 변동판매비와 관리비 고정판매비와 관리비
손익계산서의 형태	원가행태의 강조 (공헌이익 접근법)	원가기능의 강조
이익함수	Π(이익) = f(판매량)	Π(이익) = f(판매량, 생산량)
순이익 관계 • 생산량 > 판매량 • 생산량 = 판매량 • 생산량 < 판매량	 더 작다 동일하다 더 크다	 더 크다 동일하다 더 작다
순이익 조정	변동원가계산의 당기순이익 +기말재고자산의 이연고정제조간접원가 −기초재고자산의 이연고정제조간접원가 =전부원가계산의 당기순이익	

6-3 변동원가계산의 유용성과 문제점

1. 변동원가계산와 전부원가계산의 주장 근거

회계분야에서 변동원가계산은 가장 많은 논쟁을 일으켜 온 주제 중의 하나이다. 변동원가계산과 전부원가계산에 대한 주장 근거는 다음과 같다.

(1) 변동원가계산의 주장 근거

변동원가계산의 옹호자들이 이를 주장하는 근거는 다음과 같다.

첫째, 변동원가계산의 옹호자들은 고정제조원가의 발생이 제품에 가치를 부가해 주지 않는다고 주장한다. 단지 고정제조원가는 당해기간 동안 생산능력을 제공해 주기 위해 발생하는 것이며, 이러한 원가는 기업에서 제공해 준 생산능력의 소진 여부에 관계없이 시간이 흘러가면 소멸된다는 것이다. 반면에 변동제조원가는 생산이 진행되어야 발생되기 때문에 이런 원가는 생산량에 적절히 부과되어야 한다는 것이다.

둘째, 변동원가계산의 옹호자들은 재고자산화할 수 있는 원가란 발생되면 미래에 같은 원가가 발생할 필요성을 회피시켜야 한다고 주장한다. 판매가능한 재고를 유지하는 것은 미래 변동원가의 발생 필요성을 회피시키지만 미래 고정제조원가의 발생을 회피시키지는 못한다. 즉 고정제조원가는 미래에도 생산과 관계없이 계속 발생하게 된다. 따라서 그들은 재고자산을 변동제조원가로 측정해야 하며, 고정제조원가는 발생되면 비용화시켜야 한다고 주장한다.

셋째, 수익·비용의 대응원칙을 감안해 볼 때 변동원가계산에서는 수익과 수익을 창출하는 직접비용이 대응되기 때문에 전부원가계산보다 우월하다. 구체적으로 변동원가계산에서의 순이익은 단지 판매량에 따라 변동하지만 전부원가계산에서의 순이익은 판매량 이외에 생산량에도 영향을 받는다. 특히 판매량에 비해 생산을 과다하게 하면 전부원가계산의 순이익이 왜곡될 수 있다. 전부원가계산에서는 단순히 판매량보다 생산량이 더 많기만 하면 기업의 순이익은 증가되는 것처럼 보일 수 있다.

(2) 전부원가계산의 주장 근거

전부원가계산의 옹호자들이 이를 주장하는 근거는 다음과 같다.

첫째, 고정제조원가는 단지 제품을 생산할 목적으로 발생되는 것이라고 주장한다. 그렇기 때문에 고정제조원가도 마땅히 제품에 배부되어져야 한다는 것이다.

둘째, 장기적 관점에서 보면 고정원가를 포함한 모든 원가가 변동원가이다. 따라서 고정원가를 제품원가에서 누락시키는 변동원가계산은 장기적인 변동원가를 과소계상하게 되고 진정한 의미의 생산원가가 과소계상되면 경영자의 의사결정을 그르치게 만들 수도 있다고 주장한다.

셋째, 외부보고목적 재무제표를 작성할 때 전부원가계산이 인정되므로 전부원가계산을 적용하는 것이 정보의 비교가능성을 높이고 외부이해관계자들이 올바른 의사결정을 하는 데 도움이 된다.

2. 변동원가계산의 유용성

계획 및 통제, 업적평가 및 의사결정 등 내부경영목적에 사용되는 변동원가계산이 갖는 유용성은 다음과 같다.

(1) 원가-조업도-이익 분석에 유용

변동원가계산은 단기적 이익계획모형인 원가-조업도-이익 분석과 매우 잘 어울린다. 만약 전부원가계산만을 이용하는 기업에서 원가-조업도-이익 분석을 하고자 한다면 원가자료를 재분류·보완하여야 할 것이나 변동원가계산을 사용하는 기업은 쉽게 원가-조업도-이익 분석에 필요한 자료를 구할 수 있다.

(2) 이익조작의 가능성 낮음

이익이 판매량에 의해서만 영향을 받는다. 변동원가계산은 고정제조간접원가를 기간비용으로 처리하므로 이익이 생산량에 의해 영향을 받지 않기 때문에 생산량을 증가시켜 이익을 조작할 가능성이 낮아진다.

(3) 사업부문별 업적보고에 유용

변동원가계산 하의 손익계산서는 조금만 변형시키면 사업부문별 업적보고서로 사용될 수 있다. 사업부문별 업적보고서는 가능하면 사업부문에서 통제할 수 있는 항목만을 포함시켜야 하며, 통제할 수 없는 항목은 업적평가측정에 포함시키면 안 된다. 변동원가계산의 손익계산서는 전부원가계산과는 달리 고정원가를 일괄처리하기 때문에 변동원가계산에 근거한 부문별 업적보고서는 공통고정비용을 인위적으로 배부하여 업적을 모호하게 만들 위험을 제거시킬 수 있다.

(4) 원가계획 및 통제에 유용

변동원가계산은 표준원가 및 변동예산과 같은 원가계획 및 통제와도 가장 잘 어울린다. 사실 많은 기업들이 사용하고 있으면서도 잘 모르고 있지만 변동예산은 변동원가계산의 한 측면이다. 왜냐하면 변동예산의 근본은 변동원가와 고정원가의 구분에 있기 때문이다.

3. 변동원가계산의 문제점

위와 같은 다양한 유용성을 갖고 있는 변동원가계산의 문제점으로는 다음과 같은 것들이 지적되고 있다.

(1) 외부보고목적으로 인정되지 않음

외부보고목적으로 변동원가계산은 인정되지 않는다. 따라서 정보이용자들의 이해 가능성이 낮고 이에 따라 변동원가계산에 따른 재무제표를 이용하여 투자결정을 하는 경우 잘못된 방향으로 오도할 가능성이 높다.

(2) 장기적 관점에 부적합

고정제조간접원가의 중요성을 간과한다. 장기적인 관점에서 고정제조간접원가는 추가적인 지출이 필요한 비용으로 제품의 장기적인 가격결정이나 의사결정에는 고정제조간접원가를 포함한 원가를 사용하는 것이 바람직하다.

(3) 원가행태 구분의 어려움

변동원가계산은 원가행태에 따라 고정원가와 변동원가의 정확한 구분을 전제로 하나 이를 구분하는 데 많은 어려움이 따른다. 제조원가 중 많은 부분이 혼합원가(mixed costs)의 행태를 띠고 있으므로 이를 다시 변동원가와 고정원가로 구분하는 작업이 쉬운 일이 아니다.

6-4 종합예제

작년 한 해 동안 연희전자의 원가자료는 다음과 같다.

원가자료:	
총고정제조원가	₩15,000
단위당 변동제조원가	20
총고정판매비와 일반관리비	5,000
단위당 변동판매비와 일반관리비	–
수량자료:	
생 산 량	1000단위
판 매 량	800단위
단위당 판매가격	₩50

[요구사항]

1. 변동원가계산에 의한 손익계산서를 작성하시오.

2. 전부원가계산에 의한 손익계산서를 작성하시오.
3. 1.과 2.의 순이익이 다르다면 이익차이를 조정해 보시오.

[해 답]

1. 변동원가계산

매 출	₩40,000
변동원가	(16,000)
공헌이익	24,000
고 정 비	(20,000)
순 이 익	₩4,000

2. 전부원가계산

매 출	₩40,000
매출원가	(28,000)
매출총이익	12,000
판매관리비	(5,000)
순 이 익	₩7,000

3. 이익차이조정

변동원가계산 순이익	₩4,000
가산 : 기말재고 이연 고정제조간접원가	3,000*
전부원가계산 순이익	₩7,000

* $\frac{15,000}{1,000} \times 200$

6-5 요 약

1. 제품원가 구성의 차이

전부원가계산은 고정원가, 변동원가 등 모든 제조원가를 제품에 부과 및 배부하여 제품원가를 계산하는 방법이다. 이에 반해 변동원가계산은 직접재료원가·직접노무원가·변동제조간접원가만을 제품원가에 부과 및 배부하고, 고정제조간접원가는 판매비와 일반관리비처럼 기간비용으로 처리한다. 이와 같이 전부원가계산과 변동원가계산의 가장 큰 차이점은 고정제조간접원가를 어떻게 처리하느냐에 달려 있음을 알 수 있다.

2. 손익계산서의 차이

전부원가계산은 원가의 기능적 분류(제조원가와 기간비용)를 강조하지만 변동원가계산에서는 원가의 행태적 분류(변동원가와 고정원가)를 강조한다. 전통적으로 외부보고를 위한 손익계산서는 기능적 손익계산서가 이용되어져 왔다. 즉 전통적 손익계산서는 제조원가·판매관리비 등과 같이 원가를 기능에 따라 분류하여 작성한다. 기능적 손익계산서는 모든 제조원가(변동원가와 고정원가를 포함함)를 제품에 배부하는 전부원가계산을 기준으로 작성되는 손익계산서이다. 외부보고용으로 재무제표를 작성하는 경우에는 전부원기계산방법에 따라야 하지만 내부경영목적에서는 변동원가계산방법이 더 유용한 정보를 제공해 줄 수 있다. 원가를 고정원가와 변동원가의 행태에 따라 분류하는 공헌이익접근 손익계산서는 경영자에게 유용한 정보를 제공해 주는데, 이 손익계산서는 변동제조원가만을 제품에 배부하는 변동원가계산을 기준으로 작성되는 손익계산시이다.

3. 변동원가계산의 장점

계획 및 통제, 업적평가 및 의사결정 등 내부경영 목적으로 사용되는 변동원가계산이 갖는 장점들은 다음과 같다.

① 변동원가계산을 도입하면 CVP분석에 필요한 자료를 용이하게 입수할 수 있다.

② 변동원가계산에서는 순이익이 생산량에는 영향을 받지 않기 때문에 생산량의 증대를 통한 보고이익의 조작이 허용되지 않는다.

③ 변동원가계산의 손익계산서(공헌이익접근 손익계산서)는 조금만 변형시

키면 사업부문별 업적보고서로 활용될 수 있다.

④ 변동원가계산은 표준원가제도나 변동예산과 결합하여 원가계획 및 통제수단으로 사용될 수 있다.

4. 변동원가계산의 주장 근거

전부원가계산과의 찬반논쟁은 아직도 계속되고 있는데, 주요 쟁점은 고정제조원가의 발생이 제품에 가치를 부가해 주느냐의 여부이다. 변동원가계산의 지지자들은 과거에 발생한 원가가 미래에 잠재적인 용역을 제공할 수 있다는 데 대하여 원가회피개념(cost avoidance concept)을 이용하여 재고자산에 고정원가를 포함시키는 것의 타당성에 의문을 제기한다. 즉 원가회피개념에 의하면 기말재고자산은 미래에 발생하는 원가를 회피할 수 있을 때에만 가치를 갖게 된다는 것이다. 따라서 변동제조원가는 이러한 요건을 충족시켜 주지만 고정제조원가는 미래에 이와 유사한 원가가 다시 발생하는 것을 회피할 수 없게 된다.

5. 결 론

전부원가계산과 변동원가계산의 문제점에 대하여 다음과 같은 결론을 내릴 수 있다. 전부원가계산은 외부보고나 법인세의 결정에 필요한 방법이며, 변동원가계산은 경영자에게 대체안들의 평가와 계획 및 통제활동에 이용될 때 보다 나은 정보를 제공한다고 말할 수 있다. 그러므로 변동원가계산에 의한 공헌이익접근 손익계산서는 경영자의 내부 의사결정 목적을 위해 작성되어야 하며, 전부원가계산에 의한 기능적 손익계산서는 외부보고목적을 위해 작성되어야 한다.

Management Accounting

익/힘/문/제

01 변동원가계산과 CVP 분석이 서로 잘 어울린다고 한다. 그 이유에 대해 설명하시오.

02 공헌이익과 매출총이익의 차이점을 설명하시오.

03 공헌이익접근방법에 의해 손익계산서를 작성하면 어떠한 유리한 점이 있는가를 설명하시오.

04 공헌이익접근법하에서는 고정제조원가를 원가계산에 포함시키지 않는다. 그 이유를 설명하시오.

05 전부원가계산과 변동원가계산의 두드러진 차이점을 설명하시오.

06 전부원가계산에 있어서 고정제조간접원가는 어느 한 회계기간에서 다음 회계기간으로 이월된다. 그 이유를 설명하시오.

07 제품생산량과 판매량이 동일할 경우 전부원가계산과 변동원가계산 중 어느 방법이 순이익을 더 많이 보고하게 하는가? 그 이유를 설명하시오.

08 제품생산량이 판매량보다 많을 경우 전부원가계산과 변동원가계산 중 어느 방법이 순이익을 더 많이 보고하게 하는가? 그 이유를 설명하시오.

09 전부원가계산 하에서 손익분기점을 계산할 경우 특별히 어떠한 가정이 요구되는가?

10 전부원가계산 하에서 제품매출의 증가 없이 순이익을 증가시킬 수 있는 방법을 설명하시오.

11 변동원가계산의 유용성과 한계점을 설명하시오.

Chapter 06 연습문제 Management Accounting

[객관식]

1 어떤 회사가 직접원가계산과 전부원가계산을 모두 사용한다. 실제매출액, 매출총이익 및 총공헌이익은 두 방법 모두 예산과 비슷하였으나 순이익은 예산에 훨씬 미달하였다. 기초 및 기말 재고는 없었다. 예산과 비교하여 순이익이 하락한 원인은 다음 어느 것에 기인하는가?

(1995, CPA)

① 실제판매가격 및 변동원가가 비례적으로 하락하였다.
② 실제판매가격이 변동원가보다 더욱 하락하였다.
③ 실제고정제조간접원가가 증가하였다.
④ 실제고정판매관리비가 증가하였다.
⑤ 위의 자료로는 원인을 알 수 없다.

2 변동원가계산에 의한 손익계산서와 관련된 설명이 아닌 것은? (1996, CPA)

① 공헌이익을 계산한다.
② 변동제조간접원가는 기간비용으로 처리한다.
③ 고정제조간접원가는 매출원가에 포함하지 않는다.
④ 제품생산량이 영업이익에 영향을 미치지 않는다.
⑤ 판매관리비를 변동원가와 고정원가로 분리하여 보고한다.

3 다음은 직접원가계산과 전부원가계산에 대한 설명이다. 이들을 해당되는 사항들로만 적절히 분류한 것은? (2000, 세무사)

ⓐ 기능별 원가분류가 필요하다.
ⓑ 기간손익이 재고수준의 변동에 영향을 받는다.
ⓒ 단기적인 계획과 통제에 유용하다.
ⓓ GAAP에서 인정하지 않는다.

	직접원가계산	전부원가계산
①	ⓐ, ⓒ	ⓑ, ⓓ
②	ⓑ, ⓒ	ⓐ, ⓓ
③	ⓒ, ⓓ	ⓐ, ⓑ
④	ⓐ, ⓑ	ⓒ, ⓓ
⑤	ⓐ, ⓓ	ⓑ, ⓒ

4 20×3년 3월에 영업을 시작한 서강회사는 선입선출법에 의한 실제원가계산제도를 채택하고 있으며, 20×3년 3월과 4월의 생산과 판매에 관한 자료는 다음과 같다.

	3 월	4 월
생산량	8,000단위	9,000단위
판매량	7,000단위	10,000단위
고정제조간접원가	₩1,600,000	₩1,620,000
고정판매비용	₩800,000	₩900,000

20×3년 4월 중 변동원가계산에 의한 영업이익이 ₩1,200,000이라고 할 때, 전부원가계산에 의한 영업이익을 구하면? (2003, 세무사)

① ₩800,000 ② ₩700,000 ③ ₩980,000
④ ₩680,000 ⑤ ₩1,000,000

5 2006년 초에 영업을 개시한 한 회사의 1월과 2월 중에 발생한 원가자료는 다음과 같다.

	2006년 1월	2006년 2월
생산능력	100개	100개
생 산 량	90개	100개
판 매 량	70개	90개
고정제조간접원가	₩1,350	₩1,400

2월 중 변동원가계산에 의한 매출총이익이 ₩210이었다면, 전부원가계산에 의한 2월 중 매출총이익은 얼마인가? (단, 한 회사는 실제원가계산을 적용하고 있으며, 재고자산의 원가흐름은 선입선출법을 가정한다.) (2006, CPA)

① ₩300 ② ₩330 ③ ₩360
④ ₩400 ⑤ ₩420

6 다음은 (주)서강의 원가자료이다. 전부원가계산방법에 의한 당기순이익이 직접원가계산 방법에 의한 당기순이익보다 ₩200이 많은 경우 당기의 재고 증감량은 몇 개인가? (2000, 세무사)

당기생산량	: 1,000개	기초재고수량	: ?
기말재고수량	: 100개	판매가	: 단위당 ₩15
변동제조간접원가	: 단위당 ₩5	고정제조간접원가	: ₩2,000
변동판매비	: 단위당 ₩2	고정판매비	: ₩300

① 100개 증가 ② 50개 증가 ③ 10개 증가
④ 50개 감소 ⑤ 변동없음

7 (주)태종은 2009년 초에 영업을 개시하여 무선전화기를 생산·판매하고 있다. 2009년에 3,000개를 생산하였으며, 제품 단위당 판매가격은 ₩150,000이다. 관련 자료는 다음과 같다.

	고정원가	제품 단위당 변동원가
직접재료원가		₩30,000
직접노무원가		25,000
제조간접원가	₩45,000,000	15,000
판매관리비	60,000,000	20,000

전부원가계산에 의한 2009년의 영업이익이 변동원가계산에 의한 영업이익에 비하여 ₩15,000,000이 많을 경우, 2009년의 판매량은 몇 개인가? (1998, 세무사)

① 200개 ② 500개 ③ 1,000개
④ 1,500개 ⑤ 2,000개

8 (주)서강의 연간 고정제조간접원가는 ₩40,000, 고정판매관리비는 ₩25,000이 발생하였다. 제품 1단위의 생산, 판매와 관련된 자료는 다음과 같다.

단위당 판매가격:		₩100
단위당 변동원가:		
직접재료원가	₩25	
직접노무원가	15	
변동제조간접원가	20	
변동판매비와관리비	12	₩ 72

당기에는 4,000개가 생산되어 3,500개가 판매되었으며, 기초재고는 400개가 있었다. (주)서강의 전기의 단위당 변동원가와 전기의 고정제조간접원가 총액은 당기와 동일하였다. 그러나 전기의 생산량은 5,000개이었다. (주)서강는 선입선출법을 이용하고 있다. 실제전부원가계산에 의한 영업이익은 얼마인가? (2001, 세무사)

① ₩78,825 ② ₩33,000 ③ ₩38,000
④ ₩38,800 ⑤ ₩105,800

9 서강회사는 정상원가계산을 사용하며 단위당 가격 및 원가자료는 다음과 같다.

실제판매가격	₩700	실제직접재료원가	₩100
실제직접노무원가	200	정상변동제조간접원가	100
정상고정제조간접원가	150		

제조간접원가 배부기준은 생산량이며, 위의 정상배부율은 정상조업도 1,000개에 대한 것이다. 20×1년의 실제생산량은 1,100개이었으며 판매비와 관리비는 무시한다. 실제변동제조간접원가는 ₩110,000이고 실제고정제조간접원가는 ₩160,000이었다. 또 실제판매량은 900개이었다. 회사는 외부공표용 재무제표를 작성할 때 모든 원가차이를 매출원가에서 조정한다. 전부원가계산과 변동원가계산을 각각 사용하는 경우 이익차이는 얼마인가? (2006, CPA)

① ₩35,000만큼 전부원가계산이 더 크다.
② ₩30,000만큼 변동원가계산이 더 크다.
③ ₩35,000만큼 변동원가계산이 더 크다.
④ ₩30,000만큼 전부원가계산이 더 크다.
⑤ ₩25,000만큼 전부원가계산이 더 크다.

10 2006년 말 차기 예산을 준비하던 (주)대한은 2007년도 전부원가계산방법과 변동원가계산방법에 의한 예상이익을 각각 계산한 결과, 그 차이가 전부원가계산방법에 의할 경우 ₩30,000이 더 많을 것으로 예상되었다. 그러나 2007년 말 실제이익의 차이는 전부원가계산방법에 의할 경우 ₩50,000이 더 많았다. 실제이익의 차이가 예상이익의 차이와 다르게 나타난 이유로 타당한 것은? 단, (주)대한의 2007년 초 기초재고는 없었고, 재공품은 고려하지 않으며, 아래 각 항목의 평가시 항목에 주어진 차이의 영향 이외에는 예산과 실제가 일치하는 것으로 가정한다. (2008, CPA)

① 완제품 단위당 변동제조원가의 실제발생액이 예상발생액보다 적었다.
② 총고정제조원가의 실제발생액이 예상발생액보다 적었다.
③ 실제매출수량이 예상매출수량보다 많았다.
④ 완제품 실제생산수량이 예상생산수량보다 많았다.
⑤ 원재료의 실제구매수량이 예상구매수량보다 많았다.

11 대한회사의 당기 제품제조 및 영업활동과 관련한 다음의 자료를 토대로 하여 변동제조원가 발생액과 고정판매관리비 발생액을 구하면 각각 얼마인가? (2008, 세무사)

- 매 출 액 : ₩2,000,000
- 고정제조원가 당기발생액 : ₩600,000
- 변동판매관리비 당기발생액 : ₩200,000
- 당기 제품생산량 : 70,000개
- 당기 제품판매량 : 65,000개
- 변동매출원가는 ₩780,000이고 변동원가계산에 의한 영업이익은 ₩300,000이다.
- 기초제품 재고와 기초 및 기말재공품 재고는 없다.

	변동제조원가	고정판매관리비
①	₩780,000	₩120,000
②	₩840,000	₩120,000
③	₩780,000	₩180,000
④	₩840,000	₩180,000
⑤	₩840,000	₩60,000

12 (주)광주는 실제원가로 제품원가를 계산하고 있다. (주)광주는 20×1년 1월 초에 개업하였으며, 20×1년과 20×2년의 제품 생산량과 판매량, 원가자료는 다음과 같다.

구 분	20×1년	20×2년
생산량	10,000개	14,000개
판매량	8,000개	15,000개
고정제조간접원가	₩240,000	?
고정판매관리비	₩180,000	₩230,000

20×2년의 전부원가계산에 의한 이익은 ₩500,000이고, 변동원가계산에 의한 이익은 ₩528,000이었다. 20×2년에 발생된 고정제조간접원가는 얼마인가? (단, 20×1년과 20×2년의 기초재공품 및 기말재공품은 없으며, 물량 및 원가흐름은 선입선출법을 가정한다.) (2010, 세무사)

① ₩200,000 ② ₩220,000 ③ ₩240,000
④ ₩260,000 ⑤ ₩280,000

13 전부원가계산과 변동원가계산에 대한 설명으로 옳은 것은? (2013, 세무사)

① 변동원가계산의 영업이익은 판매량뿐만 아니라 생산량에 따라서도 좌우된다.
② 전부원가계산 하에서는 생산과잉으로 인한 바람직하지 못한 재고의 누적을 막을 수 있다.

③ 전부원가계산에 의해 매출원가가 표시되는 손익계산서는 성격별 포괄손익계산서라고 한다.
④ 초변동원가계산은 직접재료원가와 직접노무원가만 재고가능원가로 처리한다.
⑤ 변동원가계산을 정상원가계산, 표준원가계산, 개별원가계산, 종합원가계산을 사용하는 기업에 적용할 수 있다.

14 변동원가계산의 유용성에 대한 다음의 설명 중 옳지 않은 것은? (2013, CPA)

① 변동원가 계산 손익계산서에는 이익계획 및 의사결정 목적에 유용하도록 변동원가와 고정원가가 분리되고 공헌이익이 보고된다.
② 변동원가계산에서는 일반적으로 고정제조간접원가를 기간비용으로 처리한다.
③ 변동원가계산에서는 판매량과 생산량의 관계에 신경을 쓸 필요 없이 판매량에 기초해서 공헌이익을 계산한다.
④ 변동원가계산에 의해 가격을 결정하더라도 장기적으로 고정원가를 회수하지 못할 위험은 없다.
⑤ 제품의 재고수준을 높이거나 낮춤으로써 이익을 조작할 수 있는 가능성은 없다.

15 아래 자료에 근거한 다음 설명 중 옳지 않은 것은? (2012, CPA)

	실제	표준
기본(기초)원가	₩170,000	₩150,000
변동제조간접원가	₩471,500	₩400,000
기계시간당 변동제조간접원가 배부율	₩23	₩20
제품단위당 기계시간	41시간	40시간

① 변동제조간접원가 표준배부율과 예정배부율이 같다면, 정상(평준화)원가계산에 의한 총변동제조원가는 ₩580,000이다.
② 예상생산량 600개에 대한 예산 총변동제조원가는 ₩660,000이다.
③ 변동제조간접원가 총차이는 ₩71,500(불리)이다.
④ 변동제조간접원가 능률차이는 ₩11,500(불리)이다.
⑤ 기본(기초)원가의 변동예산차이는 ₩20,000(불리)이다.

[주관식]

6-1 (주)20×1년 초에 설립된 (주)국세는 노트북을 제조하여 판매하고 있다. (주)국세는 재고자산의 원가흐름 가정으로 선입선출법을 적용하며, 실제원가계산으로 제품원가를 산출한다. (주)국세의 매월 최대 제품생산능력은 1,000대 이며, 20×1년 1월과 2월의 원가자료는 다음과 같다.

구분	1월	2월
생산량	900대	800대
판매량	800대	?
고정제조간접원가	₩180,000	₩200,000

[요구사항]

2월의 전부원가계산 하의 영업이익이 변동원가계산 하의 영업이익보다 ₩20,000만큼 큰 경우, (주)국세의 2월 말 제품재고수량을 구하시오(단, 매월 말 재공품은 없는 것으로 가정한다).

6-2 (주)국세의 20×1년도 전부원가계산에 의한 영업이익은 ₩1,000,000이며, 원가자료는 다음과 같다(단, 원가요소금액은 총액이다).

	수량(단위)	직접재료원가	직접노무원가	변동제조 간접원가	고정제조 간접원가
기초재공품	200	₩50,000	₩30,000	₩20,000	₩240,000
기초제품	400	100,000	70,000	40,000	700,000
기말재공품	500	100,000	65,000	25,000	500,000
기말제품	300	75,000	90,000	35,000	600,000
매출원가	1,000	1,000,000	750,000	650,000	2,000,000

[요구사항]

20×1년도 변동원가계산에 의한 영업이익을 구하시오.

6-3 (주)서강은 1월에 영업을 개시하였으며 선입선출법에 의한 실제원가계산을 적용하여 제품원가를 계산하고 있다. 제품 단위당 판매가격은 ₩1,000이며, 영업개시 후 2개월간의 생산 및 원가자료는 다음과 같다.

	1 월		2 월	
판매수량	5,000	단위	6,000	단위
생산수량	7,000		5,000	
제조원가				
변동원가	₩1,400,000		₩1,000,000	
고정원가	700,000		800,000	
판매관리비				
변동원가	₩100,000		₩120,000	
고정원가	400,000		600,000	

[요구사항]

1. 전부원가계산에 의한 기간별 손익계산서를 작성하시오.
2. 변동원가계산에 의한 기간별 손익계산서를 작성하시오.
3. 양 방법의 순이익차이를 조정하시오.

6-4 (주)마포의 변동원가계산에 의한 2002년 손익계산서이다.

손익계산서

(주)마포		2002. 1. 1. ~ 2002. 12. 31
매출액(단위당 ₩10)		₩900,000
변 동 비		
매출원가		
기초재고	₩125,000	
제품제조원가	₩400,000	
판매가능액	₩525,000	
기말재고	(₩75,000)	
변동매출원가	₩450,000	
변동판매비용	₩90,000	
총변동원가용		₩540,000
공헌이익		₩360,000
고정비용		
고정제조간접원가	₩240,000	
고정판매관리비	₩90,000	
총고정비용		₩330,000
순 이 익		₩30,000

(주)마포는 연간 80,000단위를 생산한다. 단, 단위당 변동원가와 고정원가는 매년 일정하게 유지된다.

[요구사항]

1. 전부원가계산에 의한 기업의 기말재고가치를 구하시오.
2. 전부원가계산에 의한 기업의 순이익(순손실)을 구하시오.

6-5 다음은 (주)서강의 2002년도 손익계산서이다.

손익계산서

(주)서강 2002. 1. 1. ~ 2002. 12. 31.

매출액(35,000단위, 단위당 ₩25)		₩875,000
매출원가:		
기초재고액	–	
제품제조원가(40,000단위, 단위당 ₩16)	640,000	
제품판매가능액	640,000	
기말재고액(5,000단위, 단위당 ₩16)	(80,000)	560,000
매출총이익		315,000
판매 및 일반관리비		(280,000)
당기순이익		₩35,000

이 회사의 2002년도 판매 및 일반관리비는 고정원가와 변동원가가 각각 ₩210,000과 제품판매 단위당 ₩2이다. 그리고 단위당 제품제조원가 ₩16의 구성항목은 다음과 같다.

직접재료원가	₩5
직접노무원가	6
변동제조간접원가	1
고정제조간접원가*	4
단위당 제조원가	₩16

* 160,000 ÷ 40,000단위

[요구사항]

1. 변동원가계산에 의한 손익계산서를 작성하시오.
2. 전부원가계산과 변동원가계산에 의한 당기순이익의 차이를 조정하시오.

6-6 마포회사는 회계처리방법을 재검토하고 몇 가지 대체안을 고려중에 있다. 분석기준으로 이 회사는 2002년 회계기록에서 발췌한 다음과 같은 자료를 이용하기로 하였다. 모든 제조간접원가 배부과부족액은 기간비용으로 처리된다.

실제판매량	14,000단위
생 산 량	15,000단위
실제최대조업도	20,000단위
연간 평균조업도	18,000단위
기초재고	1,000단위
단위당 판매가격	₩20
단위당 변동제조원가	8
단위당 변동판매비	2
고정제조간접원가	54,000
고정판매 및 일반관리비	30,000

[요구사항]

1. 변동원가계산에 의한 순이익을 계산하시오.
2. 연간 평균조업도를 이용하여 제조간접원가 배부율을 산정할 경우, 전부원가계산에 의한 순이익을 계산하시오.
3. 실제최대조업도를 이용하여 제조간접원가 배부율을 산정할 경우, 전부원가계산에 의한 순이익을 계산하시오.

6-7 (주)서강은 단일제품을 생산판매하고 있다. 2002년 기초재고는 10,000단위이었고 당기에 총 240,000단위를 생산하였으며 230,000단위를 판매하였다. 제품 단위당 판매가격은 ₩500이며, 당기의 원가자료는 다음과 같다.

	단위당 변동원가	고정원가
제조원가	₩300	₩5,000,000(예산)
판매관리비	100	7,000,000

고정제조간접원가예산은 연평균 조업도인 200,000단위를 기준으로 제품에 배부된다. 초과 또는 부족 배부된 제조간접원가는 매출원가에 가감하여 조정한다.

[요구사항]

1. 전부원가계산에 의한 손익계산서를 작성하시오.
2. 변동원가계산에 의한 손익계산서를 작성하시오.
3. 양 방법의 순이익 차이를 조정하시오.

6-8 (주)서강은 지난 2년 동안 전부원가계산에 의한 손익계산서를 작성하였다.

	2000년	2001년
기초재고수량	0	3,000
생 산 량	18,000	18,000
판 매 량	15,000	20,000

	2000년		2001년	
매 출 액		₩240,000		₩320,000
매출원가				
기초재고	₩0		₩30,000	
제품제조원가	180,000		180,000	
기말재고	(30,000)	150,000	(10,000)	200,000
매출총이익		90,000		120,000
판매관리비		80,000		90,000
순이익		₩10,000		₩30,000

변동제조원가는 단위당 ₩6, 고정제조간접원가는 ₩72,000(년간) 발생하였다. 변동판매관리비는 매출단위당 ₩2원이며, 고정판매관리비는 ₩50,000이다.

[요구사항]

1. 변동원가계산에 의한 손익계산서를 작성하시오.
2. 전부원가계산과 변동원가계산에 의한 순이익 차이를 조정하시오.

6-9 다음은 노고산회사의 2002년 7월과 8월의 제품생산과 관련한 원가자료이다.

단위당 변동원가:	
직접재료원가	₩7
직접노무원가	10
변동제조간접원가	5
변동판매 및 일반관리비	3
단위당 변동원가	₩25
고정원가:	
제조간접원가	₩315,000
판매 및 일반관리비	245,000
월 고정원가	₩560,000

제품의 판매가격은 단위당 ₩60이고, 7월과 8월의 제품생산 및 판매는 다음과 같다.

	7월	8월
제품 생산량	17,500	17,500
제품 판매량	15,000	20,000

전부원가계산에 의한 7월과 8월의 이 회사의 손익계산서는 다음과 같다.

	7월	8월
매 출 액	900,000	1,200,000
매출원가:		
기초재고액	0	100,000
제품제조원가	700,000	700,000
제품판매가능액	700,000	800,000
기말재고액	(100,000)	0
매출원가	600,000	800,000
매출총이익	300,000	400,000
판매 및 일반관리비	(290,000)	(305,000)
당기순이익	10,000	95,000

[요구사항]

1. 전부원가계산과 변동원가계산에 의한 단위당 제품제조원가를 구하시오.
2. 변동원가계산에 의한 7월과 8월의 손익계산서를 작성하시오.
3. 전부원가계산과 변동원가계산에 의한 당기순이익의 차이를 조정하시오.
4. 이 회사의 회계담당자는 다음과 같은 계산에 의해 매월 16,000단위의 제품을 판매하여야 손익분기점에 도달한다고 사장에게 보고하였다.

$$\frac{\text{월고정원가 ₩560,000}}{\text{단위당공헌이익 ₩35}} = 16{,}000\text{단위}$$

그러나 이 회사는 7월에 15,000단위의 제품을 판매하였음에도 불구하고 7월의 손익계산서상의 당기순이익은 ₩10,000인 것으로 보고되어 있다. 이와 같은 결과에 대하여 그 이유를 설명하시오.

6-10 (주)서강은 제품을 단위당 ₩3에 판매하고 있다. 당사에서는 선입선출법에 의한 실제원가계산시스템을 사용하고 있다. 즉 새로운 고정제조간접원가율은 매년 실제고정제조간접원가를 실제생산량으로 나누어 계산한다. 다음의 자료는 이 회사의 처음 2년간의 영업실적을 보여주고 있다.

	2000년	2001년
판매수량	1,000단위	1,200단위
생산수량	1,400단위	1,000단위
원　　가		
변동제조원가	₩700	₩500
고정제조원가	700	700
변동운영비	1,000	1200
고정운영비	400	400

[요구사항]

1. 2개 연도에 대하여 각각 변동원가계산에 의한 손익계산서를 작성하시오.
2. 2개 연도에 대하여 각각 전부원가계산에 의한 손익계산서를 작성하시오.
3. 전부원가계산과 변동원가계산을 적용했을 때 나타나는 각 연도의 영업이익차이를 조정하고 설명하시오.
4. 비판자들은 널리 사용되고 있는 회계시스템이 바람직하지 못한 재고자산을 누적시키도록 유도한다고 주장한다. ① 변동원가계산과 전부원가계산 중 어느 방법이 재고자산의 누적을 더 유발시키는가? 그 이유는 무엇인가? ② 바람직하지 못한 재고자산의 누적을 막으려면 어떻게 해야 되는가?

"쉬어 가기"

원유가격연동제, 우유생산비 · 물가상승률 이중 적용

소협, "낙농가 · 유업체 · 소비자 모두 상생할 개선방안 필요"

2016.5.16 식품저널뉴스

원유 과잉생산과 소비 위축으로 우유가 넘쳐나도 우유 값이 기계적으로 산정되는 '원유가격연동제'를 개선해야 한다는 소비자단체의 목소리가 높다.

13일 한국소비자단체협의회(회장 김자혜) 물가감시센터(공동위원장 김천주 · 김연화)는 "원유가격연동제가 우유생산비와 소비자물가상승률을 이중으로 적용하고 있다"며, "원유가격연동제의 안정적인 시행을 위해 통계청 우유 생산비의 모든 비목들을 충분히 검토 및 논의하고 세부산출내역을 매년 공개해 제3자가 검토하도록 해야 한다"고 강조했다.

소협은 "원유가격 상승분뿐만 아니라 제조가공비와 유통마진율이 정률제로 가격에 반영됨에 따라 실제 원유가격 인상분보다 더 높은 가격을 소비자가 부담하게 된다"며, "낙농가 · 유업체 · 소비자가 모두 상생할 수 있는 개선방안이 필요하다"고 말했다.

원유가격연동제는 2013년 8월 생산농가의 생산비를 원유가격에 탄력적으로 반영해 원유생산자를 보호하고, 낙농가와 유업체간 갈등을 줄이기 위해 도입됐다. 연동제에 따라 통계청 우유 생산비 증감분과 소비자물가상승률에 따라 원유의 기본가격이 결정된다.

우유 생산비에는 사료비, 자가노동비, 가축상각비, 농구비, 영농시설비 등이 포함돼 있어 우유 생산에 필요한 모든 품목의 비용 증감분을 전년도 기준원가에 더해 원유 가격에 반영하고 있다.

소비자물가상승률을 전년도 변동원가에 더하고, 이를 토대로 기준원가와 변동원가를 합산해 원유기본가격을 정하고 있다. 생산자의 비용 상승분을 이미 보전했음에도 불구하고 소비자물가상승률을 이중으로 적용하고 있다는 지적이다.

통계청에 따르면 2014년 기준 우유 생산비는 ℓ당 796원으로 조사됐다. 이중 사료비가 449원(56.4%)으로 비중이 가장 높았고, 자가노동비가 106원(13.3%), 가축상각비가 93원(11.7%)으로 조사됐다. 이외에 농구비, 영농시설비, 방역치료비, 자본용역비, 고용노동비, 차입금이자, 수도광열비 등이 5% 내인 것으로 나타났다.

소협 물가감시센터가 분석한 통계청 우유 생산비에 따르면 과거에는 사료비, 기타재료비, 자가노동비, 가축상각비, 차입금이자, 임차료 등 거의 모든 비목에서 고루 비용이 증가했다.

특히 사료비 증가의 영향으로 생산비가 크게 변동됐으며, 2009년과 2011년에 사료비가 ℓ당 31(8.6)~44원(11.0%) 증가함에 따라 전체 생산비는 29(5.0)~77원(12.0%) 올랐다. 그러나 최근 사료비는 2012년 451원/ℓ, 2013년 464원/ℓ, 2014년 449원/ℓ으로 3년간 변동이 미미했으며, 이는 2011년 이후 국제곡물가격의 하향 안정화에 기인한 것으로 보인다.

2012년 이후 생산비를 증가시킨 주요 비목은 자가노동비와 가축상각비로 분석됐다.

자가노동비는 2011년 70원/ℓ에서 2014년 106원/ℓ으로 최근 3년간 36원(52.5%) 증가했으며, 가축상각비는 2011년 55원/ℓ에서 2014년 93원/ℓ으로 38원(69.3%) 증가한 것으로 나타났다.

2012년에 큰 폭으로 오른 생산비는 통계청의 산출방식 변경에 기인했다. 당시 소가 젖을 생산할 수 있는 내용연수를 기존 4년에서 3년으로 줄였고, 자가노동비 평가 기준을 전국 고용평균노임에서 제조 · 건설 · 운수업 임금으로 변경했다.

소협은 "농장에서 작업하는 가족구성원도 자가노동비에 포함돼 제조 · 건설 · 운수업 임금이 적용되고 있다"며, "우유생산비 증가와 원유가격 인상에 크게 기여한 자가노동비와 가축상각비의 기준변경에 대한 충분한 합의가 있었는지 의구심이 든다"고 말했다.

또한 "원유가격연동제의 안정적인 시행을 위해 통계청 우유생산비의 모든 비목들에 대한 충분한 검토 및 논의가 필요하며, 세부산출내역을 매년 공개하고 제3자가 검토할 수 있도록 해 우유가격에 대한 시장 참여자간 이해와 합의를 이끌고, 소비자와의 원활한 소통으로 투명한 가격결정과정을 거쳐야 한다"며 "△자가노동비 · 가축상각비 등 통계청 우유생산비에 대한 투명한 공개와 합의 △원유가격연동제에 이중으로 적용되는 물가상승률의 폐지 △원유수급상황 등을 반영해 가격을 연동시킬 수 있는 합리적인 가격결정체계로 개편할 것을 통계청과 낙농진흥회에 강력히 권고한다"고 말했다.

07

원가-조업도-이익 분석

Introduction

피자헛은 세계적인 피자 체인으로, 세계 80여국에서 1만 2,300여개의 매장을 통해 하루에만도 수백만 개의 피자를 판매하고 있다. 피자헛은 배달전문점, 레스토랑 그리고 두 가지가 합쳐진 형태로 운영된다. 배달전문점을 창업하기 위해서는 매장면적 25평 기준으로 평균 2억4천만원의 창업비가 발생한다. 레스토랑 형태의 피자헛 매장을 창업하기 위해서는 50평 이상의 점포규모를 갖추어야 하며, 평균 4억5천만원 정도의 창업비가 발생한다. 창업비 외에도 매장 오픈 이후 피자 판매와 상관없이 임대료 등이 그리고 피자 판매에 비례하여 재료원가 등이 발생한다.

당신이 피자가게의 운영자라면 다음과 같은 사항이 항상 궁금할 것이다. 배달전문점을 창업하기 위해 발생한 창업비 및 임대료 등의 고정원가를 회수하기 위해서 피자를 몇 개나 판매해야 할까? 목표이익을 달성하기 위해 피자는 몇 개나 판매해야 할까? 판매하는 피자의 종류가 한 가지가 아니라 여러 가지인 경우 손실을 보지 않기 위해서 피자는 종류별로 몇 개씩 판매해야 할까? 또한 근처에 배달전문점인 도미노피자와 같은 강력한 라이벌 매장이 개점될 경우, 변동원가와 고정원가 그리고 피자 판매가격은 어떤 영향을 받을 수 있으며, 이로 인하여 손실을 보지 않기 위한 판매수량 또는 특정 목표이익을 달성하기 위한 판매수량은 어떻게 될 것인가?

본 장을 통해 소개되는 CVP 분석은 이러한 의문점을 해결하는 데 유용한 분석도구가 될 것이다.

Chapter 07

원가 – 조업도 – 이익 분석

7-1 원가행태

원가는 이익결정의 목적을 위하여 제품원가와 기간비용으로 분류할 수 있다. 지금까지 우리는 외부이용자를 위한 재무보고 목적을 위해서 기업활동을 수행함에 있어 발생된 원가를 그 기능에 따라 제품원가와 기간비용으로 구분하였다. 손익계산서에 나타나는 주요 비용항목을 보면 매출원가·판매비와 관리비이다. 매출원가는 생산기능과 관련되어 발생한 제품원가 가운데 판매된 제품에 배부된 제조원가로서 생산기능과 관련이 있으며, 판매비는 판매활동과 관련되어 발생한 원가이고, 관리비는 생산 및 판매활동 이외의 일반관리활동의 수행과 관련되어 발생한 원가인 것이다.

한편 관리회계에 있어서 원가는 의사결정자의 의사결정목적에 따라 다양하게 분류된다. 계획수립의 목적을 위해서 경영자들은 판매량의 변화 등 기업의 활동이 변화함에 따라 그들이 관심을 갖고 있는 원가가 어떤 반응을 보일 것인지를 파악하고자 할 것이다. 이때 기업활동의 변화에 따른 원가의 반응을 원가행태(cost behavior)라 부르며, 기업활동을 흔히 조업도라 한다.

1. 원가행태와 관련범위

(1) 원가행태

원가행태에 관한 지식은 계획수립뿐만 아니라 경영자의 각종 내부의사결정에도 유용하다. 개별원가계산에서는 제조간접원가의 특성 및 배부와 관련되어 원가행태분석이 중요한 역할을 담당할 것이며 변동원가계산, 표준원가계산제도와 원가차이분석, 변동예산과 제조간접원가분석, 분권화와 성과평가 그리고 관련원가와 특수의사결정 등의 내용을 이해하는 데도 이 장에서 설명될 원가행태분석에 관한 지식이 요구된다. 왜냐하면 의사결정에 앞서 원가행태를 충분히 이해하지 못하면 올바른 의사결정을 내릴 수 없기 때문이다. 예를 들면 어떤 기업이 생산량을 전년도에 비해 50% 증가시키기로 결정하였다면 의사결정자들은 그러한 결정에 앞서 소요될 원가가 얼마인지를 예측하고 있어야 한다. 이와 같이 원가를 예측하려면 먼저 원가행태의 유형을 파악할 필요가 있다. 제조원가의 행태는 <도표 7－1>과 같다.

도표 7－1 제조원가의 행태

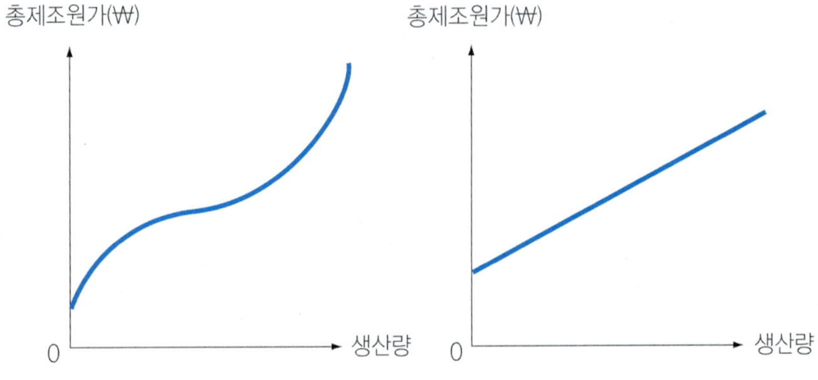

(a) 경제학에서의 원가행태　　(b) 관리회계에서의 원가행태

경제학에서는 생산량의 변화에 따른 총제조원가의 반응을 <도표 7－1>의 (a)와 같이 나타내고 있다. <도표 7－1>의 (a)를 보면 생산량과 총

제조원가의 관계는 비선형으로 표시되어 있다. 즉 생산량이 적을 때는 총원가가 빠른 속도로 증가하다가 생산량이 어느 정도 증가되면 규모의 경제가 나타나 총원가의 증가속도는 감소한다. 그리고 생산량이 매우 많은 수준에서는 총원가의 증가속도가 다시 빨라져 결국 생산량의 전구간에서 총제조원가의 함수는 비선형으로 나타난다. 그러나 <도표 7-1>의 (b)에 나타난 관리회계에서의 원가행태를 보면 생산량의 변화에 따른 총제조원가의 반응은 일정하여, 생산량과 총제조원가의 관계는 선형으로 표시되어 있다. 즉 생산량의 많고 적음에 관계없이 총원가의 증가속도는 일정하게 나타나고 있다.

(2) 관련범위

과연 생산량과 총제조원가간의 관계가 경제학에서는 비선형으로, 관리회계에서는 선형으로 서로 다르게 표현되고 있는 이유는 무엇일까? 이러한 차이를 좁혀서 서로 상이한 두 관점을 하나로 묶는 것이 관련범위라는 개념이다.

<도표 7-2>에 나타난 바와 같이 관련범위의 구간 안에서는 경제학에서의 원가행태도 관리회계에서의 원가행태와 유사하게 거의 선형적인 양상을 보이고 있기 때문이다. 따라서 실제로는 원가의 행태가 비선형으로 나타나지만 편의상 관리회계에서는 원가의 행태를 선형으로 표현하고, 이때는 반드시 관련범위의 구간 안이라는 전제를 하여야 한다. 관련범위(relevant range)란 한 기업이 단기간 동안에 활동을 효율적으로 수행할 수 있는 활동범위를 말한다. 장기간이 아니라 단기간이기 때문에 기업은 조업능력을 확장할 수 없고, 단지 주어진 생산능력을 효율적으로 활용해야 하기 때문에 활동범위를 확장한다거나 반대로 축소시키는 데는 반드시 제약이 따른다. <도표 7-2>의 (a)에 나타난 바와 같이 생산량이 관련범위보다 적을 때는 주어진 단기 설비를 충분히 활용하지 못한 결과가 초래되므로 비효율적이며, 반대로 생산량이 관련범위보다 상회할 경우에는 주어진 단기 생산설비를 너무 무리하게 사용하기 때문에 역시 효율성이 낮아질 것이다. 단기적으로 관련범위 내에서 생산활동을 전제하는 것이 물론 생산량의 전구간에서 총원가의 함수가 선형이라는 것을 말하는 것은 아니다. 그러나 관리회계에서는 편의상 관련범위 내에서의 생산량과 총제조원가의 관계가 선형이라고 가정하고 있다.

도표 7-2 관련범위

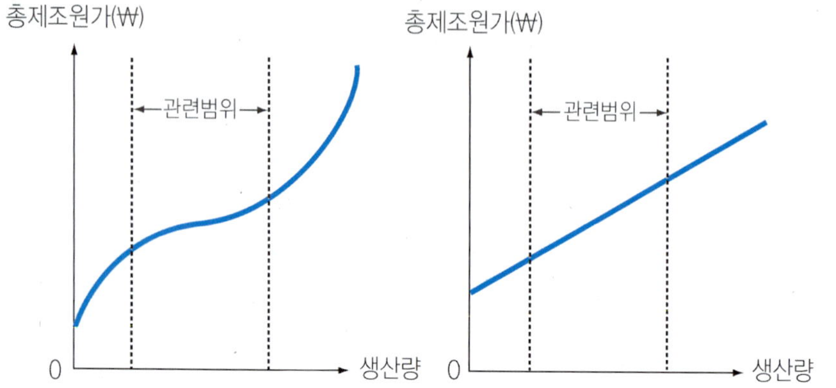

(a) 경제학에서의 원가행태 (b) 관리회계에서의 원가행태

기업 실무에서 관련범위를 구체적인 생산량으로 표현하는 것은 쉽지 않다. 단지 편의상 과거의 생산실적에 비추어 정상적인 조업상태를 유지하는 것 가운데에서 생산량이 제일 적은 것과 제일 많은 것을 관련범위 설정의 기초자료로 삼을 수 있을 뿐이다. 또한 관련범위를 나타내는 활동기준은 생산량 이외에도 원가상의 변동을 설명해 줄 수 있고 원가와의 인과관계를 지니는 것이면 모두 그 기준으로 이용될 수 있다.

2. 원가행태의 종류

기업이 발생원가를 계획·통제할 수 있다면 그 기업은 좀더 효율적으로 운영될 수 있다. 따라서 경영자들은 원가를 계획·통제하기 위해서 각 원가가 어떠한 행태를 보여주고 있는지 파악할 필요가 있다. 행태별 원가분류에 있어서 원가의 두 기본유형은 변동원가와 고정원가이다. 그 밖에 계단식 변동원가나 준변동원가는 두 기본원가의 혼합유형이다. 여기서 설명하려는 원가들도 앞에서 설명한 바와 같이 관련범위 내에서의 원가행태에 대한 가정을 전제로 한 정의일 뿐이지 정확한 예측을 기반으로 한 정의는 아니다.

(1) 변동원가

변동원가(variable costs)는 관련범위 내에서 활동측정치의 변화에 따라 총원가가 직접적이고 비례적으로 변동하는 원가를 뜻한다. 가령 기준활동이 5% 증가하면 총변동원가 또한 5% 증가한다. 상기업에 있어서 매출원가는 변동원가의 한 예이다. 판매가 증가하게 되면 매출원가는 비례적으로 증가한다. 예를 들면 단위당 매출원가가 ₩1,000이라면 10단위를 판매할 경우의 매출원가는 ₩10,000(10×₩1,000)이 되며, 50단위를 판매할 경우의 매출원가는 ₩50,000(50×₩1,000)이 될 것으로 예측할 수 있는 것이다.

이상에서 설명한 변동원가의 특성을 요약하면 다음과 같다.

첫째, 변동원가는 활동수준이 0이면 발생된 원가도 0을 유지한다. 후에 설명할 고정원가, 준변동원가 그리고 계단식 변동원가 등은 조업수준이 0일 경우에도 원가가 발생한다는 점에서 변동원가와 다르다. 특히 준변동원가나 계단식 변동원가와 구분하여 변동원가는 조업수준이 0일 경우에는 발생원가가 없고 조업수준에 비례적으로 증가한다는 점에서 순수 변동원가(pure variable costs)라 부르기도 한다.

둘째, 변동원가는 그 발생총액이 조업수준에 비례하여 변동하는 것이며 단위당 변동원가는 관련범위 내에서 일정하다. 앞의 예에서 10단위를 판매할 경우 총매출원가는 ₩10,000이었는데, 50단위를 판매할 경우 총매출원가는 5배가 증가하여 ₩50,000으로 예측되었다. 이와 같이 5배가 증가한 것은 변동원가의 성격을 지니는 매출원가의 총액이었다. 그러나 단위당 매출원가는 10단위를 판매하든 50단위를 판매하든 활동수준에 관계없이 ₩1,000으로 일정하다.

변동원가를 등식으로 표현하면 <등식 7-1>과 같다.

$$Y = bX \quad \text{<등식 7-1>}$$

여기서 Y: 총원가

b: 단위당 변동원가

X: 조업수준

물론 현실적으로 단위당 매출원가는 인플레이션, 수량할인, 기업 간의 경쟁, 기술변화 등의 다양한 요인에 의해 시간이 흐름에 따라 변동될 수 있을 것이다. 이렇게 예상되는 변화가 있다면 예산편성 등의 계획을 수립할 때 당연히 반영시켜야 한다. 다만, 여기서는 편의상 관련범위 내에서 조업수준과 총원가간의 관계가 선형이라고 가정하고 있다.

변동원가의 한 예를 도표로 표시하면 <도표 7-3>과 같다.

도표 7-3 변동원가의 행태

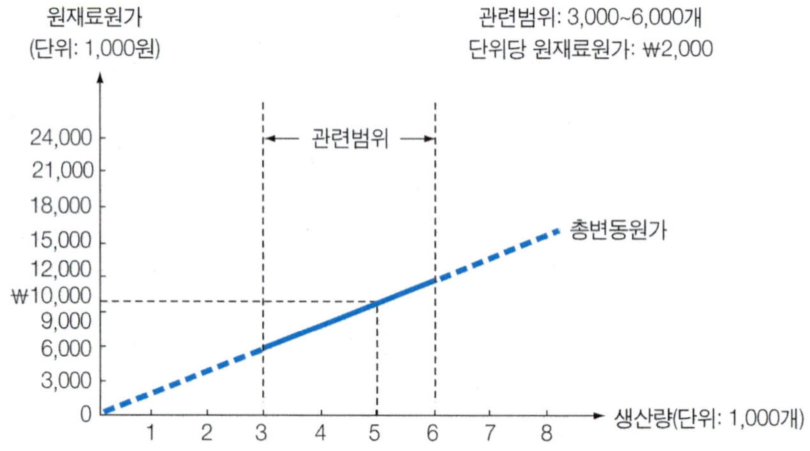

*X*축은 생산량으로 활동수준을 나타내며, *Y*축은 소요되는 원재료원가를 나타내고 있다. 한 단위 생산하는 데 소요되는 원재료원가는 ₩2,000이며, 생산관련 범위는 3,000단위에서 6,000단위이다. 활동수준이 0일 때 총원가 역시 0이기 때문에 원점을 지나고 있으며, 활동수준이 한 단위 증가할 때마다 원가는 ₩2,000씩 증가하는 모습을 보이고 있다. 만약 앞으로 일정기간 동안의 계획생산량이 5,000단위라면 소요되는 총원재료원가는 ₩10,000,000(5,000× ₩2,000)으로 예측할 수 있을 것이다. 또한 단위당 원가가 ₩2,000에서 ₩3,000으로 증가되리라고 예상된다면 <도표 7-3>에 나타난 직선의 기울기는 더욱 커지게 될 것이다.

변동원가의 예로는 매출원가 이외에 직접재료원가, 직접노무원가, 간접재료원가, 간접노무원가, 소모품비, 변동판매비(판매커미션 등), 자동차연료비 등을 들 수 있다. 물론 이러한 예들도 실무에서는 경우에 따라서 변동원가가 아닌 다른 원가행태를 보일 수도 있기 때문에 유의해야 한다. 예를 들어 직접노무원가는 보통 변동원가의 행태를 보이는 것으로 간주되지만, 현실적으로는 조업수준이 감축된다 해도 비례적으로 작업인력을 감축시키기에는 무리가 있기 때문에 단기적으로는 오히려 변동원가보다는 고정원가의 행태를 보일 수도 있는 것이다.

(2) 고정원가

고정원가(fixed costs)란 관련범위 내에서 조업도가 변화해도 그 총액이 변동하지 않는 원가이다. 즉 고정원가라는 명칭이 암시하고 있는 바와 같이, 그 지출액이 일정기간 동안 고정되어 일정 수준을 유지하는 원가이다. 예를 들어 기업관리자의 급여는 고정원가로 간주된다. 공장장의 월평균급여가 ₩3,000,000이라면 이 금액은 생산활동의 증감에 상관없이 변동하지 않을 것이다. 그러나 고정원가인 경우에도 그 활동이 관련범위를 벗어나거나 또는 장기간 동안이라면 변동할 수도 있을 것이다.

이상에서 설명한 고정원가의 특성을 요약해 보면 다음과 같다.

첫째, 고정원가는 전체 원가가 고정되어 일정한 것이므로 단위당 고정원가는 조업수준이 늘어나면 반비례적으로 줄어들게 된다. 고정원가의 이런 특성 때문에 고정원가의 경우에는 조업수준을 높이면 원가를 절감하는 것과 같은 효과가 생긴다.

둘째, 총변동원가는 조업측정치인 X(조업수준)의 함수로 나타낼 수 있는데 비해서 총고정원가는 조업측정치인 X(조업수준)의 함수로 나타낼 수 없다. 즉 고정원가는 조업도에 대한 함수가 아니라 상수값을 갖는다.

셋째, 고정원가는 변동원가와는 달리 조업수준이 0인 경우에도 일정금액만큼 발생하는 원가행태를 보인다.

고정원가를 등식으로 표현하면 <등식 7-2>와 같다.

$$Y=a$$ <등식 7－2>

여기서 Y: 총원가

a: 일정금액으로 총고정원가

고정원가의 한 예를 그림으로 표현하면 <도표 7－4>와 같다.

도표 7－4 고정원가의 행태

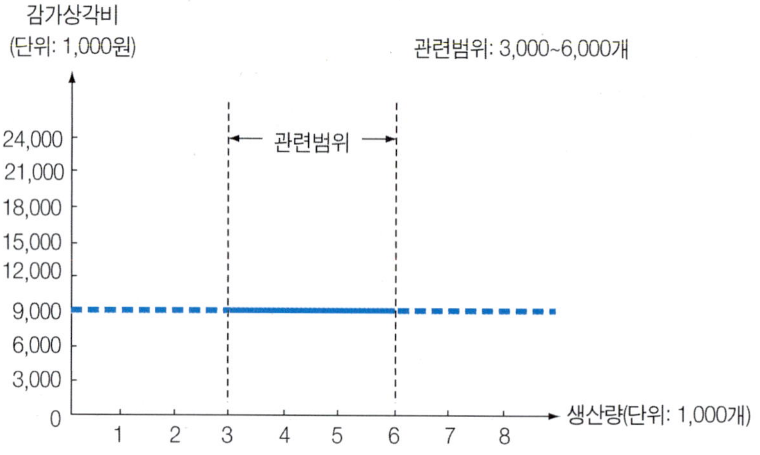

<도표 7－4>에서 X축은 생산량으로 표현된 활동수준을 나타내며, Y축은 일정기간 동안의 생산설비에 대한 감가상각비를 나타낸다. <도표 7－4>를 보면 관련 범위는 월생산량 3,000단위에서 6,000단위까지이며, 몇 단위를 생산하든지 총감가상각비는 ₩9,000,000으로 일정함을 알 수 있다.

(3) 계단식 변동원가

계단식 변동원가(step－variable costs)는 줄여서 계단원가(step costs)라고도 한다. 이러한 유형의 원가는 활동수준에 따라서 원가가 변동을 하지만 순수 변동원가와는 달리 활동수준의 변동에 비례적인 변화를 보이지 않는 원가이다. 즉 일정수준의 관련범위에서는 전혀 원가가 변동하지 않기 때문에 경우에 따라서는 고정원가로 간주될 수도 있다. 그러나 계단식 변동원가는 일정

활동범위에서는 일정금액이 발생하지만 그 범위를 벗어나면 고정증가액만큼 감소하거나 증가하기 때문에 앞서 설명한 고정원가와는 다르다.

계단식 변동원가의 대표적인 예로 감독자에 대한 급여를 들 수 있다. 공장감독자의 급여는 일정 활동범위 내에서 일정수준을 유지한다. 그러나 생산활동이 어떤 수준까지 도달하면 추가 감독인력을 고용하게 되기 때문에 총인건비는 새로운 수준으로 한 단계 상승하게 된다. 그리고 공장감독자의 인건비는 생산활동이 증가할 때까지의 새로운 활동범위 내에서 한 단계 상승한 수준을 계속 유지하게 된다.

<도표 7-5>는 계단식 변동원가의 한 예를 그림으로 나타낸 것이다.

도표 7-5 계단식 변동원가

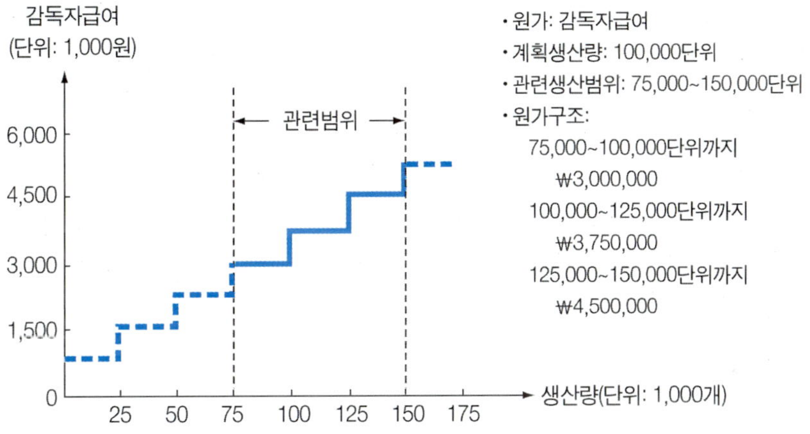

이 도표를 보면 생산량 25,000단위마다 한 명의 생산감독자가 필요하며, 생산감독자 한 사람당 월 급여는 ₩750,000이다. 관련범위는 75,000단위에서 150,000단위까지이다. 따라서 생산량 75,000단위에서 100,000단위까지는 4명의 감독자가 필요하며, 총급여액은 ₩3,000,000이다. 생산량 100,000단위에서 125,000단위까지는 추가로 1명의 감독자가 더 필요하기 때문에 5명의 감독자에 대한 총급여액은 ₩3,750,000이다. 마지막으로 125,000단위에서 150,000단위까지는 총 6명의 감독자가 필요하며, 이에 대한 총급여액은 ₩4,500,000이

될 것이다.

(4) 준변동원가(semi-variable costs)

준변동원가(semi-variable costs)는 혼합원가라고도 한다. 준변동원가란 고정원가의 요소와 변동원가의 요소를 동시에 지니고 있는 원가유형이다. 준변동원가는 변동원가의 요소를 지니고 있기 때문에 조업수준이 증가하면 준변동원가의 총액은 증가하지만, 또한 고정원가의 요소도 지니고 있기 때문에 순수변동원가와는 달리 비례적으로 증가하지는 않는다.

단기간의 자동차임차료가 준변동원가의 전형적인 예이다. 자동차를 임차하는 경우 이 임차료에는 두 가지 원가요소가 모두 포함되어 있다. 우선 임차료에는 고정원가요소가 있어 주행거리에 상관없이 고정적인 부과료가 붙는다. 따라서 총임차료는 자동차를 전혀 사용하지 않는 경우라도 고정적인 기본부과료를 밑돌 수 없다. 그리고 고정적인 기본부과료에 추가로 변동원가요소가 있어 주행거리당 일정비율로 임차료가 증가한다. 즉 자동차임차료는 고정적인 기본부과료와 함께 주행거리에 비례하여 증가하는 변동임차료가 추가되어 결정된다. 그러므로 총자동차임차료는 준변동원가의 행태를 지닌다.

가상적인 자동차임차료를 그림으로 나타내면 <도표 7-6>과 같다.

도표 7-6 준변동원가

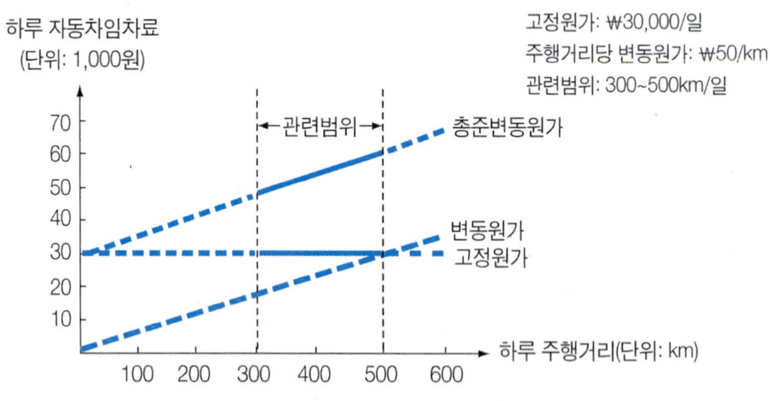

편의상 자동차 기본사용료는 ₩30,000이며, 주행거리 1㎞당 추가부가료는 50원이라 가정하자. 그리고 관련범위는 주행거리로 300㎞에서 500㎞까지라 하자. 그러면 자동차의 임차료는 기본료 ₩30,000을 밑돌 수는 없다. 만약에 주행거리가 300㎞이었다면 총임차료는 ₩45,000[₩30,000+₩50(300)]이 될 것이며, 또한 주행거리가 500㎞였다면 총임차료는 ₩55,000[₩30,000+₩50(500)]이 될 것이다. 도표에 나타난 바와 같이 준변동원가의 기울기는 준변동원가의 변동원가요소의 기울기와 같다. 즉 이 두 선은 서로 평행하다. 주행거리가 1㎞ 증가할 때마다 준변동원가는 변동원가요소가 증가하는 것만큼, 즉 50원씩 증가한다.

준변동원가도 변동원가와 마찬가지로 조업측정치의 함수로 표현할 수 있는데, 그 등식은 <등식 7-3>과 같다.

$$Y = a + bX \qquad \text{<등식 7-3>}$$

여기서 Y: 총원가
a: 총고정원가
b: 단위당 변동원가
X: 조업수준

<등식 7-3>을 변동원가의 <등식 7-1>과 고정원가의 <등식 7-2>와 함께 놓고 보면 이는 <등식 7-1>과 <등식 7-2>를 합쳐 놓은 것과 같음을 알 수 있다. 따라서 준변동원가는 변동원가요소와 고정원가요소를 모두 포함하고 있음이 명확해진다. 준변동원가는 모든 원가의 일반유형이며, 변동원가와 고정원가는 각각 준변동원가의 특수한 형태이다.

즉 위의 <등식 7-3>에서 총고정원가가 0($a=0$)이면 이는 <등식 7-1>의 $Y=bX$와 같아져 변동원가가 된다. 따라서 변동원가란 a가 0의 값을 갖는 특수한 형태의 준변동원가이다. 또한 <등식 7-3>에서 단위당 변동원가가 0($b=0$)이면 이는 <등식 7-2> $Y=a$와 같아져 결국 고정원가가 된다. 따라서 고정원가란 b가 0의 값을 갖는 특수한 형태의 준변동원가인 셈이다. 따라서 우리는 원가의 일반 유형인 준변동원가(또는 혼합원가)의 행태 결정에 보다 많은 관심을 가져야 할 것이다.

자동차의 임차료 이외에 준변동원가의 예로는 설비의 수선료·광열비·전화료·전력료 등을 들 수 있다. 또한 총제조간접원가·총판매비·총일반관리비·총제조원가 등과 같이 모든 원가는 집계해 보면 그 총액은 변동원가와 고정원가가 합쳐진 준변동원가의 행태를 보이는 경향이 있다.

7-2 원가의 추정

앞서 설명한 바와 같이 모든 원가는 그 행태에 따라 분석해 보면 고정원가의 요소만 지니는 것, 변동원가의 요소만 지니는 것, 또는 고정원가의 요소와 변동원가의 요소를 모두 지니는 것 등으로 세분된다. 또한 이러한 원가들을 어떤 원가대상에 축적시키려면 여기에는 자연히 고정원가의 요소와 변동원가의 요소가 모두 포함되어 있기 때문에 준변동원가의 행태를 취하게 된다. 이와 같이 고정원가의 요소와 변동원가의 요소를 모두 지니고 있는 준변동원가는 많은 원가의 유형에 걸맞는 보편적인 원가유형이기 때문에 준변동원가는 앞으로 분석의 초점이 될 것이다.

준변동원가를 등식으로 표현하면 앞서 <등식 7-3>에 나타난 바와 같이 $Y=a+bX$가 된다. 여기서 원가를 추정하는 목적은 경영자들이 계획수립 및 의사결정에 이용하기 위해서 과거의 역사적 원가자료를 활용하여 해당 총원가를 고정원가의 요소와 변동원가의 요소로 분리해 내는 것이다. 즉 각 조업활동(X)별 총발생원가(Y)에 관한 실제자료(X, Y)를 이용하여 <등식 7-3> $Y=a+bX$에서의 총고정원가(a)와 활동단위당 변동원가(b)를 추정산출해 내는 것이 원가의 추정이다.

과거의 원가행태 유형을 분석해 원가를 추정하는 방법은 크게 회계적 접근방법(accounting approach)과 통계적 접근방법(statistical approach)으로 나눌 수 있다. 회계적 접근방법은 계정분석법, 고저점법, 준평균법 등이 있고, 통계적 접근방법은 산포도법, 최소자승법 등이 있다. 이 밖에도 산업공학적 접근방법이 있지만 여기서는 회계적 접근방법을 중심으로 설명할 것이다.

원가의 행태를 분석하는 데에는 몇 가지 기본가정이 요구되는데, 주요 가정들을 열거하면 다음과 같다.

첫째, 원가는 관련범위 내에서 선형으로 나타난다. 앞서 설명한 바와 같이 원가의 행태를 선형으로 나타낸 것은 비선형적인 실제현상을 단순화시키기 위함이다.

둘째, 변동원가나 준변동원가의 변동원가 요소에 증감을 가져와 결국 전체원가를 변화시키는 요인은 조업도 하나뿐이다. <등식 7-3>의 $Y=a+bX$에서 Y는 종속변수로서 총원가를 나타내며, X는 독립변수 또는 영향변수로서 활동수준의 측정치이다. 즉 Y는 X의 증감에 따라서 변화하는 관계를 나타내고 있다. <등식 7-3>은 총원가에 영향을 주고 있는 요인은 언제나 조업수준 한 가지임을 가정하고 있다. 실제에 있어서는 총원가가 조업수준 이외에도 기술상의 변화, 인플레이션, 그리고 경영정책의 변화 등 환경적·경영 내적인 다양한 요인에 의해 변화하지만 여기서는 단지 조업수준에 따라 총원가가 변동하는 것으로 가정하고 있다.

셋째, 원가추정과 관련해서 마지막으로 중요한 기본가정은 과거의 역사적 원가행태 유형이 미래에도 계속적으로 유효하다는 것이다. 물론 실무상으로는 과거의 원가패턴이 미래에도 변함없이 지속되리라는 가정은 있을 수 없다. 따라서 경영자들은 미래원가를 예측함에 있어 과거의 원가를 분석하여 사용할 수밖에 없는 내재적 관계를 분명히 이해하고 원가추정기법을 활용해야 할 것이다.

회계적 접근방법으로 분류된 기법으로는 계정분석법, 고저점법 그리고 준평균법 등이 있다. 이들 세 기법은 모두 역사적 원가에 근거를 두고 있다.

1. 계정분석법

계정분석법(account analysis method)에서는 회계담당자가 특정 원가계정의 세부사항을 조사하여 계정별로 분명히 변동원가의 형태를 보이는 것과 분명히 고정원가의 형태를 보이는 것을 식별해 냄으로써 모든 원가를 변동분과 고정분으로 분류한다. 만약 어떤 원가가 분명하게 변동원가와 고정원가 어느 쪽으로도 구분 짓기 어렵거나 준변동원가의 행태를 보인다면 계정분석법에 의한 원가행태의 분석은 적합하지 않다. 이런 경우라면 후술할 다른 기법을 사용해 좀 더 자세히 분석해야 할 것이다.

예제 7-1 계정분석법에 의한 원가형태분석

2012년 6월 한 달 동안 신수사는 모두 5,000단위의 전자부품을 생산하였는데, 이에 소요된 제조원가는 다음과 같다.

직접재료원가		₩20,000,000
직접노무원가		12,000,000
제조간접원가:		
감독자의 급여	₩5,000,000	
감가상각비	3,000,000	
동력비	4,800,000	12,800,000
총제조원가		₩44,800,000

신수사는 6월에 발생한 동력비의 75%는 고정원가인 것으로, 나머지 25%는 변동원가인 것으로 추정하고 있다.

[요구사항]

1. 계정분석법을 이용하여 각 제조원가를 원가의 행태에 따라 분류하고, 총제조원가 ₩44,800,000을 총고정원가와 총변동원가로 나누어 산출하시오.
2. 신수사의 총제조원가를 준변동원가를 나타내는 등식인 $Y=a+bX$로 표시하시오.

[해 답]

1.

계 정	금 액	분 류	고정원가요소	변동원가요소
직접재료원가	₩20,000,000	변동원가(V)	–	₩20,000,000
직접노무원가	12,000,000	변동원가(V)	–	12,000,000
감독자의 급여	5,000,000	고정원가(F)	₩5,000,000	–
감가상각비	3,000,000	고정원가(F)	3,000,000	–
동 력 비	4,800,000	준변동원가(V+F)	3,600,000*1	1,200,000*2
총제조원가	₩44,800,000		₩11,600,000	₩33,200,000

*1 ₩4,800,000 × 0.75 = ₩3,600,000

*2 ₩4,800,000 × 0.25 = ₩1,200,000

따라서 총제조원가 ₩44,800,000 가운데 총고정제조원가는 ₩11,600,000이며, 총변동제조원가는 ₩33,200,000으로 나타남.

2.

총제조원가등식

a=총고정제조원가=₩11,600,000

b=단위당 변동원가$=\frac{\text{총변동제조원가}}{\text{생산량}}$

$=\frac{₩33,200,000}{5,000}=$₩6,640/단위

따라서 $Y=₩11,600,000+6,640X$, 여기서 Y는 총제조원가이며 X는 생산량을 의미함.

2. 고저점법

고저점법(high-low method)은 활동수준의 양 극단인 최저수준과 최고수준의 조업수준과 이때 발생된 원가금액을 기록한 회계자료를 활용하여 원가의 행태를 분석하는 방법이다. 이 기법에 의하면 원가는 두 극점을 잇는 선형적인 선분의 연장선을 따라 움직이는 것으로 가정한다.

고저점법이라는 명칭에서 시사하는 바와 같이 많은 관측자료 가운데에서 두 개의 관측점을 선정하는데, 하나는 활동수준이 최고이면서 발생된 원가가 가장 높은 관측점과 또 하나는 활동수준이 최저이면서 발생된 원가가 제일 낮은 관측점이다. 이러한 관측점들은 기업의 최근 활동자료에서 얻어진다.

(1) 고저점법의 적용절차

<표 7-1>은 한 기업의 최근 1년간 월별 기계사용시간 및 기계작동과 관련해 발생된 실제동력비가 제시되어 있다. 이 자료를 이용하여 고저점법을 적용하는 절차를 설명하고자 한다.

표 7-1 동력비에 대한 자료

월	기계사용시간(X)	동력비(Y)
1	80	₩2,800
2	120	3,600
3	120	3,600
4	100	3,200
5	60	2,400
6	180	4,800
7	160	4,000
8	160	3,800
9	120	3,600
10	160	4,000
11	160	3,800
12	140	3,600

1) 두 극점의 선정

먼저 주어진 관측자료에서 활동수준을 기준으로 두 극점을 선정한다. 활동수준이 가장 높은 달은 기계작동시간이 180시간이며 발생한 동력비가 ₩4,800인 6월이고, 활동수준이 제일 낮은 달은 기계작동시간이 60시간이며 발생한 동력비가 ₩2,400인 5월이다. 따라서 선정된 두 점은 $L(x_1, y_1)=$(60, ₩2,400)과 $H(x_2, y_2)=$(180, ₩4,800)이다. 앞으로는 편의상 x_1(60시간)을 최저활동수준, y_1(₩2,400)을 최저원가, 그리고 x_2(180시간)를 최고활동수준, y_2(₩4,800)를 최고원가라 부르기로 한다.

2) 단위당 변동원가의 추정

선정된 두 극점을 이용하여 활동단위당 변동원가(b)를 추정한다. 고저점법을 사용할 때 활동단위당 변동원가를 결정하는 공식은 <등식 7-4>와 같다.

$$\text{활동단위당 변동원가} = \frac{\text{최고원가} - \text{최저원가}}{\text{최고활동수준} - \text{최저활동수준}} \quad \text{<등식 7-4>}$$

<등식 7-4>를 앞서 소개한 부호를 이용하여 표현하면 다음과 같다.

$$b = \frac{y_2 - y_1}{x_2 - x_1}$$

<등식 7-4>에 예시한 자료를 대입시키면 기계사용시간당 변동원가(b)는 다음과 같이 산출된다.

$$b = \frac{\text{변동원가}}{\text{기계사용시간}} = \frac{₩4,800 - ₩2,400}{180\text{시간} - 60\text{시간}} = \frac{₩2,400}{120\text{시간}} = ₩20/\text{시간}$$

3) 총고정원가의 추정

앞서 산출한 단위당 변동원가를 아래 식에 대입시키면 총고정원가(a)를 결정할 수 있다.

총고정원가=총원가－총변동원가
=총원가－단위당변동원가×활동단위 <등식 7-5>

<등식 7-5>를 부호를 이용하여 표현하면 다음과 같다.

$$a = Y - bX$$

총고정원가를 산출하기 위해서 위의 식의 X와 Y에는 최저관측점(x_1과 y_1의 값)이나 최고관측점(x_2와 y_2의 값) 어느 것이나 사용할 수 있다. <등식 7-5>에 첫 번째 단계에서 선정된 두 극점을 각각 차례로 대입시키면 총고정원가는 다음과 같이 산출된다.

최고점(180시간, ₩4,800)을 대입시킬 경우,

$$\begin{aligned}\text{총고정원가(a)} &= y_2 - bx_2 \\ &= ₩4,800 - ₩20(180) = ₩4,800 - ₩3,600 \\ &= ₩1,200\end{aligned}$$

최저점(60시간, ₩2,400)을 대입시킬 경우,

$$\begin{aligned}\text{총고정원가(a)} &= y_1 - bx_1 \\ &= ₩2,400 - ₩20(60) = ₩2,400 - ₩1,200 \\ &= ₩1,200\end{aligned}$$

즉 위에서 산출한 바와 같이 총고정원가는 최고점과 최저점 가운데 어떤 한 극점을 이용하든지 <등식 7-5>에 적용시키면 항상 동일한 값을 얻게 된다. 왜냐하면 고저점법은 원가가 두 극점을 연결하는 직선을 따라 움직인다고 가정하기 때문이다.

이상에서 설명한 고저점법에서의 단위당 변동원가(b)와 총고정원가(a)의 산출과정을 그래프로 나타내면 <도표 7-7>과 같다.

도표 7-7 고저점법

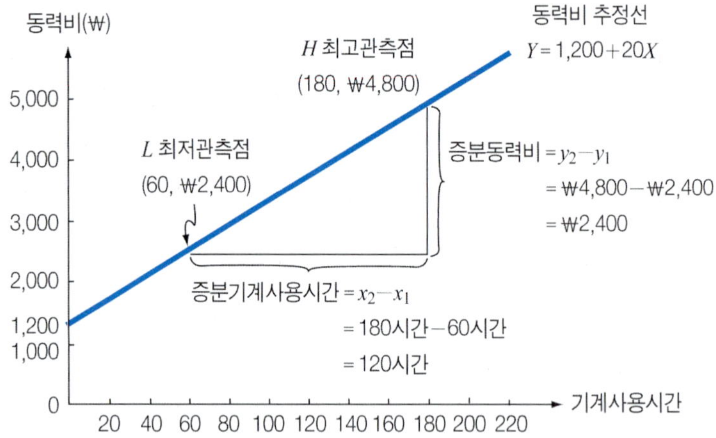

<도표 7-7>에 나타난 바와 같이 우선 과거의 자료로부터 선정된 두 극점은 L(60, ₩2,400)과 H(180, ₩4,800)이다. 나머지 관측점들은 두 극점 L과 H 사이에 있으며, 두 극점을 연결한 선분의 연장선을 따라 형성된다고 가정하기 때문에 두 극점 L과 H를 지나는 직선이 바로 동력비의 추정선이 된다. 따라서 이 추정선의 기울기값과 절편값을 산출하면 고저점법에 의한 원가행태분석의 목적을 달성하는 것이 된다.

두 극점을 자세히 들여다보면, 우리는 두 극점 사이에서 기계사용시간은 모두 120시간(180시간-60시간)이 증가하였는데 동력비는 ₩2,400(₩4,800-₩2,400)이 증가하였음을 관찰할 수 있다. 이는 평균적으로 기계사용시간이 한 시간씩 증가할 때마다 동력비가 ₩20(₩2,400/120시간)씩 증가하였음을 나

타내는 것이다.

따라서 우리는 추정선의 기울기인 평균변동원가 (b)가 ₩20임을 알 수 있다. 추정선의 절편은 총고정원가를 의미하는데, 총원가는 총고정원가와 총변동원가로 구성되어 있으므로 총고정원가는 총원가에서 총변동원가를 차감하면 산출된다. 이에 따라 총고정원가 (a)를 산출하면 <도표 7-7>에 나타난 바와 같이 ₩1,200이 된다. 결과적으로 <표 7-1>에 나타난 과거의 자료를 이용하여 고저점법에 의해 산출한 동력비의 행태를 수식으로 표현하면 다음과 같다.

$$Y = 1,200 + 20X$$

여기서 Y: 동력비
X: 기계사용시간

위의 동력비추정선을 이용하여 경영자들은 앞으로 예상되는 기계사용시간을 계획·결정해서 동력비발생액을 미리 추정할 수 있게 된다. 예를 들어 앞으로 한 달간 예상되는 기계사용시간이 100시간이라면 동력비추정액은 ₩3,200[₩1,200 + ₩20(100)]이 될 것이다.

(2) 관련범위와 대표성

원가추정과정에서 우리가 항상 잊지 말아야 할 개념은 관련범위이다. <표 7-1>의 자료에서 우리가 추정선을 산출하는 데 사용한 과거의 활동범위는 기계사용시간으로 월 60시간에서 180시간까지이다. 그러므로 이 예에서의 관련범위는 가령 기계사용시간으로 30시간 또는 40시간에서 200시간 내지 220시간의 활동범위가 될 것이다. 그래서 위의 추성선을 활용하여 예상 기계사용시간이 250시간일 경우의 동력비를 추정한다는 것은, 250시간이 최대관측조업활동인 180시간을 많이 벗어나기 때문에 합리적이라고 볼 수 없다.

원가예측에 있어서 고저점법을 사용할 때 또 다른 유의점은 선정된 두 관측치가 반드시 과거의 정상적인 활동상태를 반영하는 것이라야 한다는 것이다. 비정상적인 관측자료가 쓸모없다는 것은 비단 고저점법에만 국한되는 것이 아니라 과거의 자료를 사용하는 모든 예측기법에 해당되는 사항이다. 그러나 특히 고저점법에서 이를 강조하는 것은 이 방법이 유독 중간에 있는 관측치는 무시하고 최고관측치와 최저관측치만을 사용한다는 데 있다. 따라서 특정한 달에 조업활동이 최저를 기록했는데 이것이 정상적인 것이 아니라 그 기간에 천재지변이 일어났거나 공장의 이전, 근로자의 잇단 파업, 원재료의 공급부족 등의 비정상적인 이유에 의한 것이라면 이러한 관측치는 제외하고 정상적인 관측치 가운데서 극점을 선정해야 한다. 고저점법에서 우리는 많은 소중한 관측치를 활용하지 않고 단지 두 극점만을 사용하였다. 이러한 한계를 극복하기 위한 또 다른 회계적 접근기법이 준평균법이다.

3. 준평균법

준평균법(semi-average method)은 앞서 설명한 고저점법의 단점을 보완하기 위한 대안적인 방법으로서 기본적인 틀은 고저점법과 유사하나 모든 관측치를 간접적으로나마 이용한다는 점에서 고저점법과 다르다.

(1) 준평균법의 적용절차

<표 7-1>에 제시한 자료를 이용하여 준평균법을 단계별로 설명하기로 한다.

1) 두 그룹의 분리

먼저 주어진 과거의 관측자료를 가지고 활동수준을 기준으로 조업활동이 큰 달과 작은 달의 두 그룹으로 분리한다. 주어진 자료가 모두 12개이기 때문에 각 그룹에는 6개씩 속하게 될 것이다. 준평균법을 적용하기 위해 관측치를 두 그룹으로 나눈 결과는 <표 7-2>와 같다.

표 7-2 준평균법 자료

조업활동이 큰 달			조업활동이 작은 달		
월	기계사용시간	동 력 비	월	기계사용시간	동 력 비
6	180	₩4,800	1	80	₩2,800
7	160	4,000	2	120	3,600
8	160	3,800	3	120	3,600
10	160	4,000	4	100	3,200
11	160	3,800	5	60	2,400
12	140	3,600	9	120	3,600
합 계	960	₩24,000		600	₩19,200
	÷6	÷6		÷6	÷6
평 균 값	160	₩4,000		100	₩3,200

2) 각 그룹의 평균값 산출

나누어진 각 그룹의 기계사용시간과 동력비에 대한 평균값을 산출한다. 각 그룹에 6개의 관측치가 속해 있기 때문에 각 그룹별 기계사용시간과 동력비의 합계를 산출하여 6으로 나누면 그 결과는 <표 7-2>의 아랫부분과 같이 된다. 즉 조업활동이 큰 6개월의 월간 평균기계사용시간은 160시간이며 이때의 월간 평균동력비는 ₩4,000이고, 반면에 조업활동이 작은 6개월의 월간 평균기계사용시간은 100시간이며 이때의 월간 평균동력비는 ₩3,200이다. 이제 최저평균점을 $L(x_1, y_1) = (100, ₩3,200)$ 그리고 최고평균점을 $H(x_2, y_2) = (160, ₩4,000)$이라 하자.

3) 단위당 변동원가의 추정

앞서 산출한 각 그룹별 평균조업활동과 평균원가(낮은 그룹 평균점과 높은 그룹 평균점)를 가지고 고저점법에서 행한 것과 마찬가지 방법으로 평균변동원가를 산출한다. 준평균법에서의 평균변동원가의 산출공식은 고저점법의 공식과 같으나 단지 대입되는 원가와 활동수준이 극단적인 관측치가 아니라 평균치라는 점에서 다르다. 우선 예시된 자료를 이용하여 활동단위당 변동원가를 산출하면 다음과 같다.

$$b = \frac{\text{변동원가}}{\text{기계사용시간}} = \frac{y_2 - y_1}{x_2 - x_1} = \frac{₩4,000 - ₩3,200}{160\text{시간} - 100\text{시간}} = \frac{₩800}{60\text{시간}}$$
$$= ₩13.33/\text{시간}$$

4) 총고정원가의 추정

위에서 산출된 평균변동원가와 낮은 그룹 평균점(또는 높은 그룹 평균점)을 사용해서 총고정원가를 산출하면 다음과 같다.

$$\text{총고정원가 } (a) = Y - bX = Y_1 - bX_1 = ₩3,200 - ₩13.33(100)$$
$$= Y_2 - bX_2 = ₩4,000 - ₩13.33(160)$$
$$= ₩1,867$$

따라서 준평균법에 의한 동력비추정선은 다음과 같이 산출된다.

$$Y = 1,867 + 13.33X$$

(2) 고저점법과 준평균법의 비교

준평균법에 의한 원가추정선과 고저점법에 의한 원가추정선의 차이를 그래프로 나타내면 <도표 7-8>과 같다.

도표 7-8 고저점법과 준평균법의 비교

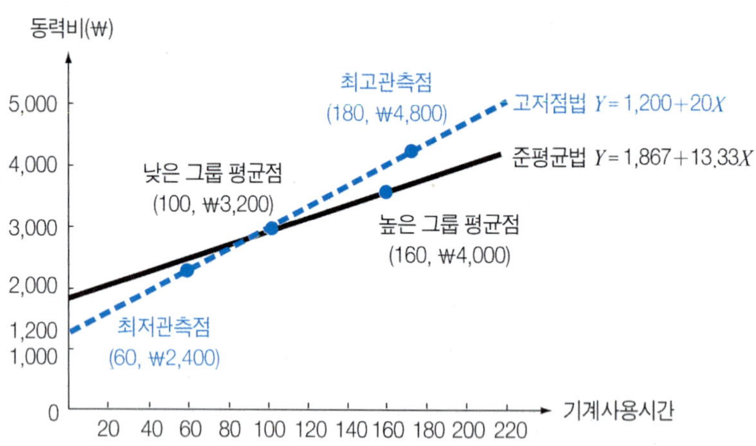

<도표 7-8>과 같이 고저점법과 준평균법은 어떠한 두 점을 연결시키느냐에 따라 결정된다. 고저점법에 의하면 최저관측점과 최고관측점의 두 극점을 연결하면 원가추정선이 되고, 준평균법에 의하면 낮은 그룹 평균점과

높은 그룹 평균점을 연결하면 원가추정선이 된다.

이상에서 확인된 바와 같이 원가행태의 분석은 똑같은 과거의 자료를 사용하고 있지만 고저점법과 준평균법 가운데 어느 방법을 적용하느냐에 따라서 원가추정선이 달라지게 된다. 고저점법에 의한 원가추정선은 $Y=1,200+20X$인 데 반해 준평균법에 의한 원가추정선은 $Y=1,867+13.33X$로 고저점법에 비하여 총고정원가는 높게 추정된 데 비해 단위당 변동원가는 낮게 추정되었다. 그러면 위의 두 방법 중 어떤 방법이 더 나은 방법일까? 더 나은 방법이란 원가추정선에 의한 추정원가와 실제원가를 비교해서 오차를 적게 발생시키는 것으로 결정될 수 있을 것이다. 이러한 판정기준을 가지고 고저점법과 준평균법을 평가하면 그 결과는 <표 7−3>과 같이 요약된다.

표 7−3 고저점법과 준평균법의 비교평가

월	기계사용시간 (X)	동력비 (Y)	고저점법($\hat{Y}$ = 1,200+20X) 추정동력비 ($\hat{Y}$)	고저점법 추정오차 ($Y-\hat{Y}$)	준평균법($\hat{Y}$ = 1,867+13.33X) 추정동력비 ($\hat{Y}$)	준평균법 추정오차 ($Y-\hat{Y}$)
1	80	₩2,800	1,200+20(80) = 2,800	0	1,867+13.33(80) = 2,933	−133
2	120	3,600	1,200+20(120) = 3,600	0	1,867+13.33(120) = 3,467	133
3	120	3,600	1,200+20(120) = 3,600	0	1,867+13.33(120) = 3,467	133
4	100	3,200	1,200+20(100) = 3,200	0	1,867+13.33(100) = 3,200	0
5	60	2,400	1,200+20(60) = 2,400	0	1,867+13.33(60) = 2,667	−267
6	180	4,800	1,200+20(180) = 4,800	0	1,867+13.33(180) = 4,266	534
7	160	4,000	1,200+20(160) = 4,400	−400	1,867+13.33(160) = 4,000	0
8	160	3,800	1,200+20(160) = 4,400	−600	1,867+13.33(160) = 4,000	−200
9	120	3,600	1,200+20(120) = 3,600	0	1,867+13.33(120) = 3,467	133
10	160	4,000	1,200+20(160) = 4,400	−400	1,867+13.33(160) = 4,000	0
11	160	3,800	1,200+20(160) = 4,400	−600	1,867+13.33(160) = 4,000	−200
12	140	3,600	1,200+20(140) = 4,000	−400	1,867+13.33(140) = 3,733	−133
			추정오차의 절대값의 합	2,400	추정오차의 절대값의 합	1,866

우선 고저점법의 추정오차(실제원가와 추정원가간의 차이)는 12개의 관측치 중 7월, 8월, 10월, 11월 그리고 12월의 5개의 관측치에서만 발생하였는데, 발생된 추정오차의 절대값은 비교적 큰 편으로 총합계는 2,400으로 나타났다.

반면에 발생된 준평균법의 추정오차는 9개의 관측치에 퍼져 있었는데, 발생한 추정오차의 절대값들은 상대적으로 적은 편으로 총합계는 1,866으로 나타났다. 따라서 추정오차 절대값의 합의 크기로 판정을 한다면 위의 예에서는 준평균법이 고저점법보다 다소 좋은 방법으로 볼 수 있다.

예제 7－2 고저점법

서강회사 봉제부의 제조간접원가와 직접작업시간과의 관계가 다음과 같은 관측자료로 나타나 있다.

월	직접작업시간	제조간접원가	월	직접작업시간	제조간접원가
1	15	₩4,000	6	15	₩3,700
2	20	5,000	7	13	3,800
3	14	4,000	8	16	4,300
4	12	3,500	9	18	4,500
5	18	4,400	10	19	4,700

[요구사항]

고저점법을 사용하여 서강회사의 제조간접원가 추정식을 결정하시오.

[해　답]

변동원가 $= \frac{₩5,00₩3,500}{20-12} = 187.5$/직접작업시간

고정원가 $= 5,000-(20\times187.5) = ₩1,250$

$y=1,250+187.5x$(여기서 x는 직접작업시간)

7-3 원가 – 조업도 – 이익 분석의 의의

1. 의 의

경영자가 수행하는 주요 직능은 크게 계획을 수립하는 일과 통제하는 일로 나눌 수 있다. 특히 이익계획은 경영계획에 있어서 가장 중요한 부분임은 두말할 나위가 없다. 이익에 영향을 주는 요인들은 수없이 많으나 단기적인 관점에서 볼 때 중요한 요인으로는 ① 제품의 판매가격, ② 판매량(조업도), ③ 제반 관련비용, 그리고 ④ 여러 제품인 경우 매출배합 등이 있다. 원가–조업도–이익 분석(CVP 분석 : cost–volume–profit analysis)은 바로 이익에 영향을 미치는 주요 요인들과 이익 간의 관계를 규명하기 위한 일종의 단기적 이익계획모형이라 할 수 있다. 다시 말하면 CVP 분석에서는 단기적으로 조업도가 변화함에 따라 수익과 비용이 어떻게 변동되어 결국 수익과 비용의 차액인 이익이 어떻게 달라지는가를 설명하게 된다.

CVP 분석을 쉽게 설명할 수 있는 방법 중 하나는 그래프를 이용하는 것이다. 여기서는 <도표 7–9>의 CVP 그래프를 이용하여 CVP 분석을 보다

도표 7–9 CVP 그래프

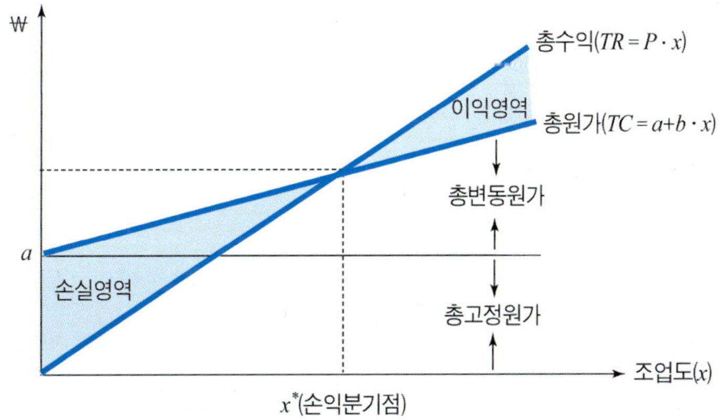

구체적으로 파악해 보기로 하자.

<도표 7-9>를 보면 우선 총수익과 총원가의 행태는 조업도의 변화에 따라 움직이는 것을 알 수 있다. 또한 총수익과 총원가가 만나는 조업수준이 손익분기점(x^*)임을 알 수 있고, 이 점을 기준으로 조업수준이 이를 초과하면 이익이 발생하고 반대로 조업수준이 이에 미달되면 총원가가 총수익보다 크기 때문에 손실이 발생함을 보여주고 있다. 이상에서 살펴본 바와 같이 CVP 분석은 이익에 영향을 미치는 요인들 간의 관계를 매우 단순화시켜서 설명하고 있다. 한편 <도표 7-9>에서 p는 단위당 판매가격, a는 총고정원가, b는 단위당 변동원가를 의미한다.

2. CVP 분석의 가정

실제의 복잡한 현상을 단순화시켜 설명하는 것을 모형이라고 하는데, CVP 분석도 일종의 모형으로써 아래와 같은 가정을 내포하고 있다. 여기서는 중요한 가정 몇 가지만 나열해 보고자 한다.

첫째, 원가와 수익의 행태는 선형이다. 원가의 행태는 관련범위 내에서는 선형인 것으로 간주된다. CVP 분석에서 수익의 행태도 선형으로 표시하는 것은 단위당 판매가격이 조업도에 상관없이 일정한 것으로 가정하고 있기 때문이다.

둘째, 모든 원가는 고정원가와 변동원가로 구분할 수 있다. 준변동원가도 고정원가구성분과 변동원가구성분으로 명확히 구분할 수 있다고 가정한다.

셋째, 각 기간별 재고수준은 일정한 것으로 가정한다. 즉 CVP 분석에서는 기초재고수준과 기말재고수준은 같은 것으로 가정한다. 이는 판매량과 생산량이 같다는 것을 의미한다. 따라서 CVP 분석에서 조업도란 생산량인 동시에 판매량을 의미하는 것이다.

넷째, CVP 분석에서는 오직 단일 제품만을 고려한다. 뒤에서 자세히 설명하겠지만 여러 제품을 고려하는 경우에는 매출배합(sales mix)이 일정한 것으로 가정한다.

다섯째, 원가와 수익에 영향을 미치는 요인은 단지 조업도뿐이다. 실제에 있어서 원가나 수익에 영향을 미치는 변수는 생산량(또는 판매량) 이외에도 물가변동, 기술발전 등 수도 없이 많을 것이다. 그러나 CVP 분석에서는 단순히 조업도만이 원가와 수익에 영향을 미친다고 가정한다.

여섯째, 마지막으로 중요한 가정은 전통적인 CVP 분석모형에서는 단위당 판매가격, 단위당 변동원가, 그리고 총고정원가 등이 일정하다는 것이다. 이러한 모형을 확정모형(deterministic model)이라고 하는데, 여기서는 단위당 판매가격, 단위당 변동원가 그리고 총고정원가 등을 예측함에 있어 현실적으로 문제가 될 불확실성은 배제하게 된다.

이상에서는 CVP 분석에 있어서의 제반 가정에 대하여 살펴보았고, 다음에는 CVP 분석에서 사용되는 기본개념들을 알아보기로 하자.

3. 기본 개념

경영자들이 판매가격·원가·판매량 등의 변화가 이익에 어떤 영향을 미치는가를 파악하는 데에는 공헌이익접근 손익계산서(contribution income statement) 작성이 유용하다. 여기서는 공헌이익접근 손익계산서를 이용하여 공헌이익·공헌이익률·원가구조·영업레버리지 등의 개념을 설명하기로 한다.

전자부품 생산업체인 신수사는 한 가지 제품만 생산하고 있으며, 2012년도 6월의 영업성과를 공헌이익접근 손익계산서로 나타내면 <표 7-4>와 같다.

표 7-4 공헌이익접근 손익계산서

손익계산서

신수사 2012. 6. 1~6. 30.

	총 액	단 위 당
매출(400단위)	₩100,000	₩250
차감: 변동원가	(60,000)	(150)
공헌이익	40,000	₩100
차감: 고정원가	(35,000)	
순 이 익	₩5,000	

(1) 공헌이익

공헌이익(contribution margin)이란 총매출수익에서 변동원가를 차감한 후에 남는 것을 가리키며 이는 한 기간 중 발생된 고정원가를 회수하는 데 공헌하고 더 나아가서 이익을 올리는 데 기여하는 금액을 말한다.

즉 <표 7-4>를 보면 매출에서 변동원가를 차감한 후 남은 공헌이익은 ₩40,000이며 이 금액으로 고정원가 ₩35,000을 회수하고 나면 순이익은 ₩5,000이 된다. 만약에 공헌이익이 고정원가를 회수하는 데 충분하지 않다면 순손실이 발생하게 된다. 예를 들어 신수사가 어느 달에 한 단위밖에 판매하지 못하였다고 가정해 보자. 이때의 손익계산서는 다음과 같이 순손실 ₩34,900을 보고하게 될 것이다.

	총 액	단 위 당
매출(1단위)	₩250	₩250
차감: 변동원가	(150)	(150)
공헌이익	100	₩100
차감: 고정원가	(35,000)	
순 손 실	₩(34,900)	

만약 추가로 한 단위를 더 판매하여 모두 두 단위를 팔았다면, 공헌이익은 ₩100이 증가하여 ₩200, 순손실은 ₩100이 감소하여 ₩34,800이 될 것이다. 만약에 이 회사가 공헌이익 ₩35,000을 벌어들일 만큼의 전자부품을 판매하였다면 회사는 모든 고정원가를 회수할 만큼의 공헌이익이 확보되기 때문에 손익분기점에 도달하게 될 것이다.

손익분기점(break-even point)이란 총매출수익이 총비용과 같아지는 조업수준을 말한다. 한 단위 판매할 때마다 공헌이익이 ₩100 증가하기 때문에 손익분기점에 도달하려면 이 회사는 350단위의 전자부품을 판매해야 할 것이며, 이때의 공헌이익접근 손익계산서는 아래와 같다.

	총 액	단 위 당
매출(350단위)	₩87,500	₩250
차감: 변동원가	(52,500)	(150)
공헌이익	35,000	₩100
차감: 고정원가	(35,000)	
순 이 익	₩0	

손익분기점에 도달하고 나면 순이익은 추가로 한 단위가 판매될 때마다 단위당 공헌이익만큼 증가하게 된다. 앞의 예에서 351단위가 판매되었다면 350단위 판매될 때 손익분기점에 도달하였고, 한 단위당 공헌이익이 ₩100이기 때문에 순이익은 ₩100이 되며, 이때의 공헌이익접근 손익계산서는 다음과 같다.

	총 액	단 위 당
매출(351단위)	₩87,750	₩250
차감: 변동원가	(52,650)	(150)
공헌이익	35,100	₩100
차감: 고정원가	(35,000)	
순 이 익	₩100	

따라서 공헌이익의 개념을 이해하고 있으면 손익계산서를 작성하지 않더라도 각 판매 단위마다의 순이익이 얼마인지를 쉽게 계산할 수 있다. 예를 들어 352단위를 판매하였다면 순이익은 ₩200[(352 − 350) × ₩100]이 될 것이며, 400단위를 판매하였다면 순이익은 ₩5,000[(400 − 350) × ₩100]이 될 것이다.

(2) 공헌이익률

수익·변동원가·공헌이익은 한 단위를 기준으로 나타낼 수도 있지만 또한 매출에 대한 비율로도 나타낼 수 있다. 400단위를 판매하였을 경우에 공헌이익접근 손익계산서를 단위와 함께 비율로 표현하면 다음과 같다.

	총 액	단위당	비 율
매출(400단위)	₩100,000	₩250	100
차감: 변동원가	(60,000)	(150)	(60)%
공헌이익	40,000	₩100	40%
차감: 고정원가	(35,000)		
순 이 익	₩5,000		

총매출액에 대한 공헌이익의 비율을 공헌이익률이라 한다. 공헌이익률(contribution margin ratio)은 총매출액이 ₩1 증가할 때마다 공헌이익이 얼마만큼 증가하는지를 나타내 준다. 위에서와 같이 공헌이익률이 40%인 경우에는 매출액이 ₩1 증가할 때마다 공헌이익은 ₩0.4씩 증가하여 결국 순이익은 ₩0.4씩 증가하게 된다. 따라서 매출액이 ₩20,000씩 증가하게 된다면 이에 따른 순이익은 ₩8,000(₩20,000×0.4)이 추가로 증가함을 공헌이익률 개념을 활용하여 쉽게 파악할 수 있다.

기업이 여러 제품라인을 가지고 있는 경우에는 단위당 공헌이익보다 공헌이익률이 경영자에게는 더 사용하기 편리한 개념이다. 공헌이익률은 비율로 나타나기 때문에 제품 간 비교가 가능하며, 다른 조건이 같다면 경영자들은 공헌이익률이 가장 큰 제품을 많이 판매함으로써 고정원가를 회수하고 이익을 극대화할 수 있다.

(3) 원가구조

원가구조(cost structure)란 한 조직에서의 고정원가와 변동원가의 상대적 비율을 말한다. 조직은 상황에 맞게 고정원가와 변동원가 간의 비율을 적절히 유지하여야 한다. 가령 생산방식에 있어서 수작업에 의존하는 대신 자동화를 확장한다면 고정원가의 비중은 점점 높아지게 될 것이다. 고정원가의 비중이 큰 원가구조가 좋은지 아니면 변동원가의 비중이 큰 원가구조가 좋은지는 일률적으로 말할 수 없다. 즉 상황에 따라서 적정한 원가구조가 달라진다.

다음 두 기업의 손익계산서를 보면서 원가구조의 의미를 보다 좀더 자세히 살펴보기로 하자. 두 기업은 서로 상반되는 원가구조를 지니고 있으며, 북부기업은 변동원가의 비중이 큰 반면에 남부기업은 고정원가의 비중이 상대적으로 더 크다.

	북부기업		남부기업	
	금 액	비 율	금 액	비 율
매출(400단위)	₩100,000	100%	₩100,000	100%
차감: 변동원가	(60,000)	(60)	(30,000)	(30)
공헌이익	40,000	40%	70,000	70%
차감: 고정원가	(30,000)		(60,000)	
순 이 익	₩10,000		₩10,000	

어떤 기업이 최적의 원가구조를 지니고 있는지는 장기적인 판매추세, 연도별 판매변화, 경영자의 위험에 대한 태도 등 여러 요인에 의해 결정된다. 만약에 미래 매출액이 ₩100,000보다 크게 나타날 추세라면 남부기업의 원가구조가 북부기업보다 양호할 것이다. 왜냐하면 남부기업의 공헌이익률이 더 크기 때문에 매출이 증가하면 더 빠른 속도로 기업의 이익이 증가하게 될 것이기 때문이다. 예를 들어 두 회사가 매출액이 똑같이 10% 증가하였다고 하자. 이때의 손익계산서는 아래와 같다.

	북부기업		남부기업	
	금 액	비 율	금 액	비 율
매출(440단위)	₩110,000	100%	₩110,000	100%
차감: 변동원가	(66,000)	(60)	(33,000)	(30)
공헌이익	44,000	40%	77,000	70%
차감: 고정원가	(30,000)		(60,000)	
순 이 익	₩14,000		₩17,000	

반면에 만약 매출액 ₩100,000이 이 기업들의 최대매출액을 의미한다면 오히려 북부기업의 원가구조가 더 유리할 것이다. 왜냐하면 북부기업은 상대적으로 공헌이익률이 낮기 때문에 매출액이 ₩100,000에서 줄어든다면 느린 속도로 공헌이익이 줄어들 것이기 때문이다. 즉 북부기업의 순이익은

남부기업의 순이익에 비해 매출의 증감에 따라 덜 민감한 변화를 보이게 될 것이다.

(4) 영업레버리지

과학에서 레버리지(지렛대)는 작은 힘으로 어떻게 큰 물체를 움직일 수 있는가를 설명해 준다. 기업에서 레버리지는 매출이나 자산의 조그마한 증가로 어떻게 순이익의 많은 증가를 이루어낼 수 있는지를 설명해 준다. 경영자가 사용할 수 있는 레버리지의 한 유형으로 영업레버리지가 있다. 영업레버리지(operating leverage)는 조직에서 사용되고 있는 고정원가의 크기와 관련된 측정치이다. 고정원가가 크고 변동원가가 작다면 영업레버리지가 큰 것이다. 기업의 영업레버리지가 크다면 이는 이익이 매출의 변화에 매우 민감하게 움직이는 것을 의미한다.

앞의 예에서 매출이 ₩100,000인 경우 북부기업과 남부기업의 총원가는 ₩90,000으로 같았다. 그런데 매출이 10% 증가했을 경우에 남부기업의 순이익은 ₩10,000에서 ₩17,000으로 ₩7,000이 증가한 반면에 북부기업의 순이익은 ₩10,000에서 ₩14,000으로 겨우 ₩4,000이 증가하였다. 이는 남부기업이 고정원가가 상대적으로 큼으로 인해 영업레버리지가 높기 때문에 상대적으로 이익이 큰 폭으로 증가하는 결과를 나타낸 것이다.

영업레버리지의 크기를 측정하는 척도로서 영업레버리지도(DOL: degree of operating leverage)라는 개념이 있다. 영업레버리지도는 매출액의 변화 정도에 대한 영업이익의 변화 정도를 나타내는 개념인데, 이를 정리하면 다음과 같이 공헌이익을 순이익으로 나눈 값과 같다.

$$\begin{aligned}
\text{DOL} &= \frac{\text{영업이익의 변화율}}{\text{매출액의 변화율}} \\
&= \frac{\triangle EBIT/EBIT}{\triangle Q/Q}\ (\text{P는 일정}) \\
&= \frac{\{\triangle Q(P-V)\}/\{Q(P-V)-FC\}}{\triangle Q/Q} \\
&= \frac{\triangle Q \cdot Q(P-V)}{\triangle Q\{Q(P-V)-FC\}}
\end{aligned}$$

$$= \frac{CM}{CM - FC}$$

$$= \frac{CM(공헌이익)}{EBIT(순이익)}$$

위의 북부기업과 남부기업의 예를 통해 설명해 보면 다음과 같다. 즉 매출액 ₩100,000에서 북부기업과 남부기업의 DOL은 각각 4(40,000/10,000)와 7(70,000/10,000)이다. 이때 매출이 10% 증가하면 북부기업과 남부기업의 순이익의 증가율은 각각 40%[(14,000－10,000)/10,000]와 70%[(17,000－10,000)/10,000]가 될 것이다. 이때 40%와 70%는 매출액증가율과 DOL의 곱이다.

7-4 손익분기점 분석

CVP 분석을 단순히 손익분기점 분석이라고도 하지만, 엄밀히 말하면 손익분기점 분석은 CVP 분석의 일부분에 지나지 않는다. 설명의 편의를 위해서 다음 자료를 이용하기로 하자.

자 료 손익분기점 분석

신수사의 자료는 다음과 같다.

단위당 판매가격(p)	₩250
단위당 변동원가(b)	₩150
한달간 총고정원가(a)	₩35,000

1. 손익분기점 계산

손익분기점(break－even－point)이란 총매출수익이 총비용과 같아지는 조업수준을 의미한다. 손익분기점을 산출하는 방법으로는 등식법(equation method)과 단위당 공헌이익법(unit contribution method)이 있다.

(1) 등 식 법

총수익과 총비용이 같다는 등식은 다음과 같이 표현될 수 있다.

총수익=총비용
총수익=총고정원가+총변동원가

여기서 총수익은 단위당 판매가격(p)에 판매량(X)을 곱한 것이고, 총변동원가용은 단위당 변동원가(b)에 판매량(X)을 곱한 것이며, 총고정원가(a)는 상수이므로 위의 식은 다음과 같이 표현될 수 있다.

$$p \cdot X = a + b \cdot X$$ <등식 7-6>

즉 단위당 판매가격×판매량=총고정원가+단위당 변동원가×판매량

위의 등식에 신수사의 자료를 대입하여 손익분기점을 구하면 다음과 같다.

₩250X=₩35,000+₩150X
₩100X=₩35,000
X=350단위

즉 350단위를 판매하면 총매출액은 ₩87,500(350×₩250)이 된다. 이때 총원가는 변동원가 ₩52,500(350×₩150)과 고정원가 ₩35,000의 합인 ₩87,500이 되어 총수익과 같게 된다.

(2) 단위당 공헌이익법

단위당 공헌이익법은 근본적으로 앞서 설명한 등식법과 같은 것이며, 단지 등식법을 약간 변형시킨 것에 불과하다. <등식 7-6>에서 우변의 총변동원가를 좌변으로 넘기면 다음과 같이 된다.

$$p \cdot X - b \cdot X = a$$ <등식 7-7>

즉 총수익-총변동원가=총고정원가
단위당 판매가격×판매량-단위당 변동원가 판매량=총고정원가

<등식 7-7>은 총수익에서 총변동원가를 차감한 값, 즉 공헌이익이 총

고정원가와 같으면 손익분기점이 된다는 것을 나타내 준다. 손익분기점을 산출하기 위해 <등식 7-7>을 X에 대하여 풀면,

$$p\cdot X-b\cdot X=a$$
$$(p-b)X=a$$

그러므로

$$X=\frac{a}{p-b} \qquad \text{<등식 7-8>}$$

$$\text{손익분기점수량}=\frac{\text{총고정원가}}{\text{단위당 판매가격}-\text{단위당 변동원가}}$$
$$=\frac{\text{총고정원가}}{\text{단위당 공헌이익}}$$

<등식 7-8>에 신수사의 자료를 대입하여 손익분기점을 산출하면 다음과 같다.

$$X=\frac{₩35,000}{₩250-₩150}=\frac{₩35,000}{₩100}=350\text{단위}$$

앞서 설명한 바와 같이 $p-b$(단위당 판매가격−단위당 변동원가)를 단위당 공헌이익이라 하는데, 단위당 공헌이익은 제품 한 단위를 추가로 생산하여 판매할 때의 순이익의 증가액을 의미한다. 여기서는 350단위를 판매하면 단위당 공헌이익이 ₩100이므로 총공헌이익이 ₩35,000(350×₩100)이 되어 총고정원가와 같아지고 손익분기점에 도달된다.

<등식 7-8>에서 양변에 판매가격(p)을 곱하면 다음과 같이 된다.

$$X=\frac{a}{p-b}$$
$$X\cdot p=\frac{a}{p-b}\cdot p=\frac{a}{\frac{p-b}{p}} \qquad \text{<등식 7-9>}$$
$$\text{손익분기점매출액}=\frac{\text{총고정원가}}{\frac{\text{단위당 공헌이익}}{\text{단위당 판매가격}}}=\frac{\text{총고정원가}}{\text{공헌이익률}}$$

즉 총고정원가를 공헌이익률로 나누면 손익분기점에 도달하는 수익이 산

출된다. <등식 7-9>에 신수사의 자료를 대입하여 손익분기점 매출액을 산출하면 다음과 같다.

$$X\cdot\ p=\frac{₩35,000}{\frac{₩250-₩150}{₩250}}=\frac{₩35,000}{40\%}=₩87,500$$

한편 단위당 공헌이익을 단위당 판매가격으로 나눈 것을 공헌이익률이라 하며, 이것은 매출액 ₩1이 증가할 때의 순이익의 증가액을 의미한다. 신수사의 공헌이익률은 판매가격 ₩250마다 공헌이익이 ₩100이므로 40%이다. 단위당 공헌이익이나 공헌이익률을 활용하여 손익분기점을 산출하는 단위당 공헌이익법은 특히 다양한 제품라인을 지니고 있는 상황에서 유용한 기법이다.

2. 그래프의 활용

(1) CVP 그래프

CVP 분석은 CVP 그래프(cost-volume-profit graph)를 사용할 수도 있다. 앞서 예시된 신수사의 자료를 이용해서 CVP 그래프를 그리면 <도표 7-10>과 같다.

도표 7-10 CVP 그래프에 의한 분석

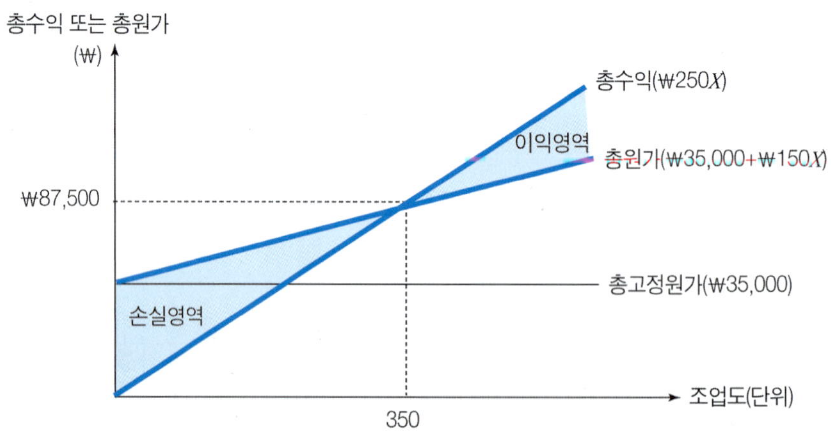

총수익과 총원가는 종(Y)축에서 측정되며 조업도는 횡(X)축에서 측정된다. CVP 그래프는 다음과 같은 순서로 작성한다. 우선 총수익과 총원가에 대한 선을 그린다. 총수익을 나타내는 직선은 원점을 지나며 기울기가 ₩250이고, 총원가를 나타내는 직선은 준변동원가로써 고정원가가 ₩35,000, 그리고 단위당 변동원가가 ₩150이다. 이 두 선이 교차하는 지점이 손익분기점인데 Y축을 읽으면 ₩87,500이며, X축을 읽으면 350단위이다. 조업도가 손익분기점보다 크면 이익이 발생하고, 반대로 조업도가 손익분기점보다 작으면 손실이 발생한다. 이익(또는 손실)의 크기는 주어진 조업도에서의 총수익과 총원가의 수직적 거리로 나타난다.

(2) 이익–조업도 그래프

CVP 그래프는 조업도가 변화함에 따라 수익 및 원가가 어떻게 변화하는가를 나타내 주고 결과적으로 수익과 원가의 차이인 이익이 조업수준에 따라 어떻게 움직이는지를 보여준다. 그러나 이익–조업도 그래프는 조업도가 변화함에 따라 이익이 어떻게 움직이는지를 보여준다. 신수사의 자료를 이용하여 이익–조업도 그래프(profit–volume graph)를 그려보면 <도표 7–11>과 같다.

도표 7-11 이익-조업도 그래프에 의한 분석

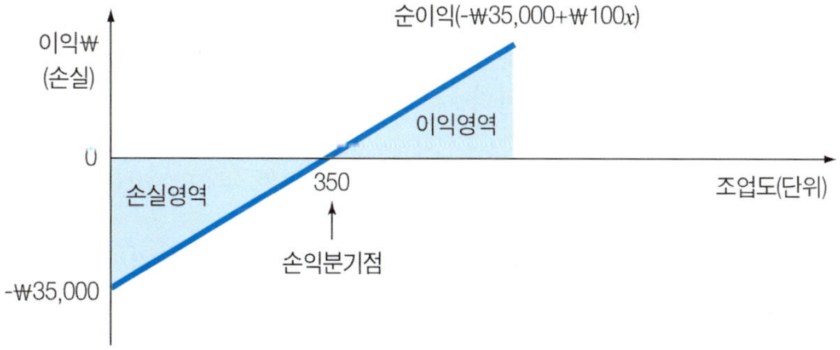

이익–조업도 그래프에는 CVP 그래프와는 달리 수익과 비용이 나타나 있지 않다. 따라서 조업도와 이익 간의 관계에만 관심을 갖고 있는 경영자들은 이

익-조업도 그래프를 선호하게 된다. 이익-조업도 그래프에서는 Y축에는 순이익(또는 순손실)이 측정되며, X축에는 조업도가 측정된다. 순이익선은 손익분기점에서 X축을 지나게 되며, <도표 7-11>에서는 조업도가 350단위일 때에 순이익선이 X축을 지나고 있다. Y축과 만나는 점은 -₩35,000인데 이는 조업도가 0일 때 순손실을 의미하는데 순손실액은 총고정원가와 같다. 또한 순이익선의 기울기는 단위당 공헌이익인 ₩100(₩250-₩150)이 된다. 따라서 순이익선의 기울기가 ₩100이란 것은 조업도가 한 단위 증가할 때마다 순손실이 ₩100씩 감소하거나 또는 순이익이 ₩100씩 증가함을 의미한다.

3. 목표순이익 분석

CVP 분석이 손익분기점 분석과 다른 점은 손익분기점 분석에서는 손익분기점의 달성만이 주요 관심사인 데 비해, CVP 분석에서는 보다 적극적으로 목표순이익을 달성하려면 조업수준이 얼마나 되어야 할 것인가를 생각한다. 여기서는 순이익목표가 법인세차감전(과세전) 순이익으로 나타낼 때와 법인세차감후(과세후) 순이익으로 나타낼 때로 구분하여 살펴보기로 하자.

(1) 과세전 목표순이익이 주어진 경우

과세전 목표순이익이 주어진 경우 이를 달성하려면 경영자는 매출액으로 고정원가와 변동원가는 물론 과세전 목표순이익까지 회수하여야 한다. 이때의 등식은 다음과 같이 표현된다.

총수익=총고정원가+총변동원가+과세전 목표순이익

과세전 목표순이익을 π라 표시하면 위 식은 다음과 같이 나타낼 수 있다.

$$p \cdot X = a + b \cdot X + \pi \qquad \text{<등식 7-10>}$$

<등식 7-10>에서 우변의 $b \cdot X$항을 좌변으로 넘기면,

$$p \cdot X - b \cdot X = a + \pi$$

$$(p-b)X=a+\pi$$

따라서

$$X=\frac{a+\pi}{p-b} \qquad \text{<등식 7-11>}$$

$$\text{목표조업도}=\frac{\text{총고정원가}+\text{과세전 목표순이익}}{\text{단위당 판매가격}-\text{단위당 변동원가}}$$
$$=\frac{\text{총고정원가}+\text{과세전 목표순이익}}{\text{단위당 공헌이익}}$$

앞의 신수사의 경우 과세전 목표순이익을 ₩5,000으로 설정해 놓고 있다면 이때 조업도는 다음과 같이 결정된다.

$$\text{목표조업도(판매량)}=\frac{₩35,000+₩5,000}{₩250-₩150}=\frac{₩40,000}{₩100}=400\text{단위}$$

즉 신수사는 ₩5,000의 과세전 목표순이익을 달성하기 위해서 손익분기점 판매량 350단위보다 50단위 더 많은 400단위를 판매하여야 한다.

(2) 과세후 목표순이익이 주어진 경우

목표이익이 과세후 순이익(당기순이익)으로 주어진 경우에는 우선 주어진 과세후 목표순이익을 과세전 순이익으로 전환시켜야 한다. 그 후에 <등식 7-11>을 사용하면 목표조업도가 결정된다.

과세후 순이익을 과세전 순이익으로 전환시키는 방법을 알아보기 위해 우선 간단한 예를 하나 살펴보기로 하자.

예제 7-3 과세후 순이익의 산정

법인세율이 40%일 경우 과세전 순이익이 ₩100이라면 과세후 순이익은 얼마이겠는가?

[해 답]

과세전 순이익 − 법인세 = 과세후 순이익

₩100 − ₩100(0.4) = ₩60

여기서 우리는 법인세율이 40%일 때 과세후 순이익 ₩60은 과세전 순이익 ₩100과 동일하다는 사실을 알 수 있다. <예제 7-3>를 일반화시키면 다음과 같은 식을 산출해 낼 수 있다. 다음 식에서 NIBT는 과세전 순이익(net income before tax)을 의미하고 NIAT는 과세후 순이익(net income after tax)을 의미하며, t는 법인세율(tax rate)을 의미한다.

과세전 순이익－법인세＝과세후 순이익
과세전 순이익－과세전 순이익×법인세율＝과세후 순이익
과세전 순이익(1－법인세율)＝과세후 순이익
$\text{NIBT}(1-t)=\text{NIAT}$

그러므로

$$\text{NIBT}=\frac{\text{NIAT}}{(1-t)} \qquad \text{<등식 7-12>}$$

$$\text{과세전 순이익}=\frac{\text{과세후 순이익}}{1-\text{법인세율}}$$

예제 7-4 과세후 목표순이익 달성을 위한 목표판매량의 산정

앞에 제시된 자료와 같이 단위당 판매가격이 ₩250, 단위당 변동원가가 ₩150, 총고정원가가 ₩35,000일 경우 신수사가 과세후 목표순이익을 ₩6,000으로 설정해 놓고 있다면 이 회사는 몇 단위를 판매하여야 하겠는가? 단, 법인세율은 40%이다.

[해 답]

우선 과세후 목표순이익 ₩6,000을 과세전 목표순이익으로 전환시켜 보자.

$$\text{과세전 순이익}=\frac{\text{과세후 순이익}}{1-\text{법인세율}}=\frac{₩6,000}{1-0.4}=₩10,000$$

이를 〈등식 7-11〉에 대입시켜 보면,

$$\text{목표판매량}=\frac{₩35,000+₩10,000}{₩100}=\frac{₩45,000}{₩100}=450\text{단위}$$

즉 신수사는 ₩6,000의 과세후 목표순이익을 달성하기 위해서 과세전 목표순이익 ₩10,000을 달성해야 하며, 이를 위해 손익분기점 350단위보다 100

단위 더 많은 450단위를 판매하여야 한다.

4. 안전한계

안전한계(M/S: margin of safety)는 예산상(또는 실제)의 매출액이 손익분기점 매출액을 초과하는 정도를 가리킨다. 즉 이는 매출액이 현 수준에서 어느 정도까지 감소되어야 손실이 나타나는지를 알려준다. 이를 등식으로 표현하면 다음과 같다.

안전한계(M/S) = 실제 매출액 − 손익분기점 매출액 <등식 7−13>

$$\text{안전한계비율} = \frac{\text{안전한계}}{\text{실제매출액}}$$ <등식 7−14>

M/S에 관한 계산이 <표 7−5>에 나타나 있다.

표 7−5 안전한계

	북부기업		남부기업	
	금　액	비 율	금　액	비 율
매출(400단위)	₩200,000	100%	₩200,000	100%
차감: 변동원가	(150,000)	(75)	(100,000)	(50)
공헌이익	50,000	25%	100,000	50%
차감: 고정원가	(40,000)		(90,000)	
순 이 익	₩10,000		₩10,000	
손익분기점 매출액				
₩40,000 ÷ 25%	₩160,000			
₩90,000 ÷ 50%			₩180,000	
안전한계(M/S)				
₩200,000−₩160,000	₩40,000			
₩200,000−₩180,000			₩20,000	
안전한계비율(M/S 비율)				
₩40,000 ÷ ₩200,000	20%			
₩20,000 ÷ ₩200,000			10%	

<표 7−5>에 나타난 두 기업은 매출액과 순이익이 똑같으나 M/S를 보

면 북부기업이 ₩40,000인 데 비해 남부기업은 ₩20,000이다. 이러한 안전한계상의 차이는 두 기업의 원가구조가 상이하기 때문에 나타난다. 남부기업은 고정원가의 비중이 상대적으로 높기 때문에 매출액이 감소하면 금방 순이익이 손익분기점 이하로 떨어지지만, 북부기업은 고정원가의 비중이 상대적으로 낮기 때문에 안전한계가 ₩40,000으로 남부기업의 ₩20,000에 비해 크다.

안전한계는 비율로도 나타낼 수 있는데, 총매출액과 손익분기점매출액의 차이로 나타난 안전한계를 실제매출액으로 나누면 안전한계비율이 산정된다. <표 7-5>에 나타난 바와 같이 북부기업의 안전한계비율은 20%인 데 반해 남부기업의 안전한계비율은 10%이다.

5. CVP 분석의 활용

경영자들은 CVP 분석을 계획수립 및 의사결정의 여러 상황에 활용할 수 있다. 구체적으로 활용방법을 알아보기 위해서 앞서 제시한 신수사의 예를 이용하기로 하자. 신수사가 생산한 부품의 단위당 판매가격은 ₩250이며, 단위당 변동원가는 ₩150이다. 또한 한 달간 고정원가는 ₩35,000이다.

예제 7-5 고정원가 및 판매량의 변화

현재 신수사가 매달 400개의 부품을 판매하고 있다고 가정하자. 판매담당경영자는 월 광고비예산을 ₩10,000 증액하면 월 매출액이 ₩30,000(판매부품이 120개) 증가될 것으로 예측하고 있다. 신수사는 광고비예산을 증액시켜야 하겠는가?

[해 답]

이에 대한 해답을 얻는 방법으로는 다음 두 가지가 있다.

① 총액접근방법

	증액하지 않는 경우	증액하는 경우	차 액
매 출	₩100,000	₩130,000	₩30,000
차감: 변동원가	(60,000)	(78,000)	(18,000)
공헌이익	40,000	52,000	12,000

차감: 고정원가	(35,000)	(45,000)	(10,000)
순 이 익	₩ 5,000	₩ 7,000	₩ 2,000

광고비예산을 증가시키는 경우 순이익이 ₩2,000 증가함으로 신수사는 광고비를 증액시켜야 한다.

② 순액접근방법

$$\text{공헌이익률} = \frac{\text{단위당 판매가격} - \text{단위당 변동원가}}{\text{단위당 판매가격}} = \frac{₩250 - ₩150}{₩250} = 40\%$$

공헌이익증가액 = 매출액증가액 × 공헌이익률
= ₩30,000 × 40% = ₩12,000

고정원가증가액 = ₩10,000(광고비는 불확정 고정원가임)

순이익증가액 = 공헌이익증가액 – 고정원가증가액
= ₩12,000 – ₩10,000 = ₩2,000

따라서 신수사는 광고비예산을 증가시켜야 한다.

순액접근방법(incremental approach)을 사용하면 의사결정을 내리기 위해서 기존의 매출액이 얼마인지를 알 필요도 없으며, 손익계산서를 작성할 필요도 없다. 단지 공헌이익의 증가액과 고정원가의 증가액만 파악하여 전자가 후자보다 크면 광고비의 증액을 정당화시킬 수 있게 된다. 따라서 CVP 분석을 잘 이해하고 있으면 보다 간편한 순액접근방법으로 의사결정을 내릴 수 있다.

예제 7-6 변동원가 및 판매량의 변화

현재 신수사는 매달 400개의 부품을 판매하고 있으며, 경영자들은 부품을 생산하는 데 보다 값싼 원재료를 사용하여 단위당 변동원가를 ₩25 절감시킬 수 있다. 그런데 변동원가의 절감으로 말미암아 품질이 저하되어 월 판매량이 50단위 감소될 것으로 예상된다. 신수사는 어떤 결정을 내려야 하겠는가?

[해 답]

여기서는 순액접근방법으로 문제를 풀어보자. 고정원가는 변동이 없으므로 기존의 총공헌이익과 값싼 원재료를 사용했을 때의 총공헌이익을 비교하면 의사결정을 내릴 수 있다.

현행 총공헌이익 = 판매량 × 단위당 공헌이익

= 400 × ₩100 = ₩40,000

원재료 변경시 총공헌이익 = 판매량 × 단위당 공헌이익

= 350 × ₩125 = ₩43,750

원재료를 값싼 것으로 대체할 경우 총공헌이익이 더 크므로 원재료를 대체한다.

예제 7-7 고정원가, 판매가격 및 판매량의 변화

현재 신수사는 매달 400개의 부품을 판매하고 있다. 판매량을 증가시키기 위해서 경영층은 단위당 판매가격은 ₩20씩 인하시키고, 월 광고비예산은 ₩15,000 증가시키려 한다. 이러한 조치가 취해지면 판매량은 현재 수준에서 50% 증가하리라 기대된다. 신수사는 이러한 조치를 취해야 하겠는가?

[해 답]

우선 판매가격을 ₩20씩 인하시키면 단위당 공헌이익은 ₩100에서 ₩80으로 감소된다. 또한 판매량은 400단위에서 600단위로 증가된다. 따라서 총공헌이익의 증가액은 다음과 같다.

조치후 기대 총공헌이익 = 판매량 × 단위당 공헌이익

= 600단위 × ₩80 = ₩48,000

현행 총공헌이익 = 400단위 × ₩100 = ₩40,000

공헌이익의 증가액 = 조치후 기대 총공헌이익 – 현행 총공헌이익

= ₩48,000 – ₩40,000 = ₩8,000

그런데 고정원가는 ₩15,000 증가되므로 순이익은 오히려 ₩7,000(₩15,000 – ₩8,000)이 감소하게 된다. 따라서 이 회사는 가격인하 조치와 광고비증액조치를 취하지 말아야 할 것이다.

예제 7-8 변동원가, 고정원가 및 판매량의 변화

현재 신수사는 매달 400개의 부품을 판매하고 있다. 판매담당경영자는 현재판매원들에게 매달 총 ₩6,000씩 월급을 지급(고정월급제)하고 있는데, 이를 판매부품 단위당 ₩15씩의 커미션을 지급하는 방안(커미션제)으로 변경하려 한다. 이러한 변경은 월간 판매량을 15% 증가시킬 것으로 기대된다. 신수사의 판매원의 급여지급방법을 고정월급제에서 커미션제로 바꾸어야 하겠는가?

[해 답]

급여지급방법의 변경은 월 고정원가를 총 ₩6,000 감소시키는 반면 단위당 변동원가는 ₩15씩 증가하여 ₩165이 된다. 따라서 단위당 공헌이익은 현행 ₩100으로부터 ₩85으로 감

소된다. 그러나 월 판매량은 현행 400단위로부터 15% 증가한 460단위가 될 것이다. 이 상황에서 의사결정은 총공헌이익의 감소액이 고정원가의 감소액 ₩6,000에 비해 크냐 작으냐에 달려 있다.

변경후 기대 총공헌이익 = 판매량 × 단위당 공헌이익
= 460단위 × ₩85 = ₩39,100

현행 총공헌이익 = 400단위 × ₩100 = ₩40,000

공헌이익의 감소액 = 현행 총공헌이익 − 변경후 기대 총공헌이익
= ₩40,000 − ₩39,100 = ₩900

공헌이익의 감소액 ₩900은 고정원가의 감소액 ₩6,000보다 ₩5,100이 작으므로 변경후 순이익은 ₩5,100이 증가될 것으로 기대된다. 따라서 급여지급방법의 커미션제로의 변경은 바람직하다.

예제 7-9 정상판매가격의 변화

현재 신수사는 매달 400단위의 부품을 판매하고 있다. 그런데 한 부품 도매상으로부터 가격만 맞으면 150단위의 부품을 구입하겠다는 제안을 받고 있다. 이 판매는 현행 판매에 아무런 영향을 미치지 않을 것으로 기대된다. 신수사는 순이익을 ₩3,000 증가시키기 위해서 이 도매상에게 부품 한 단위당 얼마씩 판매하여야 하겠는가?

[해 답]

신수사는 이미 손익분기점을 넘어선 400단위를 판매하고 있기 때문에 도매상에게 판매할 부품의 가격결정에는 단지 변동원가와 순이익의 증가만을 고려하면 된다. 부품 150단위를 판매하여 순이익을 ₩3,000 증가시키려면 단위당 판매가격은 단위당 변동원가 ₩150에 목표순이익 ₩20(₩3,000/150단위)을 더한 ₩170으로 결정하면 된다.

이상에서 우리는 CVP 분석을 이용한 제반 의사결정상황을 살펴보았다. 지금까지 이 장에서 살펴본 CVP 분석은 단일제품만을 고려한 경우였다. 앞으로는 절을 달리하여 여러 제품을 생산판매하는 경우의 CVP 분석을 살펴보기로 하자.

7-5 매출배합

1. 정 의

매출배합(sales mix)은 수량을 기준으로 정의할 수도 있고 금액을 기준으로 정의할 수도 있는데 본서에서는 여러 제품을 판매하는 경우 총매출액에서 각 제품 매출액이 차지하는 상대적인 비율 또는 총매출수량에서 각 제품의 매출수량이 차지하는 상대적 비율을 매출배합으로 정의하기로 한다. 경영자들은 총이익의 극대화가 나타나는 배합을 달성하려 할 것이다.

대부분의 기업들은 여러 제품을 판매하고 있으며, 이들 제품은 각기 다른 공헌이익률을 지니고 있다. 따라서 총매출액이 같은 경우라 할지라도 공헌이익률이 큰 제품을 상대적으로 많이 판매하면 공헌이익률이 작은 제품을 많이 판매하는 경우보다 순이익이 더 크게 나타날 것이다. 따라서 우리는 단일제품을 판매하는 경우에는 매출액의 크기에 의해 순이익이 결정되지만 여러 제품을 판매하는 경우에는 순이익은 매출액의 크기뿐만 아니라 매출배합에 따라서도 좌우된다는 사실을 기억해야 한다.

2. 매출배합과 손익분기점 분석

한 기업이 두 개 이상의 제품을 판매하는 경우 손익분기점분석은 앞서 논의한 것보다 훨씬 복잡해진다. 제품마다 상이한 판매가격·변동원가·공헌이익을 갖고 있는데, 여러 제품의 경우 손익분기점은 매출배합에 따라 달라지기 때문이다. 여러 제품의 경우 손익분기점을 산출하는 방법으로는 제품패키지 접근방법(package of goods approach)과 가중평균 공헌이익률 접근방법(weighted average contribution margin approach)이 있다. 다음의 예를 사용하여 설명하기로 하자.

예제 7-10 매출배합과 손익분기점 분석

마포사는 두 종류의 선풍기를 생산판매하고 있다. 하나는 작은 선풍기인데 단위당 판매가격은 ₩10,000이고, 단위당 변동원가는 ₩4,000이다. 또 다른 하나는 큰 선풍기인데 단위당 판매가격은 ₩20,000이고, 단위당 변동원가는 ₩12,000이다. 마포사의 월 고정원가는 제조비가 ₩6,400,000 그리고 판매 및 일반관리비가 ₩4,000,000으로 총 ₩10,400,000이 될 것으로 예상한다. 그리고 이 회사는 작은 선풍기가 3대 판매될 때마다 큰 선풍기는 한 대씩 판매되는 것으로 예측하고 있다. 이때 이 회사의 손익분기점은 얼마이겠는가?

[해　　답]

1. 제품패키지(꾸러미) 접근방법

마포사의 매출배합은 작은 선풍기가 3대 판매될 때마다 큰 선풍기가 한 대씩 판매됨으로 제품패키지 한 단위 속에는 작은 선풍기 3대와 큰 선풍기 한 대로 구성된다고 가정하자. 그러면 제품패키지 한 단위당 공헌이익은 다음과 같다.

	작은 선풍기 3대	큰 선풍기 1대	총　　액
판매가격	₩30,000	₩20,000	₩50,000
차감: 변동원가	(12,000)	(12,000)	(24,000)
공헌이익	₩18,000	₩8,000	₩26,000

즉 제품패키지 한 단위를 판매하면 총공헌이익은 ₩26,000이 된다. 따라서 손익분기점은 다음과 같이 계산된다.

$$\text{손익분기점} = \frac{\text{총고정원가}}{\text{패키지 한 단위당 공헌이익}}$$

$$= \frac{₩10,400,000}{₩26,000} = 400\text{패키지}$$

패키지 한 단위 속에는 작은 선풍기가 3대, 큰 선풍기가 1대씩이 들어 있으므로 손익분기점 400패키지는 작은 선풍기 1,200대, 그리고 큰 선풍기 400대를 판매하는 것을 의미한다.

작은 선풍기 1,200대, 그리고 큰 선풍기 400대 판매하는 경우의 손익계산서를 작성해 보면 다음과 같다.

	작은 선풍기	큰 선풍기	총　액
매　　출	₩12,000,000	₩8,000,000	₩20,000,000
차감: 변동원가	(4,800,000)	(4,800,000)	(9,600,000)
공헌이익	₩7,200,000	₩3,200,000	10,400,000
차감: 고정원가			(10,400,000)
순 이 익			₩0

즉 총매출액이 ₩20,000,000일 때 손익분기점이 된다. 이는 매출배합이 작은 선풍기 3대를 판매할 때마다 큰 선풍기 1대씩 판매할 때의 손익분기점이다. 매출배합이 달라지면 손익분기점 매출액도 달라지게 된다. 작은 선풍기의 공헌이익률은 60%[(₩10,000－₩4,000) ÷ ₩10,000]이고, 큰 선풍기의 공헌이익률은 40%[(₩20,000－₩12,000) ÷ ₩20,000)]이다. 따라서 공헌이익률이 높은, 작은 선풍기의 비중이 현행 매출배합보다 커지면 손익분기점 매출액이 현행 ₩20,000,000보다 적어질 것이며, 반대로 공헌이익률이 낮은, 큰 선풍기의 비중이 현행 매출배합보다 커지면 손익분기점 매출액은 현행 ₩20,000,000보다 커질 것이다.

2. 가중평균 공헌이익률 접근방법

작은 선풍기의 공헌이익률은 60%이며 큰 선풍기의 공헌이익률은 40%이므로, 가중평균 공헌이익률은 40%에서 60% 사이에 있게 된다. 즉 매출배합이 작은 선풍기만 거의 100% 판매하는 경우에는 가중평균 공헌이익률이 60%에 육박하게 되며, 반대로 큰 선풍기만 거의 100% 판매하는 경우에는 가중평균 공헌이익률이 40%에 가깝게 된다. 그리고 작은 선풍기와 큰 선풍기를 각각 50%씩 판매하는 경우에는 가중평균 공헌이익률이 40%와 60%의 중간인 50%가 될 것이다. 여기서 각각 50%씩 판매한다는 의미는 전체매출액에서 각 개별제품의 매출액이 차지하는 비율이 각각 50%씩을 점한다는 것이다. 그러므로 가중평균 공헌이익률은 다음과 같이 산정된다.

가중평균 공헌이익률

$$=\text{작은 선풍기의 공헌이익률} \times \frac{\text{작은 선풍기 매출액}}{\text{전체 매출액}} + \text{큰 선풍기의 공헌이익률} \times \frac{\text{큰 선풍기 매출액}}{\text{전체 매출액}}$$

마포사의 매출배합은 작은 선풍기가 3대 판매될 때마다 큰 선풍기가 1대씩 판매되므로 두 제품간의 매출액 구성비는 작은 선풍기가 ₩30,000 판매될 때마다 큰 선풍기는 ₩20,000씩 판매되는 것이다. 따라서 전체 매출액에서 작은 선풍기의 매출액의 비율은 60%이고 큰 선풍기의 매출액 비율은 40%가 된다.

그러므로 마포사의 가중평균 공헌이익률은 다음과 같다.

마포사의 가중평균 공헌이익률

$$=60\% \times \frac{₩30,000}{₩50,000} + 40\% \times \frac{₩20,000}{₩50,000}$$

$$=36\% + 16\% = 52\%$$

즉 마포사는 현행 매출배합을 유지할 경우 매출이 ₩1씩 증가할 때마다 공헌이익이 평균적으로 ₩0.52씩 달성됨을 알 수 있다. 따라서 마포사의 손익분기점 매출액은 다음과 같다.

$$\text{손익분기점 매출액} = \frac{\text{고정원가}}{\text{가중평균 공헌이익률}}$$

$$= \frac{₩10,400,000}{52\%} = ₩20,000,000$$

총매출액에서 작은 선풍기의 비중이 60% 그리고 큰 선풍기의 비중이 40%를 차지하므로 손익분기점이 실현될 때 작은 선풍기의 매출액은 ₩12,000,000 그리고 큰 선풍기의 매출액은 ₩8,000,000이 된다.

3. 커미션의 결정

한편, 소유와 경영이 분리된 경우에 경영자로 하여금 주주의 이익을 극대화하도록 유인하기 위해서 경영자에게 고정급 이외에 성과에 따라 커미션을 지급하기도 한다. 이러한 경우에는 매출액을 기준으로 커미션을 지급하는 것보다는 공헌이익을 기준으로 지급하는 것이 보다 합리적이다.

두 경영자 A와 B가 각각 벌어들인 매출액과 공헌이익액을 비교해 보면서 커미션의 지급기준에 대하여 생각해 보기로 하자. A 경영자는 평균공헌이익률 25%인 제품 ₩1,000,000을 판매하여 공헌이익 ₩250,000을 기여한 반면, B 경영자는 평균공헌이익률 50%인 제품 ₩600,000을 판매하여 공헌이익 ₩300,000을 기여하였다. 이때 매출액을 기준으로 해서 5%의 커미션을 주게 되면 A, B 경영자는 각각 매출액의 크기에 비례하여 ₩50,000과 ₩30,000을 받게 된다. 그러나 공헌이익 자료를 들여다보면 A 경영자보다 B 경영자의 업적이 더 좋음을 알 수 있다. 궁극적으로 이익의 증대를 가져다주는 것은 매출액의 증가가 아니라 공헌이익의 증가에 있음을 감안해보면 커미션의 지급기준으로는 매출액보다 공헌이익액이 채택되어야 할 것이다.

	매 출 액	공헌이익률	공헌이익	매출액기준 커미션(5%)	공헌이익기준 커미션(20%)
A경영자	₩1,000,000	25%	₩250,000	₩50,000	₩50,000
B경영자	600,000	50%	300,000	30,000	60,000

지금까지 설명된 CVP 분석은 단기적인 이익계획과 관련하여 생산 및 판매계획의 수립 등 예산편성의 기초자료를 제공하는 데 그 목적이 있으며, 그 외에도 중점 관리해야 할 제품계열의 선정, 제품의 가격책정, 마케팅전략, 특정생산부문의 확장 및 폐지 여부 결정, 시설활용 등 주요 의사결정에 매우 중요한 정보를 제공한다. 이에 대한 자세한 내용은 고급단계에서 논하도록 한다.

7-6 종합예제

다음 자료는 한강사의 2012년 영업결과이다.

손익계산서

한 강 사 2012. 1. 1～2012. 12. 31

	고정원가	변동원가	
매출액(20,000단위 × ₩300)			₩6,000,000)
비 용:			
직접재료원가		₩1,200,000	
직접노무원가		1,600,000	
제조간접원가	₩1,200,000	800,000	
판매·관리비	400,000	400,000	
합 계	₩1,600,000	₩4,000,000	(5,600,000)
법인세차감전 순이익			₩400,000)
법인세(40%)			(160,000)
법인세차감후 순이익			₩240,000)

[요구사항]

각 문제는 독립적이다.

1. 계정분류법에 의하여 원가추정방정식을 결정하라. 단 법인세는 무시하시오.
2. 손익분기점 판매수량을 결정하라.
3. 2012년의 안전한계 매출액을 결정하라.
4. 만약 경영자가 단위당 판매가격 및 단위당 변동원가는 일정하게 유지하고 고정원가를 ₩200,000을 증가시키기로 결정하는 경우 손익분기점 판매수량을 결정하라.
5. 현재의 원가구조가 그대로 유지된다는 가정 하에 법인세 차감후 순이익 ₩360,000을 달성할 수 있는 판매수량을 결정하라.
6. 경영자는 새로운 제품을 추가로 생산하려고 한다. 그러나 새로운 제품을 추가로 생산하기 위해서는 현재의 제품생산을 2,000단위 감소시켜야 한다. 새로운 제품을 추가생산하기 위한 기회비용은 얼마인가?(법인세 효과는 무시하시오)

[해　　답]

1. 단위당 변동원가 $= \frac{₩4,000,000}{20,000} = ₩200$

따라서, 원가추정방정식 $= 1,600,000 + 200X$

2. $X^* = \frac{₩1,600,000}{(₩300 - ₩200)} = 16,000$단위

3. $₩6,000,000 - 16,000 \times ₩300 = ₩1,200,000$

4. $X^* = \frac{(₩1,600,000 + ₩200,000)}{(₩300 - ₩200)} = 18,000$단위

5. (법인세차감후 순이익) ₩360,000 = (법인세차감전 순이익) $\pi \times (1 - 0.4)$에서

$\pi = ₩600,000$

따라서, $X = \frac{(₩1,600,000 + ₩600,000)}{(₩300 - ₩200)} = 22,000$단위

6. 현재 제품생산 2,000단위에 대한 공헌이익이 기회비용이다.

따라서, $2,000 \times (₩300 - ₩200) = ₩200,000$

7-7 요　약

1. 원가행태

조업도 변화에 따라 총원가가 변하는 양상의 원가행태라 하며 원가행태에 따라 원가는 변동원가, 고정원가, 계단식 변동원가, 그리고 준변동원가로 분류한다. 관리회계에서는 조업도와 총원가 간에 선형관계가 있다고 가정하는데 이를 위해서 관련범위의 개념이 필요하다. 관련범위는 한 기업이 단기간 동안 활동을 효율적으로 수행할 수 있는 범위를 말하며, 이 범위 내에서는 활동과 총원가 간에 선형관계가 있다.

2. 원가의 추정

과거자료를 분석하여 원가행태를 파악하고 이를 통하여 단위당 변동원가

와 총고정원가를 도출하는 것을 원가추정이라 한다. 원가추정 방법으로는 회계적 접근방법과 통계적 접근방법이 있는데 회계적 접근방법으로는 계정분석법, 고저점법, 준평균법 등이 있고 통계적 접근방법으로는 산포도법, 최소자승법 등이 있다.

3. CVP 분석의 의의와 목적

CVP 분석은 ① 제품가격, ② 조업도, ③ 단위당 변동원가, ④ 총고정원가, ⑤ 제품배합 등 여러 요인들과 이익 간의 상호관계를 설명해 주는 모형이다. 이 분석에서는 단기적으로 조업도가 변화함에 따라 수익은 어떻게 움직이며, 또한 비용은 어떻게 변동하여 결국 수익과 비용의 차액인 이익이 어떻게 달라지는가를 설명한다. CVP 분석은 단기적인 이익계획과 관련하여 생산 및 판매계획의 수립 등 예산편성의 기초자료를 제공하는 데 그 목적이 있으며, 그 외에도 중점 관리해야 할 제품계열의 선정, 제품의 가격책정, 마케팅 전략, 특정생산부문의 확장 및 폐지 여부 결정, 시설활용 등 주요 의사결정에 매우 중요한 정보를 제공한다.

4. CVP 분석의 기본가정

CVP 분석의 기본가정들은 다음과 같다. 즉 ① 원가와 수익의 행태는 관련범위 내에서 선형이며, ② 모든 원가는 고정원가와 변동원가로 분류할 수 있으며, ③ 각 기간별 재고수준은 일정하며, ④ 단일제품만을 고려하며, ⑤ 원가나 수익에 영향을 미치는 변수는 조업도뿐이며, ⑥ 마지막으로 단위당 판매가격, 단위당 변동원가 그리고 총고정원가 등이 일정하다는 것이다.

5. CVP 분석과 관련된 기본개념

CVP 분석의 기초가 되는 기본개념에는 공헌이익, 공헌이익률, 원가구조, 그리고 영업레버리지 등이 있다. 공헌이익은 매출액에서 변동원가를 차감한 금액을 말하며, 공헌이익률은 공헌이익을 매출액으로 나눈 값으로써 공헌이익률이 높다는 것은 일정수준 이상에서는 판매의 증가가 더욱 큰 이익률의 증가를 수반함을 의미한다. 원가구조란 한 조직에서의 고정원가와 변동원가의 상대적 비율을 말하며, 영업레버리지는 고정원가가 전체 비용 중에서 어느 정도 점하고 있는가의 척도로써 고정원가가 높은 회사는 영업레버리지가 높다.

6. 손익분기점의 산출

손익분기점을 산출하는 방법으로는 등식법과 단위당 공헌이익법이 있다. 한 기업이 두 개 이상의 제품을 판매하는 경우 손익분기점분석은 훨씬 복잡하다. 왜냐하면 제품마다 상이한 판매가격·변동원가·공헌이익을 갖고 있는데, 이는 여러 제품의 경우 손익분기점은 매출배합에 따라 달라지기 때문이다. 여러 제품의 손익분기점을 산출하는 방법으로는 제품패키지(꾸러미) 접근법과 가중평균 공헌이익률 접근법이 있다.

Management Accounting

익/힘/문/제

01 원가-조업도-이익 분석의 의의와 가정을 설명하시오.

02 공헌이익 및 공헌이익률의 의미와 경영자가 이를 어떻게 활용할 수 있는가에 대하여 설명하시오.

03 영업레버리지가 의미하는 바에 대하여 설명하시오.

04 기업 A의 비용은 대부분 변동원가인 반면 기업 B의 비용은 대부분 고정원가로 구성되어 있다. 호황기에 어느 회사의 순이익이 더 빠르게 증가할 것인지 설명하시오.

05 고정원가가 변하는 것이 변동원가가 변하는 것보다 기업의 입장에서 더욱 중요하다는 의견에 대하여 설명하시오.

06 손익분기점이 의미하는 바에 대하여 설명하시오.

07 손익분기점을 구하는 방법에 대하여 간략하게 설명하시오.

08 원가-조업도-이익 그래프와 이익-조업도 그래프의 차이점에 대하여 설명하시오.

09 다음과 같은 상황이 발생할 때 원가-조업도-이익 그래프의 형태가 어떻게 변화할 것인가에 대하여 설명하시오.

① 판매가격의 인하

② 고정원가의 증가

③ 단위당 변동원가의 증가

10 안전한계의 의미에 대하여 설명하시오.

11 기업 X와 Y는 같은 산업에 종사하고 있다. 기업 X는 제조공정이 고도로 자동화되어 있지만, 기업 Y는 노동력에 의존하고 있다. 두 기업의 매출이 같다면 어느 기업의 여유안전도가 더 작을 것인가에 대하여 설명하시오.

12 매출배합이 의미하는 바와 원가-조업도-이익 분석에서 활용될 수 있는 가정에 대하여 설명하시오.

13 매출배합의 변동으로 인하여 손익분기점이 높아지고 순이익이 작아지는 경우에 대하여 설명하시오.

Chapter 07 연습문제 Management Accounting

[객관식]

1 대한회사의 지난 6개월간 전력비는 다음과 같다. 기계시간이 전력비에 대한 원가동인이라면 32,375기계시간이 예상되는 7월의 전력비는 고저점법에 의해 얼마로 추정되는가?

(2008, 세무사)

월 별	기계시간	전 력 비
1월	34,000	₩610,000
2월	31,000	586,000
3월	33,150	507,000
4월	32,000	598,000
5월	33,750	650,000
6월	31,250	575,000

① ₩259,000 ② ₩338,000 ③ ₩595,000
④ ₩597,000 ⑤ ₩600,000

2 (주)세무의 제조간접언가는 소모품비, 감독자급여, 수선유지비로 구성되어 있다. 이 회사의 제조간접원가의 원가동인은 기계시간으로 파악되었다. (주)세무의 20×1년 1월, 2월, 3월 및 4월 각각에 대해 실제 사용한 기계시간과 제조간접원가의 구성 항목별 실제원가는 다음과 같다.

월	기계시간	소모품비	감독자급여	수선유지비	총제조간접 원가합계
1월	70,000	₩56,000	₩21,000	₩121,000	₩198,000

2월	60,000	48,000	21,000	₩105,000	₩174,000
3월	80,000	64,000	21,000	₩137,000	₩222,000
4월	90,000	72,000	21,000	153,000	246,000

(주)세무는 원가추정에 고저점법을 이용한다. 20×1년 5월에 75,000기계시간을 사용할 것으로 예상되는 경우 설명이 옳은 것은? (2014, 세무사)

① 5월의 예상 소모품비는 ₩55,000이다.
② 5월의 예상 수선유지비는 ₩129,000이다.
③ 5월의 예상 변동제조간접원가는 ₩170,000이다.
④ 5월의 예상 고정제조간접원가는 ₩21,000이다.
⑤ 5월의 예상 총제조간접원가는 ₩220,000이다.

3 손익분기점분석의 기본가정과 한계에 관한 설명으로 옳지 않은 것은? (2009, 세무사)

① 단위당 판매가격은 수요 · 공급의 원리에 따라 판매량을 증가시키기 위해서는 낮추어야 한다는 것을 가정한다.
② 모든 원가는 고정원가와 변동원가로 나누어질 수 있으며, 고정원가는 매출수량의 증가에 관계없이 관련범위 내에서 일정하고, 변동원가는 매출수량의 증가에 정비례하는 것을 가정한다.
③ 의사결정이 이루어지는 관련범위 내에서 조업도만이 원가에 영향을 미치는 유일한 요인이라고 가정한다.
④ 원가요소, 능률, 생산성은 일정범위 내에서 변동하지 않으며, 생산 · 관리 · 판매의 효율성에도 변동이 없다고 가정한다.
⑤ 대부분의 원가요소는 기간이 매우 길 경우에는 변동원가가 되며, 기간이 매우 짧은 경우에는 고정원가가 될 것이므로 원가와 원가동인의 관계가 지속적으로 성립될 것으로 기대되는 예측가능한 범위를 정하여야 한다.

4 (주)창원은 냉장고를 구입하여 판매하는 회사이다. 20×1년 냉장고의 단위당 판매가격은 ₩10,000이며, 변동원가율은 80%이다. 판매량이 5,000대 이하인 경우 고정판매비는 ₩8,500,000이며, 판매량이 5,000대를 초과한 경우 고정판매비는 ₩11,000,000이다. (주)창원은 세후순이익 ₩1,450,000을 달성하기 위해서는 몇 대의 냉장고를 판매해야 하는가?(단, (주)창원의 법인세율은 세전이익 ₩1,000,000 이하까지는 25%이며, ₩1,000,000 초과분에 대해서는 30%이다) (2010, 세무사)

① 4,250대 ② 4,500대 ③ 4,750대
④ 5,250대 ⑤ 6,500대

5 대한회사는 단위당 ₩50에 제품을 생산 · 판매한다. 대한회사의 단위당변동원가는 직접재료원가 ₩14, 직접노무원가 ₩5, 변동제조간접원가 ₩3, 변동판매관리비 ₩2이다. 연간 총고정원가는 고정제조간접원가 ₩55,000, 고정판매관리비 ₩80,200이다. 대한회사가 단위당 판매가를 ₩50에서 ₩48으로 인하할 경우, 기존의 연간 손익분기점 판매량을 유지하려면 연간 총고정원가를 얼마나 줄여야 하는가? (2008, 세무사)

① ₩10,400 ② ₩13,200 ③ ₩15,300
④ ₩124,800 ⑤ ₩135,000

6 (주)세무항공은 항공기 1대를 이용하여 김포와 제주간 노선을 주 5회 왕복운항하고 있으며, 이 항공기의 좌석수는 총110석이다. 이 노선의 항공권은 1매당 편도요금은 ₩30,000이고, 항공권을 대행판매하는 여행사에 판매된 요금의 3%가 수수료로 지급되며, 항공권 1매당 예상되는 기내식사비용은 ₩1,100이다. 편도운항당 연료비는 ₩700,000이 소요되며, 비행설비 임차료와 공항사용료는 매주 ₩4,800,000이며 승무원 급여와 복리후생비는 매주 ₩7,800,000이 발생한다. (주)세무항공이 손익분기점에 도달하기 위해 매주 최소 판매해야 할 항공권 수량은? (2014, 세무사)

① 475매 ② 575매 ③ 600매
④ 700매 ⑤ 775매

7 (주)서강은 위성라디오를 제조하는 회사이다. 울산에 있는 공장의 연간 생산능력은 50,000단위이다. 최근에 회사는 판매가격 ₩21,000에 40,000단위를 판매하고 있다. 이 제품의 원가구조는 다음과 같다.

단위당 변동제조원가	₩9,000
고정제조원가	160,000,000
단위당 변동마케팅원가	2,000
고정마케팅원가	120,000,000

제조부서에서는 새로운 사양을 추가하기 위해서 제조공정을 변화시킬 것을 제안했다. 제조공정의 변화는 고정제조원가를 ₩20,000,000 증가시키고 단위당 변동제조원가를 ₩400 증가시키게 된다. 현재 판매량인 40,000단위를 기준으로 할 때, 회사가 제조공정의 변화 후에도 최소한 기존의 영업이익을 유지하기 위해서는 단위당 판매가격을 얼마로 해야 하는가? (2004, CPA)

① ₩10,950 ② ₩18,900 ③ ₩19,900
④ ₩21,500 ⑤ ₩21,900

8 단일제품을 판매하는 A사는 3월 총매출액(다른 수익은 없음) ₩70,000이 총원가 ₩91,000 보다 작아 결과적으로 ₩21,000의 손실을 기록했다. A사 제품의 현재 판매단가는 단위당 ₩100, 공헌이익률은 20%이다. A사는 상황을 타개하기 위해 대대적인 판촉활동과 가격인상을 병행하기로 했다. 이로 인해 고정판매원가는 ₩15,000만큼 늘어나게 되지만 단위당 변동원가는 변하지 않는다. A사가 세후 ₩28,000의 이익을 실현하려면 예상 판매량이 1,000개일 경우 판매가격은 얼마로 책정되어야 하는가? (단, 세율은 30%로 가정한다.) (2003, CPA)

① ₩170　② ₩155　③ ₩158
④ ₩131　⑤ ₩144

9 (주)태종의 올해 예상판매량은 20,000단위이다. 판매가격 및 원가자료는 다음과 같다.

단위당 판매가격	₩80
단위당 변동제조원가	45
연간 고정제조간접원가	300,000 (감가상각비 ₩40,000 포함)
단위당 변동판매관리비	10
연간 고정판매관리비	100,000 (감가상각비 ₩12,500 포함)

법인세율은 40%이다. 다음 중 옳은 것은? (1997, 세무사)

	손익분기점	현금흐름분기점		손익분기점	현금흐름분기점
①	16,000단위	13,000단위	②	14,000단위	12,000단위
③	16,000단위	12,500단위	④	16,500단위	14,000단위
⑤	16,000단위	13,400단위			

10 (주)서강은 A, B, C 세 가지 제품을 만들고 있는 회사이다. 이들 제품에 관한 자료는 다음과 같다.

	제품 A	제품 B	제품 C
단위당 판매가격	₩120	₩100	₩150
단위당 변동원가	72	70	120

또한 월 고정원가는 ₩40,000이다. 세 가지 제품의 매출구성비(매출액 기준)가 5 : 2 : 3일 때, ₩12,000의 세전순이익을 달성하기 위하여 필요한 총매출액은 얼마인가? (2001, 세무사)

① ₩128,200　② ₩125,000　③ ₩166,667
④ ₩162,500　⑤ ₩150,000

11 (주)서강은 다음과 같은 네 가지 제품을 생산하고 있다.

	제품 A	제품 B	제품 C	제품 D
단위당 판매가격	₩10	₩15	₩20	₩25
단위당 변동원가	8	12	16	20

당기에 발생한 고정원가는 ₩1,000이며, 네 가지 제품의 매출액기준 매출구성비율은 4(제품 A) : 3(제품 B) : 2(제품 C) : 1(제품 D)이다. 세금효과는 무시하고 ₩500의 목표이익을 실현하기 위하여 필요한 총매출액을 계산하면 얼마인가? (2005, CPA)

① ₩5,000　② ₩7,500　③ ₩10,000
④ ₩15,000　⑤ ₩20,000

12 (주)한지는 제품 A와 제품 B를 생산 · 판매한다. (주)한지는 변동원가계산방법을 사용하며 당기 예상판매 및 예상원가 자료는 다음과 같다. (2008, CPA)

구 분	제품 A	제품 B	합 계
판매수량	300개	700개	1,000개
총매출액	₩30,000	₩42,000	₩72,000
총변동원가	₩15,000	₩21,000	₩36,000
총고정원가			₩21,600

매출배합이 일정하다고 가정하고 손익분기점을 달성하기 위한 두 제품의 판매수량은 각각 얼마인가?

	제품A	제품B
①	130개	504개
②	162개	378개
③	180개	420개
④	203개	473개
⑤	210개	490개

13 (주)세무는 단일 제품을 생산 · 판매하고 있으며, 단위당 변동원가는 ₩400이고, 손익분기매출액은 ₩100,000이고, 공헌이익률은 20%이다. 목표이익 ₩80,000을 달성하기 위한 제품의 생산 · 판매량은? (2013, 세무사)

① 1,000단위　② 1,100단위　③1,200단위
④ 1,300단위　⑤ 1,400단위

14 (주)아래 그래프를 이용할 경우, (주)국세가 안전한계율 37.5%를 달성하는 데 필요한 목표 판매수량은 몇 단위인가? (2013, 세무사)

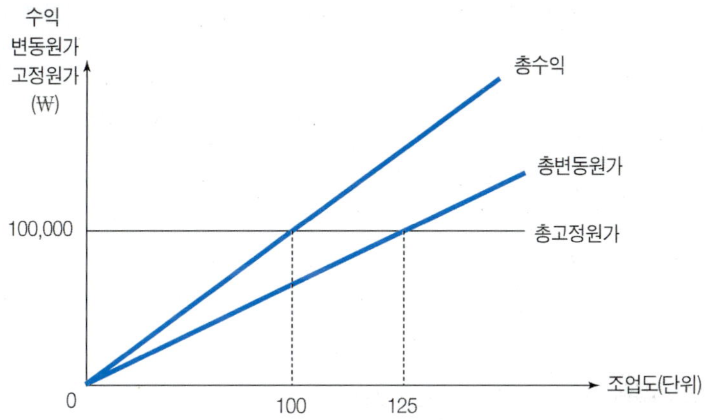

① 600단위　② 700단위　③ 800단위
④ 900단위　⑤ 1,000단위

15 (주)대한은 한복 A와 한복 B를 생산하여 판매하고 있다. 한복 A와 한복 B의 제작에 사용되는 재료인 명주와 염료는 1년에 각각 100kg과 150리터만 확보가 가능하다. 한복 A에 대한 시장수요는 무한하나, 한복 B에 대한 시장수요는 연간 70단위이다. 단위당 공헌이익 및 생산관련 재료사용량이 다음과 같을 때 최적 제품배합에 의한 총공헌이익은 얼마인가? (2013, CPA)

구분	한복A	한복B
단위당 공헌이익	₩3,000	₩1,000
단위당 명주 사용량	1kg	1kg
단위당 염료 사용량	2리터	1리터

① ₩225,000　② ₩200,000　③ ₩160,000
④ ₩150,000　⑤ ₩100,000

[주관식]

7-1 서강피자하우스는 월 판매량의 변화에 따라 다음과 같은 원가정보를 산출하였다.

원가항목	월 판매량(단위) 5,000	8,000	10,000
매출원가	₩52,500	₩84,000	₩105,000
급 여	42,500	44,000	45,000
배 달 료	12,500	20,000	25,000
임 차 료	12,000	12,000	12,000
감가상각비	3,000	3,000	3,000
전 기 료	5,000	5,600	6,000
소모품비	1,500	1,800	2,000
관 리 비	13,000	13,000	13,000
총 계	₩142,000	₩183,400	₩211,000

[요구사항]

1. 각 원가를 변동원가, 고정원가 또는 준변동원가(혼합비) 등으로 분류하시오.
2. 각 원가별 원가추정식($Y=a+bX$)을 산출한 후 이를 집계하여 총원가의 원가추정식을 나타내시오.
3. 월 판매량이 9,500단위일 때 총원가는 얼마나 되겠는가?

7-2 서강산업은 단일제품을 생산하여 판매하고 있다. 이 제품의 판매가격은 단위당 ₩40으로 공헌이익률은 30%이다. 이 회사의 고정원가는 연간 ₩180,000이다.

[요구사항]

1. 단위당 변동원가를 구하시오.
2. 등식법을 이용하여 다음에 답하라(각 문제는 독립적임).
   (1) 손익분기점 매출량과 매출액을 구하시오.
   (2) 연간 ₩60,000의 순이익을 내기 위하여 필요한 매출량과 매출액을 구하시오.
   (3) 가격이 싼 원재료를 사용하여 변동원가용을 단위당 ₩4만큼씩 절감할 수 있게 되었다고 가정하자. 이 회사의 새로운 손익분기점 매출량과 매출액을 구하시오.

7-3 단일제품을 생산하여 판매하고 있는 (주)서강은 2002년 중 60,000단위를 생산하여 판매하였다. 제품 단위당 판매가격은 ₩50이며, 단위당 변동제조원가는 ₩30이고, 고정제조간접원가는 연간 ₩750,000이다. 단위당 변동판관비는 ₩5이고, 고정판관비는 연간 ₩75,000이다.

[요구사항]

1. 손익분기점 판매량과 매출액을 구하시오.
2. 안전한계와 안전한계율을 구하시오.
3. 2002년도 순이익을 계산하시오.
4. 위의 자료를 기초로 CVP 도표와 PV 도표를 나타내 보시오.

7-4 (주)서강의 자료는 다음과 같다. 기말재고와 기초재고는 없으며, 총 20,000단위를 생산하여 판매하였다.

매 출	₩1,000,000
변 동 비	₩(700,000)
공헌이익	₩300,000
고 정 비	₩(180,000)
	₩120,000

[요구사항]

1. (주)서강의 공헌이익률을 구하시오.
2. (주)서강의 손익분기점 판매량을 구하시오.
3. (주)서강의 영업레버리지도를 구하시오.

7-5 영화산업은 장난감을 생산하는 회사로서, 신형 장난감의 생산을 준비중이다. 이 회사는 매월 16,000단위의 장난감을 생산하기에 충분한 생산능력을 갖추고 있다. 이 제품을 한 단위 생산·판매하는 데 소요되는 변동원가는 ₩1.25이고 고정원가는 월간 ₩35,000이다.

이 회사의 판매부서는 이 신형 장난감의 수요가 16,000단위를 초과할 것이라고 예상하고 초과되는 수요는 외부시설을 임차하여 충당하기로 하였다. 임차된 시설에 대하여 매월 ₩1,000의 임차료를 지급하여야 하며, 이 시설을 이용하여 한 단위를 생산·판매하는데 소요되는 변동원가는 ₩1.40이다. 신형 장난감의 판매가격은 단위당 ₩3이다.

[요구사항]

1. 신형 장난감의 월간 손익분기 매출량과 매출액을 구하시오.
2. 매월 ₩12,000의 순이익을 달성하려면 매월 몇 단위를 판매하여야 하겠는가?
3. 만일 판매담당자에게 매월 손익분기점을 초과하는 수량의 매 단위마다 ₩0.10의 보너스를 지급하고, 매월 투자된 고정원가에 대하여 25%의 수익률을 얻으려면 몇 단위를 판매하여야 하는가?

7-6 (주)서강은 내년에 다음의 예산정보를 계획하고 있다.

	제품 A	제품 B	제품 C	계
매　　출	₩85,714	₩1,000,000	₩177,777	₩1,263,491
변동원가	(25,714)	(800,000)	(97,777)	(923,491)
공헌이익	₩60,000	₩200,000	₩80,000	₩340,000
고정원가				255,000
순 이 익				₩85,000

제품 A의 예상매출량은 20,000단위, 제품 B의 예상매출량은 100,000단위, 제품 C의 예상매출량은 80,000단위이다.

[요구사항]

1. 주어진 제품믹스 하에 (주)서강의 손익분기점 매출액을 구하시오.
2. 만약 예상 매출배합이 유지된다면, 300,000단위가 팔릴 경우 총공헌이익과 순이익을 구하시오.

7-7 마포산업은 단위당 ₩20씩 판매되는 제품을 생산하고 있다. 변동원가는 단위당 ₩8이고, 고정원가는 연간 총 ₩180,000이다.

[요구사항]

1. 이 제품의 공헌이익률을 구하시오.
2. 1.에서 산정된 공헌이익률을 이용하여 손익분기 매출액을 구하시오.
3. 수요의 증가로 인하여 이 회사는 다음년도 매출액이 ₩75,000 증가할 것으로 예측하였다. 고정원가가 변하지 않는다고 가정하였을 때 순이익은 얼마나 증가(또는 감소)하겠는가?
4. 작년도 이 회사의 영업성과는 다음과 같다.

매　　출	₩400,000
변동원가	(160,000)
공헌이익	240,000
고정원가	(180,000)
순 이 익	₩ 60,000

1) 주어진 자료만을 가지고 현재의 매출 하에서 영업레버리지를 구하시오.
2) 이 회사 사장은 금년도 매출이 20% 증가할 것이라고 예측하였다. 순이익은 몇 %나 증가하겠는가?

5. 이 회사가 작년에 18,000단위를 판매하였다고 가정하자. 영업부장은 단위당 판매가격을 10% 인하하고 광고비를 ₩30,000 증가시키면, 연간 매출량이 현재보다 1/3만큼 증가할

것이라고 예측하였다. 이러한 예측을 바탕으로 작년의 영업성과와 변화가 이루어진 후의 영업성과에 대한 공헌이익접근방법의 손익계산서를 각각 작성하시오. 또한 이 회사가 영업부장이 제시한 대로 현 상태를 변화시켜야 하는가에 대하여 설명하시오.

6. 이 회사가 작년에 18,000단위를 판매하였다고 가정하자. 사장은 판매가격이 변하는 것을 원하지 않고 있으며, 그 대신 판매수수료를 단위당 ₩1씩 증가시키는 방법을 원하고 있다. 그는 이러한 변화와 함께 광고비를 약간 증가시킨다면, 연간 매출을 25% 증가시킬 것이라고 생각하고 있다. 순이익에 변화가 없게 한다면 광고비를 얼마까지 증가시킬 수 있는가? 순액접근방법을 활용하시오.
7. 불황으로 인하여 이 회사는 단지 연간 14,000단위밖에 판매하지 못하였다. 그러던 중 소매업자로부터 4,000단위를 특정가격으로 구매하겠다는 특별주문을 받았다. 이 회사가 연간 ₩20,000의 순이익을 달성하려 한다면, 소매업자에게 얼마의 가격을 제시해야 하는가? (단, 현재의 매출은 이 특별주문에 의해 영향받지 않는다)

7-8 불규칙적인 매출형태로 인하여 서강상사는 어려움을 겪고 있다. 지난 달 이 회사의 손익계산서는 다음과 같다.

매출(19,500단위 × ₩30)	₩585,000
변도원가	(409,500)
공헌이익	175,500
고정원가	(180,000)
순 손 실	₩(4,500)

[요구사항] 각 문제는 독립적이다.

1. 이 회사의 공헌이익률과 매출수량 및 금액으로 나타낸 손익분기점을 구하시오.
2. 사장은 매월 광고비를 ₩16,000씩 증가시키고 영업사원들이 노력을 하면, 매월 매출이 ₩80,000씩 증가할 것이라고 확신하고 있다. 만일 사장이 옳다면 회사의 월간 순이익 또는 손실에 어떠한 영향을 미칠 것인가?
3. 영업부장은 판매가격을 10% 인하하고 매월 광고비를 ₩60,000씩 증가시키면, 매원 매출량이 두 배로 증가할 것이라고 확신하고 있다. 이러한 변화가 이루어진다고 할 때의 손익계산서를 작성하시오.
4. 사장은 제품의 포장을 새롭게 하면 매출이 증가할 것이라고 생각하고 있다. 새로운 제품포장을 하게 되면 단위당 포장비용이 ₩0.75 증가한다. 다른 비용에는 영향이 없다고 가정할 때, 매월 ₩9,750의 순이익을 내려면 매출량이 얼마나 돼야 하겠는가?
5. 제조공정이 자동화되면서 이 회사의 변동원가는 단위당 ₩3이 절감되었으나 고정원가는 매월 ₩72,000이 증가하였다.
   (1) 새로운 공헌이익률과 매출수량 및 금액으로 나타낸 손익분기점을 구하시오.

(2) 이 회사는 다음 달에 26,000단위를 판매할 것으로 예측하고 있다. 그러한 예측 하에서 자동화되지 못한 공정에서의 손익계산서와 자동화된 공정에서의 손익계산서를 각각 작성하시오.

(3) 이 회사가 제조공정을 자동화해야 하는가에 대하여 설명하시오.

6. 대형 유통회사가 이 회사의 제품을 매월 5,000단위씩 특별가격에 구입하겠다는 주문을 해왔다. 이 거래가 성립되면 단위당 변동판매비를 ₩1만큼 절감시킬 수 있다. 매월 ₩18,000의 순이익을 내기 원한다면 이 회사는 유통회사에 얼마의 가격으로 제시하여야 하겠는가? 단, 이 거래로 인하여 현재의 매출은 영향받지 않는다.

7-9 서강상사는 A, B 그리고 C의 세 가지 제품을 생산 판매하고 있다. 다음 달의 판매계획 및 서강상사의 비용구조는 다음과 같다(소수점 아래 네 자리까지 사용하여 계산하고 답에는 소수점 이하는 반올림할 것).

	제 품			총 액
	A	B	C	
매출계획	₩150,000	₩400,000	₩200,000	₩750,000
변동원가	108,000	80,000	82,000	

서강상사의 고정원가는 매월 ₩450,000이 발생하는데, 모두 공통고정원가이다. 한 달 뒤의 매출실적을 보니 계획한 대로 ₩750,000을 달성하였는데, 제품별로는 A가 ₩300,000, B가 ₩180,000, C가 ₩270,000이었다(단, 각 제품별 공헌이익률은 일정하다).

[요구사항]

1. 판매계획을 수립할 당시의 손익분기 매출액을 구하시오.
2. 판매실적에 의한다면 손익분기 매출액을 구하시오.
3. 달성된 순이익(손실)을 구하시오.
4. 판매계획대로 총매출액을 달성하였는데 순이익이 예산과 다른 이유는 무엇인지 설명하시오.

7-10 서강사의 2001년도 손익계산서는 다음과 같다.

매 출 액	₩200,000
변동원가	(140,000)
공헌이익	₩60,000
고정원가	(40,000)
과세전 순이익	₩20,000
법 인 세	(8,000)
과세후 순이익	₩12,000

2001년도에 서강사는 단일제품 10,000단위를 생산·판매하였다. 변동원가는 매출액의 70%이며, 법인세율은 40%이다. 또한 고정원가는 조업수준과는 전혀 무관하다. 아래 요구사항은 서로 독립적이며, CVP 분석에 있어서의 모든 가정들은 유효하다.

[요구사항]

1. 2002년도의 생산·판매량이 12,000단위로 예측된다면 이때 과세후 순이익은 얼마나 될 것인가?
2. 2002년도의 과세후 목표순이익을 ₩30,000으로 책정하였다면 서강사는 몇 단위를 생산·판매하여야 하겠는가?
3. 매출액의 15%를 과세후 순이익으로 벌어들이려면 매출액은 얼마가 되어야 하겠는가?

"쉬어 가기"

"작년 사상최대 실적은 전직원 참여하는 시스템의 힘"

- 방영민 서울보증보험 사장 -

2011.4.27 문화일보

"세계 초일류 기업으로 도약하기 위한 채비를 갖추자." 방영민(63) 서울보증보험 사장이 직원들에게 입버릇처럼 하는 말이다. 제조업 분야에서 삼성·현대기아차·LG 등 세계적 기업이 많고, 문화분야에서 세계로 뻗는 한류, 스포츠 분야에서도 박지성과 김연아 등 세계적 플레이어가 있듯 금융분야에서 서울보증보험을 국가 대표 금융사로 키워나가겠다는 것이 그의 포부다. 베트남, 인도, 중국, 이란, 쿠웨이트, 아부다비, 에콰도르…. 불모지나 다름없던 해외 보증보험 시장을 개척하기 위해 그의 발은 피스톤처럼 쉼없이 현장을 누볐다.

지난 25일 서울 종로구 연지동 서울보증보험 집무실에서 만난 방 사장은 묵직한 질감을 내는 와인과 같은 최고경영자(CEO)였다. 인간적이고 열정적이면서, 논리도 정연했다. 직원들과 영화도 같이 보고, 번개미팅을 통해 곧잘 맥주잔을 기울이기도 하는 그의 친화력은 직원들의 단결과 열정, 관심 등 3박자를 이끌어내는 '소통의 힘'을 솔선수범해서 보여주고 있다는 평을 듣고 있다. 이날 배석한 간부가 지난 21일 방 사장이 직원들과 속리산 13.3㎞를 종주하면서 가이드도 따돌릴 정도로 발군의 체력을 보여줬다고 들려줬다. 경영자의 역할과 관련해 방 사장은 "나는 미드필더"라고 말했다. 강한 체력이 요구되는 포지션이다.

"일방적으로 지시하는 것이 아니라 쌍방향 커뮤니케이션을 중시합니다. 미드필더는 후방의 공을 받아서 전방으로 차 주고, 필요할 때는 공격 최전방에 서야 합니다. 수비 시에는 최종수비 못지않게 수비도 같이 해야 하지요. CEO가 위에 동떨어져 있어서는 직원들과 비전을 공유할 수 없죠."

이 같은 팀워크가 사상 최대 실적을 이뤄내는 원동력이 됐다. 지난해 서울보증보험의 당기순이익은 7614억원에 달했다. 창립 이래 최대의 실적이다. 최대 레이스는 이어진다. 세계 4대 보증회사 중 최고 실적, 최대 보험료 실적, 국내 주요 금융회사 중 1인당 당기순이익 1위(1인당 6억6000만원) 달성, 자산운용 수익률 1위, 지급여력비율 1위 등으로 기염을 토했다. 우선주자본금(공적자금) 1조1795억원도 전액 조기에 상환키로 했다. 국제회계기준(IFRS) 도입에 맞춰 정관을 바꿔 2012년 1월에 상환할 1996억원을 앞당겨서 갚기로 했다. 방 사장은 "공적자금뿐 아니라 이연변제금(CP) 및 후순위 차입금에 대한 원리금 6041억원을 갚고도 이익의 25%를 회사 자기자본 건전성을 위해 쌓을 수 있었다"며 "지난 3년간 자산이 1조원 이상 늘어나 지금은 5조6000억원을 넘어섰다"고 설명했다. '수익, 안전, 건전성이라는 세 마리 토끼를 잡자'는 지난 10년간의 목표가 달성됐다고 자신했다. 금융감독원 종합검사의 경영실태평가에서 종합등급 1등급을 획득한 것도 창립 이래 최고점수다. 선제적 리스크 관리와 뛰어난 실적 등을 바탕으로 지난 1월 세계적 신용평가기관인 피치는 서울보증보험의 신용등급을 'A 부정적'에서 금융기관 중 최고이자, 대한민국 국가 신용등급 수준인 A^+ 안정적으로 상향조정했다. 최근 4년 남짓 사이에 노사화합 분위기 속에 서울보증보험이 글로벌 우량 금융회사로 재탄생한 것은 그의 열정이 빚어낸 결과물이기도 하다. 이같은 경영실적에 대해 업계 안팎에서는 "기적에 가깝다"는 평가가 나오고 있다.

경영의 비법을 묻자 방 사장은 가볍게 구부린 손을 앞으로 활짝 펼쳐보이면서 "시스템을 통해 모든 일의 해법을 도출한다"고 말했다. 그는 "여직원 유니폼 하나를 선정할 때도 공개경쟁으로 업체를 선정한 뒤 여직원들이 직접 투표로 뽑도록 했고, 인사도 지연 · 혈연 · 학연을 없애고 인사위원회를 통해 2배수를 추천하도록 했다"며 "인사에 불만이 있는 사람들에게 인사 결과를 직접 공개해 납득할 수 있도록 하고 있다"고 말했다. 방 사장이 자랑하는 또 하나의 강점은 관리 회계 시스템의 첨단화, 전산화로 종합 시너지 효과를 내고 있다는 점이다.

"이전에는 기획부에서 지점별로 목표를 할당했어요. 저는 참고치로 목표를 갖도록 하되 강요하지 말라고 했지요. 대신 비용 · 수익분석제도(CVP)를 도입, 각 지점이 한 달에 얼마를 벌고, 직원들이 쓰는 돈이 얼마인지를 계량화했어요. 각 지점별로 번 돈에서 쓴 돈을 빼보니 절반 이상의 지점이 타지점에서 벌어오는 것을 까먹고 있었습니다. 직원들이 다 놀랐어요. 이같은 결과를 1등부터 꼴찌까지 공표하니 자세가 달라지더군요. 신입 사원이 들어오면 서로 데려가려고 했는데 지금은 비용이 많이 드니까 다시 한 번 생각해 보는 거죠. 분기별 표창을 할 때도 투명한 결과가 나옵니다."

조직문화 혁신을 추진하면서 도전정신을 이끌어내는 것은 결코 쉬운 일이 아니다. '더 멀리, 더 길게 내다보자'고 발상을 바꾼 게 주효했다. 방 사장은 "예전 캐치프레이즈가 매출 1조 달성이었는데 이를 '세계 일류 금융기관으로 도약하자'로 바꿨다"며 "일류 엘리트 금융회사가 되기 위해 구성원 모두가 마음가짐과 몸가짐을 바꾸고, 여기에 실력까지 갖추자고 주문했다"고 말했다. 임원들에게는 영업의 달인뿐만 아니라 "보상, 구상, 해외 등 각 부문에서도 달인을 찾아내자"고 했다. 방 사장의 집념 덕에 '달인 찾기'라는 말이 사내에서 통하는 공용어가 됐다고 한다.

"우리 직원들의 강점은 세 가지입니다. 어려운 경험을 많이 하다 보니 부패를 절대적으로 멀리하고 도덕성과 투명성이 뛰어납니다. (공적자금 투입기관이다 보니) 검사와 감독을 많이 받아왔는데, 최근에는 평가 때마다 호평을 받고 있지요. 직원들이 모두 겸손하고 팀워크도 좋습니다. 순간 판단에 밀리면 단 몇 건에 1조원의 빚을 질 수도 있는 곳이 보증기관인데, 우리 직원들의 데이터 분석 능력은 탁월합니다."

방 사장이 달인과 스타플레이어를 강조하는 것은 긍정의 철학을 가진 승부사만이 기업미래를 여는 활력소가 된다고 믿기 때문이다. 방 사장은 이따금 대학에서 특강을 할 때 학생들에게 "오늘은 우리 인생의 유일한 날이다. 리허설은 없다"는 얘기를 자주 꺼낸다. 대학생들의 얼굴에 '가슴이 철렁 내려앉는다'는 표정이 스친다고 한다. 재정부 금융정보분석원장(차관보급)을 지낸 사람답게 "정책 믹스를 하듯 시간도 우선순위에 따라 촘촘하게 짜야 하루가 보람있다"고 말하곤 한다. 그는 이야기를 스피드 있게 이어갔다.

"대학생들에게 '내가 갖고 있는 서울보증 사장 자리하고 프랑스 박사학위, 아파트와 재산을 몽땅 다 줄 테니 나하고 위치를 바꿀 의향이 있느냐'고 물어보면 예외없이 고개를 절레절레 흔듭니다. '나하고 바꾸지 않으면 60년을 더 살게 될 텐데 희망과 도전, 긍정정신을 가져야 한다. 20대 초반에 패배자처럼 부정적으로 살면 안 된다'고 강조하죠. 열들만 패배의식에 젖어 살면 정신병에 걸릴 것이고 서서히 심신이 죽어갈 수밖에 없죠."

이같은 철학에 따라 방 사장은 경영에서도 '무(無)에서 유(有)를 창조한다'는 도전정신을 내세웠다. 서울보증보험을 국제경쟁력을 갖춘 금융사로 키우는 데 혼신의 힘을 쏟았다. 직접 발품을 팔아 세계적 재보험사인 스위스리 사장과 만나고, 중동의 주요 은행장, 해외 재무분야 고위 간부 등을 접촉하면서 네트워크를 쌓았다. 이런 네트워크는 국내 금융기관 중 최단기간 내 해외사무소 개설(서울보증보험 하노이 대표사무소), 최초 중국 및 중동 진출 등의 굵직굵직한 성과로 나타났다. 방 사장이 2008년 국제영업부를 신설하고 잇달아 베트남, 중국 등에 지사를 설치하는 등 숨쉴틈 없이 해외 사업을 진행한 것이 서서히 빛을 보고 있다.

"베트남이 우리 보증제도를 많이 참고하고 있는데, 사실상 한국의 보증제도를 수출한 셈입니다. 2006년 7억원에 불과하던 해외 보증보험 실적이 불과 48개월 만에 1247배에 해당하는 8727억원(재보험 포함 시 1조3143억원)으로 껑충 뛰었습니다. 이 같은 성과는 저 스스로도 놀랄 정도입니다. 손해율은 0%입니다. 물어줄 게 없다는 뜻이죠." 서울보증보험의 해외보증시장 개척으로 한국 기업들의 부담도 줄어들었다. 국내은행–해외은행–현지은행 등 몇 단계의 까다로운 절차를 거쳐야 보증을 받을 수 있었지만 지금은 서울보증보험의 보증만으로도 해외진출이 가능해졌다. 은행보증서만 인정하던 몇몇 국가에서 서울보증보험 보증서를 받아주기도 했다. 2008년 아랍에미리트연합(UAE)과 복보증(해외은행이 보증한 건에 대한 보증) 업무협약을 체결, 최초의 중동 보증서비스를 실시했다. 몇 년 새 회사 내에서도 영어, 중국어 등 어학열풍이 불고 있다.

방 사장의 중소기업관도 눈길을 끈다. 중소기업에서 중견기업으로, 중견기업에서 다시 대기업으로 진입할수록 혜택이 대폭 줄고 규제가 많아지는데 이 같은 걸림돌을 제거해야 한다는 철학이 확고했다. 오랜 관료생활에서 나온 결론이어서 무게가 느껴졌다. 서울보증보험도 최근 들어 부쩍 중소기업과 서민 지원 활동을 강화하고 있다. 올 1월부터 연체이자율을 19%에서 6~15%로 인하하고, 개인 계약자 연대 보증인 제도를 원칙적으로 폐지했다. 서울보증보험은 전세금 보장 신용보험 등 서민과 중소기업이 이용하는 상품에 대해 보험료율을 지속적으로 인하해 최근 4년간(2007년 4월~2011년 3월) 총 1368억원의 보험료 부담을 완화시켰다.

“앞으로도 상대적으로 약자인 서민과 중소기업을 지원하는 역할을 적극적으로 추진하겠습니다. 중소기업을 중견기업으로, 다시 대기업으로 육성해야 합니다. 국내 30대 그룹이 아니라 규모가 거대한 200대 기업이 생겨나 세계무대에서 뛴다면 우리 경제 역량이 탄탄해지고 중소기업 문제도 정부가 나서지 않아도 될 것입니다.”

서울보증보험의 지난해 당기순이익은 세계 3대 보증보험사인 율러허미스와 아트라디우스, 코파스를 훌쩍 뛰어넘었다. 방 사장은 “사업 규모는 아직 이들에 뒤지지만 매출이 매년 사상 최대치를 뚫고 있어 격차를 계속 줄여나갈 수 있을 것”이라고 말한다. 걸작 도자기를 만들기 위해 수백 번의 시행착오를 마다하지 않듯 어려운 여건 속에서 서울보증보험의 최대 실적이라는 옹골찬 열매를 거둔 방 사장의 표정에 자신감이 넘쳐보였다.

08 종합예산과 변동예산

Introduction

아마존닷컴(Amazon.com)의 창업자들이 "오 마이 갓, 우리가 진정 이처럼 혁신적인 기업을 만들었나이까?"라고 외친 것은 오롯이 그들만의 착각이다. 2년 전 워즈워스닷컴(Wordsworth.com)이라는 회사가 이미 유사한 비즈니스 모델로 기업을 꾸려가고 있었기 때문이다. 다만 아마존닷컴처럼 알려지지 않은 게 문제였지만….

어찌 됐든 1990년대 숱한 닷컴기업들의 흥망성쇠에도 불구하고 아마존닷컴의 창업자이자 최고경영자인 제프 베조스(Jeff Bezos)의 몸집부풀리기 전략(Get Big Fast)은 사업 초기 성공을 거두는 듯 했다. 몸집부풀리기 전략에 따라 외형적으로는(매출 면에서는) 닷컴신화의 절정을 맞이하는 듯 했으나 문제는 이익이었다. 즉, 기업의 외형적 성장속도에 맞추어 적절한 예산계획을 수립하여 비용통제 등을 했어야 했음에도 불구하고 그렇게 하지 못한 것이다. 결과는 참혹했다. 2000년 기준 8억6천만달러의 적자를 기록한 것이다. 제프 베조스는 2000년 경영성과 성적표(손익계산서)를 받아들고 이렇게 외쳤다. "신대륙 발견의 환희도 잠시 …내 눈 앞에 펼쳐진 붉은 색의 잉크바다(적자)가 밀려오고 있구나…."

제프 베조스는 흑자전환을 위해 예산계획을 실행하였다. 이에 따라 사업본부별로 수익과 비용을 동시에 고려한 예산이 수립되었다. 매주 회의를 통해 예산대비 실제 경영성과가 토의되었고, 문제점이 발견될 경우 즉시 이를 수정하였다. 결과는? 예산계획 실행 이후 2년간 아마존닷컴의 매출은 42% 성장하였다. 매출성장과 더불어, 전체적인 비용 역시 증가하였다. 그런데 영업비용은 대폭 감소하였다. 매출의 폭발적 성장에도 불구하고 영업비용이 감소한 것은 아마존닷컴의 영업이익이 크게 개선되었음을 의미하는 것이다. 매출의 비약적 증가에도 불구하고 영업비용은 어떻게 드라마틱하게 감소한 것일까?

심층분석 결과, 예산계획이 주문비용 및 처리비용을 5% 이상, 기술적 및 콘텐츠 관련 영업비용을 20% 이상 줄인 것으로 나타났다. 아마존닷컴은 2002년 흑자 전환하였으며, 2004년 약 5억9천만달러의 영업이익을 달성하였다. 예산계획이 없을 경우, 빠른 성장은 아마존에게 축복이 아닌 저주가 되었을 것이다.

본 장에서는 예산의 개념과 종류 그리고 종합예산의 작성절차에 대하여 살펴보고, 변동예산에 대하여 알아보고자 한다.

Chapter 08

종합예산과 변동예산

8-1 예산의 기본적 틀

1. 예산의 정의

예산(budget)은 기업의 전반적인 계획활동의 일부분으로서 기업의 공식적인 목표 및 행동계획을 화폐단위로 표시한 것이다. 예산은 기업의 계획수립의 내용을 이해하기 쉽게 해줄 뿐만 아니라 각 하부조직의 활동을 조정하거나 통제하는 데 유용하며 조직구성원에 대한 통제와 평가의 기준이 되기도 한다.

예산의 종류는 다양한데 가장 대표적인 것은 기업의 모든 부문들의 예상활동을 대상으로 보통 1년 단위로 편성한 종합예산(master budget)이 있다. 이는 다음 연도의 판매예측으로부터 시작하여 예산손익계산서와 예산재무상태표의 작성으로 종결된다. 종합예산은 판매예산, 제조예산, 구매예산, 판매관리비예산, 현금예산 등과 같은 부문예산들이 상호 유기적인 관계를 유지하도록 여러 부문의 책임자들이 의견을 상호 조정하여 편성하여야 한다.

2. 계획과 통제의 차이점

계획과 통제의 개념은 종종 서로 혼용되거나 또는 동일한 의미로 사용되는 경우도 있으나, 이 두 용어는 명확히 구분되어 사용되어질 필요가 있다. 계획(plan)은 주로 미래의 목표를 설정하고 이러한 목표를 달성하기 위한 방법을 마련하는 일로 구성된다. 반면에 통제(control)는 계획단계에서 설정한 목표가 달성되고 있는가, 조직의 제반기능이 조직의 정책과 부합되는 방향으로 움직이고 있는가 등을 확인하고 피드백(feedback)하는 단계로 구성된다. 계획과 통제에 대한 이상의 차이점에서 알 수 있는 바와 같이 이 두 가지 용어는 불가분의 관계에 있다고 볼 수 있다. 그러므로 효과적인 통제가 없는 계획은 실효성이 없고, 좋은 계획이 없는 통제는 나아갈 방향이 없는 것과 마찬가지가 된다. 따라서 훌륭한 예산시스템은 이러한 계획과 통제를 모두 제공해 주는 것이라야 한다.

3. 예산의 이점

예산은 경영자의 미래계획 및 목표를 전체조직에 전달하는 역할을 한다. 예산편성제도가 없는 기업에서는 기업의 목표가 어느 정도 달성되었는가를 확인하기 어렵다. 또한 예산은 경영자가 미래에 수행해야 할 업무들에 대하여 우선순위를 결정해 준다. 이외에도 예산을 사용함으로써 얻을 수 있는 이점으로는 다음과 같은 것들이 있다.

① 다른 임무보다도 계획을 최우선 임무로 인식시킨다.

② 전 조직에 걸쳐 경영자의 계획을 질서 있는 방법으로 의사소통케 한다. 즉 경영자가 추구하고자 하는 목표를 분명히 전달할 수 있다.

③ 정규적으로 계획을 수립하는 것은 경영자로 하여금 자신의 책임 하에 미래를 생각하게 한다.

④ 실적을 평가할 수 있는 기준을 제공한다.

⑤ 경영진의 의견을 조정하여 부문별 계획과 전사적 차원의 계획이 조화될 수 있게 한다. 즉 부문의 목표가 조직 전체의 목표와 일관성을 유

지할 수 있도록 해준다.

⑥ 기업의 목표 및 달성방법이 구체화·공식화된다.

⑦ 잠재적 문제점들에 대하여 주의를 환기시켜서 문제가 발생하기 이전에 대처하게 만든다.

4. 예산기간

예산기간은 자본예산·운영예산·계속예산의 3가지로 나누어 설명할 수 있다.

첫째, 자본예산(capital budgets)은 장기적 계획으로 토지·건물·기계 등의 취득을 위한 장기계획이 필요할 때 충분한 자금이 마련될 수 있도록 하는 사전계획이다.

둘째, 운영예산(operating budgets)은 기업의 일반적이고 반복적인 기업활동에 대한 예산을 뜻하며 예산기간은 회계년도와 일치한다.

셋째, 계속예산(continuous budgets)은 12개월 앞의 예산을 항상 수립하는 것으로 항상 일정한 계획기간을 갖는다. 예를 들어, 1월부터 12월까지 종합예산을 작성하는 기업에서 당년도 초에 12개월분 예산을 작성한 후 시간이 경과하여 2월로 접어들면 내년도 1월을 추가로 예산기간에 포함시키는 한편, 당년도 1월분의 예산은 제외시켜서 당년도 2월부터 내년도 1월까지의 12개월분 예산을 다시 작성하는 것이 계속예산이다. 일본의 실무에서는 이를 롤링예산(rolling budgets)이라 부른다.

5. 참여예산

예산제도의 성공적인 운영은 예산편성방법에 의해 크게 좌우된다고 할 수 있다. 일반적으로 성공적인 예산제도는 예산적용을 받는 관리자들을 예산편성과정에 참여시키는 참여예산제도를 채택할 수 있다. 참여예산제도(participative budget)란 특정한 예산 하에서 업적에 책임 있는 개인들이 예산편성의사결정에 참여하도록 하는 제도라고 정의내릴 수 있다. 참여예산제도는 특히 편성된 예산이 관리자들의 활동을 통제하는 데에 사용되는 경우에 중요한 의미를 갖는다.

일반적으로 참여예산에서는 비용통제에 책임을 지는 부문관리자로 하여금 예산편성과정에 직접 참여하게 하여 자기 스스로 예산을 설정하도록 하기 때문에 궁긍적으로는 예산편성목표와 실적을 비교하여 업적평가에 반영된다.

(1) 참여예산의 과정

참여예산은 다음과 같은 다섯 가지 과정으로 이루어진다.

① 일반적인 예산지침의 작성(최고경영자)
② 미래상황에 대한 정보분석과 정리
③ 부서관리자에 대한 정보전달
④ 부서별 예산수립
⑤ 예산의 상부보고, 조정(이를 '피드백'이라고도 부름) 및 확정

(2) 참여예산제도의 장점

참여예산제도가 가지고 있는 장점은 다음과 같다.

① 예산편성에 대한 정보를 잘 알고 있거나 업무와 직접 관련이 있는 담당자가 예산을 편성하므로 보다 정확하고 신뢰도가 높은 예산이 편성될 수 있다.
② 일방적인 지시나 타인이 편성한 예산보다 자기 자신이 참여하여 예산을 설정한 경우 예산목표의 달성동기와 유인이 크다.
③ 모든 조직원의 관점과 판단이 예산편성에 반영되므로, 구성원 각자가 팀의 일원이라는 인식이 제고될 수 있다.
④ 중요하고 구체적인 정보의 획득이 가능하다.
⑤ 통제요소가 이미 포함되어 있다. 즉 자신이 설정하였으므로 자신 이외에는 책임을 질 사람이 없다는 책임의식이 생겨난다.

(3) 참여예산과 예산슬랙

이상에서 살펴본 바와 같이 참여예산은 많은 장점을 가지고 있기는 하지만 방만한 예산편성 또는 예산슬랙의 발생위험이 상존하므로 예산을 승인하기 이전에 최고경영자는 하급부서에서 작성한 제반 예산을 자세히 검토할 필요가 있다. 예산슬랙(budgetary slack)이란 참여예산제도 적용시 경영자가 예산의 목표달성 가능성을 높이기 위하여 예산에 슬랙(slack)을 삽입하는 것인데, 예산편성시 예산목표설정에 수익을 과소 또는 비용을 과대하게 예측하는 방법을 사용함으로써 목표대비 실적의 차이를 줄이거나 혹은 목표치보다 실적을 더 좋게 함으로써 자신의 업적평가에 이득이 되도록 하는 것이다.

8-2 종합예산의 편성

1. 종합예산의 편성

(1) 종합예산의 상호관계

종합예산은 <도표 8-1>에 나타난 바와 같이 여러 가지 개별 예산들이 상호의존적이라는 점이 그 특징이며, 종합예산은 크게 운영예산(operating budgets)과 재무예산(financial budgets)으로 구성된다. 운영예산은 ① 판매예산, ② 생산예산(직접재료원가예산, 기말재고예산, 직접노무원가예산, 제조간접원가예산) 및 ③ 판매 및 일반관리비예산으로 구성되고, 재무예산은 ① 자본예산, ② 현금예산, ③ 추정재무상태표, ④ 추정손익계산서 및 ⑤ 추정현금흐름표로 구성된다.

도표 8-1 제조원가의 행태

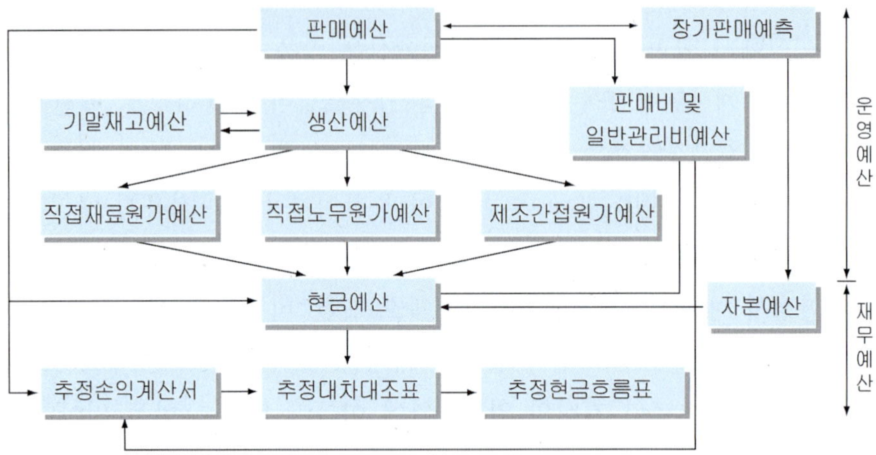

(2) 종합예산 편성절차의 개요

종합예산은 판매예측에서 출발하여 추정재무제표(추정손익계산서, 추정재무상태표, 추정현금흐름표)를 작성함으로써 완결된다. 종합예산의 편성절차를 간단하게 요약하면 다음과 같다.

① 종합예산편성에 있어서 가장 먼저 해야 할 일은 판매예측에 기초하여 예상현금 수입액의 계산을 포함한 판매예산을 편성(외상매출과 현금으로 구분)하는 것이다. 종합예산편성에 있어서 판매예산은 매우 중요하다. 왜냐하면 판매예산은 종합예산의 출발점이기 때문에 잘못 작성되면 다른 모든 예산들도 잘못 작성될 가능성이 높아지기 때문이다.

② 판매예산이 편성되고 기말재고 보유량이 판매정책에 의해 확정되고 나면 다음에는 생산예산을 편성(혹은 생산계획수립)한다. 생산예산은 직접재료원가예산·직접노무원가예산·제조간접원가예산을 편성할 수 있는 토대를 마련해 준다.

③ 생산예산에 의거하여 직접재료원가예산·직접노무원가예산·제조간접원가예산을 각각 편성한다.

④ 완제품 기말재고에 대한 예산을 수립한다.

⑤ 제품의 판매와 생산에 관련된 제반 예산이 편성된 다음에는 미래 일정기간 소요될 판매비와 일반관리비예산을 편성한다.
⑥ 현금예산을 편성한다. 필요하면 자본예산도 편성한다.
⑦ 추정손익계산서를 작성한다.
⑧ 추정재무상태표 및 추정현금흐름표를 작성한다.

즉 종합예산편성 절차 중 가장 먼저 해야 하는 일은 판매예산을 수립하는 것이다. 판매예산을 작성하기 위해서는 먼저 판매예측이 선행되어야 한다. 따라서 판매예측기법을 간략히 살펴본 후에 종합예산을 구성하는 각 예산에 대하여 자세히 살펴보도록 한다.

(3) 판매예측기법

판매예측(sales forecasting)은 과거의 매출실적, 경제적·계절적 상황, 가격정책 등과 같은 요인들에 의해서 다음 년도의 예상판매량을 공식적으로 예측하는 것을 말한다. 만약 계획기간 동안의 예상판매량을 예측하지 못한다면 얼마만큼의 제품을 생산하여야 할 것인가를 결정할 수도 없게 된다.

판매에 대한 예측이 정확히 이루어지지 않으면 올바른 판매예산을 수립하는 것이 어렵기 때문에 무엇보다도 신뢰할 만한 정확한 판매예측에 많은 노력이 투입되어야 한다. 판매예측시 고려해야 할 사항으로는 과거 매출실적, 일반적인 경제상황 및 산업여건, 매출과 경제지표와의 관계(예, 개인소득·고용·가격·산업생산계수 등), 제품의 수익성, 시장조사의 결과, 가격정책, 광고선전, 판매원의 자질, 경쟁관계 및 새로운 생산자의 진입가능성, 계절성, 생산능력, 제반 관련제품의 장기매출경향 등이 있다.

많이 사용되는 판매예측기법으로는 과거의 경험에 기초한 단순한 추정치로부터 정교한 통계적 접근법 및 컴퓨터모형에 이르기까지 매우 다양하다. 어떠한 기법을 사용하든지 다음 년도에 얼마나 많은 제품이 판매되고 그 판매대금이 어느 정도 될 것인가에 대한 예측이 필요한데, 예측기법으로는 다음과 같은 것들이 있다.

① 회귀분석(regression analysis)과 상관관계분석을 이용한 통계적 분석방법

② 시계열분석 등과 같은 계량경제학적 모형의 활용
③ 시뮬레이션방법(simulation method)
④ 불확실성에 대한 기법으로 확률을 이용한 기대치 산출법
⑤ 경영자의 판단

2. 종합예산의 편성절차

(1) 판매예산

종합예산의 편성은 판매예산으로부터 출발한다. 판매예산(sales budget)은 판매예측에 기초하여 다음 연도 혹은 다음 기에 대한 기업의 매출액을 추정하는 공식적 계획으로, 이것은 추정판매량에 판매단가를 곱하여 계산된다. <표 8-1>은 분기별로 판매예산을 편성하는 방법을 설명하고 있다.

표 8-1 판매예산과 현금회수계획표

· 판매예산

	분기				
	1	2	3	4	합 계
추정판매량	10,000	30,000	40,000	20,000	100,000
추정판매단가	× ₩20	× ₩20	× ₩20	× ₩20	× ₩20
추정매출액	₩200,000	₩600,000	₩800,000	₩400,000	₩2,000,000

· 현금회수계획표

	1	2	3	4	합 계
기초매출채권	₩90,000				₩90,000
1/4분기 매출액(₩200,000)*	140,000	₩60,000			200,000
2/4분기 매출액(₩600,000)		420,000	₩180,000		600,000
3/4분기 매출액(₩800,000)			560,000	₩240,000	800,000
4/4분기 매출액(₩400,000)				280,000	280,000
추정현금회수액	₩230,000	₩480,000	₩740,000	₩520,000	₩1,970,000

* 이 회사는 매출액 중 70%는 판매된 분기에 회수되고 나머지는 다음 분기에 회수되는 것으로 가정한다.

이 회사는 내년도의 판매량을 100,000단위 그리고 판매단가를 ₩20으로 예상하고 있다. 일반적으로 판매예산을 편성한 후에는 예산기간 동안의 현금회수계획표를 작성한다. 이 현금회수계획표는 현금예산편성시 사용된다. 일정기간 동안의 추정현금회수액은 전기외상매출액 중 당기회수분과 당기현금매출

액의 합계로 이루어진다.

(2) 생산예산

판매예측에 의한 판매예산이 편성된 후의 다음 단계는 생산예산을 수립하는 것이다. 생산예산(production budget)은 회사가 다음 년도나 다음 기에 요구되는 생산량을 표시한 것으로, 이는 추정판매량과 추정완제품재고를 기초로 편성된다. 생산예산이 수립되어 있어야 기업은 얼마만큼의 제품을 생산할 것인지를 결정할 수 있다. 또한 기업은 기말재고에 대한 예산도 적절하게 수립해야 한다. 만약에 재고에 대한 신중한 계획이 수립되어 있지 못하면 기말에 과도한 재고를 갖게 될 가능성이 있게 되고, 이는 재고보관비용, 재고유지비용과 같은 불필요한 비용을 발생시킨다. 또한 반대로 재고가 부족하면 판매의 기회를 상실할 수도 있다. 생산예산은 다음과 같은 식에 의해서 계산된다.

$$\text{목표생산량} = \text{추정판매량} + \text{완제품기말재고량} - \text{완제품기초재고량} \qquad \text{<등식 8-1>}$$

<등식 8-1>에서 보는 바와 같이 목표추정판매량에 기말에 보유해야 할 기말재고량을 합한 것이 당해 분기에 필요한 총완제품량이 되며, 이러한 필요량 중 일부분은 완제품 기초재고량으로 조달할 수 있으므로 이를 제외한 나머지가 당기에 생산하여야 할 목표생산량이 된다.

<표 8-2>는 <표 8-1>의 판매예산과 몇 가지 가정에 기초하여 작

표 8-2 생산예산

	분기				
	1	2	3	4	합계
추정판매량(〈표 8-1〉 참고)	10,000	30,000	40,000	20,000	100,000
가산: 완제품기말재고량*	6,000	8,000	4,000	3,000**	3,000
총필요량	16,000	38,000	44,000	23,000	103,000
차감: 완제품기초재고량***	(2,000)	(6,000)	(8,000)	(4,000)	(2,000)
목표생산량	14,000	32,000	36,000	19,000	101,000

* 기말재고량은 차분기 판매량의 20%를 보유하는 것으로 한다.
** 추정된 것임.
*** 전분기의 기말재고량.

성한 생산예산이다.

(3) 직접재료원가예산

제품의 생산예산이 편성된 다음에는 생산에 투입될 제반 원가요소들에 대한 예산이 편성될 수 있다. 이러한 원가요소 중에서 가장 중요한 것은 직접재료원가이다. 직접재료원가예산(direct materials budget)은 목표생산량을 생산하기 위하여 일정기간 동안 구입해야 할 원재료량에 단위당 구입가격을 곱하여 계산된다. 일정기간 동안 구입해야 할 원재료량은 다음과 같은 방법에 따라 계산된다.

원재료구입량 = 목표생산량에 소요되는 원재료량 + 원재료기말재고량
− 원재료기초재고량 <등식 8−2>

위와 같은 직접재료원가예산을 편성하는 일은 기업의 전반적인 자재소요계획(MRP: material requirements planning)의 한 단계에 속한다. MRP란 컴퓨터를 이용하여 기업의 전반적인 재료 및 재고에 관한 계획을 수립하는 데에 도움을 주는 경영과학의 한 기법을 말한다. MRP의 목적은 생산공정에 적정한 재료를 적시에 그리고 적량으로 투입하는 것을 확실하게 하는 데 있다. MRP에 대한 상세한 설명은 생산관리 분야에 속하는 것이므로 여기서는 생략하기로 한다.

<표 8−3>에는 직접재료원가예산과 함께 원재료 구입에 대한 현금지출계획이 편성되어 있다. 표에 나타나 있는 바와 같이 원재료구입예산은 먼저 수량으로 계산되고, 여기에 적절한 단가를 곱하여 금액으로 전환된다.

일반적으로 직접재료원가예산은 원재료 구입에 대한 현금지출계획을 수반하게 된다. 표에 있는 현금지출계획표는 현금예산편성에 사용된다. 현금지출계획표에 나타나 있는 바와 같이 일정기간 동안의 현금지출액은 전기외상매입액 중 당기지출액과 당기현금매입액의 합계로 계산된다.

표 8-3 직접재료원가예산과 현금지출계획표

· 직접재료원가예산

	분기 1	분기 2	분기 3	분기 4	합 계
목표생산량(〈표 8-2〉 참조)	14,000	32,000	36,000	19,000	101,000
제품 1단위당 소요량(파운드)	× 5	× 5	× 5	× 5	× 5
생산소요량(파운드)	70,000	160,000	180,000	95,000	505,000
가산: 원재료 기말재고량(파운드)*	16,000	18,000	9,500	7,500	7,500
총소요량(파운드)	86,000	178,000	189,500	102,500	512,500
차감: 원재료 기초재고량(파운드)	(7,000)	(16,000)	(18,000)	(9,500)	(7,000)
원재료구입량(파운드)	79,000	162,000	171,500	93,000	505,500
구입단가	× ₩0.6	× ₩0.6	× ₩0.6	× ₩0.6	× ₩0.6
직접재료원가예산	₩47,400	₩97,200	₩102,900	₩55,800	₩303,300

· 현금지출계획표

	1	2	3	4	합 계
기초매입채무	₩25,800				₩25,800
1/4분기 매입액(₩47,400)**	23,700	₩23,700			47,400
2/4분기 매입액(₩97,200)		48,600	₩48,600		97,200
3/4분기 매입액(₩102,900)			51,450	₩51,450	102,900
4/4분기 매입액(₩55,800)				27,900	27,900
추정현금지출액	₩49,500	₩72,300	₩100,050	₩79,350	₩301,200

* 기말재고량은 차분기 생산소요량의 10%를 보유하는 것으로 한다.
** 이 회사는 외상매입액 중 50%는 구입한 분기에 지급하고 나머지는 다음 분기에 지급하는 것으로 가정하고 있다.

(4) 직접노무원가예산

직접노무원가예산(direct labor budget)은 생산예산으로부터 도출된 것으로, 이는 차기의 예산기간 동안 직접노무원가에 대한 계획된 지출의 계량적 계산과 그에 대한 명세서이다. 직접재료원가예산처럼 직접노무원가예산도 요구되는 생산량에 기초하여 편성된다. 복수의 임률이 존재하는 경우에도 이를 적용·계산하기는 마찬가지인데 편의상 단일 임률을 가정한다.

직접노무원가예산이 편성되면 예산기간 동안에 필요한 작업시간을 미리 파악하여 노동력에 대한 계획을 용이하게 수립할 수 있다. 직접노무원가예산은 각 기간에 계획된 목표생산량에 제품 한 단위당 소요되는 직접작업시간을 곱하여 계산된다.

만약 제품생산에 여러 유형의 노동력이 요구된다면, 각 유형별로 필요한 작업시간을 계산하면 된다. 만약 기업 내에 직접노무원가예산이 적절히 수립돼 있지 않으면 노동력 부족이나 노동력 과잉의 비효율성을 초래할 수도 있다.

직접노무원가예산은 총소요시간에 시간당 임률을 곱하여 계산된다.

직접노무원가예산 = 총소요 직접작업시간 × 시간당 임률 <등식 8-3>

<표 8-4>는 <표 8-2>의 목표생산량에 기초하여 작성한 직접노무원가예산이다.

표 8-4 직접노무원가예산

	분기				합 계
	1	2	3	4	
목표생산량(〈표 8-2〉 참조)	14,000	32,000	36,000	19,000	101,000
단위당 소요작업시간(시간)	× 0.8	× 0.8	× 0.8	× 0.8	× 0.8
총소요시간	11,200	25,600	28,800	15,200	80,800
시간당 임률	× ₩7.5	× ₩7.5	× ₩7.5	× ₩7.5	× ₩7.5
직접노무원가예산	₩84,000	₩192,000	₩216,000	₩114,000	₩606,000

(5) 제조간접원가예산

제조간접원가예산(manufacturing overhead budget)은 직접재료원가와 직접노무원가를 제외한 다른 모든 제조원가들에 대한 계획으로 구성된다. 제조간접원가는 예산편성목적상 원가행태에 의해 변동제조간접원가와 고정제조간접원가로 구분되어 편성된다. 또한 제조간접원가예산은 예산기간 동안에 제조간접원가를 생산에 배부하기 위해서 제조간접원가예정배부율(predetermined overhead rate)을 사용한다. 또한 제조간접원가예산 내에서 현금지출을 필요로 하는 제조간접원가를 나타낼 수 있기 때문에 제조간접원가예산은 현금예산을 편성하는데 유용한 정보로 활용되어질 수 있다.

앞서 얘기한 바와 같이 제조간접원가 현금지출액은 현금예산편성시 사용될 것이다. 이러한 현금지출액을 계산할 때에는 감가상각비와 같이 현금지출을 수반하지 않는 항목들을 구별해 내는 것이 중요하다. 즉 감가상각비는 제조간접원가예산에는 포함되지만 현금지출예산에는 포함되지 않는다.

<표 8-5>는 제조간접원가예산을 나타낸 것이다.

표 8-5 제조간접원가예산

	분기				
	1	2	3	4	합 계
추정직접작업시간(〈표 8-4〉 참조)	11,200	25,600	28,800	15,200	80,800
변동제조간접원가비율	× ₩2	× ₩2	× ₩2	× ₩2	× ₩2
변동제조간접원가예산	₩22,400	₩51,200	₩57,600	₩30,400	₩161,600
고정제조간접원가예산	60,600	60,600	60,600	60,600	242,400
총제조간접원가예산	83,000	111,800	118,200	91,000	404,000
차감: 감가상각비	(15,000)	(15,000)	(15,000)	(15,000)	(60,000)
제조간접원가 현금지출액	₩68,000	₩96,800	₩103,200	₩76,000	₩344,000

<표 8-5>에서는 변동제조간접원가율을 직접작업시간당 ₩2으로 가정하였다. 그리고 고정제조간접원가는 분기당 ₩60,600으로 가정하였는데, 이 중 ₩15,000은 감가상각비이다. 또한 현금지출이 수반되어야 할 모든 제조간접원가는 발생한 분기에 현금으로 지출된다는 가정 하에서 작성되었다.

(6) 완제품기말재고예산

재고계획 및 통제는 경영자가 수행하여야 할 중요한 책임 중의 하나이다. 재고관리를 효과적으로 운영하고 있는 기업들은 대체적으로 과잉수량 없이 최적의 가격으로 충분한 재료를 주문하며, 생산소요량을 충족시킬 수 있는 충분한 수량을 가지고 있다. 또한 고객의 요구에 즉각적으로 대응하여 제공할 수 있는 충분한 완제품수량을 보유하고 있지만 과도한 재고는 가지고 있지 않다.

판매예산의 편성에서부터 시작하여 제조간접원가예산의 편성이 끝나게 되면 기업은 완제품의 단위원가를 계산할 수 있는 충분한 자료를 얻을 수 있다. 이때 완제품기말재고예산(ending finished goods inventory budget)은 추정손익계산서의 매출원가를 계산하고, 추정재무상태표의 기말재고액을 계산하기 위해서 필요하다. 완제품기말재고예산은 완제품기말재고량에 완제품 1단위당 추정제조원가를 곱하여 계산된다.

완제품기말재고예산은 <표 8−6>에 제시되어 있다.

표 8−6 완제품기말재고예산

단위당 제조원가	수 량	원 가		총 계
직접재료원가	5.0파운드	파운드당	₩0.60	₩3
직접노무원가	0.8시간	시간당	7.50	6
제조간접원가	0.8시간	시간당	5.00*	4
				₩13
완제품기말재고예산				
완제품기말재고량(〈표 8−2〉 참고)				3,000
완제품 1단위당 총제조원가				× ₩13
완제품기말재고예산				₩39,000

* 404,000 : 80,800시간=₩5.00/시간

표에서 완제품 1단위당 제조원가는 ₩13(직접재료원가 ₩3+직접노무원가 ₩6+제조간접원가 ₩4)이고, 완제품기말재고량은 3,000단위이므로 완제품기말재고예산은 ₩39,000이 된다.

(7) 판매비와 일반관리비예산

판매비와 일반관리비예산(selling and administrative expense budget)은 예산기간 동안 제조 이외의 판매 및 일반관리활동에서 발생될 수 있는 추정비용(anticipated expenses)에 대한 명세서이다. 이 예산은 판매비와 일반관리활동의 각 기능별로 자료를 수집하여 이를 기초로 작성된다. 만일 판매비와 일반관리비를 구성하는 항목의 수가 많은 경우에는 각 기능별로 독립된 예산이 편성될 수도 있다. 이에 대한 예산은 <표 8−7>에 제시되어 있다.

표 8-7 판매비와 일반관리비예산

	분 기				합 계
	1	2	3	4	
추정판매량(〈표 8-1〉 참조)	10,000	30,000	40,000	20,000	100,000
단위당 변동판매비와 일반관리비	× ₩1.80	× ₩1.80	× ₩1.80	× ₩1.80	× ₩1.80
	₩18,000	₩54,000	₩72,000	₩36,000	₩180,000
고정판매비와 일반관리비:					
광 고 비	40,000	40,000	40,000	40,000	160,000
경영자급여	35,000	35,000	35,000	35,000	140,000
보 험 료	—	1,900	37,750	—	39,650
재 산 세	—	—	—	18,150	18,150
총판매비와 일반관리비예산	₩93,000	₩130,900	₩184,750	₩129,150	₩537,800

(8) 현금예산

현금예산(cash budget)은 지금까지 설명한 모든 자료들을 이용하여 작성할 수 있는데, 이는 예상되는 현금유입항목과 현금유출항목에 대한 예산을 집합시켜 놓은 것이다. 현금예산은 다음과 같은 4부분으로 이루어져 있다.

① 현금유입

② 현금유출

③ 잉여(부족)현금

④ 현금조달 및 상환

첫째, 현금유입은 기초현금잔액에다 예산기간 동안의 현금수입액을 더하여 계산한다. 일반적으로 현금수입의 주요원천은 판매활동이다.

둘째, 현금유출은 예산기간 동안의 계획된 모든 현금지출액으로 구성된다. 이러한 현금지출에는 원재료구입·직접노무원가·제조간접원가 등과 기타 현금지급이 요구되는 법인세·배당금지급 등이 모두 포함된다.

셋째, 잉여(부족)현금은 현금유입액과 현금유출액의 차이로 계산된다. 이때 현금유입액이 현금지출액을 초과하면 잉여현금이 나타나고, 부족하면 부족현금이 나타난다. 부족현금이 나타나는 경우에는 은행이나 다른 금융기관으로부터 현금을 차입하여야 할 것이다. 그리고 잉여현금이 나타나면 이미 차입한 차입금을 상환하거나 단기적인 투자에 사용할 수 있다.

마지막으로, 현금조달 및 상환은 예산기간 동안 기대되는 현금차입과 상환 등을 나타내 준다. 여기에는 물론 차입금에 대한 이자지급에 대한 계획도 포함된다. 현금예산은 경영자로 하여금 미래에 조달해야 할 현금과 사용가능한 현금의 금액과 시기를 미리 파악할 수 있게 해주므로 현금과 관련하여 발생하는 불확실성을 감소시키는 데 유용한 수단이 된다.

위와 같은 현금예산은 가능한 한 짧은 기간을 단위로 작성되어야 한다. 어떤 기업의 경우에는 1주일 단위로 현금예산을 편성하기도 하고, 규모가 큰 기업의 경우에는 매일매일의 현금예산을 편성하기도 한다. 그러나 일반적으로 현금예산은 월별 또는 분기별로 작성된다.

<표 8-8>에는 현금예산이 분기별로 편성되어 있다.

표 8-8 현금예산

		분 기				
		1	2	3	4	합 계
현금유입:	〈표〉					
기초현금잔액		₩42,500	₩40,000	₩40,000	₩40,500	₩42,500
현금회수	〈8-1〉	230,000	480,000	740,000	520,000	1,970,000
총현금유입		272,500	520,000	780,000	560,500	2,012,500
현금유출:						
원재료원가	〈8-3〉	49,500	72,300	100,050	79,350	301,200
직접노무원가	〈8-4〉	84,000	192,000	216,000	114,000	606,000
제조간접원가	〈8-5〉	68,000	96,800	103,200	76,000	344,000
판매비와일반관리비	〈8-7〉	93,000	130,900	184,750	129,150	537,800
법 인 세	〈8-9〉	18,000	18,000	18,000	18,000	72,000
배 당 금		40,000	30,000	10,000	10,000	90,000
총현금유출		352,500	540,000	632,000	426,500	1,951,000
잉여(부족)현금		(80,000)	(20,000)	148,000	134,000	61,500
현금조달 및 상환활동:						
차입(기초)		120,000	60,000	–	–	180,000
상환(기말)		–	–	(100,000)	(80,000)	(180,000)
이자(연10%)		–	–	(7,500) **	(6,500) **	(14,000)
총현금조달 및 상환		120,000	60,000	(107,500)	(86,500)	(14,000)
기말현금잔액		₩40,000	₩40,000	₩40,500	₩47,500	₩47,500

* 이 회사의 현금보유하한선은 ₩40,000이다. 따라서 1/4분기 차입금은 부족분 ₩80,000에 현금보유하한선 ₩40,000을 합한 금액만큼 이루어져야 한다. 그리고 차입과 상환은 ₩1,000단위로 이루어진다.

** 이자는 원금상환시 상환되는 원금에 대하여 사용기간을 계산하여 지급한다. 예를 들면, 3/4분기 말에 지급되는 이자는 1/4분기 초에 차입한 ₩120,000중 상환되는 원금 ₩100,000에 대하여 발생한 이자만을 지급한다. 즉 ₩100,000×10%×9/12=₩7,500이다. 그리고 4/4분기 말에 지급되는 이자는 1/4분기 초에 차입한 금액 중 상환되는 원금 ₩20,000에 대한 이자와 2/4분기 초에 차입한 금액 중 상환되는 원금 ₩60,000에 대한 이자를 합친 것이다. 즉 ₩20,000 × 10% × 12/12+₩60,000×10%×9/12=₩6,500이다.

<표 8-8>에서 차입은 분기 초에, 상환은 분기 말에 한다고 가정하였다. 또한 차입금에 대한 이자율은 연 10%로 가정하여 편성하였다.

(9) 추정손익계산서

추정손익계산서(estimated income statement)는 앞에서 설명한 모든 자료들을 가지고 작성할 수 있다. 이는 미래의 예산기간 동안 기대되는 영업활동의 성과에 대한 예측치이다. 또한 이 추정손익계산서는 미래의 업적평가에 관한 지표가 될 수 있다. 이러한 추정손익계산서는 <표 8-9>에 제시되어 있다.

표 8-9 추정손익계산서

매출(100,000단위, @₩20)	〈표 8-1〉	₩2,000,000
매출원가(100,000단위, @₩13)	〈표 8-6〉	1,300,000
매출총이익		700,000
판매비와 일반관리비	〈표 8-7〉	537,800
영업이익		162,200
지급이자	〈표 8-8〉	14,000
법인세 차감전 순이익		148,200
법 인 세*		72,000
당기순이익		₩76,200

* 법인세는 ₩72,000으로 추정하였음.

(10) 추정재무상태표

추정재무상태표(estimated balance sheet)는 예산기간 초의 재무상태표에 예산기간 동안의 변화를 조정하여 작성된다. 예산기간 초의 재무상태표가 <표 8-10>과 같은 경우 앞에서 설명한 모든 자료를 이용하여 기말의 추정재무상태표를 작성하면 <표 8-11>과 같다.

표 8-10 예산기간 초의 재무상태표

자　산			
유동자산:			
현　금		₩42,500	
매출채권		90,000	
원재료 재고(7,000파운드)		4,200	
완제품 재고(2,000단위)		26,000	
유동자산 합계			₩162,700
비유동자산:			
토　지		80,000	
건물 및 설비	₩700,000		
감가상각충당금	(292,000)	408,000	
비유동자산 합계			488,000
자산총계			₩650,700
부채와 자본			
유동부채:			
외상매입금			₩25,800
자　본:			
자본금		₩175,000	
이익잉여금		449,900	
자본합계			624,900
부채와 자본합계			₩650,700

표 8-11 추정재무상태표

자　산			
유동자산:			
현　금		₩47,500[(a)]	
매출채권		120,000[(b)]	
원재료 재고		4,500[(c)]	
완제품 재고		39,000[(d)]	
유동자산 합계			₩211,000
비유동자산:			
토　지		80,000[(e)]	
건물 및 설비	₩750,000[(f)]		
감가상각충당금	(352,000)[(g)]	398,000	
비유동자산 합계			478,000
자산총계			₩689,000

부채와 자본		
유동부채:		
매입채무		₩27,900[h]
자 본:		
자 본 금	₩175,000[i]	
이익잉여금	486,100[j]	
자본합계		661,100
부채와 자본합계		₩689,000

추정재무상태표상의 수치에 대한 설명은 다음과 같다.

(a) 현금의 기말잔액은 <표 8-8>의 현금예산상의 4/4분기 말 잔액임.

(b) <표 8-1>에 있는 4/4분기 매출액의 30%임(즉 ₩400,000 × 30%＝₩120,000).

(c) <표 8-3>에서 원재료 기말재고는 7,500파운드이다. 그리고 원재료 1파운드당 원가는 ₩0.60이다. 따라서 원재료 기말재고액은 7,500×₩0.60＝₩4,500임.

(d) <표 8-6> 참조.

(e) 예산기간 초 재무상태표와 변동 없음.

(f) 예산기간 초 재무상태표상에는 ₩700,000인데, <표 8-8>에 나타난 바와 같이 예산기간 중에 ₩50,000의 설비가 추가되어 건물 및 설비의 기말잔액은 ₩750,000이 됨.

(g) 예산기간 초 재무상태표상에는 ₩292,000인데, <표 8-5>에 나타난 바와 같이 예산기간 중 ₩60,000의 감가상각비가 증가되어 기말의 감가상각충당금잔액은 ₩352,000이 됨.

(h) <표 8-3>에 있는 4/4분기 원재료구입액의 50%임(즉 ₩55,800 × 50%＝₩27,900).

(i) 예산기간 초 재무상태표와 변동 없음.

(j)

기초이익잉여금	₩449,900
가산: <표 8-9>의 당기순이익	76,200
	526,100
차감: <표 8-8>의 배당금	(40,000)
기말이익잉여금	₩486,100

본 장의 말미에는 종합예산과 관련된 문제를 종합예제에 수록하였다. 수록한 종합예제를 풀어봄으로써 지금까지 설명한 종합예산의 편성과정을 이해하는 데 보탬이 될 것으로 생각한다.

8-3 변동예산

1. 고정예산과 변동예산

예산은 경영계획을 계수화한 것으로서 경영계획과 통제에 도움을 준다. 경영자가 예산시스템을 효과적으로 이용하게 되면 자원의 최적 배분과 자본조달 결정 등을 보다 합리적으로 수행할 수 있다. 예산은 조업도의 변화에 따라 예산상의 수치를 조정하는 지에 따라 고정예산과 변동예산으로 분류할 수 있다.

(1) 고정예산

목표로 설정한 하나의 계획된 조업도를 기준으로 하여 예산을 편성하는 고정예산(static budget)은 회계년도 동안의 조업도나 기타 상황이 변하더라도 변경되거나 조정되지 않는 예산이다. 이러한 고정예산은 다음과 같은 두 가지 특징을 가지고 있다.

첫째, 고정예산은 하나의 조업도수준을 갖는 예산편성의 경우에만 적합하다.

둘째, 실적은 항상 계획된 조업도수준에서의 예산과 비교된다. 즉 실제의 조업도수준이 계획된 조업도수준에 못미치든 초과하든 이와 같은 변동과는 무관하게 실적이 계획된 조업도수준에서의 예산과 비교된다.

(2) 변동예산

변동예산(flexible budget or variable budget)은 조업도의 변화에 따라 제품의 원가 및 생산설비의 이용도가 변화된다는 가정에 의하여 여러 수준의 사후적인 실제조업도에 기준하여 예산을 편성하는 방법이다. 따라서 변동예산은 수익과 원가가 일정한 범위의 조업도, 즉 관련범위 내에서 어떠한 형태를 나타내는지를 알아야만 수립될 수 있다.

고정예산과는 달리 변동예산은 다음과 같은 두 가지 특징을 가지고 있다.

첫째, 변동예산은 하나의 조업도수준보다는 관련범위(relevant range) 내의 모든 조업도수준에 적합한 예산편성방법이다. 예를 들어, 어떤 회사가 매월 70,000단위에서 100,000단위의 관련범위를 가지고 있다고 하자. 이 경우에 회계담당자는 매월 평균 90,000단위를 생산할 수 있다고 보고 각각 80,000, 85,000, 90,000 및 95,000단위에 대한 예산을 수립할 수 있을 것이다.

둘째, 변동예산은 정태적이라기보다는 동태적인 성격을 갖고 있어서, 예산편성을 조업도변동에 따라서 탄력적으로 수립할 수 있게 해준다. 즉 예산은 제반 경영환경이 변화하면 이에 맞추어 적절히 변경되어야 하며, 충분한 융통성을 갖고 편성되어야 한다. 예산은 관련범위내의 어떤 조업도수준에서도 각 수준에 맞게 수립될 수 있다. 즉 경영자는 일정기간 동안 어느 정도의 조업도수준을 달성할 수 있을 것인가를 고려한 후에 변동예산을 이용하여 그와 같은 조업도수준에서 얼마만큼의 비용이 소요될 것인가를 결정하게 된다.

이러한 변동예산은 다음과 같은 두 가지 유용성을 가지고 있다.

첫째, 변동예산은 계획수립목적에 이용될 수 있다. 즉 모든 비용을 변동원가와 고정원가로 구분하여 여러 수준의 조업도에 맞추어 예산을 작성하므로 체계적이고 논리적인 계획의 수립을 가능케 한다.

둘째, 변동예산은 경영자의 통제기능 수행에 이용될 수 있다. 즉 조업도의 차이(실제조업도와 계획된 조업도의 차이)가 배제되고 실제로 발생된 조업도에서의 계획과 실적이 비교되므로 변동예산은 효과적인 통제의 수단으로 활용될 수 있다.

2. 고정예산의 단점

고정예산과 변동예산의 차이를 살펴보기 위해서 먼저 2002년의 종합예산을 준비함에 있어서 노고주식회사는 해당년도에 15,000단위를 생산하여 판매할 것을 계획하고 있다고 가정해 보자. 그리고 이 회사는 이 기간 동안에 실제로 10,000단위만을 생산·판매함으로써 이 목표를 달성하지 못했다고 가정하자. 만약 이 회사가 고정예산접근법을 이용하였다면, 이 기간 동안의 전반적인 성과는 <표 8-12>와 같이 나타난다.

표 8-12 추정손익계산서

노고주식회사
고정예산 손익계산서

	실 제	예 산	차 이*
생산량(단위)	10,000	15,000	5,000U
매 출 액	₩400,000	₩600,000	₩200,000U
변동원가			
직접재료원가	100,000	120,000	20,000F
직접노무원가	85,000	90,000	5,000F
변동제조간접원가	25,000	30,000	5,000F
판매 및 일반관리비	10,000	15,000	5,000F
총변동원가	(220,000)	(255,000)	35,000F
공헌이익	180,000	345,000	165,000U
고정원가			
고정제조간접원가	125,000	120,000	5,000U
판매비와 일반관리비	45,000	45,000	–
총고정원가	(170,000)	(165,000)	5,000U
순 이 익	₩10,000	₩180,000	₩170,000U

* F: 유리한 차이, U: 불리한 차이

성과평가를 함에 있어서 고정예산접근법을 사용하여 고정예산손익계산서를 작성하게 되면 조업활동의 통제(activity control)와 원가통제(cost control)의 두 가지 통제 측면을 구분하지 못한다는 단점을 가지게 된다. 조업활동의 통제로는 판매활동 또는 생산활동이 계획상의 활동과 대비하여 어떠한 차이를 보이는가를 알 수 있으며, 원가통제로는 산출물이 품질·능률의 표준과 합치하는가와 표준비용으로 생산·판매가 이루어졌는가를 알 수 있다. 이러한 두 가지 통제측면에 대하여 경영자들은 상이한 책임을 가지고 있으며, 따라서 경영자들의 직무수행결과를 평가하기 위해서는 이들 책임을 따로따로 파악할 필요가 있다.

고정예산을 이용하게 되면 조업활동에 대한 통제만이 가능하다. 즉 <표 8-12>의 윗부분의 생산량에 대한 자료를 살펴보면, 조업활동에 대한 통제를 효과적으로 수행하지 못하여 예산생산량에 비하여 5,000단위를 부족달성하였다는 사실을 알 수 있다.

손익계산서에서 매출액 이외의 자료는 원가통제와 관련된다. 이때 변동원가와 관련된 모든 차이들(variances)은 유리한 차이라는 점에 주목을 할 필요가 있다. 이러한 유리한 차이가 반드시 당해년도 동안에 이 회사가 원가통제를 효과적으로 수행한 것을 의미하는 것은 아니다. 차이가 유리하게 나타난 이유는 실제원가는 10,000단위의 조업도수준에서 발생되었는 데 반해 고정예산은 이보다 훨씬 큰 15,000단위의 조업도수준에 기초하고 있기 때문이다. 즉 실제생산량이 예산보다 5,000단위가 적었기 때문에 변동원가의 원가차이가 유리하게 나타난 것이지, 만약 예산처럼 15,000단위가 생산되었다면 불리한 차이가 나타났을지도 모르는 것이다.

원가통제의 관점에서 볼 때 하나의 조업도수준에서의 예산원가를 다른 조업도수준에서의 실제원가와 비교하려고 하는 것은 좋은 방법이 아니다. 왜냐하면 이와 같은 비교는 앞의 예에서처럼 실제조업도가 예산조업도(budgeted activity)보다 적은 경우에는 실제원가가 예산원가보다 적게 발생되어 대부분 유리한 차이를 가져오기 때문이다. 물론 반대의 경우에는 불리한 차이가 나타나게 될 것이다. 그러므로 실제조업도와 예산조업도의 차이가 커지면 커질수록 고정예산은 성과평가를 위한 기준으로는 적합하지 못하게 된다.

3. 변동예산의 편성

변동예산접근법의 기본적인 사고는 비용행태에 대한 연구를 통해서 단일 조업도수준보다는 다양한 조업도수준에서 이에 적합한 예산을 편성할 수 있다는 것이다. 즉 변동예산은 사후적인 실제조업도수준에 기초하여 신축성 있게 수립하는 예산편성방법이다. 기본적인 변동예산의 편성절차는 다음과 같다.

① 조업도의 기준을 설정한다. 조업도 기준으로는 매출액·판매량·생산량·기계시간·직접노무시간 등을 사용할 수 있다.

② 예산의 계획기간 동안 활동하리라고 예측되는 관련범위(relevant range)를 결정한다. 즉 해당기간의 조업도를 여러 수준으로 예측하는 것을

말한다.

③ 비용행태(변동원가, 고정원가, 혼합비)를 결정하기 위해서 관련범위 내에서 발생될 비용행태를 분석한다. 즉 모든 비용을 고정원가와 변동원가로 구분한다.

④ 변동원가 산정공식(또는 예산공식)을 이용하여 조업도 한 단위당 변동원가를 산정한다.

⑤ 각 조업도별 총 변동원가를 계산한다.

⑥ 해당기간 동안 고정원가를 계산한다.

⑦ 관련범위내의 각 조업도수준에서의 변동예산을 편성한다.

앞의 노고주식회사를 예로 들어 변동예산을 수립하여 보자. 조업도의 기준은 생산량이며, 관련범위는 5,000에서 20,000단위라고 가정하자. 관련범위 내에서의 비용패턴을 분석한 결과 다음과 같은 변동원가 산정공식(또는 예산공식)을 얻었다고 하자.

비 용	변동원가(단위당)
직접재료원가	₩8
직접노무원가	6
변동제조간접원가	2
판매비와 일반관리비	1

그러면 노고주식회사의 종합변동예산은 관련범위 내에서 편의상 5,000단위씩 증가시켜 가면서 <표 8-13>과 같이 수립할 수 있다.

표 8-13 종합변동예산

노고주식회사
종합변동예산

	예산공식 (단위당)	각 조업도수준			
		5,000	10,000	15,000	20,000
매 출 액	₩40	₩200,000	₩400,000	₩600,000	₩800,000
변동원가					
직접재료원가	8	40,000	80,000	120,000	160,000
직접노무원가	6	30,000	60,000	90,000	120,000
변동제조간접원가	2	10,000	20,000	30,000	40,000
판매비와 일반관리비	1	5,000	10,000	15,000	20,000
총변동원가	(17)	(85,000)	(170,000)	(255,000)	(340,000)
공헌이익	₩23	115,000	230,000	345,000	460,000
고정원가					
고정제조간접원가		120,000	120,000	120,000	120,000
판매비와 일반관리비		45,000)	45,000	45,000	45,000
총고정원가		(165,000)	(165,000)	(165,000)	(165,000)
순이익(손실)		₩(50,000)	₩65,000	₩180,000	₩295,000

종합변동예산(master flexible budget)이 작성되면, 이는 여러 가지 목적에 유용하게 이용할 수 있다. 해당기간의 초기에는 특정 예산조업도 수준에서의 기대수익·기대비용 및 기대순이익을 결정하기 위한 기준으로 이용된다. 예를 들어, 노고주식회사의 경우 15,000단위가 2002년 동안 판매될 것으로 예상하고 있다면, 이때 변동예산을 이용하여 경영자는 이와 같은 조업도수준에 대한 기대수익과 기대비용을 결정할 수 있다.

해당기간의 말에는 경영자는 관련범위 내의 어떤 예산수치에 대해서도 실적과 비교할 수 있다. 변동예산은 융통성 있게 수립되기 때문에, 실제조업도수준이 얼마만큼 발생하든지 그렇게 중요한 문제는 아니다. 만약 노고주식회사가 2002년 동안에 실제로 10,000단위만을 생산하였다면, <표 8-13>에서 10,000단위에 해당하는 예산과 비교하면 될 것이다. 이렇게 고정예산접근법을 이용하여 계산한 <표 8-12>와 대조적으로 변동예산접근법을 이용하여 쉽게 조업도통제와 원가통제를 구별할 수 있는데, 그 결과는 <표 8-14>와 같으며 이 손익계산서 형태는 공헌이익접근법 하의 손익계산서

형태와 동일함을 알 수 있다.

표 8-14 변동예산 손익계산서

노고주식회사
변동예산 손익계산서

		실 제	예 산	차 이
예산판매량	15,000			
실제판매량	10,000			
생산량(단위)		10,000	10,000	–
매 출 액		₩400,000	₩400,000	₩ –
변동원가				
직접재료원가		100,000	80,000	20,000U
직접노무원가		85,000	60,000	25,000U
변동제조간접원가		25,000	20,000	5,000U
판매비와 일반관리비		10,000	10,000	–
공헌이익		180,000	230,000	50,000U
고정원가				
고정제조간접원가		125,000	120,000	5,000U
판매비와 일반관리비		45,000	45,000	–
총고정원가		(170,000)	(165,000)	5,000U
순 이 익		₩10,000	₩65,000	₩55,000U

<표 8-14>의 맨 윗부분의 판매량자료를 보면 해당기간 동안의 판매목표는 충족되지 않았다는 점을 알 수 있다. 원가자료를 주의 깊게 살펴보면 해당기간 동안에 판매한 10,000단위에 대해서 얼마나 효율적으로 원가를 통제하였는가를 알 수 있다. 이들 차이의 대부분은 고정예산접근법에서 얻은 차이와는 매우 다르다. 왜냐하면 고정예산접근법에 의하면 예산과 실적이 각기 다른 조업도수준에서 비교되지만, 변동예산접근법을 이용하게 되면 동일 조업도수준에서 예산과 실적을 비교할 수 있기 때문이다.

실제 판매량이 10,000단위가 아니고 9,500단위라면 어떻게 될 것인가? 아마도 경영자가 실적과 비교하기 위해서 9,500단위의 조업도수준에 대한 예산을 작성하고자 변동예산공식을 이용할 것이다. 여기에 바로 변동예산접근법이 갖고 있는 장점과 융통성이 있다. 즉 이 방법을 이용하게 되면 단순히 예산공식만을 적용함으로써, 관련범위 내에서 언제든지 어떠한 조업도수준에서도 그에 맞는 예산을 수립할 수 있다.

4. 순이익 차이의 조정

지금까지 살펴본 종합변동예산에 대한 설명을 완결하기 위해서는 이제 아래와 같이 <표 8-13>과 <표 8-14>의 순이익 차이를 조정하여야 한다.

	실 제 (10,000단위)	변동예산 (10,000단위)	종합예산 (15,000단위)
순이익	₩10,000	₩65,000	₩180,000
	판매가격 및 비용차이 ₩55,000U		매출조업도차이 ₩115,000U
	순이익차이 170,000U		

매출조업도차이(sales volume variance or activity variance)는 해당기간의 예산판매량을 달성치 못함으로써 발생한 차이를 나타낸다. 즉 이 차이는 경영자가 예산상의 판매량 목표를 달성하는 데 얼마나 효과적으로 대응하였는지 측정한다. 조업도차이는 매출차이 또는 매출조업도차이라고도 하며 다음과 같이 계산된다.

매출조업도차이 = (예산판매량 − 실제판매량) × 단위당 예산공헌이익
= (15,000단위 − 10,000단위) × ₩23*
= ₩115,000

* ₩40 − ₩17 = ₩23(<표 8-13> 참조).

위의 계산에서 알 수 있는 바와 같이 노고주식회사는 해당 기간 동안에 예산판매량수준을 달성하지 못함으로써 ₩115,000의 공헌이익(또는 순이익)상의 손해를 보았다.

판매가격/비용차이(selling price/cost variance) 또는 변동예산차이(flexible budget variance)는 가격변동이나 투입자원의 비효율적인 사용 등으로 인하여 발생된 차이를 측정한다. 즉 이 차이는 실제 단위당 가격(또는 비용)이 예산과 차이가 나는 경우나 단위당 산출물에 사용된 투입자원의 양이 변동예산

과 다른 경우에 발생된다. 전자의 원인에 의해 발생된 차이를 가격차이(price variances)라 하며, 후자에 의한 차이는 능률차이(efficiency variances)라 한다.

판매가격 차이는 예산판매가격과 실제 판매가격의 차이에 실제 판매된 단위를 곱함으로써 계산할 수 있다. 노고주식회사는 2002년 한 해 동안에 단위당 ₩40의 판매가격을 유지하였기 때문에, <표 8-14>에서처럼 판매가격 요소에 대해서 어떠한 차이도 나타나지 않았음을 알 수 있다. 따라서 이 회사의 판매가격 및 비용차이 전액(₩55,000)은 비용요소에서 기인됨을 알 수 있다. 경영자는 이 비용차이를 다시 비용요소별로 분석하여 개별 비용차이를 파악하여 이들의 발생원인을 결정하게 된다.

8-4 예산과 관련된 기타 문제

본 절에서는 예산과 관련된 제반 문제 중에서 JIT재고시스템(just-in-time inventory control system)과 영기준예산(zero base budgeting)에 관하여 설명하고자 한다.

1. 적시재고시스템

(1) JIT의 의의

앞에서 설명한 예산편성에 대한 예에서는 예측치 못한 수요에 대비하기 위하여 원재료, 완제품 등의 재고자산을 일정량만큼 보유하도록 계획되어 있었다. 이러한 재고를 안전재고(safety inventory)라 한다. 그러나 최근에는 재고자산 통제에 관하여 적시재고시스템(just-in-time inventory system)이라는 새로운 시스템이 개발되어 널리 사용되고 있는데, JIT시스템에서는 안전재고가 극소화된다. 즉 JIT시스템의 목적은 판매 직전에 완제품을 생산하여 전달하고, 완제품생산에 부품이 필요한 시점에 부품을 조달하고, 부품생산에 소요되는 원재료도 필요한 시점에 조달하는 것이다. 따라서 JIT재고시스템 하에서는 재고의 보유가 극소화되며, 이상적으로는 무재고(zero inventory) 상태가 된다.

(2) 풀접근법

JIT재고시스템에서는 최종 완제품 조립작업장에서 필요한 부품과 원재료의 양을 정확히 파악하여 그 이전 작업장으로 제품조립에 필요한 양을 요구하는 신호(일본 실무에서는 이를 '간반'이라 부름)를 전달해 준다. 이러한 신호를 받은 이전 작업장에서는 완제품 조립작업장에 필요한 물품의 정확한 양을 생산하기 위해 계속해서 그 이전작업장으로 신호를 보낸다. 이와 같은 과정을 되풀이하면 전체 작업장에서의 부품이나 원재료재고는 최소수준을 유지하게 된다. 이와 같이 JIT재고시스템 하에서는 전체 작업장이 차례차례로 최종 조립작업장에 의하여 이끌려진다고 하여 풀접근법(pull approach)이라 한다.

과거에는 수요 유무를 별로 고려하지 않고 부품이나 원재료를 먼저 조달하고, 이러한 부품이나 원재료가 다음 작업장으로 차례로 이전되면서 완제품이 생산됐다. 따라서 생산된 제품 중 일부가 판매되지 않아 재고로 남기도 하였다. 이러한 전통적인 생산방법을 푸쉬접근법(push approach)이라 부른다.

(3) JIT의 성공적인 운영을 위한 조건

JIT재고시스템을 성공적으로 운영하기 위해서는 다음의 세 가지 조건이 구비되어야 한다.

첫째, 부품이나 원재료를 장기적인 계약에 의하여 공급받을 수 있는 공급업자가 있어야 한다. JIT재고시스템 하에서는 부품이나 원재료의 공급중단이 치명적인 결과를 초래할 수 있으므로 항상 필요한 시점에서 공급받을 수 있는 공급업자들이 필요하다.

둘째, 선택된 공급업자는 적은 양의 부품이나 원재료를 빈번하게 납품할 수 있어야 한다. 즉 일주일이나 한 달분의 원재료 및 부품을 한꺼번에 공급하는 것보다는 일주일에도 수차례에 걸쳐 정확한 양을 공급해 주는 것이 중요하다. 이와 같은 구매를 위해서는 기업과 공급업자 간에 고정적이고 직접적인 의사소통이 이루어져야 한다.

셋째, 기업에서는 부품과 원재료에 대한 전사적 품질관리(total quality control)시스템을 개발하여 사용하여야 한다. 품질관리란 불량품을 하나도 발생하지 않도록 하기 위해 전사적으로 품질관리 노력을 기울이는 것을 말하는데 JIT에서 이는 매우 중요하다. 왜냐하면 한 작업장에서 다음 작업장이 요구하는 부품이나 재료를 생산하게 되는데, 이때 생산되는 부품이나 재료는 다음 작업장에서 전부 사용되어야 하므로 불량품이 생산되면 제품의 생산에 차질을 가져오게 되고 나아가서는 전체 작업장에 작업지장을 초래하게 되기 때문이다.

(4) JIT의 효익

JIT재고시스템을 채택하면 다음과 같은 효익을 얻는다.

① 모든 유형의 재고가 현저하게 감소될 수 있으므로 재고에 소요되는 자금을 다른 곳에 투자할 수 있다.

② 재고저장에 사용될 공간을 다른 생산적인 작업에 사용할 수 있다.

③ 전사적 품질관리를 통하여 불량품이 하나도 없는 상태인 무결점(zero defects)을 실현할 수 있으므로 낭비가 감소될 수 있다.

이러한 장점 때문에 JIT재고시스템은 실무에서 인기를 얻고 있다. 하지만 JIT시스템 시행을 위한 여건이 충분히 조성되지 않은 상태에서 무리하게 무재고생산을 시행하는 것은 부작용이 생길 수도 있다는 점에 유의해야 한다.

2. 영기준예산

영기준예산(zero base budgeting)은 원래 비영리조직, 정부기관, 군대조직 등의 예산편성을 위한 제도로서 시작되었다. 이 영기준예산에서는 관리자들이 예산을 편성할 때 매년 이전 년도의 예산을 염두에 두지 않은 상태에서 모든 프로그램의 예산비용을 정당화시켜야만 비로소 예산으로 책정하게 된다. 심한 경우에는 수년 동안 지속되는 프로그램에 대해서도 한 번 편성되면 그 프로그램이 종료될 때까지 계속하여 예산의 효력이 존재하는 것이 아니라 매년 계속해서 예산을 새로 편성해야 하며, 정당화되는 비용만 예산으로 책정된다.

이러한 절차는 의사결정패키지(decision packages)의 작성과 평가에 의해 이루어진다. 즉 하위관리자들이 예산프로그램인 의사결정패키지를 작성하여 올리면 상사는 다양한 프로그램들을 평가하여 그 중요성과 효익·비용분석에 따라 우선순위를 결정한다. 예산의 배정은 당연히 우선순위가 높은 의사결정패키지부터 차례로 돌아가게 된다. 의사결정패키지 속에는 해당프로그램의 목적·효과·소요비용·소요인력 등이 명시된다.

이와 같은 예산편성과정은 전통적인 방법과는 차이가 있다. 전통적인 예산편성제도 하에서는 전년도 예산을 출발점으로 해서 부가시키거나 차감시켜 금년도 예산을 편성한다. 그리고 수년 동안 지속되는 프로그램의 예산은 한번 편성되면 계속해서 그 효력이 존재한다. 따라서 지속적인 프로그램의 예산은 매년 처음부터 새로 편성되지는 않는다. 또한 이전 년도 예산이 미래예산을 정당화시켜 주는 경우가 많았다. 그러나 영기준예산편성은 이전 년도의 예산이 미래 예산을 전혀 정당화시켜 주지 못한다는 생각에 기초하고 있다.

넓은 의미의 영기준예산은 전혀 새로운 개념은 아니다. 과거에도 관리자들은 자기 부서의 비용에 관해 깊이 있는 검토를 해왔다. 그러나 영기준예산은 이런 검토를 매년 예산을 편성할 때 실시한다는 점이 기존의 개념과 다르다.

영기준예산은 매년 무에서 출발하여 예산을 편성하게 되므로 시간과 비용이 불필요하게 많이 소요된다는 주장도 있다. 이러한 문제점을 보완하고 영기준예산 편성의 장점을 살리는 방안으로 매년 무에서 시작할 것이 아니라, 5년에 한 번씩 무에서 시작하여 기존활동을 비판적으로 검토하자는 제안이 설득력 있게 수용되고 있다. 이를 영기준검토(zero base review)라 한다.

8-5 종합예제

판매예측(2002)

소비자 수요	가능성	추정매출액				(단위: 천원)
		1월	2월	3월	4월	5월
평균 이상	30%	₩90	₩96	₩116	₩126	₩106
평 균	50	78	88	108	118	98
평균 이하	20	70	86	106	116	96
	100%					

재무상태표
(2001년 12월 31일 현재)

자 산		부채 및 자본	
현 금	₩15,000	매입채무	₩28,000
매출채권	60,000	미지급판매수수료	7,000
재고자산	102,000	보 통 주	160,000
비유동자산(순액)	200,000	이익잉여금	182,000
합 계	₩377,000	합 계	₩377,000

추가자료:

(a) 매출은 판매된 달에 40%, 그 다음 달에 60%가 현금으로 회수된다.

(b) 매출원가는 매출액의 60%이다.

(c) 매출액의 7%를 판매수수료로 판매원에게 지급하되 현금회수가 완료된 달에 지급한다.

(d) 재고자산은 차기 2개월간의 추정매출분만큼 보유한다.

(e) 상품의 외상매입대금은 매입한 다음 달에 지급한다.

(f) 고정원가는 월 ₩10,000씩 발생되는데, 그 중 ₩4,000은 감가상각비이다.

[요구사항]

1. 2002년의 첫 3개월간의 각 달에 대한 종합예산(판매예산 및 현금회수계획표, 상품구매예산, 현금예산)을 편성하시오.
2. 2002년의 첫 3개월간에 대한 이익계획(추정손익계산서)을 작성하시오.
3. 2002년 3월 31일 현재의 추정재무상태표를 작성하시오.

[해　　답]

1. 종합예산

ⓐ 판매예산 및 현금회수계획표(단위: 천원)

〈판매예산〉

	매 출 액			
	1월	2월	3월	합 계
평균 이상(30%)	₩27	₩28.8	₩34.8	₩90.6
평균(50%)	39	44	54	137
평균 이하(20%)	14	17.2	21.2	52.4
추정매출액	₩80*	₩90	₩110	₩280

〈현금회수계획표〉

	1월	2월	3월	합 계
12월 판매분	₩60			₩60
1월 판매분	32	₩48		80
2월 판매분		36	₩54	90
3월 판매분			44	44
합　　계	₩92	₩84	₩98	₩274

* 추정매출액(1월분)의 계산 = ₩90,000(0.3) + ₩78,000(0.5) + ₩70,000(0.2)
= ₩27,000 + ₩39,000 + ₩14,000 = ₩80,000

ⓑ 상품구매예산(단위: 천원)

	1월	2월	3월	합 계
추정매출액	₩80	₩90	₩110	₩280
원　　가	48	₩54	66	168
(가산)기말재고	120*	138	132	132
총소요액	168	192	198	300
(차감)기초재고	(102)	(120)	(138)	(102)
구 매 액	₩66	₩72	₩60	₩198

*기말재고(1월분)의 계산 = (2월 매출 + 3월 매출)(60%)
= (₩90,000 + ₩110,000) × (0.6) = ₩120,000

ⓒ 현금예산

	1월	2월	3월	합 계
현금회수	₩92,000	₩84,000	₩98,000	₩274,000
현금유출:				
매 입	28,000	66,000	72,000	166,000
판매수수료	7,000	5,600	6,300	18,900
고정원가용	6,000	6,000	6,000	18,000
총현금유출	41,000	77,600	84,300	202,900
잉여(부족)현금	51,000	6,400	13,700	71,100
기초현금잔액	15,000	66,000	72,400	15,000
금 융	–	–	–	–
기말현금잔액	₩66,000	₩72,400	₩86,100	₩86,100

2. 추정손익계산서(1～3월)

매 출		₩280,000
매출원가		(168,000)
매출총이익		112,000
판매비와 일반관리비		
변동원가	₩19,600*	
고정원가	30,000**	(49,600)
순 이 익		₩62,400

* ₩280,000 × 7%＝₩19,600.
** ₩10,000 × 3년＝₩30,000.

3. 추정재무상태표(2002년 3월 31일 현재)

자 산		부채 및 자본	
현 금	₩86,100	매입채무	₩60,000
매출채권	66,000	미지급판매수수료	7,700
재고자산	132,000	보 통 주	160,000
비유동자산(순)	188,000*	이익잉여금	244,400
합 계	₩472,100	합 계	₩472,100

* ₩200,000－감가상각비 ₩12,000(4,000×3개월)＝₩188,000.

8-6 요 약

1. 예산의 의의

일반적으로 기업 내에서 예산을 작성하는 행위를 예산편성이라 한다. 이익계획은 각종의 예산수립으로 공식화·구체화되며, 이러한 예산들이 기업의 전체계획으로 종합될 때 종합예산이라고 한다. 종합예산은 경영자의 미래계획과 이의 실행방법을 기술하고 있는 것으로 기업의 모든 세부단위의 목표를 요약하여 판매·생산·분배·재무 등 기능별로 작성된다.

예산제도를 운영함에 있어서 최고경영자는 예산을 종업원에 대한 압력수단이나 벌을 주기 위한 수단으로 사용해서는 안 된다. 예산제도가 기업 내에서 성공적으로 운영되기 위해서는 이 제도에 대한 최고경영자의 중요성 인식과 적극적인 지지 및 예산의 적용을 받는 실행자들에 의한 수용이 필요하다.

2. 종합예산의 편성절차

종합예산의 편성은 판매예측으로부터 출발하여 추정재무제표를 작성함으로써 완결된다. 종합예산의 편성절차는 다음과 같다.

① 종합예산편성에 있어서 가장 먼저 해야 할 일은 판매예측에 기초하여 예상현금수입액의 계산을 포함한 판매예산을 편성(외상과 현금으로 구분)하는 것이다.

② 판매예산이 편성되면 다음에는 생산예산(혹은 생산계획수립)을 편성한다. 생산예산은 직접재료원가예산·직접노무원가예산·제조간접원가예산을 편성할 수 있는 토대를 마련해 준다.

③ 직접재료원가예산·직접노무원가예산·제조간접원가예산을 각각 편성

한다.

④ 완제품 기말재고에 대한 예산을 수립한다.

⑤ 제품의 판매와 생산에 관련된 제반 예산이 편성된 다음에는 미래 일정기간 소요될 판매 및 일반관리비예산을 편성한다.

⑥ 추정손익계산서를 작성한다.

⑦ 자본예산과 현금예산을 편성한다.

⑧ 추정재무상태표와 추정현금흐름표를 작성한다.

3. 고정예산과 변동예산

예산은 표준원가와 함께 경영계획 수립과 원가통제 목적으로 실무에서 광범위하게 이용되고 있다. 고정예산은 계획 목적으로 유용하게 이용되지만 계획된 조업도 수준과 실제 조업도가 일치하지 않는 경우도 있으므로 통제 목적으로 사용되지 않는 것이 일반적이다. 이와 같은 고정예산접근법의 한계점을 극복하기 위해 많은 기업들이 관련 범위 내의 어떤 조업도 수준에서도 신축적으로 예산을 수립할 수 있는 변동예산접근법을 활용하게 되었다. 변동예산을 이용하면 사후적인 실제조업도 수준에 따라 예산편성을 하므로 체계적이고 논리적인 계획수립이 가능하고, 효과적인 원가통제의 수단으로 활용할 수도 있다.

4. JIT와 영기준예산

예산과 관련된 기타 제 문제 중에는 JIT재고시스템과 영기준예산을 예로 들 수 있다. 최근에 개발되어 실무에서 널리 사용되고 있는 JIT재고시스템은 적시에 부품 및 원재료 등을 조달함으로써 안전재고를 극소화시키는 데 그 목적이 있다. 그리고 영기준예산은 예산편성시 매년 무에서 출발하여 예산비용을 정당화시키는 프로그램에 대해서만 예산을 책정하도록 하는 제도로 비영리조직·정부기관·군대조직 등에서 많이 활용되고 있다.

Management Accounting

익/힘/문/제

01 다음의 용어들을 간략히 설명하시오.

① 종합예산 ② 참여예산
③ 예산기간 ④ 판매예측
⑤ 영기준예산(Zero Base Budget)

02 예산을 사용함으로써 얻을 수 있는 이점에 대해 설명하시오.

03 참여예산의 의의, 과정 및 장·단점을 기술하시오.

04 종합예산을 영업예산과 재무예산으로 나누어 설명하시오.

05 판매예측의 의의·기법·판매예측시 고려사항을 설명하시오.

06 JIT재고시스템의 의의, 성공적 운영을 위한 세 가지 구비조건 및 이 시스템의 채택으로 얻을 수 있는 효익에 대해서 설명하시오.

07 JIT에서 풀(pull)시스템이란 무엇을 의미하는 것이며, 푸쉬(push)시스템과 무엇이 다른가?

08 JIT를 성공적으로 실행하기 위하여 필요한 주요 요소는 무엇인가?

09 JIT에서 공장배치가 전통적인 것과 다른 점은 무엇인가?

10 JIT가 원가계산에 미친 영향은 무엇인가?

11 전통적인 예산편성방법과 영기준예산편성(Zero base budgeting)방법의 차이점을 설명하시오.

Chapter 08 연습문제 Management Accounting

[객관식]

1 종업원이 예산편성 과정에 참여하는 참여예산(participative budget)에 관한 설명으로 옳지 않은 것은? (2010, 세무사)

① 종업원들의 다양한 관점과 판단을 예산에 반영할 수 있다.
② 종업원은 최고경영층에서 일방적으로 하달하는 예산목표보다 참여예산의 목표를 더 잘 달성하려는 유인이 있다.
③ 예산여유(budgetary slack)를 발생시킬 위험이 있다.
④ 예산편성을 위한 소요기간이 길어질 수 있다.
⑤ 예산편성시 조직 전체의 목표는 고려할 필요가 없으며 각 부서의 목표와 방침에 따른다.

2 다음 중 예산과 관련된 설명으로 옳지 않은 것은? (2009, 세무사)

① 운영예산(Operating Budget)은 다음 예산년도의 운영계획을 나타내며, 예산대차대조표(또는 예산재무상태표)에 총괄된다.
② 종합예산(Master Budget) 편성의 첫 단계는 판매량 예측이다.
③ 연속갱신예산(Rolling Budget)제도는 예산기간 말에 근시안적으로 판단하는 것을 방지하는 효과가 있다
④ 참여예산(Participative Budget)제도를 운영하는 경우에는 예산수립 참여자의 악용 가능성에 대비하여야 한다.
⑤ 영기준예산(Zero-based Budget)제도를 운영하는 경우에는 예산편성을 위한 노력이 많이 든다.

3 서강(주)의 2/4분기 매출수량과 생산수량에 대한 예산자료가 다음과 같다.

	4월	5월	6월
매출수량	100,000단위	120,000단위	?
생산수량	104,000단위	128,000단위	156,000단위

회사의 4월 1일 현재 제품의 재고량은 20,000단위이다. 회사의 정책에 따르면 매월 말 제품의 재고로 다음 달 판매수량의 20%를 반드시 보유하여야 한다. 7월의 매출은 140,000단위가 될 것으로 예상하고 있다. 6월의 예상 판매수량은 얼마인가? (2004, 세무사)

① 188,000단위 ② 160,000단위 ③ 128,000단위
④ 184,000단위 ⑤ 180,000단위

4 2008년 1월부터 3월까지의 대한회사의 예상 상품매출액은 다음과 같다.

월 별	예상매출액
1월	₩3,500,000
2월	4,100,000
3월	3,800,000

매월 기말재고액은 다음 달 예상매출원가의 25%이며, 상품의 매출총이익률은 30%이다. 2월의 예상 상품매입액은 얼마인가? (2008, 세무사)

① ₩2,467,500 ② ₩2,817,500 ③ ₩2,625,000
④ ₩3,010,000 ⑤ ₩4,672,500

5 상품매매기업인 (주)세무의 20×1년 2분기 월별 매출액 예산은 다음과 같다.

	4월	5월	6월
매 출 액	₩480,000	₩560,000	₩600,000

(주)세무의 월별 예상 매출총이익률은 45%이다. (주)세무는 월말재고로 그 다음 달 매출원가의 30%를 보유하는 정책을 실시하고 있다. (주)세무의 매월 상품매입 중 30%는 현금매입이며, 70%는 외상매입이다. 외상매입대금은 매입한 달의 다음 달에 전액 지급된다. 매입에누리, 매입환출, 매입할인 등은 발생하지 않는다. 상품매입과 관련하여 (주)세무의 20×1년 5월 예상되는 현금지출액은 얼마인가? (2014, 세무사

① ₩231,420 ② ₩243,060 ③ ₩264,060
④ ₩277,060 ⑤ ₩288,420

6 (주)서강의 20×5년 1월 매출액은 ₩500,000이고, 2월과 3월 매출은 직전월에 비하여 각각 10%와 20%씩 증가할 것으로 예상된다. 매출은 현금매출 70%와 외상매출 30%로 구성되며, 외상매출은 판매된 달에 60%, 그 다음 달에 40%가 회수된다. 이에 따라 회사의 현금예산표상 20×5년 3월의 현금유입액을 계산하면 얼마인가? (2005, CPA)

① ₩440,000　② ₩484,000　③ ₩544,000
④ ₩580,800　⑤ ₩646,800

7 금년 초에 설립된 서강상사는 상품구매원가의 120%로 상품가격을 책정하고 있다. 회사는 매월 구매상품 40%는 현금구입하고 나머지 60%는 외상구입 한다. 외상구입 대금은 구입한 달의 다음 달에 지급한다. 회사는 매월 기말재고로 그 다음 달 예상판매량의 30%를 보유하는 정책을 실시하고 있다. 1, 2, 3월의 예상매출액은 다음과 같다. 단, 3개월 동안의 판매가격 및 구매단가는 불변이다.

	예상 매출액
1월 :	₩9,600
2월 :	12,000
3월 :	15,600

구입대금 지급으로 인한 회사의 2월 중 예상 현금지출액은 얼마인가? (2003, CPA)

① ₩8,760　② ₩9,160　③ ₩10,960
④ ₩13,152　⑤ ₩10,512

8 (주)한국제조의 판매부서는 분기별 예산판매량을 다음과 같이 보고하였다.

분　기	분기별 예상판매량
20×1년 1분기	8,000단위
20×1년 2분기	6,500단위
20×1년 3분기	7,000단위
20×1년 4분기	7,500단위
20×2년 1분기	8,000단위

(주)한국제조의 20×1년 1분기 초 제품의 재고량은 1,600단위이며, 제품의 각 분기말 재고량은 다음 분기 예산판매량의 20% 수준을 유지하고 있다. (주)한국제조는 제품 한 단위를 생산하는데 0.35 직접노무시간이 소요될 것으로 예상하고 있으며, 직접노무인력에게 시간당 ₩10의 정규임금을 지급할 계획이다. (주)한국제조는 직접노무인력을 정규직원으로 고용하고 있어 매분기마다 최소한 2,600 직접노무시간에 해당하는 임금을 보장하여야 한다. 즉, 이 회사는

직접노무인력을 신축성 있게 조정할 수 없기 때문에 매분기마다 필요한 직접노무시간이 2,600시간 미만이 되더라도 2,600시간에 해당하는 이금을 지급해야 한다. 그러나 분기에 필요한 직접노무시간이 2,600시간을 초과하면 초과시간에 대해서는 정규임금의 1.5배를 지급하여야 한다. (주)한구구제조의 20×1 회계연도 직접노무원가 예산금액은 얼마인가? (2015, CPA)

① ₩105,870 ② ₩106,325 ③ ₩107,175
④ ₩108,350 ⑤ ₩109,450

9 (주)국세의 월별 상품 매출액 예산은 다음과 같다.

월	매출액 예산
1월	₩5,000
2월	10,000
3월	20,000
4월	40,000

매출액에 대한 매출원가의 비율은 80%이고, 월말재고는 다음 달 예상매출원가의 20%이다. 3월에 예상되는 상품매입액은? (2015, 세무사)

① ₩12,000 ② ₩16,000 ③ ₩18,400
④ ₩19,200 ⑤ ₩20,800

10 (주)한국은 단일의 제품 A를 생산·판매하고 있다. 이 회사가 20×1년 3월에 대한 예산을 수립할 목적으로 수집한 자료의 이부는 다음과 같다.

(1) 20×1년 3월, 4월 및 5월에 대한 제품 A의 월별 판매예측은 다음과 같다.

구 분	예상판매량
3월	100단위
4월	120단위
5월	140단위

(2) 제품을 한 단위 생산하는 데 소요되는 직접재료원가는 ₩20이며, 이는 계속 유지될 것으로 예상된다.
(3) 이 회사는 20×1년 2월 말 현재 재고자산으로 제품 100단위를 생산할 수 있는 직접재료와 40단위의 제품을 보유하고 있다.
(4) 20×1년 3월부터 이 회사는 제품의 경우 다음 달 예상판매량의 50%에 해당하는 제품을 월말에 재고로 보유하며, 직접재료의 경우 다음 달 생산에 필요한 직접재료의 80%를 월말에 재고로 보유하는 재고정책을 취하고 있다.

(5) 직접재료의 매입은 즉시 현금으로 지급된다.
(6) 월초재공품과 월말재공품은 없다.

(주)한국의 20×1년 3월 직접재료 매입예산 금액은 얼마인가? (2014, CPA)

① ₩2,000 ② ₩2,080 ③ ₩2,320
④ ₩2,480 ⑤ ₩2,640

11 (주)서강은 제품 1단위에 2kg의 원재료를 사용하고 있으며, 원재료 1kg당 가격은 ₩10이다. 각 분기 말 원재료 재고량은 다음 분기 원재료 예상사용량의 10%를 유지하고 있다. (주)서강이 1분기 초에 보유하고 있는 원재료는 220kg이다. 분기별 실제(= 목표)생산량이 다음과 같을 때, 1분기의 원재료 예산구입액은? (단, 재공품 및 제품 재고는 없다) (9급 공무원, 2019)

	1분기	2분기
실제생산량(= 목표생산량)	1,100개	1,500개

① ₩17,200 ② ₩18,800
③ ₩22,800 ④ ₩23,000

12 (주)서강은 한 종류의 상품을 구입하여 판매한다. 20×1년 1월의 매출액은 ₩100,000이고 2월과 3월의 매출액은 각각 ₩150,000, ₩120,000으로 예상하고 있다. (주)서강의 매출원가는 매출액의 60%이며 상품은 현금으로 구매한다. 1월 31일의 재고자산은 ₩18,000이고 월말의 적정재고량은 다음 달 판매량의 20%이다. 회사의 매출액 중 30%는 판매한 달에 회수되고 70%는 판매한 다음 달에 회수된다. 20×1년 2월에 판매관리비로 ₩8,500이 현금으로 지불된다면 2월 중 예상되는 현금의 증가액은? (1999, CPA)

① ₩97,500 ② ₩37,500 ③ ₩14,500
④ ₩20,100 ⑤ ₩100,500

13 예산에 관한 다음 설명 중 옳지 않은 것은? (2018, CPA)

① 고정예산(정태예산)은 단 하나의 조업도수준에 근거하여 작성되므로 성과평가 목적으로 적합한 것이 아니다.
② 변동 예산은 일정범위의 조업도수준에 관한 예산이며 성과평가목적을 위해 실제원가를 실제조업도수준에 있어서의 예산원가와 비교한다.
③ 원점기준예산이란 과거의 예산에 일정비율만큼 증가 또는 감소한 예산을 수립하는 것이 아니라 예산을 원점에서 새로이 수립하는 방법이다.
④ 예산과 관련된 종업원들이 예산편성과정에 참여하는 참여예산의 문제점 중 하나는 예산슬

랙(budgetary slack)이 발생할 가능성이 높다는 것이다.

⑤ 종합예산은 조직의 각 부문활동에 대한 예산이 종합된 조직전체의 예산이며 변동예산의 일종이다.

14 대한회사는 주요 원재료 A를 사용하여 제품 P를 생산하고 있다. 제품 P 한단위를 생산하기 위해서는 원재료 A가 3kg이 소요된다. 20×1년말의 재고자산 종류별 실제 재고수량과 20×2년도의 분기별 예상 판매량은 다음과 같다. (2007, 세무사)

20×1년 12월 31일	현재 재고수량
재고자산	수량
원재료 A	4,000kg
재공품	없음
제품 P	2,500단위

20×2년 분기별 예상판매량	
분기	판매량
1/4	8,000단위
2/4	9,000단위
3/4	7,000단위
4/4	9,000단위
	33,000단위

대한회사의 재고정책에 의하면, 각 분기말 제품 재고수량은 다음 분기 예상판매량의 30%수준으로 유지한다. 또한 각 분기말 원재료 재고수량은 일정하게 4,000kg씩 유지하며 재공품 재고는 없다. 20×2년 2/4분기 중에 구입하여야 할 원재료 A의 물량은 얼마인가?

① 22,800kg ② 24,600kg ③ 25,200kg
④ 26,800kg ⑤ 28,600kg

15 (주)국세는 월간예산을 수립하고 있다. 다음 자료를 이용하여 추정한 ㈜국세의 20×2년 2월말 현금잔액은 얼마인가? (2012, 세무사)

재무상태표
20×2년 1월 1일 현재

자산	
현금	₩28,000
매출채권(순액)	78,000
상품	104,000
유형자산(장부금액)	1,132,000
총자산	₩1,342,000
부채 및 자본	
매입채무	₩200,000
자본금	800,000

이익잉여금	342,000
총부채 및 자본	₩1,342,000

- 상품의 20×2년 1월 매출액은 ₩260,000, 2월 매출액은 ₩230,000, 그리고 3월 매출액은 ₩210,000으로 각각 추정하고 있다. 모든 매출은 외상으로 이루어지며, 매출채권은 판매한 달에 55%, 다음 달에 40%가 현금으로 회수되고, 5%는 대손처리되어 판매한 당월의 비용으로 처리한다.
- 월별 매출총이익률은 20%이다.
- 상품의 월말재고액은 다음 달 예상매출원가의 50%로 유지한다.
- 모든 매입은 외상으로 이루어지며 매입채무는 매입한 다음 달에 전액 현금으로 상환한다.
- 기타 운영비 ₩21,700은 매월 현금으로 지급한다.
- 감가상각비는 연간 ₩17,000이다.
- 세금은 무시한다.

① ₩18,400　② ₩27,300　③ ₩28,100
④ ₩40,100　⑤ ₩40,800

[주관식]

8-1 서강제조회사가 작성한 2002년도 2/4분기의 판매예산(sales budget)과 과거경험에 의한 현금회수의 행태는 다음과 같다.

	4월	5월	6월	총 계
매 출	₩500,000	₩770,000	₩950,000	₩2,220,000

현금회수행태: 70%는 매출한 달에 회수됨.
20%는 매출후 첫 번째 달에 회수됨.
7%는 매출후 두 번째 달에 회수됨.
3%는 회수되지 않음.

이 회사는 매출한 당월의 현금회수액에 대하여 3%의 현금할인을 해주고 있다. 2/4분기의 매출채권 기초잔액은 ₩175,000이었으며, 그 중 ₩35,000은 2월달의 판매분이다.

[요구사항]

이 회사의 4월, 5월, 6월 중의 현금회수액을 구하시오.

1. 4월 현금회수액
2. 5월 현금회수액
3. 6월 현금회수액

8-2 다음은 서강회사의 2/4분기 중 현금예산과 관련한 자료이다.

	5월	6월
매 출 액	₩40,000	₩70,000
매출원가	24,000	42,000
판매 및 일반관리비	12,800	18,900
순 이 익	3,200	9,100

추가자료:

(a) 매출시 매출액의 20%는 현금으로 즉시 회수되고, 나머지 80% 중 10%는 매출 당월에, 70%는 익월에 그리고 20%는 2개월 후에 회수된다.

(b) 3월과 4월의 매출액은 각각 ₩30,000, ₩36,000이었다.

(c) 제품구입시 50%는 구입 당월에, 나머지 50%는 익월에 대금을 지급하고 있으며, 제품의 재고는 익월의 매출원가의 20%가 유지되어야 한다. 4월 말의 제품매입채무

잔액은 ₩11,700이고, 제품재고액은 ₩4,800이다.

(d) 판매 및 일반관리비에는 감가상각비 ₩2,000이 포함되어 있고, 5월 중에 ₩4,500의 장비를 구입하게 된다.

[요구사항]

1. 5월의 현금회수액을 구하시오.
2. 5월의 제품매입액을 구하시오.
3. 5월의 현금지출액을 구하시오.

8-3 (주)서울장난감은 장난감을 제조하여 소매상들에게 판매하고 있다. 이 회사 제품 중의 하나인 「수퍼맨」 1개를 제조하기 위해서는 3kg의 재료 A가 필요하다. 이 회사는 현재 2002년도 3/4분기 원재료요구량을 계획중에 있으며, 이 분기에 가장 많이 「수퍼맨」이 판매된다. 갑작스런 생산과 판매량의 변동에 대비할 목적으로 이 회사는 다음과 같은 재고요구량을 가지고 있다.

(a) 각 월말에 보유하고 있어야 하는 완제품재고는 3,000개에 다음 달의 매출량의 20%를 합한 양만큼이다.

(b) 각 월말에 보유하고 있어야 하는 원재료재고는 다음 달의 생산요구량의 1/2이 되어야 한다. 6월 30일의 원재료재고는 54,000kg로 추정하고 있다.

(c) 재공품 재고는 없다.

2002년도의 6개월 동안의 「수퍼맨」의 판매예산은 나음과 같나.

월	추정매출량
7월	35,000
8월	40,000
9월	50,000
10월	30,000
11월	20,000
12월	10,000

[요구사항]

1. 7~10월에 대한 「수퍼맨」의 제조예산을 작성하시오.
2. 요구사항 1)에서 작성한 제조예산을 검토하시오. 그리고 이 회사는 왜 7월과 8월에 판매된 것보다 더 많은 제품을 생산해야 하는가와 9월과 10월에 판매된 것보다 더 적은 제품을 생산하는가에 대한 이유를 설명하시오.
3. 7월 동안에 구입될 재료 A의 수량을 나타내는 예산을 작성하시오.

8-4 (주)서강은 상품매매업을 하고 있으며 다음과 같은 예산을 작성하였다.

	구 매	판 매
1월	₩42,000	₩72,000
2월	48,000	66,000
3월	36,000	60,000
4월	54,000	78,000
5월	60,000	66,000

판매대금은 다음과 같이 회수한다.

판매한 달	70%
판매한 다음달	20%
판매한 다다음달	9%
회수불가능한 금액	1%

구매대금은 구매한 다음 달에 전액 지불한다. 상품구매비용 외에 현금지출은 5월에 ₩14,400으로 예상되며, (주)서강의 5월 1일 현금 잔액은 ₩22,000이다.

[요구사항]

1. (주)서강의 5월 동안의 현금 회수계획을 계산하시오.
2. (주)서강의 5월 31일 현금 잔액을 계산하시오.

8-5 (주)서강은 다음 자료를 바탕으로 2002년 10월의 예산을 편성하고자 한다.

(a) 실제 및 예상판매량

	9월(실제)	10월(예상)	11월(예상)	12월(예상)
판 매 량	20,000	30,000	36,000	24,000

(b) 제품의 단위당 판매가격은 ₩200이다. 모든 매출은 외상으로 이루어지며, 매출액은 판매한 그 달에 40%가 회수되고, 다음달에 58%가 회수된다. 매출액의 2%는 판매한 달에 대손처리된다.

(c) 회사의 월간 정상조업도는 30,000개이며, 이때의 제품단위당 표준원가는 다음과 같다.

직접재료원가(1kg @₩40)	₩40
직접노무원가(0.2시간 @₩100)	20
변동제조간접원가(0.2시간 @₩50)	10
고정제조간접원가(월간 ₩1,500,000)	50
	₩120

(d) 대손상각을 제외한 변동판매관리비는 판매단위당 ₩20이며, 고정판매관리비는 월간 ₩400,000이다.

(e) 현금지출이 필요한 원가 및 비용은 발생 즉시 현금으로 지출된다. 현금지출이 없는 비용은 매월 ₩500,000 발생하며, 고정제조간접원가와 고정판매비에 각각 ₩400,000과 ₩100,000이 계상된다.

(f) 매월 말 제품재고는 다음 달 예상판매량의 20% 수준으로 유지하며, 원재료 재고는 다음 달 생산에 소요되는 수량의 50% 수준으로 유지할 계획이다. 모든 매입은 현금으로 이루어진다.

(g) 10월 1일 기초 현금잔액은 ₩700,000이다. 예산편성시에 재공품과 법인세 등은 고려하지 않는다. 제조간접원가 배부차이는 재고자산에 대한 평가계정으로 별도로 계상하여 연말까지 이연된다.

[요구사항]

1. 10월과 11월의 생산수량예산을 작성하시오.
2. 10월의 제조원가예산을 작성하시오.
3. 10월의 원재료 구매예산을 작성하시오.
4. 10월의 예산손익계산서를 작성하시오.
5. 10월의 현금예산을 작성하시오.

8-6 (주)서강회사는 X, Y의 두 제품을 생산·판매하고 있다. 4월, 5월, 6월의 예산 판매가격과 판매수량은 다음과 같다.

제 품	예산 판매가격	예산 판매수량		
		4월	5월	6월
X	₩50	₩50,000	₩70,000	₩80,000
Y	100	20,000	30,000	25,000

제품 재고는 각 제품별로 다음 달 예상판매량의 40%를 보유할 예정이며, 매출액의

40%는 현금매출이고, 60%는 외상매출이다. 회사는 과거의 경험으로 볼 때, 외상매출의 30%는 판매당월에 회수되고 나머지는 70%는 다음 달에 회수된다.

제품 X, Y를 각각 1단위씩 생산하기 위해서는 다음의 원재료가 필요하다.

원 재 료	X	Y
A	2단위	3단위
B	1	2

5월의 원재료에 대한 예산 구입가격과 재고의 예산변화량은 다음과 같다.

원 재 료	단위당 구입가격	기초재고량	기말목표재고량
A	₩6	25,000단위	23,000단위
B	5	20,000	18,000

5월에 제품 X, Y를 1단위 생산하기 위하여 필요한 예상 직접노동시간과 임률은 다음과 같다.

제 품	단위당 노동시간	시간당 임률
X	2	₩3
Y	3	4

제조간접원가는 직접노동시간당 ₩2의 비율로 배부된다. 위의 자료를 이용하여 다음 물음에 답하시오.

[요구사항]

1. 5월의 예상생산량을 구하시오.
2. 현금의 총예상 유입액을 구하시오(매출분만 고려).
3. 원재료의 구입예산수량과 예산금액을 구하시오.
4. 제품의 기말재고예산금액을 구하시오.

8-7 (주)서강의 2001년 3월 31일 현재의 재무상태표상의 주요 항목의 잔액은 다음과 같다.

현 금	₩35,000
매출채권	230,000
재고자산	250,000
매입채무	150,000

〈현금 회수 전략〉

(a) 매출액에 대한 청구는 매월 말일에 이루어진다.

(b) 고객이 청구일로부터 10일 이내에 지급하면 3%의 현금할인을 받는다.

(c) 매출채권 잔액은 할인되지 않은 총액이다.

(d) 청구금액의 60%는 할인기간 내에, 25%는 월말에, 10%는 다음 달 말에 각각 회수된다. 나머지는 회수불능으로 처리된다.

〈구매예산〉

(a) 상품 매입액과 판매비와 관리비의 60%는 당월에 지급되고, 나머지는 다음 달에 지급된다.

(b) 매월 말 재고자산은 다음 달 판매수량의 130%를 보유한다.

(c) 재고자산의 단위당 원가는 ₩30이다.

(d) 판매비와 관리비는 매월 매출액의 15%(이 중 ₩50,000은 감가상각비)이다.

〈실제 및 예산 판매량〉

	매 출 액	판매수량
3월	₩1,500,000	30,000
4월	1,750,000	35,000
5월	1,650,000	33,000
6월	1,350,000	27,000

[요구사항]

1. 5월의 구매예산을 편성하시오.
2. 5월의 현금지출액을 산출하시오.
3. 5월의 현금회수액을 산출하시오.

8-8 서강(주)는 주요 원재료 A를 가지고 제품 K를 생산·판매하고 있다. 제품 K 한 단위를 생산하는 데는 원재료 A 3kg이 소요된다. 이 회사의 20×4년도 분기별 예상판매량과 20×3년 12월 31일 현재 재고량은 다음과 같다.

20×4년 예상판매량		20×3년 12월 31일 재고량	
1분기	8,000단위	원재료 A	5,000kg
2분기	9,000단위	재공품	없음
3분기	8,000단위	원재료 K	2,400단위
4분기	6,000단위		

[요구사항]

이 회사의 재고정책에 의하여 각 분기말 완제품재고량은 다음 분기 예상판매량의 30%를 유지하도록 한다. 또한 각 분기말 원재료재고량은 일정하게 5,000kg씩 유지하며 재공품재고는 없도록 하는 것을 원칙으로 하고 있다. 이 회사가 20×4년도 두 번째 분기에 구입하여야 할 원재료 A의 물량은 얼마인가?

8-9 서강(주)는 제품 A를 생산·판매하고 있는데, 제품 A 1단위를 생산하는 데에는 1kg의 원재료가 소요된다. 2월 1일 현재의 재고자산은 제품 A가 3,000개, 원재료가 1,000kg이다. 서강(주)는 2월 한 달 동안의 판매량이 10,000개에 이를 것으로 예상하고 있다. 서강(주)는 3월을 대비하여 2월 말까지 제품 A 4,000개와 2,000kg의 원재료를 확보해 두기로 결정하였다.

[요구사항]

서강(주)의 2월의 생산량예산과 원재료구입예산을 작성하시오.

8-10 서강(주)는 8월 한 달 동안에 A제품 1,000,000단위를 판매할 수 있을 것으로 예상하고 있다. 서강(주)의 8월 1일 현재의 재고자료는 다음과 같다.

기초재고: 100,000단위
적정 기말재고: 200,000단위

[요구사항]

서강(주)의 8월의 예산생산량을 구하시오.

“쉬어 가기”

이재오 새누리당 의원의 전북 사랑 화제

2015.2.11 전북도민일보

새만금 수질개선의 핵심인 익산 왕궁 축사 매입 등이 순조롭게 추진되며 이재오 새누리당 의원(서울 은평을)의 역할론이 새롭게 조명받고 있다. 이 의원이 익산 왕궁 축산단지와 인연을 맺은 때는 이명박 정부 시절 국민권익위 위원장으로 활동하던 때다. 그는 권익위 위원장 자격으로 지난 2010년 1월 하순 현지 축산단지를 직접 방문해 열악한 축사시설 등을 직접 안에까지 들어가 둘러보고 폐수와 악취, 주거환경 개선 등의 문제를 원점에서 재검토하겠다고 밝혔다.

이 의원은 당시 축산폐수 처리시설 보강공사가 새만금 수질과 관련된 만큼 종합예산을 편성해 근본적인 개선방안을 찾도록 하겠다고 약속했고, 이후 지속적으로 관련 예산 확보에 남선북마(南船北馬) 뛰어다녔다. 하지만 정부의 지원은 탐탁지 않았고, 한센인의 열악한 환경이 개선되지 않자 이 의원은 작년 초 아예 익산의 전정희 의원과 ‘새만금사업 추진 및 지원에 관한 특별법’을 공동발의했고, 국회 여러 의원을 설득해 곧바로 같은 해 4월에 국회를 통과시켰다.

이로써 새만금 수질 개선을 중심을 이뤘던 익산 왕궁 축산농가의 영업 손실은 물론 이주보상까지 가능한 길을 열어놓았다. 이 법의 통과로 총 3천억 원가량의 관련 예산이 매년 나눠서 지원될 수 있게 됐다. 법이 통과된 후 왕궁 한센인들은 이 의원을 초청해 감사의 뜻을 전하기도 했다. 이 의원 측의 한 관계자는 “영업보상에 이주보상까지 가능토록 한 법률 개정안이 통과돼 새만금 수질개선과 왕궁 정착농원의 환경정비도 가능해진 것으로 안다”며 “이 의원의 전북 사랑을 보여주는 대목”이라고 말했다.

09

표준원가 계산제도 I

Introduction

1954년 캘리포니아의 평범한 쉐이크 판매원이 햄버거를 아이템으로 글로벌 프랜차이즈 기업을 꿈꾸었을 때, 비즈니스 전문가들은 코웃음을 쳤을 것이다. “고작 햄버거 따위로 글로벌 프랜차이즈 기업을 꿈꾼다고?”라며…. 꿈은 현실이 되어 맥도널드는 현재 120개 이상의 나라에서 30,000여개의 지점을 갖추고 매일 5,000만명 이상의 사람들에게 식사를 제공하는 명실상부한 다국적 기업이 되었다. 그 비결은 무엇인가? 그것은 바로 예산, 표준 그리고 차이분석이다.

맥도널드 각 지점의 지점장은 매시간 매출예산을 수립하고 그에 맞는 인원을 준비한다. 매 시간마다 지점장은 예산매출 대비 실제매출의 차이를 분석한다. 또한 예산인력 대비 실제 투입인력의 차이를 분석한다. 만약 실제매출이 예산매출에 비해 낮을 경우, 예산을 기준으로 준비되었던 인력의 일부를 바로 퇴근시킨다. 이를 통해 인건비가 절감된다.

맥도널드는 원재료에 대해서도 엄격한 예산 및 표준을 설정한다. 이것이 바로 전세계적으로 동일한 질의 제품을 공급하는 비결이다. 얼마 전 맥도널드 중국지점에서 빅맥의 원가표가 유출되었다(2011년 2월 14일 서울신문). 이를 통해 시판가격 3,400원인 빅맥의 원가가 877원임이 밝혀졌다. 빅맥에 소요되는 원재료에 대해 세세한 사항들이 매뉴얼화되어 있어서 맥도널드의 표준관리가 화제가 되었다.

맥도널드는 제품별로 엄격한 표준을 수립한 것으로 유명하다. 가령, 빅맥 햄버거의 원재료 표준은 1bun, 1패티, 1피클조각, 1/8티스푼의 양파, 1/4티스푼의 머스타드 그리고 1/2온스의 케첩 식으로 말이다. 또한 표준관리에도 엄격하여 지점장은 실제 매출액을 기준으로 예산에 의해 사용되었어야 할 원재료와 실제 사용된 원재료를 영업일자별로 비교해야 한다. 이러한 예산화 및 표준화는 단지 비용절감에만 효과가 있는 것이 아니다. 이를 통해 제품의 양과 질이 표준화됨으로써 소비자들의 제품에 대한 기대치와 실제 제품간 편차가 작아졌으며, 이는 바로 매출로 연결되었다.

맥도널드는 지점장이 아닌 일반 종업원들에게도 엄격한 표준을 하달하였다. 종업원에게 제시되는 표준은 다음과 같다.

- 품　질 : 제조된 지 10분이 지난 샌드위치는 버려라.
- 서비스 : 고객의 주문은 90초 이내에 해결하라.
- 청　결 : 고객을 가장하여 지점의 청결도를 수시로 체크한다.

표준원가시스템을 바탕으로 혁신적이지 않은 햄버거라는 아이템으로 전세계적인 글로벌 프랜차이즈 기업을 일구어 낸 맥도널드의 성공사례는 비즈니스 전문가에게는 매우 역설적인 사례로 통한다.

본 장을 통하여 표준원가의 개념과 원가의 차이분석에 대하여 알아보고자 한다.

Chapter 09

표준원가계산제도 I

9-1 표준원가계산제도의 기초

1. 표준원가계산제도의 의의

표준원가는 경영자에게 성과측정, 신축적인 예산편성, 제품 가격결정에 필요한 정보를 제공할 뿐만 아니라, 통제 측면에서 사후적 원가통제는 물론 예방적 원가통제(preventive cost control)도 가능케 해준다. 기업들이 표준원가의 설정 및 표준과 실제원가의 차이분석을 잘 활용한다면 보다 많은 원가절감의 기회를 포착할 수 있을 것이다. 따라서 이 장에서는 경영자들에게 가종 비용예산의 편성, 예외관리와 책임회계제도의 실행 촉진, 그리고 종업원에게 목표달성의 동기부여 등 경영계획 수립 및 원가통제의 기초가 되는 표준원가 계산제도에 대하여 설명하고자 한다.

이 장을 공부한 후에는 ① 이상적 표준과 현실적 표준의 구별, ② 직접재료원가 표준과 직접노무원가 표준의 설정방법, ③ 표준원가의 개념 및 유용성, ④ 직접재료원가의 가격 및 수량 차이의 계산방법과 그의 중요성, ⑤

직접노무원가 임률차이 및 능률차이의 계산방법과 중요성, ⑥ 변동제조간접원가의 소비 및 능률 차이의 계산방법과 중요성, ⑦ 예외에 의한 관리의 중요성과 예외의 결정기준 등을 이해하게 될 것이다.

이 장은 경영자가 경영계획과 통제목적을 위해서 표준원가제도를 기업경영에 활용할 수 있는지에 초점을 맞추고 있다. 표준원가제도를 이용한 차이분석으로 경영자들은 실적과 예산을 비교함으로써 차이의 정도 및 차이발생의 원인을 파악할 수 있으며, 또한 경영성과의 향상을 위해 주의를 환기시킬 수도 있다. 경영자는 원가통제를 위해서 투입하는 자원의 가격과 수량에 관한 결정을 내려야 한다. 경영자는 기업목표를 달성하기 위해서, 생산하는 제품의 품질을 유지하는 범위 내에서 최소의 가격을 지급하고 최소의 자원을 사용하여야 한다. 만약 경영자가 가격과 수량에 대한 통제를 효과적으로 통제하지 못한다면 기업은 초과비용을 부담하게 될 것이며, 이는 결국 기업의 이윤 폭을 감소시킬 뿐만 아니라 경쟁력을 떨어뜨리는 결과를 초래할 것이다.

그렇다면 투입되는 자원의 가격과 수량에 대한 통제를 효과적으로 수행하는 방법은 무엇인가? 경영자가 발생가능한 모든 거래를 직접 검사하는 방법도 있지만, 이는 경영자의 시간을 비효율적으로 사용하는 결과를 초래하게 된다. 이 장에서는 표준원가개념을 이용하여 경영자가 효과적으로 가격과 수량을 통제하는 방법에 대해서 설명하도록 한다.

2. 표준원가의 의의

(1) 표준원가의 의미

표준원가(standard costs)는 생산 등이 효율적으로 수행될 경우 달성될 수 있는 최소의 원가를 의미한다. 만약 어떤 기업이 성과평가의 목적으로 표준을 설정하고 있지 않다면, 경영자에 의한 성과평가는 주관적이며 편의를 발생시킬 가능성을 배제할 수 없을 것이다. 따라서 성과수준이 분명하게 정의되고 그 수준이 합리적이며 사용자와 종업원 모두에게 공정하게 받아들여진다면, 종업원들은 좋은 성과에 대해서는 보상을 그리고 표준에 미치지 못하는 성과에 대해서는 불이익을 받는 것이 당연하다고 생각할 것이다.

표준의 사용은 일상생활의 모든 면에서 발견된다. 예를 들면, 어떤 대학에 입학하고자 하는 수험생들은 입학조건으로서 입학시험에서 일정수준(표준) 이상의 점수를 획득하여야 하고, 우리가 이동수단으로 이용하는 자동차는 정확한 공학적 표준 하에서 제조되고 있으며, 우리가 먹는 음식은 깨끗함과 영양학적 영양소의 균형잡힌 표준 하에서 준비되는 등 표준은 우리의 생활과 밀접한 관련을 갖고 있다.

(2) 수량표준과 원가표준

관리회계에서 표준이라 함은 상품제조나 서비스를 제공하는 데 투입하는 자원의 가격(또는 원가)이나 수량과 관계가 있다. 경영자들은 세 가지 원가투입요소, 즉 재료원가·노무원가·제조간접원가에 대해서 원가와 수량표준을 설정한다. 여기서 수량표준(quantity standards)이란 작업시간 또는 원재료와 같은 투입요소가 1단위의 제품을 제조하거나 서비스를 제공함에 있어서 수량적으로 얼마만큼 투입되어야 하는가를 나타내는 물량단위의 표준을 말한다.

원가표준(cost standards)은 작업시간 원가와 원재료원가가 얼마나 되어야 하는가와 같은 화폐금액으로 표시되는 가격단위의 표준이다.

(3) 예외에 의한 관리

실제의 투입수량과 투입원가는 경영관리자가 설정한 한도 내에서 어떤 작업이 얼마나 효율적으로 수행되었는가를 알아보기 위해서 표준과 대비되어 측정된다. 만약 투입된 수량과 원가가 경영자가 설정한 한도를 초과하게 되면 이 차이, 즉 예외적으로 큰 차이에 대해서만 경영자가 특별한 주의를 환기시키게 된다. 이러한 과정을 예외에 의한 관리(management by exception)라고 부른다. 이와 같이 실제의 수량과 투입원가가 경영관리자가 설정한 허용한도 내에 있으면 경영자의 주의환기가 필요치 않게 되므로 표준원가 개념을 잘 활용하게 되면 경영자의 시간과 노력을 크게 절감할 수 있는 효과를 가져올 수 있게 된다.

3. 표준의 분류

표준의 유형에 관하여 경영자들 사이에 이견이 없는 것은 아니나, 대체적으로 이상적 표준과 현실적 표준으로 분류하고 있다.

(1) 이상적 표준

이상적 표준(ideal standards)은 최적의 이상적인 환경조건 하에서만 달성될 수 있는 표준이다. 이는 어떠한 기계고장이나 작업중단도 허용되지 않으며, 일정한 시간에 자기의 능력을 100% 발휘하여 작업하는 가장 고도로 숙련된 능률적인 종업원이 달성할 수 있는 노력의 수준을 요구한다. 경영자들은 이와 같은 표준은 동기부여적인 가치를 가지고 있다고 생각한다. 한편 경영자들은 이상적 표준척도가 생산현장에서 표준으로서 수행되기에는 무리가 따른다는 것을 경험적으로 파악하고 있다. 또한 표준과의 차이는 정상적인 비효율성을 포함하고 있다.

(2) 현실적 표준

현실적 표준(practical standards)은 능률적인 작업조건하에서 평균적인 근로자가 합리적인 노력을 통해서 달성가능한 표준으로 정의할 수 있다. 즉 이는 정상적인 감손, 정상적인 기계고장 및 공손, 작업자들의 정상적인 여유시간 등을 표준설정과정에서 허용하는 것으로써 근로자가 열심히 노력한다면 달성가능한 표준이다. 이러한 표준으로부터의 차이는 정상적이고 반복적인 비능률로부터 벗어나는 편차를 나타내 주며, 경영자에게 주의환기의 필요성을 신호해 준다는 점에서 경영관리자들이 매우 유용하게 이용할 수 있다.

현실적 표준과는 대조적으로 이상적 표준은 정상적인 비능률을 허용하지 않는다. 따라서 이는 비현실적인 계획과 예측치를 초래하게 하는 원인이 될 수 있다. 이 장의 나머지 부분에서 토의되는 내용은 이상적 표준이 아닌 현실적 표준의 사용을 가정하고 있으며, 실무에서도 현실적 표준이 많이 이용되고 있다.

4. 표준원가와 예산원가의 차이

표준원가(standard costs)와 예산원가(budgeted costs)의 개념은 실무에서 혼동되어 사용되는 것이 사실이다. 양 개념은 기본적으로는 동일한 개념이지만 엄밀히 말하자면 구별되는 개념이다. 전자는 단위당 개념(unit concept)인데 반해, 후자는 총계 개념(total concept)이라는 점에서 차이가 있다. 즉 표준원가는 1단위당 원가를 의미하고, 예산원가는 1단위당 원가에 예산상의 수량을 곱하여 산정한 총원가를 의미한다. 예를 들어 제품 1단위에 대한 표준재료원가가 ₩5이라고 할 때, 만약 이 제품에 대해서 어떤 기간 동안 1,000단위가 생산되었다면 예산재료원가는 ₩5,000이 된다. 이때 ₩5은 제품 단위당 표준재료원가를 의미하고, ₩5,000은 1,000단위에 대한 예산원가를 의미한다.

5. 표준원가의 이용자

제조, 서비스 및 비영리 기업들은 모두 표준을 이용하고 있다. 예를 들면, 자동차 서비스센터는 카뷰레터를 설치하거나 밸브작업 등의 어떤 작업을 완성하기 위해서 흔히 특정한 작업시간 표준을 설정하고, 그 다음에 이들 표준과 비교하여 실제성과를 측정한다. 또한 햄버거를 파는 식품회사는 고기의 가격표준뿐만 아니라 햄버거를 만들 고기의 양에 관한 정확한 표준을 가지고 있다. 병원에서는 실험실 실습과 같은 일상적 업무수행을 위해서 필요한 표준소요시간뿐만 아니라 매일 사용하고 있는 각 병상의 식품·세탁물 그리고 기타 항목들에 대한 표준원가를 가지고 있다. 결국 경영학을 공부하는 학생들은 그가 입사할 어느 분야의 직종에서도 사실상 표준원가개념과 만나게 될 가능성이 상존하고 있다고 보아도 과언은 아닐 것이다.

표준원가개념을 보다 광범위하게 적용하는 기업은 제조기업이다. 제조기업에서 재료원가·노무원가·제조간접원가와 같은 표준은 각각의 개별 제품라인별로 상세하게 분석된다. 그 다음에 이들 표준들은 한 단위의 제품에 대한 최종적인 제조원가(manufacturing cost)가 얼마나 될 것인지를 알려주는 표준원가표(standard cost card)에 집합된다. 이와 같은 표준원가표는 원가통제를 위한 기본적인 하나의 정보원이라고 할 수 있다.

9-2 표준원가의 장·단점

1. 표준원가의 장점

기업조직에서 표준원가를 사용함으로써 나타나는 장점과 유용성은 다음과 같다.

첫째, 표준원가의 사용은 예외에 의한 관리를 가능하게 한다. 원가가 표준원가의 허용한도 내에 있으면 경영자에 의한 어떠한 주의와 노력도 필요치 않다. 그러나 원가가 표준한계를 벗어나게 되면 예외로 취급되어 경영자의 주의가 요구된다. 예외에 의한 관리를 하게 되면 경영자의 희소한 시간과 노력 그리고 생산에 투입될 자원이 보다 생산적으로 활용될 수 있다.

둘째, 현금과 재고계획을 촉진시키는 등 예산편성에 기여한다. 표준원가는 예산이라는 집을 짓는 벽돌에 비유될 수 있다. 앞에서 이미 설명한 것처럼 단위당 원가(표준원가)가 정해져 있으면 총원가(예산원가)를 산정하는 것은 그리 어렵지 않다.

셋째, 현실적 기준에 기초하여 표준원가가 설정되면 종업원들로 하여금 시간과 비용에 민감하도록 하여 경제성과 능률을 제고시킬 수 있게 된다. 또한 일단 표준이 설정되면 임금유인제도(wage incentive system)와 표준원가제도의 결합이 가능하게 된다.

넷째, 이익결정을 함에 있어서 표준원가제도는 실제원가제도에 비해 경제적이며 간단하다. 표준원가표는 각 제품과 작업에 대해서 설정될 수 있고 재료원가, 노무원가 그리고 제조간접원가는 표준원가표에 따라 청구되어진다. 따라서 이는 장부기록업무의 간소화를 가능하게 한다.

다섯째, 표준원가는 책임회계제도의 실행을 촉진할 수 있다. 책임회계제도에서는 원가통제에 대한 책임을 각 책임자에게 부여하며, 그 책임의 이행정도는 성과보고서를 통해서 평가할 수 있다.

2. 표준원가의 단점

표준원가는 원가통제와 성과평가목적으로 많은 기업에서 사용되고 있다. 그러나 최근의 자동화된 기업환경에서는 표준원가의 문제점이 나타나고 있으며 이로 인해 새로운 성과평가지표들이 만들어지고 있다. 또한 자동화된 제조환경에서 표준원가의 역할도 중요한 변화가 나타나고 있다. 자동화된 환경에서 표준원가의 문제점을 간략하게 살펴보면 다음과 같다.

첫째, 표준원가는 직접노무원가에 대한 능률차이에 너무 많은 초점이 맞추어져 있다. 자동화된 환경에서는 직접노무원가가 고정화되는 경향이 커지고 있으며 직접노무원가의 원가비중도 줄어들고 있는데 표준원가에서는 이를 너무 강조한다.

둘째, 표준원가는 원가차이가 원가요소별로 포괄적으로 계산되므로 제조공정이 복잡한 자동화된 환경에서는 원가차이가 구체적으로 어느 활동이나 공정에 원인이 있는지를 파악하기가 어렵다.

셋째, 자동화된 환경에서는 제조공정의 안정성과 신뢰성이 높아져서 능률차이가 최소화되거나 없어지므로 차이분석의 의미가 없어진다.

넷째, 표준원가는 원가통제에 초점이 맞추어져 있는데 새로운 제조환경에서 경영자는 원가통제가 아니라 품질향상에 보다 관심을 가진다. 예를 들면, 표준원가의 직접재료원가 가격차이와 같은 원가차이에 집착하다 보면 낮은 품질의 원재료를 매입하거나 수량할인을 위해서 재고자산을 과다 보유하는 현상이 나타날 수 있다.

이상의 표준원가의 문제점을 해결하기 위해서 만들어진 성과평가지표에는 균형성과표의 운영프로세스의 품질이나 시간과 관련되는 성과평가지표들이 있다.

9-3 표준원가의 설정

표준원가를 설정하는 문제는 과학이라기보다는 하나의 기술에 속한다. 표준원가를 설정함에 있어서의 출발점은 과거의 경험을 조사하는 것으로부터 시작된다. 그러나 미래에 대한 표준설정은 단순히 과거활동에 근거하여 설정되어서는 안 된다. 표준원가가 효과적인 통제메커니즘이 되기 위해서는 표준설정에 필요한 자료들이 급변하는 경제상태, 수요공급의 특성, 점점 고도화되는 기술 등의 제 상황변화에 따라 조정되거나 수정되어야 하기 때문이다.

그리고 몇몇 원가의 경우에는 과거경험이 갖고 있는 비효율성 때문에 왜곡될 가능성도 있기 때문에 과거자료의 사용으로 인하여 초래되는 비효율성을 적절히 조정할 필요가 있다. 경영자들은 과거경험은 미래를 예측하는 데 도움이 되는 경우에만 그 가치를 인정받을 수 있다는 점을 인식해야 한다.

요약하면 표준은 비능률적인 과거의 운영이 아니라 효율적인 미래의 운영을 반영하는 것이어야 한다. 아래에는 신촌주식회사의 예를 통해 직접재료원가·직접노무원가·변동제조간접원가에 대한 표준 설정과정을 살펴보기로 하자.

1. 직접재료원가 표준의 설정

경영자는 투입되는 자원의 가격표준과 수량표준을 고려하여 직접재료원가의 표준을 설정한다.

(1) 단위당 표준가격

직접재료원가에 대한 단위당 표준가격(standard price per unit)은 운임과 하역 등과 관련된 부대비용과 수량할인 등의 차감비용을 고려하여야 한다. 예를 들면 1kg의 원재료 C에 대한 가격표준은 다음과 같이 결정할 수 있다.

구입가격(최상품, 50kg 단위)	₩1,200
운임(트럭, 공급자 창고로부터)	700
검수 및 하역	200
수량할인	(100)
kg당 가격표준	₩2,000

앞의 단위당 가격표준 결정에서 보는 바와 같이 가격표준은 재료의 등급(예를 들면 최상품), 매입재료의 럿사이즈(예를 들면 50kg) 및 어떤 종류의 운송수단(예를 들면 트럭)을 이용하여 인도되었는가를 반영하고 있다. 또한 검수 및 하역 그리고 할인에 대한 고려가 이루어졌다. 그러므로 만약 모든 것이 계획대로 순조롭게 진행된다면, 1kg의 원재료 C에 대한 순가격표준은 ₩2,000이 된다.

(2) 단위당 표준수량

직접재료에 대한 단위당 표준수량(standard quantity per unit)은 한 단위의 완제품을 만드는 데 두입되는 원재료의 수량뿐만 아니라 회피불가능한 감손·감모·공손(spoilage) 및 기타 정상적인 비능률도 고려하여야 한다. 한 단위의 제품에 투입되는 원재료 C에 대한 표준수량은 다음과 같이 결정될 수 있다.

원재료출고청구서(kg)	1.5kg
공손·감손 허용치(kg)	0.3
검사불합격품 허용치(kg)	0.2
단위당 표준수량(kg)	2.0kg

재료명세서(BOM: bill of materials)는 한 단위 완제품에 투입되는 각 원재료항목에 대한 형태와 수량을 간단히 표시해 주는 목록이다. BOM은 기본적으로 필요한 단위당 원재료투입수량을 결정하고자 할 때 손쉽게 획득할 수 있는 원천자료이지만, 제품단위당 완전한 표준수량 결정에는 앞에서

보는 바와 같이 공손과 기타 요인들을 조정하지 않으면 안 된다. 검사불합격품은 최종검사에서 불합격된 제품단위에 포함되어 있는 직접재료를 말한다.

(3) 단위당 직접재료원가 표준원가

일단 가격표준과 수량표준이 설정되면, 완제품의 단위당 원재료 C의 표준원가는 다음과 같이 계산될 수 있다.

직접재료원가 표준수량×표준가격＝직접재료원가 표준원가
2.0kg × ₩2,000 ＝₩4,000(단위당)

위와 같이 계산된 ₩4,000의 원가수치는 제품의 표준원가표상의 한 항목으로 나타나게 된다.

2. 직접노무원가 표준의 설정

직접노무원가의 가격표준과 수량표준은 보통 표준임률과 표준노동시간에 의해서 설정된다.

(1) 시간당 표준임률

직접노무원가에 대한 시간당 표준임률(standard rate per hour)은 근로자들이 벌어들이는 임금뿐 아니라 세금·복리후생비(fringe benefits) 및 기타 노무관련비를 고려하여 결정할 수 있다. 직접노동시간당 표준임률은 다음과 같이 계산할 수 있다.

기본임률(시간당)	₩3,000
복리후생비(기본임률의 33%)	1,000
직접노동시간당 표준임률	₩4,000

많은 기업들은 실제임률이 연공제도 또는 기타 이유로 인해서 종업원 사이에 다소 차이가 있음에도 불구하고, 여기서는 편의상 단일의 표준임률을

설정하였다. 이 예에서는 모든 일이 계획대로 순조롭게 이루어진다면 시간당 표준임률은 ₩4,000이 될 것이다.

(2) 단위당 표준시간

제품 단위당 표준시간(standard hours per unit)은 결정하기가 가장 어려운 표준이다. 한 가지 방법은 이 제품에 대해 수행된 각 작업을 기본적인 신체운동으로 구분하는 것이다. 이와 같은 운동에 대해서는 표준횟수에 대한 공표된 표를 이용하는 것이 가능하다. 즉 이들 횟수는 신체운동에 적용될 수 있으며, 그 다음에 작업당 총표준허용시간을 결정하는 데 함께 합산될 수 있다.

또 다른 방법은 산업공학자가 시간과 동작을 연구하여 실제로 어떤 과업을 수행하는 데 필요한 시간을 측정하는 방법을 사용할 수 있다. 개발된 시간표준에는 휴식시간, 종업원의 개인용무, 청소 및 작업준비 등을 포함해야만 한다. 직접노무원가의 제품 단위당 시간표준은 다음과 같이 계산할 수 있다.

단위당 기본작업시간	2.0시간
휴식과 개인용무	0.2
청소와 작업준비	0.1
검사불합격품 소요시간	0.2
제품단위당 시간표준	2.5시간

(3) 단위당 직접노무원가 표준원가

일단 직접노무원가의 단위당 표준임률과 시간표준이 결정되면, 제품 단위당 직접노무원가 표준원가는 다음과 같이 계산된다.

직접노무원가의 제품단위당 시간표준×표준임률=직접노무원가 표준원가
2.5시간 × ₩4,000=₩10,000(단위당)

3. 변동제조간접원가 표준의 설정

앞에서 살펴본 직접노무원가 표준원가의 설정에서와 마찬가지로, 변동제조간접원가에 대한 가격표준과 수량표준은 일반적으로 표준임률과 시간표준으로 나타낼 수 있다.

(1) 표준임률과 표준수량

여기에서 표준임률은 제 2 장 개별원가계산에서 살펴본 제조간접원가 예정배부율(predetermined overhead rate) 중에서 변동원가 부분을 말한다. 그리고 시간표준은 기계작업시간, 컴퓨터 사용시간, 직접노동시간 등 시간기준(hours base)으로 제품단위에 제조간접원가를 배부하는 것은 무엇이든지 포함한다.

(2) 표준원가

일단 변동제조간접원가의 단위당 표준임률과 표준수량이 결정되면, 제품단위당 변동제조간접원가 표준원가는 간단히 계산된다. 예를 들어, 만약 예정제조간접원가 중에서 변동비 부분이 ₩2,000이고, 직접노동시간 기준으로 제품단위들에 배부된다면, 제품 단위당 변동제조간접원가 표준원가는 다음과 같이 된다.

변동제조간접원가 시간표준×표준배부율=변동제조간접원가 표준원가
2.5시간 × ₩2,000=₩5,000(단위당)

4. 제품 단위당 표준변동제조원가

지금까지 살펴본 표준원가설정에 관한 예를 요약하면, 신촌주식회사에 대한 한 단위의 제품에 대한 완성된 표준원가표는 <표 9-1>과 같음을 알 수 있다.

표 9-1 변동제조원가에 대한 표준원가표

투 입	(1) 표준수량(시간)	(2) 표준가격(임률)	(3) 표준원가
직접재료원가	2.0kg	₩2,000	₩4,000
직접노무원가	2.5시간	4,000	10,000
변동제조간접원가	2.5시간	2,000	5,000
단위당 총표준원가			₩19,000

결국 우리가 알고 싶어 하는 단위당 표준원가(standard cost per unit)는 표준수량 혹은 시간에 표준가격 혹은 표준임률을 곱함으로써 계산할 수 있다.

$$\text{단위당 표준원가} = \text{표준수량(시간)} \times \text{표준가격(임률)}$$

고정제조간접원가 표준의 설정에 관한 자세한 검토는 다음 장에서 살펴보게 되므로 여기에서는 설명을 보류하기로 한다.

9-4 원가차이 분석

1. 차이분석의 기본모델

표준을 두 가지 범주(가격과 수량)로 분류하는 이유는 지불된 가격과 사용된 수량에 관한 원가통제의사결정이 일반적으로 상이한 시점에서 이루어지기 때문이다. 예를 들면, 원재료의 경우에 지불된 가격에 대한 통제는 구매시점에서 이루어진다. 구매와 생산착수 시점까지의 시간차이 때문에 생산투입시점은 구매시점의 통제와는 다르다. 또한 어떠한 경영자도 그가 통제하지 않은 원가에 대해서 책임을 부담하는 일이 있어서는 안 된다. 따라서 원가통제 목적을 위해서는 가격에 대한 고려사항과 수량에 관한 고려사항을 구분하는 일은 무엇보다도 중요한 일이라 할 것이다.

경영자는 원가차이분석의 기본모델을 이용하여 원가통제를 함에 있어서 가격 고려사항과 수량 고려사항을 구분한다. 기본모델은 이들 두 가지 원가 요소(가격요소와 수량요소)를 구분하여 줄 뿐만 아니라, 원가차이분석을 위한 기초를 제공해 준다. 기본모델에서의 차이(variance)는 표준가격(수량)과 실제 가격(수량) 사이의 차이를 말한다. 변동원가만을 다루고 있는 이 모델은 <표 9-2>에서 보는 것처럼 가격차이(price variances)와 수량차이(quantity variances)로 구분하고 있으며, 이들 각 차이가 어떻게 산출되고 있는지를 보여주고 있다.

표 9-2 변동제조원가에 대한 차이분석표

(1) 실제원가	(2) 실제수량에 의한 표준원가	(3) 실제생산량에 허용된 표준원가
실제수량 × 실제가격	실제수량 × 표준가격	표준허용수량* × 표준가격
$(AQ \times AP)$**	$(AQ \times SP)$	$(SQ \times SP)$

가격차이	수량차이
(1)−(2)	(2)−(3)
재료원가 가격차이	재료원가 수량차이
노무원가 임률차이	노무원가 능률차이
변동제조간접원가 소비차이	변동제조간접원가 능률차이
총차이(또는 원가차이)	

* 표준허용수량=실제생산량×단위당 표준수량.
이는 실제 산출된 생산량에 허용된 수량임.
** A는 Actual(실제), S는 Standard(표준), P는 Price(가격), Q는 Quantity(수량)을 각각 나타내므로 AQ는 실제수량, SQ는 표준수량, AP는 실제가격, SP는 표준가격을 의미한다.

2. 기본모형에서 주목할 점

<표 9-2>의 기본모형에서 다음과 같은 세 가지 점을 주목할 필요가 있다.

첫째, 가격차이와 수량차이는 세 가지 변동원가요소, 즉 직접재료원가·직접노무원가·변동제조간접원가의 모두에 대해서 계산될 수 있는 점이다. 그러나 이와 같은 차이는 모든 경우에 동일한 명칭으로 사용되는 것은 아니다.

예를 들면, 가격차이는 직접재료원가의 경우에는 재료원가 가격차이(materials price variance)로 부르지만, 직접노무원가의 경우에는 노무원가 임률차이(labor rate variance)로 그리고 변동제조간접원가의 경우에는 제조간접원가 소비차이(overhead spending variance)로 불리운다.

둘째, 가격차이가 상이한 명칭으로 사용되고 있기는 하지만 직접재료원가, 직접노무원가 및 변동제조간접원가의 어느 것이든 동일한 방법으로 계산할 수 있다는 점이다. 이것은 수량차이에서도 마찬가지이다.

셋째, 원가차이의 분석은 실제로 일종의 투입－산출 분석(input－output analysis)이라는 점이다. 여기에서 투입은 사용된 직접재료원가, 직접노무원가 및 변동제조간접원가의 실제수량을 말하며, 산출은 당해 기간 동안의 생산을 의미하는데, 이는 제품제조(<표 9－2>의 (3)을 참조할 것)에서의 표준허용수량 혹은 표준허용시간으로 표현된다. 여기에서 표준허용수량 혹은 표준허용시간(standard quantity allowed or standard hours allowed)이라 함은 당기생산량을 생산하기 위해서 표준에 의해 마땅히 투입되어야 할 직접재료원가, 직접노무원가 및 변동제조간접원가의 양을 의미한다. 이것은 실제로 사용된 양보다 많거나 적을 수도 있으며, 이는 결국 작업의 능률여하에 달려 있다고 볼 수 있다. 표준허용수량 혹은 시간은 다음과 같이 산출된다.

표준허용시간 또는 수량＝실제생산량×단위당 표준시간 또는 수량

이제 차이분석의 기본모델을 이용하여 가격과 수량차이에 대해서 자세히 검토하기로 하자.

3. 직접재료원가 차이

직접재료원가 차이의 계산방법과 사용을 예로 들기 위해서 <표 9－1>에 나타나 있는 직접재료원가에 대한 표준원가자료를 살펴볼 필요가 있다. 이 표는 신촌주식회사의 제품단위당 직접재료원가에 대한 표준원가를 보여주고 있다.

2.0kg × ₩2,000＝₩4,000

이 회사는 2월 한 달 동안 1,000kg의 재료를 kg당 ₩1,900에 구매하였다고 가정하자. 이 구매가격은 화물과 검수비용, 수량할인 등을 모두 고려한 금액이다. 구입한 재료는 모두 450단위의 제품을 생산하는 데 투입되었다. 가격과 수량차이는 <표 9-3>처럼 계산할 수 있다.

표 9-3 직접재료원가의 차이 분석

(1)	(2)	(3)
실제투입량 × 실제가격	실제투입량 × 표준가격	표준허용수량 × 표준가격
$(AQ \times AP)$	$(AQ \times SP)$	$(SQ \times SP)$
1,000kg × ₩1,900	1,000kg × ₩2,000	900kg* × ₩2,000
= ₩1,900,000	= ₩2,000,000	= ₩1,800,000

가격차이 ₩100,000F** (1)–(2)
수량차이 ₩200,000U** (2)–(3)
총차이 ₩100,000U

* 450단위 × 단위당 2.0kg=900kg.
** F는 유리한 차이(favorable variance), U는 불리한 차이(unfavorable variance)를 나타낸다.

<표 9-3>은 당해 기간 동안 구입한 재료를 모두 생산에 투입하여 기말재고가 없는 경우의 가격 및 수량차이에 대한 계산의 예이다. 그러나 실제로는 구입한 재료 가운데 일부만을 투입하는 경우가 많다. 이와 같은 경우에는 가격차이는 모든 구입한 재료를 가지고 계산하지만, 수량차이는 구입한 재료 중 당해기간 동안에 실제로 투입된 부분만을 가지고 계산하는 것이 일반적이다. 예를 들어, 이 회사가 매입한 재료 1,000kg을 모두 생산에 투입하지 않고 950kg만을 투입하였다면, 수량차이의 계산은 950kg에 대해서 이루어진다.

실제가격(또는 수량)이 표준가격(또는 수량)을 초과하면 불리한 차이(unfavorable variance)가 나타나며, 실제가격(또는 수량)이 표준가격(또는 수량)보다 적으면 유리한 차이(favorable variance)가 나온다.

(1) 재료원가 가격차이

재료원가 가격차이(materials price variance)는 주어진 재료의 수량에 대해

지불된 것과 설정된 표준에 따라서 당연히 지불되어야만 하는 것과의 차이를 말한다. <표 9-3>에서 보는 바와 같이 이 차이는 다음과 같은 공식으로 나타낼 수 있다.

$(AQ \times AP) - (AQ \times SP)$ = 재료원가 가격차이
(실제투입량×실제가격) − (실제투입량×표준가격) = 재료원가 가격차이
(1,000kg × ₩1,900) − (1,000kg × ₩2,000) = ₩100,000F

이 공식은 실제투입량으로 간단히 묶을 수 있다.

$AQ(AP - SP)$ = 재료원가 가격차이
실제투입량(실제가격 − 표준가격) = 재료원가 가격차이
1,000kg(₩1,900 − ₩2,000) = ₩100,000F

경영자들은 차이계산이 신속하게 이루어질 수 있는 단순화된 공식을 선호한다.

① 차이의 분리시점

차이분석의 시기결정문제는 매우 어려운 문제 가운데 하나이다. 그러나 어느 시점에서 차이를 분리하여 경영자의 주이를 환기시킬 것인가에 대한 해답은 빠르면 빠를수록 좋다는 것이다. 표준원가를 이용하게 되는 기본적인 이유 중의 하나는 원가통제를 촉진하는 것이다.

그러므로 표준으로부터의 편차를 경영자에게 주의를 환기시키는 일이 빠를수록 보다 더 빨리 문제점을 평가하고 시정할 수 있도록 해준다. 만약 차이를 계산하기 전에 장시간 경과하는 것을 허용한다면, 그렇지 않은 경우에 통제 가능했던 비용을 통제하지 못함으로써 심각한 부정적 영향을 미칠 때까지 방치할 가능성도 배제할 수 없다. 예를 들어, 대부분의 기업들은 재료가 생산에 투입될 때가 아니고 재료 구매시점에서 재료원가 가격차이를 계산하고 있다. 이것은 결국 생산에 사용되기 전 수개월 동안 재료를 창고에 보관하도록 할 가능성이 있기 때문에 보다 더 빠른 차이의 분리를 허용하는 결과를 가져온다.

또한 재료의 구매시점에서 가격차이를 분리하는 것은 기업에게 표준원가

에 의해서 원재료를 재고계정에 전기하는 것을 허용하게 한다. 이것은 재료가 생산에 투입되는 경우에 재료원가의 계산과정을 크게 단순화시키게 한다.

일단 성과보고서가 준비되면 경영자는 가격차이 자료를 가지고 무엇을 알 수 있는가? 이와 같은 차이는 약간의 추후 노력을 필요로 하는 예외가 발생했다는 사실에 대한 주의를 환기시켜 주는 "적신호(red flags)"로 받아들여야 한다. 보통 성과보고서 안에는 차이발생의 이유를 설명해 주는 짧은 문구가 포함되어 있다.

② 차이에 대한 책임

재료원가 가격차이에 대한 책임은 누가 부담하여야 하는가? 일반적으로 구매담당자는 상품에 대한 지불가격에 대한 통제권을 가지고 있기 때문에 가격차이에 대한 책임을 지게 된다. 매입한 럿사이즈(lot size), 사용된 인도방법, 이용가능한 수량할인, 쇄도하는 주문, 구입재료의 질 등 많은 요인들이 상품에 대한 지불가격에 영향을 미친다.

이 요소들을 통제할 수 있는 정도까지 구매담당자는 처음에 표준원가가 설정되었을 때의 기대된 요인들과 부합되고 있는지를 검토할 책임을 가지고 있다. 표준원가를 처음 설정할 때에 의도했던 것에서 어떤 요인이 차이가 발생한 경우 가격차이를 초래할 수 있다. 예를 들면, 최상품의 재료보다 등급이 낮은 재료를 매입하는 경우에 낮은 질의 재료는 일반적으로 가격이 저렴하기 때문에 유리한 가격차이(favorable price variance)를 가져오게 된다.

그러나 구매담당자 이외의 다른 사람이 재료원가 가격차이에 대한 책임을 져야 될 경우도 있다. 예를 들면, 생산은 다음과 같은 방식으로 계획될 수도 있다. 즉 구매담당자는 시간이나 안전상의 문제로 트럭보다는 항공편으로 수송해 달라고 요청할 수도 있으며, 경제적 수량을 벗어난 구매를 강요당할 수도 있다. 이러한 경우의 책임은 이를 요구한 생산관리자가 부담하여야 한다.

차이분석은 구성원들을 비판하기 위한 구실이나 라인경영자를 억누르기 위한 수단으로 이용되어서는 안 된다. 오히려 라인경영자들이 회사를 위해서 표준을 설정하여 참여한 목표를 달성하는 데 그들을 지원하거나 돕는다는 의미에서 통제기능이 강조되어야 한다.

요약하면, 부정적인 측면보다는 긍정적인 측면에 강조점이 주어져야 한다는 것이다. 이미 발생된 것에 대하여 과도하게 강조하는 것은 특히 누군가가 비난을 받아야 한다는 점에서 기업목표에 해가 될 수 있다.

(2) 재료원가 수량차이

재료원가 수량차이는 생산에 투입된 실제 재료수량과 설정된 표준에 따라서 이용되었어야 할 수량 사이의 차이를 말한다. 이러한 차이는 비록 재료의 물리적 사용과 관계가 있지만, 일반적으로는 <표 9-3>에서 보는 것처럼 금액으로 나타낼 수 있다. 재료원가 수량차이를 계산하는 공식은 다음과 같다.

$(AQ \times SP) - (SQ \times SP) =$ 재료원가 수량차이
(실제투입량×표준가격) − (표준허용수량×표준가격) = 재료원가 수량차이
(1,000kg × ₩2,000) − (900kg* × ₩2,000) = ₩200,000U
* 450단위×단위당 2.0kg = 900kg

다시 이 공식을 표준가격으로 묶어 간단히 나타낼 수 있다.

$SP(AQ - SQ) =$ 재료원가 수량차이
표준가격(실제투입량 − 표준허용수량) = 재료원가 수량차이
₩2,000(1,000kg − 900kg) = ₩200,000U

재료원가 수량차이는 재료가 생산에 투입되는 시점에서 가장 잘 분리된다. 재료는 각 단위에 대한 표준재료청구서에 입각하여 생산할 단위의 수량만큼 투입되어진다. 기타 추가적인 재료는 정상적인 재료청구서와는 성격이 상이한 초과적인 재료청구서에 의해 보통 투입되어진다. 이와 같은 절차는 생산이 계속 이루어지고 있는 동안에도 과도한 재료사용에 대한 주의를 환기시켜 주며, 문제점에 대한 조기통제의 기회를 허용해 준다.

재료의 초과사용은 결함이 많은 기계, 열악한 재료의 품질, 훈련되지 않은 작업자 및 서투른 감독 등의 여러 요인들에 의해서 발생된다. 일반적으로 재료사용과 표준이 일치되는지를 확인하는 일은 생산부서의 책임에 속한다. 그러나 불리한 재료원가 수량차이에 대해서 구매부서가 책임을 져야 할 경우

도 있다. 만약 구매부서가 가격을 절약할 목적으로 열악한 품질의 재료를 구매하였다면, 그 재료를 생산라인에서 사용하는 것이 적합하지 않을 수도 있으며, 이는 결국 과도한 낭비를 초래하게 된다. 따라서 생산부서보다는 오히려 구매부서가 수량차이에 대한 책임을 부담해야 한다.

4. 직접노무원가 차이

직접노무원가 차이의 계산방법과 이용을 설명하기 위해서 <표 9-1>에 포함되어 있는 직접노무원가에 대한 표준원가자료를 이용한다. <표 9-1>에서 신촌주식회사의 제품단위당 직접노무원가의 표준원가가 ₩10,000임을 알 수 있다.

2.5시간 × ₩4,000 = ₩10,000

이 회사는 2월 한 달 동안에 1,000시간의 직접노동시간을 기록하였고, 이 노동시간에 대한 실제 발생원가는 복리후생비를 포함하여 ₩4,100,000(시간당평균 ₩4,100)이었다고 가정하자. 그리고 이 회사는 이 기간 동안에 450단위의 제품을 생산하였다는 점을 기억하자. 노무원가 임률차이와 능률차이(labor rate and efficiency variances)는 <표 9-4>와 같이 계산할 수 있다.

표 9-4 직접노무원가의 차이 분석

(1)	(2)	(3)
실제투입시간 × 실제임률	실제투입시간 × 표준임률	표준허용시간 × 표준임률
$(AH \times AR)$	$(AH \times SR)$	$(SH \times SR)$
1,000시간 × ₩4,100	1,000시간 × ₩4,000	1,125시간* × ₩4,000
= ₩4,100,000	= ₩4,000,000	= ₩4,500,000

임률차이	능률차이
₩100,000U	₩500,000F
총차이 ₩400,000F	

* 450단위 × 단위당 2.5시간=1,125시간.

(1) 직접노무원가 임률차이

직접노무원가 가격차이는 흔히 노무원가 임률차이(labor rate variance)라고 불리운다. 이 차이는 직접노동자들에게 지급된 시간당 평균임률의 표준에서 벗어난 편차를 측정한다. <표 9-4>에서 임률차이를 계산하는 공식은 다음과 같다.

$(AH \times AR) - (AH \times SR)$ = 노무원가 임률차이
(실제투입시간×실제임률) − (실제투입시간×표준임률) = 노무원가 임률차이
(1,000시간×₩4,100) − (1,000시간×₩4,000) = ₩100,000U

위의 공식은 다음과 같이 간단하게 표현할 수 있다.

$AH(AR - SR)$ = 노무원가 임률차이
실제투입시간(실제임률 − 표준임률) = 노무원가 임률 차이
1,000시간(₩4,100 − ₩4,000) = ₩100,000U

많은 기업에서 작업자에게 지급하는 임률은 노동조합 계약이나 기타 예측가능한 요소에 의해서 설정된다. 그러므로 노동자에게 지급되는 금액의 견지에서 본다면 임률차이는 거의 존재하지 않을 가능성도 있게 된다. 왜냐하면 임률은 재료원가보다 정확히 예측할 수 있기 때문이다. 하지만 노동력이 이용되는 방식을 통해서 임률차이는 발생할 수 있다. 매우 높은 시간당 임률을 가지는 숙련공이 거의 기술이 필요치 않거나 또는 시간당 낮은 임률을 요구하는 일에 배치될 수 있다. 이와 같이 노동력을 잘못 분배하게 되면 불리한 임률차이를 초래하게 된다. 왜냐하면 실제 시간당 임률이 수행중인 특정작업에 허용된 표준임률을 초과하기 때문이다. 비숙련공이 작업에 투입되면 반대의 상황이 나타나게 된다. 작업자들에 대한 임금지급 척도가 낮아질수록 결과(output)의 측면에서 살펴보면 매우 비효율적이긴 하지만, 유리한 임률차이를 가져오게 된다.

임률차이에 대한 책임은 누가 부담하여야 하는가? 잘못된 노동력 배분이나 초과근무에 대한 시간외 근무수당 등에 의해 발생되는 임률차이는 일반적으로 노동력 이용의 결과로 나타나기 때문에 노동시간을 효과적으로 이용할

책임을 부담하고 있는 경영자나 감독자들이 책임을 지게 된다.

(2) 직접노무원가 능률차이

직접노무원가에 대한 수량차이, 즉 노무원가 능률차이(labor efficiency variance)는 노동시간의 생산성을 측정한다. 노동시간의 생산성 증가는 생산의 단위원가를 감소시키는 데 중요한 역할을 하기 때문에 어떠한 차이도 경영자의 주의의 대상이 될 수 있다.

<표 9-4>에서 노무원가 능률차이를 계산하는 공식은 다음과 같다.

$(AH \times SR) - (SH \times SR)$ = 노무원가 능률차이
(실제투입시간×표준임률) − (표준허용시간×표준임률) = 노무원가 능률차이
(1,000시간×₩4,000) − (1,125시간*×₩4,000) = ₩500,000F
* 450단위 × 단위당 2.5시간 = 1,125시간.

위의 공식은 다음과 같이 간단하게 표현할 수 있다.

$SR(AH - SH)$ = 노무원가 능률차이
표준임률(실제투입시간 − 표준허용시간) = 노무원가 능률차이
₩4,000(1,000시간 − 1,125시간) = ₩500,000F

노무원가 능률차이의 발생 원인은 기술수준이 낮은 비숙련공, 처리에 있어서 보다 많은 노동시간을 필요로 하는 불량재료, 기계고장과 조업중단을 일으키는 설비결함 및 작업자의 소홀한 감독 등이 포함된다. 일반적으로 생산담당관리자는 노무원가 능률차이에 대한 통제책임을 지고 있다. 그러나 이러한 차이의 원인이 저품질의 재료취득에 의한 초과적인 노무처리시간에 있다면 구매담당자가 책임을 부담하여야 한다.

5. 변동제조간접원가 차이 분석

제조간접원가 중 변동원가부분은 직접재료원가와 직접노무원가를 분석하는 데 이용되는 동일한 차이분석 공식을 이용하여 분석·통제할 수 있다. 제조간접

원가에 대한 통제는 이러한 기본적인 공식을 이용한 변동제조간접원가분석을 설명하는 데 도움이 될 수 있다. <표 9-1>에 나타난 원가자료를 이용하여 표준원가를 분석하기로 하자. <표 9-1>을 보면 신촌주식회사의 제품단위당 표준변동원가를 알 수 있는데, 그 중 단위당 변동제조간접원가는 다음과 같다.

2.5시간 × ₩2,000 = ₩5,000

2월 한달 동안의 실제 변동제조간접원가 발생액은 ₩2,100,000이었다고 가정한다. 직접노무원가 차이분석에서와 마찬가지로 여기서도 이 기간 동안 1,000시간의 직접노동시간을 기록하였고, 450단위의 제품을 생산하였다는 점을 기억하자. <표 9-5>는 변동제조간접원가 차이분석을 예시하고 있다.

표 9-5 변동제조간접원가의 차이분석

(1)	(2)	(3)
실제투입시간 × 실제배부율	실제투입시간 × 표준배부율	표준허용시간 × 표준배부율
$(AH \times AR)$	$(AH \times SR)$	$(SH \times SR)$
1,000시간 × ₩2,100*	1,000시간 × ₩2,000	1,125시간** × ₩2,000
= ₩2,100,000	= ₩2,000,000	= ₩2,250,000

소비차이	능률차이
₩100,000U	₩250,000F
총차이 ₩150,000F	

* 실제배부율 ₩2,100은 ₩2,100,000 ÷ 1,000시간으로 계산됨
** 450단위 × 단위당 2.5시간 = 1,125시간

<표9-4>와 <표 9-5> 사이에는 유사점이 있다는 점에 주목할 필요가 있다. 이 점은 직접노동시간이 변동제조간접원가를 제품단위에 배부하는 기준으로 이용되고 있다는 사실을 알려준다. 따라서 동일한 시간수치가 변동제조간접원가에서는 <표 9-5>에, 직접노무원가에 대해서는 <표 9-4>에 나타나 있다. 이들 사이의 주요한 차이는 표준임률 및 표준배부율이라는 단어에서 발견할 수 있으며, 직접노무원가에 대해서는 노동시간당 표준임률을 사용하는 데 반해, 변동제조간접원가에 대해선 노동시간당 표준배부율을 사용한다. 이 예에서는 표준배부율이 표준임률에 비해 훨씬 낮게 나타나고 있다.

(1) 변동제조간접원가 소비차이

변동제조간접원가 소비차이(variable overhead spending variance)는 윤활유와 전기료 등과 같은 변동제조간접원가 투입물(overhead inputs)의 소비금액과 관련된 편차를 측정한다. 이 차이를 계산하기 위한 공식은 다음과 같다.

$(AH \times AR) - (AH \times SR)$ = 변동제조간접원가 소비차이
(실제투입시간×실제배부율) − (실제투입시간×표준배부율)
= 변동제조간접원가 소비차이
(1,000시간×₩2,100) − (1,000시간×₩2,000) = ₩100,000U

위의 공식은 다음과 같이 간단하게 표시할 수 있다.

$AH(AR - SR)$ = 변동제조간접원가 소비차이
실제투입시간(실제배부율 − 표준배부율) = 변동제조간접원가 소비차이
1,000시간(₩2,100* − ₩2,000) = ₩100,000U
* ₩2,100,000 ÷ 1,000 = ₩2,100.

(2) 변동제조간접원가 능률차이

변동제조간접원가 능률차이(variable overhead efficiency variance)는 어떤 기간 동안의 실제조업도와 표준허용조업도 사이의 차이에 제조간접원가 예정배부율 중 변동원가부분을 곱한 측정치이다. 능률차이의 계산을 위한 공식은 아래와 같다.

$(AH \times SR) - (SH \times SR)$ = 변동제조간접원가 능률차이
(실제투입시간×표준배부율) − (표준허용시간×표준배부율)
= 변동제조간접원가 능률차이
(1,000시간×₩2,000) − (1,125시간*×₩2,000시간) = ₩250,000F
* 450단위×단위당 2.5시간 = 1,125시간.

이 공식은 다음과 같이 간략하게 나타낼 수 있다.

$SR(AH - SH)$ = 변동제조간접원가 능률차이
표준배부율(실제투입시간 − 표준허용시간) = 변동제조간접원가 능률차이

₩2,000(1,000시간 − 1,125시간) = ₩250,000F

변동제조간접원가 소비차이와 능률차이에 대한 해석과 고정제조간접원가의 차이분석은 제10장에서 살펴보게 될 것이다.

6. 성과보고서

차이분석결과는 성과보고서(performance report)에 담겨져 경영자들이 이용할 수 있도록 제공되어야 한다. 여기에서 성과보고서란 예산원가와 실제원가를 상세하게 비교·분석한 보고서로, 이에는 표준원가자료, 실제자료, 수량요소와 가격요소의 차이, 차이의 원인 제시 등의 정보를 포함하고 있다. 경영자들이 이 보고서를 잘 이용한다면 발생된 중요하고 불리한 차이의 원인을 분석하고 시정조치를 할 수도 있으며, 조직구성원들의 원가의식을 고취시켜 장기적 관점에서 기업이익을 증가시키는 데도 기여할 수 있을 것이다.

성과보고서는 크게 다섯 단계를 거쳐서 작성될 수 있는데 그 내용은 다음과 같다.

제 1 단계: 원가요소(직접재료원가, 직접노무원가, 변동제조간접원가 등)에 대한 표준허용수량을 계산하고, 이 금액을 첫 번째 칸에 기록한다.

제 2 단계: 실제수량(또는 시간)과 표준가격(또는 임률 및 배부율)을 두 번째와 세 번째 칸에 각각 적어 넣는다.

제 3 단계: 각 원가요소에 대한 실제가격과 임률(또는 배부율)을 계산하여 네 번째 칸에 기입한다.

제 4 단계: 가격차이(또는 임률차이, 소비차이)와 수량차이(또는 능률차이)를 계산하여 다섯 번째 칸에 기록하고 유리한 차이인지 불리한 차이인지를 기입한다.

제 5 단계: 중요한 차이의 원인을 조사하여 마지막 칸에 적어 넣는다.

위와 같은 다섯 단계를 거쳐서 이 회사의 직접재료원가와 직접노무원가에 대한 성과보고서(performance report)를 작성해 보면 <표 9-6>과 같다.

표 9-6 성과보고서

생산부서의 성과보고서

적　요	표준허용수량	실제수량	표준가격	실제가격	총 차 이	설　명
직접재료원가:						
수량차이	900kg	1,000kg	₩2,000		₩200,000U	
가격차이		1,000kg	₩2,000	₩1,900	₩100,000F	
총직접재료원가 차이					₩100,000U	
직접노무원가:						
능률차이	1,125시간	1,000시간	₩4,000		₩500,000F	
임률차이		1,000시간	₩4,000	₩4,100	₩100,000U	
총직접노무원가 차이					₩400,000F	

9-5 종합예제

배낭생산전문업체 공덕산업에서는 고등학교 학생들에게 매우 인기가 높은 배낭가방을 생산하고 있다. 2002년 3월에 배낭가방생산과 관련해 이용 가능한 정보는 다음과 같다.

	직접재료원가	직접노무원가	변동제조간접원가
총표준허용원가	₩170,000	₩110,000	₩20,000
실제발생원가	150,000	?	19,000
직접재료원가 가격차이	?		
직접재료원가 수량차이	12,000(U)		
직접노무원가 임률차이		?	
직접노무원가 능률차이		?	
변동제조간접원가 소비차이			?
변동제조간접원가 능률차이			?

이 회사의 3월 생산과 관련된 추가정보는 다음과 같다.

생 산 량	100단위
실제직접작업시간	1,500시간
시간당 표준변동제조간접원가	₩20
재료 1m의 표준가격	50
3월에 생산된 배낭가방 한 개당 표준원가와 실제원가의 차이	150(F)

제조간접원가는 직접작업시간을 기준으로 배부된다.

[요구사항]

1. 배낭가방 1개당 표준원가는 얼마인가?
2. 3월 동안에 생산된 배낭가방 한 개의 실제원가는?
3. 배낭가방 한 개에 표준으로 얼마나 많은 원재료(m)가 필요한가?
4. 직접재료원가 가격차이를 계산하시오.
5. 시간당 표준임률을 계산하시오.
6. 직접노무원가 임률 및 능률차이를 계산하시오.
7. 변동제조간접원가 소비 및 능률차이를 계산하시오.
8. 배낭가방 한 개의 표준원가표를 작성하시오.

[해 답]

1. (₩170,000＋₩110,000＋₩20,000) ÷ 100개 = ₩3,000
2. ₩3,000(표준단가)－₩150(유리한 차이) = ₩2,850
3. 단위당 재료표준원가 = ₩170,000 ÷ 100 = ₩1,700
   ∴ ₩1,700 ÷ ₩50/m = 34m
4. ₩20,000(F, 총차이)＋₩12,000(U, 수량차이) = ₩32,000(F, 가격차이)
5. ₩20,000(표준 변동제조간접원가) ÷ ₩20/시간 = 1,000시간(표준허용시간)
   ∴ ₩110,000 ÷ 1,000시간 = ₩110
6. 실제노무원가 = ₩2,850×100개(실제총원가)
   ₩150,000(실제직접재료원가) ₩19,000(실제변동제조간접원가)
   = ₩116,000

₩116,000	1,500×₩110 = ₩165,000	1,000×₩110 = ₩110,000
임률차이 ₩49,000F		능률차이 ₩55,000U

7. 변동제조간접원가 차이분석

₩19,000		1,500 × ₩20 = ₩30,000		1,000 × ₩20 = ₩20,000
	소비차이 ₩11,000F		능률차이 ₩10,000U	

8.

직접재료원가:	34m/개	₩50/m	₩1,700
직접노무원가:	10hr/개	₩110/hr	1,100
변동제조간접원가:	10hr/개	₩20/hr	200
단위당 표준원가			₩3,000

9-6 요 약

1. 표준원가의 의의

표준은 원가통제나 성과측정을 위한 기준으로써 어떤 작업이 효율적으로 수행될 경우 달성되어야 할 측정치라고 정의내릴 수 있다. 경영자들은 직접재료원가·직접노무원가·제조간접원가에 대해서 원가표준과 수량표준을 설정한다. 원가표준은 투입될 시간과 원재료의 원가가 어느 정도 되어야 하는지를 알려주며 수량표준은 한 단위의 제품제조나 서비스제공에 노동시간 혹은 원재료와 같은 많은 원가요소들이 어떻게 이용되어야 하는가를 알려준다.

2. 표준의 분류

일반적으로 표준은 현실적 표준과 이상적 표준으로 분류할 수 있으나, 실무에서는 현실적 표준이 광범위하게 이용되고 있다. 표준은 성격상 현실적인 것으로서 많은 효율적인 노력이 필요하지만, 합리적으로 달성가능하다는 것을 의미하고 있다.

3. 표준원가의 유용성

표준원가를 이용하게 되면 예산편성, 예외에 의한 관리와 책임회계제도의 실행, 기업전체와 기업구성원들의 성과측정 및 능률제고 등을 가능케 할 수 있다. 물론 표준원가를 이용하는 경우에도 여러 가지 부정적인 영향이 발생될 수 있으나 경영자들은 긍정적인 측면을 강조하는 한편, 기업구성원들에 대한 적절한 동기부여를 통해서 사기를 향상시키려는 노력과 이에 대한 배려를 아끼지 말아야 표준원가의 이용에 대한 소기의 목적을 달성할 수 있을 것이다.

4. 차이분석

차이는 표준과 실제 실적이 비교되는 경우에 이들이 일치하지 않아 나타나는 차이를 말한다. 직접재료원가·직접노무원가·제조간접원가의 가격과 수량요소들에 기초하여 차이를 계산할 수 있으며, 이 차이는 성과보고서에 의해서 경영자에게 보고된다. 변동제조원가 차이분석의 기본모델은 다음과 같다.

실제원가	실제수량에 의한 표준원가	실제생산량에 허용된 표준원가
실제수량 × 실제가격 ($AQ \times AP$)	실제수량 × 표준가격 ($AQ \times SP$)	표준수량 × 표준가격 ($SQ \times SP$)

가격차이	수량차이
총차이(또는 원가차이)	

Management Accounting

익/힘/문/제

01 수량표준과 가격표준은 무엇인가?

02 이상적 표준과 현실적 표준을 구분하고 양자의 차이점을 설명하시오.

03 표준과 예산의 차이점을 구분하시오.

04 차이(variance)란 무엇이며, 이러한 차이를 가격차이와 수량차이를 분리하는 목적은 무엇인가?

05 직접재료원가 가격차이를 분석하는 경우에 원재료구매시점과 생산투입시점에서 차이를 분리할 수 있는데, 어느 시점이 더 좋으며 그 이유는 무엇인가?

06 서강주식회사의 총계정원장의 원가차이에 대한 기장을 검토한 결과 직접재료원가 가격차이는 유리하지만 직접재료원가 수량차이는 실질적인 금액 면에서 볼 때 불리하였다. 이것이 의미하는 바는 무엇인가?

07 직접재료원가, 직접노무원가 및 변동제조간접의 차이분석결과 각각 가격차이와 수량차이가 발생하였다. 원가차이에 대한 책임은 누가 부담해야 하는가?

Chapter 09 연습문제 Management Accounting

[객관식]

1 다음 중 표준원가계산의 목적으로 볼 수 없는 것은? (1990, 세무사)

① 효과적인 원가관리 ② 원가의 통제 ③ 원가절감
④ 제조기술의 향상 ⑤ 예산편성

2 다음 중 표준원가제도와 관련된 설명으로 옳지 않은 것은?

① 원가발생의 예외를 관리하여 통제하기에 적절한 원가계산방법이다.
② 변동원가계산제도에서도 적용할 수 있다.
③ 기업회계기준 및 원가계산기준에서 원가차이 발생시 원가성이 있다고 인정되는 경우에는 이를 기말재고(기말제품 및 기말재공품)에 배부하도록 규정하고 있다.
④ 전부원가계산제도에서도 적용할 수 있다.
⑤ 종합원가계산제도에서도 적용할 수 있다.

3 단일제품을 생산하는 서강공업은 20×4년 1월 1일 생산 및 영업을 개시하였다. 회사는 표준원가시스템을 사용하고 있다. 20×4년 한 해 동안 생산량은 450개, 판매량 400개이었다. 직접재료 구입은 1,000kg(단가 ₩6.5)이었으며, 직접재료 기말재고는 40kg이었다. 기말제품에 포함된 직접재료비는 ₩500이었으며, 제품단위당 표준재료소비량은 2kg이다. 기말재공품은 없다. 20×4년의 재료구입가격차이와 재료수량차이를 구하면?

	재료구입 가격차이	재료 능률차이
①	₩1,000U	₩300U
②	1,500U	300U
③	1,000F	500F
④	1,500F	500F
⑤	1,750U	250U

4 서강물산은 표준원가제도를 채택하고 있으며, 20×3년의 재료비와 관련된 자료는 다음과 같다.

직접재료비: 제품 개당 표준투입량 10개
재료단위당 표준가격 ₩20
직접재료비 실제발생액 ₩21,560
실제구입단가 ₩22
20×3년의 제품 실제생산량은 100개이다.

직접재료비 수량차이는 얼마인가? (1998, CPA)

① ₩1,960 불리 ② ₩400 유리 ③ ₩1,560 불리
④ ₩2,000 불리 ⑤ ₩440 유리

5 서강물산은 표준원가제도를 채택하고 있으며, 20×3년의 재료원가와 관련된 자료는 다음과 같다.

직접재료원가: 제품 개당 표준투입량 10개
재료단위당표준가격 ₩20
직접재료원가 실제발생액 ₩21,560
실제구입단가 ₩22
20×3년의 제품 실제생산량은 100개이다.

직접재료원가 능률차이는 얼마인가? (1998, CPA)

① ₩1,960불리 ② ₩400유리 ③ ₩1,560불리
④ ₩2,000불리 ⑤ ₩440유리

6 대한회사는 표준원가계산제도를 채택하고 있다. 다음은 재료원가 표준원가와 실제원가의 차이에 관한 자료이다.

- 실제원가
  직접재료원가 실제사용량 3,200kg, @₩11/kg
  실제완성품 생산수량 2,000단위
- 재료원가 원가차이
  직접재료원가 가격차이 ₩9,600(유리한 차이)
  직접재료원가 능률차이 ₩2,800(불리한 차이)

제품 2,000단위 표준재료원가와 제품 1단위당 표준투입량은 얼마인가? (2007, 세무사)

	제품 2,000단위 표준재료원가	제품 1단위당 표준투입량
①	₩42,000	1.5kg
②	₩44,800	2.0kg
③	₩35,200	2.0kg
④	₩42,200	1.3kg
⑤	₩47,600	2.5kg

7 (주)서강은 표준원가계산제도를 사용한다. 다음은 이 회사의 4월 중 생산활동과 관련한 직접노무원가에 대한 자료이다.

직접노무원가 표준임률	시간당 ₩10,000
허용 표준 직접작업시간	8,000시간
실제 직접노무원가 임률	시간당 ₩ 9,500
직접노무원가 유리한 능률차이	₩4,800,000

직접노무원가 임률차이는 얼마인가? (2004, 세무사)

① ₩3,760,000(불리) ② ₩3,760,000(유리)
③ ₩2,850,000(유리) ④ ₩2,850,000(불리)
⑤ ₩ −0−

8 (주)태종의 9월 중 직접노무원가와 관련된 자료는 다음과 같다.

- 실제생산량에 허용된 표준직접노동시간 1,200시간
- 실제직접노동시간 1,000시간
- 임률차이 ₩3,600 유리
- 능률차이 ₩40,000 유리

이 회사의 9월 중 발생한 실제직접노무원가는 얼마인가? (1992, CPA)

① ₩196,400 ② ₩197,000 ③ ₩203,600
④ ₩223,960 ⑤ ₩235,680

9 다음은 (주)한강의 표준원가 및 생산활동 자료이다.

완제품 실제생산량:	1,000개
직접재료 표준구매가격:	₩64/kg
직접재료 표준사용량:	21kg/완성품 1개

직접재료 실제발생원가:	₩1,400,000
직접재료수량차이:	₩64,000 유리

(주)한강의 직접재료가격차이는 얼마인가? 단, 직접재료와 재공품, 제품의 기초 및 기말재고는 없는 것으로 가정한다. (2008, CPA)

① ₩120,000 유리 ② ₩120,000 불리 ③ ₩64,000 유리
④ ₩64,000 불리 ⑤ 없음

10 (주)대한은 표준원가계산시스템을 사용하고 있다. 다음은 제품 단위당 원가요소별 표준원가 자료이다.

직접재료원가	₩100	직접노무원가	₩200
변동제조간접원가	₩50	고정제조간접원가	₩100

제조간접원가 배부기준은 직접노무시간이다. 2008년 6월에 기초재고는 없고, 총 500개의 제품을 생산하였다. 직접재료원가 가격차이는 ₩1,000(불리), 수량차이는 ₩2,000(유리)이고, 직접노무원가 임률차이는 ₩500(유리), 능률차이는 ₩1,500(불리)이었다. 6월 중 직접재료원가 실제발생액과 직접노무원가 실제발생액은 각각 얼마인가? (2009, 세무사)

	직접재료원가	직접노무원가
①	₩46,000	₩99,000
②	₩48,000	₩101,000
③	₩48,000	₩101,500
④	₩49,000	₩101,000
⑤	₩49,000	₩101,500

11 (주)세무는 표준원가제도를 채택하고 있다. 20×1년 직접재료원가와 관련된 표준 및 실제원가 자료가 다음과 같을 때 20×1년의 실제 제품생산량은 몇 단위인가? (2013, 세무사)

실제 발생 직접재료원가	₩28,000
직접재료단위당 실제구입원가	₩35
제품단위당 표준재료투입량	9개
직접재료원가 가격차이	₩4,000 불리
직접재료원가 수량차이	₩3,000 유리

① 90단위 ② 96단위 ③ 100단위
④ 106단위 ⑤ 110단위

12 (주)국세는 표준원가계산제도를 채택하고 있다. 20×1년 직접재료의 표준원가와 실제원가는 다음과 같을 때, 직접재료원가 수량차이는? (2015, 세무사)

판매수량	제품 단위당 직접재료 표준투입량	20kg
	직접재료 표준가격	₩30/kg
실제원가	실제 생산량	50개
	직접재료원가	₩35,000
	직접재료 구입가격	₩28/kg

① ₩5,500 유리 ② ₩5,500 불리 ③ ₩7,500 유리
④ ₩7,500 불리 ⑤ ₩0 차이 없음

13 표준원가를 사용하는 (주)세무의 20×1년 직접노무원가에 대한 자료가 다음과 같을 때, 20×1년 예상 제품생산량은? (2017, 세무사)

직접노무원가 고정예산	₩896,400
직접노무원가 실제발생액	₩1,166,400
단위당 표준 직접노무시간	83시간
단위당 실제 직접노무시간	81시간
실제 제품생산량	300개
임률차이	₩437,400 (불리)

① 300개 ② 350개 ③ 360개
④ 400개 ⑤ 450개

14 (주)한산은 표준원가계산을 적용하고 있다. 전기와 당기의 표준원가는 동일하며 직접재료의 표준원가는 다음과 같다.

	수량표준	가격표준	제품단위당 표준원가
직접재료원가	2kg	₩10/kg	₩20

당기에 직접재료를 10,000kg(kg당 구입가격 ₩12) 구입하였으며 9,000kg을 공정에 투입하였다. 기초재공품은 1,000단위(직접재료원가 완성도 80%)이었고 기말재공품은 1,300단위(직접재료원가 완성도 60%)이었다. 당기 중에 완성된 합격품은 3,500단위이었으며 공손품 200단위가 발생하였다. 품질검사는 공정의 종료단계에서 실시한다. 공손품은 모두 비정상공손으로 간주하며 처분가치는 없다. 회사는 비정상공손원가를 계산하여 별도의 계정으로 파악하고 있

다. 직접재료원가 수량차이(능률차이)는 얼마만큼 유리(혹은 불리)한가? (2010, CPA)

① ₩16,400 불리 ② ₩20,400 불리 ③ ₩26,400 불리
④ ₩17,000 유리 ⑤ ₩17,400 유리

15 (주)한국은 20×1년초에 영업활동을 개시하였고 표준원가계산제도를 채택하고 있다. 20×1년말 현재 표준원가로 기록된 원가계정 잔액과 실제 발생 원가는 직접노무원가를 제외하고 모두 동일하다. 실제발생 직접노무원가는 ₩250이다. 한편 표준직접노무원가는 기말 재공품에 ₩40, 기말 제품에 ₩80, 매출원가에 ₩80이 포함되어 있다. 직접노무원가의 차이는 전액 임률차이 때문에 발생한 것이다. 다음의 설명 중 옳지 않은 것은? (2013, CPA)

① 표준원가와 실제원가의 차이를 원가요소별로 안분(proration)하여 수정분개하면 처음부터 실제원가로 계산한 것과 동일한 결과가 재무제표에 반영된다.
② 표준원가와 실제원가의 차이를 매출원가에서 전액 조정하면 영업이익은 실제원가계산에 의한 것보다 ₩20 더 작다.
③ 실제 매출원가에 포함된 직접노무원가는 ₩100이다.
④ 실제원가와 표준원가의 차이를 매출원가에 전액 반영하는 방법이 원가요소별로 안분하는 방법보다 더 보수적인 회계처리이다.
⑤ 직접노무원가 임률차이는 ₩50만큼 불리한 차이가 발생한다.

[주관식]

9-1 (주)서강은 표준원가계산제도를 도입하고 있다. 2002년도 3월중에 제품 1,000단위를 생산하였다. 이 회사에서 설정한 제품 1단위당 표준원가는 다음과 같다.

	표준수량(시간)	표준가격(임률)	표준원가
직접재료비	1.1kg	₩2,000	₩2,200

추가자료:

(a) 원재료의 실제구입량은 1,000kg이며, 구입된 모든 원재료는 생산에 투입되었다.

(b) 직접재료의 구입시에 발생한 실제원가는 ₩1,900,000이다.

[요구사항]

1. 직접재료비에 대한 가격차이와 수량차이를 계산하시오.
2. 실제 재료구입량이 1,200kg이라고 가정하고, 위 1)에 대해 답하시오.

9-2 (주)서강은 표준원가계산제도를 채택하고 있으며 3월의 직접노무비 원가자료는 다음과 같다.

실제생산량	1,000단위
실제노무비발생액	₩2,000,000
단위당 표준직접노동시간	12시간
직접노무비능률차이	₩440,000(F)
직접노무비임률차이	₩200,000(F)

[요구사항]

직접노동시간당 직접노무비 표준임률을 구하시오.

9-3 (주)서강은 항공기 부품생산업체로서 표준원가제도를 사용하고 있다. 아래의 자료는 부품생산에 대해 설정된 표준을 나타낸다.

	표준수량	표준가격	표준원가
직접재료원가	5kg	3,500/kg	₩17,500
직접노무원가	3hr	5,500/hr	₩16,500

지난 달에는 750단위를 생산하였으며, 이와 관련된 실제발생원가 자료는 다음과 같다.

원재료 사용량	4,000kg	
원재료 구입량	4,500kg	₩14,400,000 지급
직접노무원가	2,000hr	₩11,200,000 지급

[요구사항]

1. 직접재료원가 가격차이와 수량차이를 계산하시오(단, 가격차이는 구입시점에서 분리된다).
2. 직접노무원가 임률차이와 능률차이를 계산하시오.

9-4 서강산업은 제품 A를 생산하고 있으며, 완성품 1단위당 표준원가를 다음과 같이 설정하고 있다.

	표준수량(시간)	표준가격(임률)	표준원가
직접재료원가	3cm	cm당 ₩3,500	₩10,500
직접노무원가	?시간	시간당 ?	?

10월 동안에 이 회사는 직접재료 ₩39,000,000을 구입하였고, 구입한 전량을 3,300단위 생산하는 데 투입하였다. 추가적으로, 금월 동안에 제품생산에 투입된 직접노동시간은 5,000시간이었다. 이 노동시간에 대한 원가는 ₩25,800,000이다. 금월 동안의 차이분석과 관련된 자료는 다음과 같다.

직접재료원가 수량차이	₩3,150,000(U)
총직접노무원가 차이	₩1,120,000(F)
직접노무원가 능률차이	₩560,000(U)

이상과 같은 불완전한 자료를 가지고 다음 요구사항에 답하여라.

[요구사항]

1. 직접재료원가에 대하여 금월 동안의 재료원가에 대한 cm당 실제원가를 계산하시오.

2. 직접재료원가에 대한 가격차이와 총차이를 계산하시오.
3. 직접노무원가에 대하여 ① 시간당 표준직접노무원가를 계산하시오. ② 금월의 생산을 위하여 들어간 표준허용시간을 계산하시오. ③ 제품 1단위당 표준허용시간을 계산하시오.

9-5 주식회사 서강에서는 효율적인 원가통제를 위하여 표준원가계산제도를 도입하고 있다고 한다. 2001년 5월 말에 직접재료의 기초재고는 없었으며, 실제 제품생산량은 10,000개였다. 이 회사는 제품 1단위당 다음과 같은 표준원가를 설정하고 있다.

	표준수량(시간)	표준가격(임률)	표준원가
직접재료원가	4.5kg	₩400	₩1,800
직접노무원가	3시간	₩1,000	₩3,000

5월의 생산과 관련하여 발생한 기타의 관련 자료는 다음과 같다.

(a) 5월 중에 직접재료 50,000kg을 ₩20,500,000에 구입하였다. 구입재료 중 당기에 사용된 수량은 46,000kg이었다.

(b) 금월 중 직접작업시간은 31,000시간이었고, 발생한 총임금액은 ₩30,690,000이었다.

[요구사항]

1. 직접재료원가 가격차이를 재료의 구입시점에서 분리한다고 할 때, 직접재료원가 가격차이와 수량차이를 계산하시오.
2. 직접재료의 가격차이를 재료의 사용시점에서 분리한다고 할 때, 직접재료원가 가격차이를 계산하시오.
3. 직접재료원가 차이분석시 차이의 분리시점은 매우 중요한 문제라고 한다. 언제 차이를 분리하는 것이 바람직한가?
4. 직접노무원가 임률 및 능률차이를 계산하시오.

9-6 (주)서강은 표준원가계산제도에 의하여 직접노무원가계산을 하고 있으며, 다음은 지난달의 생산활동에 관한 자료이다.

실제 생산량	2,000단위
판 매 량	1,600단위
노무원가 발생액	3,500,000
단위당 표준노무시간	10시간
직접노무원가 능률차이	₩200,000(F)
직접노무원가 임률차이	₩300,000(F)

[요구사항]

1. 6월분 직접노무원가 표준임률을 계산하시오.
2. 6월분 실제직접노무시간을 계산하시오.

9-7 장난감 생산업체인 (주)서강은 표준원가계산제도를 사용한다. 아래 그림에서 OA는 실제 사용된 원재료 수준에서의 표준직접재료원가이다. (주)서강은 세 곳의 공장에서(M관, K관, X관) 동일한 장난감을 생산하는데, 지난 달 생산량은 세 공장 모두 같으며, V는 표준원가이다. 그림의 M, K, X는 각 공장에서 사용된 원재료 수량과 실제 발생원가이다. 아래 요구사항에 대해 유리한 차이인지 불리한 차이인지 결정하시오.

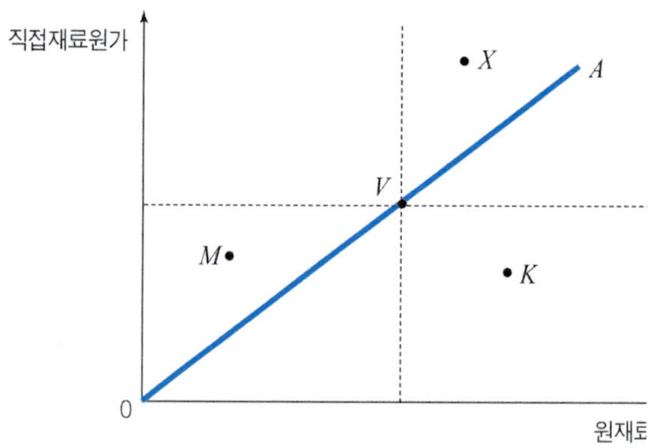

[요구사항]

1. M관의 직접재료원가 가격차이와 수량차이를 구하시오.
2. K관의 직접재료원가 가격차이와 수량차이를 구하시오.
3. X관의 직접재료원가 총차이를 구하시오.

9-8 MP3 제조회사인 서강전자에서는 「슈퍼-스타」라고 불리는 MP3를 제조하고 있다. 이 회사는 원가관리목적으로 표준원가계산제도를 도입하고 있다. 「슈퍼-스타」 MP3 1대당 설정된 노무원가표준은 다음과 같다.

표준시간	시간당 표준임률	표준원가
18분	8,500	₩2,550

8월에 21,000개의 「슈퍼-스타」를 만드는 데 직접노동시간 6,000시간이 투입되었다. 이달에 투입된 총직접노무원가는 ₩54,000,000이었다.

[요구사항]

1. 21,000개의 소형카세트를 제조하는 데 얼마의 직접노무원가가 발생되어야 하는가? 실제 발생직접노무원가와의 차이는 얼마인가?
2. 직접노무원가 임률 및 능률차이를 계산하시오.
3. 예산변동제조간접원가율은 직접노동시간당 ₩2,800이다. 8월 동안에 이 회사는 ₩15,300,000의 변동제조간접원가가 발생되었다면, 금월의 이 회사의 변동제조간접원가 소비 및 능률차이는 각각 얼마인가?

9-9 (주)서강스포츠에서는 서울에 있는 구로공단 공장에서 플라스틱 수영풀(swimming pool)을 제조하고 있다. 이 공장은 아래와 같은 2002년 2월의 손익계산서에서 보는 것처럼 가끔 어려움을 겪어왔다.

	예 산	실 제
매출액(12,000풀)	₩50,000,000	₩50,000,000
변동원가(−)		
매출원가*	18,000,000	19,500,000
판 매 비	2,000,000	2,000,000
총변동원가	20,000,000	21,500,000
공헌이익	30,000,000	28,500,000
고정원가(−)		
제조간접원가	15,000,000	15,000,000
판매 및 일반관리비	9,000,000	9,000,000
총고정원가	24,000,000	24,000,000
당기순이익	₩6,000,000	₩4,500,000

* 직접재료원가, 직접노무원가 및 변동제조간접원가 포함.

구로공단 공장의 일반관리자로 임명받은 김지영씨는 현재의 어려운 상태를 극복하라는 지시를 받았다. 공장의 손익계산서를 받자마자 김씨는 주요한 문제가 변동매출원가에 있다는 결론을 내렸다. 김씨가 받은 수영풀당 표준원가는 다음과 같았다.

	표준수량(시간)	표준가격(임률)	표준원가
직접재료원가	3kg	kg당₩2,000	₩6,000
직접노무원가	1.1시간	시간당 5,000	5,500
변동제조간접원가	1.1시간*	시간당 1,450	1,595
총표준원가			₩13,095

* 변동제조간접원가는 직접작업시간을 기준으로 배부하고 있다.

김씨는 3월 동안에 이 공장에서 20,000개의 수영풀을 생산하기로 결심하였는데, 이와 관련하여 실제 발생된 원가는 다음과 같다.

(a) 원재료구입액 50,000kg(kg당 ₩1,950)

(b) 원재료사용량 45,00kg(완제품 및 재공품 재고는 거의 없으며 무시할 수 있다)

(c) 직접작업시간 12,000시간(시간당 ₩6,200)

(d) 3월 동안에 발생한 변동제조간접원가 총액 ₩18,000,000

이 회사는 모든 차이들을 월별로 매출원가에 부과하는 것을 정책으로 하고 있다.

[요구사항]

1. 직접재료원가 가격 및 수량차이를 계산하시오(단, 가격차이는 구입시점에서 분리된다).
2. 직접노무원가 임률 및 능률차이를 계산하시오.
3. 변동제조간접원가 소비 및 능률차이를 계산하시오.
4. 앞의 1., 2., 3.에서 계산한 차이들이 손익계산서에 어떠한 영향을 미치는가?

9-10 휴대폰 제조업체인 서강전자는 표준원가 계산제도를 도입하고 있다. 다음은 휴대폰 1대당 표준에 관한 자료이다.

	표준수량	표준가격	표준원가
직접재료원가	3kg	₩5,000/kg	₩15,000
직접노무원가	0.5hr	₩20,000/hr	₩10,000

다음은 5월 중 서강전자의 실제 발생 결과에 관한 자료이다.

매 출 액	₩125,000,000
재료구입액	₩68,250,000
직접재료 가격차이	₩3,250,000(U)
직접재료원가 수량차이	₩2,500(F)
직접노무원가 임률차이	₩1,900,000(U)
직접노무원가 능률차이	₩2,000,000(F)

5월 중 실제 생산량은 4,000개였고 2,500개가 팔렸다. 직접재료원가 가격차이는 구입시점에서 분리되었으며, 5월에 기초재고는 없었다.

[요구사항]

다음 항목을 계산하시오.

1. 실제 산출량에 허용된 표준직접노무시간
2. 실제 투입된 직접노무시간

3. 실제 직접노무원가의 임률
4. 실제 산출량에 허용된 표준직접재료의 수량
5. 실제 사용한 직접재료의 양
6. 실제 구입한 직접재료의 양
7. kg당 실제직접재료의 가격

“쉬어 가기”

국토부, 임대 표준건축비 5% 인상…8년 만에 현실화 나서(표준원가)

– 임대주택 건설업체 “10% 올려야 효과” –

2016.4.29 매일경제신문

국토교통부가 28일 발표한 '맞춤형 주거비 경감 방안'에서 공공임대주택 표준건축비를 5% 인상하기로 했다. 6월에 인상 고시가 있을 예정이다. 표준건축비 인상은 2008년 12월 이후 7년반 만에 처음이다. 하지만 5년 임대주택을 공급해 분양전환을 앞두고 있거나 앞으로 공급할 땅을 보유한 임대사업자들은 울상이다. 분양가상한제 적용 주택의 기본형건축비를 임금, 자재 등 물가상승률을 고려해 지난 8년간 23% 올린 정부가 표준건축비는 고작 5%만 올려주겠다고 밝혔기 때문이다.

29일 부동산업계에 따르면 국토부가 오는 6월 5% 인상하겠다고 밝힌 표준건축비는 공공임대주택 초기 임대료 결정에 영향을 미치고 5년 임대 분양전환 때 가격 산정 기준이 된다. 이미 살고 있는 임차인의 임대료에는 영향이 없다.

5년 임대 분양전환가는 건설원가와 감정가격의 산술평균으로 결정되고, 분양전환 당시 표준건축비로 계산한 주택가격에서 감가상각비를 뺀 금액을 넘을 수 없다.

한 임대주택 건설업체 임원은 “표준건축비 장기간 동결로 5년 공공임대는 분양전환을 하면 할수록 손실이 발생한다”며 “건설원가를 부풀리지 않고 정직하게 사업한 업체만 피해를 당하는 불합리한 상황”이라고 말했다.

특히 매년 3 · 9월 두 차례 건설원가 상승을 감안해 인상률을 고시하는 기본형건축비와 달리 표준건축비는 8년째 요지부동이다.

주택업계 관계자는 “정부가 해마다 기본형건축비 인상을 고시할 때 표준건축비도 올렸어야 했다”며 “7년을 방치했다가 한꺼번에 올리려고 하니 업계 요구를 충족시키지 못한 것”이라고 말했다.

실제로 전국 임대주택 건설사들은 현재 기본형건축비의 67.5% 수준인 표준건축비를 90% 수준까지 조속히 인상해달라며 그동안 여러 차례 국토부와 기획재정부에 요구했다. 권한을 가진 두 부처가 꿈쩍도 하지 않자 지역 한 업체는 지난해 말 국토부를 상대로 행정부작위 소송까지 제기했다.

주택건설협회 관계자는 “분양전환가격 상승에 따른 민원 발생을 염려해 민간사업자의 합리적 가격 결정권을 장기간 제한하는 것은 과도한 규제로 헌법상 보장된 기업의 정당한 경제활동을 침해하는 것”이라고 지적했다.

논란이 커지자 국토부는 4 · 28 대책에서 5% 인상 방안을 발표했다. 표준건축비를 기본형건축비의 71% 수준에 맞추겠다는 얘기다.

국토부가 8년 만에 지각 인상안을 들고 나왔지만 생색내기에 불과하다며 업체들은 반발하고 있다.

적어도 10~12% 이상 인상돼야 분양전환 때 발생하는 적자를 만회할 수 있는데 절반에도 못 미치는 인상률을 제시했기 때문이다. '보여주기식 행정'이라는 비판이 터져나온다.

더욱이 국토부는 표준건축비를 향후 어떻게 운영하겠다는 계획을 전혀 밝히지 않았다. '8년 만에 5% 올렸으니 10년 후에 보자'며 자의적으로 운영될 수 있는 여지를 남겼다는 지적이 나온다.

10

표준원가 계산제도 II

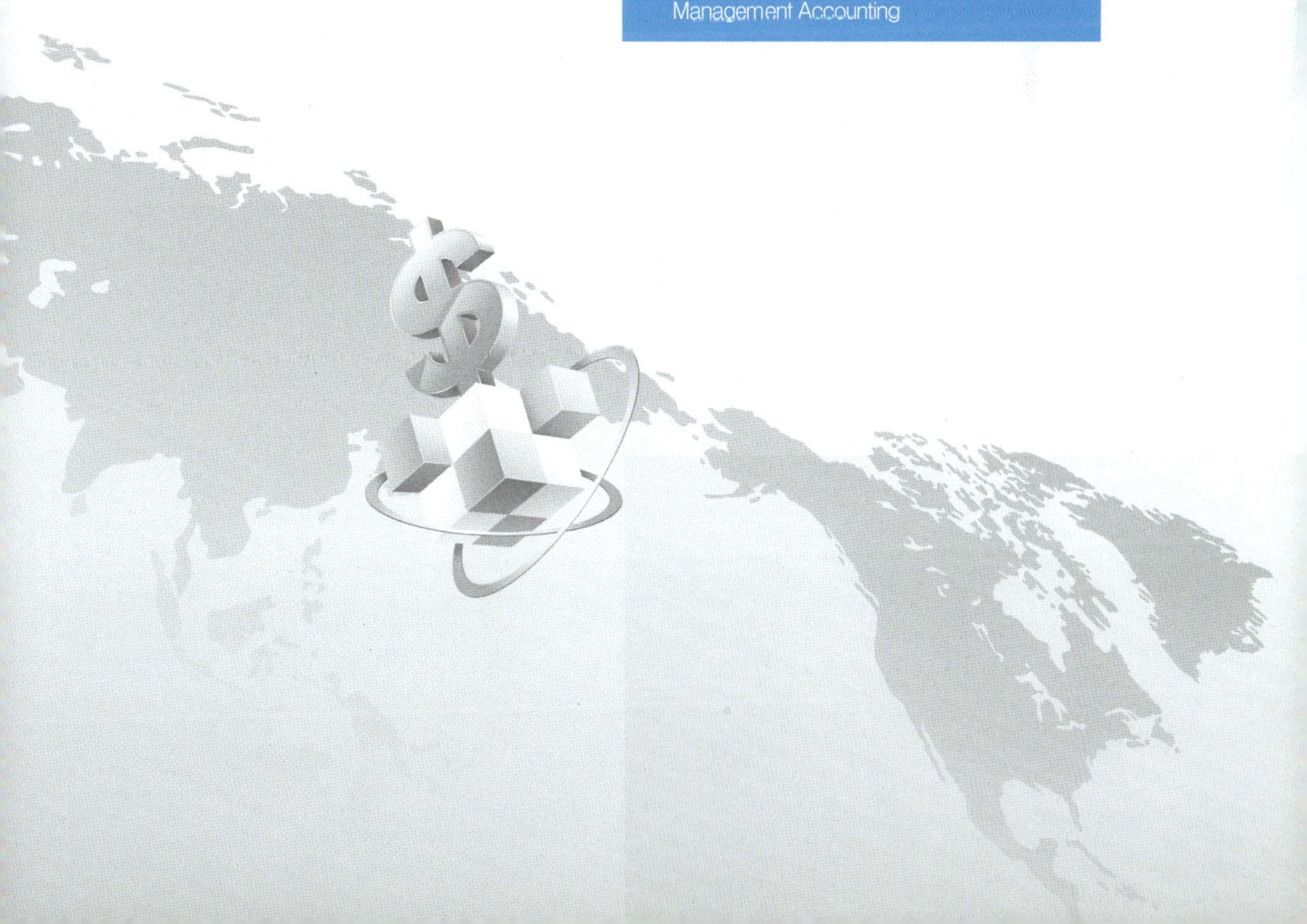

Chapter 10

표준원가계산제도 II

10-1 변동제조간접원가 성과보고서

본 절에서는 노고주식회사의 예를 가지고 제조간접원가 변동예산이 제조간접원가 성과보고서를 준비하는 데 어떻게 이용되는가를 살펴보고자 한다.

이 회사의 2002년 한 해 동안에 예산상의 판매량 및 생산량은 15,000단위이다. <표 10－1>에서 보는 바와 같이 한 단위의 제품을 생산하는 데는 두 시간의 기계시간이 소요되므로 생산활동에 30,000기계시간(15,000단위×2시간＝30,000기계시간)이 소요될 것으로 예상된다. 그런데 해당 기간 동안에 이 회사는 실제로 10,000단위만을 생산·판매하였다. 따라서 해당 기간 동안의 산출물에 대한 표준허용시간은 20,000기계시간(10,000단위×2시간＝20,000시간)이다.

여기에서 10,000단위를 생산하기 위해서 실제로 21,000기계시간이 사용되었다고 가정하자. 이상에서 기술한 노고주식회사의 해당기간 동안의 활동결과를 요약하면 다음과 같다.

표 10-1 종합변동예산과 제조간접원가 변동예산의 관계

노고주식회사
종합변동예산

	예산공식 (단위당)	5,000	10,000	15,000	20,000
매 출 액	₩40	₩200,000	₩400,000	₩600,000	₩800,000
변동원가					
직접재료원가	8	40,000	80,000	120,000	160,000
직접노무원가	6	30,000	60,000	90,000	120,000
변동제조간접원가	2	10,000	20,000	30,000	40,000
판매비와 일반관리비	1	5,000	10,000	15,000	20,000
총변동원가	(17)	(85,000)	(170,000)	(255,000)	(340,000)
공헌이익	₩23	115,000	230,000	345,000	460,000
고정원가					
고정제조간접원가		120,000	120,000	120,000	120,000
판매비와 일반관리비		45,000	45,000	45,000	45,000
총고정원가		(165,000)	(165,000)	(165,000)	(165,000)
순이익(손실)		₩(50,000)	₩65,000	₩180,000	₩295,000

노고주식회사
제조간접원가변동예산

제조간접원가	예산공식 (기계시간)	10,000	20,000	30,000	40,000
변동원가					
간접노무원가	₩0.7	₩7,000	₩14,000	₩21,000	₩28,000
윤 활 유	0.2	2,000	4,000	6,000	8,000
동 력 비	0.1	1,000	2,000	3,000	4,000
총변동원가	₩1	10,000	20,000	30,000	40,000
고정원가					
감가상각비		70,000	70,000	70,000	70,000
감독자 급료		30,000	30,000	30,000	30,000
보 험 료		20,000	20,000	20,000	20,000
총고정원가		120,000	120,000	120,000	120,000
총제조간접원가		130,000	140,000	150,000	160,000

(각 조업도수준(기계시간*))

* 한 단위의 제품을 완성하기 위해서는 2시간의 기계시간이 소요된다.

기계시간(예산)	30,000	시간
기계시간(실제)	21,000	
표준허용기계시간	20,000	
실제 변동제조간접원가:		
간접노무원가	₩19,000	
윤 활 유	4,000	
동 력 비	2,000	
총 변동제조간접원가	₩25,000	

변동제조간접원가 성과보고서를 준비하는 경우에 이 회사가 실적과 비교할 예산금액을 계산할 때 어떤 시간기준(hour base)을 이용할 것인가라는 문제가 중요하다. 노고주식회사는 시간기준의 선택에 대해 다음과 같은 대안을 가지고 있다.

대안 1 : 실제의 기계사용시간(21,000기계시간)
대안 2 : 해당 기간의 산출물에 대해 허용된 표준기계시간(20,000기계시간)

두 가지 대안 중에 어떤 기준을 선택할 것인가는 어느 정도의 상세한 정보를 필요로 하느냐에 달려 있다. 앞 장에서 살펴보았던 것처럼 변동제조간접원가는 소비차이(spending variance)와 능률차이(efficiency variance)로 분석되어질 수 있다. 만약 소비차이 정보만을 원할 경우에는 실제기계사용시간만으로 충분하지만, 소비차이와 능률차이 정보를 모두 원하는 경우에는 예산금액을 계산할 때 실제 기계사용시간과 더불어 표준허용시간도 동시에 사용되어야 한다.

1. 소비차이

실제사용시간(21,000시간)만으로 예산금액을 산출한다면, 변동제조간접원가에 대한 성과보고서에는 단지 소비차이(spending variance)만 나타나게 된다. 따라서 능률차이에 대한 정보는 보고하지 못하게 됨으로써 결국 기업의 담당자가 보다 상세한 보고서가 필요한 경우에는 적합하지 못하다고 볼 수 있다.

이와 같은 방법으로 작성된 성과보고서는 <표 10-2>와 같다.

표 10-2 변동제조간접원가 성과보고서(소비차이만을 원하는 경우)

노고주식회사
변동제조간접원가 성과보고서

	비용공식 (기계시간당)	실제발생액	예 산*	소비차이**
기계시간(원래예산)	30,000시간			
기계시간(실제)	21,000			
표준허용기계시간	20,000			
제조간접원가				
변동원가				
간접노무원가	₩0.7	₩19,000	₩14,700 ***	₩4,300U
윤 활 유	0.2	4,000	4,200	200F
동 력 비	0.1	2,000	2,100	100F
총변동원가	₩1.0	₩25,000	₩21,000	₩4,000U

* 예산할당액은 실제의 기계작업시간(21,000)을 이용한다.
** 실제제조간접원가와 21,000시간을 기준으로 한 예산의 비교를 통해 소비차이만을 계산함.
*** 21,000시간 × ₩0.7 = ₩14,700.

소비차이를 계산하는 공식은 다음과 같다.

$$\text{변동제조간접원가 소비차이} = (AH \times AR) - (AH \times SR)$$
$$= (\text{변동제조간접원가 실제발생액}) - (\text{실제사용시간} \times \text{표준배부율})$$
$$= ₩25,000 - (21,000\text{기계시간} \times ₩1)$$
$$= ₩4,000U$$

공통부분을 묶어 정리하면 다음과 같은 식이 된다.

$$\text{변동제조간접원가 소비차이} = AH(AR - SR)$$

(1) 소비차이의 해석

제조간접원가 소비차이는 다음과 같은 두 가지 원인에 의해서 발생된다.

첫째, 소비차이는 변동제조간접원가를 구성하는 요소의 가격상승 때문에 발생할 수 있다. 노고주식회사의 경우는 해당 기간 동안에 변동제조간접원가 항목에 지불된 가격이 상승했기 때문에 결과적으로 불리한 소비차이(unfavorable spending variance)를 가져왔다고 볼 수 있다.

둘째, 소비차이는 낭비 또는 과다한 사용에 의해서 영향을 받는다. 이와 같은 과다한 사용은 능률차이의 일부로 보기 쉬우나, 소비차이의 일부라고 할 수 있다. 왜냐하면 제조간접원가 계정은 낭비를 초래한 비용항목을 포함해서 일정기간 동안에 발생된 모든 제조간접원가를 포함하기 때문이다. 소비차이는 시간당 표준배부율과 발생된 실제배부율 사이의 차이를 의미하기 때문에 낭비는 변동제조간접원가 항목에 과다하게 지불된 가격과 함께 자동적으로 이 차이의 부분으로 나타나게 된다.

요약하면, 제조간접원가 소비차이는 가격요소와 수량요소를 모두 포함하고 있다. 이 두 가지 요소들은 성과보고서에서 별개의 것으로 나타날 수 있으나, 실무에서 이를 분리하기란 매우 어렵다.

⑵ 소비차이의 유용성

대부분의 기업들은 제조간접원가 소비차이를 매우 유용한 것으로 생각한다. 일반적으로 총 차이분석에서 가격차이요소는 적게 나타나기 때문에 감독자는 생산시 제조간접원가항목의 사용 등과 같이 확실하게 통제할 수 있는 수량차이에 관심을 두게 된다.

많은 경우에 있어서 기업들은 제조간접원가분석을 하는 경우에 소비차이에 한정하게 되며, 그러한 차이정보만으로도 효과적으로 제조간접원가에 대한 통제를 충분히 수행할 수 있다고 본다.

2. 소비차이와 능률차이

노고주식회사가 만약에 소비차이와 능률차이에 대한 성과보고서를 모두 원하는 경우에는 표준허용시간(20,000시간)과 실제사용시간(21,000시간) 모두에 대한 예산금액을 계산하여야 한다. 이와 같은 방법으로 작성한 성과보고서는 <표 10-3>과 같다.

표 10-3 변동제조간접원가 성과보고서(소비차이와 능률차이 정보를 모두 원하는 경우)

노고주식회사
변동제조간접원가 성과보고서

기계시간(예산)	30,000시간						
기계시간(실제)	21,000						
표준허용기계시간	20,000						
		(1)	(2)	(3)	(4)	총차이의 내용***	
	비용공식 (기계시간당)	실제 발생액	예산*	예산**	총차이 (1)−(3)	소비차이 (1)−(2)	능률차이 (2)−(3)
제조간접원가							
변동원가							
간접노무원가	₩0.7	₩19,000	₩14,700	₩14,000	₩5,000U	₩4,300U	₩700U
윤활유	0.2	4,000	4,200	4,000	0	200F	200U
동력비	0.1	2,000	2,100	2,000	0	100F	100U
총변동원가	₩1.0	₩25,000	₩21,000	₩20,000	₩5,000U	₩4,000U	₩1,000U

* 예산금액은 실제기계작업시간 21,000시간을 이용한다.
** 예산금액은 해당기간의 산출물에 대한 표준허용기계시간 20,000시간을 이용한다.
*** 총차이는 소비차이와 능률차이로 구성되어 있다.

<표 10-3>에서 주목해야 하는 사실은 소비차이가 <표 10-2>의 경우와 동일하다는 것이다. <표 10-3>의 성과보고서는 단순히 능률차이를 포함시키기 위해서 확장된 것에 불과하며, 소비차이와 능률차이는 함께 총차이(total variance)를 구성하게 된다.

(1) 능률차이의 해석

능률차이는 제조간접원가항목의 사용과 아무런 관계가 없기 때문에 능률차이라고 부르는 것은 잘못된 것이다. 이 차이가 실제로 측정하는 것은 변동예산을 편성하는 데 사용되었던 조업도기준(이 경우에는 기계시간)이 생산에 얼마나 능률적으로 사용되었는가이다. 즉 변동제조간접원가 능률차이는 생산에 투입된 실제시간과 그 기간 동안의 실제생산량을 생산하는 데 허용된 표준시간간의 차이 함수라는 점을 기억할 필요가 있다.

$$\text{변동제조간접원가 능률차이} = (AH \times SR) - (SH \times SR)$$
$$= (\text{실제투입시간} \times \text{표준배부율}) - (\text{표준허용시간} \times \text{표준배부율})$$

공통된 부분을 묶어 간략히 하면 다음과 같은 식이 된다.

변동제조간접원가 능률차이 $= SR(AH - SH)$
= 표준배부율(실제투입시간 - 표준허용시간)
= ₩1(21,000기계시간 - 20,000기계시간)
= ₩1,000U

이와 같이 표준허용시간보다 투입시간이 많다면, 변동제조간접원가 능률차이는 비능률이 반영되어 불리하게 나타날 것이다. 그러나 이와 같은 비능률은 변동제조간접원가의 이용에 있는 것이 아니라 조업도기준 자체의 비효율적 사용에 기인하고 있다는 점을 주목해야 한다.

위와 같은 비능률의 원인은 <표 10-3>에서 보는 바와 같이, 기계시간이 해당기간 동안에 산출물을 생산하기 위해서 이용되어야 할 표준허용시간보다 1,000시간 이상이나 더 많이 사용되었기 때문이다. 시간당 ₩1의 변동제조간접원가의 발생을 필요로 하므로 결과적으로 ₩1,000(=1,000시간×₩1)의 불리한 차이를 발생시켰다.

이 ₩1,000의 능률 차이는 변동제조간접원가 능률 차이라고 불리지만, 기계시간 능률 차이라고 부르는 것이 더 적합하다. 왜냐하면 이 차이는 기계시간의 활용능률을 측정하기 때문이다. 그러나 제조간접원가 능률차이라는 용어는 실무에서 널리 사용되고 있다. 그러므로 이용자들은 이 차이가 무엇을 측정하고자 하는가를 분명히 이해한 상태에서 주의 깊게 이 차이에 대한 해석을 할 필요가 있다.

(2) 능률차이의 통제

변동제조간접원가 능률차이의 통제는 누가 책임져야 하는가? 이 차이는 실질적으로 변동예산의 근간이 되는 조업도기준을 이용함에 있어서 능률을 측정하기 때문에, 이 기준에 대한 통제에 책임을 맡고 있는 모든 경영자는 이 차이에 대한 통제에 책임이 있다.

만약 조업도기준이 직접작업시간이라면, 작업시간이용에 대하여 책임을 담당하고 있는 경영자는 어떠한 변동제조간접원가 능률차이에 대해서도 책임을 부담하여야 하며 설명할 수도 있어야 한다.

10-2 고정제조간접원가 차이분석

변동원가뿐만 아니라 고정원가도 변동예산에 포함시켜야 하는가? 변동예산이라는 용어는 변동원가만을 포함시켜야 한다는 것을 시사해 준다. 왜냐하면 변동원가는 조업도 변화에 따라서 변동되기 때문이다. 그러나 실무상의 문제로서 대부분의 기업들은 변동예산에 고정제조간접원가를 포함시키고 있다. 고정제조간접원가를 변동예산에 포함시키는 것은 다음의 두 가지 이유 때문이다.

첫째, 경영자가 통제할 수 있는 범위의 고정비에 대해서는 당연히 경영자의 업적평가에 포함되어야 하기 때문이다. 이와 같은 비용은 경영자가 책임을 맡고 있는 변동원가와 함께 경영자의 성과보고서에 포함되어야 한다.

둘째, 고정원가는 제품 및 서비스의 원가계산목적으로 필요하기 때문이다. 고정제조간접원가는 예정배부율에 의해서 제품 및 서비스원가에 부가되어야 한다. 제조간접원가 변동예산은 제조간접원가 예정배부율을 계산하기 위해서 필요한 정보를 경영자에게 제공한다. 이 절에서는 이와 같은 목적의 제조간접원가 변동예산을 논의하게 되며, 또한 그와 같은 과정 속에서 고정제조간접원가의 분석과 이용에 대해서 설명하게 될 것이다.

고정제조간접원가분석은 변동제조간접원가의 분석과는 상당히 다르다. 이는 단지 그 성격의 차이에서 기인된다고 볼 수 있다. 설명을 위한 기초로 제조간접원가 예정배부율(predetermined overhead rates)의 필요성과 계산방법을 간략히 소개하고자 한다. 이에 대한 검토는 예정배부율이 고정제조간접원가 분석에서 중요한 역할을 하기 때문에 많은 도움이 될 것이다. 다음으로 고정제조간접원가 차이 계산방법을 설명하고 이것이 경영자에 주는 시사점을 살펴보게 될 것이다.

1. 변동예산과 제조간접원가 예정배부율

고정원가는 조업도 수준의 증감에 영향을 받지 않는 비용이다. 고정제조간접원가가 일정하게 발생하더라도 생산량이 변화하면 단위당 배부율이 달라지기 때문에 제품원가를 계산할 때 주의해야 한다. 다음의 표를 살펴보자.

월	고정제조간접원가	생 산 량	단위당 배부율
1월	₩5,000	500	₩10.00
2월	5,000	1,000	5.00
3월	5,000	600	8.33

2월에는 생산량이 많아져서 단위당 생산원가(₩5.00)가 낮아진 반면, 3월에는 생산량이 적어져서 단위당 생산원가(₩8.33)가 높아졌음을 알 수 있다. 즉 매월 변화하는 생산량에 따라 고정원가 배부율이 변화하면 원가산정이 불안정해질 수 있다. 이러한 문제는 제조간접원가 중에서 고정원가부분과 관련해서만 발생된다. 왜냐하면 제조간접원가의 변동원가부분은 조업도의 증감에 비례해서 변화하므로 단위당기준에서 볼 때는 변동되지 않기 때문이다.

제품원가계산목적을 위해서 경영자는 단위당 원가의 고정원가부분을 안정화시킬 필요성이 있다. 이를 위해 경영자는 단일의 단위당 비용수치를 조업도수준의 월별 변동에 상관없이 연중 내내 이용한다. 이와 같은 안정성은 제조간접원가 예정배부율의 이용을 통해서 확보되어질 수 있다. 제조간접원가 예정배부율은 다음과 같은 공식에 의해서 계산된다.

$$\text{제조간접원가 예정배부율} = \frac{\text{예상 총제조간접원가}}{\text{기준조업도}}$$

이때 기준조업도(denominator activity)는 일단 선택되면 후에 발생되는 실적이 다소 틀리더라도 일정기간 내내 변동되지 않는다. 기준조업도가 변화하지 않는 이유는 해당기간 동안에 언제 생산되든지 각 제품단위에 배부된 제조간접원가 금액에 안정성을 유지하기 위해서이다. 가장 널리 이용되는 기준조업도로는 연간예산조업도가 있다.

제조간접원가 예정배부율을 계산하는 경우에 이용되는 예산 총제조간접원가는 통상 제조간접원가 변동예산으로부터 도출된다. <표 10－1>의 노고주식회사에 대한 제조간접원가 변동예산을 예로 설명하자. 이 회사는 15,000단위를 생산할 예정이며, 이를 위해서는 30,000기계시간이 필요하다.

30,000기계시간은 제조간접원가 예정배부율 공식에서 기준조업도가 된다. 그리고 제조간접원가 변동예산으로부터 이 조업도 수준의 제조간접원가는 ₩150,000으로 추정됨을 알 수 있다. 따라서 2002년도 노고주식회사의 제조간접원가 예정배부율은 다음과 같이 산정된다.

$$\frac{₩150,000}{30,000\text{기계시간}} = 5(\text{기계시간당})$$

또한 이 회사의 제조간접원가 예정배부율은 다음과 같이 변동원가요소와 고정원가요소로 분류되어질 수 있다.

$$\text{변동원가요소:} \quad \frac{₩30,000}{30,000\text{기계시간}} = 1(\text{기계시간당})$$

$$\text{고정원가요소:} \quad \frac{₩120,000}{30,000\text{기계시간}} = 4(\text{기계시간당})$$

조업활동의 매 표준기계시간에 대해서 재공품은 ₩5의 제조간접원가를 배부받게 되며, 이는 변동제조간접원가 ₩1, 고정제조간접원가 ₩4으로 구성되어 있다. 만약 노고주식회사가 제품 한 단위를 생산하기 위해서 표준으로 2시간의 기계시간이 소요된다면, 아래의 표준원가표에서 보는 바와 같이 제조간접원가 속에는 변동원가부분이 ₩2, 고정원가 부분이 ₩8 포함될 것이다.

표준원가표(단위당)	
직접재료원가(〈표 10－1〉)	₩8
직접노무원가(〈표 10－1〉)	6
변동제조간접원가(₩1 × 2기계시간)	2
고정제조간접원가(₩4 × 2기계시간)	8
총표준원가(단위당)	₩24

요약하면, 제조간접원가 변동예산은 경영자에게 제조간접원가 예정배부

율계산에 필요한 제조간접원가 수치와 기준조업도 수치 모두를 제공해 준다. 따라서 제조간접원가 변동예산은 제품에 부과할 고정 및 변동 제조간접원가의 금액을 결정하는 데 중요한 역할을 한다.

2. 표준원가계산제도와 제조간접원가 배부

고정제조간접원가 차이를 이해하려면 먼저 표준원가계산제도에서 제조간접원가가 재공품에 어떻게 배부되는가를 이해하는 것이 필요하다. 전통적인 원가계산제도에서는 제조간접원가를 배부함에 있어서 실제 조업활동시간을 기준으로 재공품에 배부한다. 그러나 표준원가계산제도에서는 <표 10-4>에서 보는 것처럼 실제작업시간이 아닌 해당 기간 동안의 생산량에 대한 표준허용시간을 기초로 하여 제조간접원가를 재공품에 배부하게 된다.

표 10-4 제조간접원가의 배부: 전통적인 원가계산제도와 표준원가계산제도

〈전통적인 원가계산제도〉

제조간접원가	
실제발생액	배부액 (실제투입시간 × 배부율)
초과 또는 부족배부액	

〈표준원가계산제도〉

제조간접원가	
실제발생액	배부액 (표준허용시간 × 배부율)
초과 또는 부족배부액	

표준원가계산제도에서 제조간접원가 배부기준으로 표준시간을 이용하는 이유는 모든 생산단위의 제조과정에서 발생하는 투입시간의 변동에 상관없이 동일한 제조간접원가를 부담시킨다는 것을 확실히 해주기 위한 것이다.

3. 고정제조간접원가 차이분석

이제 노고주식회사의 고정제조간접원가 변동예산의 자료 <표 10-1>을 이용하여 고정제조간접원가 차이계산방법을 살펴보자. 기준조업도와 예산 고정제조간접원가에 관한 자료는 다음과 같다.

기준조업도(기계시간)	30,000시간
예산고정제조간접원가	₩120,000
제조간접원가 예정배부율 중 고정원가 비율	₩4

해당 기간 동안에 발생된 실제기계시간 및 실제고정제조간접원가는 다음과 같다고 가정하자.

실제기계시간	21,000 시간
표준허용기계시간	20,000
실제고정제조간접원가:	
감가상각비	₩50,000
감독자급료	45,000
보 험 료	30,000
총실제비용	₩125,000

위의 자료를 이용하여 <표 10−5>처럼 고정제조간접원가에 대한 **예산차이**(budget variance)와 **조업도차이**(volume variance)를 계산할 수 있다.

표 10-5 고정제조간접원가 차이분석

실제발생액	변동예산액* ($DH \times SR$)	재공품에 배부된 고정제조간접원가 ($SH \times SR$)
₩125,000	₩120,000	20,000 × ₩4 = ₩80,000

예산차이	조업도차이
₩5,000U	₩40,000U

총 차 이 ₩45,000U

* 표에서 *DH*는 기준조업도 시간이며 *SH*는 실제생산량에 대한 표준허용기계시간이다. 변동예산액(₩120,000)은 다음과 같이 결정된다. 30,000(기준조업도시간) × ₩4 = ₩120,000.

(1) 예산차이

예산차이(budget variance)는 해당 기간 동안에 발생한 실제고정제조간접원가와 변동예산에서의 고정제조간접원가 사이의 차이를 말한다. 예산차이는 직접적인 통제대상이라기보다는 주의환기 목적(또는 정보제공 목적)으로 이용된다.

예산차이는 다음과 같은 형식으로 나타낼 수 있다.

실제고정제조간접원가	₩125,000U
예산고정제조간접원가(〈표 10-1〉)	120,000U
예산차이	₩5,000U

위와 같은 예산차이 ₩5,000U의 원인을 추적하기 위해서는 <표 10-6>에 요약된 노고주식회사의 전체 성과보고서를 조사해야만 한다.

표 10-6 제조간접원가 성과보고서상의 고정제조간접원가

노고주식회사
제조간접원가 성과보고서

	비용공식 (기계시간당)	실제발생액	예 산*	소비차이 혹은 예산차이
기계시간(예산)	30,000			
기계시간(실제)	21,000			
표준허용기계시간	20,000			
제조간접원가				
변동원가				
간접노무원가	₩0.7	₩19,000	₩14,700	₩4,300U
윤 활 유	0.2	4,000	4,200	200F
동 력 비	0.1	2,000	2,100	100F
총변동원가	₩1.0	₩25,000	₩21,000	₩4,000U
고정원가				
감가상각비		50,000	70,000	20,000F
감독자급료		45,000	30,000	15,000U
보 험 료		30,000	20,000	10,000U
총고정원가		125,000	120,000	5,000U
총제조간접원가		₩150,000	₩141,000	₩9,000U

* 실제기계작업시간 21,000을 이용한다.

예산차이는 변동제조간접원가 소비차이와 다소 유사한 점이 있기는 하지만, 이 차이의 이용목적이 어디에 있는가에 주의를 기울여야 할 것이다. 그리고 고정원가는 흔히 경영통제목적의 대상 이상이라는 점도 명심할 필요가 있다. 많은 경우에 있어서 예산차이는 경영성과 측정치의 구실보다는 오히려

가격요소변동에 대한 경영자의 주의환기목적으로 분석을 수행하게 된다.

고정제조간접원가와 이의 차이는 변동제조간접원가와 함께 제조간접원가 성과보고서에 함께 제시된다. <표 10-6>는 고정제조간접원가 예산차이를 포함하고 있는 노고주식회사의 제조간접원가 성과보고서이다(표에서 변동제조간접원가에 관한 자료는 <표 10-5>을 참조할 것).

(2) 조업도차이

조업도차이(volume variance)는 공장설비 활용에 대한 측정치이다. 이 차이는 실제조업도와 기준조업도가 다른 경우에 발생되며, 반드시 고정제조간접원가에서만 발생한다. 조업도차이의 계산공식은 다음과 같다.

조업도차이 = 제조간접원가 예정배부율 중 고정원가 부분
× (기준조업도시간 − 표준허용시간)

이 공식을 적용하여 노고주식회사의 조업도차이를 계산하면 다음과 같은 결과를 얻을 수 있다.

₩4(30,000기계시간 − 20,000기계시간) = ₩40,000U

여기에서 주목할 점은 이 계산결과는 <표 10-5>에 나타난 조업도차이와 일치된다는 점이다. 여기에서 노고주식회사의 조업도차이의 원인은 무엇이며, 이 차이가 의미하는 바를 이해하는 것이 중요하다. 이 차이의 원인은 다음과 같이 설명할 수 있다. 즉 만약 해당 기간 동안에 이 회사의 조업도수준이 계획했던 대로 30,000기계시간이었다면, 재공품은 제조간접원가 변동예산에 포함되어 있는 고정원가 중에서 전체 금액인 ₩120,000이 배부되었을 것이다.

30,000기계시간 × ₩4 = ₩120,000

그러나 해당 기간 동안의 조업도수준은 20,000기계시간이었다. 그래서 조업수준과는 상관없이 일정하게 발생되는 고정원가 ₩120,000이 발생하는데도 이 금액보다는 적은 ₩80,000만이 재공품에 배부되게 된다.

20,000기계시간 × ₩4 = ₩80,000

이상에서 계산한 두 수치의 차이는 ₩40,000(₩120,000－₩80,000)이 된다. 앞에서도 언급한 것처럼 조업도차이는 이용 가능한 공장설비에 대한 활용 정도의 측정치이다. 위에서 계산된 불리한 차이는 이 회사가 해당 기간 동안에 계획된 조업도수준보다도 낮게 조업활동을 하였음을 의미한다.

만약 이 회사가 계획된 수준 이상의 조업활동을 수행하였다면 유리한 차이를 가져왔을 것이다. 특히 중요한 것은 이 차이가 과대 혹은 과소소비를 측정하지는 않는다는 점이다. 즉 해당 기간 동안의 조업도가 계획된 기준조업도 수준 이상 혹은 이하이든지 아무런 관련 없이 동일한 고정제조간접원가 화폐금액을 발생시키게 된다. 간단히 말해서, 조업도차이는 조업도에 의해서만 설명가능하며 통제가능하다는 점에서 조업도 관련차이라고 말할 수 있다.

이상에서 설명한 조업도차이의 내용은 다음과 같이 요약될 수 있다.

① 만약 해당기간 동안의 산출물에 대한 기준조업도와 표준허용시간이 같다면 어떠한 조업도차이도 발생되지 않는다.

② 해당기간 동안의 산출물에 대해서 기준조업도가 표준허용시간보다 크다면, 불리한 조업도차이를 발생시키며 이는 공장설비를 계획보다 충분히 활용하지 못하였음을 의미한다.

③ 해당기간 동안의 산출물에 대해서 기준조업도가 표준허용시간보다 작다면 유리한 조업도차이를 발생시키며, 이는 이용가능한 공장설비를 계획이상으로 충분히 활용한 것을 의미한다.

4. 그래프를 이용한 고정제조간접원가 차이분석

그래프 분석을 이용해서 예산 및 조업도 차이에 대한 몇 가지 통찰력을 얻을 수 있다.

＜도표 10－1＞에서 보는 바와 같이 고정제조간접원가는 매 표준허용시간마다 ₩4의 예정배부율로 재공품에 배부된다(배분된 비용선은 그림에서 우상향 기울기임). 기준조업도 수준으로 30,000기계시간이 예정배부율(₩4)을 계산하는 데 이용되었기 때문에, 배부된 비용선은 정확히 30,000기계시간에서 예산원가선과 교차하고 있다.

따라서 만약 생산량에 대해서 기준조업도시간과 허용된 표준시간이 동일하다면 그래프상에서 배부된 비용선과 예산원가선이 정확히 만나기 때문에 어떠한 조업도차이도 발생되지 않는다. 단지 표준허용시간과 기준조업도시간이 상이한 경우에만 조업도차이가 발생할 수 있다.

노고주식회사의 경우에는 생산량에 대한 표준허용기계시간(20,000기계시간)이 기준조업도시간(30,000기계시간)보다 적어서 원래예산을 충분히 활용하지 못한 결과가 초래되어 불리한 조업도차이가 나타난 것이다. 반대로 생산량에 대한 표준허용시간이 기준조업도시간을 초과하였다면 조업도차이는 유리한 것으로 나타나게 된다.

도표 10-1 그래프를 이용한 고정제조간접원가 차이분석

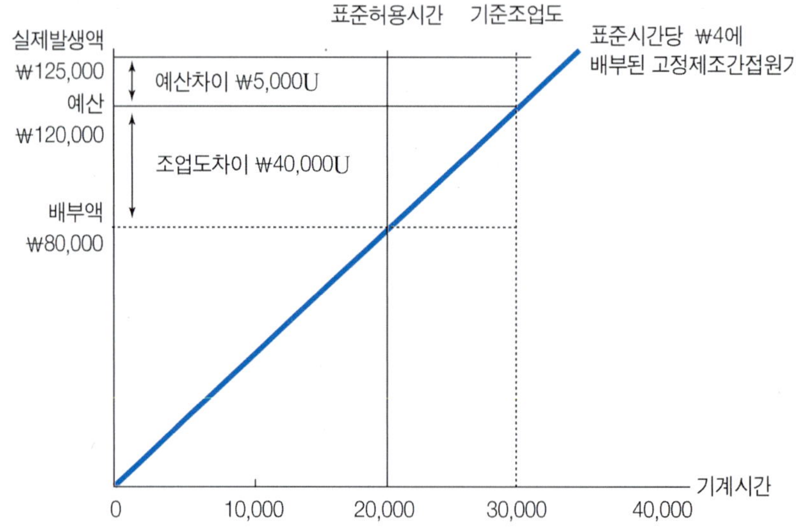

5. 고정제조간접원가 분석상의 유의점

변동제조간접원가에서 배부비용과 예산원가는 조업도에 종속적이고 항상 함께 움직이기 때문에 변동제조간접원가 조업도차이는 있을 수 없다. 고

정제조간접원가에 대한 조업도차이가 나타나는 이유는 고정원가의 발생이 조업도와 독립적이기 때문이다.

그러나 고정원가를 재공품에 배부할 때 고정제조간접원가는 마치 조업도의 변동에 따라 영향을 받는 변동원가와 같이 취급되어 배부된다. 따라서 관리자는 조업도차이가 관리 가능한 차이로 이해하기 쉽다. 조업도차이 그 자체는 원가통제 목적으로 계산되는 것이 아니며, 관리자의 입장에서 통제할 수 있는 것도 아니다. 이에 대해 <도표 10-1>을 살펴보자. 그래프에서 유의할 점은 고정제조간접원가가 마치 변동원가와 같이 취급되어 시간당 ₩4의 예정배부율로 재공품에 배부된다는 것이다. 고정제조간접원가를 마치 변동원가처럼 취급하는 것은 제품원가계산의 목적으로는 필요하나, 관리자로 하여금 고정원가를 마치 사실상의 변동원가처럼 인식하게 할 위험이 있다.

관리자가 명심해야 할 사항은 고정제조간접원가 항목 하나하나는 그 금액이 크고, 또 쪼개질 수 없다는 것이다. 제품원가계산목적에 필요하다 할지라도 이러한 고정원가를 쪼개는 것은 성격상 인위적인 것이며, 실제의 원가 행태나 원가통제와 관련된 문제에서는 중요성을 지니고 있지 않다. 이것이 바로 조업도차이가 소비의 관점에서 볼 때 통제가능한 차이가 아닌 이유이다. 차이분석에 이용되는 고정제조간접원가 예정배부율은 단순히 제품원가계산목적으로 필요하여 파생된 수치에 불과하며, 원가통제의 목적으로는 중요성을 가지고 있지 않다. 이와 같은 이유 때문에 몇몇 기업들은 화폐단위보다는 물량단위로 조업도차이를 제시한다. 이들 기업들은 물량단위로 이 차이를 제시하는 것이 경영자들에게 차이발생의 원인과 이의 통제방법에 관한 보다 더 명백한 신호를 제공해 준다고 생각하고 있기 때문이다

6. 차이 간 상호대체관계

기업활동은 서로 의존하고 있기 때문에 '유리', '불리'한 차이 자체가 어떤 절대적인 결론을 내려주는 것은 아니며, 단지 경영진에게 주의환기(attention directing)를 제시하여 줄 뿐이다. 즉 모든 불리한 차이는 나쁜 것으로 간주하고, 모든 유리한 차이는 좋은 것으로 단정해서는 안 된다.

예를 들면, 직접재료원가의 가격차이가 유리하더라도 그것이 저급한 재료를 싼 가격에 구매하였기 때문에 발생했다면 저급재료의 사용으로 인해 나중에 직접재료원가 수량차이가 불리하게 나타날 수도 있을 것이다. 이렇게 모든 차이들은 경영자에게 주의를 환기시켜 줄 뿐이지 어떤 결론을 단정적으로 제시하는 것은 아니다.

10-3 전부원가계산에서의 차이분석

공헌이익접근 손익계산서상에서 차이의 제시방법에 대해서는 이미 <표 10-3>에서 살펴본 바 있다. 지금부터는 표준원가와 차이분석에 대한 우리의 논의를 마감하기 위해서 전부원가계산방법 하에서의 손익계산서상 차이의 제시방법을 설명하고자 한다.

다음은 노고주식회사의 차이분석 결과이다.

직접재료원가(〈표 10-1〉)	₩20,000U	
직접노무원가(〈표 10-1〉)	25,000U	
변동제조간접원가		
소비차이(〈표 10-2〉)	4,000U	
능률차이(〈표 10-3〉)	1,000U	₩50,000U
고정제조간접원가		
예산차이		5,000U
조업도차이*		40,000U
총 차 이		₩95,000U

* 변동원가계산의 공헌이익접근 손익계산서상에서는 조업도차이가 나타나지 않지만, 전부원가계산의 손익계산서상(<표 10-7>)에서는 조업도차이가 나타나는데, 조업도차이는 총차이 ₩95,000의 일부이다. 조업도차이가 전부원가계산의 손익계산서상에서만 나타나는 이유는 조업도차이는 일정기간 동안의 예산고정제조간접원가와 제품에 배부된 금액 사이의 차이를 나타내기 때문이다. 공헌이익접근법(또는 변동원가계산) 하에서는 고정제조간접원가가 제품에 배부되지 않기 때문에 어떠한 조업도차이도 발생되지 않는다.

노고주식회사의 전부원가계산방법에 의한 손익계산서는 <표 10-7>과 같다.

표 10-7 전부원가계산방법에 의한 손익계산서

노고주식회사
전부원가계산 손익계산서
10,000단위

	실 제	예 산	총 차 이
매 출 액	₩400,000	₩400,000	—
매출원가			
(단위당 표준원가 ₩24*)	(335,000)	(240,000)	95,000U
매출총이익	65,000	160,000	95,000U
판매비와 일반관리비			
(변동원가 ₩10,000, 고정원가 ₩45,000)	(55,000)	(55,000)	—
순 이 익	₩10,000	₩105,000	₩95,000U

* ₩24는 노고주식회사의 표준원가표로부터 얻은 것이다.

여기에서 주의할 사항은 실제 매출원가가 예산금액을 ₩95,000을 초과하고 있으며, 이 초과금액과 앞에서 요약한 차이분석 결과의 총차이는 일치하고 있다는 점이다. 전부원가계산방법에 의한 차이의 제시방법은 경영자들에게 비용성과보고서에서는 얻을 수 없는 모든 차이들이 순이익(손실)에 미치는 영향을 명료하게 제공해 줄 수 있다. <표 10-7>에서 보는 것처럼 노고주식회사는 순이익의 총 차이로서 본 장에서 살펴보았던 제 차이들을 요약하고 있음을 알 수 있다.

10-4 차이분석의 시기와 원가·효익사고

1. 차이분석의 시기

차이분석의 시기결정은 기업이 표준원가계산제도를 도입하고 있는 경우에 매우 중요한 문제이다. 예를 들어, 원재료의 수량과 가격에 대한 통제는 원재료의 매입시점이나 그 이전에 가장 잘 이루어질 수 있다. 표준원가계산제도가 예방적 차원의 원가통제기능(preventive cost control)을 다하고 기업에서 유용하게 활용되기 위해서는 원가가 발생되는 시점이나 발생 이전에 이용될 수 있어야만 한다. 그리고 최근에는 정보처리 기술의 발달과 제조환경의 급격한 변화로 말미암아 생산주기(production cycle time)의 단축이 가능해졌기 때문에 생산과정을 보다 효율적으로 지원하기 위해서는 보다 적시에 정보가 제공될 필요성이 증가되었다.

이와 같은 관점에서 보면 표준원가시스템의 효익은 차이의 원인을 적시에 발견하여 그에 대한 시정조치를 취하는 데서 그 의의를 찾을 수 있을 것이다. 만약 차이분석의 실시가 계획과 통제목적을 효과적으로 수행하기 위한 조기경보시스템(early warning systems)의 역할에 있다면, 원가발생 이후에 차이분석이 수행되는 경우에는 차이 발생원인을 시정하기 위한 조치를 취한다는 것은 거의 불가능하게 된다.

따라서 표준의 이용에 의한 차이분석 실시가 시기적절하게 이루어지지 않는다면 표준을 이용한 효과적인 원가통제기능의 유용성은 크게 감소될 수 밖에 없을 것이다. 그러므로 차이분석의 시기는 원가가 발생되기 이전이거나 최소한 발생시점에서 이루어지는 것이 적절하다고 하겠다. 물론 사후적 차원의 원가통제는 정보제공시기에 큰 영향을 받는 것은 아니다.

2. 원가·효익사고

차이분석에는 주관적인 판단이나 육감보다는 원가·효익사고와 통계학적 지식의 이용과 같은 과학적인 방법이 필요하다. 원가·효익사고는 여러 대체적인 회계처리방법이나 시스템들 중에서 어떤 방법이 최소의 원가로 경영목표를 가장 잘 달성하는지를 결정하는 데 실마리를 제공해 준다. 이러한 사고는 통제가능 차이와 우연적 원인에 의해 발생한 통제불가능 차이를 구별하는 데도 유용하게 이용될 수 있다.

만약 차이분석을 실시하는 경우에 상세하게 실시하는 경우와 그렇지 않은 경우의 두 가지 선택대안이 있다면, 경영자는 원가·효익사고의 관점을 적용해 그 중 하나를 선택할 수 있을 것이다. 즉 차이분석의 효익이 미미하다면 상세한 분석과 이에 대한 성과보고서를 경영자 및 기타 관련자들에게 제공할 필요성이 없게 된다.

예를 들면, 변동제조간접원가에 대한 성과보고서에는 어느 정도의 상세한 정보를 필요로 하느냐에 따라서 소비차이에 대한 정보만을 제공하든지 아니면 소비차이와 능률차이에 대한 정보를 모두 제공할 수도 있다.

10-5 차이분석과 예외에 의한 관리

차이분석과 이에 대한 상세한 정보를 포함하고 있는 성과보고서는 예외에 의한 관리(management by exception) 개념을 이행하기 위한 수단을 제공해준다. 간단히 말해서, 예외에 의한 관리는 경영자들의 주의가 어떤 일이 계획대로 진행되지 않는 경우의 조직부서들에게만 쏠려야 함을 의미한다. 경영자가 사용가능한 시간은 제한되어 있으므로 일이 순조롭게 진행되는 조직부서나 중요치 않은 차이에 경영자의 시간과 노력을 낭비해서는 안 된다.

예산과 표준은 경영자의 계획을 계수화한 것이다. 만약 모든 일이 순조롭게 진행되면 설정된 예산과 표준 내에서 원가가 발생할 것이라는 점을 예상할 수 있다. 그러나 실제원가와 수익이 예산과 일치하지 않은 경우에는 차이가 발생했다는 것을 경영자에게 알려주어야 한다. 이와 같은 차이는 처음에 설정한 예산 혹은 표준으로부터의 격차이다. 이 시점에서 중요한 점은 모든 차이가 경영자의 주의를 필요로 하는 예외로 간주될 수 있는가의 문제이다. 하지만 이에 대한 명백한 해답은 존재하지 않는다. 따라서 다음과 같은 몇 가지 예외결정기준을 고려할 수 있다.

1. 예외의 결정기준

일반적으로 실제의 실무에서 광범위하게 이용되고 있는 예외결정기준은 중요성(차이의 크기), 발생의 지속성, 통제능력, 비용의 성격과 같은 결정지침 등이 이용되고 있다.

(1) 중 요 성

발생된 어떤 차이의 크기(size of variance)에 대한 중요성을 평가하는 데는 일반적으로 화폐금액기준과 비율기준에 의한 측정치가 선택적으로 이용될 수 있으나, 비율기준만으로는 예외 결정의 정당성을 부여받기 어렵기 때문에, 대부분의 경우에는 보완적으로 화폐금액기준을 활용하고 있다. 즉 발생된 어떤 특정 차이가 비율기준을 초과하지 않은 경우에도 그 차이가 금액기준을 초과하면 중요한 차이로 고려하게 된다.

대개 경영자는 금액 면에서 중요한 차이에 대해서만 관심을 가지므로 중요한 차이와 그렇지 않은 차이를 구별하기 위해 흔히 기업들은 지침을 설정하고 있다. 예를 들면, 5% 혹은 그 이상이 예산과 차이가 나면 중요한 차이로 고려한다. 이때 예산을 초과한다가 아니라 차이가 난다고 말하고 있는 점에 주의해야 한다. 경영자는 예산을 초과하는 차이뿐만 아니라 예산에 못 미치는 차이에 대해서도 관심을 가지게 될 것이기 때문에 차이가 난다고 말한다.

왜냐하면 예산에 미치지 못한 소비수준은 예산을 초과하는 소비수준만큼이나 수익성에 중요한 영향을 미칠 수 있기 때문이다. 예를 들면, 어떤 기간 동안에 광고예산 ₩100,000이 책정되었는데 ₩80,000만 소비된 경우에는 유리한 소비차이가 발생하게 된다. 이 경우 이와 같은 예산보다 적게 사용함으로써 발생한 차이가 아무리 유리한 차이일지라도 기업의 제품에 대한 판매촉진을 불충분하게 수행한 결과라면 기업수익성에 부정적인 영향을 미칠 수 있다.

결론적으로 예산과 5% 편차와 같은 지침은 어떤 차이가 중요한지 여부를 판단하기에 충분하다고 보기 어렵다. 왜냐하면 몇몇 원가에 있어서의 2% 차이가 다른 원가에 있어서 10% 차이보다 훨씬 이익에 중요할 수도 있기 때문이다. 그러므로 기업은 절대최소화폐금액을 가지고 비율지침을 보완하기도 한다. 즉 어떤 차이가 비율지침을 초과하지 않는다 하더라도 만약 최소한의 화폐금액을 초과하게 되면 중요한 것으로 고려하게 된다. 예를 들면, 어떤 기업의 경우에 발생된 차이가 5% 혹은 그 이상 예산과 차이가 나거나 ₩1,000,000을 초과하게 되면 중요한 것으로 간주하게 된다.

(2) 발생의 지속성

어떤 제강공장의 작업반장의 성과보고서를 검토한 결과 그 차이가 비율기준과 화폐금액기준을 초과하지는 않았지만 계속적으로 불리한 직접노무원가 능률차이를 나타내었고, 기업이 정해 놓은 금액기준보다 항상 낮았다고 하자. 이와 같은 상황이 존재하는 경우에 경영자는 그 차이가 특정기준 이하라 할지라도 조사하고 싶어 하고, 시정조치를 취하고 싶어 할 것이다. 왜냐하면 지속적으로 차이가 불리하게 발생한다는 사실은 그 작업반장의 지도력에 문제가 있거나 낭비습관이 있을 수 있다는 징후로 볼 수도 있기 때문이다.

작은 불리한 차이들이 계속적으로 누적되면, 이는 결국 기업의 원가효율성에 치명적인 영향을 미칠 가능성이 있게 된다. 따라서 제강공장의 작업반장이 불리한 차이에 대한 시정노력을 취하였다 하더라도, 지속적으로 불리한 차이가 발생된다면 결국 이 공장의 작업반장은 교체될 수밖에 없을 것이다.

(3) 통제능력

어떤 원가는 경영자의 통제영역을 벗어나는 경우도 있다. 이와 같은 원가가 기업에서 제시되는 경우 경영자의 입장에서는 그 금액이 아무리 중요한 차이라 할지라도 어떠한 사후검토 행동도 불필요할 수 있다. 예를 들어, 수도·전기·가스 따위와 같은 공공요율이나 지방세율은 일반적으로 내적으로 통제불가능하다. 그러므로 비율증가 때문에 발생되는 커다란 차이들은 경영자 측에서 보면 거의 노력을 필요로 하지 않는다. 그러나 이와 같은 차이는 차이보고서에는 정보제공 목적으로 자주 제시된다.

(4) 비용의 성격

어떤 비용은 성격상 다른 것보다 기업의 장기수익성에 훨씬 더 중요한 영향을 미칠 수 있다. 따라서 경영자들은 전력료의 갑작스런 증가, 광고비 지출, 갑작스런 기계수선과 같은 몇몇 차이에 대해서 다른 것보다 좀더 세밀하게 감시할 필요성이 있다. 예를 들어, 전력료의 지출과 관련해 발생된 불리한 차이의 원인이 전기회사의 요금인상에 의한 것이라면 그 차이에 대해서는 경영자의 차이발생 원인에 대해 조사할 필요성이 없지만 차이발생 원인이 비합리적인 전력사용으로 인한 것이고, 경영자가 통제가능한 항목이라면 예외로 간주하여 상세한 조사와 시정노력이 필요하게 될 것이다.

장기수익성에 중요한 영향을 미치는 다른 예는 광고비지출이다. 앞에서 언급된 바와 같이, 광고예산을 표준 이하로 사용하는 것은 판매에 악영향을 미칠 수 있다. 또 다른 예로는 수선유지비가 있다. 수선해야 할 곳을 적절히 수선하지 않으면 비용 측면에서 단기적인 절감을 가져올 수 있지만, 이와 같은 비용절감은 아마도 미래의 고장·수선 및 생산성과 효율성 감소로 인한 수익의 손실보다는 적은 금액이 될 것이다.

광고비와 유지비의 중요한 성격 때문에 어떤 차이가 중요한 지를 결정하기 위한 이들 비용에 대한 지침은 다른 비용보다 훨씬 더 엄격하다. 즉 광고비와 유지비의 차이는 별로 중요하지 않은 다른 비용의 차이보다 경영자의 주의와 환기가 요청된다. 아마도 경영자는 광고와 촉진과 같은 몇몇 중요한 영역에 있어서의 차이에 대해서 특별히 많은 관심을 가지고 싶어 할 것이다. 더욱이 정규적인 지침을 효과적으로 활용하게 되면 관리자의 주의·환기 노력이 절반으로 감소될 가능성도 있게 된다.

2. 통계분석을 이용한 예외의 결정기법

중요한 차이(또는 통제가능차이)와 우연적 원인에 의해서 발생된 우연적 차이를 구별하기 위한 기준을 설정하는 목적은 우연적인 원인에 의해서 발생되지는 않으며, 따라서 기업에 의해서 통제가능하고 통제하여야만 하는 그러한 차이를 분리해 내려는 데 있다. 이미 앞에서 살펴본 것처럼 예외의 결정기준으로 비율기준이나 화폐금액기준(예를 들면 예산의 5% 혹은 ₩1,000,000접근법)은 실무에서 광범위하게 이용되고 있기는 하지만, 이 기준은 정확하고 객관적인 분석방법을 이용하여 계산한 것이라기보다는 경영자 자신의 주관적인 판단이나 추측 또는 주먹구구식 방법에 그 기초를 두고 있기 때문에 차이분리의 방법으로는 약간 조잡한 방법이라고 볼 수 있다.

우연적 차이(random variance)와 통제가능한 차이를 구별하기 위한 보다 세련된 방법으로 통계분석기법을 이용할 수 있다. 통계분석에 의한 차이분리 방법은 어떤 예산 혹은 표준이 단일 수치로 표현되는 측정치라기보다는 허용한도범위(a range of acceptability)를 나타낸다는 생각에 그 기초를 두고 있다. 즉 이 허용한도 내에 속하는 차이는 무엇이나 우연적 원인(random causes)에 의해 발생된 것이며, 경영자가 통제불가능하다고 본다.

기업이 우연적 원인에 의해 발생된 허용한도 범위를 분리해 내는 하나의 방법으로 통계적 관리도(statistical control chart)를 활용할 수 있다. 이 기법에 의해서 우연적 차이를 분리해 내려면 먼저 모집단으로부터 무작위로 통계적 표본추출을 수행한다. 그 다음으로는 모집단에서 무작위 추출된 표본들에서 발견된 차이를 관리도상에 점으로 표시하게 된다. 결국 이렇게 표시된 점들은 <도표 10-2>에서 보는 바와 같이 종모양의 정규분포곡선을 그리게 된다.

도표 10-2 변동제조원가에 대한 표준원가표

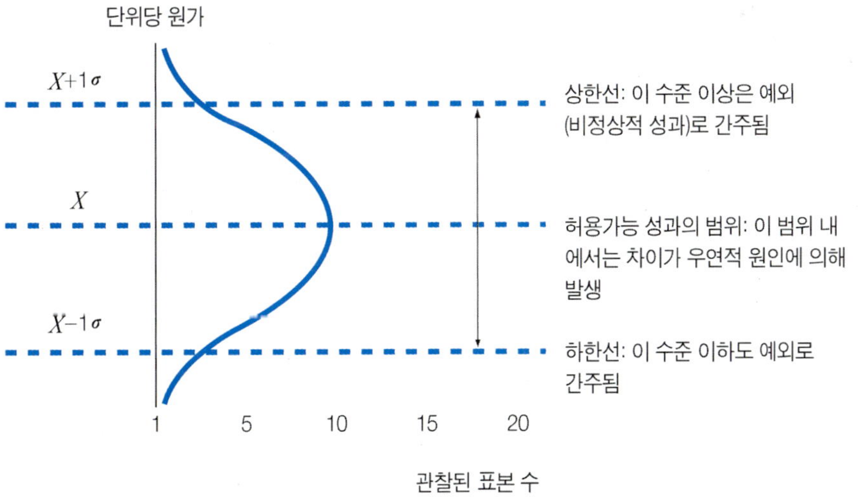

<도표 10-2>에서 상한선과 하한선 내에 있는 점들을 나타내는 차이

들은 우연적 원인에 의해 발생된 것으로 볼 수 있고, 상한선과 하한선 밖의 점들은 예외인 비정상적인 성과로 간주하게 된다. 따라서 경영자는 허용가능범위 내에 있는 차이들에 대해서는 경영자의 통제능력 밖의 문제라고 볼 수 있기 때문에 경영자의 노력과 시간을 투입할 가치가 거의 없다고 볼 수 있다. 만약 이 차이가 경영자가 설정한 상한선과 하한선 밖에 있으면 경영자의 시간과 노력을 필요로 하는 예외로 간주하게 된다. 일반적으로 회계시스템은 예외에 대해서 경영자의 주의를 조기에 불러일으킬 수 있도록 설계된다.

예산시스템의 가치는 만약 차이가 앞에서 언급한 통계적 접근법에 의해 분석될 수 있다면 크게 증대될 수 있다. 왜냐하면 비율기준 혹은 화폐금액기준보다는 사실상 통제능력 내에 있는 그러한 원가차이에 대해서는 시간과 노력을 투입할 필요가 없도록 해주며, 주먹구구식이나 추측의 필요성을 제거해줄 수 있기 때문이다. 그리고 통계학적 기법을 이용한 차이분석의 방법은 차이분석자의 주관성을 배제하거나 감소시키는 데 유용하게 이용될 수 있다.

10-6 종합예제

변동예산제도를 도입한 적이 없었던 서울공업(주)에서는 이 제도의 도입을 적극 검토하고 있다. 이 회사의 사장은 금년도 신입사원으로 입사한 김철수씨에게 이 회사의 원가계산방법과 제조간접원가를 효과적으로 통제할 수 있는 방안을 제시하도록 요청하였다.

김씨는 이 회사에 대한 원가분석에 많은 노력을 투입한 결과 매월 관련범위 10,000기계시간에서 20,000기계시간에 대한 다음과 같은 제조간접원가 비용공식을 얻을 수 있었다.

비 용	비용공식
소모품비	기계시간당 ₩50
수선유지비	기계시간당 100+월당 ₩150,000
기계준비비	기계시간당 30
간접노무원가	기계시간당 20+월당 ₩1,000,000
감가상각비	월당 ₩320,000

가장 최근인 2002년 5월에 실제로 발생한 비용자료는 다음과 같으며, 동기간에 이 회사는 16,000기계시간을 투입하여 10,000단위를 생산하였다.

	변동원가총액	고정원가	계
소모품비	₩820,000	—	820,000
수선유지비	1,550,000	150,000	1,700,000
기계준비비	490,000	—	490,000
간접노무원가	325,000	1,000,000	1,325,000
감가상각비	—	325,000	325,000
비용합계	₩3,185,000	₩1,475,000	₩4,660,000

추가자료:

(a) 제품단위당 표준기계작업시간은 1.5시간이다.

(b) 제품단위당 표준허용 고정제조간접원가는 ₩110.25으로 가정한다.

[요구사항]

1. 기계시간을 5,000시간씩 증가시키면서 관련범위 내에서의 제조간접원가 변동예산을 수립하시오.
2. 주어진 자료를 이용하여 2002년 5월의 제조간접원가 차이분석을 실시하시오.
3. 표준허용 고정제조간접원가 결정에 사용된 기준조업도(기계시간)를 구하시오.

[해 답]

1. 제조간접원가 변동예산

	10,000시간	15,000시간	20,000시간
소모품비(₩50/h)	₩500,000	₩750,000	₩1,000,000
수선유지비(₩150,000+₩100/h)	1,150,000	1,650,000	2,150,000
기계준비비(₩30/h)	300,000	450,000	600,000
간접노무원가(₩1,000,000+₩20/h)	1,200,000	1,300,000	1,400,000
감가상각비	320,000	320,000	320,000
합 계	₩3,470,000	₩4,470,000	₩5,470,000

2.

① 변동제조간접원가 소비차이

₩3,185,000 − (16,000시간 × ₩200*) = ₩15,000(유리)

* ₩50 + ₩100 + ₩30 + ₩20 = ₩200.

② 변동제조간접원가 능률차이

(16,000시간 − 10,000단위 × 1.5시간) × ₩200 = ₩200,000(불리)

③ 고정제조간접원가 예산차이

₩1,475,000 − (₩150,000 + ₩1,000,000 + ₩320,000) = ₩5,000(불리)

④ 고정제조간접원가 조업도차이

₩1,470,000 − 10,000단위 × 110.25 = ₩367,500(불리)

3. 제품단위당 표준허용 고정제조간접원가: ₩110.25, 제품단위당 표준기계작업시간은 1.5시간, 따라서 기계작업시간당 표준허용고정제조간접원가는 ₩73.50, 따라서 기준조업도는 200,000, 기계작업시간(1,470,000/73.50).

10-7 요 약

1. 변동제조간접원가 차이분석

변동제조간접원가의 각 요소는 소비차이와 능률차이로 구분하여 이용자의 정보요구 정도에 따라서 개별적으로 분석된다. 그리고 소비차이와 능률차이는 함께 총차이를 구성하게 된다.

2. 고정제조간접원가 차이분석

고정제조간접원가에 대한 차이분석은 비용성격상의 차이로 변동제조간접원가분석과 상당히 다르며 고정제조간접원가에 대한 예산차이와 조업도차이를 계산하게 된다. 예산차이는 직접적인 통제대상이라기보다는 주의환기목적으로 이용되며, 조업도차이는 이용가능한 공장설비에 대한 활용정도를 측정해 준다.

3. 차이 사이의 상호대체관계

기업활동은 서로 의존적이기 때문에 유리, 불리한 차이 자체가 절대적인 결론을 내려주는 것은 아니며 단지 경영진에게 주의환기를 제시해 주는 것이다. 모든 불리한 차이가 나쁘다는 뜻이 아니고 마찬가지로 모든 유리한 차이가 좋다는 뜻도 아니다. 즉, 차이는 상호대체관계에 있으므로 그 의미를 종합적으로 해석할 필요가 있다.

4. 성과보고서

차이분석이 완료되면 예외로 간주될 만한 중요한 차이에 대해서는 경영자 및 기타 관련자들에게 요약된 성과보고서로 작성되어 제공되어야 한다. 이와 같이 제공된 차이분석의 정보는 계획 및 통제목적에 유용하게 활용될 수 있을 것이다.

5. 예외에 의한 관리

모든 차이가 경영자들의 주의를 필요로 하는 예외로 고려되는 것은 아니다. 통계적 관리도상의 상한선과 하한선은 차이가 우연한 원인에 기인되어 발생된다고 생각되는 허용한도 내에서 설정된다. 만약 이 차이가 경영자가 설정한 한계 밖에 있으면, 시정조치를 취하기 위해 경영자가 시간과 노력을 들여야 하는 중대한 차이, 즉 예외로 간주될 수 있다. 일반적으로, 표준원가시스템은 예외에 대해서 경영자의 주의를 조기에 불러올 수 있도록 하는 조기경보시스템의 구축을 가능하게 해준다.

Management Accounting

익/힘/문/제

01 조업도차이의 측정과 계산방법을 설명하시오.

02 제조간접원가 변동예산을 수립하는 경우에 조업도기준을 선정할 때 고려해야 하는 세 가지 기준을 들고 설명하시오.

03 변동제조간접원가에 대한 성과보고서에서 예산자료와 실제자료를 비교하는 경우에 예산자료가 실제작업시간에 기초하고 있으면 어떠한 차이가 발생되겠는가? 또한 실제작업시간과 표준허용시간의 양자 모두에 기초하고 있으면 어떠한 차이가 발생되는가?

04 고정제조간접원가는 조업도수준의 변동에 따라 변화하지 않는 규모가 큰 불가분의 비용이라는 사실은 어떠한 원가계산상의 문제점을 야기시키는가?

05 표준원가제도에서 고정제조간접원가에 대한 두 가지 차이는 무엇인지 설명하시오.

06 고정제조간접원가 예산차이는 어떻게 측정하며, 이는 경영자에 의해서 통제가능한 차이인가? 그리고 고정제조간접원가 조업도차이에 대해서 설명하시오.

07 단위당 기준으로 고정원가를 나타내는 경우에는 어떠한 문제점이 있는가?

08 차이분석의 시기와 원가·효익사고를 설명하시오.

09 고정제조간접원가의 분석상의 유의사항은 무엇인가?

10 예외에 의한 관리의 의미와 예외결정기준을 설명하시오.

11 기준조업도(denominator activity)란 무엇인가?

12 예외에 의한 관리의 의미와 예외결정기준을 설명하시오.

Chapter 10 연습문제 Management Accounting

[객관식]

1 서강(주)의 표준원가계산제도는 제조간접원가의 배부에 있어서 직접작업시간을 배부기준으로 사용한다. 다음은 이 회사의 원가차이분석에 필요한 자료이다.

제조간접원가 실제 발생액	₩15,000
고정제조간접원가 실제 발생액	₩7,200
고정제조간접원가 예산액	₩7,000
실제 작업시간	3,500시간
표준 작업시간	3,800시간
변동제조간접원가 배부율	작업시간당 ₩2.50

변동제조간접원가 소비차이는 얼마인가? (2004, 세무사)

① ₩1,700(유리) ② ₩750(불리) ③ ₩750(유리)
④ ₩1,500(불리) ⑤ ₩950(유리)

2 다음은 서강회사의 20×9년도 제조활동과 관련된 자료이다.

단위당 표준 직접노동시간:	2시간
실제 직접노동시간:	10,500시간
생산된 제품단위	5,000개
변동제조간접원가 표준:	표준 직접노동시간당 ₩3
실제변동제조간접원가:	₩28,000

회사의 20×9년도 변동제조간접원가 능률차이는? (2002, 세무사)

① ₩2,000 유리　② ₩1,500 불리　③ ₩2,000 불리
④ ₩3,500 유리　⑤ ₩1,500 유리

3 (주)태종은 직접노동시간을 기준으로 제조간접원가를 배부한다. 2009년도의 관련 자료는 다음과 같다.

	실 제	고정예산
생산량	8,000개	10,000개
변동제조간접원가	₩4,000,000	₩5,000,000
고정제조간접원가	800,000	700,000

당기의 실제직접노동시간은 30,000시간이고, 제품 1단위당 표준직접노동시간은 5시간이다. 총제조간접원가의 능률차이는 얼마인가? (1996, CPA)

① ₩1,000,000유리　② ₩1,000,000불리　③ ₩1,500,000유리
④ ₩1,500,000불리　⑤ ₩2,000,000유리

4 (주)태종은 개별표준원가계산제도를 사용하여 제품원가를 계산하고 있다. 단위당 고정제조간접원가 계산시 사용하는 평준화조업도는 200단위이다. 2009년 4월의 예산생산량은 220단위이었으나 실제로 250단위를 생산하였다 기초와 기말재공품은 없었다. 제품 단위당 고정제조간접원가 배부율은 ₩30이었으나 실제 발생한 고정제조간접원가는 ₩7,200이었다. 고정간접원가의 예산차이와 조업도차이는 각각 얼마인가? (1995, 세무사)

	예산차이	조업도차이		예산차이	조업도차이
①	₩1,200유리	₩1,500불리	②	₩400유리	₩100불리
③	₩300유리	₩1,500유리	④	₩3,000불리	₩600유리
⑤	₩1,200불리	₩1,500유리			

5 (주)대중건설은 표준원가계산제도를 도입하고 있다. 당기의 변동제조간접원가예산은 ₩3,000,000이고, 고정제조간접원가예산은 ₩8,000,000이다. 제조간접원가 표준배부액 산정을 위한 조업도로는 직접노동시간을 사용하고 있다. 기준조업도는 직접노동시간 1,000시간이고, 당기 중 실제 투입 직접노동시간은 800시간이었다. 당기 중 변동제조간접원가의 능률차이(효율차이)가 ₩150,000(불리)일 경우 고정제조간접원가의 조업도차이는 얼마인가? (2006, CPA)

① ₩1,200,000 유리　② ₩1,200,000 불리　③ ₩2,000,000 유리
④ ₩2,000,000 불리　⑤ ₩2,400,000 유리

6 (주)서강은 표준원가계산제도를 사용하고 있다. (주)서강은 A제품을 1단위 생산하는 데 필요한 단위당 표준원가를 다음과 같이 책정하였다.

			표준원가
직접노무원가 :	3시간	@₩100	₩300
제조간접원가 :	직접노무원가의 350%		1,050

(주)서강의 연간 제조간접원가예산은 고정제조간접원가 ₩180,000과 직접노무원가 ₩1당 ₩1.50으로 계산된 변동제조간접원가로 구성되어 있다. 20×0년 5월 중 실제로 250단위의 A제품을 생산하는 과정에서, 직접노무원가 ₩77,000과 총 제조간접원가 ₩280,000이 발생하였다. 또한 고정제조간접원가 실제발생액은 예산금액과 동일하였다. 직접노무원가를 제조간접원가배부기준으로 사용한다고 할 때, 변동제조간접원가의 능률차이는 얼마인가? (2001, 세무사)

① ₩5,000(유리) ② ₩7,500(유리) ③ ₩3,000(불리)
④ ₩12,500(불리) ⑤ ₩15,500(불리)

7 표준원가제도를 사용하는 (주)국세는 직접노무시간을 기준으로 제조간접원가를 배부한다. 20×1년도 기준조업도는 20,000 직접노무시간이나, 실제 직접노무시간은 22,500시간이다. 변동제조간접원가의 표준배부율은 직접노무시간당 6이다. 다음은 20×1년도의 제조간접원가와 관련된 자료이다.

변동제조간접원가	고정제조간접원가
실제발생액: ₩110,000	소비차이: ₩30,000(불리)
배 부 액: ₩138,000	조업도차이: ₩27,000(유리)

20×1년도의 고정제조간접원가 실제발생액은? (2015, 세무사)

① ₩150,000 ② ₩170,000 ③ ₩190,000
④ ₩210,000 ⑤ ₩246,000

8 (주)한국은 표준원가제도를 사용하고 있으며 제품 단위당 표준원가는 다음과 같다.

구 분	수량표준	가격표준	표준원가
직접재료원가	2kg	₩10	₩20
직접노무원가	3시간	₩10	₩30
변동제조간접원가	3시간	₩5	₩15
고정제조간접원가	3시간	₩10	₩30
합 계			₩95

당(주)한국은 20×1년 2월에 제품 1,100단위를 생산하였다. 이와 관련하여 당월 중 직접재료 2,420㎏을 ㎏당 ₩9.5에 외상으로 구입하여 이 중 2,300㎏을 생산에 투입하였다. 회사가 직접재료원가 가격차이를 사용시점에서 분리할 경우, 20×1년 2월 중 직접재료의 생산투입에 대한 분개로서 옳은 것은? 단 20×1년 2월 직접재료의 월초재고는 없었으며, 월초재공품과 월말재공품 또한 없었다. (2015, CPA)

	〈차 변〉		〈대 변〉	
①	재 공 품	22,000	직접재료	21,850
	직접재료수량차이	1,000	직접재료가격차이	1,150
②	재 공 품	22,000	직접재료	22,150
	직접재료가격차이	1,150	직접재료수량차이	1,000
③	재 공 품	21,850	직접재료	22,000
	직접재료수량차이	1,150	직접재료가격차이	1,000
④	재 공 품	22,150	직접재료	22,000
	직접재료가격차이	1,000	직접재료수량차이	1,150
⑤	재 공 품	22,000	직접재료	24,200
	직접재료수량차이	2,200		

9 (주)서강의 20×1년도 제조간접원가에 대한 자료가 다음과 같다.

	실제금액	변동예산	고정예산
변동제조간접원가	₩23,000	₩21,000	₩18,000
고정제조간접원가	₩23,000		36,000

변동제조간접원가와 고정제조간접원가의 배부기준이 같다면 총제조간접원가의 조업도차이는 얼마인가? (2000, CPA)

① ₩6,000 유리 ② ₩6,000 불리 ③ ₩7,000 유리
④ ₩7,000 불리 ⑤ ₩9,000 불리

10 대한회사는 표준원가계산제도를 채택하고 있다. 회사는 2008년 2월과 3월 동일한 표준을 적용하고 있다. 2008년 2월 중 실제로 생산된 제품수량은 1,000단위였으며, 고정제조간접원가의 조업도차이는 ₩750만큼 불리하며, 소비차이(예산차이)도 ₩400만큼 불리한 것으로 나타났다. 2008년 3월 중 실제로 생산된 제품수량은 1,250단위였으며, 고정제조간접원가의 조업도차이는 ₩500만큼 유리하며, 소비차이(예산차이)도 ₩300만큼 유리한 것으로 나타났다. 대한회사는 2008년 3월 중 실제로 발생한 고정제조간접원가는 얼마인가? (2008, 세무사)

① ₩6,250 ② ₩5,350 ③ ₩6,050
④ ₩6,150 ⑤ ₩5,450

11 (주)한강의 당기 초 생산활동과 관련된 예산자료는 다음과 같다.

구 분	예 산
생산량(기준조업도)	1,000단위
고정제조간접원가 총액	₩200,000
단위당 변동제조간접원가	₩125

당기의 실제생산량은 1,100단위이었고 실제제조간접원가 총액은 ₩355,000이었다. 제조간접원가 총차이를 통제가능차이와 조업도차이로 나누어 분석할 때 다음 중 옳은 것은?

(2010, CPA)

	통제가능차이	조업도차이
①	₩0	₩1,500 유리
②	₩2,500 유리	₩0
③	₩17,500 불리	₩20,000 유리
④	₩24,500 유리	₩22,500 불리
⑤	₩30,000 불리	₩32,000 불리

12 (주)진주는 제조간접원가를 직접노무시간에 따라 배부하며, 기준조업도(직접노무시간)는 30,000시간/월이다. 제품 1단위를 생산하는 데 표준직접노무시간은 3시간이다. 20×1년 9월의 발생 자료는 다음과 같다.

• 실제 직접노무시간	28,000시간
• 변동제조간접원가 실제 발생액	₩37,800
• 소비차이	4,200 (유리)
• 능률차이	3,000 (유리)

(주)진주의 20×1년 9월 실제 제품생산량은 몇 단위인가? (2010, 세무사)

① 8,500단위 ② 9,000단위 ③ 9,500단위
④ 10,000단위 ⑤ 10,500단위

13 표준원가계산을 사용하고 있는 (주)미아의 20×1년도 표준 및 예산수립에 관한 자료는 다음과 같다.

· 제품 단위당 표준직접노무시간은 0.5시간이며, 표준임률은 시간당 ₩1,000이다.
· 제조간접원가 예산액=₩30,000+₩600 × 표준직접노무시간

· 변동제조간접원가 및 고정제조간접원가 배부기준은 직접노무시간이다. · 고정제조간접원가 배부를 위한 연간 기준조업도는 제품생산량 150단위이다.

한편, 20×1년 말 원가차이를 분석한 결과는 다음과 같다.

직접노무원가 임률차이	: ₩4,500 불리
변동제조간접 원가 능률차이	: ₩6,000 불리
고정제조간접원가 조업도차이	: ₩2,000 유리

제시된 자료에 의할 때, 직접노무원가의 시간당 실제임률은 얼마인가? (2011, CPA)

① ₩1,030 ② ₩1,040 ③ ₩1,050
④ ₩1,060 ⑤ ₩1,075

14 (주)국세는 표준원가계산제도를 채택하고 있으며, 제품 5,000단위를 기준으로 제조간접원가에 대한 표준을 설정하고 있다. (주)국세의 원가에 관한 자료는 다음과 같다.

제조간접원가예산	₩1,800,000 + ₩100 × 기계시간
제품단위당표준기계시간	5시간
실제변동제조간접원가발생액	₩5,000,000
실제고정제조간접원가발생액	₩2,000,000
실제기계시간	51,000시간
실제생산량	10,000단위

(주)국세가 4분법을 이용하여 제조간접원가에 대한 차이분석을 수행할 경우에 유리한 차이가 발생하는 것으로만 나열된 것은? (2012, 세무사)

① 소비차이, 능률차이 ② 능률차이, 예산차이 ③ 예산차이, 조업도차이
④ 소비차이, 예산차이 ⑤ 소비차이, 조업도차이

15 (주)경성기계는 내부관리목적으로 표준원가회계제도를 도입하고 있다. 당기 변동제조간접원가 예산은 ₩6,000,000, 고정제조간접원가예산은 ₩8,000,000이며, 기준조업도는 1,000 직접노동시간이다. 당기 실제 직접노동시간은 800시간이었다. 변동제조간접원가 능률차이가 ₩300,000(불리)이라면 고정제조간접원가 조업도차이는 얼마인가? (2005, CPA)

① ₩1,200,000 유리 ② ₩1,200,000 불리 ③ ₩2,000,000 유리
④ ₩2,000,000 불리 ⑤ ₩3,200,000 유리

[주관식]

10-1 제품 실제생산량이 12,200단위이며, 그때 변동제조간접원가 ₩38,720과 고정제조간접원가 ₩124,700이 발생하였다. 표준변동제조간접원가배부율이 ₩1.5이고 예산고정제조간접원가는 ₩120,000이다. 표준배부율은 25,000기계시간을 기준으로 계산되었다. 제품 단위당 표준기계시간은 2시간이다. 총 24,200기계시간이 실제 발생하였다.

[요구사항]

(주)서강의 고정제조간접원가 예산차이와 조업도차이를 구하시오.

10-2 (주)서강공업의 비용에 대한 예산공식은 다음과 같다. 이들 공식들이 갖는 관련범위는 매년 판매량 2,000개에서 4,000개 사이이다.

비 용	예산공식
직접재료원가	단위당 ₩200
직접노무원가	단위당 50
제조간접원가	단위당 100+매년 ₩800,000
일반관리비	매년 ₩500,000

이 회사는 제품 1위당 ₩1,000에 판매하고 있다.

[요구사항]

1. 판매량이 500개씩 증가하는 경우에 종합변동예산을 수립하시오.
2. 2002년도 동안에 이 회사의 목표판매량은 2,500개이었다. 실제 판매량이 목표 판매량보다 200개 적은 경우와 200개 많은 경우, 이 회사의 고정제조간접원가 조업도차이를 계산하시오.

10-3 (주)서강컴퓨터에서는 다음과 같이 제조간접원가 변동예산을 수립하고 있다.

제조간접원가	비용공식 (시간당)	기계시간 30,000	기계시간 40,000	기계시간 50,000
변동원가	₩30	₩900,000	₩1,200,000	₩1,500,000
고정원가		200,000	200,000	200,000
총제조간접원가		₩1,100,000	₩1,400,000	₩1,700,000

그리고 다음 정보를 이용하여 요구사항에 답하시오.

(a) 2002년도 이 회사의 기준조업도는 40,000기계시간이다.
(b) 기준조업도 40,000기계시간에서 이 회사는 20,000개의 제품을 생산하여야 한다.
(c) 2002년 동안에 이 회사의 실제의 기업운영결과는 다음과 같다.

생 산 량	20,100
실제기계시간	42,000
실제변동제조간접원가	₩1,200,000
실제고정제조간접원가	220,000

[요구사항]

1. 2002년도의 제조간접원가 예정배부율을 계산하고, 고정원가와 변동원가 요소로 분류하시오.
2. 2002년도에 생산된 제품에 대한 표준허용기계시간을 계산하시오.
3. 변동제조간접원가 소비 및 능률차이를 계산하고, 차이의 유리·불리를 밝히시오.
4. 고정제조간접원가 예산 및 조업도차이를 계산하고, 차이의 유리·불리를 밝히시오.

10-4 (주)서강기업에서는 표준원가계산제도를 도입하고 있으며, 직접작업시간을 기준으로 제조간접원가 예정배부율을 결정한다고 한다. 다음 자료는 이 회사의 2002년도의 제조간접원가 변동예산에서 발췌한 자료의 일부이다.

기준조업도(직접작업시간)	1,500
변동제조간접원가	₩600,000
고정제조간접원가	765,000

제품 1단위당 표준원가표는 다음과 같다.

직접재료원가(2m, m당 ₩500)	₩1,000
직접노무원가(2시간, 시간당 ₩700)	1,400
제조간접원가(직접노무원가의 130%)	1,820
단위당 표준원가	₩4,220

2002년도 동안에 이 회사는 제품 1,000단위를 생산하였고, 다음과 같은 비용을 발생시켰다.

직접재료의 구입(2,000m, m당 ₩520)	₩1,040,000
구입재료의 생산투입량(m)	1,900
직접노무원가발생액(1,980시간, 시간당 ₩710)	₩1,405,800
변동제조간접원가발생액	1,300,000
고정제조간접원가발생액	700,000

[요구사항]

1. 표준원가표를 작성하시오(변동원가요소와 고정원가요소를 구분할 것).
2. ① 직접재료원가와 ② 직접노무원가에 대한 차이분석을 하시오(단, 회사는 재료원가 가격차이를 구입시점에서 분리한다).
3. ① 변동제조간접원가와 ② 고정제조간접원가에 대한 차이분석을 하시오.
4. 기준조업도의 선택이 제품원가(혹은 단위원가)에 어떠한 영향을 미치는가? 그리고 조업도차이는 소비관점에서 볼 때 통제가능한 차이인가?

10-5 단일제품을 생산하고 있는 서강기업의 표준원가표는 다음과 같다.

표준원가표(단위당)	
직접재료원가(5m, m당 ₩4,200)	₩21,000
직접노무원가(6시간, 시간당 ₩5,500)	33,000
변동제조간접원가(6시간, 시간당 ₩1,200)	7,200
고정제조간접원가(6시간, 시간당 ₩3,500)	21,000
총표준원가(단위당)	₩82,200

제조간접원가는 직접노무시간을 기준으로 배부된다. 2001년 동안에 이 회사의 실제작업시간은 5,900이었고, 1,000개의 제품을 생산하였다. 이 회사의 기업운영과 관련한 기타 자료는 다음과 같다.

실제 고정제조간접원가	변동예산 고정제조간접원가	재공품에 배부된 고정제조간접원가
₩21,300,000	?	?시간 × ₩?
예산차이 ₩ ?	조업도차이 ₩1,050,000(U)	

[요구사항]

1. 2002년도의 제품생산에 허용된 표준시간을 계산하시오.
2. 변동예산에 포함되어 있는 고정제조간접원가의 금액을 계산하시오.
3. 고정제조간접원가 예산차이를 계산하시오.
4. 이 기업은 2002년도에 대한 제조간접원가 예정배부율을 설정하는 데 있어서 얼마의 기준조업도를 사용하였는지 계산하시오.

10-6 (주)서강산업에서는 많은 노동력을 필요로 하는 단일제품을 제조하고 있다. 그러므로 제조간접원가는 직접작업시간을 기준으로 배부한다. 이 회사의 요약 제조간접원가 변동예산은 다음과 같다.

제조간접원가	비용공식 (시간당)	직접작업시간 40,000	50,000	60,000
변동원가	₩1,000	₩40,000,000	₩50,000,000	₩60,000,000
고정원가		20,000,000	20,000,000	20,000,000
총제조간접원가		₩60,000,000	₩70,000,000	₩80,000,000

제품 1단위를 생산하기 위해서는 재료 2kg(표준원가 kg당 ₩5,000), 직접작업시간 2시간(시간당 표준임률 ₩6,000)이 필요하다.

2002년도 동안에 이 회사는 기준조업도 50,000직접작업시간, 생산량을 25,000단위로 예산하였으나 실제로 발생한 조업도와 비용에 관련된 자료는 다음과 같았다.

생 산 량	26,000
실제직접작업시간	53,000
실제발생변동제조간접원가	₩53,795,000
실제발생고정제조간접원가	20,500,000

[요구사항]

1. 제조간접원가 예정배부율을 계산하고, 고정원가와 변동원가요소로 분류하시오.
2. 제품 1단위당 표준원가표를 작성하시오.
3. 제품생산에 허용된 표준시간을 계산하시오.
4. 다음과 같은 양식의 제조간접원가 T-계정을 완성하시오.

제조간접원가	
?	?
?	?

5. ① 변동제조간접원가 소비 및 능률차이와 ② 고정제조간접원가 예산 및 조업도 차이를 계산하고, 제조간접원가 초과 혹은 부족배부의 이유를 설명하시오.
6. 이 회사가 기준조업도로서 55,000직접작업시간을 사용한다고 가정한다면, 요구사항 5.에서 계산된 차이 중 어느 것이, 어떻게 변화될 수 있을 것인지를 설명하시오.

10-7 (주)서강은 고급식품점에 팔리는 빵을 만든다. 이 회사는 직접원가로 직접재료원가와 직접노무원가의 두 가지가 있다. 고정제조간접원가는 표준직접노무시간을 기초로 제품에 배부된다. 다음은 (주)서강에 대한 자료이다.

직접노무시간	빵 한 단위당 0.02시간
고정제조간접원가	직접노무시간당 ₩4

다음은 (주)서강에 대한 2002년 12월 31일의 추가자료이다.

계획된(예산의) 산출물	3,200,000개
실제생산	2,800,000개
직접노무시간	50,400시간
실제고정제조간접원가	₩272,000

[요구사항]

1. 고정제조간접원가에 대한 차이분석을 하시오.
2. 고정제조간접원가가 과대배부되었는가? 또는 과소배부되었는가?
   그 금액은 얼마인지 계산하시오.

10-8 서강회사는 제조업체이다. 지난 한 달간 서강회사에서 발생한 제조간접원가와 관련된 자료는 다음과 같다.

변동제조간접원가 실제발생액	₩65,500
고정제조간접원가 실제발생액	56,300
제품생산량	6,000단위
직접노동시간	19,500

이 회사에서 설정한 변동예산은 다음과 같다.

직접노동시간	20,000시간
변동제조간접원가	₩70,000
고정제조간접원가	₩50,000

제품 1단위 생산에 소용되는 표준직접노동시간은 3.5시간이다. 당기의 제조간접원가배부액은 ₩126,000이다. 회사는 제조간접원가를 노동시간에 의해서 배부한다.

[요구사항]

1. 제조간접원가를 고정제조간접원가와 변동제조간접원가로 분류하고 각각에 대하여 예정배

부율을 계산하시오.

2. 제조간접원가배부액 ₩126,000의 계산근거를 밝히시오.
3. 원가차이를 분석하시오.

10-9 (주)서강은 가정용 음식배달서비스를 한다. (주)서강은 20개의 식당과 전화 또는 팩스로 배달주문을 하는 고객에게 음식을 가져다가 배달해 준다는 계약을 맺었다. (주)서강은 현재 2002년 5월의 제조간접원가를 검토하고 있다.

2002년 5월의 변동제조간접원가는 배달시간당 ₩2, 고정제조간접원가는 ₩24,000으로 예산편성되었다. 2002년 5월의 예산배달횟수는 8,000이다. 변동 및 고정제조간접원가의 배부기준인 배달시간은 배달당 0.80시간이다.

2002년 5월의 실제 발생금액은 다음과 같다.

변동제조간접원가	₩14,174
고정제조간접원가	₩27,600
배달횟수	7,460
배달시간	5,595

고객은 배달당 ₩12씩 지불하고, 배달하는 사람은 배달당 ₩7씩 받는다. (주)서강은 식당측이 (주)서강의 서비스를 이용한 고객들에게 청구한 음식원가의 10%에 해당하는 수수료를 받는다.

[요구사항]

1. 2002년 5월 (주)서강의 변동제조간접원가의 소비 및 능률차이를 계산하시오.
2. 2002년 5월 (주)서강의 고정제조간접원가의 소비차이를 계산하시오.

10-10 (주)세무는 표준원가계산을 사용하고 있으며, 월간 기준조업도는 제품 1,200단위를 생산할 수 있는 6,000기계시간이다. (주)세무의 20×1년 4월 각 조업도 수준별 제조간접원가 변동예산은 다음과 같다.

제조간접원가	조업도 수준 5,000기계시간	 6,000기계시간	 7,000기계시간
변동제조간접원가:			
소모품비	₩1,000	₩1,200	₩1,400
간접노무원가	1,050	1,800	2,100
계	₩2,500	₩3,000	₩3,500
고정제조간접원가	9,000	9,000	9,000
총제조간접원가	₩11,500	₩12,000	₩12,500

[요구사항]

(주)세무는 20×1년 4월 중 제품 1,300단위를 생산하였다. 이와 관련하여 6,800기계시간이 사용되었고, 실제 변동제조간접원가는 ₩4,200이며, 실제고정제조간접원가는 ₩9,400이다. (주)세무의 20×1년 4월 고정제조간접원가 생산조업도차이는 얼마인가?

한전-유선방송협회, 바뀐 전봇대 사용료로 '티격태격'

2015.4.7 ET뉴스

한국전력이 제공하는 전봇대(전주) 새 사용요금제를 놓고 한전과 유선방송사업자가 팽팽하게 맞섰다. 일부 유선방송사업자가 바뀐 요금 적용을 거부하고 있어 돌발적인 서비스 중단까지 우려된다.

한국유선방송협회는 한전이 지난 1월부터 업계에 적용한 배전전주 사용요금에 공식 이의를 제기했다. 한전은 올해부터 전주당 산정하던 사용료를 전주에 설치된 케이블 수 기준으로 변경했다. 이 때문에 전주당 두 개 케이블까지 600~900원에 납부했던 요금이 케이블 단위(753원)로 바뀜에 따라 요금이 30%에서 최대 70%까지 늘었다. 영세 유선방송사업자로선 부담을 느낄만한 비용 증가다.

협회가 밝힌 회원사 두 곳(경기도 A사 · 전남 B사) 요금은 지난해 월평균 379만 2,060원, 28만5,000원에서 각각 577만 528원, 52만 5,000원으로 배 가까이 늘었다. 이 같은 요금 증가에 협회 80여 회원사 중 13곳이 바뀐 요금제에 불응하며 사용계약을 맺지 않고 있다.

협회는 개별 유선방송업체가 평균 3~4개 케이블을 전주에 설치해 적게는 100개, 많게는 4,000개까지 쓰고 있어 이번 사용료 변경으로 수백~수천만원 운영비용이 증가한다고 설명했다.

협회 관계자는 "전봇대 한개당 사용료를 계산하던 것을 케이블 단위로 변경하면 최대 70%까지 인상될 수 있기 때문에 일부 영세업체는 폐업할 수밖에 없다는 말까지 나온다"며 "(인상된) 돈을 내지 않으면 케이블 선을 자르겠다고 나오고 있어 이러지도 저러지도 못하고 있다"고 말했다. 그는 이어 "종합유선방송사와 가입자 규모나 수익면에서 차이가 있는데도 비슷한 기준을 적용하는 건 납득이 가지 않는다"고 덧붙였다.

한전 측은 전주설비 원가만을 적용한 산정기준을 이미 2011년 정부 검증절차를 거쳐 지난 3년간 유예기간을 주고 올해부터 시행했기 때문에 문제될 게 없다는 입장이다. 여기에 해마다 통신케이블 무단 사용이 느는데다 사용하지 않고 방치된 케이블 때문에 골머리를 앓고 있다고 밝혔다.

한전은 배전전주 사용요금은 '설비 등 제공조건 · 대가 산정기준(미래부 고시)'에 따라 표준원가 계산방식으로 전문기관 용역을 거쳐 산정, 2011년 방통위 검증까지 받아 최종 확정됐다. 이후 유선방송사업자는 경제적 부담을 덜기 위해 이 같은 전주 사용요금 시행시기를 기간통신사업자보다 3년 늦춰 올해부터 시행했다.

한전은 이번 변경된 요금시행과 함께 어려운 업계 현실을 반영해 일부 조정협의도 가능하다는 입장을 내놨다.

한전 관계자는 "정부 고시에 따라 요금을 산정했으며 연구용역과 방송통신위원회 검증까지 거쳤고 영세사업자(가입자 수 1,000호 미만)엔 3년이라는 유예기간까지 둬 올해부터 적용했다"며 "불만을 제기한 일부 사업자 경영상 애로를 파악하려고 협회에 회원사 리스트를 요청했지만 해당 자료를 주지 않고 있어 아무런 조치도 못 취하고 있다"고 말했다.

11

분권화와 성과평가

Introduction

UPS는 미국 애틀랜타에 본사를 둔 배달전문 글로벌 기업이다. 2010년 매출 49억6천만달러, 직원 수 398,300, 1년 배달물량 3.94억건, 서비스 지역 220여개 나라, 직접운영 스토어 4,660개, 배달차량 93,700여대, 직접운항 항공기 222대 그리고 전세항공기 290여대를 운영하고 있다. UPS의 경영진은 어떻게 이렇게 많은 직원과 설비 등을 지휘·통제할 수 있는 것일까? 많은 비즈니스 전문가들은 두 가지 비결이 있었음을 지적한다.

첫 번째 비결은 분권화이다. UPS는 국내패키징, 국제패키징 그리고 비패키징 서비스 3개로 영업부문을 구분한다. 각 패키징 영업부문은 지정학적 구분에 따라 보다 세분화된다. 최고경영진은 각 지역본부장에게 경영 전반에 대한 권한을 위임한다. 이러한 분권화를 통해 각 지역본부장은 자신의 하루하루 업무가 UPS 전사적 기업목표의 달성을 위해 어떻게 그리고 얼마나 공헌하는지를 보다 생생하게 체험하게 된다. 분권화가 이루어지지 않고 상명하달식의 업무전달, 그에 대응하는 수동적인 업무처리가 이루어졌을 경우 지금과 같은 전사적 관점에서의 목표달성은 힘들었을 것이다.

두 번째 비결은 균형성과표이다. 균형성과표 도입의 목표는 UPS의 전사적 목표를 지역본부장 및 직원과 소통하기 위해서이다. 또한 균형성과표를 도입함으로써 영업목표와 실제 영업성과를 회의 때마다 비교평가할 수 있게 되었다. 그런데 급속한 변화는 한때 일부 직원의 반발을 불러일으켰다. 직원들의 일부가 균형성과표(Balanced ScoreCard, BSC)를 피의 성과표(Blood ScoreCard, BSC)로 부르며, 조직적 반발움직임을 보였던 것이다. 그러나 새로운 시스템의 도입이 실제 성과로 연결되며 혁신운동이 안착함에 따라 이러한 반발적 움직임은 완화되었다.

"균형성과표가 미래 비전을 전사적으로 공유할 수 있게 하는 로드맵 역할을 하였으며, 우리 기업의 모든 조직원이 기업성공에 일익을 담당하게 하는 중추적 역할을 수행하였다"라는 경영진의 고백은 시사하는 바가 크다.

이러한 분권화와 균형성과표 등의 혁신에 힘입어 UPS는 2000년 포브스 선정 '올해의 기업' 그리고 혁신 도입 6년째 되는 해인 2004년에는 포춘 선정 "세계에서 가장 존경받는 기업"으로 선정되었다.

본 장에서는 분권화의 개념과 여러 가지 성과평가방법, 특히 투자중심점의 성과평가에 대하여 살펴보고, 비재무적 성과평가에 대하여 알아보고자 한다.

Chapter 11

분권화와 성과평가

11-1 분권화와 책임회계

1. 분 권 화

(1) 분권화의 개념

분권화(decentralization)란 기업의 의사결정권한이 몇몇 최고경영층에 제한되는 것이 아니라 조직의 하위계층에 대폭적으로 분산 및 위임되어 있는 것을 말한다. 분권화라는 것은 전체 조직을 몇 단위의 준독립적인 혹은 완전독립적인 조직단위로 재편성함으로써 이루어지며, 각 조직단위는 독립적 경영에 필요한 관리, 생산, 판매 등의 모든 기능을 수행할 수 있다. 이와 반대로 의사결정권이 최고경영자에게만 집중되어 있는 것을 집권화(centralization)라 한다. 따라서 분권화와 집권화는 의사결정권한이 어느 정도 분산되어 있느냐에 따라 결정된다.

그러나 완전히 분권화된 기업이나 집권화된 기업은 찾아 볼 수 없고, 대개 어느 정도는 분권화되어 있거나 집권화되어 있다. 즉 분권화와 집권화는 상대적인 개념인데, 조직의 규모가 커지고, 전문화 될수록 최고경영자가 처리할 업무의 양이 많아지기 때문에 최고경영자는 활동과 책임을 조직의 하위계층으로 분산·위임시킴으로써 보다 많은 효익을 얻고자 한다.

(2) 분권화의 장점

일반적으로 가장 낮은 계층의 종업원들에게도 책임의 범위 내에서 의사결정의 자율권이 보장되어 있는 기업은 분권화가 잘되어 있다고 말할 수 있다. 분권화된 기업은 집권화된 기업에 비하여 다음과 같은 장점이 있다.

첫째, 여러 계층의 관리자들에게 의사결정의 부담을 분산시킴으로써 최고경영자는 일상적인 업무로부터 벗어나 보다 장기적인 계획이나 전략적인 문제에 집중할 수 있다.

둘째, 각 계층의 관리자들에게 의사결정에 관한 훈련기회를 부여함으로써 미래의 경영자를 양성하는 기회를 가질 수 있다.

셋째, 일정한 책임범위 내에서 의사결정권한을 부여하면 종업원들의 직무만족도를 높일 수 있고, 나아가서는 과업성취에 대한 동기부여도 높아진다.

넷째, 의사결정은 문제가 발생하는 부서의 책임자가 가장 잘 내릴 수 있다. 즉 현장 경영자가 현장에서 발생하는 문제에 관한 정보를 가장 잘 알고 있기 때문에 최선의 의사결정을 내릴 수 있다.

마지막으로, 기업에서 의사결정에 소요되는 시간을 절약할 수 있다. 즉 문제발생시 현지에서 의사결정권한이 있는 계층에 정보를 보고하고, 보고된 정보에 기초하여 의사결정을 내리고, 결정된 사항을 다시 현장에 지시하는 과정을 생략할 수 있다.

(3) 분권화의 단점

모든 제도에는 장점뿐만 아니라 단점도 존재하기 마련이다. 분권화에도 많은 문제점이 있는데 가장 대표적인 것이 대리인 문제의 발생이다.[1] 조직이

1) 대리인 문제만을 연구하는 이론은 대리인이론(agency theory)이다. 대리인이론은 의사결정권을 위임하는 위임자(주인)와 대리인이 서로 자신의 부와 비금전적 혜택, 즉 자신의 효용을 보다 우선적으로 추구한다는 가정하에서, 이들간의 상반되는 이해관계에서 발생하는 행동을 설명하는 이론이다.

분권화되어 현장의 관리자에게 중요한 의사결정권이 주어져 있을 때 현장의 관리자는 상위의 경영자 또는 기업의 주인인 주주의 입장이 아닌 현장관리자 본인의 개인적인 이익에 따라 의사결정을 내리는 경우 대리인 문제가 발생한다. 그리고 이때 발생되는 모든 비용을 대리인 비용이라 하는데, 대리인 비용(agency cost)은 사업부경영자가 조직전체의 목표와 자신의 목표가 상충(trade off)될 때 조직전체의 목표보다 자신의 목표를 성취하기 위한 행동을 취함으로써 발생하는 손실이다.

결국 대리인 비용이란 대리인 문제에 기인한 자원의 비효율적 배분에 의한 비용이라 할 수 있다. 이 경우 상위경영자 또는 주주를 위임자 또는 주인(principal)이라 하고 주인의 뜻에 따라 의사결정을 내리는 현장관리자를 대리인(agent)이라 한다. 대리인 문제는 주인과 대리인의 개인적 이익이 서로 배치되고 주인의 대리인에 대한 관찰이 완벽할 수 없을 경우 발생한다. 즉 정보의 비대칭에서 발생하는 현상이다. 이와 같은 대리인 문제의 해결방법으로는 주인과 대리인의 개인적 이익을 일치시키는 인센티브 보상제도, 정보의 비대칭 현상을 해소하는 완벽한 감시 등이 제안되고 있다.

이상에서 살펴본 분권화의 개념은 앞으로 설명될 책임회계와 밀접한 관련을 갖고 있다. 책임회계가 수행되기 위해서는 분권화 조직제도가 필요하기 때문이다.

2. 책임회계

책임회계(responsibility accounting)는 조직이 공동의 목표를 위해 체계적으로 움직이는 개인들의 집합이라는 사고에 그 기초를 두고 있다. 이때 각 개인들이 조직의 목표달성에 얼마나 기여했는지 파악하고 확인하기 위해 성과보고서가 작성된다. 이러한 성과보고서들의 보고체계를 책임회계라 한다. 기업에서 전형적인 책임회계제도는 조직 안에 다양하고 독립적인 책임중심점을 설정하고, 특정한 수익 또는 원가를 그 수익과 원가에 책임이 있는 중심점에 배분하여 각 책임중심점(개인 또는 부문들)의 계획과 행동을 반영하는 일정기간 동안의 업적에 대한 보고체계라고 할 수 있다. 책임회계의 개념은 효율적인 통제를 위하여 필요한 것이다. 책임회계시스템이 어떻게 운영되는지 이해하기 위해 어떤 회사의 조직도를 <도표 11－1>과 같이 가정하기로 하자.

도표 11－1 조 직 도

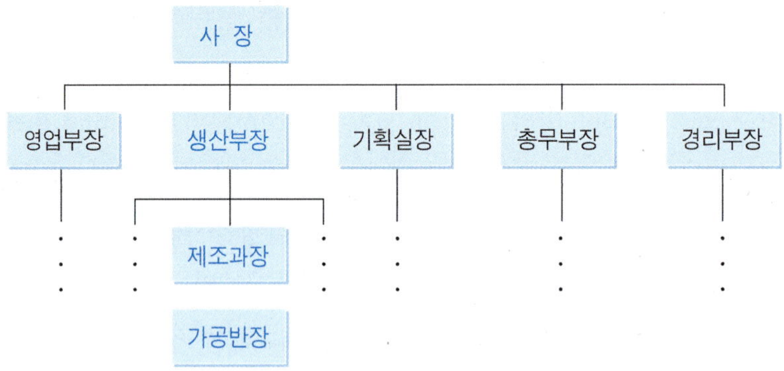

책임회계의 개념은 조직의 모든 부문에 동등하게 적용되지만, <도표 11－1>의 조직도에 나타난 전조직 중 생산라인 부분만 골라내 설명하기로 하자. 이 책임라인은 가공반장부터 시작하여 4단계에 걸쳐서 위로 올라간다. 그리고 위로 올라갈수록 책임의 범위는 넓어지게 된다. 이와 같은 책임라인에 대한 책임회계시스템은 회계보고서를 이용하여 <표 11－1>과 같이 구조화될 수 있다.

<표 11－1>에서 4단계로 이루어지는 책임라인에 대한 성과보고서는 맨 밑 부분에서 출발하여 상향식으로 구성된다. 각 단계의 보고서는 당해 책임중심점의 책임자에 대한 성과뿐만 아니라 책임라인상 하위계층에 해당되는 부서들의 정보도 포함하고 있다. <표 11－1>의 책임회계시스템은 4단계로 구성되어 있으나, 이러한 단계의 수는 상황에 따라 달라질 수 있다. 그러면 각 단계별로 성과보고서가 어떻게 사용될 수 있는가에 대해 구체적으로 살펴보기로 하자.

표 11-1 동력비에 대한 자료

제 1 단계: 사장의 성과보고서

사장의 성과보고서에는 기업의 모든 자료가 포함되어 있다. 예산과 실적의 차이가 주어지면 사장은 차이의 원인을 하향으로 추적할 수 있다.

	예 산	실 적	차 이
책임중심점:			
영업부장	X	X	X
생산부장	₩26,000	₩29,000	₩3,000(U)
기획실장	X	X	X
총무부장	X	X	X
경리부장	X	X	X
계	₩54,000	₩61,000	₩7,000(U)

제 2 단계: 생산부장의 성과보고서

각 생산과장들의 성과가 종합되어 요약된다. 이와 같이 요약된 생산부장의 성과는 다른 부장들의 성과와 함께 상부로 보고된다.

	예 산	실 적	차 이
책임중심점:			
절단과	X	X	X
기계과	X	X	X
제조과	₩11,000	₩12,500	₩1,500(U)
포장과	X	X	X
계	₩26,000	₩29,000	₩3,000(U)

제 3 단계: 제조과장의 성과보고서

각 작업반장들의 성과가 종합되어 요약된다. 이와 같이 요약된 제조과장의 성과는 다른 과장들의 성과와 함께 부장에게 보고된다.

	예 산	실 적	차 이
책임중심점:			
주물반	X	X	X
가공반	₩5,000	₩5,800	₩800(U)
조립반	X	X	X
계	₩11,000	₩12,500	₩1,500(U)

제 4 단계: 가공반장의 성과보고서

각 작업반장들은 자신의 책임 하에 있는 비용항목에 대한 성과보고서를 작성하여 담당과장에게 보고한다.

	예 산	실 적	차 이
비용항목:			
직접재료원가	X	X	X
직접노무원가	₩1,000	₩1,300	₩300(U)
제조간접원가	X	X	X
계	₩5,000	₩5,800	₩800(U)

제 4 단 계 : <표 11-1>에서 가장 낮은 단계의 책임중심점의 책임자는 가공반장이다. 이 가공반장의 성과보고서는 제조원가의 예산치와 실제치 그

리고 이 둘 간의 차이로 구성된다. 이에 관해서 이미 표준원가계산제도에서 자세히 설명하였다. 이러한 정보는 상급부서인 제조과로 보고된다.

제 3 단계 : 제 3 단계의 책임중심점의 책임자는 가공반을 포함하여 주물반과 조립반을 통제하고 있는 제조과장이다. 제조과장은 자기 과에 속하는 모든 반들의 정보를 수집·요약하여 성과보고서를 작성할 수 있다. 이때 제조과장은 자기 과의 예산과 실적의 차이 ₩1,500(불리한 차이) 중 ₩800에 해당하는 것이 가공반에서 발생했음을 알 수 있다. 이와 같이 제조과장은 자기 과의 성과를 상세하게 분석할 수 있다.

제 2 단계 : 제 2 단계의 책임중심점의 책임자는 모든 과(절단과, 기계과, 제조과, 포장과)를 통제하고 있는 생산부장이다. <표 11－1>에서 보는 바와 같이 제조과장은 자기 과의 성과보고서를 생산부장에게 보고하고, 생산부장은 각 과에서 제출된 성과보고서를 수집·요약하여 생산부장의 성과보고서를 작성한다. 이와 같이 작성된 생산부장의 성과보고서에는 생산원가의 통제를 위하여 필요한 모든 정보들이 포함되어 있다.

제 1 단계 : 가장 높은 단계인 책임중심점의 책임자는 회사의 최고경영자이다. 최고경영자는 기업의 수익과 원가에 대해 책임진다. 여기서는 편의상 원가에 관한 자료만 제시하였지만, 최고경영자의 성과보고서는 기업 경영과 관련된 모든 내용들이 포함돼 있다. 또한 회사의 최고경영자는 기업의 모든 단계에 대한 성과보고서를 이용할 수도 있고, 요약된 기업 전체의 성과보고서만 이용할 수도 있다. 이는 최고경영자가 어떤 의사결정을 하는가에 달려 있다.

이와 같이 책임회계시스템은 각 책임중심점들이 자기 책임분야가 어떻게 운영되어 있는가를 파악하여 적절히 통제할 수 있도록 다양한 범위의 정보를 융통성 있게 제공해 줄 수 있다.

3. 책임중심점

분권화된 기업의 책임회계시스템은 몇 개의 책임중심점으로 설명될 수 있다. 예를 들어 <표 11－1>에서는 4개의 책임중심점으로 구성되어 있다.

기업에서 책임중심점이란 원가의 발생, 이익의 창출, 투자결정 등에 대하여 통제권이 부여된 조직단위라고 할 수 있다. 따라서 이러한 책임중심점은 의사결정에 관한 자율권의 부여 정도에 따라 원가중심점·수익중심점·이익중심점·투자중심점으로 구분된다.

원가중심점(cost center)은 원가의 발생에만 통제권이 부여된 책임중심점이다. 따라서 원가중심점은 수익의 창출이나 투자규모의 결정에는 아무런 통제권이 없다. 이러한 원가중심점의 전형적인 예는 생산부서 등을 들 수 있다.

수익중심점(revenue center)은 수익(매출)에 대해서만 통제권이 부여된 책임중심점이다. 따라서 수익중심점의 경영자에게는 제품의 생산에 대한 책임은 주어지지 않으며 오로지 수익에 대한 책임만이 부여될 뿐이다.

이익중심점(profit center)은 원가중심점과 수익중심점보다는 폭넓게 이익을 산출하는 구성요소인 원가와 수익 모두에 대한 통제권이 있다. 즉 이익중심점은 제품의 생산뿐만 아니라 판매활동까지도 통제할 수 있다. 그러나 이익중심점에는 투자규모에 관한 통제권이 없다.

투자중심점(investment center)은 원가와 수익뿐만 아니라 투자결정까지도 통제권을 가지고 있는 책임중심점이다. 이것은 독립된 기업과 거의 마찬가지라 할 수 있다.

기업의 경영자는 생산활동과 마케팅기능을 원활히 수행해야 할 뿐만 아니라 이러한 기능들을 수행하기에 충분한 시설을 확보함과 동시에 기업운영에 필요한 운전자본을 적절하게 확보해야 한다. 일반적으로 어느 부문의 경영자에게 유형고정자산·외상매출채권·재고자산·신시장 진입 등에 관한 통제권이 부여되어 있는 경우 이를 투자중심점이라고 한다.

기업실무에서는 이익중심점과 투자중심점을 구분하지 않고 이익중심점 하나로만 사용하기도 한다. 즉 어떤 기업에서는 특정 부문의 관리자에게 투자결정에 대한 통제권이 부여되어 있음에도 불구하고 당해 부문을 이익중심점이라고 칭하기도 한다. 그러나 본 서에서는 이익중심점과 투자중심점을 구분하여 사용하기로 한다.

11-2 투자중심점의 업적평가

책임중심점의 개념은 관리자들의 책임범위를 정하여 주고 업적평가의 틀을 제공해 주기 때문에 매우 중요하다. 원가중심점의 업적은 사전에 결정된 표준원가와 실제원가와의 차이에 의하여 평가된다. 수익중심점의 업적은 목표매출과 실제 매출과의 차이에 의해 평가된다. 그리고 이익중심점의 업적은 변동예산상의 이익과 실제이익과의 차이에 의해 평가되어진다.

그러나 투자중심점 업적의 경우에는 원가나 이익수치에 의해 평가하면 투자규모가 고려되지 못하기 때문에 공정한 평가가 되지 못한다. 본 절에서는 이와 같은 투자중심점의 업적평가 방법에 관하여 설명하고자 한다.

1. 투자수익률

(1) 투자수익률의 개념

투자중심점에는 원가 및 수익에 관한 의사결정뿐만 아니라 투자규모에 관한 의사결정의 자율권이 부여되어 있다. 이러한 투자중심점의 업적을 공정하게 평가하는 방법 중의 하나는 투자액에 대하여 창출된 이익의 비율을 이용하는 것이다. 이와 같이 일정한 투자액에 대하여 창출된 이익의 비율을 투자수익률(ROI: return on investment)이라 한다.

이러한 투자수익률의 개념에 대한 이해를 돕기 위하여 <도표 11-2>에 제시되어 있는 현금흐름모형을 이용하기로 하자.

<도표 11-2>에 제시되어 있는 바와 같이 기업이 최초로 설립되었을 때 현금은 주식발행에 의한 자본금과 사채 및 장기차입금 등의 고정부채 등에 의해 조달된다. 이와 같이 조달된 현금의 일부분은 고정자산 및 기타자산을 구입하는 데에 사용되고, 일부분은 일상적인 영업활동에 사용된다.

도표 11-2 현금흐름모형

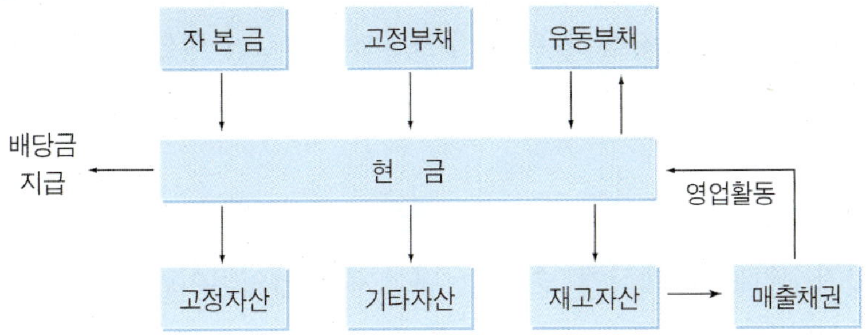

영업활동의 과정을 살펴볼 때, ₩1의 현금은 현금의 집결지를 떠나 재고자산에 투자되고, 이 재고자산이 판매되어 매출채권으로 변한 다음 매출채권이 현금으로 회수됨으로써 현금의 집결지로 되돌아오게 된다. 그리고 최초에 집결지를 떠난 ₩1이 되돌아올 때에는 추가적인 이익이 붙게 되는데, 현금 ₩1에 대한 이 추가적인 이익의 비율을 이익률(margin)이라 한다.

투자수익률은 이러한 이익률 이외에 또 다른 요소, 즉 회전수(turnover)에 의하여 영향을 받게 된다. 회전수란 현금 ₩1이 영업활동상에서 집결지를 떠나 다시 되돌아오는 순환을 일정기간 동안에 몇 번이나 반복했는가를 말해주는 측정치이다.

위와 같은 이익률과 회전수를 곱하면 일정기간 동안의 투자수익률이 된다.

$$\text{투자수익률} = \text{이익률(margin)} \times \text{회전수(turnover)}$$

여기에서 이익률은 순영업이익/매출액이고, 회전수는 매출액/평균영업용자산으로 구성되어 있으므로 결국 투자수익률은 다음과 같은 식이 된다.

$$\text{투자수익률} = \frac{\text{순영업이익}}{\text{평균영업용자산}} = \frac{\text{순영업이익}}{\text{매출액}} \times \frac{\text{매출액}}{\text{평균영업용자산}}$$

과거에는 경영자들이 회전수는 무시하고 이익률에만 관심을 기울였으며, 경영자의 업적은 어느 정도까지 이익률에 의하여 평가되었다. 그러나 영업용자산에 대한 과대투자는 영업비용의 과대지출액만큼 수익성에 중대한 영향을 미친다. 따라서 투자수익률에 의한 업적평가는 경영자로 하여금 수익과 비용뿐만 아니라 영업용자산에 대한 투자규모에도 효율적인 통제를 하도록 요구하게 되었다.

⑵ 순영업이익과 영업용자산의 정의

투자수익률의 계산에 순이익 대신 순영업이익이란 용어가 사용되었다. 순영업이익은 이자 및 세금공제전 이익(EBIT: earning before interest and taxes)을 말한다. 그리고 영업용자산은 현금·매출채권·유형고정자산·기타 기업에서 영업활동에 사용하기 위하여 보유하고 있는 모든 자산을 말한다. 미래에 사용할 목적으로 보유하고 있는 토지나 건물 등은 영업용자산이 아니다. 현재 영업에 사용하기 위한 토지나 건물 등이 영업용자산이며, 평균영업용자산은 기초잔액과 기말잔액을 합하여 둘로 나눈 수치를 말한다.

⑶ 순장부가액 또는 총장부가액

투자수익률의 계산에 있어서 영업용자산 중 유형고정자산에 대하여 순장부가액을 사용할 것인가, 총장부가액을 사용할 것인가의 문제는 매우 중요하다. 순장부가액이란 유형고정자산의 취득원가에서 감가상각누계액을 차감한 금액을 의미하고, 총장부가액이란 취득원가 자체를 의미한다. 예를 들면, 유형고정자산의 취득원가가 ₩3,000,000이고 감가상각누계액이 ₩900,000인 경우, 순장부가액은 ₩3,000,000－₩900,000＝₩2,100,000이고, 총장부가액은 ₩3,000,000이다. 이러한 순장부가액과 총장부가액은 영업용자산액에 영향을 미치고, 나아가서는 투자수익률의 계산에 영향을 미치게 된다. 다음은 영업용자산의 계산에 순장부가액을 사용할 것인가 아니면 총장부가액을 사용할 것인가에 대한 찬반의견이다.

① 순장부가액의 사용에 대한 찬반

순장부가액의 사용을 찬성하는 이유는 유형고정자산의 금액이 재무상태표에 표시되는 것과 일치하고, 감가상각비가 비용으로 반영되므로 순영업이익의 계산과 일치하기 때문이다. 한편, 순장부가액의 사용을 반대하는 이유는 자산의 순장부가액은 시간에 따라 감소하므로 순영업이익이 일정할 경우 투자수익률이 시간의 흐름에 따라 증가하고, 새로운 유형고정자산의 취득은 투자수익률에 불리한 영향을 미치게 되므로 경영자들이 노후화된 설비를 대체하지 않으려는 경향이 생기며, 감가상각방법에 따라 투자수익률이 달라질 수 있기 때문이다.

② 총장부가액의 사용에 대한 찬반

총장부가액의 사용을 찬성하는 이유는 감가상각방법과 시간의 흐름이 투자수익률에 미치는 영향을 배제할 수 있고, 노후화된 설비의 대체가 투자수익률의 계산에 미치는 영향을 감소시킬 수 있기 때문이다. 한편, 총장부가액의 사용을 반대하는 이유는 감가상각비를 무시하는 것은 재무상태표와 손익계산서를 작성하는 원칙에 위배되고, 원래의 취득원가와 감가상각과정을 통하여 조달되는 취득원가가 모두 자산에 포함되어 계산되므로 이중계산이 이루어지기 때문이다.

위와 같은 사항 중에서 기업의 경영자들은 일반적으로 재무제표와의 일관성을 가장 중요시한다. 따라서 대부분의 기업들은 투자수익률 계산에 있어서 순장부가액을 사용한다. 본 서에서도 특별한 언급이 없는 한 순장부가액을 사용하여 투자수익률을 계산하기로 한다.

(4) 투자수익률의 통제

투자수익률의 계산공식에서 볼 수 있는 바와 같이 경영자는 매출액이 증가, 비용의 감소, 자산의 감소에 의하여 투자수익률을 증가시킬 수 있다. 예를 들어, 어느 투자중심점의 투자수익률 계산을 위한 자료가 다음과 같다고 하자.

순영업이익	₩10,000
매 출 액	100,000
평균영업용자산	50,000

위와 같은 자료를 가지고 투자수익률을 계산하면 다음과 같이 된다.

$$\begin{aligned}\text{투자수익률} &= \frac{\text{순영업이익}}{\text{매출액}} \times \frac{\text{매출액}}{\text{평균영업용자산}} \\ &= \frac{₩10,000}{₩100,000} \times \frac{₩100,000}{₩50,000} \\ &= 10\% \times 2 \\ &= 20\%\end{aligned}$$

① 매출액의 증가

위의 자료에서 매출액이 ₩100,000에서 ₩110,000으로 증가하고, 아울러 순영업이익도 ₩10,000에서 ₩12,000으로 증가하였다면, 투자수익률은 다음과 같이 4%가 증가한다.

$$\begin{aligned}\text{투자수익률} &= \frac{₩12,000}{₩110,000} \times \frac{₩110,000}{₩50,000} \\ &= 10.91\% \times 2.2 \\ &= 24\%\end{aligned}$$

투자수익률의 계산공식에서 매출액은 분자와 분모에 동시에 곱해지므로 매출액의 증가는 서로 상쇄되어 투자수익률에 영향을 미치지 않는 것처럼 보인다. 그러나 매출액의 증가는 이익률뿐만 아니라 회전수에도 영향을 미쳐 투자수익률에 영향을 미치게 된다. 예를 들어, 매출액이 증가할 때 비용의 증가비율이 이에 못미친다면 이익률은 상승하게 되고, 매출액이 증가할 때 영업용자산의 변동이 없다면 회전수가 증가하게 된다. 위의 예에서 매출액이 ₩100,000에서 ₩110,000으로 증가할 경우 순영업이익이 ₩10,000에서 ₩12,000으로 증가하였다. 따라서 이익률은 10%에서 10.91%로 증가하였다. 또한 영업용자산은 변동이 없기 때문에 회전수가 2에서 2.2로 증가하였다.

② 비용의 감소

앞의 자료에서 경영자가 비용을 효율적으로 통제하여 ₩1,000만큼 감소시킬 수 있었다고 가정하자. 즉 ₩1,000만큼의 순영업이익이 증가하였다면, 투자수익률은 다음과 같이 2%만큼 증가한다.

$$투자수익률 = \frac{₩11,000}{₩100,000} \times \frac{₩100,000}{₩50,000}$$
$$= 11\% \times 2$$
$$= 22\%$$

투자수익률을 증가시키는 방법 중 가장 간단한 방법 중의 하나는 비용을 효율적으로 통제하여 감소시키는 것이다. 비용의 감소는 이익률을 증가시키고 나아가서는 투자수익률을 증가시킨다. 위의 예에서 ₩1,000의 비용감소로 인해 이익률이 10%에서 11%로 상승하였고, 투자수익률은 20%에서 22%로 증가하였다.

③ 자산의 감소

앞의 자료에서 영업용자산이 ₩50,000에서 ₩40,000으로 감소하였다고 가정하면, 투자수익률은 다음과 같이 5%만큼 증가한다.

$$투자수익률 = \frac{₩10,000}{₩100,000} \times \frac{₩100,000}{₩40,000}$$
$$= 10\% \times 2.5$$
$$= 25\%$$

경영자들은 매출액이나 비용의 통제에 비교적 민감하게 반응하지만, 영업용자산의 통제에는 덜 민감하게 반응한다. 이는 과거에 경영자들이 회전수보다는 이익률에 더 많은 관심을 가지고 있었기 때문이다. 그러나 투자수익률에 의한 업적평가는 경영자로 하여금 회전수에도 큰 관심을 갖도록 하였다. 위의 예에서 영업용자산이 ₩50,000에서 ₩40,000으로 ₩10,000만큼 감소하였기 때문에 회전수는 2에서 2.5로 증가하였으며, 투자수익률은 20%에서 25%로 증가하였다.

(5) 투자수익률의 장·단점

① 투자수익률의 장점

투자중심점의 업적을 투자수익률에 의하여 평가하게 되면 다음과 같은 장점을 얻을 수 있다.

첫째, 규모와 업종이 상이한 경우라 하더라도 투자수익률이라는 단일 수치에 의하여 업적평가가 가능하다.

둘째, 주주들이 기업전체의 업적을 투자수익률에 의하여 평가할 경우 각 투자중심점들과 기업전체의 목표를 일치시킬 수 있다.

셋째, 순이익수치에 의한 업적평가시에는 과대투자가 유발될 수 있으나, 투자수익률에 의하여 업적을 평가하게 되면 최적투자를 촉진시킬 수 있다.

② 투자수익률의 단점

투자수익률은 다음과 같은 단점도 있다.

첫째, 기업전체의 투자수익률을 증가시키는 행동이 다른 투자중심점의 투자수익률을 감소시킬 수도 있다. 따라서 경우에 따라서는 기업전체의 평균투자수익률보다 높은 투자안이 거부될 수도 있다. 다음의 예를 통하여 구체적으로 고찰해 보기로 하자. 두 개의 투자중심점으로 구성된 기업을 가정하고 두 개의 투자중심점의 투자수익률에 관한 자료가 다음과 같다고 가정하자.

	A 투자중심점	B 투자중심점	합 계
평균 영업용자산	₩2,400	₩4,000	₩6,400
순영업이익	480	720	1,200
투자수익률	20%	18%	18.75%

위와 같은 경우에 A 투자중심점에서 ₩1,000을 들여 ₩190의 순영업이익이 보장되는 설비투자를 고려하고 있다고 하자. 이러한 투자안을 수락할 경우에 기업 전체의 투자수익률은 (₩1,200 + ₩190)/(₩6,400 + ₩1,000) = 18.78%가 되어 0.03%가 증가하지만, A투자중심점의 투자수익률은 (₩480 + ₩190)/(₩2,400 + ₩1,000) = 19.7%가 된다.

즉 이 투자안을 수락하면 A 투자중심점의 투자수익률은 오히려 0.3%만큼 감소한다. 따라서 A 투자중심점에서는 기업전체의 투자수익률을 증가시키는 투자안이라도 자기부서의 투자수익률을 감소시키기 때문에 거절할 수도 있다.

둘째, 투자중심점의 투자액이 서로 상이한 경우에 업적평가가 왜곡될 수도 있다. 앞의 예에서 A 투자중심점이 B 투자중심점보다 높은 투자수익률을 나타내고 있으므로 업적이 더 좋다고 평가될 수 있다. 그러나 이러한 평가는 잘못된 것이다. 이러한 경우에는 기업 전체의 자본비용(cost of capital)을 고려하여 두 부서의 업적이 평가되어야 한다. 예를 들어 기업전체의 자본비용이 12%라면, (₩720－₩480)/(₩4,000－₩2,400)＝15%로 오히려 B 투자중심점의 업적이 A 투자중심점보다 더 좋다고 평가할 수 있다. 즉 B 투자중심점은 A 투자중심점보다 ₩1,600이 더 많은 영업용자산을 가지고 ₩240이 더 많은 순영업이익을 달성하였는데, 이는 기업전체의 자본비용을 초과하기 때문에 오히려 기업전체의 수익성에 더 많은 공헌을 하였다고 평가될 수 있다.

셋째, 투자수익률 계산시 유형고정자산을 순장부가액으로 평가하고, 재무회계에 의한 감가상각방법을 이용할 경우 경영자들로 하여금 신규투자를 회피하도록 유도할 수 있다. 이러한 경우에는 총장부가액을 사용하거나, 감가상각방법으로 복리상각법 또는 연금법을 사용하면 된다.

넷째, 물가수준이 상승하는 경우 수익은 현행가치에 의하여 평가되고, 영업용자산과 감가상각비는 취득원가에 의하여 평가되므로 명목상 투자수익률이 증가할 수 있다.

2. 잔여이익

(1) 잔여이익의 개념

앞에서 설명한 투자수익률에 의한 업적평가방법은 장점도 있지만 여러 가지 단점들도 가지고 있음을 알 수 있다. 투자수익률의 단점 중 첫 번째와 두 번째 단점은 투자수익률이 비율로 계산되기 때문에 나타나는 것이다. 이러한 단점은 잔여이익에 의하여 투자중심점의 업적을 평가함으로써 해소될 수 있다. 잔여이익(residual income)이란 순영업이익에서 평균 영업용자산에 기업의 최저필수수익률을 곱한 수치를 차감한 나머지를 말한다.

잔여이익＝순영업이익－(평균 영업용자산×최저필수수익률)

기업의 최저필수수익률은 기업이 투자에서 최소한 획득해야 할 수익률을 말한다. 앞에서 설명된 예시 자료를 이용하여 잔여이익을 계산하면 다음과 같다. 단, 최저필수수익률은 12%로 가정한다.

	A 투자중심점	B 투자중심점	합 계
평균 영업용자산	₩2,400	₩4,000	₩6,400
순영업이익	₩ 480	₩ 720	₩1,200
평균 영업용자산 × 12%	288	480	768
잔여이익	₩192	₩240	₩432

(2) 잔여이익의 장점

위 자료를 이용하여 잔여이익이 투자수익률의 단점을 어떻게 해소시킬 수 있는가를 분석해 보기로 하자.

먼저 투자수익률에 의한 업적평가시 첫 번째 단점은, A 투자중심점에서 순영업이익이 ₩190이고 투자액이 ₩1,000인 투자안을 거절할 수도 있다는 것이었다. 왜냐하면 그와 같은 투자제안을 수락하면 투자수익률의 하락을 가져오기 때문이다. 이 경우 잔여이익에 의하여 업적평가를 하게 되면, 투자안 수락시 기업전체의 잔여이익은 (₩1,200+₩190)−(₩6,400+₩1,000)×0.12=₩502가 되고, A 투자중심점의 잔여이익은 (₩480+₩190)−(₩2,400+₩1,000)×₩0.12=₩262가 된다. 즉 기업전체의 잔여이익과 A 투자중심점의 잔여이익이 모두 증가하므로 이 투자안은 A 투자중심점에 의하여 채택된다. 따라서 투자수익률에 의한 업적평가에서 야기될 수도 있는 문제가 잔여이익을 사용함으로써 해소될 수 있다.

또한 잔여이익에 의한 업적평가시에는 투자규모, 즉 영업용자산의 규모가 상이한 투자중심점들의 업적평가시에도 기업전체의 수익성에 공헌한 정도에 따라서 업적을 비교할 수 있게 해준다. 위의 경우 B 투자중심점이 A 투자중심점보다 기업전체의 잔여이익에 ₩240−₩192=₩48만큼 더 공헌하였다고 평가될 수 있다. 이 수치는 (₩720−₩480)−(₩4,000−₩2,400)×0.12 =₩48과 일치한다.

이와 같이 잔여이익을 사용하면 투자수익률의 경우에 나타나는 문제점 중 몇 가지를 해소할 수 있다.

(3) 잔여이익의 단점

잔여이익의 경우에도 다음과 같은 단점을 가지고 있다.

첫째, 잔여이익 계산에 사용되는 자본비용을 어떻게 설정하는가에 따라 각 투자중심점의 업적이 달라질 수 있다. 예를 들어, 위와 같은 경우 기업의 최저필수수익률이 15%이면 두 투자중심점의 잔여이익이 동일하게 되고, 15%를 초과하는 경우 B 투자중심점보다 A 투자중심점의 잔여이익이 더 커지게 된다.

둘째, 투자수익률의 일부 단점은 해소된다 하더라도 잔여이익 역시 재무적인 측정치라는 측면에선 투자수익률과 유사한 문제점을 지니게 된다. 최근에는 이러한 문제점을 해결하기 위해서 투자중심점의 업적평가방안으로 재무적인 측정치와 더불어 비재무적 측정치들을 조화롭게 사용하려는 움직임이 활발하게 일어나고 있다.

3. 경제적 부가가치

(1) 경제적 부가가치의 개념

경제적 부가가치(EVA: Economic Value Added)란 미국의 컨설팅회사인 Stern Stewart & Co.에서 개발한 지표로서 기업이 고유의 영업활동을 통해 창출한 순기업가치의 증가분을 의미하며 세후순영업이익에서 투하자본에 대한 자본비용을 공제한 잔여이익금액으로 정의된다.

EVA는 채권자와 주주라는 자본제공자의 자본과 위험부담에 대한 비용과 세금을 영업이익으로부터 차감한 순수한 잔여이익을 의미하며 최종적인 위험의 부담자인 주주에게 귀속되는 금액이다. 따라서 EVA가 양(+)이면 자본제공자의 기회비용을 초과하여 경제적으로 새로운 가치를 창출하였다는 것을, 음(-)이면 그렇지 못하였다는 것을 의미한다.

EVA를 산식으로 나타내면 다음과 같다.

$$\text{EVA} = \text{세후순영업이익} - [(\text{총자산} - \text{유동부채}) \times \text{가중평균자본비용}]$$

세후순영업이익이란 기업 본연의 영업활동에서 창출한 영업이익에서 법인세 등의 세금을 차감한 이익을 의미하고, 가중평균자본비용은 투자자들이 제공한 투하자본에 대한 비용으로 외부차입에 의한 타인자본비용 이외에도 주주가 제공한 자기자본에 대한 비용이 포함된 총자본비용을 말한다. 가중평균자본비용은 다음과 같이 산정하며, 일반적으로 자기자본은 타인자본보다 위험에 대한 프리미엄이 높기 때문에 자기자본비용은 타인자본비용보다 높게 나타난다.

$$\begin{aligned}\text{가중평균자본비용} &= \text{타인자본비용} \times (1 - \text{법인세율}) \times \frac{\text{타인자본}}{\text{총자본}} \\ &\quad + \text{자기자본비용} \times \frac{\text{자기자본}}{\text{총자본}}\end{aligned}$$

(2) 경제적 부가가치의 장점

전통적으로 기업의 영업성과 파악 또는 경영자에 대한 성과평가 및 보상의 기준으로 손익계산서상의 당기순이익이 중시되어 왔으며, 따라서 경영자도 당기순이익의 증감에만 관심을 기울여왔다. 그러나 손익계산서상의 당기순이익은 발생주의회계가 갖는 문제점을 제외하더라도 타인자본에 대한 이자비용만을 고려하여 산정된 손익이다. 그러므로 기업이 일정기간 동안 경영활동에 투입한 자기자본에 대한 비용이 반영되어 있지 않다.

기업이 당기순이익에만 근거하여 영업의 성과를 측정·평가하게 되면 지분투자자들의 기대수익에 미치지 못하는 당기순이익이 발생하였음에도 불구하고 긍정적인 평가를 받는 불합리한 경우가 발생될 수 있다.

이에 반하여 EVA를 영업성과의 측정도구로서 사용하게 되면 기업의 목표는 투자자들이 제공한 타인자본비용과 자기자본비용의 합인 총자본비용 이상의 이익을 실현하는 것으로 설정된다. EVA는 주주자본비용의 기회비용적 성격을 명확히 설정할 수 있게 하고 아울러 세후순영업이익에서 자본비용을 차감한 잔여이익은 기업의 최종적인 위험부담자인 주주에게 귀속시킴으로써 기업재무의 궁극적인 목표인 주주의 부의 극대화로 연결시키는 도구가 된다.

EVA의 계산은 위의 잔여이익과 매우 유사하며 위의 예를 사용하면 순영업이익이 세후순영업이익과 동일하고 최저필수수익률 12%가 가중평균자본비용으로서 자기자본에 대한 내용도 고려한 개념이라면 잔여이익은 EVA와 동일하다. 그러나 EVA계산에 있어 중요한 개념인 세후순영업이익과 자본비용은 회계수치를 현금주의에 근접하도록 수정하여 결정하였다는 점에서 근본적인 차이가 있다.

예제 11-1

(주)서강은 투자중심점으로 A, B, C 등 3개의 사업부를 운영하고 있다. 이들 사업부와 관련된 이익 및 투자자료는 다음과 같다.

	A사업부	B사업부	C사업부	합 계
총자산	₩5,000,000	₩10,000,000	₩20,000,000	₩35,000,000
유동부채	1,000,000	3,000,000	8,000,000	12,000,000
영업이익	1,000,000	1,700,000	3,000,000	5,700,000
장기타인자본				20,000,000
자기자본				20,000,000

[요구사항]

1. 이익측정치로 영업이익을 사용하고, 투자측정치로 총자산을 사용하여 각 사업부의 투자수익률(ROI)을 계산하시오.
2. 영업이익과 총자산을 이용하고, 최저필수수익률을 12%로 가정할 때 각 사업부의 잔여이익(RI)을 계산하시오.
3. 장기타인자본에 대한 이자율은 10%이고, 자기자본의 비용은 15%이며, 법인세율은 40%로 가정한다. 각 사업부의 경제적 부가가치(EVA)를 계산하시오.

[해 답]

1. ROI

$$A사업부\ ROI = \frac{₩1,000,000}{₩5,000,000} = 20\%$$

$$B사업부\ ROI = \frac{₩1,700,000}{₩10,000,000} = 17\%$$

$$C사업부\ ROI = \frac{₩3,000,000}{₩20,000,000} = 15\%$$

2. RI

A사업부 RI = ₩1,000,000 − ₩5,000,000 × 12% = ₩400,000

B사업부 RI = ₩1,700,000 − ₩10,000,000 × 12% = ₩500,000

C사업부 RI = ₩3,000,000 − ₩20,000,000 × 12% = ₩600,000

3. EVA

(1) 가중평균자본비용

$$WACC = 10\% \times (1-0.4) \times \frac{₩20,000,000}{₩40,000,000} + 15\% \times \frac{₩20,000,000}{₩40,000,000} = 10.5\%$$

(2) EVA

EVA = 영업이익 × (1 − 법인세율) − (총자산 − 유동부채) × 가중평균자본비용

A사업부: 1,000,000 × 0.6 − (5,000,000 − 1,000,000) × 10.5% = ₩180,000

B사업부: 1,700,000 × 0.6 − (10,000,000 − 3,000,000) × 10.5% = ₩285,000

C사업부: 3,000,000 × 0.6 − (20,000,000 − 8,000,000) × 10.5% = ₩540,000

11-3 이전가격 결정

1. 이전가격의 의의 및 중요성

업적평가방법으로 투자수익률과 잔여이익을 사용할 때 기업내부의 부서들 간에 제품이나 용역의 이전이 이루어지면, 내부거래시 적용되어야 할 가격의 결정이 각 부서들의 업적에 영향을 미치기 때문에 문제가 발생한다는 것을 보았다.

기업내부에서 거래되는 제품이나 서비스에 부과되는 가격을 이전가격 또는 대체가격(transfer price)이라 하는데, 본서에서는 이전가격이라는 용어를 사용하기로 한다.

다음과 같은 세 개의 사업부로 구성된 광업기업을 가정하자.

① 채광사업부

② 가공사업부

③ 제조사업부

채광사업부에서는 가공사업부에 대체될 원재료인 광석을 채굴한다. 이와 같이 채굴된 광석은 일정한 가공을 거친 후에 제조사업부로 이전(대체)된다. 제조사업부에서는 가공된 재료를 이용하여 완제품을 생산한다. 이 예에서는 한 기업 내에서 각 사업부들 간에 대체가 이루어지는 두 개의 제품이 존재한다. 이 경우에 각 대체제품에 적용될 가격은 어떻게 결정되어야 할 것인가?

이전가격은 내부판매사업부에서는 수익으로 인식되지만 내부구입사업부에서는 구입원가로 인식하기 때문에 이전가격의 결정은 각 사업부의 업적에 상충되는 영향을 미친다. 즉 이전가격을 높이면 내부판매사업부의 업적에는 유리하게 작용하지만, 내부구매사업부의 업적에는 불리하게 작용한다. 따라서 이전가격은 이러한 측면을 고려하여 공정하게 결정되어져야 한다. 일반적으로 이전가격은 다음과 같이 3가지 기준에 의해 결정된다.

① 원가기준에 의한 이전가격의 결정
   (가) 변동원가
   (나) 전부원가
② 시장가격에 의한 이전가격의 결정
③ 협상에 의한 이전가격의 결정

2. 원가기준에 의한 이전가격의 결정

이전가격을 대체제품의 제조원가에 의하여 결정하는 기업들이 많지만, 이 방법은 내부판매부서의 이익을 완전히 무시하는 방법이다. 또한 제조원가를 기준으로 이전가격을 결정하는 경우에도 제조원가 중 변동원가만 이용할 것인가, 또는 변동원가와 고정원가를 합한 전부원가를 이용할 것인가를 결정해야 한다.

제조원가를 기준으로 이전가격을 결정하는 방법은 상대적으로 간편하고 용이하게 적용할 수 있다는 장점을 가지고 있다. 그러나 이 방법은 여러 가지의 단점도 가지고 있는데 이하에서는 이러한 측면에 대하여 살펴보기로 하자.

2개의 사업부로 구성된 기업을 가정하자. 하나는 계전기를 제조하는 계전기사업부이고, 또 하나는 모터를 제조하는 모터사업부이다. 계전기는 모터를 제조하기 위하여 필요한 부품인데 계전기사업부는 현재 외부의 고객과 일정하게 판매계약을 체결하여 판매하고 있다. 이러한 계전기 1개당 변동제조원가는 ₩12이고, 1개를 제조하는 데에 1시간의 직접작업시간이 소요되며, 외부에 ₩20에 판매되고 있다. 이 계전기의 생산용량은 1년에 50,000개이다.

모터사업부에서는 최근에 개발한 신형 모터를 생산하기 위하여 새로운 신형계전기를 필요로 하고 있다. 필요한 신형계전기를 취득하기 위하여 모터사업부는 다음과 같은 2개의 대안을 고려하고 있다.

대안 I

필요한 신형계전기를 외부 공급업자로부터 개당 ₩15에 연간 50,000개씩 구입한다.

대안 II

새로 필요한 신형계전기는 계전기사업부에서 공급받을 수도 있다. 이렇게 되면 계전기사업부는 여유조업 능력이 없기 때문에 현재 판매 중인 구형계전기의 생산을 전면 중지하여야 한다. 신형계전기 1개를 생산하는 데에는 구형과 마찬가지로 1시간의 직접작업시간이 소요되며, 변동제조원가는 ₩10이다. 그리고 모터사업부에서 신형모터를 제조하기 위해서는 계전기 이외에 추가로 ₩25의 변동제조원가를 소요해야 하며, 이 모터의 판매단가는 ₩60이다.

위와 같은 상황 하에서 신형 계전기를 계전기사업부에서 제조해 공급받을 것인가? 아니면 외부 공급업자로부터 구입할 것인가? 또한 내부에서 공급받는 경우에 이전가격은 어떻게 정할 것인가? 만일 내부 이전가격을 신형계전기의 변동제조원가인 ₩10으로 정하고 이 가격과 모터사업부가 외부에서 구입하는 가격인 ₩15을 비교해 의사결정 하는 경우라면, 이전가격이 외부구입가격보다 낮으므로 신형 계전기를 내부에서 생산하는 것이 더 유리하다고 판단할 수도 있다. 그러나 이러한 판단은 잘못된 것이다. 이 경우의 올바른 의사결정을 위한 분석결과가 <표 11-2>에 제시되어 있다.

<표 11-2>에서 대안 I의 경우, 각 사업부는 공헌이익을 각각 ₩400,000과 ₩1,000,000씩 갖고, 기업 전체적으로는 모두 ₩1,400,000의 공헌이익을 갖는다. 그리고 대안 II의 경우, 계전기사업부의 공헌이익이 ₩0, 모터사업부의 공헌이익이 ₩1,250,000이 되어 기업 전체의 공헌이익은 ₩1,250,000이 된다.

표 11-2 원가기준에 의한 이전가격 결정의 영향

· 대안 I: 모터사업부가 새로이 필요한 계전기를 외부에서 ₩15씩에 구입하고, 계전기사업부는 기존의 계전기를 계속 생산하여 외부에 판매함.

	50,000단위기준(연간)		
	계전기사업부	모터사업부	기업전체
매출액(구형계전기는 단위당 ₩20, 모터는 ₩60에 판매)	₩1,000,000	₩3,000,000	₩4,000,000
변동제조원가(구형계전기는 단위당 ₩12, 모터는 ₩40*)	600,000	2,000,000	2,600,000
공헌이익	₩400,000	₩1,000,000	₩1,400,000

· 대안 II: 모터사업부가 신형계전기를 계전기사업부로부터 구입하고 계전기사업부는 구형계전기의 생산을 중지함. 이때 이전가격은 계전기사업부의 변동제조원가인 ₩10으로 한다.

	50,000단위기준(연간)		
	계전기사업부	모터사업부	기업전체
매출액(신형계전기는 단위당 ₩10, 모터는 ₩60에 판매)	₩500,000	₩3,000,000	₩3,000,000 **
변동제조원가(신형계전기는 단위당 ₩10, 모터는 ₩35***)	500,000	1,750,000	1,750,000 **
공헌이익	₩0	₩1,250,000	₩1,250,000

* 외부구입원가 ₩15+기타 변동제조원가 ₩25=₩40.

** ₩500,000의 매출액과 변동제조원가는 내부에서 발생한 것이므로 제외되었음.

*** 내부이전가격 ₩10+기타 변동제조원가 ₩25=₩35.

따라서 대안 II는 대안 I보다 공헌이익이 ₩150,000 감소한다. 즉 내부대체보다 외부구입이 기업 전체의 공헌이익 측면에서 더 유리함을 알 수 있다.

이상의 예에서 볼 수 있는 바와 같이 제조원가에 의한 이전가격은 경영자들을 오도하여 그릇된 의사결정을 내리게 할 수 있다. 또한 <표 11-2>와 같이 제조원가에 의한 이전가격의 결정은 내부에서 구입해 최종제품을 외부에 판매하는 사업부(모터사업부)의 이익만을 증가시킬 뿐 계전기사업부와 같은 내부에서 공급하는 사업부의 이익은 ₩0으로 만들어 버리기 때문에 동기부여와 공정한 업적평가의 측면에서 상당한 문제점을 지니고 있다. 그리고 제조원가에 의한 이전가격의 결정은 효율적인 원가통제를 이끌어 내지도 못한다. 즉 내부공급사업부는 제조원가만큼 항상 이전가격으로 보장되므로 원가를 효율적으로 통제할 유인을 갖지 못한다.

3. 이전가격 결정에 대한 일반공식

이전가격 결정에 대한 일반공식은 제품을 제조하여 내부에 대체시키는 사업부의 기회비용을 보장할 수 있도록 결정하는 것이다. 즉 이전가격은 대체되는 제품의 단위당 변동제조원가와 제품을 내부에 대체시킬 경우 포기하는 외부거래에서 벌어들일 수 있는 기회비용을 더하여 다음과 같이 결정된다.

단위당 이전가격＝단위당 변동제조원가
+내부대체로 인한 단위당 기회비용

이러한 공식을 앞에서 설명한 예에 적용하여 보면, 이전가격은 다음과 같이 결정된다. 즉 새로운 신형계전기의 이전가격은 변동제조원가 ₩10에 신형계전기 제조시 포기해야 할 구형계전기의 단위당 외부판매이익 ₩8을 더한 ₩18으로 결정된다.

이때 기업 전체의 입장에서 보면, 내부대체시의 이전가격보다 외부구입시의 구입가격이 낮기 때문에 내부대체보다는 외부구입을 하는 것이 더 유리하다. 즉 위와 같이 결정된 이전가격은 내부대체할 것인가 아니면 외부구입할 것인가를 결정하는 기준이 된다. 만일 외부구입가격이 내부이전가격인 ₩18보다 더 높다면 내부대체를 하는 것이 기업전체의 이익을 증가시키는 결과를 가져올 것이다.

이와 같이 이전가격에 대한 일반공식은 내부대체와 외부구입에 대한 의사결정의 기준을 제시하여 주고, 나아가서는 내부판매사업부가 내부대체에서 받아야 할 최소한의 가격을 결정해 준다.

4. 시장가격에 의한 이전가격의 결정

대체제품의 외부 경쟁시장이 존재할 경우 시장가격은 가장 좋은 이전가격이라고 할 수 있다. 즉 시장가격은 앞에서 설명한 내부대체와 외부구입에 대한 의사결정의 기준이 될 뿐만 아니라 모든 사업부에 공정한 이전가격이 될 수 있다.

시장가격에 의한 이전가격의 결정은 고도로 분권화된 조직에서 적용될 수 있다. 즉 각 사업부들은 독립된 기업처럼 모든 의사결정에 대한 자율권을 지니고 있어야 한다. 예를 들어, 내부구입사업부는 내부대체보다 외부구입이 유리하다고 판단하면 외부에서 구입할 수 있어야 한다. 또한 내부판매사업부도 내부대체보다 외부판매가 유리하다고 판단하면 외부에 판매할 수 있어야 한다.

(1) 구입시장가격과 판매시장가격이 동일한 경우

대체제품이 거래되는 외부구입시장과 외부판매시장이 동일하게 하나의 시장으로 형성된 경우 이전가격은 매우 쉽게 결정된다. 이러한 경우에는 단일의 외부시장가격이 이전가격이 된다. 가령, A와 B 2개의 사업부로 구성된 기업을 가정해 보자. 그리고 A 사업부에서는 외부의 고객에게도 판매할 수 있고, 내부의 B 사업부에게도 판매할 수 있는 제품을 생산하고 있다고 가정하자. 두 사업부의 수익과 원가구조는 다음과 같다.

A 사업부		B 사업부	
외부판매시장가격	₩25	최종제품의 판매가격	₩100
단위당 변동제조원가	15	단위당 추가소요 변동제조원가	40

위와 같은 경우에 A 사업부가 대체제품을 외부에 판매하는 시장가격과 B 사업부가 대체제품을 외부에서 구입하는 시장가격이 동일하다면, 이전가격은 간단하게 결정된다. 즉 시장가격 ₩25이 이전가격이다. 이때 앞에서 설명한 이전가격결정의 일반공식을 적용하여 계산한 이전가격도 다음과 같이 시장가격과 동일하게 된다.

이전가격 = 단위당 변동제조원가 + 내부대체로 인한 단위당 기회비용
= ₩15 + (₩25 − ₩15) = ₩25

즉 A사업부가 제품을 외부에 판매하지 않고 내부에 대체함으로써 발생되는 단위당 기회비용은 외부판매로부터 얻을 수 있는 공헌이익이어야 하므로 판매단가 ₩25에서 단위당 변동제조원가 ₩15을 차감한 ₩10이 된다. 이

와 같은 방법으로 이전가격을 결정하여 내부대체할 경우 그 결과를 요약하면 다음과 같다.

	사 업 부		
	A	B	기업전체
판매단가	₩25	₩100	₩100
단위당 변동제조원가	15	40	55
단위당 이전가격	–	25	–
단위당 공헌이익	₩10	₩35	₩45

위의 예에서 기업 전체에 실현된 단위당 공헌이익은 ₩45이다. 이 중에서 A 사업부가 기여한 부분은 ₩10이고, B 사업부가 기여한 부분은 ₩35이 된다. 이는 이전가격을 시장가격인 ₩25으로 결정했을 경우에 각 사업부의 업적을 의미한다.

(2) 구입시장가격과 판매시장가격이 상이한 경우

앞에서는 대체제품에 대하여 각 사업부들이 직면하는 시장가격이 동일하다는 가정하에 이전가격의 결정을 설명하였다. 그러나 일반적으로 각 사업부들이 직면하는 시장의 조건은 각기 상이하다. 따라서 앞에서 설명한 예와 같이 구입시장가격과 판매시장가격이 ₩25으로 동일하다는 가정은 비현실적이다.

앞의 예에서 만일 B 사업부가 외부에서 ₩20에 구입할 수 있었다고 하자. 이 경우 B 사업부는 내부에서 구입하지 않고 외부에서 구입해야 할 것인가? 아니면 A 사업부가 이전가격을 ₩20으로 감소시켜야 할 것인가? 이에 대한 해답은 공급사업부인 A 사업부가 현재 여유생산능력을 갖고 조업하고 있는가 아니면 여유생산능력을 갖고 있지 못한가에 달려 있다.

A 사업부가 여유생산능력을 지니고 있지 못한 경우에는 내부대체를 위하여 외부판매를 포기해야 하므로 내부대체로 인한 기회비용이 단위당 ₩10씩 발생한다. 따라서 이전가격은 다음과 같이 결정된다.

$$
\begin{aligned}
\text{이전가격} &= \text{단위당 변동제조원가} + \text{내부대체로 인한 단위당 기회비용} \\
&= ₩15 + (₩25 - ₩15) = ₩25
\end{aligned}
$$

이와 같이 일반 공식에 의하여 결정된 이전가격은 내부공급사업부가 받아야 할 최소한의 이전가격이 된다. 즉 이전가격의 하한치이다. 따라서 A 사업부는 B 사업부에 제품을 판매하기 위하여 가격을 ₩20으로 하락시키지 않을 것이다. 왜냐하면 A 사업부가 가격을 ₩20으로 하락시키면 외부에 판매할 경우보다 단위당 ₩5의 공헌이익이 감소할 것이기 때문이다.

한편 B 사업부의 입장에서 보면 외부에서 구입할 수 있는 가격이 ₩20인데, 이는 B 사업부가 지불하려는 최대가격이 되므로, B 사업부는 ₩20 이상의 가격을 지불하지는 않을 것이다. 따라서 위와 같은 경우에는 내부대체보다는 외부구입이 각 사업부에 모두 유리한 대안이 되고, 나아가서는 기업전체의 이익을 극대화시키는 대안이 된다.

반면에 A 사업부가 여유생산능력을 지니고 있을 경우에는, 즉 외부의 수요를 충당하고도 내부대체제품을 생산할 수 있는 경우에는 내부대체로 인한 기회비용이 없게 된다. 따라서 일반공식에 의한 이전가격은 A 사업부의 변동제조원가인 ₩15이 된다. 이는 A 사업부가 받으려고 하는 최소한의 가격을 의미하고 이전가격의 하한치를 의미한다. 한편 B 사업부가 지불하려고 하는 최대가격, 즉 이전가격의 상한치는 ₩20이 된다. 그러므로 이러한 경우의 이전가격은 하한치 ₩15와 상한치 ₩20의 사이에서 양당사자간의 합의에 의해 결정될 것이다. 이 경우 만일 A 사업부는 ₩25 이상을 받으려고 하고, B 사업부는 ₩20 이하로 지불하려고 함으로써 내부대체가 이루어지지 못한다면 기업 전체로는 단위당 ₩20－₩15＝₩5의 공헌이익의 손실을 초래하게 된다. 이러한 현상은 사업부에게 의사결정의 자율권을 보장해 줌으로써 나타날 수 있는 역기능 중의 하나이다.

5. 협상에 의한 이전가격의 결정

구입시장가격과 판매시장가격이 동일한 경우에도 시장가격보다 낮은 이전가격이 정당화되는 상황이 존재할 수 있다. 예를 들면, 기업내부에서 대체함으로써 외부판매에 소요되는 판매비가 절감되는 경우 이전가격은 외부시장가격보다 낮아질 수 있다. 또한 이미 설명한 바와 같이 내부공급사업부에서 여유생산능력을 가지고 있는 경우에도 시장가격보다 낮은 이전가격이 정당화될 수 있다. 이와 같이 외부의 구입시장가격보다 일반 공식에 의한 내부이전가격이 낮은 경우의 실제 이전가격은 해당 사업부의 협상에 의하여 이 두 수치의 중간에서 결정되어야 한다.

이러한 협상이전가격이 결정되는 상황을 예를 들어 설명하기로 하자. X와 Y 두 개의 사업부로 구성된 기업을 가정하자. X 사업부는 신제품을 생산하기 위하여 필요한 부품 5,000개를 Y 사업부로부터 구입하려 한다. Y 사업부가 이 부품을 생산하는 데에 소요되는 단위당 변동제조원가는 ₩8이다. 그러나 Y 사업부는 이 부품 5,000개를 생산하기 위하여 현재 생산·판매중인 Z 제품 3,500단위를 포기해야 한다. Z 제품의 판매단가는 ₩45이고 변동제조원가는 ₩25이다. 이러한 경우 Y 사업부에서 X 사업부로 대체되는 부품의 이전가격은 어떻게 결정되어야 하겠는가? 우선 일반공식에 의한 이전가격을 산출하기 위하여 내부대체로 인한 단위당 기회비용을 계산하면 다음과 같다.

Z 제품의 판매단가	₩5
Z 제품의 단위당 변동제조원가	25
Z 제품의 단위당 공헌이익	20
포기해야 할 Z 제품수량	× 3,500
포기해야 할 총공헌이익	₩70,000

따라서 단위당 기회비용은 Z 제품의 생산중단으로 인해 포기해야 할 총공헌이익을, 내부대체를 위하여 새로 생산하는 부품의 수량으로 나눈 값인 ₩70,000/5,000=₩14이 된다. 그러므로 일반공식에 의한 이전가격은 다음과 같다.

이전가격＝단위당 변동제조원가＋내부이전으로 인한 단위당 기회비용
＝₩8＋₩14＝₩22

이와 같이 결정된 이전가격은 Y 사업부가 받아야 할 최소한의 가격, 즉 이전가격의 하한치이다. 따라서 Y 사업부는 ₩22 이하의 가격으로는 내부대체용 부품을 생산하지 않을 것이다. 이때 만일 X 사업부가 외부에서 구입할 수 있는 가격이 이 금액보다 높은 ₩30이라면 실제이전가격은 ₩22과 ₩30 사이에서 두 사업부 간의 협상에 의하여 결정될 것이다. 한편 Y 사업부가 여

유생산능력을 갖고 있는 경우라면 일반공식에 의한 이전가격은 Y 사업부의 부품생산에 대한 변동제조원가인 ₩8이 된다. 이러한 경우에는 외부구입가격인 ₩30과 일반공식에 의한 이전가격 ₩8과의 사이에서 두 사업부 간의 협상에 의한 실제이전가격이 결정될 것이다.

11-4 비재무적 성과지표

기업에서 경영자의 중요한 임무중의 하나는 조직목표 달성에 도움이 되는 효과적이고 효율적인 성과평가지표를 선택하는 것이다. 성과평가지표는 조직의 전략수집, 조직목표의 달성정도의 측정, 종업원 및 경영자에 대한 보상 등에 핵심적으로 사용된다.

제 1 장에 기술된 새로운 경영환경 하에서 많은 경영자들은 전통적으로 사용되어 온 재무적 성과평가지표가 적절하지 않다고 밝히고 있다. 자동화, JIT, TQM, 공정개선, 제약이론 등 새로운 경영환경 하에서 요구되는 새로운 경영기법에 대한 성과평가지표로서 재무적 지표는 부적절하기 때문에 경영자들이 새로운 비재무적인 성과평가지표 또는 개선된 재무적 성과평가지표를 요구하는 것이다. 즉 전통적, 재무적 성과평가지표로서는 새로운 경영기법에 대한 간접적인 성과측정 및 평가는 가능하나 직접적인 성과측정 및 평가가 불가능하다는 것이다. 따라서 실무 및 학계에서 개선된 재무적 성과평가지표로서 경제적 가치(economic value) 개념의 성과평가지표에 대한 연구와 비재무적 성과평가지표에 대한 연구가 진행되고 있다.

본 절에서는 아직 연구의 초기 단계에 있는 경제적 가치 개념에 근거한 개선된 재무적 성과평가지표에 대한 논의는 제외하고 비재무적 성과평가지표에 대한 논의로 국한한다. 재무적 성과지표의 대안 또는 보조수단으로 등장한 비재무적 성과평가지표는 현장에서의 성과를 직접적으로 측정·평가하는 것을 목표로 한다. 비재무적 성과평가지표는 크게 다섯 가지로 분류될 수 있는데 품질관리, 원재료관리, 재고관리, 기계작업관리, 물류(제품운송)관리 등이다. <표 11-3>에 비재무적 성과평가지표에 대한 예가 정리되어 있다.

표 11-3 비재무적 성과지표의 예

지표	내용
품질관리 지표	제품판매수량에 대한 제품하자보증 신청 건수의 비율 제품판매수량에 대한 소비자 불만 건수의 비율 생산수량에 대한 불량품의 비율 생산에 있어 1차검사 통과 비율(직진율) 품질비용 등
원재료관리 지표	전체 비용 중 원재료 비용의 비율 원재료 주문 리드타임 공손 및 감손율 공손 및 감손 금액
재고관리 지표	재고회전율(원재료, 완제품) 재고항목의 종류
기계작업관리지표	기계사용 가능시간 작업별 기계작업 불능시간(작업준비, 기계고장, 기계정비) 기계가동율 작업준비시간
물류관리 지표	정시 제품배달비율 제품배달시간 제품완성시간 제조사이클효율성 재주문수 주문에서 배달까지 소요시간

위의 각종 지표들에 대한 공통점은 현장에서 직접 파악할 수 있는 지표라는 점 이외에도 몇 가지가 더 있다. 즉 위의 지표들의 개선은 현장작업자들의 직접적인 대응을 요구한다는 점이다. 그리고 각종 지표들의 계속적인 추세관리를 통하여 지표들의 개선을 이룰 수 있다는 점이다.

그러나 비재무적 성과평가지표의 개선으로 기업의 궁극적인 목적인 재무적 성과의 개선을 이룰 수 있는가에 대한 물음에 그럴 수도 있다는 개연성은 있으나, 아직까지는 확인되지 않은 주장이다. 다양한 비재무적 성과평가지표에 대한 내용을 자세히 살펴보자.

(1) 품질관리 지표

새로운 경영환경에서 품질은 기업경쟁력의 핵심요인이다. 경영자는 품질을 유지하기 위하여 하자보수 신청, 소비자 불만, 제품의 불량률 등을 끊임없이 관리하여야 한다. 그리고 경영자는 문제파악에만 그치지 말고 즉각적인 대응조치가 기업의 경쟁력 개선에 필수적이라는 사실을 명심하여야 한다. 또한 경영자들은 재작업에 주의를 집중하여야 한다. 재작업 없이 작업이 수행될 때 불필요한 자원의 낭비가 방지될 수 있는 것이다. 경영자들은 종합적으로 품질을 관리하기 위하여 하자보수, 소비자불만 해소, 제품 불량수정, 재작업 등을 망라한 품질비용을 계산하기도 한다.

(2) 원재료관리 지표

전통적으로 표준원가계산제도 하에서 원재료는 가격 및 수량차이의 차이분석을 통하여 관리되어 왔다. 그러나 새로운 환경 하에서는 고품질, 짧은 리드타임, 완벽한 공손통제 등이 원재료의 중요한 관리요소로 인식되고 있다. 원재료의 경우 리드타임은 원재료 주문에서 원재료 입고까지의 시간을 말하는데 JIT를 채택한 기업의 경우 최소한의 원재료 리드타임이 확보되어야 한다. 전통적 표준원가계산제도 하에서 공손 및 감손 등의 원재료에 대한 관리는 원재료 수량차이를 통하여 이루어졌다. 그러나 원재료의 수량표준 설정시 어느 정도의 공손 및 감손이 인정되고 있으나, 새로운 환경 하에서는 공손 및 감손이 전혀 인정되지 않고 있다. 따라서 기업들은 계속적으로 무공손·무감손을 위하여 노력하여야 한다.

(3) 재고관리 지표

전통적으로 기업들은 재고고갈에 대한 대비로 안전재고를 유지하여 왔다. 새로운 환경하에서는 높은 재고유지비용의 인식으로 이상적으로는 무재고를 현실적으로는 가능한 한 적은 재고수준을 유지하고자 한다. 이에 대한 방법으로 기업들은 재고유형별 재고자산 회전율을 계산하여 관리한다. 따라서 회전율의 개선을 위해서 기업들은 계속적인 노력을 기울여야 한다.

(4) 기계작업관리 지표

새로운 기업경영환경은 자동화로 규정지어질 수 있다. 기계가동시간을 최대한 확보하여 기계가동불능시간을 최소화하여야 한다. 또한 기계가동률을 극대화하기 위하여 제약이론에 의한 기계운전에 대한 제약을 제거하기 위한 노력을 하여야 한다. 또 하나의 중요한 지표가 작업준비시간이다. 작업준비시간은 기업의 가치사슬(value chain)에 있어서 비부가가치활동에 해당하기 때문에 이는 최소화하여야 한다.

이에 대한 가치사슬상의 비부가가치활동을 최소화할 수 있는 방법 중의 하나가 유연제조시스템(FMS: flexible manufacturing system)이다. 여기서 가치사슬이란 제품 및 서비스에 가치를 부여하는 기업의 제반 기능을 말한다. 이것에 속하는 기능에는 연구 및 개발, 제품설계, 제조활동, 판매활동, 운송, 소비자 고충처리 등이 있다.

(5) 물류관리 지표

제품을 생산하는 이유는 생산된 제품을 소비자에게 신속히 전달하기 위함이다. 신속한 전달을 측정하기 위한 지표에는 <표 11-3>과 같이 여러 가지가 있다. 여기서 주의해야 할 지표로서 운송순환시간과 제조순환시간이라는 개념이 있다. 운송순환시간이란 제품의 주문에서 소비자에게 배달되기까지에 소요되는 시간을 말한다. 또한 원재료를 완제품으로 전환시키는 데 소요되는 시간이 제조순환시간인데 운송순환시간, 제조순환시간에 대한 관계가 <표 11-4>에 설명되어 있다.

표 11-4 운송순환시간과 제조순환시간

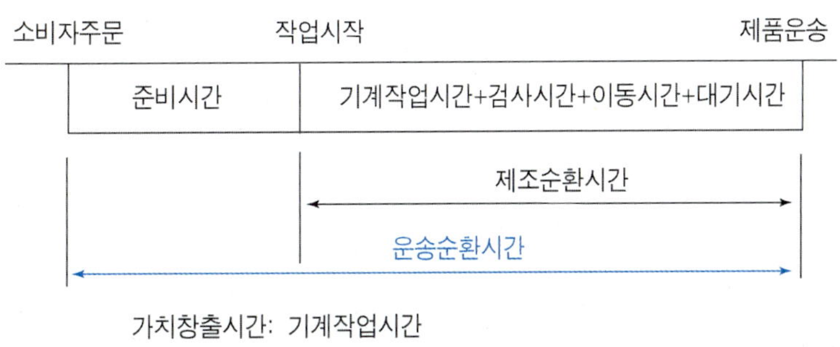

가치창출시간: 기계작업시간
비가치창출시간: 준비시간, 검사시간, 이동시간, 대기시간

제조활동의 효율성을 나타내는 지표로서 제조사이클효율성(manufacturing cycle efficiency) 지표가 다음과 같이 작성되어질 수 있다.

$$\text{제조사이클효율성} = \frac{\text{가치창출시간}}{\text{제조순환시간}}$$

만약 제조사이클효율성이 1에 가까울수록 제조활동이 매우 효율적이라는 것을 의미하며, 0에 가까울수록 비효율적이라는 것을 의미한다. 기업들은 이 지표가 1에 가까워질 수 있도록 끊임없이 노력하여야 한다.

11-5 균형잡힌 성과기록표

전략적인 경영을 수행하기 위해 성과평가시스템을 구축하고자 할 때는 재무적 측정지표와 비재무적 측정지표가 적절히 활용되어야 할 것이다. 이런 면에서 균형잡힌 성과기록표 혹은 균형성과기록표(BSC: Balanced Score card)는 성과평가에 중요한 시사점을 제공해 줄 수 있다.

BSC는 1990년 미국에서 개발되어 Kaplan과 Norton에 의해 정립된 일종의 성과측정방법이다. BSC는 조직의 경영전략을 달성할 수 있는 성과평가측정치를 고려할 때 재무적 측정치뿐만 아니라 비재무적 측정치도 포함하고 있다. 이하에서는 BSC의 등장배경과 본질 및 구성요소를 살펴본다.

1. BSC의 등장배경과 본질

과거 기업간 경쟁의 핵심은 Q·C·D(Quality·Cost·Delivery) 측면에서 보유하고 있는 효율성이었다. 그러나 오늘날 정보 및 지식사회가 도래하고 세계화가 진전됨에 따라 지식이나 핵심역량과 같은 무형자산의 중요성이 더욱더 부각되고 있다. 결국 향후 기업의 성패여부를 판단하는 기준이나 원천은 바로 지식과 같은 무형자산의 우수성에 있는 셈이다. 따라서 경영성과측정에 있어서도 무형자산의 가치가 제대로 반영되고 피드백될 수 있는 성과측정지표가 새로이 개발될 필요가 있다.

1990년대 들어, 재무회계 측정지표에 기초한 현재의 성과측정방법이 진부하다는 판단 하에 Kaplan과 Norton은 새로운 성과측정모형을 개발하는 프로젝트를 추진하여 경영자로 하여금 중요한 4가지 관점으로 비즈니스를 보게 하는 성과평가 모델인 BSC를 개발하였다.

BSC는 성과측정에 다양한 비재무적 지표를 활용하여 과거, 현재, 미래의 성과 및 가치를 평가한다. 또한 무형자산의 가치를 성과측정에 반영하기 위해 다양하고 복합적인 비재무적지표를 활용한다. 그리고 BSC는 현재의 경영성과뿐만 아니라 미래의 성과를 향상시킬 수 있는 역량도 동시에 측정하고 평가하는 데 지대한 관심을 갖고 있다. 따라서 과거의 재무자료 외에 무형자산도 측정해야 할 필요가 생겨 이에 알맞은 데이터와 수치를 제공하기 위해 과학적이고도 통계적인 수치를 개발했다. 이것이 핵심성과지표(KPI: Key Performance Indicators)이다. KPI란 모든 비즈니스 단위의 데이터를 개발해 정보화하고 이를 지식으로 바꾸는 하나의 매트릭스를 말한다. 이 매트릭스는 최적의 문제해결이나 의사결정, 그리고 각 고객의 요구에 맞는 비즈니스를 가능하게 해준다.

BSC란 결국 조직전체가 추구하는 전략적 방향과 목표, 이것을 달성하기 위한 내부운영프로세스, 목표달성 여부를 객관적으로 측정·평가할 수 있는 지표들을 하나의 통합적인 관계망으로 포착하는 지표이다. BSC에는 실행의 결과를 나타내는 재무측정지표와 이를 보완하면서 미래의 재무성과에 영향을 주는 운영활동인 고객만족, 내부프로세스, 조직의 학습 및 개선능력과 관련된 세 가지 운영측정지표가 포함되어 있다. 그러므로 비재무적 상태나 무형자산 등에도 비중을 두는 조화로운 비즈니스 전략을 세우고, 모든 분야의 균형적인 KPI를 토대로 종합적인 성과평가시스템을 구축하자는 것이 BSC의 핵심이다.

2. BSC의 4가지 시각

BSC에서는 기업성과와 기업가치를 평가함에 있어서, 회사의 비전달성 및 전략수행을 위해 중요하다고 판단되는 목표들을 네 가지 관점으로 분류하여 평가할 것을 제안하고 있다. 네 가지 관점은 재무적 관점, 고객관점, 내부 비즈니스 관점, 학습과 성장관점이다. BSC는 결과적으로 다음과 같은 4가지 문제제기에 대한 대답이라고 할 수 있는데, 이러한 4가지 대답을 통합적으로 조망할 수 있는 틀을 제공해 주기도 한다.

첫째, 재무적 성공을 입증하기 위해 우리는 주주에게 어떻게 보여야 하는가?(재무적 시각), 둘째, 비전을 달성하기 위해 우리는 고객에게 어떻게 보여야 하는가?(고객의 시각), 셋째, 주주와 고객을 만족시키기 위해 우리는 어떠한 비즈니스 프로세스에 탁월해야 하는가?(내부비즈니스 프로세스 시각), 마지막으로 우리의 비전을 달성하기 위해 변화하고 개선하는 능력을 어떤 방법으로 길러야 하는가?(학습과 성장의 시각)

이러한 문제제기의 기본토대와 중심은 조직이 추구하는 비전과 전략이다. 즉 BSC에서 비전과 전략은 네 가지 관점에서의 목표들로 표현되고, 각 목표의 달성정도는 세부지표에 의해 측정되며 전략적 중요도에 따라 세부지표에 가중치가 주어져 종합지표가 산출된다. 그리고 각 지표의 현재수준은 향후 도달하고자 하는 목표수준과 비교된다.

(1) 재무적 관점

달성된 성과를 정량화된 수치로 표현하는 데에는 재무적 측정지표들을 이용하는 것이 효과적이다. 따라서 BSC는 기존의 재무적 관점(financial perspective)을 유지한다. 재무적 측정지표들은 매출이나 수익성 측면에서 어느 정도의 성과를 달성했는지를 나타내는데, 대표적인 재무적 측정지표로는 투자수익률, 경제적 부가가치(EVA), 수익성 등이 있다.

(2) 고객관점

고객관점(customer perspective)에서는 목표로 삼은 고객과 세부시장을 규명한 후, 고객과 세부시장에 대한 목표와 측정지표를 규정한다. 고객 관점에서의 목표 및 측정지표에는 세부시장에서 고객에게 전달하고자 하는 고유한 가치명제가 포함되어야 한다. 즉 가치명제를 고객이 가치 있다고 평가하는 독특한 욕구와 잠재욕구로 규정한 후, 이를 목표 및 측정지표에 반영해야 한다는 것이다. 여기에 포함될 수 있는 대표적인 측정지표로는 시장점유율, 고객확보율, 고객수익성, 고객유지율, 고객만족도 등이 있다.

(3) 내부비즈니스 관점

내부비즈니스 관점(customer perspective)에서는 재무적 목표와 고객목표를 달성하는 데 초점을 맞춘다. 또한 기존 운영 프로세스의 개선 외에도 프로세스 통합과 미래에 제공할 서비스를 위한 프로세스 개발에도 관심을 가진다. 내부비즈니스의 대표적인 측정지표는 프로세스 타임, 프로세스 품질, 프로세스 원가, 종업원의 능력, 생산성 등이 있다.

(4) 학습과 성장관점

학습과 성장관점(learning and growth perspective)에서는 장기적인 성장과 가치창조를 위해 필요한 목표와 측정지표를 개발한다. 여기서는 앞의 세 가지 관점에서 설정한 목표를 성취하는 데 필요한 조직학습과 성장역량을 측정하는 데 관심을 둔다. 학습과 성장관점에서는 직원의 역량, 정보시스템 역량, 조직역량 등의 세 가지 영역이 존재하며, 각 영역별로 세부적인 측정지표들을 개발한다.

11-6 종합예제

(주)남영은 지난 20년 동안 조립식 주택을 제조해 온 기업이다. 이 회사는 부품공급업체의 하나인 A 회사를 합병하여 기업규모를 확장하였다. 그런데

(주)남영은 A 회사를 독립사업부로서 분리시켜 투자중심점으로 운영하기로 결정하였다.

이 회사는 성과측정치로서 투자수익률을 이용하고 있으며, 경영자에 대한 상여금도 부분적으로는 투자수익률에 기초하여 이루어지고 있다. 영업용 자산에 대한 모든 투자의 법인세차감전 최소수익률은 15%가 될 것으로 예상된다. A 사업부의 투자수익률은 (주)남영으로 합병된 이래 19%에서 22% 사이였다. 지난해 A 사업부는 18%의 추정투자수익률을 갖는 투자기회를 거절하였다. 왜냐하면 이 투자를 수락하게 되면 사업부의 전반적인 투자수익률이 감소될 것으로 생각되었기 때문이다.

이 사업부의 2002년도 손익계산서는 아래와 같다. 2002년 말 A 사업부의 운영자산은 ₩15,500,000이었다. 이 금액은 2001년 기말잔액보다 24% 증가한 것이다.

A 사업부
2002년도 손익계산서

매 출	₩35,000,000
매출원가	24,600,000
매출총이익	10,400,000
영업비용:	
판매비 및 일반관리비	7,600,000
법인세차감전 이익	₩2,800,000

[요구사항]

1. A 사업부의 2002년도 투자수익률과 잔여이익을 각각 계산하시오.
2. 만약 A 사업부의 경영자가 투자수익률 대신에 잔여이익을 성과측정치로 사용하였다면, 2002년에 있었던 투자기회를 수락할 수 있었겠는가?
3. 성과측정치로 투자수익률 대신에 잔여이익을 사용함으로써 해결될 수 있는 투자수익률의 문제점에는 어떠한 것이 있는가?

[해 답]

1. 평균영업용자산 = (₩15,500,000 + ₩12,500,000)/2 = ₩14,000,000
   A 사업부의 투자수익률 = ₩2,800,000/₩14,000,000 = 20%
   A 사업부의 잔여이익 = ₩2,800,000 − (₩14,000,000 × 15%) = ₩700,000

2. 잔여이익을 성과측정치로 사용할 경우 A 사업부는 투자안을 받아들여야 한다. 왜냐하면 최소필요수익률이 15%이기 때문에 18%의 투자안은 투자금액의 3%만큼의 잔여이익을 증가시킬 것이다.
3. 성과측정의 기준치로 잔여이익을 사용하게 되면, 기업전체의 이익을 증가시키는 투자안은 모두 채택하게 되며, 투자규모가 상이한 투자안도 기업전체에 기여할 수 있는 공헌 정도에 따라서 평가할 수 있다.

11-7 요 약

1. 분 권 화

기업이 대규모화됨에 따라 조직이 세분화되고 의사결정권한이 하부로 위양되는 분권화가 이루어진다. 분권화를 하면 최고경영자가 장기적, 전략적 문제에 집중할 수 있고, 의사결정 시간이 단축되며, 직무만족과 동기부여를 할 수 있다는 장점이 있으나 대리인문제가 발생한다는 단점도 갖고 있다.

2. 책임회계

책임회계제도는 통제를 목적으로 기업의 의사결정중심점별로 기업이 성취한 성과를 분류·보고하는 것으로, 이 제도는 분권화된 기업에서 보다 효과적으로 운영될 수 있다. 책임회계제도에서 의사결정중심점을 보통 책임중심점이라 한다. 책임중심점은 개인·부서·생산라인·판매지역·기능 등으로 묶어서 분류될 수 있으나 재무적인 요인을 고려하여 분류할 수도 있다.

3. 책임중심점의 종류

책임중심점의 개념은 관리자들의 책임범위를 정하여 주고 업적평가의 틀을 제공해 주기 때문에 매우 중요하다. 원가중심점(cost center)의 업적은 사전에 결정된 표준원가와 실제원가와의 차이에 의하여 평가될 수 있다. 수익중심점(revenue center)의 업적은 목표매출과 실제매출과의 차이에 의해 평가된다. 이익중심점(profit center)의 업적은 변동예산상의 이익과 실제이익과의 차이에 의하여 평가될 수 있다. 그러나 투자중심점(investment center)의 경우에는 원가나 이익수치에 의하여 평가하게 되면 투자규모가 고려되지 못하기 때문에 공정한 평가가 되지 못한다.

4. 투자중심점의 평가방법

투자중심점의 평가방법에는 투자수익률, 잔여이익, 그리고 EVA 등이 있다. 투자수익률(ROI)은 이익률(margin)에 회전수(turnover)를 곱하여 계산된다. 이는 규모와 업종이 상이한 경우라 하더라도 투자수익률이라는 단일 수치에 의하여 업적평가가 가능하다는 장점이 있으나 준최적화의 문제가 발생한다는 문제점이 있다. 투자수익률의 문제점을 해결하기 위하여 고안된 방법으로 잔여이익과 경제적부가가치가 있다. 잔여이익(RI)은 순영업이익에서 평균영업용자산에 대한 기업의 최저필수수익률을 곱한 수치를 차감한 나머지를 말하며, EVA는 기본적으로 잔여이익과 사고를 같이 하나 세후순영업이익과 자본비용계산시 회계수치를 현금흐름에 근접하도록 수정하여 사용한다는 차이점이 있다.

5. 이전가격

기업내부에서 한 부서와 다른 부서 간에 거래되는 제품이나 서비스에 부과되는 가격을 이전가격(transfer price)이라 한다. 이전가격은 적어도 제품을 제조하여 내부에 대체시키는 사업부의 기회비용을 보장할 수 있는 수준에서 결정되는 것이 합리적이다. 즉 이전가격은 대체되는 제품의 단위당 변동제조원가와 제품을 내부에 대체시킬 경우 포기하는 외부에서 벌어들일 수 있는 기회비용을 더하여 결정될 수 있다. 일반적으로 이전가격은 원가기준, 시장가격기준, 또는 협상가격에 의하여 결정된다.

6. 비재무적 성과지표

경영환경이 바뀜에 따라 기업들은 자동화, JIT, TQM, 공정개선, 제약이론 등의 새로운 관리기법을 채택하게 되었고, 이에 따라 기존의 재무적 성과평가지표의 부적절성을 인식하게 되었다. 따라서 이에 대한 개선으로 현장의 작업능률을 현장에서 측정하여 즉각적인 수정작업을 가능하게 하는 비재무적 성과평가지표의 개발이 이루어지게 되었다. 이와 같은 비재무적 성과평가지표는 품질관리, 원재료관리, 재고관리, 기계작업관리, 물류관리 지표의 다섯 가지로 구분된다.

7. BSC

1990년대 미국에서는 재무적 성과평가지표와 비재무적 성과평가지표를 종합한 균형잡힌 성과기록표가 개발되었다. BSC(Balanced Scorecard)는 기업의 성과 및 개선방안을 재무적 관점, 고객관점, 내부비즈니스 관점, 학습과 성장 관점이라는 네 가지 시각에서 찾고 있다.

Management Accounting

익/힘/문/제

01 다음의 용어들을 간략히 설명하시오.

① 책임중심점
② 투자수익률(ROI: return on investment)
③ 경제적 부가가치(EVA: economic value added)
④ 협상가격(negotiated market price)
⑤ 잔여이익(RI: residual income)
⑥ 이익중심점
⑦ 비용중심점
⑧ 투자중심점
⑨ 분권화된 조직(decentralized organization)
⑩ 책임회계시스템

02 책임회계시스템의 의의와 이 시스템 하에서의 정보흐름을 설명하시오.

03 분권화(decentralization)의 개념과 장점을 설명하시오.

04 분권화된 조직단위는 원가중심점·이익중심점·투자중심점의 세 가지로 구분할 수 있다고 한다. 이들 각각에 대한 개념과 상호간의 차이에 대하여 설명하시오.

05 사업부의 업적평가방법에 대해 설명하시오.

06 투자수익률의 의의와 공식을 간략히 설명하고, 수익·비용·자산 등의 변동이 투자수익률에 미치는 영향을 설명하시오.

07 투자수익률을 구성하는 이익률(margin)과 회전수(turnover)의 의미와 투자수익률을 업적평가방법으로 사용하는 경우 장·단점을 설명하시오.

08 잔여이익의 계산방법과 이의 업적평가방법으로서의 장·단점을 설명하시오.

09 투자수익률과 잔여이익의 차이점을 설명하시오.

10 투자중심점(investment center)의 업적평가방법에 대하여 설명하시오.

11 순영업이익과 영업용자산의 개념상 차이점을 설명하시오.

12 투자수익률의 계산에 있어서 영업용자산 중 유형고정자산에 대하여 순장부가액을 사용할 것인가 아니면 총장부가액을 사용할 것인가의 문제는 매우 중요하다고 한다. 순장부가액과 총장부가액의 사용에 대한 찬반양론의 주장근거를 설명하시오.

13 이전가격의 의의·중요성, 이전가격결정에 대한 일반공식 그리고 이전가격결정방법에 대하여 설명하시오.

14 이전가격의 의의와 필요성 및 이전가격결정방법을 나열하고, 각각에 대한 장·단점을 비교 설명하시오.

15 원가기준에 의한 이전가격의 결정에 대하여 설명하시오.

16 시장가격에 의한 이전가격의 결정에 대하여 설명하시오.

17 협상에 의한 이전가격의 결정에 대하여 설명하시오.

Chapter 11 연습문제 Management Accounting

[객관식]

1 성과평가 및 보상에 관한 설명으로 옳은 것은? (2015, 세무사)

① 투자이익률(return on investment, ROI)은 사업부 또는 하위 사업단위의 성과평가에 적용될 수 있으나, 개별 투자안의 성과평가에는 적용되지 않는다.

② 잔여이익(residual income, RI)은 영업이익으로부터 산출되며, 평가대상의 위험을 반영하지 못한다.

③ 투자이익률(ROI)에 비해 잔여이익(RI)은 투자규모가 서로 다른 사업부의 성과를 비교·평가하기에 용이하다.

④ 상대평가에 비해 절대평가는 인구, 경제상황, 규제정책 등 공통의 불가능한 요소가 성과평가에 미치는 영향을 제거하기 쉽다.

⑤ 경영자가 장기적 성과에 관심을 갖도록 동기부여하기 위해 회사의 주가를 기준으로 보상을 결정하는 방법이 있다.

2 투자수익률(ROI), 잔여이익(RI) 및 경제적 부가가치(EVA)에 대한 설명으로 옳지 않은 것은? (2007, 세무사)

① ROI를 전문경영자의 보상평가기준으로 사용한다면 대리인비용이 절감되고 투자안의 경제성 평가기준으로 사용될 수 있다.

② EVA는 타인자본비용뿐만 아니라 자기자본비용도 고려하여 산출한다.

③ EVA는 주주의 입장에서 바라보는 이익개념으로 기업고유의 영업활동에서 창출된 순가치의 증가분을 의미한다.

④ ROI는 회사 전체적으로 채택하는 것이 유리한 투자안을 부당하게 기각할 가능성이 있지

만, RI와 EVA는 그럴 가능성이 없다.
⑤ RI는 ROI의 단점인 준최적화현상을 보완하기 위하여 개발되었다.

3 (주)강릉은 다음과 같은 3개의 사업부(A, B, C)를 갖고 있다. 다음 자료를 이용하여 각 사업부를 잔여이익으로 평가했을 때 성과가 높은 사업부 순서대로 옳게 배열한 것은? (2010, 세무사)

구　분	A	B	C
투자액	₩1,300,000	₩1,200,000	₩1,500,000
영업이익	300,000	330,000	350,000
최저필수수익률	15%	19%	16%

① C > A > B　② C > B > A　③ B > A > C
④ A > C > B　⑤ A > B > C

4 (주)서강의 A부문의 20×1년도 회계자료는 아래와 같다.

매　출	₩1,000,000
변동원가	600,000
고정원가(추적가능원가)	100,000
평균투자자본	200,000
부가이자율(최저필수수익률)	6%

위의 자료에 따라 잔여이익을 구하면 얼마인가? (2001, 세무사)

① ₩168,000　② ₩202,000　③ ₩288,000
④ ₩312,000　⑤ ₩420,000

5 다음은 (주)누리의 남부사업부와 중부사업부의 재무상대표와 손익계산서 자료의 일부이다.

	남부사업부	중부사업부
총 자 산	₩2,000,000	₩10,000,000
유동부채	500,000	3,000,000
세전영업이익	250,000	2,000,000

(주)누리의 가중평균자본비용 계산에 관련된 자료는 다음과 같다.

장기부채 :	시장가치 ₩7,000,000	이자율 10%
자기자본 :	시장가치 7,000,000	자본비용 14%

법인세율은 40%이다. 남부사업부와 중부사업부의 경제적 부가가치(EVA)는 얼마인가?(단, 각 사업부에는 동일한 가중평균자본비용을 적용한다) (2006, 세무사)

	남부사업부	중부사업부
①	₩100,000	₩130,000
②	₩50,000	₩130,000
③	₩0	₩500,000
④	₩50,000	₩200,000
⑤	₩100,000	₩200,000

6 투자중심점(investment center)의 투자성과 평가지표에 관한 다음의 설명 중 가장 타당하지 않은 것은? (2009, CPA)

① 투자수익률(return on investment: ROI)은 투하자본에 대한 투자이익의 비율을 나타내는 수익성 지표이며, 매출이익률에 자산회전율을 곱하여 계산할 수 있다.
② 투자수익률은 기업의 여러 투자중심점의 성과를 비교하는 데 유용할 수 있지만, 투자수익률의 수준이 투자중심점 경영자의 성과평가기준으로 사용될 경우에는 목표불일치 문제를 야기할 수 있다.
③ 잔여이익에 의한 투자중심점 성과평가는 투자수익률에 의한 준최적화 문제를 해결할 수 있으며, 각기 다른 투자규모의 투자중심점들의 성과를 잔여이익에 의하여 직접적으로 비교평가할 수 있는 장점이 있다.
④ 경제적 부가가치(economic value added: EVA)는 세후영업이익에서 투하자본에 대한 자본비용을 차감하여 계산할 수 있다.
⑤ 경제적 부가가치의 관점에서는 영업이익이 당기순이익보다 기업의 경영성과를 평가하는 데 유용한 지표라고 본다.

7 (주)한국의 엔진사업부는 단일의 제품을 생산·판매하는 투자중심점이다. (주)한국의 최근 몇 해 동안의 투자수일률(ROI)은 평균 20%이며, 자본비용(즉, 최저필수수익률)은 15%이다. 다음은 20×1년 회계연도 (주)한국의 엔진사업부에 관한 예산자료이다.

• 엔진사업부의 연간 총고정원가	₩200,000
• 제품단위당 변동원가	₩100
• 제품의 연간 생산·판매량	1,000단위
• 엔진사업부에 투자된 평균영업시간	₩500,000

(주)한국의 CEO는 엔진사업부 경영자의 성과평가측정자료로 수익률 혹은 잔여이익(residual

income)을 고려중이다. 만약 투자수익률이 채택되는 경우, 엔진사업부 경영자가 불리한 평가를 받지 않기 위해서는 20×1년 회계연도에 20% 이상의 투자수익률을 달성하여야 한다. 만약 잔여이익이 채택되는 경우, 20×1 회계연도에 엔진사업부가 음(-)의 잔여이익을 창출하게 되면 유리한 성과평가를 받을 수 없게 된다. (주)한국이 엔진사업부의 성과평가측정치로 투자수익률 혹은 잔여이익을 사용하게 되는 각각의 경우에 대해, 엔진사업부 경영자가 20×1 회계연도에 불리한 평가를 받지 않기 위해 책정하여야 하는 제품단위당 최소평균판매가격은 얼마인가?

(2015, CPA)

	투자수익률을 사용하는 경우	잔여이익을 사용하는 경우
①	₩375	₩380
②	₩375	₩390
③	₩375	₩400
④	₩400	₩375
⑤	₩400	₩390

8 (주)세무는 전자제품을 생산·판매하는 회사로서, 세 개의 사업부 A, B, C는 모두 투자중심점으로 설계·운영되고 있다. 회사 및 각 사업부의 최저필수수익률은 20%이며, 각 사업부의 20×1년 매출액, 영업이익 및 영업자산에 관한 자료는 다음과 같다.

	사업부 A	사업부 B	사업부 C
매출액	₩400,000	₩500,000	₩300,000
영업이익	32,000	30,000	21,000
평균영업자산	100,000	50,000	50,000

현재 사업부 A는 ₩40,000을 투자하면 연간 ₩10,000의 영업이익을 추가로 얻을 수 있는 새로운 투자안을 고려하고 있다. 이 새로운 투자에 소요되는 예산은 현재의 자본비용 수준으로 조달할 수 있다. (주)세무가 투자수익률 혹은 잔여이익으로 사어부를 평가하는 경우, 다음 설명 중 옳지 않은 것은? (2014, 세무사)

① 투자수익률로 사업부를 평가하는 경우, 20×1년에는 사업부 B가 가장 우수하다.
② 잔여이익으로 사업부를 평가하는 경우, 20×1년에는 사업부 B가 가장 우수하다.
③ 잔여이익으로 사업부를 평가하는 경우, 사업부 A의 경영자는 동 사업부가 현재 고려중인 투자안을 채택할 것이다.
④ 투자수익률로 사업부를 평가하는 경우, 사업부 A의 경영자는 동 사업부가 현재 고려중인 투자안을 채택할 것이다.
⑤ 투자수익률 혹은 잔여이익 중 어느 것으로 사업부를 평가하는 경우라도, 회사 전체 관점에

서는 사업부 A가 고려중인 투자안을 채택하는 것이 유리하다.

9 대한회사는 분권화된 사업부 A와 사업부 B를 이익중심점으로 설정하여 운영하고 있다. 그 동안 사업부A는 부품을 생산하여 단위당 ₩110으로 사업부B에 공급해 왔다. 그런데 최근에 사업부 B는 외부공급업체로부터 부품을 단위당 ₩90에 공급해 주겠다는 제안을 받고 있다. 사업부 A는 생산하고 있는 부품을 사업부 B 이외에는 판매할 수 없으며 부품의 단위당 제조원가는 다음과 같다.

직접재료원가	₩40
직접노무원가	28
변동제조간접원가	12
고정제조간접원가	24
	₩104

사업부A의 고정제조간접원가는 부품의 생산여부에 관계없이 계속 발생한다. 다음 설명 중 옳지 않은 것은? (2007, 세무사)

① 사업부B의 경영자는 사업부A에 대하여 현재의 사내이전가격을 ₩90 이하로 낮추어 줄 것을 요구할 것이다.
② 사업부A가 현재의 사내이전가격을 그대로 유지하고자 한다면 사업부B의 경영자는 부품의 공급자를 외부공급업자로 변경하는 것이 유리하다.
③ 사업부A가 요구할 수 있는 최소한의 내부이전가격은 ₩90이다.
④ 사업부A는 부품을 단위당 ₩90으로 사업부B에 공급하면 단위당 ₩10만큼의 공헌이익이 발생하게 된다.
⑤ 회사전체의 입장에서는 부품을 자가제조하여 사내이전하는 것이 단위당 ₩10만큼 유리하다.

10 (주)세무는 사업부 A와 사업부 B를 이익중심점으로 운영하고 있다. 사업부 B는 사업부 A에 고급형 제품 X를 매월 10,000단위 공급해 줄 것을 요청하였다. 사업부 A는 현재 일반형 제품 X를 매월 50,000단위를 생산·판매하고 있으나, 고급형 제품 X를 생산하고 있지 않다. 회계부서의 원가분석에 의하면 고급형 제품 X의 단위당 변동제조원가는 ₩120, 단위당 포장 및 배송비는 ₩10으로 예상된다. 사업부 A가 고급형 제품 X 한 단위를 생산하기 위해서는 일반형 제품 X 1.5단위의 생산을 포기하여야 한다. 일반형 제품 X는 현재 단위당 ₩400에 판매되고 있으며, 단위당 변동제조원가와 단위당 포장 및 배송비는 각각 ₩180과 ₩60이다. 사업부 A의 월 고정원가 총액은 사업부 B의 요청을 수락하더라도 변동이 없을 것으로 예상된다. 사업부 A가 현재와 동일한 월간 영업이익을 유지하기 위해서는 사업부 B에 부과해야 할 고급형 제품 X 한 단위당 최소 판매가격은 얼마인가?(단, 사업부 A의 월초 재고 및 월말 재고는 없다) (2014, 세무사)

① ₩220 ② ₩270 ③ ₩290
④ ₩370 ⑤ ₩390

11 대한회사의 부품 생산부문은 최대생산량인 360,000단위를 생산하여 외부시장에 전량 판매하고 있다. 부품생산 부문의 관련정보는 다음과 같다.

단위당 외부판매가	₩100
단위당 변동제조원가	58
단위당 변동판매비	8
단위당 고정제조원가	14
단위당 고정관리비	10

단위당 고정원가는 최대생산량 360,000단위 기준의 수치이다. 부품 생산부문의 이익을 극대화시키기 위해 사내대체를 허용할 수 있는 단위당 최소 사내대체가격은 얼마인가? (단, 사내대체물에 대해서는 변동판매비가 발생하지 않음) (2008, 세무사)

① ₩58 ② ₩66 ③ ₩90
④ ₩92 ⑤ ₩100

12 (주)대한은 무선비행기생산부문과 엔진생산부문으로 구성되어 있다. 엔진생산부문에서는 무선비행기 생산에 사용하는 엔진을 자체생산하며, 엔진 1개당 ₩100의 변동원가가 발생한다. 외부업체가 (주)대한의 무선비행기생산부문에 연간 사용할 20,000개의 엔진을 1개당 ₩90에 납품하겠다고 제의했다. 이 외부납품 엔진을 사용하면 무선비행기생산부문에서는 연간 ₩100,000의 고정원가가 추가로 발생한다. 엔진생산부문은 자체 생산 엔진을 외부에 판매하지 못한다. 각 부문이 부문이익을 최대화하기 위하여 자율적으로 의사결정을 한다면 사내대체가격의 범위에 대한 설명으로 옳은 것은? (2009, 세무사)

① 사내대체가격이 ₩85에서 ₩100 사이에 존재한다.
② 사내대체가격이 ₩90에서 ₩100 사이에 존재한다.
③ 사내대체가격이 ₩95에서 ₩100 사이에 존재한다.
④ 사내대체가격의 범위는 존재하지 않는다.
⑤ 엔진생산부문 사내대체가격의 하한은 ₩95이다.

13 다음 중 균형성과표에 관한 다음의 설명 중 옳지 않은 것은? (2014, CPA)

① 균형성과표에서 전략에 근거하여 도출한 비재무적 성과측정치는 재무적 성과측정치의 후행지표가 된다.

② 균형성과표의 다양한 성과지표 간의 인과관계를 통하여 조직의 전략목표 달성과정을 제시하는 성과지표의 체계를 전략지도(strategy map)라고 한다.
③ 균형성과표의 고객관점은 고객만족에 대한 성과를 측정하는 데 고객만족도, 고객유지율, 반고구매 정도, 시장점유율 등의 지표가 사용된다.
④ 균형성과표의 내부프로세스 관점은 기업내부의 업무가 효율적으로 수행되는 정도를 의미하는데 불량률, 작업폐물, 수율, 납기, 생산처리시간 등의 지표가 사용된다.
⑤ 균형성과표의 학습과 성장관점은 기존의 프로세스와 제품에 만조하지 않고 기술 및 제품의 혁신적인 발전을 추구하는 정도를 의미하는데 종업원만족도, 종업원 이직률, 조업원 1인단 사내훈련시간 등의 지표가 이용된다.

14 균형성과표(제도)에 관련된 설명으로 가장 옳지 않은 것은? (2006, CPA)

① 균형성과표는 기업의 가치를 향상시키기 위해 전통적인 재무적 지표 이외에 다양한 관점의 성과지표가 측정되어야 한다는 것을 강조하고 있다.
② 고객의 관점은 고객만족에 대한 성과를 측정하는 데 고객만족도 조사, 고객확보율, 고객유지율, 반복구매 정도 등의 지표가 사용된다.
③ 내부프로세스의 관점은 원가를 낮은 수준에서 유지하여 제품을 저렴한 가격으로 고객에게 제공할 수 있도록 기업내부의 업무가 효율적으로 수행되는 정도를 의미하는 데 불량률, 작업폐물, 재작업률, 수율, 납기, 생산처리시간 등의 지표가 사용된다.
④ 학습과 성장의 관점은 기존의 프로세스와 제품에 만족하지 않고 기술 및 제품의 혁신적인 발전을 추구하는 정도를 의미하는 데 종업원만족도, 전략적 직무충족도 등의 지표가 이용된다.
⑤ 재무적 성과는 수익을 제공하는 고객으로부터 달성될 수 있으므로 고객관점지표가 재무적 지표의 동인이 될 수 있으나, 내부프로세스의 효율성 향상과 재무적 성과에 따라 학습과 성장의 지표가 달성되므로 결국 학습과 성장의 지표가 최종적인 결과물이 된다.

15 (주)국세는 야구공을 생산 · 판매하고 있으며, 월간 최대생산능력은 30,000단위이다. (주)국세가 생산하는 야구공의 단위당 원가자료는 다음과 같다.

직접재료원가	₩200
직접노무원가	100
변동제조간접원가	50
고정제조간접원가	100
변동판매비와 관리비	25
고정판매비와 관리비	30

(주)국세는 현재 정상주문에 대해 단위당 ₩500의 가격으로 판매를 하고 있는데, 최근 해외사업자로부터 할인된 가격으로 3,000단위를 구입하겠다는 특별주문을 받았다. (주)국세가 이 주

문을 수락할 경우에는 생산능력의 제한으로 인하여 기존 정산주문 중 1,200단위의 판매를 포기해야 한다. 그러나 특별주문 수량에 대한 단위당 변동판매비와관리비는 ₩5만큼 감소할 것으로 예상하고 있다. (주)국세가 해외사업자의 특별주문에 대하여 제시할 수 있는 단위당 최저 판매가격은 얼마인가? (2013, 세무사)

① ₩370 ② ₩375 ③ ₩420
④ ₩425 ⑤ ₩500

[주관식]

11-1 다음은 3개 기업의 매출액 및 기업활동에 대한 자료이다.

	A 회사	B 회사	C 회사
매 출 액	₩12,000,000	₩14,000,000	₩25,000,000
평균영업용자산	3,000,000	7,000,000	5,000,000
순영업이익	600,000	560,000	800,000
자 본	1,500,000	2,900,000	3,000,000
최저필수수익률	14%	10%	16%

[요구사항]

1. 각 기업에 대한 투자수익률을 계산하시오.
2. 각 기업에 대한 잔여이익을 계산하시오.
3. 각 기업은 15%의 수익률을 가져올 수 있는 투자기회를 제시받았다고 가정하시오.
   (1) 투자수익률에 의해서 업적을 측정하는 경우 어느 기업이 투자기회를 수락 혹은 거절할 수 있겠는가? 그 이유를 설명하시오.
   (2) 잔여이익에 의해서 업적을 측정하는 경우 어느 기업이 투자기회를 수락 혹은 거절할 수 있겠는가? 그 이유를 설명하시오.

11-2 다음은 서강상사의 전년도 손익계산서상의 자료이다.

		단 위 당
매 출 액	₩1,000,000	₩50.00
변동원가	600,000	30.00
공헌이익	400,000	20.00
고정원가	320,000	16.00
영업이익	80,000	4.00
법 인 세(40%)	32,000	1.60
순 이 익	₩48,000	₩2.40

이 회사의 전년도 평균 영업용자산은 ₩500,000이었다.

[요구사항]

1. 이 회사의 전년도 ROI를 계산하시오.
2. 이 회사가 직접재료원가를 ₩10,000 절감시켰을 경우의 ROI를 계산하시오.
3. 판매수량 증가로 인하여 매출액이 ₩100,000 증가하였을 경우의 ROI를 계산하시오.

11-3 서강주식회사는 갑과 을 두 개의 사업부를 가지고 있다. 이들 사업부의 관련 자료는 다음과 같다.

	갑 사업부	을 사업부
매 출 액	₩3,000,000	₩9,000,000
변동원가	2,000,000	6,000,000
추적가능고정원가	790,000	2,280,000
법 인 세	63,000	216,000
평균영업자산	1,000,000	4,000,000
평균고정자산	650,000	1,200,000

[요구사항]

1. 각 사업부의 투자수익률을 계산하시오.
2. 만약 갑 사업부가 직접재료원가를 ₩60,000 절감시켰다면 갑 사업부의 투자수익률을 구하시오.
3. 갑 사업부의 매출액이 ₩300,000 증가하였다면 갑 사업부의 투자수익률을 구하시오.
4. 이 회사는 잔여이익을 사용하여 업적을 평가하고 있으며, 최소투자수익률이 15%라고 가정하시오. 각 사업부의 잔여이익을 계산하시오.
5. 갑 사업부보다 을 사업부의 잔여이익이 더 크다면, 이것은 갑 사업부보다 을 사업부의 관리가 잘되었다는 것을 의미하는가? 그렇다면 그 이유를 설명하시오.

11-4 서강회사는 규격 밸브를 생산하는 사업부를 가지고 있다. 밸브사업부에서 발생하는 비용은 다음과 같다.

사업부 최대 생산량	100,000
외부 판매 가격	₩30
단위당 변동원가	16
단위당 고정원가	9

서강회사는 밸브사업부에서 생산하는 밸브를 사용하는 펌프사업부를 가지고 있다.

현재 펌프사업부는 해외에서 단위당 ₩29에 연간 100,000(개)의 밸브를 수입하여 사용하고 있다.

[요구사항]

1. 만약 밸브사업부가 펌프사업부의 요구에 응할 수 있는 충분한 여유생산능력을 가지고 있다면 두 사업부간의 가능한 대체가격의 범위는 어떻게 되겠는가?
2. 만약 밸브사업부가 외부판매외의 여유생산능력이 없다면 두 사업부간에 가능한 대체 가

격의 범위는 어떻게 되겠는가?

3. 만약 밸브사업부가 외부판매 외에 여유생산능력은 없으나, 내부 대체시에 단위당 변동원가가 ₩3씩 절약할 수 있다면 이때 두 사업부간 가능한 대체가격의 범위를 구하시오.

11-5 (주)마포는 A, B 두 개의 사업부를 가지고 있다. 다음은 사업부 A에 관한 자료이다.

최대 생산능력	50,000개
외부 판매가격	₩30
단위당 변동원가	₩18
단위당 고정원가	₩3

사업부 B는 A 사업부에서 생산되는 부품을 사용하고 싶어 한다. 사업부 B는 이 부품을 외부에서 단위당 ₩28에 구입하고 있다. 만약, 이 부품을 내부대체한다면 단위당 ₩1의 변동원가를 절약할 수 있다.

[요구사항]

1. 사업부 A는 생산량의 전부를 외부에서 ₩30의 가격에 판매할 수 있다고 하면, 사업부 A의 관점에서 최소대체가격을 구하시오.
2. 사업부 A는 외부판매를 줄이지 않고도 사업부 B에 부품을 공급할 수 있는 충분한 여유생산 능력을 가지고 있다면, 사업부 A의 관점에서 최소대체 가격을 구하시오.

11-6 (주)서강은 갑 사업부와 을 사업부 두 개의 사업부를 가지고 있다. 을 사업부는 갑 사업부에게 단위당 ₩10의 변동원가가 드는 20,000개의 특별주문을 하려고 하고 있다. 을 사업부는 이 부품을 외부에서 ₩29에 구입할 수 있다고 한다.

갑 사업부는 을 사업부의 특별주문을 수락하려면 지금 생산하고 있는 부품 A의 생산을 줄여야 한다. 부품 A는 단위당 ₩30에 외부에 판매할 수 있으며, 단위당 ₩12의 변동원가와 단위당 4원의 포장비 및 운송비가 필요한 부품이다. 특별주문 수락시 포장비 및 운송비는 ₩1이 된다. 이 회사는 현재 매년 100,000개의 부품 A를 생산, 판매하고 있으며, 만약 특별주문을 수락한다면 부품 A의 생산, 판매량은 20% 감소할 것이다.

[요구사항]

1. 두 사업부 간 대체 가능한 대체가격의 범위를 구하시오.
2. 회사 전체를 위하여 두 사업부는 대체하는 것이 좋은가? 좋다면 그 이유를 설명하시오.

11-7 서강기계회사는 주물부문과 공작기계부문으로 운영되고 있는데, 공작기계부문은 주물부문이 연간 20,000단위의 주물을 특별공급해 줄 것을 요청하고 있다. 이러한 특별주물을 제작하는 데에는 단위당 ₩12의 변동제조원가가 들어가고, 이와 동시에 현재 제작하고 있는 일반주물의 생산을 줄여야 한다. 현재 생산되고 있는 일반주물은 100,000단위이고, 특별주물의 제작시 일반주물의 생산량이 25% 감소될 것으로 예상되는데, 일반주물의 변동제조원가는 단위당 ₩18이고 판매가격은 ₩40이다. 또한 포장 및 운송비용의 경우, 일반주물은 단위당 ₩6이고, 특별주문의 경우에는 단위당 ₩1이다.

[요구사항]

위의 정보 이외의 다른 요소들에 대한 고려가 없다면 주물부문의 공작기계부문에 대한 최소한의 이전가격은 단위당 얼마인가?

11-8 서강산업은 최근 TV부품을 생산하는 중소기업체를 취득하여 자율권을 지닌 부품사업부서로 만들었다. 새부품사업부는 외부구매자들에게 부품을 한 단위에 ₩20,000씩 판매하고 있다. 부품사업부가 제조하는 TV부품의 단위당 제조원가는 다음과 같다.

변동원가	₩11,000
고정원가(월생산량 10,000단위기준)	6,000
단위당 총제조원가	₩17,000

한편, 서강산업은 TV를 조립하는 조립사업부도 가지고 있다. 조립사업부는 현재 외국의 공급자로부터 TV부품 한 단위당 국제가격 ₩20,000에서 10% 할인받은 ₩18,000에 3,000단위의 TV부품을 공급받고 있다. 서강산업의 사장은 TV부품의 구입과 관련해서 발생될 이익을 회사 내부로 흡수시키기 위해서 조립사업부가 될 수 있는 한 부품사업부로부터 부품을 구입해 주기를 원하고 있다.

[요구사항]

1. 서강산업은 TV부품 전 생산량을 외부 TV생산업체에 판매할 수 있다.
   (1) 조립사업부가 부품사업부로부터 매월 TV부품 3,000단위를 구입하려 한다면, 이때 이전가격은 얼마로 결정되어야 하겠는가?
   (2) 부품사업부가 외국공급가격으로 매월 TV부품 3,000단위를 조립사업부에 공급한다면 이 회사의 이익에는 어떤 영향을 미치겠는가?
   (3) TV부품의 국내 시장가격이 ₩20,000임에도 불구하고 부품사업부가 조립사업부에 ₩20,000 이하로 TV부품을 판매한다면 그 이유는 무엇인가?

2. 서강산업은 현재 외부구매자에게 매월 6,000단위를 ₩20,000씩에 공급해 주고 있다.
   (1) 조립사업부가 부품사업부로부터 매월 TV부품 3,000단위를 구입하려 한다면, 이때 이전가격은 어떻게 결정되겠는가?
   (2) 외부의 공급자가 단위당 판매가격을 인하하여 ₩16,000으로 결정하였다고 가정하자. 부품사업부도 가격을 인하하여야 하겠는가?
   (3) 부품사업부가 가격을 인하하지 않음에도 불구하고 조립사업부는 회사 전체의 이익을 위해서 계속 부품사업부로부터 부품을 공급받아야 하겠는가?
   (4) 부품사업부가 받아들일 수 있는 최저이전가격을 구하시오.

11-9 서강주식회사는 두 개의 사업부 갑과 을을 가지고 있다. 이 회사의 여러 제품들 중 갑 사업부는 주요부품을 생산하며, 을 사업부는 이 부품을 조립하여 완제품을 만든다. 부품과 완제품은 모두 시장에서 거래되고 있으며, 개별사업부들은 각각 이익중심점으로 운영되고 있다. 부품의 대체가격은 장기평균시장가격으로 설정되었다.

다음 자료는 각 사업부에 관한 것이다.

완제품의 추정판매가격	₩300
중간제품의 장기평균가격	200
을 사업부에서 완제품을 만들기 위한 지출원가	150
갑 사업부에서의 지출원가	120

을 사업부의 경영자는 다음과 같은 계산을 했다.

완제품의 판매가격		₩300
대체원가(시장가격)	₩200	
완제품을 만들기 위한 지출원가	150	350
단위당 공헌손실		₩(50)

[요구사항]

1. 갑 사업부의 유휴생산능력이 없다고 가정하자.
   (1) 회사전체의 관점에서 갑 사업부는 을 사업부로 부품을 대체하여야 하는가?
   (2) 갑 사업부와 을 사업부가 모두 수용가능한 대체가격의 범위를 구하시오.
   (3) 이 경우 시장가격이 과연 올바른 대체가격인가?
2. 갑 사업부의 최대생산능력이 월 1,000단위이며 현재 이 중 800단위만을 시장에서 단위당 ₩200에 판매할 수 있다고 가정하자. 갑 사업부는 유휴생산능력이 존재함에도 불구하고 외부판매가격을 인하하지는 않을 것이라고 한다.
   (1) 회사 전체의 관점에서 갑 사업부는 을 사업부로 200단위를 대체하여야 하는가?

(2) 갑 사업부와 을 사업부가 모두 수용가능한 대체가격의 범위를 구하시오.

(3) 완제품의 시장수요는 충분하지만 판매가격이 불확실하다면 적절한 대체가격을 구하시오.

3. 요구사항 2.에서 갑 사업부가 200단위의 대체가격을 ₩150으로 설정하였다고 가정하자.

(1) 대체가 이루어졌다면 회사전체에 대한 공헌액은 얼마가 증가하는가?

(2) 당신이 을 사업부의 경영자라면 ₩150에 구입하겠는가?

11-10 (주)갑은 분권화된 사업부 1과 사업부 2를 이익중심점(이익책임단위)으로 설정하고 있다. 사업부 1은 반제품 A를 생산하여 사업부 2에 이전(대체)하거나 외부시장에 판매할 수 있다. 사업부 2가 제품 B를 생산하려면, 반제품 A를 사업부 1로부터 구입하여야 하며 외부시장에서 구입할 수는 없다.

반제품 A와 제품 B에 관한 단위당 자료는 다음과 같다.

사업부 1: 반제품 A의 생산, 판매		사업부 2: 제품 B의 생산, 판매	
· 외부판매가격:	25	· 외부판매가격:	80
· 변동원가:	10	· 변동가공원가:	30
		· 변동판매관리비:	5

[요구사항]

만약 사업부 1이 유휴생산능력을 보유하고 있지 않다면, 두 사업부 간 이전거래(대체거래)가 이루어지는 반제품 A의 단위당 사내이전가격(사내대체가격)을 구하시오.

"쉬어 가기"

월가 CEO '먹튀' 방지 … 인센티브 4년 후에 지급

금융당국, 새 규제안 발표 … 단기 실적 위해 무리한 투자 관행 제동

2016.4.22 머니투데이

앞으로 월가의 대형 금융회사 경영진들은 보너스를 최소 4년 이후에 받을 수 있게 될 전망이다. 무리한 투자를 통해 자신의 재임기간에 실적을 높인 후 거액의 보너스를 챙기고 이후 발생하는 부실에 대해서는 책임지지 않는 것을 원천 차단하겠다는 뜻으로 풀이된다.

미국 전국신용조합감독청(NCUA)은 21일(현지시간) 이같은 내용을 담은 규제안을 공개했다. 의견 수렴 절차를 거쳐 최종안이 확정될 예정이다.

NCUA가 내놓은 규제안은 자산 규모가 2,500억달러(약 283조 7,500억원) 이상인 금융회사에 모두 적용된다. 은행 고위 임원은 물론 투자자문가, 중개인 등이 받는 인센티브가 대상이다. 실적과 관계없이 지급하는 보너스에는 적용되지 않는다.

이 규제안이 확정되면 금융회사 경영진은 최소 4년 이후에 인센티브를 받을 수 있게 된다. 이를 통해 금융회사가 투자 실패로 막대한 손실을 기록하고 있는 상황에서 경영진은 거액의 인센티브를 챙기는 관행을 뿌리 뽑는다는 계획이다.

당장 실적이 좋더라도 4년 안에 부실이 발견되면 인센티브를 손쉽게 회수할 수 있을 것으로 기대된다.

특히 초대형 금융회사는 경영자의 결정이 회사에 손실을 끼친 경우 최소 7년까지 인센티브를 환수할 수 있다.

실적에 따라 인센티브를 지급하는 금융회사의 인센티브 관행이 글로벌 금융위기를 몰고 왔다는 지적이 계속돼 왔다. CEO들은 장기성과 보다는 단기성과에 초점을 맞추게 되고 이는 부실로 이어졌다.

미국 금융 당국이 내놓은 이번 규제안은 과거에 비해 강도가 더 강해졌다. 초안에는 경영진의 연봉을 3년간 50%만 지급하도록 했었다.

파이낸셜 리폼의 마커스 스탠리 이사는 "이번 규제안은 2011 초안에 비해 상당히 진전된 것"이라고 평가했다.

한편 지난해 월가 경영진들의 평균 인센티브는 9% 감소한 14만 6,200달러(약 1억 6,600만원)로 집계됐다.

12

관련원가와 특수의사결정

Introduction

항공사에 있어 유가는 원가에 있어 차지하는 비중이 절대적이다. 1970년대 오일쇼크 이후 최근까지 유가는 지속적으로 상승하는 추세를 보여 항공사에 있어 원가절감은 항상 경영의 주요 화두였다. 국외 및 국내 대형항공사들이 원가절감을 위해 선택한 것은 바로 아웃소싱이다. IT업무에서부터 심지어 항공사 고유의 업무로 여겨지던 발권업무까지 아웃소싱 대상으로 확대되는 추세에 있다.

아웃소싱의 주된 목표는 비용절감이다. 미국의 델타항공사는 개발도상국의 영어가능자 인적자원을 활용하여 콜센터 서비스 업무를 아웃소싱하였다. 이를 통해 관련 업무에 소요되었던 비용의 20% 이상이 절감되었다. 비용절감뿐만이 아니다. 국내의 아시아나 항공사는 IBM과 IT업무 등을 제휴함으로써 비용절감은 물론 비즈니스 전반의 가치사슬에서 상당한 부가가치를 창출하였다.

잡다한 업무를 아웃소싱함으로써 기업은 보다 높은 부가가치 창출 영역에 한정된 자원을 집중하여 보다 양질의 부가가치를 창출할 수 있게 되었다. 델타항공사는 화물수송기의 수선 및 유지를 아웃소싱함으로써 큰 폭의 비용절감 효과를 달성하였으며, 동시에 관련 수선 등에 사용되던 고급 인력자원을 고가의 항공기 수선 및 유지에 집중 투입하였다. 그 결과 비용절감의 직접적 효과뿐만 아니라, 고급항공노선의 안정적 운영이 이루어져 고객만족도 향상 및 항공운항 스케줄 운영의 효율성이 극대화되었다.

기업의 정책결정에는 항상 기회비용이 따르게 된다. 이익을 극대화하기 위해 최고경영자는 정책의 변화로 인해 발생하는 기회이익과 기회비용을 동시에 고려하여 이익을 극대화하여야 한다. 본 장의 학습을 통해 최고경영자가 직면하는 다양한 의사결정에 대해 배우게 될 것이다.

Chapter 12

관련원가와 특수의사결정

12-1 관련원가와 특수의사결정의 의의

의사결정은 일정한 목적 또는 목표를 달성하기 위해 여러 가지 다양한 대안을 놓고 최적의 대안을 선택하는 과정으로서 경영자의 기본적인 기능 중의 하나이다. 각 대안에 대해서 모든 관련 원가정보를 제공받을 수 있다면 의사결정은 상당히 수월해진다. 경영자들은 항상 어떤 제품을 판매할 것인가, 이떠한 생산방법을 채택할 것인가, 부품을 자가제조할 것인가 아니면 외부구입할 것인가, 가격을 얼마로 책정할 것인가, 어떤 유통경로를 이용할 것인가, 특정 가격조건의 주문을 수락할 것인가 등의 특수한 의사결정문제에 직면하고 있다. 이러한 의사결정은 힘들고 복잡한 과업이다. 또한 이러한 의사결정 과업은 기업이 직면하고 있는 의사결정 상황에서 선택할 수 있는 대안이 다수 존재하기 때문에 더욱더 어려워진다.

(1) 관련원가

의사결정시 원가(cost)는 항상 가장 중요한 요인 중의 하나이다. 그리고 의사결정과정의 한 단계로서 대안간의 원가비교는 필수적이다. 문제는 대안과 관계된 원가의 일부가 의사결정과는 관련이 없을 수도 있다는 것이다. 관련원가(relevant costs)는 경영자가 선택하는 대안과 관련이 있다는 의미에서 특정의 의사결정에 적용되는 원가로써 여러 대안 사이에 차이가 나는 미래의 예상원가라고 정의된다.

동일한 원가라도 의사결정하는 상황 또는 목표에 따라 관련원가가 될 수도 있고 비관련원가가 될 수도 있다. 예를 들어 100개를 추가생산할 것인지를 의사결정하려는 경우 직접재료원가는 관련원가이다. 왜냐하면 추가생산하면 발생하고, 추가생산하지 않으면 발생하지 않지 않기 때문이다. 즉, 직접재료원가는 '추가생산한다'는 대안과 '추가생산하지 않는다'는 두 대안 간에 차이를 발생시키는 미래원가이므로 관련원가이다. 그러나 동일한 직접재료원가라 하더라도 비관련원가가 되는 경우도 있다. 예를 들어 A기계로 제품을 생산할지 B기계로 제품을 생산할지를 의사결정하는 경우에 어떤 기계로 생산을 하더라도 직접재료원가가 동일하게 발생한다면 직접재료원가는 두 대안 간에 차이를 발생시키지 못하므로 관련원가가 아니다.

(2) 특수의사결정

특수의사결정(special decisions)이란 반복되지 않는 의사결정이라는 의미이다. 가령 예산을 편성할 때 경영자가 내리는 수많은 의사결정은 매번 예산을 편성할 때마다 내리는 반복적인 의사결정이므로 특수의사결정의 범주에 포함되지 않는다.

특수의사결정의 종류는 다음과 같은 것들이 있는데, 본서에서는 아래와 같은 다양한 특수의사결정 중에서 일부를 예를 들어 설명하고자 한다.

① 특별주문의 수락 여부
② 자가제조 또는 외부구입 여부
③ 보조부문의 폐지 여부
④ 특정제품라인의 추가 또는 폐지 여부
⑤ 대체적 생산기법의 선택
⑥ 결합제품의 즉시판매 또는 추가가공

⑦ 기존 설비의 대체 여부

⑧ 투입배합의 결정

의사결정을 성공적으로 수행하기 위해서 경영자들은 의사결정에 관련되는 원가와 비관련원가를 식별해 내는 데 필요한 유용한 기법을 알고 있어야 한다. 본 장의 목적은 이러한 기법을 알아보고 이들이 여러 의사결정 상황에서 어떻게 활용되는 지를 설명하고자 한다.

12-2 의사결정을 위한 원가개념

특수의사결정과 관련해서 원가는 관련원가·기회원가·차액원가(혹은 증분원가)·매몰원가 등으로 분류된다. 관련원가(relevant costs)는 앞서 언급했듯이 의사결정에 결정적인 영향을 미칠 수 있는 원가로서 각 대안들 사이에 차이가 나는 미래원가를 뜻한다. 기회원가(opportunity costs)는 선택된 대안을 제외한 포기한 대안 중 최선의 대안이 가져다주는 효익을 의미한다. 차액원가(differential costs)는 두 가지 대안의 총원가의 차이로 정의되며 증분원가(incremental costs)라고도 한다. 매몰원가(sunk costs)의 정의는 차후에 설명된다.

이들 중에서 관련원가가 갖는 공통적인 특성은 대안에 따라 그 금액에서 차이를 보이며, 또한 각 대안이 선택되었을 경우 나타날 미래의 추정원가라는 것이다. 따라서 어떤 대안을 선택하였을 때 발생될 원가가 같다면 이는 비관련원가로 분류된다. 또한 미래의 예상원가가 아닌 과거의 원가는 비관련원가이다. 본 절에서는 원가개념 중 차액원가·기회원가·매몰원가를 중심으로 한 특수의사결정 문제를 설명한다.

1. 관련원가의 식별

관련원가는 어떻게 식별하는가? 발생한 원가가 회피가능한 원가(avoidable cost)라면 그 원가는 의사결정과 관련이 있다고 볼 수 있다. 따라서 회피가능원가란 여러 의사결정 대안 중에서 한 대안을 선택함으로써 전부 또는 부분적으로 회피할 수 있는 원가를 말한다. 다음 두 가지 원가를 제외한 모든 원가는 회피가능하다.

① 매몰원가
② 고려중인 대안들 간에 차이가 없는 미래원가

매몰원가는 이미 발생된 원가이며, 미래 경영자가 어떤 대안을 택하더라도 회피될 수 없는 원가이다. 따라서 이 원가는 의사결정과 관련이 없는 원가로 의사결정에 사용되어서는 안 된다. 마찬가지로 경영자의 대안선택과 관계없이 발생되는 원가라면 경영자가 최적의 대안을 선택하는 데 아무런 도움을 줄 수 없다. 이러한 원가도 의사결정과 관련이 없는 원가이다. 회피가능원가는 의사결정 대안에 따라 차이를 갖는 차액원가와 같은 의미로 사용된다. 이러한 관련원가(회피가능원가·차액원가)를 식별하기 위한 원가분석방법은 다음과 같다.

① 고려중인 각 대안과 관계있는 모든 원가를 수집한다.
② 이들 원가 중에서 매몰원가를 제거한다.
③ 대안들 간의 차이가 없는 미래원가를 제외시킨다.
④ 나머지 원가들을 기초로 의사결정을 한다. 이들 원가가 관련원가가 될 것이다.

2. 상이한 목적에 상이한 원가

특정한 의사결정 상황에서는 적절한 관련원가가 다른 의사결정 상황에서도 반드시 관련원가가 되는 것은 아니다. 의사결정 목적이 달라지면 이에 대한 관련원가도 달라진다. 따라서 경영자는 그가 수집한 다양한 원가자료 중에서 관련원가를 찾아내야 한다. 그렇지 않으면 의사결정과 관련이 없는 원가자료에 의해 의사결정을 오도할 위험이 있게 된다. 따라서 상이한 목적에 상이한 원가(different costs for different purposes)란 개념은 의사결정의 목적이 달라지면, 이에 따라 관련원가도 얼마든지 달라질 수 있음을 보여주는 개념으로 관리회계의 기초가 되며, 앞으로 기술될 각종 의사결정과정에서 적용되어질 개념이다.

3. 매몰원가

매몰원가(sunk costs)는 이미 발생된 역사적 원가로서 미래의 어떤 의사결정에도 영향을 미치지 못하는 원가이다. 즉 의사결정은 본질적으로 미래지향적이므로 이미 발생한 역사적 원가는 미래수익과 미래비용에 어떠한 영향도 미치지 못하므로 대안의 선택과 관련된 의사결정에 고려의 대상이 되지 않는다. 고정자산의 취득원가는 그 대표적인 예이다. 고정자산은 한번 취득되면 미래에 관한 의사결정을 할 때 이에 대한 취득원가는 고려되지 말아야 한다. 왜냐하면 이는 미래의 원가가 아니라 과거의 원가이며, 의사결정의 대안에 따라 달라지지 않기 때문이다. 기존자산의 매각처분에 관한 의사결정에서 처분원가는 관련원가이지만 장부가치는 관련원가가 아니다. 취득원가는 재무회계목적으로 감가상각비를 산출할 때나 순장부가치를 산정할 때에는 관련원가가 된다.

본 절에서는 매몰원가 중 구기계의 장부가액에 대하여 설명하고자 한다. 어떠한 경우라도 매몰원가는 이미 발생된 것으로서 회피불가능하기 때문에 경영자의 의사결정 과정에서 배제시켜야 한다는 동일한 결론을 얻게 될 것이다.

예제 12-1 관련원가와 비교관련원가의 대비

다음과 같은 자료를 가정하여 보자.

구 기 계		신 기 계	
취득원가	₩10,000	구입가격	₩12,000
잔존 장부가액	8,000	예상 내용년수	4년
잔존 내용년수	4년	4년 후 처분가액	0
현재 처분가액	₩ 3,000	연간 변동유지비	₩15,500
4년 후 처분가액	0	연간 판매수익	₩50,000
연간 변동유지비	₩20,000		
연간 판매수익	₩50,000		

구기계를 처분하고 신기계를 구입하여야 할 것인가? 어떤 경영자는 아래와 같이 구기계의 처분으로부터 ₩₩5,000의 처분손실을 발생시키기 때문에 신기계의 구입을 반대할 것이다.

구 기 계	
잔존 장부가액	₩8,000
현재 처분가액	(3,000)
처분손실	₩5,000

구기계 처분시 장부상 손실이 발생되는 경우에 경영자는 "구기계는 이미 투자되어 있는 것이고, 그 투자금액이 완전히 회수될 때까지 계속 사용하는 것 이외에 달리 방법이 없다"고 생각할 수 있다. 문제는 신기계가 구기계보다 훨씬 더 효율적인 경우에도 이러한 생각을 버리지 않는다는 데 있다. 과거의 오류가 단순히 관련장비를 계속 사용함으로써 수정될 수 있다는 생각이 한편으로 설득력이 있어 보이지만 이러한 사고는 옳지 않다. 구기계에 대한 투자금액은 매몰원가이다. 기업의 장부상에 남아 있는 구기계가액(₩8,000)은 신기계구입을 위한 의사결정에 고려되어서는 안 될 원가이다. 구기계의 장부가액이 관련원가가 아니라는 사실은 아래의 분석에서 잘 입증된다.

	4년간의 총비용 및 수익		
	구기계 유지	차액원가	신기계 구입
매 출 액	₩200,000	0	₩200,000
변동원가	(80,000)	₩18,000	(62,000)
신기계의 원가(감가상각)	0	(12,000)	(12,000)
구기계의 감가상각(장부가액)	(8,000)	0	(8,000)*
구기계의 처분가액	0	3,000	3,000
4년 총이익	₩112,000	₩9,000	₩121,000

* 외부보고 목적을 위해서는 ₩8,000과 ₩3,000을 상쇄한 순액 ₩5,000의 손실로 표시할 수도 있다. 세금효과는 고려하지 않았다.

4년간의 분석을 볼 때 신기계의 구입이 ₩9,000만큼 유리하다. 여기에서 ₩8,000의 장부가액이 분석결과에 영향을 주지 못함을 알 수 있다. 만일 구기계를 계속 보유한다면 ₩8,000의 감가상각이 계상될 것이고, 매각 처분된다면 ₩8,000의 장부가액이 일시에 차감될 것이다. 두 경우에 있어서 차이가 없다.

(1) 관련원가의 분석

위의 분석에서 신기계에 관한 의사결정에 관련이 있는 원가는 어떤 것이 있는가? 전술한 관련원가 식별방법을 적용하면 다음과 같다.

① 매몰원가:

구기계의 장부가액(₩8,000)

② 대안간의 차이가 없는 미래원가:

연간 매출액(₩50,000)

연간 변동원가(₩15,500까지)

이들 비관련원가를 제외한 원가(차액원가 또는 관련원가)가 의사결정의 기초가 된다. 이러한 관련원가에 기초한 분석은 다음과 같다.

차액원가(4년간)	
신기계 도입으로 인한 원가절감(₩4,500 × 4년)*	₩18,000
(−)신기계 구입원가	(12,000)
구기계의 처분가액	3,000
신기계 도입으로 인한 순효익	₩9,000

* ₩20,000 − ₩15,500 = ₩4,500

위의 분석은 처음 분석표의 가운데 난의 차액원가 항목과 일치한다.

(2) 감가상각비와 관련원가

구기계의 장부가액은 의사결정과 관련이 없기 때문에 어떤 종류의 감가상각비도 의사결정과 관련되지 않는 것으로 가정하는 경향이 있다. 이러한 가정은 옳지 않다. 감가상각비는 매몰원가와 관련된 경우에만 의사결정과 관련이 없다. 위의 분석에서도 신기계의 4년간의 감가상각비 ₩12,000은 관련원가로서 고려되고 있다. 반면에 구기계의 감가상각비는 관련원가가 아니다. 이러한 차이는 신기계에 대한 투자가 아직 이루어지지 않았고, 따라서 매몰원가에 대한 감가상각비가 아니기 때문이다.

4. 대안 간에 차이가 없는 미래원가

의사결정 상황에서 대안들 간에 차이가 없는 어떠한 미래원가도 관련원가가 아니다. 즉 의사결정에 관계없이 대안 간에 동일한 원가가 계속 발생한다면 그러한 원가항목은 최적의 대안을 선택하는 데 도움을 주지 못한다. 의사결정과 관련 있는 미래원가는 고려중인 대안들 간에 차이를 발생시킬 수 있는 원가이다.

예제 12-2 비관련 미래원가

비관련 미래원가의 예를 들기 위하여 기업이 노동력을 절약할 수 있는 기계의 구입을 고려하고 있다고 가정하자. 구입원가는 ₩30,000이고, 10년의 경제수명을 갖는다. 신기계의 구입 전후의 연간 수익비용구조는 다음과 같다.

	구 입 전	구 입 후
생산 및 판매수량	5,000	5,000
단위당 판매가격	₩40	₩40
단위당 직접재료원가	14	14
단위당 직접노무원가	8	5
단위당 변동제조간접원가	2	2
기타 고정원가	62,000	62,000
신기계의 감가상각비	–	3,000

신기계는 단위당 직접노무원가를 ₩3씩 절감시켜 주지만 ₩3,000의 고정원가를 증가시킨다. 이 외의 모든 비용과 수익은 신기계의 구입에 관계없이 동일하다. 앞에서 제시했었던 관련원가 분석방법을 적용하면 다음과 같다.

① 매몰원가를 제거한다(본 예에서는 매몰원가가 없다).

② 대안 간에 차이가 없는 미래원가(또는 수익)를 제거한다.

(가) 단위당 판매가격

(나) 단위당 직접재료원가

(다) 단위당 변동제조간접원가

(라) 기타 고정원가

나머지 차액원가는 직접노무원가와 신기계의 감가상각비이다. 차액원가를 기초로 한 관련원가분석은 다음과 같다.

직접노무원가의 절감(5,000 × ₩3)	₩15,000
(−)고정원가의 증가	(3,000)
신기계 도입으로 인한 순절감액	₩12,000

이러한 결과는 두 대안의 모든 원가를 포함시켜 순이익을 비교한 <표 12−1>의 결과와 동일하다. 따라서 대안 간에 차이가 없는 미래원가는 의사결정과 관련이 없으며, 경영자의 의사결정체계에서 제외시킬 수 있다는 것을 알 수 있다.

표 12−1 비관련원가를 포함하는 타당성 분석

	5,000단위 생산 및 판매기준		
	구 입 전	차액원가	구 입 후
매 출 액	₩200,000	0	₩200,000
(−)변동원가:			
직접재료원가	70,000	0	70,000
직접노무원가	40,000	₩15,000	25,000
변동간접원가	10,000	0	10,000
총변동원가	(120,000)		(105,000)
공헌이익	80,000	15,000	95,000
(−)고정원가:			
기 타	62,000	0	62,000
신기계 감가상각비	0	3,000	3,000
총고정원가	(62,000)	(3,000)	(65,000)
순 이 익	₩18,000	₩12,000	₩30,000

5. 관련원가를 분리시키는 이유

앞의 <예제 12-2>에서는 신기계 구입의 타당성을 검토하는 데 두 가지 분석방법을 사용하였다. 첫째는 관련원가분석이고, 둘째는 모든 원가를 고려한 분석이다. 이 두 가지 분석방법은 동일한 결과를 가져왔다. 그렇다면 왜 힘들게 관련원가를 식별하고자 하는가 하는 의문이 제기될 수 있을 것이다. 그 이유는 두 가지의 이유 때문이다.

첫째, 앞의 <예제 12-2>에서와 같이 상세한 손익계산 정보가 주어지는 의사결정 상황은 매우 드물다. 일반적으로 의사결정 상황은 한정된 자료에 의존할 수밖에 없기 때문에 의사결정자는 관련원가를 찾아내는 방법을 알고 있어야 한다. 예를 들어, 여러 사업부서나 여러 제품을 생산하는 기업을 통합하여 단일화하는 의사결정에 직면하였다고 가정하여 보자. 이러한 상황에서는 어떤 형태의 손익계산서도 작성이 불가능할 수 있다. 이 경우에는 의사결정에 필요한 자료를 수집하기 위하여 어떤 원가가 의사결정과 관련되는지를 식별할 수 있는 경영자의 능력에 의존할 수밖에 없다.

둘째, 관련원가와 혼합하여 비관련원가를 사용하게 되면 혼동을 불러일으킬 뿐 아니라 중요한 의사결정문제의 핵심을 간과할 수도 있다. 또한 비관련원가를 잘못 사용하여 의사결정을 오도할 위험이 있다. 따라서 최적의 접근방법은 관련원가를 확실하게 식별하여 이에 기초하여 의사결정을 하는 것이다.

손익계산서의 공헌이익 접근방법과 결합된 관련원가 분석방법은 특수한 비경상적인 의사결정문제에 효과적인 기법으로 사용될 수 있다. 다음 절에서는 몇 가지 특수 의사결정문제를 설명한다.

12-3 제품계열의 추가와 폐기

기존 제품계열의 폐기 또는 신제품계열의 추가와 관련된 의사결정은 경영자가 직면하는 어려운 문제 중의 하나이다. 이러한 의사결정에서는 양적·질적인 많은 요인들이 고려되어야 한다. 궁극적으로 이러한 문제에 대한 최종적인 의사결정은 순이익에 미치는 영향에 주안점을 두게 되고, 또한 이러한 영향을 평가하기 위하여 관련원가의 치밀한 분석이 필요하다. <예제 12-3>을 통해 제품계열의 추가와 폐기에 대한 특수의사결정 문제를 살펴보자.

예제 12-3 제품계열의 추가와 폐기

약품·화장품·가정용품의 세 가지 주 제품계열을 갖고 있는 서강상사를 고려하여 보자. 각 제품계열별 그리고 제품전체에 대한 지난달의 매출액 및 비용정보가 〈표 12-2〉에 제시되어 있다.

표 12-2 서강상사의 제품계열별 비교손익계산서

		제품계열		
	총 계	약 품	화 장 품	가정용품
매 출 액	₩250,000	₩125,000	₩75,000	₩50,000
(−)변동원가	(105,000)	(50,000)	(25,000)	(30,000)
공헌이익	145,000	75,000	50,000	20,000
(−)고정원가:				
급 여	50,000	29,500	12,500	8,000
광 고 비	15,000	1,000	7,500	6,500
수도광열비	2,000	500	500	1,000
감가상각비	5,000	1,000	2,000	2,000
임 대 료	20,000	10,000	6,000	4,000
보 험 료	3,000	2,000	500	500
일반관리비	30,000	15,000	9,000	6,000
총고정원가	(125,000)	(59,000)	(38,000)	(28,000)
순 이 익	₩20,000	₩16,000	₩12,000	₩(8,000)

서강상사는 기업의 전반적인 성과를 개선하기 위하여 어떻게 해야 하는가? 가정용품 계열은 순손실을 나타내고 있다. 아마도 이 계열을 폐기하는 것이 기업의 전체 이익을 개선시켜 줄 수 있을 것 같다. 이 제품계열의 폐기여부를 결정하기 위하여 경영자는 다음과 같은 추론을 해볼 수 있다.

만일 가정용품 계열을 폐기한다면 기업은 현재 고정원가의 일부를 감당할 수 있는 공헌이익 ₩20,000을 잃게 될 것이다. 그러나 이 제품계열의 폐기에 의하여 고정원가의 일부를 회피할 수 있을지 모른다. 예컨대, 일부 종업원이 불필요하게 되고 광고비의 지출이 절감될 수 있다. 만일 기업이 가정용품 계열을 폐기하여 공헌이익의 상실분 이상으로 고정원가를 회피할 수 있다면 전체의 순이익을 증가시키기 때문에 제품계열의 폐기가 바람직할 것이다. 반대의 경우는 가정용품 계열을 계속 유지하여야 할 것이다. 요컨대, 이러한 유형의 의사결정에서 관련원가를 식별해 내기 위하여 경영자는 제품계열을 폐기할 경우의 수익(또는 공헌이익) 상실분을 상쇄할 만한 회피가능원가가 무엇이 있는지를 알아보아야 한다.

앞에서도 설명한 것처럼 모든 원가들이 회피가능한 것은 아니다. 예를 들어, 제품계열과 관련된 원가 중의 일부는 매몰원가일 것이고, 나머지 원가는 제품계열의 폐기 여부에 관계없이 발생되는 공통경비로서 배분된 것일 수도 있다. 서강상사의 경영자가 제품계열별 수익성을 분석하기 위해 세 제품계열에서 발생되고 있는 원가를 검토하여 다음과 같이 추정했다고 가정해 보자.

① 급여는 각 제품계열에서 직접 작업하는 종업원에게 지급된 것이다. 가정용품부에서 종사하는 모든 종업원은 이 가정용품 계열이 폐기되면 해고될 수 있다. 따라서 회피가능한 비용이다.

② 광고는 각 제품계열별로 실시된다. 따라서 광고비는 제품계열이 폐기되면 역시 회피가능하다.

③ 수도광열비는 회사 전체 비용으로 각 제품계열별 전용면적에 따라 배분된 것이다.

④ 감가상각비는 제품진열을 위한 내장시설에 대한 것이다. 이들 내장시설은 제품의 특성에 맞게 설계된 것으로 제품계열의 폐기시 처분가액

이 거의 없다.

⑤ 임대료는 기업의 전체 건물에 대한 것이다. 임대료는 매출액 기준으로 각 제품계열에 배분된다. 월 임대료 ₩20,000은 장기임대차계약에 의한 고정원가이다.

⑥ 보험료는 각 제품계열별 재고자산에 대한 보험료이다.

⑦ 일반관리비는 회계·구매 등과 같은 비용으로서 각 제품계열별 매출액에 기초하여 배분된다. 따라서 총 관리비는 가정용품 계열이 폐기되어도 감소하지 않는다.

이와 같은 정보를 가지고 경영자는 가정용품 계열이 폐기될 경우에 회피가능한 원가와 회피불가능한 원가를 식별할 수 있다. 그 결과는 다음과 같다.

	총비용	회피불가능*	회피가능
급 여	₩8,000		₩8,000
광 고 비	6,500		6,500
수도광열비	1,000	₩1,000	
감가상각비	2,000	2,000	
임 대 료	4,000	4,000	
보 험 료	500		500
일반관리비	6,000	6,000	
총고정원가	₩28,000	₩13,000	₩15,000

* 이들 비용은 매몰원가이거나 제품계열의 폐기 여부와 관계가 없는 비용이다.

이 제품계열의 폐기가 기업의 전체이익에 어떻게 영향을 미치는가를 결정하기 위하여 제품계열의 폐기시 상실되는 공헌이익과 회피가능한 비용을 비교할 수 있다.

공헌이익 상실분(〈표 12-3〉 참조)	₩(20,000)
(−)회피가능 고정원가	15,000
기업전체 순이익의 감소액	₩(5,000)

이 경우에 회피가능 고정원가가 상실되는 공헌이익보다 적다. 따라서 가

정용품 계열은 이보다 수익성이 높은 대안이 없는 한 폐기시켜서는 안 된다. 이에 대한 결과를 비교손익계산서 형태로 나타내면 <표 12-3>과 같다.

표 12-3 특정제품의 폐기 여부 결정을 위한 비교손익계산서

	유 지	폐 기	차이: 순이익증감
매 출 액	₩50,000	0	₩(50,000)
변동원가	(30,000)		30,000
공헌이익	20,000		(20,000)
고정원가:			
급 여	8,000	0	8,000
광 고 비	6,500	0	6,500
수도광열비	1,000	₩1,000	0
감가상각비	2,000	2,000	0
임 대 료	4,000	4,000	0
보 험 료	500	0	500
일반관리비	6,000	6,000	0
총고정원가	(28,000)	(13,000)	15,000
순이익(손실)	₩(8,000)	₩(13,000)	₩(5,000)

가정용품 계열을 폐기해서는 안 된다는 결론은 <표 12-2>에 제시된 자료와 상충된다. <표 12-2>에서는 가정용품 계열이 손실을 보이고 있다. 왜 손실을 가져오는 가정용품 계열을 계속 유지하여야 하는가?

그 이유는 배분된 공통고정원가로서 설명할 수 있다. 공통고정원가의 배분은 제품계열(또는 사업부서)의 수익성을 실제보다 낮게 평가하는 결과를 가져올 위험이 있다.

이와 동일한 결과가 서강상사의 예에서도 나타난 것이다. 즉 공통의 고정원가를 전제품계열에 배부함으로써 가정용품 계열이 수익성이 없는 것으로 나타났고, 이에 따라 가정용품을 폐기시키면 기업 전체의 순이익은 오히려 감소되는 것이다. 이러한 점은 <표 12-2>에서 고정원가의 배분을 제외시켜 보면 분명하게 알 수 있다. <표 12-4>는 공통고정원가를 제외시킨 후의 결과이다.

표 12-4 서강상사의 제품계열별 비교손익계산서(공헌이익접근방법)

	제품계열			
	총 계	약 품	화 장 품	가정용품
매 출 액	₩250,000	₩125,000	₩75,000	₩50,000
변동원가	105,000	50,000	25,000	30,000
공헌이익	145,000	75,000	50,000	20,000
추적가능 고정원가:				
급 여	50,000	29,500	12,500	8,000
광 고 비	15,000	1,000	7,500	6,500
감가상각비	5,000	1,000	2,000	2,000
보 험 료	3,000	2,000	500	500
총 계	73,000	33,500	22,500	17,000
제품계열이익	72,000	₩41,500	₩27,500	₩3,000*
공통고정원가:				
수도광열비	2,000			
임대료	20,000			
일반관리비	30,000			
총 계	52,000			
순 이 익	₩20,000			

* 가정용품 계열이 폐기된다면, 이 계열의 이익 ₩3,000을 잃게 된다. 가정용품 계열의 폐기로 인한 순이익의 감소분 ₩5,000과의 차이 ₩2,000은 감가상각비로서 비록 감가상각비는 추적가능고정원가이나 가정용품 계열의 폐기로 회피가능하지는 않기 때문이다.

<표 12-4>는 <표 12-2>의 결과와는 크게 다른 결과를 보여주고 있다. 즉 가정용품 계열은 자체발생 고정원가를 완전히 보상할 뿐만 아니라 회사전체의 고정원가 회수에 ₩3,000만큼의 기여를 하고 있는 것으로 나타났다. 이보다 큰 이익을 가져올 다른 제품계열이 없는 한, 이 기업은 가정용품 계열을 계속 유지하는 것이 유리하다.

마지막으로 이러한 상황에서도 특정 제품계열의 이익이 다른 제품과 비교하여 작은 경우에도, 경영자들은 그 제품계열이 타제품의 판매를 위해 필요하거나 고객을 유인하기 위하여 필요하다고 판단하면 그 제품계열을 폐기시키지 않고 계속 유지할 것이다.

예를 들어, 식빵은 식품점에서 특별히 수익성이 높은 제품이 아니지만 고객들이 원하는 제품이다. 따라서 한 식품점이 식빵의 공급을 중단하게 되면 고객들은 그 식품점을 찾지 않을 수도 있다.

12-4 자가제조 또는 외부구입 의사결정

기업의 최종 완제품이 고객의 손에 넘겨지는 데는 많은 단계를 포함한다. 첫째, 원재료는 채굴·시추·경작·축산·구매 등에 의하여 얻어진다. 둘째, 원재료가 사용가능한 상태가 되도록 가공된다. 셋째, 사용가능한 원재료는 제품의 제조과정에 투입되기 위하여 필요한 형태로 만들어진다. 넷째, 최종 완제품의 제조과정이다. 이때 동일한 원재료가 투입되어 여러 완제품이 생산될 수 있다. 마지막으로 완제품은 최종소비자에게 공급된다.

기업이 이러한 과정 중 한 단계 이상을 가지고 있을 때 이를 수직적 통합이라고 한다. 수직적 통합의 유형은 위의 전 과정을 모두 갖춘 완전통합으로부터, 인접 단계만을 갖는 경우까지 매우 다양하다. 완제품의 제조에 필요한 부품을 직접 제조할 것인가, 또는 외부 공급업자들로부터 구입(outsourcing)할 것인가의 의사결정을 자가제조 또는 외부구입 의사결정(make or buy decision making)이라고 한다. 실제로 자가제조는 곧 수직적인 통합을 의미하게 되므로, 이러한 의사결정은 수직적인 통합과 관련된 의사결정과 동일하다.

수직적인 통합은 부품의 안정된 공급과 보다 나은 품질관리, 그리고 자체제조부품의 판매가능성 등의 이유 때문에 이루어지는데 외부공급업자와의 단절위험, 수요확대시 생산능력의 제한, 기술변화에 대한 대응 등의 문제도 동시에 가지고 있다. 따라서 기업은 수직적인 통합의 분명한 이점이 있다고 해도 발생가능한 문제점을 고려하여 자가제조 또는 외부구입 의사결정에 신중을 기해야 한다.

마포주식회사는 외부공급업자로부터 단위당 ₩19으로 부품 8,000단위를 공급해 주겠다는 제안을 받았다. 부품의 자체생산을 중단하고 외부공급을 받아야 할 것인가에 대한 의사결정을 내리기 위하여 이 회사의 경영자는 차액원가에 주안점을 두어야 한다. 차액원가는 원가자료로부터 회피불가능한 원가를 제거시킴으로써 구해진다. 차액원가가 부품의 외부구매가격보다 낮은 경우에는 자체생산을 계속해야 할 것이고, 그 반대의 경우에는 부품의 외부 구입이 유리할 것이다.

예제 12-4 자기제조 또는 외부구입 의사결정

기업이 자가제조 또는 외부구입 의사결정을 어떻게 수행할 것인가? 기본적으로 고려되어야 할 자료는 크게 질적인 자료와 양적인 자료의 두 범주로 나누어진다. 질적인 자료는 전술한 장·단점들에 관한 것이고, 양적인 자료는 자가제조와 외부구입의 원가비교 등의 원가자료이다. 기회원가를 포함하여 몇 가지 원가개념이 여기에 관련될 수 있다.

예로서, 마포주식회사가 기업의 주 제품계열 중의 하나를 생산하는 데 사용되는 작은 부품을 자가생산하기로 했다고 가정하자. 회계부서에서는 다음과 같은 부품생산의 소요원가에 대한 보고를 하였다.

	단위당	8,000단위
직접재료원가	₩6	₩48,000
직접노무원가	4	32,000
변동제조간접원가	1	8,000
감독자 급여	3	24,000
관련장비의 감가상각비	2	16,000
공통간접원가의 배분	5	40,000
총 비 용	₩21	₩168,000

위에 제시된 자료로 볼 때 관련장비의 감가상각비는 회피불가능한 매몰원가이다. 또한 배분된 공통간접원가도 부품의 외부구입 여부와는 관계없는 미래원가로서 비관련원가이다. 이러한 두 비용은 의사결정체계 내에서 제외시켜야 한다.

부품생산을 위한 변동원가는 외부구입시에 회피할 수 있는 차액원가이다. 부품의 외부구입으로 인하여 감독자 급여가 회피될 수 있다면 이 비용도 차액원가이고 관련원가이다. 이러한 관련원가를 기초로 한 분석결과가 <표 12-5>에 제시되어 있다.

표 12-5 자가제조 또는 외부구입 분석

	단위당 생산비용	단위당 차액원가 제 조	단위당 차액원가 구 입	총차액원가(8,000단위) 제 조	총차액원가(8,000단위) 구 입
직접재료원가	₩6	₩6		₩48,000	
직접노무원가	4	4		32,000	
변동간접원가	1	1		8,000	
감독자 급여	3	3		24,000	
관련장비의 감가상각비	2	–		–	
공통간접원가의 배분	5	–		–	
외부구입가격			₩19		₩152,000
총 비 용	₩21	₩14	₩19	₩112,000	₩152,000
제조·구입의 차이(자가제조가 유리)		₩5		₩40,000	

부품을 자가제조시 단위당 ₩5만큼 적은 비용이 소요되기 때문에 마포주식회사는 외부공급업자의 제안을 받아들여서는 안 된다. 그런데 경영자가 최종의사결정 이전에 고려할 요소가 또 하나 있다. 현재 부품의 자가제조를 위해 사용되고 있는 작업공간에 대한 기회비용(opportunity costs)이다. 기회비용은 특정 대안을 택함으로써 포기되는 다른 대안으로부터 얻을 수 있는 경제적인 효익을 나타낸다. 따라서 외부구입하는 경우에는 자가제조하는 데 사용되는 작업공간을 다른 수익목적으로 활용할 수도 있을 것이다.

부품생산의 작업공간이 외부구입시 다른 용도 없이 유휴상태로 있게 된다면, 마포주식회사는 부품을 계속하여 자가생산할 것이고 외부공급자의 제안은 거절되어야 한다. 다른 대체적인 용도가 없는 유휴공간은 기회비용이 없기 때문이다.

그러나 부품생산의 작업공간을 다른 용도로 사용할 수 있다면 상황은 달라진다. 이러한 경우에는 작업공간이 기회비용을 갖기 때문에 외부공급자의 제안을 평가하는 데 고려되어야 한다. 이때의 기회비용은 얼마일 것인가? 그것은 작업공간의 최적 활용으로부터 얻게 되는 혜택일 것이다.

예를 들어, 현재 부품을 생산하는 작업공간을 연간 ₩60,000의 이익을 제공해 주는 신제품의 생산에 사용될 수 있다고 가정해 보자. 이러한 여건 하에서 마포는 외부공급자의 제의를 수락하고 신제품의 생산에 기존의 공간을 활용하는 것이 유리할 것이다.

기회비용(opportunity costs)은 현금지출을 수반하지 않기 때문에 장부상에 기록되지 않는다. 본 예에서는 기회비용이 너무 커서 경제학적인 측면에서 부품의 계속적인 생산이 경제성이 없는 것으로 나타났다.

	자가제조		외부구입
단위당 차액원가	₩14		₩19
연간 부품소요량	×8,000		×8,000
연간 총 차액원가	112,000		152,000
기회비용(공간의 활용시 얻게 되는 혜택)	60,000		
총 비 용	₩172,000		₩152,000
자가제조와 외부구입의 차이(외부구입이 유리)		₩20,000	

12-5 한정된 자원의 활용

기업은 종종 한정된 자원을 어떻게 활용할 것인가의 의사결정에 직면하게 된다. 예컨대 백화점의 경우에 상품의 진열공간이 한정되어 있다. 제조업의 경우에는 기계가동시간과 노동시간의 제한을 받고 있다. 생산능력이 줄어들었을 때 기업은 주문의 선별에 대한 의사결정을 하여야 한다. 이러한 의사결정에서 기업은 총공헌이익을 극대화하는 대안을 선택하고자 하기 때문에 공헌이익 접근방법이 필요하다.

1. 한정된 자원에 대한 공헌이익

총공헌이익을 극대화하기 위해서 기업이 반드시 가장 높은 공헌이익을 갖는 제품들만을 생산·판매하려고 하지는 않을 것이다. 기업 전체의 공헌이익은 기업의 한정된 자원과 관련된 공헌이익이 가장 높은 제품이나 주문을 택함으로써 극대화될 것이다. 두 개의 제품계열(갑, 을)을 갖는 기업을 가정하여 보자. 이들 제품에 대한 비용·수익자료는 다음과 같다.

	제품계열	
	갑	을
단위당 판매가격	₩25	₩30
(−)단위당 변동원가	(10)	(18)
단위당 공헌이익	₩15	₩12
공헌이익 비율	60%	40%

위의 자료에 의하면 갑 제품이 을 제품보다 훨씬 수익성이 높다. 그러나 제품별 기계사용시간에 대한 상세정보를 추가시켜 보자. 기업은 주어진 기간 동안 18,000시간의 기계사용시간을 가지고 있다. 그런데 갑 제품은 한 단위 생산하는 데에는 두 시간의 기계시간이 소요되지만 을 제품은 한 시간의 기계시간이 소요된다고 가정하자. 각 제품에 대한 수요가 충분하다고 할 경우에 갑 제품과 을 제품 중에서 어떤 제품의 주문을 수락하여야 할 것인가? 기업은 을 제품에 대한 주문을 수락하여야 할 것이다. 왜냐하면 갑 제품이 단위당 공헌이익은 더 크지만 한정된 자원(기계사용시간) 한 단위에 대한 공헌이익은 제품이 더 크기 때문이다(하단의 표를 참고).

	제품계열	
	갑	을
단위당 공헌이익	₩15	₩12
단위당 기계사용시간	2시간	1시간
기계시간당 공헌이익	₩7.50	₩12
총공헌이익:		
총기계가용시간	18,000	18,000
기계시간당 공헌이익	×₩7.50	×₩12
총공헌이익	₩135,000	₩216,000

이상의 예는 특수의사결정을 할 때 단순히 단위당 공헌이익만 고려해서는 안 되며, 기업이 처한 자원의 제약조건을 고려하여 제약조건과 관련된 공헌이익을 고려해야 된다는 것을 알 수 있다.

가장 일반적인 자원제약 중의 하나가 광고비 지출액이다. 기업들은 광고비 지출단위당 공헌이익이 가장 큰 제품에 기업의 노력을 집중시키게 된다. 할인매장과 식품점은 회전율이 높은 제품에 치중함으로써 단위면적당 최대의 공헌이익 개념을 활용할 수 있다.

2. 복수의 제약조건

앞에서는 제약조건이 한 가지인 경우를 살펴보았다. 그런데 기업이 여러 개의 자원제약조건하에 있는 경우에는 의사결정을 어떻게 하여야 할 것인가? 예를 들어, 기업은 원재료·직접노무시간·작업공간·광고비지출 등에 있어서 제약을 받을 수 있다. 이러한 복수의 자원제약조건 하에서 생산할 제품의 최적배합을 찾아낼 수 있을까? 이러한 제품의 최적배합은 선형계획법이라 불리는 계량적인 방법에 의하여 찾아낼 수 있을 것이다.

12-6 결합제품원가와 공헌이익접근방법

어떤 기업의 제조과정에서는 단일의 원재료가 투입되어 여러 종류의 최종제품이 생산될 수 있다. 예를 들어 포장육회사의 경우에는 제조과정에 돼지고기가 투입되어 여러 종류의 최종 제품인 베이컨·햄·로스·돼지갈비 등이 생산된다. 하나의 공통 원재료(예: 돼지고기)로부터 몇 가지 제품을 생산해 내는 기업은 어떻게 투입원가(결합원가)를 최종 제품에 배분할 것인가의 문제에 직면하게 된다. 이러한 문제를 설명하기에 앞서 다음 세 가지 용어, 즉 결합제품·결합제품원가·분리점의 개념을 알아보는 것이 유용할 것이다.

공통의 원재료가 투입되어 생산된 둘 이상의 제품을 결합제품이라고 한다. 제조과정의 어느 시점에서는 각 제품들이 물리적으로 별개로 식별될 수 있게 분리되는데 이런 시점을 분리점(split-off point)이라 한다. 이 시점에서 결합제품 중의 일부는 중간재의 형태로서 판매가 가능한 경우도 있고, 또한 나머지는 독자적인 제품으로서 시장에 판매하기 위해서 추가가공이 필요할 수 있다. 결합제품원가는 분리점 이전까지 발생된 제조원가를 말한다. 이상의 개념은 <도표 12-1>에 도표로 제시되어 있다.

도표 12-1 결합제품

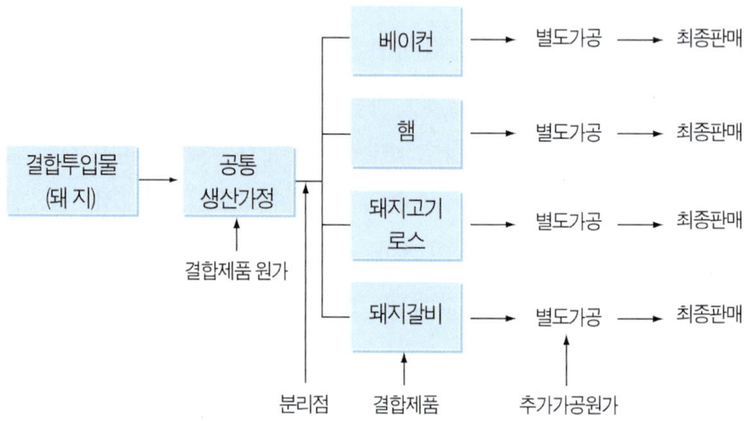

1. 결합원가배분의 문제점

결합제품원가는 여러 최종제품을 동시에 생산해 내는 데 발생되는 공통원가이다. 전통적으로 교과서에서는 분리점에서 여러 결합제품들에 공통원가를 배분하는 다양한 접근방법을 열거하고 있다. 가장 일반적인 접근방법은 결합제품들의 상대적인 매출액에 기초하여 공통원가를 배분하는 방법이다.

결합제품원가의 배분이 재고자산 평가와 같은 몇 가지 목적 때문에 필요하지만, 의사결정과정에서 이러한 배분은 내부적으로 매우 신중히 다루어야 한다. 배분된 공통원가를 사용하게 되면 의사결정이 오도될 수도 있기 때문이다. 다음과 같은 상황을 고려하여 보자.

신수회사는 비누 제조업자이다. 동일한 원재료가 투입되어 여섯 가지의 비누제품이 생산된다. 분리점까지의 결합제품원가는 여섯 가지 제품 모두의 공통생산비용이다. 이러한 결합제품원가는 분리점에서의 각 제품의 상대적인 판매가격에 기초하여 배분된다. 회사에서는 결합제품의 생산과정에서 공손품이 발생된다. 몇 년 전까지 회사는 공손품이 경제적인 가치가 없다고 판단하여 공손품을 폐기하였다. 그러나 회사의 연구부서에서 공손품의 추가가공시 비료의 원료로서 상업적인 판매가치를 갖는다는 것을 발견하였다. 추가가공원가는 연간 ₩175,000이 소요된다. 그러면 공손품은 연간 총 ₩300,000의 가액으로 비료 제조업자에게 판매된다.

제조원가의 배분을 담당하고 있는 회계담당자는 공손품도 별개의 제품으로 보고 판매가치에 기초하여 분리점에서 결합제품원가를 배분하는 데 포함시켰다. 이 결과로 공손품에 배분된 결합원가는 ₩150,000이었다. 이렇게 배분된 원가는 추가가공원가 ₩175,000과 합계되어 다음과 같이 순손실을 나타냈다.

추가가공 후의 공손품 판매가치	₩300,000
(−)공손품 관련 비용(추가가공원가+공통비)	(325,000)
순 손 실	₩(25,000)

이러한 분석결과가 제시되었을 때 회사의 경영자는 공손품의 추가가공이 타당성이 없다는 결론을 내렸고, 이에 따라 공손품은 다시 폐기되었다. 그러나 이것은 잘못된 의사결정이다.

2. 결합제품의 판매 또는 추가가공 의사결정

분리점에서 제품의 추가가공 여부를 결정하는 데에는 결합제품원가는 관련원가가 아니다. 왜냐하면 분리점까지 결합제품원가는 이미 발생되었고, 따라서 매몰원가이기 때문이다. 따라서 앞의 예에서 공손품에 배분된 결합제품원가 ₩150,000은 추가가공의 결정에 영향을 미쳐서는 안 된다. 따라서 위의 사례에 대한 정확한 분석은 다음과 같다.

	폐 기	추가가공
판매가치	0	₩300,000
추가가공원가	0	(175,000)
공헌이익	0	₩125,000
추가가공이익	₩125,000	

이러한 유형의 의사결정을 판매 또는 추가가공 의사결정이라 한다. 이에 대한 일반적인 지침은 추가가공으로부터의 증분수익이 추가가공원가(증분비용)보다 크면 추가가공하는 것이다. 결합제품원가는 추가가공 여부를 결정하는데 전혀 영향을 미쳐서는 안 된다.

예제 12-5 결합제품의 추가가공 의사결정

판매 또는 추가가공 의사결정의 구체적인 예로서, 다음과 같이 하나의 공통 투입재료로부터 세 가지 제품이 생산되는 경우를 가정하자. 〈표 12-6〉은 추가가공과 관련된 수익 및 비용자료와 추가가공 여부의 분석이 제시되어 있다. 이 표의 예에서 제시된 바와 같이 나 제품과 다 제품은 추가가공되어져야 하고 가 제품은 분리점에서 판매되어야 한다.

표 12-6 판매 또는 추가가공의사결정

	제품		
	가	나	다
분리점에서의 판매가치	₩120,000	₩150,000	₩60,000
추가가공 후의 판매가치	160,000	240,000	90,000
배분된 결합제품원가	80,000	100,000	40,000
추가가공원가	50,000	60,000	10,000
추가가공 여부의 분석:			
추가가공 후의 판매가치	₩160,000	₩240,000	₩90,000
분리점에서의 판매가치	120,000	150,000	60,000
추가가공의 증분수익	40,000	90,000	30,000
추가가공원가	50,000	60,000	10,000
추가가공이익	₩(10,000)	₩30,000	₩20,000

공덕 장난감회사는 인형과 인형옷을 제조한다. 인형에 대한 수요는 증가하고 있으며, 관리자는 내년의 경제적인 판매량과 생산 배합의 결정에 있어서 도움을 필요로 하고 있다. 회사의 판매부서는 다음의 정보를 제공하였다.

12-7 종합예제

제 품	추정된 내년의 수요(단위)	단위당 판매가격
호 돌 이	50,000	₩2,700
호 순 이	42,000	1,100
석 순 이	35,000	4,200
돌 돌 이	40,000	2,000
인 형 옷	325,000	1,600

직접재료원가와 직접노무원가의 단위당 표준원가는 다음과 같다.

제 품	직접재료원가	직접노무원가
호 돌 이	₩860	₩640
호 순 이	220	400
석 순 이	1,288	1,120
돌 돌 이	400	800
인 형 옷	640	320

추가정보:

(a) 회사의 공장은 single-shift기준으로 연간 130,000 직접노무시간의 용량을 가지고 있다. 회사는 현재의 고용인과 장비만을 가지고도 다섯 가지 제품 모두를 생산할 수 있다.

(b) 직접노무원가는 시간당 ₩1,600이며, 이 임률은 내년 동안에 변화되지 않을 것으로 기대된다.

(c) 연간 고정원가는 총 ₩104,000,000이고, 변동제조간접원가는 직접노무원가의 25%이다.

(d) 이 회사의 제조원가가 아닌 다른 모든 비용은 고정되어 있다.
(e) 회사의 현재 완제품 재고는 매우 적어서 무시할 수 있다.

[요구사항]

1. 제품 각각의 단위당 공헌이익을 계산하시오.
2. 각각의 제품에 소비된 직접노동시간당 실현될 공헌이익을 계산하시오.
3. 다음 년도에 팔릴 것이라고 추정된 수량을 생산하기 위해서 요구될 총 직접노동시간을 나타내는 계획표를 작성하시오.
4. 요구사항 1.~3.에서 당신이 계산한 자료를 검토하시오. 그리고 총생산시간이 이용가능한 130,000 직접노무시간과 같아지기 위해서, 감소되어야 하는 제품과 그 제품단위 수를 산출하시오.

[해 답]

1.
- 호돌이: 2,700－860－640－160＝1,040
- 호순이: 1,100－220－400－100＝380
- 석순이: 4,200－1,288－1,120－280＝1,512
- 돌돌이: 2,000－400－800－200＝600
- 인형옷: 1,600－640－320－80＝560

2.
- 호돌이: $\frac{1,040}{0.4}=2,600$
- 호순이: $\frac{380}{0.25}=1,520$
- 석순이: $\frac{1,512}{0.7}=2,160$
- 돌돌이: $\frac{600}{0.5}=1,200$
- 인형옷: $\frac{560}{0.2}=2,800$

3.
- 호돌이: 50,000 × 0.4 = 20,000
- 호순이: 42,000 × 0.25 = 10,500
- 석순이: 35,000 × 0.7 = 24,500
- 돌돌이: 40,000 × 0.5 = 20,000
- 인형옷: 325,000 × 0.2 = 65,000

  140,000

4. 직접노무시간당 공헌이익이 가장 적은 돌돌이의 생산이 감소되어야 한다. 돌돌이의 생산을 40,000단위에서 20,000단위로 줄인다.

12-8 요 약

1. 특수의사결정을 위한 원가개념

올바른 의사결정을 위해서는 관련원가, 기회원가, 매몰원가의 개념을 이해야 한다. 관련원가(relevant costs)는 경영자가 선택하는 대안과 관련이 있다는 의미에서 특정의 의사결정에 적용되는 원가로써 여러 대안 사이에 차이가 나는 미래의 예상원가를 말한다. 그리고 기회원가(opportunity costs)는 선택된 대안을 제외한 포기한 대안 중 최선의 대안이 가져다주는 효익을 의미한다. 한편, 매몰원가(sunk costs)는 이미 발생된 역사적 원가로서 미래의 어떤 의사결정에도 영향을 미치지 못하는 원가이다.

2. 관련원가의 특성

관련원가가 갖는 공통적인 특성은 대안에 따라 그 금액에서 차이를 발생시키고, 또한 각 대안이 선택되었을 경우 나타날 미래의 추정원가라는 것이다. 따라서 어떤 대안을 선택하였을 때 발생될 원가가 같다면 이는 비관련원가로 분류된다. 또한 미래의 예상원가가 아닌 과거의 원가는 비관련원가이다. 이에 비추어보면 기회원가는 관련원가이나 매몰원가는 비관련원가이다.

3. 관련원가를 분리시키는 이유

관련원가만을 고려하여 의사결정하나 모든 원가를 고려하여 의사결정하나 그 결과는 동일하다. 그럼에도 불구하고 관리회계에서 관련원가를 식별하여 이를 근거로 의사결정을 하는 이유는 첫째 대부분의 의사결정에서 있어서 모든 원가가 제시되지 않고 한정된 정보만 제공되는 경우가 일반적이므로 모든 원가를 분석하는 방법보다는 관련원가만 분석하는 방법이 현실적이기 때문이고, 둘째 비관련원가를 포함하여 의사결정하면 중요한 의사결정의 핵심을 간과할 수 있기 때문이다.

4. 특수의사결정의 일반적인 유형

특수의사결정의 종류는 다양한데 일반적인 유형에는 ① 특별주문의 수락 여부, ② 자가제조 또는 외부구입 여부, ③ 보조부문의 폐지 여부, ④ 특정제품라인의 추가 또는 폐지 여부, ⑤ 대체적 생산기법의 선택, ⑥ 결합 제품의 즉시판매 또는 추가가공, ⑦ 기존 설비의 대체 여부, ⑧ 투입배합의 결정 등이 있다.

Management Accounting

익/힘/문/제

01 관련원가(relevant costs)란 무엇이며, 의사결정에 어떻게 활용되는가?

02 특수의사결정이란 무엇인가?

03 특수의사결정과 관련된 원가의 개념을 설명하시오.

04 관련원가를 식별하기 위한 원가분석방법은 무엇인가?

05 "상이한 목적에 상이한 원가(different costs for different purposes)"란 개념이 무엇을 의미하는지 설명하시오.

06 매몰원가(sunk costs)란 무엇이며, 특수의사결정과는 어떤 관계가 있는가?

07 "매몰원가"와 "대안 간의 차이가 없는 미래원가"는 회피불능원가로서 의사결정과는 관련이 없는 비관련원가이다. 이들 원가가 왜 의사결정과정에서 고려되어서는 안 되는지 설명하시오.

08 각 유형의 의사결정시 유의사항을 기술하시오.

① 제품라인의 추가 또는 폐지

② 자가제조 또는 외부구입

③ 즉시판매 또는 추가가공

09 기회원가(opportunity cost)란 무엇인가?

10 관련원가를 구분하는 이유는 무엇인가?

Chapter 12 연습문제 Management Accounting

[객관식]

1 서강회사는 월간 30,000개까지의 단일제품을 생산할 수 있는 설비를 가지고 있다. 거래처와의 계약체결 내용에 따라 서강회사는 다음 달에 25,000개의 제품을 제조하여 판매할 예정이며, 이 경우 제품 1개당 총원가는 ₩2,500으로 예상된다. 그런데 다음 달에 5,000개의 제품을 1개당 ₩1,600에 납품해 달라는 거래처의 추가주문이 접수되었다. 이 추가주문을 접수하여 생산량을 증가시킬 경우 제품 1개당 총원가는 ₩2,300으로 감소할 것으로 예상되며, 이 주문을 수락하더라도 기존의 예상판매량을 달성하는 데는 아무런 문제가 없을 것으로 예상된다. 서강회사가 이 추가주문을 수락한다면 영업이익에 어떤 영향을 줄 것인가? 단, 재고는 없는 것으로 가정한다. (2005, 세무사)

① ₩2,000,000 감소 ② ₩4,000,000 증가
③ ₩1,000,000 증가 ④ ₩1,000,000 감소
⑤ ₩1,500,000 증가

2 대한직업소개소는 현재 연간 6,000건의 직업을 소개해 주고 있다. 1건의 직업소개에 소요되는 변동원가는 ₩2,000이고 연간 총고정원가는 ₩3,000,000으로 추정된다. 그런데 국세직업소개소에서 연간 6,000건 전부에 대한 직업소개를 대행해 주겠다고 제의를 해왔다. 이와 같이 국세직업소개소의 제의를 수락할 경우에 기존의 연간 총고정원가 중 ₩1,400,000이 감소할 것으로 예상된다. 국세직업소개소는 대행수수료로서 연간 ₩13,000,000을 요구해 왔다. 이와 같은 국세직업소개소의 제의를 수락하는 것이 대한직업소개소의 영업이익에 미치는 영향으로 옳은 것은? (2008, 세무사)

① ₩600,000 감소 ② ₩600,000 증가 ③ ₩1,000,000 증가
④ ₩1,000,000 감소 ⑤ ₩400,000 증가

3 대한회사는 단위당 ₩250에 판매되는 램프를 생산 · 판매하고 있다. 이 제품과 관련된 변동원가는 단위당 ₩150이고, 고정원가는 매월 ₩35,000이 발생한다. 회사는 현재 단일제품으로 매월 평균 400단위를 생산 · 판매하고 있다. 대한회사의 판매담당 관리자는 매월 광고비를 ₩10,000만큼 증가시키면 매출액이 매월 ₩30,000만큼 증가할 것으로 기대하고 있다. 매월 광고비를 ₩10,000만큼 증가시킬 때 회사의 영업이익이 매월 얼마만큼 증감하게 될 것으로 예상되는가? (2008, 세무사)

① 영업이익 ₩1,000 증가 ② 영업이익 ₩2,000 증가
③ 영업이익 ₩3,000 증가 ④ 영업이익 ₩2,000 감소
⑤ 영업이익 ₩3,000 감소

4 (주)성도는 연간 최대생산량이 10,000단위인 생산설비를 보유하고 있으며, 당기에 제품 단위당 ₩500의 판매가격에 8,000단위의 제품을 판매할 수 있을 것으로 예상하고 있다. 현재의 생산설비에 의한 (주)성도의 제품 단위당 변동제조원가는 ₩300이다.
(주)성도가 당기에 예상판매량을 1,000단위 줄이고 제품 3,000단위를 판매할 수 있는 특별주문을 고려한다면, 이러한 특별주문 제품의 단위당 최저판매가격은 얼마인가? 단, (주)성도가 판매하는 모든 제품의 변동판매관리비는 단위당 ₩80이다. (2009, CPA)

① ₩500 ② ₩420 ③ ₩400
④ ₩380 ⑤ ₩300

5 (주)서강은 연간 1,000단위의 부품을 생산한다. 이 부품의 단위당 원가는 다음과 같다.

변동제조원가	₩12
고정제조원가	9
단위당 제조원가	₩21

이 부품은 외부에서 단위당 ₩20에 구입할 수 있다. 그러나 부품을 외부에서 구입하더라도 고정제조원가의 단지 2/3만이 절약될 수 있다. 부품을 외부에서 구입할 경우 이익에 미치는 영향은 얼마인가? (2004, 세무사)

① ₩1,000 증가 ② ₩1,000 감소 ③ ₩5,000 증가
④ ₩5,000 감소 ⑤ ₩2,000 감소

6 (주)국세의 제품 생산과 관련된 자료는 다음과 같다.

	제품 A	제품 B
연간 최대 판매가능 수량	3,000단위	4,500단위
단위당 공헌이익	₩25	₩30
단위당 소요노무시간	1시간	1.5시간

연간 최대노무시간이 6,000시간일 때, 달성할 수 있는 최대공헌이익은? (2015, 세무사)

① ₩75,000 ② ₩95,000 ③ ₩105,000
④ ₩120,000 ⑤ ₩135,000

7 (주)국세는 부품 A를 자가제조하며, 관련된 연간 생산 및 원가자료는 다음과 같다.

직접재료원가	₩10,000
직접노무원가	20,000
변동제조간접원가	10,000
고정제조간접원가	20,000
생 산 량	250단위

최근에 외부업체로부터 부품 A 250단위를 단위당 ₩200에 공급하겠다는 제안을 받았다. 부품 A를 전량 외부에서 구입하면 고정제조간접원가 중 ₩10,000이 절감되며, 기존 설비를 임대하여 연간 ₩15,000의 수익을 창출할 수 있다. 외부업체의 제안을 수용하며, 자가제조보다 연간 얼마나 유리(또는 불리)한가? (2015, 세무사)

① ₩15,000 유리 ② ₩15,000 불리 ③ ₩25,000 유리
④ ₩25,000 불리 ⑤ ₩35,000 유리

8 서강(주)의 11월 약식 손익계산서가 다음과 같다.

	합 계	갑부문	을부문
매 출 액	₩200,000	₩80,000	₩120,000
변동원가	116,000	32,000	84,000
공헌이익	84,000	48,000	36,000
추적가능고정원가	60,000	20,000	40,000
부문이익	24,000	28,000	(4,000)
공통고정원가	10,000	4,000	6,000
영업이익	₩14,000	₩24,000	₩(10,000)

각 부문이 폐쇄된다면 각 부문의 추적가능 고정원가의 3/4은 회피가능하다. 이 회사는 공통 고정원가를 각 부문의 매출액에 비례하여 배분하고 있다. 이 회사는 을부문을 폐쇄할 경우 갑부문의 매출이 10% 감소할 것으로 예측하고 있으나 갑부문을 폐쇄할 경우 을부문의 매출에는 영향이 없을 것으로 예측하고 있다. 이 회사가 을부문을 폐쇄하기로 결정한다면 회사 전체의 영업이익은 얼마가 되는가? (2005, 세무사)

① ₩18,000 ② ₩ 3,200 ③ ₩13,200
④ ₩ 8,000 ⑤ ₩10,000

9 (주)서강은 부문 1에서 원재료 A를 가공하여 2개의 결합제품 B와 C를 생산하는데, 5월 중에 원재료A 50,000개에 대하여 ₩200,000을 투입하여 B제품 20,000개와 C제품 30,000개를 생산하였다. B제품을 완성하는 데는 추가로 ₩40,000의 분리원가가 발생하였으며 B제품의 단위당 판매가격은 ₩3이었다. 회사는 5월 중에 C제품을 그대로 판매할 수도 있으며, 부문 2에서 C제품 30,000개에 추가로₩27,000을 투입하여 D제품 15,000개, E제품 5,000개, F제품 10,000개를 생산할 수도 있다. 한편, 제품 D, E, F를 완성하는 데 추가로 소요되는 분리원가와 각 제품의 단위당 판매가격은 다음과 같다.

제품	분리원가	단위당 판매가격
D	₩5,000	₩8
E	1,000	2
F	2,000	6
C	—	4

이 경우 회사가 제품 C를 그대로 판매하는 것과 제품 D, E, F의 형태로 판매하는 것 중에서 올바른 의사결정은? (2002, 세무사)

① 제품 D, E, F의 형태로 판매가 ₩35,000 유리하다.
② 제품 D, E, F의 형태로 판매가 ₩35,000 불리하다.
③ 제품 D, E, F의 형태로 판매가 ₩62,000 유리하다.
④ 제품 D, E, F의 형태로 판매가 ₩62,000 불리하다.
⑤ 제품 D, E, F의 형태로 판매가 ₩25,000 불리하다.

10 (주)세무는 세 가지 제품인 A, B, C를 생산 · 판매하고 있다. 세 가지 제품 각각에 대해 예상되는 월 생산 및 판매와 관련된 자료는 다음과 같다.

	제품 A	제품 B	제품 C
단위당 변동제조원가	₩40.80	₩45.10	₩45.00
단위당 고정제조원가	19.80	27.70	21.00
단위당 총제조원가	₩60.60	₩72.80	₩66.00
단위당 기계소요시간	1.25시간	2.50시간	1.80시간
단위당 판매가격	₩73.00	₩87.00	₩84.00
단위당 변동판매관리비	₩2.20	₩1.90	₩3.00
월 예상 시장수요량	1,000단위	3,000단위	3,000단위

세 가지 제품에 대한 시장의 수요는 충분하여 월 예상 시장수요량을 생산하면 모두 판매가 가능하다고 가정한다. (주)세무의 월 최대 사용가능한 기계시간은 13,650시간이다. (주)세무의 영업이익을 극대화할 수 있는 월 최적제품배합은? (2014, 세무사)

	제품 A	제품 B	제품 C
①	600단위	3,000단위	3,000단위
②	1,000단위	3,000단위	2,720단위
③	1,000단위	2,800단위	3,000단위
④	1,000단위	3,000단위	3,000단위
⑤	800단위	2,900단위	3,000단위

11 (주)서강은 단일 기계설비를 이용하여 두 종류의 제품 H와 L을 생산 · 판매해 오고 있다. (주)서강의 월간 생산능력은 H제품만 생산할 경우 400개이다. H제품 1개 생산에 소요되는 시간은 L제품의 2배이다. 설비능력 및 시장수요를 감안한 (주)서강의 3월 계획은 H제품 300개와 L제품 200개를 생산 · 판매하는(즉, 기계설비를 100% 가동하는) 것이다. 최근 (주)서강은 L제품 100개를 정규가격 이하인 단위당 ₩50에 3월 중 납품해 달라는 특별주문을 받았다. 단위당 원가 및 가격자료는 다음과 같다.

	H 제품	L 제품
정규판매가격	₩100	₩60
직접재료원가	₩40	₩20
직접노무원가(변동원가)	20	15
변동제조간접원가	10	5
고정제조간접원가	20	10
합 계	₩90	₩50

특별주문을 받아들일 경우 (주)서강의 이익은 당초 계획에 비해 어떻게 달라지겠는가? (2003, CPA)

① 이익에 변화 없음. ② ₩1,000 이익감소
③ ₩500 이익감소 ④ ₩2,000 이익감소
⑤ ₩1,500 이익감소

※ 다음 자료를 이용하여 [문 12]에 답하시오.

(주)도원은 정밀기계를 위한 특수필터와 가정의 전자제품용 일반필터를 생산하여 판매하고 있다. 20×8년도 (주)도원의 제품 생산량과 단위당 자료는 다음과 같다.

구 분	특수필터	일반필터
생산량	2,000개	6,000개
판매가격	₩500	₩300
직접재료원가	150	100
직접노무원가	60	80
변동제조간접원가	90	60
변동판매관리비	50	30

(주)도원의 연간 최대조업도는 21,000 기계시간이며, 20×8년도 변동제조간접원가는 기계시간당 ₩30이었다. (주)도원의 매년 생산량과 판매량은 동일한 것으로 가정한다.

12 (주)도원은 특수필터 제품에 대한 판매활동을 강화하여 특수필터와 일반필터의 매출배합을 2 : 3으로 변경하는 것을 고려하고 있다. 매출배합의 변경은 오직 특수필터 제품의 변동판매관리비에만 영향을 준다. 특수필터와 일반필터의 전체 판매량을 8,000단위로 하고 매출배합을 변경할 경우에 두 제품의 판매로 인한 총공헌이익이 매출배합 변경 전과 동일하다면, 특수필터 제품의 단위당 변동판매관리비는 얼마인가? (2009, CPA)

① ₩50 ② ₩65 ③ ₩75
④ ₩85 ⑤ ₩95

13 (주)대한은 다음과 같은 3가지 제품을 동일한 생산라인에서 기계작업을 통하여 생산 · 판매하고 있다. 생산 · 판매와 관련된 자료는 다음과 같다.

	A제품	B제품	C제품
단위당 판매가격	₩500	₩350	₩500
단위당 변동원가	₩200	₩100	₩100
단위당 기계소요시간	2시간	1시간	2시간
월간 시장수요	150개	270개	40개

(주)대한의 월간 최대기계가동시간은 450시간이며 월 ₩40,000의 고정원가가 발생한다. 현재 (주)대한은 기계를 가장 효율적으로 가동하고 있으며, 새로운 D제품을 생산라인에 추가할지를 고려하고 있다. D제품의 단위당 변동원가는 ₩300이며 단위당 기계소요시간은 4시간이다. (주)대한이 생산한 제품은 모두 판매할 수 있으며, D제품을 추가하여도 판매가격과 원가의 변동은 없다. D제품을 생산라인에 추가하여서 영업이익을 증가시키고자 한다면, D제품의 단위당 판매가격은 최소한 얼마를 초과하여야 하는가? (2009, 세무사)

① ₩700 ② ₩800 ③ ₩900
④ ₩1,000 ⑤ ₩1,100

14 (주)세무는 부품 A를 매년 1,000단위씩 자가생산하여 제품생산에 사용하고 있는데, 부품 A 생산과 관련된 원가자료는 다음과 같다.

단위당 원가	
직접재료원가	₩150
직접노무원가	30
변동제조간접원가	20
고정제조간접원가	40
계	240

(주)하청이 부품 A를 단위당 ₩215에 전량 공급해 주겠다는 제안을 하였다. (주)하청의 제안을 수락하면 부품 A의 생산공간을 부품 B 생산에 이용할 수 있어 부품 B의 총제조원가를 매년 ₩7,000 절감할 수 있고, 부품 A의 고정 기술사용료가 매년 ₩9,000 절감된다. 한편, (주)간청은 (주)세무에게 다른 제안을 하였다. (주)간청의 제안을 수락하면 부품 A의 총고정제조간접원가가 매년 10% 절감되나, 부품 A의 생산공간을 부품 B 생산에 이용할 수 없어 부품의 총제조원가는 절감되지 않는다. (주)간청의 기술지도로 인하며 부품 A의 고정 기술사용료는 매년 ₩7,000 절감된다. 각 제안별 수락에 따른 영업이익 증감액이 동일하게 되는 (주)간청의 제안가격은? (2013, 세무사)

① ₩180 ② ₩198 ③ ₩202
④ ₩210 ⑤ ₩212

15 (주)세무의 정상판매량에 기초한 20×1년 예상손익계산서는 다음과 같다.

매출액(5,000단위 ₩60)	₩300,000
변동매출원가	150,000
변동판매비	60,000
공헌이익	₩90,000
공헌제조간접원가	50,000
고정판매비	20,000
영업이익	₩20,000

(주)세무의 연간 최대생산능력은 6,000단위이다. 새로운 고객이 20×1년 초 1,500단위를 단위당 ₩50에 구입하겠다고 제의하였으며, 이 제의는 부분 수락할 수 없다. 이 제의를 수락하고, 정상가격에 의한 기존의 거래를 감소시켜 영업이익을 극대화한다면, 20×1년에 증가되는 영업이익은? (2013, 세무사)

① ₩1,000 ② ₩3,000 ③ ₩9,000
④ ₩14,000 ⑤ ₩17,000

[주관식]

12-1 (주)갑은 제품 A와 제품 B를 생산 · 판매하고 있으며, 20X1년 제품별 손익계산서는 다음과 같다.

	제품 A	제품 B	합 계
매출액	₩100,000	₩50,000	₩150,000
매출원가			
직접재료원가	25,000	15,000	40,000
직접노무원가	20,000	13,000	33,000
제조간접원가	11,000	10,000	21,000
합 계	56,000	38,000	94,000
매출총이익	₩44,000	₩12,000	₩56,000
판매관리비	30,000	15,000	45,000
영업이익	₩14,000	(₩3,000)	₩11,000

추가자료:

(a) (주)갑의 20×1년 제조간접원가 ₩21,000 중 ₩9,000은 작업준비원가이며, 나머지 ₩12,000은 공장설비의 감가상각비이다.

(b) 작업준비원가는 배치생산횟수에 비례하여 발생하며, 공장설비의 감가상각비는 회피불가능한 원가로서 매출액을 기준으로 각 제품에 배부된다.

(c) 각 제품의 판매관리비 중 40%는 변동원가이고 나머지는 회피불가능한 고정원가이다.

(d) 만약 제품 B의 생산라인을 폐지하면, 제품 A의 판매량은 30% 증가하게 되며 제품 A의 배치생산횟수는 20% 증가할 것으로 기대된다.

(e) 20×2년에도 제품별수익 및 비용구조는 전년도와 동일하게 유지될 것으로 예상된다.

[요구사항]

(주)갑이 20×2년 초에 제품 B의 생산라인을 폐지할 경우 연간 증분이익은 얼마인가?

12-2 다음은 (주)서강의 11월 변동원가, 공헌이익, 영업이익이다.

	합 계	A 부서	B 부서
매 출 액	₩200,000	₩80,000	₩120,000
변 동 비	116,000	32,000	84,000
공헌이익	84,000	48,000	36,000
추적가능			
고정원가	60,000	20,000	40,000)
부서별이익	24,000	28,000	(4,000)

일반고정원가	10,000	4,000	6,000)
영업이익	14,000	24,000	(10,000)

각 부서의 추적가능 고정원가의 3/4은 부서 폐쇄시 절감할 수 있는 비용이다. (주)서강은 일반 고정원가를 각 부서의 매출액 규모에 따라 배분한다.

B부서 폐쇄시 A부서의 매출 10%가 감소할 것이고, A부서 폐쇄시에는 B부서 매출액에 영향이 없을 것으로 경영진은 보고 있다.

[요구사항]

1. 만약 B부서를 폐쇄한다면 (주)서강의 영업이익에 어떠한 영향을 미치겠는가?
2. (주)서강은 B부서에만 영향을 미치고 A부서에는 영향이 없는 판촉을 고려하고 있다. 연간 ₩60,000의 비용을 들이면 B부서의 매출액이 10% 증가할 것으로 예상된다. 이 판촉이 회사전체에 미치는 영향은 얼마인가?

12-3 다음은 운송배달전문업체인 서강회사의 트럭의 취득 및 연간 운영과 관련된 비용자료이다.

보 험 료	₩320,000
라이센스 비용	50,000
세금 등(차량)	30,000
주차를 위한 차고 사용량(트럭당)	240,000
감가상각비(₩1,800,000 ÷ 5년)	360,000*
가솔린, 오일, 타이어, 수선비	14(km당)

* 닳아 헤짐보다는 진부화에 기초함.

[요구사항]

1. 서강회사가 구입한 트럭은 처음 1년 동안에 100,000㎞를 주행해 왔다. 이 트럭의 소유와 운영에 따르는 ㎞당 평균비용을 계산하시오.
2. 2차년도 초에 서강회사는 트럭을 사용할 것인지 또는 그 트럭을 차고에 주차시켜 두고 용역회사에 배달을 맡길 것인지에 대해서 고민중이다(용역회사에 배달을 맡긴다 하더라도 소유차량에 대한 차량세는 계속 지불된다). 이 경우, 의사결정에 관련되는 비용은 어떤 것들인가?
3. 이 회사는 2차년도 동안에 트럭을 사용하기로 결정한다고 가정하자. 연말에 2,000㎞ 떨어져 있는 고객으로부터 주문을 받았다. 배달을 하기 위해서 트럭을 사용할 것인지, 상업적 배달을 이용할 것인지(용역회사에 배달을 맡길 것인지)에 대한 결정에서 관련비용은 위의 비용 중 어느 것인가?

12-4 서강회사는 A, B, C 세 상품을 제조한다. 각각의 제품 1단위당 판매가격·변동원가·공헌이익은 다음과 같다.

	제품		
	A	B	C
판매가격	₩360	₩540	₩480
차감 변동원가:			
직접재료원가	48	144	64
직접노무원가	194	172	280
변동제조간접원가	10	8	16
총변동원가	(252)	(324)	(360)
공헌이익	₩108	₩216	₩120
공헌이익률	30%	40%	25%

세 가지 제품 모두 똑같은 원재료를 사용한다. 서강회사는 단지 10,000파운드의 원재료를 가지고 있을 뿐이며, 공급처 공장의 파업 때문에 몇 주일 동안 더 이상의 원재료를 얻을 수 없을 것이다. 관리자는 주문잔고를 채우는 데 있어서, 다음 주에 어느 상품들에 집중해야 하느냐는 결정에 골몰하고 있다. 파운드당 원재료원가는 ₩16이다.

[요구사항]

1. 각각의 제품에 사용되는 원재료의 1파운드당 얻어질 수 있는 공헌이익의 금액을 계산하시오.
2. 당신은 이 회사가 다음 주에 어느 제품의 주문을 작업해야 한다고 권고 할 것인가? 계산근거를 보이시오.
3. 만약 공급처에서 원재료를 충분히 공급한다고 하면, 어떤 제품을 많이 생산하는 것이 유리한가?

12-5 서강회사는 생산라인에 사용하기 위해 매년 부품 A를 30,000단위 제조한다. 이 조업수준에서 부품 A의 단위당 원가는 다음과 같다.

직접재료원가	₩36
직접노무원가	100
변동제조간접원가	24
고정제조간접원가	90
	₩250

어떤 외부공급자가 서강회사에게 매년 부품 A 30,000단위를 부품 1단위당 ₩210

로 제공하겠다고 제의해 왔다. 만약 서강회사가 이 제안을 받아들인다면 지금 부품 A를 제조하기 위해서 사용되고 있는 설비는 다른 회사에게 연간 ₩800,000의 임대료를 받고 임대해 줄 수 있다. 그러나 서강회사는 비록 부품 A가 외부공급자로부터 구입된다고 할지라도, 부품 A에 배부되고 있는 고정 제조간접원가의 2/3는 계속 발생한다는 것을 알고 있다.

[요구사항]

외부공급자의 제안을 받아들일 것인지 결정하시오.

12-6 (주)서강은 결합공정에 있어서 일반적인 투입물로부터 세 가지 생산물을 제조하고 있다. 결합공정원가는 분기당 분리점까지 총 ₩350,000이다. 이 회사는 이러한 비용을 분리점에서 총판매가치를 기준으로 하여 결합제품에 배부한다. 분리점에서의 단위당 판매가격과 생산량은 다음과 같다.

제 품	판매가격	분기당 생산량
A	₩16(파운드당)	15,000파운드
B	8(파운드당)	20,000파운드
C	25(갤론당)	4,000갤론

각 제품은 분리점 이후에도 계속 가공되어질 수 있다. 추가적인 가공에는 특별한 생산설비가 필요없다. 분기당 추가적인 가공원가와 추가적인 가공 후의 단위당 판매가격은 다음과 같다.

제 품	추가적인 가공원가	추가적인 가공원가
A	₩63,000	₩20(파운드당)
B	80,000	13(파운드당)
C	36,000	32(갤론당)

[요구사항]

1. 어떤 제품이 분리점에서 판매되어야 하는가? 그리고 어떤 제품을 추가적으로 가공해야 하는지 계산하시오.
2. 결합원가와 추가가공의사결정과의 관계에 대해서 설명하시오.

12-7 (주)서강피혁은 천연가죽을 이용하여 A, B, C, D 네 종류의 제품을 생산한다. 천연가죽의 현재 재고량은 20kg이며, 취득원가는 kg당 ₩100이었다. (주)서강피혁이 천연가죽을 이용하여 네 제품 중 한 제품만을 생산한다면 다음과 같은 수익과 원가가 발생

할 것으로 예상된다.

단 위 당	A 제품	B 제품	C 제품	D 제품
판매가격	₩25,000	23,000	20,000	18,000
제조원가	17,000	10,000	9,000	8,000

만일 회사가 천연가죽을 제품생산에 사용하지 않는다면 단위당 ₩10,000에 중간제품 형태로 판매할 수 있으며 이 경우 포장비가 1,000원 들고, 폐품상에게는 단위당 ₩7,000원에 처분할 수 있다.

[요구사항]

1. 위에 제시된 모든 대체안을 고려하여 최선의 대안을 선택하시오.
2. 천연가죽을 제품생산에 사용할 경우 어느 제품을 생산하는 것이 가장 유리한가?

12-8 (주)마포는 체육대회 및 경연대회에서 사용하는 메달을 제작한다. 제조공장은 매달 10,000개의 메달을 생산할 능력이 있는데, 현재는 매월 7,500개를 생산 및 판매하고 있다. 이 회사는 한 개당 ₩150에 메달을 판매하고 있다. 현재 활동수준에 대한 정보는 다음과 같다.

생산량에 따라 변하는 변동원가	
직접재료원가	₩262,500
직접노무원가	300,000
배취의 수에 따라 변하는 변동원가	
(작업준비, 재료처리, 품질관리 등)	
(150배취 × 500)	75,000
고정제조원가	275,000
고정마케팅원가	175,000
총 원 가	₩1,087,500

마포사는 메달당 ₩100의 단가로 2,500개의 특별주문을 받았다. 마포사는 기존의 고객을 위해서 50개를 하나의 배취생산단위로 만들고 있다(150배취 × 50 = 7,500개), 특별주문을 수락하면 100개씩 25배취를 생산해야 한다.

[요구사항]

1. 마포사는 이 특별주문을 수락해야 하는가? 그 이유를 설명하시오.
2. 공장의 생산능력이 매월 10,000개가 아니라 9,000개라고 가정하자. 특별주문에 대해 부분적인 생산은 고려하지 않고 있다. 마포사는 이 특별주문을 수락해야 하는가?
3. 요구사항 1.처럼 월간 생산능력이 10,000개라고 가정하자. 마포사가 특별주문을 수락한

다며, 기존 고객은 ₩10의 가격할인을 요구할 것으로 우려된다. 기존 고객들은 마포사의 생산시설원가가 보다 많은 제품에 배부되므로 낮아진 원가의 혜택을 보아야 한다고 주장할 것이다. 마포사는 이런 상황에서도 특별주문을 수락해야 하는가? 계산과정을 보이시오.

12-9 (주)서강은 내년도에 5,000개의 제품을 생산하여 판매하려고 한다. 제품단위당 판매가격은 ₩200이며, 내년도 제조원가예산은 다음과 같다.

	연간기대조업도: 5,000개	
	단 위 당	총 원 가
직접재료원가	₩60	₩300,000
직접노무원가	32	160,000
변동제조간접원가	16	80,000
고정제조간접원가	20	100,000
변동판매관리비	14	70,000
고정판매관리비	28	140,000
합 계	₩170	₩710,000

위와 같은 예산을 편성한 이후에 외국의 수입상으로부터 제품단위당 ₩130의 가격으로 3,000개를 구입하겠다는 특별주문을 받았다. 이 회사가 특별주문을 수락하더라도 최대조업도까지는 고정제조간접원가는 아무런 변동이 없다. 이 특별주문과 관련된 판매비는 총 ₩12,000이며 그 이외의 판매관리비는 발생하지 않는다(또한 이 특별주문은 기존시장에 아무런 영향을 미치지 않을 것이다).

[요구사항]

1. 회사의 연간 최대조업도가 8,000개라고 가정하고 특별주문의 수락 여부를 결정하시오.
2. 회사의 연간 최대조업도가 7,000개라고 가정하고 아래의 각 조건에 따라 특별주문의 수락 여부를 결정하시오.
   (1) 정규시장 판매량 1,000개를 감소시키는 경우
   (2) 설비를 임차하여 1,000개를 생산하는 경우. 단, 이때의 연간 임차료는 ₩50,000이다.
   (3) 외부에서 단위당 ₩120의 가격으로 1,000개를 구입하는 경우

12-10 서강상사는 A, B, C 세 공장에서 서로 다른 종류의 제품 P, Q, R을 생산하고 있다. 이들 공장에 대한 내년의 예산손익계산서는 다음과 같다.

	A	B	C	합 계
판 매 량	72,000개	80,000개	75,000개	227,000개
매 출 액	₩1,800,000	1,600,000	600,000	4,000,000
변동원가	576,000	608,000	401,250	1,585,250
공헌이익	1,224,000	992,000	198,750	2,414,750
고정원가	690,000	475,000	196,000	1,361,000
본사공통원가배분액	270,000	240,000	90,000	600,000
영업이익(손실)	₩264,000	277,000	(87,250)	453,750

S본사공통원가의 배분은 각 공장의 매출액을 기준으로 이루어지며 회사는 영업성적이 좋지 않은 C공장을 폐쇄할 것을 검토하고 있다. 만약 C공장의 조업을 중단할 경우 고정원가는 연간 ₩25,000만큼 발생할 것으로 보이며, C공장의 기계설비를 매각할 경우 잔존가치는 없다. 회사가 고려중인 대안은 다음의 세 가지이다.

대안 1: B공장을 확장하고 C공장을 매각한다. 이 경우 B공장의 판매량은 10%, 고정원가는 30%가 증가하지만 단위당 변동원가는 확장 전보다 20% 감소하리라 예상된다.

대안 2: C공장을 매각하고 R제품의 제조기술을 다른 회사에 제공하여 로얄티를 받는다. 이 회사는 연간 50,000개의 R제품을 판매할 것으로 예상되며, 단위당 ₩2의 로열티를 지급하여야 한다.

대안 3: C공장의 조업을 중단하되 매각은 하지 않는다. 이는 R제품의 수요가 증가하면 C공장을 다시 가동시킬 계획이 있기 때문이다.

[요구사항]

회사는 어떤 대안을 선택하는 것이 가장 유리한지를 구체적인 수치와 함께 제시하시오.

"쉬어 가기"

[중소기업 컨설팅] 경영의사결정과 원가회계, 효자와 계륵 구별하는 척도

2015.8.10 매일경제신문

얼마 전 중소기업 A사 대표로부터 원가회계에 대한 컨설팅 의뢰가 있었다. 대표의 고민은 다양한 제품을 생산하고 있지만 투입되는 원가에 대한 정확한 정보를 보고받지 못하는 데 있었다. 대표는 40여 년의 관련산업 경력으로 경험칙에 따른 원가수준이 있었지만, 회계팀에서 집계해 보고한 제품의 원가와는 상당한 차이가 있었다.

일반적으로 중소기업 대표들은 사업 초기에 원가에 대한 중요성을 대수롭지 않게 생각하는 경향이 많다. 사업 초기에는 생산하는 제품이 다양하지 않아 기간별 지출되는 비용으로 발생되는 원가를 가늠할 수 있기 때문이다. 그러나 사업이 성장하면서 제품의 종류도 다양해지고, 제품에 따른 비용도 다양하게 발생하고, 생산 공장도 늘어나면서 더 이상 기간별 지출되는 비용으로 원가를 가늠할 수 없는 상황에 이르게 된다.

A사의 경우도 위와 비슷한 상황으로 3곳의 공장에서 다양한 제품들을 생산하고 있었다. 대표가 내부적으로 산출된 원가금액에 의구심을 가진 것은 특정 제품의 마진이 시장에서 평가하고 있는 금액과 상이했기 때문이다. 시장에서는 특정제품의 마진이 거의 발생하지 않을 것이라고 평가하고 있지만, 내부적으로는 얼마간 마진이 발생된다고 경영진에게 보고되고 있었다. 과연 시장의 원가정보와 회사가 산출한 원가정보 중 어느 것이 맞을까? 결과는 시장의 원가정보가 맞는 것으로 확인됐다. 그렇다면 회사 산출 원가정보가 틀린 이유는 무엇일까? 그것은 바로 잘못된 원가배부를 통해 특정제품의 원가를 다른 제품 원가로 전가하는 원가왜곡이 발생했기 때문이다.

원가회계는 회사의 경영의사결정에 중요한 영향을 미친다. 외부에 공시되는 재무회계와는 달리 내부 이해관계자인 경영자에게 유용한 정보를 제공한다. 제품별로 이익이 얼마나 발생되고 있는지, 어느 제품에서 제품당 이익이 가장 높은지, 시장 경쟁이 치열할 때 판매가격을 얼마나 낮출 수 있는지, 생산능력이 부족할 때 어느 제품을 우선으로 생산할 것인지, 마진이 발생하지 않는 제품은 공정개선을 통해 원가를 낮출 것인지 또는 생산을 포기하고 마진이 높은 제품을 추가 생산할 것인지 등등 중요한 경영의사결정을 하기 위한 정보를 원가회계를 통해 산출해야 한다.

그런데 A사와 같이 원가왜곡이 발생하면 경영자의 잘못된 의사결정을 야기할 수도 있고, 그로 인해 회사의 미래가 바뀔 수 있다. 다음의 실제 사례를 통해 원가회계가 경영의사결정에 얼마나 중요한 영향을 미치고, 그러한 의사결정이 회사의 상황을 어떻게 변화시킬 수 있는지 알아보자.

중소기업 B사는 크게 두 개의 제품군을 생산하고 있었다. '가' 제품군은 대량 생산을 기반으로 하는 저품질에 낮은 판매가격으로 제품단위당 마진이 낮은 제품군이었고, 다른 하나인 '나' 제품군은 생산량은 많지 않지만 고품질에 높은 판매가격으로 제품단위당 마진이 높은 제품군이었다. B회사의 경영진은 '가' 제품군을 통해 회사 이익창출이 거의 발생되지 않는다는 원가정보를 바탕으로 마진이 낮은 '가' 제품군은 자체 생산을 포기하거나 외주생산으로 변경하고, 마진율이 높은 '나' 제품을 대량생산하기로 경영의사결정을 내렸다. 이후 '가' 제품군 생산시설 대부분을 외부로 매각하고, '나' 제품군 생산시설을 신규로 매입해 대량으로 생산하기 시작했다. 결과는 어떻게 됐을까? B회사는 '나' 제품군의 매출 하락 및 재고 누적으로 워크아웃에 이르게 됐다.

이러한 결과가 전적으로 잘못된 원가정보에 따른 잘못된 의사결정의 결과라고 결론지을 순 없지만, B사의 경영진은 중요한 정보가 반영되지 않은 원가정보를 바탕으로 의사결정을 한 것만은 틀림없는 사실이다.

'가' 제품군은 생산투입공수 및 생산시간이 '나' 제품군에 비해 매우 적고, 그에 따라 제품생산에 필요한 원가가 매우 낮아서 실제 제품단위당 마진이 계산된 것보다 높았던 것이다. 포기한 '가' 제품군은 회사의 계륵이 아닌 효자였지만 잘못된 원가를 통해 계륵으로 평가돼 회사가 경영위기에 이르게 된 주요한 원인을 제공했다는 것이다.

원가를 정확히 산출한다는 것은 매우 어려운 일이다. 그렇지만 회사에 정말 필요한 정보를 산출하는 첫 단계로 그 중요성을 간과해서는 안 될 것이며, 올바른 경영의사결정을 위해 반드시 필요한 정보라는 것을 꼭 기억해야 할 것이다.

찾아보기

영문용어

A

B

C

D

E

F

G

T

U

V

W

Z

[공저자약력]

황 국 재

서강대학교 경영학과 졸업
Michigan State University, MBA
Syracuse University, 경영학박사
삼일회계법인, 공인회계사,
공인회계사·세무사 시험출제위원
(현재) 서강대학교 경영대학 교수
주요저서: 원가관리회계(홍문사, 공저)

양 준 선

서강대학교 경영학과 졸업
서강대학교 대학원 경영학과 졸업
California State University, Sacramento. M.S.
Temple University, 경영학박사
(현재) 서강대학교 경영대학 교수
주요논문: 가결산 공시 및 정정이 재량적 발생액과 주가수익률의 상관관계에 미치는 영향

이 상 완

서강대학교 경영학과 졸업
서강대학교 대학원 경영학과 졸업
서강대학교 경영전문대학원, 경영학박사
세무사·관세사 시험출제위원
(현재) 동아대학교 경영대학 부교수
주요논문: 통제제도와 조직성과간의 관계에서 조직 학습의 역할

제 9 판 관 리 회 계

1995년 9월 10일 제 1 판 발행
2002년 3월 10일 제 3 판 발행
2009년 2월 20일 제 5 판 발행
2014년 2월 25일 제 7 판 발행
2016년 9월 10일 제 8 판 발행
2019년 8월 30일 제 9 판 발행

공저자 황국재·양준선·이상완
발행인 임 권 규
발행처 弘 文 社

05855 서울시 송파구 송파대로 167 테라타워 B동 802호
登錄 1993. 6. 24 第 1－1543 號
TEL : (02) 712－5311(代) FAX : (02) 716－5311
http://www.hongmoonsa.co.kr

값 35,000원

ISBN 978－89－7770－436－7 93320